U0903401

主编简介

梁玉霞，女，湖北襄阳人，暨南大学法学院教授，法学博士，硕士生导师，中国刑事诉讼法学会理事，中国检察学会理事，广东省诉讼法学会副会长。曾任中南政法学院教授（1997）；广东省人民检察院检察官学院副院长（2003）；广东省江门市人民检察院副检察长（2006）。西南政法大学学士（1983）、博士（2002）；中南政法学院学硕士（1997）；中国社科院法学所博士后（2002-2004）。主要著作：(1)《中国区际刑事司法协助研究》(2009)；(2)《刑事诉讼主张及其证明理论》(2007)；(3)《论刑事诉讼方式的正当性》(2002)；(4)《中国军事司法制度》(1996)；(5)《司法相关职务责任研究》(2001)。发表论文60余篇，获奖若干项。

法律硕士精品教材系列

总主编 朱崇实

执行总主编 李浩 林秀芹

刑事诉讼法

Criminal Procedure Law

主编 梁玉霞

副主编 李蓉 陈少林 邓立军

撰稿人（按撰写章节先后顺序）

蔡华 左德起 邓立军 梁玉霞
彭勃 谢小剑 朱桐辉 李晓静
刘磊 刘学敏 李蓉 李文汇
刘少军 孟红 陈少林 文超

厦门大学出版社 XIAMEN UNIVERSITY PRESS

国家一级出版社
全国百佳图书出版单位

图书在版编目(CIP)数据

刑事诉讼法/梁玉霞主编. —厦门:厦门大学出版社,2011.9
法律硕士精品教材系列
ISBN 978-7-5615-4002-2

Ⅰ.①刑…　Ⅱ.①梁…　Ⅲ.①刑事诉讼法-中国-研究生-教材　Ⅳ.①D925.2

中国版本图书馆 CIP 数据核字(2011)第 189799 号

厦门大学出版社出版发行
(地址:厦门市软件园二期望海路 39 号　邮编:361008)
http://www.xmupress.com
xmup @ public.xm.fj.cn
南平市武夷美彩印中心印刷
2011 年 12 月第 1 版　2011 年 12 月第 1 次印刷
开本:787×1092　1/16　印张:25.5　插页:2
字数:586 千字　印数:1～3 000 册
定价:45.00 元

“法律硕士精品教材系列”编委会名单

总 序

2011年3月,全国人大常委会吴邦国委员长宣布中国特色社会主义法律体系已经形成。中国特色社会主义法律体系的形成,标志着我国法制建设迈入了新阶段,国家的经济建设、政治建设、文化建设、社会建设和生态文明建设的各个方面实现了有法可依,必将助推我国依法治国战略的成功实践。这一成就,对于法学教育工作者和法科学生来说,无疑是一件可喜的大事。

然而,社会主义法律体系的形成与实现依法治国的目标还有很长一段距离。如何将完备的法律条文落实到社会生活的方方面面,形成法律秩序,还需要众多法律理论和实务界人才在法治实践中长久持续地努力。法学教育承载着培育发展法律人才的使命,理应在建设社会主义法治国家的进程中扮演重要的角色。法律人才的培养取决于法学教育,法学教育的成功取决于法学教育模式。

长期以来,我国法学专业的研究生教育主要是培养具有独立从事科学研究或教学工作能力的教学科研型人才。1996年以来虽然开始培养应用型的法律硕士,但是,法律专业研究生教育的培养模式和教材基本上是针对法学硕士设计的。

2009年3月教育部以教研一号文件明确研究生教育要逐渐从以培养学术型人才为主向以培养应用型人才为主转变;同年4月,教育部决定设置法律硕士(法学)专业,法律硕士专业教育已由最初的单一模式演变成了今天包括法律硕士(非法学)、法律硕士(法学)和在职法律硕士在内的三种模式,如何协调和开展多种模式下的法律硕士专业教育,成为众多法律硕士教育者和法学学者们正在思考的问题。以上三种法律硕士教育模式的共通之处在于培养目标一致,即通过有别于法学硕士的培养方式将法律硕士研究生培养为具有较强的法学理论基础和较高的法律实务素养和能力的高层次法律人才。这种共通之处决定了三种法律硕士模式在教育和教学方面具有协调和合作上的可能性。由于法律教育教学的重要载体是课程体系和教学内容体系,而课程和教学内容体系的载体是教材,这也就说明,编写一套供三种法律硕士使用的系列教材是可兼容的和适合的。

法律硕士的教材和课程设置必须在法学理论性知识教育、法律实务素养的养成上全面推进。唯有如此,才能体现法律硕士教育的特性,实现法律硕士教育的功能和目标。在这一过程中,要回答的关键问题是,如何平衡法学理论知识和法律实务性素养在量和质上的关系。在量上,要考虑每一课程和教材中的理论性法学知识应占比重为多少,而法律实务类的内容又该有多少;基础性理论与前沿性理论比例如何配置;法学理论知识的深浅程度应该如何把握,才可以适合法律硕士研究生的认知水平和让他们未来足以适用法律;等等。在质上,要考虑在保证基础性的法律知识和理论被精准理解的基础上,怎样指引他们拓展相关的知识视野,探究理论的深度,树立起理论认知的高度,怎样将法学知识与实际案例有效地穿插贯通,怎样将纯理论与应用性知识有机结合,怎样充分挖掘他们运用多门学科综合性地解决法律实践问题的能力。长期以来，各高校和出版机构在编写法律硕士教材上进行了不少探索，并取得了一些有益经验，但是在法律硕士教材的体例和内容上进行的创新还很少，对于如何发挥好教材在培养高层次、复合型、实用性法律人才的功能上也没有形成统一的认识。

为因应我国法学教育改革尤其是法律硕士教育教学改革的新形势，全面提升法律硕士理论水平和法律实务能力素养，厦门大学出版社组织策划了此套由全国二十余所具有法律硕士教育资格的法学院校共同编写的颇具特色和创新、适合法律硕士研究生使用的教材——法律硕士精品教材系列。为协调和组织本教材系列的撰写工作，特成立了教材系列编写委员会。在编委会统一指导下，来自安徽财经大学、安徽大学、东南大学、福州大学、广东商学院、暨南大学、江西财经大学、江西师范大学、南昌大学、南京师范大学、深圳大学、苏州大学、同济大学、西北政法大学、厦门大学、湘潭大学、扬州大学、云南大学、中南大学等二十余所高校的法学院的二百多位学者参与了法律硕士精品教材系列的编写工作。本教材系列包括16门核心课程和十余门选修课教材，各册教材的主编均为各法学院校的资深教授，参编作者也都为各校具有多年法律硕士教学经验、在本专业内长期从事学术研究的中青年教师。这样做的目的在于加强各法学院校的学术交流，整合各院校学科优势，提升各院校法律硕士教学教育水平。

为处理好法学理论知识学习和实务性能力培养的关系，使法律硕士成为既具有较深厚的理论功底，又具有较强的法律实务能力的法律人才，本教材系列统一采用模块化形式编写。其中，第一模块为基本原理、基本概念、基本理论的系统化阐述。此模块对于非法学法律硕士研究生以及在职法律硕士研究生提供了完整的法学知识背景，进而巩固法律硕士研究生的法学知识体系。第二模块为案例分析及有关学术争论。这部分内容要求穿插在相关的基本理论的阐述中，案例需有简要分析，争论要包括目前学界最有代表性的观点。此模块有助于不同类别法律硕士研究生提升法学知识水平，拓宽和加深其法学思维能力。第三模块为拓展探讨，分为拓展案例和延伸阅读。其中拓展案例要求选择可以涵盖本章主要或重要知识点的案例，或者具有前沿性、代表性的案例，或者法律实务中的真实案例处理过程，从而进一步提升学生的理论与实践能力。延伸阅读要求选择本章中具有争论性或前沿性的学术问题加以介绍，推荐引导学生进行更深入的学习。第四模块为参考文献，以供学生能力之余自主开展辅助阅读和自学。

本套教材系列力求通过编写模式的创新，做到将不同类型的法律硕士教育模式进行融合，以达到培养理论兼实务法律人才的教学目的。本套教材系列的编写，也是对我国法律硕士教育模式改革的一次有益的创新尝试。教材系列的完成凝结了众多人士的辛勤劳动，尽管本教材系列从策划、立项、专门会议论证和座谈到编写，再到统筹定稿，耗时较长，但是由于水平所限，书中尚存在疏漏和不足，真诚期望同行和同学以及社会各界指正。

2011年10月

前言

刑事诉讼法是一个有着悠久历史的法律部门，在古老的法律典籍中，与刑法一道占有着非常突出而重要的地位。在西方，伴随着17、18世纪成文法运动的兴起，刑事诉讼法作为一个独立的部门法在各国如雨后春笋般诞生。相比之下，中国的这一进程要晚得多，直至19世纪末的西法东渐和清朝修律变法，才将千年诸法合体的传统打破。在中国近现代政治的动荡中，刑事诉讼法也经历了诸多的艰难曲折。社会主义中国于1979年制定了第一部刑事诉讼法典，1996年进行了比较大的修改，沿用至今。

刑事诉讼法是程序法。在我国很长一段时间里，程序法一直被当做实现实体法的工具和手段而处于附属的地位，司法实践中重实体而轻程序，不遵守程序法甚至违反程序法的现象十分普遍。直到近十多年来，法律程序对于实现法治、保障民主所具有的重要性才逐渐被人们所广泛认知。法律程序被认为是法治与恣意的人治之间的分水岭，以致有人认为程序法是实体法之母。法律程序的意义在于为公权力划定行为的边界，控制国家公权力的滥用，约束国家机关不致对公民个人自由造成威胁或伤害，保障人民的权利，以体现法治的精神。实际上，20世纪60年代发生在美国的正当程序革命，已将程序的意义提升到了前所未有的高度，并对传统大陆法系国家产生了重要的影响。刑事诉讼法因关乎人权、自由而与宪法保持着最密切的联系。在我国，刑事诉讼法是规范公安机关、人民检察院和人民法院等国家机关的职权活动，打击犯罪，保障犯罪嫌疑人、被告人合法权益不受侵犯，保护刑事被害人及其他公民正当权益的基本法，其根本的价值目标是实现刑事司法公正，维护社会的公平与正义。

刑事诉讼法学是以刑事诉讼法的立法、实践及其发展为研究对象的学科，古老而丰富。它凝聚了一代又一代学人的智慧和对公平正义的不懈追求。

刑事诉讼法学是一门实践性较强的应用法学学科。与实体法相比，刑事程序法涉及刑事诉讼中的国家机关和诉讼参与人，在刑事诉讼中的行为方式与步骤，具有较强的实践性，操作性，所以，刑事诉讼法学就必须将刑事诉讼的基本理论与刑事诉讼实践紧密结合起来。一方面要在强化诉讼原理上下工夫，注重刑事诉讼法的基本原理、基本原则和制度、基本程序规则的研究与把握，提升程序意识和恪守法律程序的自觉性；另一方面要关注、参与刑事诉讼实践，密切关注生动活泼的刑事司法实践中呈现出来的新动向、新变化，了解社会现实，积极开展实践性活动，增强分析问题、解决问题的实际操作能力。

本书作为“法律硕士精品教材系列”之一，是以教育部制定的刑事诉讼法教学大纲为指导，在一批精干的中青年刑事诉讼法学者认真编著的基础上，经过了主编的把关、编委会的统一审定和出版社的精心编排，才得以面世的。本书旨在为日益壮大的法律硕士提供专业用书。根据法律硕士的培养特点，本书在简明、系统地阐述刑事诉讼法基本原则、制度、程序的基础上，凸显三个重点：一是学术前沿和理论热点，二是案例分析和实务演练，三是文献资料指引。希望本书能为法律硕士及其他读者提供有效的学习指导。本书编写分工如下：

蔡　华，福州大学讲师，编写第 1 章；

左德起，深圳大学副教授，博士，编写第 2、10 章；

邓立军，广东商学院教授，四川大学在读博士生，编写第 3、4 章；

梁玉霞，暨南大学教授，博士，编写第 5 章；

彭　勃，深圳大学副教授，博士，编写第 6、13 章；

谢小剑，江西财经大学副教授，博士，编写第 7 章；

朱桐辉，南开大学讲师，博士，编写第 8、17 章；

李晓静，江西师范大学教授，编写第 9 章；

刘　磊，苏州大学副教授，博士，编写第 11 章；

刘学敏，厦门大学副教授，编写第 12 章；

李　蓉，湘潭大学教授，博士，博导，编写第 14、15 章；

李文汇，四川师范大学副教授，编写第 16 章；

刘少军，安徽大学副教授，博士，编写第 18 章；

孟　红，东南大学教授，博士，编写第 19 章；

陈少林，武汉大学副教授，博士，编写第 20 章；

文　超，广东南方福瑞德律师事务所主任，编写第 21 章。

本书由梁玉霞教授担任主编，李蓉、陈少林和邓立军担任副主编。全书由李蓉教授负责初审，梁玉霞教授最后统稿、审定。本书的错误或者疏漏难免，如果在使用中出现不便，我们将深表歉意并希望能通过出版社联系我们。

本书的出版得益于厦门大学出版社的大力支持和总主编、执行总主编的精心策划与安排，在此表示衷心的感谢！

梁玉霞

2011 年 11 月

目 录

第一章　刑事诉讼法概述

第一节　刑事诉讼概述

一、诉讼的概念和特征

(一)诉讼的概念

在汉语中,“诉讼”一词是由“诉”和“讼”两个字组成。据东汉许慎《说文解字》称,“诉,告也”;“讼,争也”。“告”的意思,即告诉、控告、告发的意思,指争诉一方向官府控告;“争”,即“争辩”,指当事人(至少两方)在官府面前争辩是非曲直,俗称“打官司”。① 在我国历史上,西汉及西汉以前的律文和有关文献资料中,“诉”和“讼”两字最初是不连用的。“诉”和“讼”两字的连用,从可供查阅的史料记载上看,是自东汉起才开始的。而“诉讼”一词用在法律上,一般认为最早见于元朝的《大元通制》②,其第十三篇的篇名即为“诉讼”,但它的内容只涉及控告犯罪的有关问题③,所以它所表达的意思与现代意义上的诉讼有一定的差别。

现代意义的“诉讼”一词,据说是日本古时从中国学去,后在翻译大陆法文献时赋予其现代意义,而后中国于清末修律运动时再从日本的法律术语中转引而来的。此后中国法律上才明确用“诉讼”一词来表示“打官司”。其含义是指:国家司法机关在当事人和其他诉讼参与人的参加下,探明案件事实,依法解决讼争的全部活动。④

在英语中,“诉讼”一词有多种表达方式,如“process”、“procedure”等等,其原义是指事物发展和向前推进。但用在法律上,则专指国家司法机关在当事人及其他诉讼参与人的参加下,依法解决各种争议和纠纷的过程或程序。⑤

① 徐静村主编:《刑事诉讼法学》,法律出版社 1997 年版,第 1 页。

② 樊崇义主编:《刑事诉讼法学》,中国政法大学出版社 2009 年版,第 1 页。

③ 陈光中、徐静村主编:《刑事诉讼法学》,中国政法大学出版社 2002 年修订 2 版,第 1 页。

④ 樊崇义主编:《刑事诉讼法学》,中国政法大学出版社 2009 年版,第 4 页。

⑤ 徐静村主编:《刑事诉讼法学》,法律出版社 1997 年版,第 1 页。

(二)诉讼的特征

诉讼作为现代文明国家干预社会纠纷与冲突的一种法律手段,有其固有的特征:

1. 是一种以“公力”为最终解决社会纠纷的手段。这是诉讼的最本质特征。虽然人类社会冲突与纠纷不断,而且人类解决纠纷与冲突的方法多种多样,但只有当“私力自救”(如决斗、和解等)与“社会救济”(如调解、仲裁等)不能终结纠纷与冲突时,公权力的使用才成为必然。所以,在现代文明社会里,以国家强制力来确认纠纷解决的办法并保证其实施,虽然该程序的启动具有被动性,但却是一种合法的、最有效的,也是最终的解决冲突的手段。①

2. 具有三方组合性。这是诉讼区别于其他解决纠纷手段的最基本的结构特征。由于诉讼是人们产生了不可调和的矛盾和冲突后,基于追求公平、公正地解决纠纷的愿望,才将争议交付给处于中立地位的第三方——司法机关审查,并由它根据已有的程序和法律规定作出最终的裁决。因此诉讼不应是国家司法机关的武断或盲断,它必须在原被告和国家司法机关三方之间进行,也就是说,如果没有原被告双方将争议提交国家司法机关审查,国家司法机关是无权介入诉讼的(即“不告不理”原则)。而国家司法机关作为中立裁决的第三方,其与当事人双方之间的距离保持得越相等,也就越能保证它作出公平、公正的裁决。否则,就可能出现偏袒一方的局面。

诉讼的构造

3. 具有程序性。程序是诉讼的基础,没有程序,诉讼就无从谈起。诉讼是一种依靠国家公权力来解决纠纷、救济权利的活动,它是公权力运作的一个过程。为了保证公权力行使结果即判决结果的正当性并提高它的公信力,就要求公权力行使过程应体现它的公正性,而且必须是以人们看得见的形式表现出来,因此,程序是诉讼的最基本要求,其内容由诉讼法来规定。

二、刑事诉讼的概念

根据诉讼所解决的纠纷和冲突的性质、诉讼的程序和形式的不同,现代各国一般将诉讼分为刑事诉讼、民事诉讼和行政诉讼。

(一)刑事诉讼的概念

所谓“刑事”,是相对于“民事”而言的。“刑事”,是指行为触犯刑律、危害社会和需要受到刑罚处罚的犯罪事件。在我国,传统的法学观点普遍认为,刑事诉讼是指公、检、法等国家

① 龙宗智、杨建广主编:《刑事诉讼法》,高等教育出版社 2003 年版,第 7 页。

专门机关在当事人和其他诉讼参与人的参加下，揭露犯罪、证实犯罪并惩罚犯罪的活动。该概念强调刑事诉讼是国家治罪的一种活动。

➢ 争论

对于什么是刑事诉讼，我国学者目前存在较大的争议，主要有狭义刑事诉讼观、广义刑事诉讼观和最广义刑事诉讼观等不同观点。狭义的刑事诉讼观认为，严格地讲刑事诉讼仅指法院的审判活动。广义的刑事诉讼观认为，刑事诉讼泛指国家为认定犯罪、惩罚犯罪而进行的一系列的活动，不仅指法院主持的审判活动，还应包括警察、检察等国家机关主持下进行的侦查、起诉阶段的活动。而最广义的刑事诉讼观认为，刑事诉讼是指公安、检察、法院等国家专门机关在当事人及其他诉讼参与人的参加下，依照法定程序追诉犯罪，追究被追诉人刑事责任的活动，它包括立案审查活动、侦查活动、审查起诉活动、审判活动和刑事判决的执行活动等五项内容。

我国学说和立法持最广义的观点。

(二)刑事诉讼的特征

1. 刑事诉讼解决的是社会冲突中有关犯罪与否以及处罚与否的问题。不是法律所规定的犯罪行为，不得提起刑事诉讼。

2. 刑事诉讼是司法机关解决国家与被告人之间的刑事纠纷，而主要不是解决被告人与受害人个人之间的纠纷。虽然，历史上曾认为犯罪是个人对个人的侵犯，而且在古代刑事诉讼中曾规定只能由被害人提起“私诉”，但是随着社会的发展，一方面犯罪的多样化和复杂化使得被害人个人有效指控犯罪力所不及；另一方面，面对日趋严重的犯罪问题，人们逐渐意识到犯罪行为不仅损害了被害人个人的利益，而且构成了对国家统治秩序的破坏和社会公共安全的威胁，因此必须由强大的政府力量对犯罪行为进行控告和处罚。现代各国刑事诉讼的起诉，原则上只能由检察机关(在西方国家，检察机关隶属于行政机关)代表国家提起。在实行公诉与刑事自诉并存的国家，自诉只是对国家公诉的一种补充形式。

刑事诉讼与其他诉讼特征的区别

诉讼名称 / 比较的内容	刑事诉讼	民事诉讼	行政诉讼
适用的法律	刑事诉讼法	民事诉讼法	行政诉讼法
目的	解决刑事纠纷	解决民事纠纷	解决行政纠纷
诉讼程序	审前和审判	审判	审判
诉讼提起的方式	官告民(原则为公诉，法律特别规定的可自诉。)	民告民	民告官
诉讼当事人	诉讼理论和实践上：检察机关和被告人；立法上：受害人和犯罪嫌疑人、被告人	原告和被告	原告和被告
国家司法机关	审判机关(各国)；公检法机关(我国)	审判机关	审判机关

3. 刑事诉讼必须遵循严格的程序规定。由于刑事诉讼是由拥有监狱、警察等强大国家机器的政府来对公民个人提起诉讼的，它使公民遭受被限制或剥夺人身自由、财产自由甚至面临生命安全的威胁，或多或少地给公民造成人格上的侮辱，令其遭受社会的谴责，因而要求刑事诉讼比其他诉讼遵循更加严格的程序规定，以限制公权力的滥用。比如，各国刑事诉讼法对刑事审前程序的严格规定以及要求刑事控告方承担举证责任和采取严格的证明标准等等，都体现了这一要求。

第二节　刑事诉讼的理论范畴

从 20 世纪 90 年代初起，我国刑事诉讼法学的研究开始从传统的"注释法学"向"理论法学"转变。一大批优秀的青年学者在研究过程中借鉴西方国家的法学理论，提出了诸如刑事诉讼目的、刑事诉讼价值、刑事诉讼构造、刑事诉讼理念等基本概念，比较引人注目的论著有宋英辉的《刑事诉讼目的论》、左卫民和周长军的《刑事诉讼的理念》、李心鉴的《刑事诉讼构造论》以及陈瑞华的《刑事审判程序原理》和《刑事诉讼的前沿问题》等等，他们用新的理论解释我国刑事诉讼中存在的问题，让人耳目一新。这些研究大大拓宽了我国刑事诉讼研究的理论范畴，促进了我国刑事诉讼学科理论体系的构建。由于这些理论的研究在我国起步较晚，基础较薄弱，因此有些理论至今仍未形成观点比较一致的学说。但这并不妨碍我们对它们的学习和探讨。

一、刑事诉讼阶段

纵观世界各国的刑事诉讼立法，可以看到各国刑事诉讼程序基本上都可以分为审前阶段、审判阶段和审后阶段等三个主要阶段。这三大诉讼阶段又可依次包含若干子阶段。

其中，审前阶段通常由侦查和审查起诉这两个子阶段组成。但在我国，由于受前苏联法律和法学理论的影响，将"立案"作为决定刑事诉讼开始的一个独立阶段，因此，我国公诉案件的审前阶段由立案、侦查、审查起诉三个阶段组成。

审判阶段一般包括判决审、纠错审（可能对被告人作出有利或不利的改判）和救济审（只能基于已决犯的利益而进行的审判）三个阶段。判决审一般指一审审判。纠错审一般包含二审和三审程序。我国实行二审终审制，纠错审虽没有三审程序，但它却包含了二审程序、死刑复核审程序和审判监督程序（也称再审）。而在西方国家，再审程序多为权利救济审。由于我国审判监督程序是既可以为已决犯的利益，也可以为其不利益而提起，故其性质属于纠错审。

审后阶段通常只包含执行这一个子阶段。

从我国《刑事诉讼法》的立法体例结构来看，我们的刑事诉讼程序是按立案、侦查、起诉、审判、执行等五个阶段来划分诉讼阶段的。

上述这种按照诉讼职能或法定顺序进行相对独立而又互相联系的各个诉讼组成过程，我们把它叫做“刑事诉讼阶段”。根据诉讼阶段的区分确立刑事诉讼的职能和任务，这是人类诉讼经验不断积累的结果，标志着法制的进步。

二、刑事诉讼职能

刑事诉讼职能，是指各诉讼主体在刑事诉讼活动中所承担的职责和所应发挥的作用。①

从历史上看，刑事诉讼活动是一个职能分立的过程。虽然对刑事诉讼职能的划分存在异议，但大多数诉讼法学者认为，刑事诉讼中有三种最基本的职能是必不可少的：控诉职能、辩护职能、审判职能。

控诉职能，是指依据证据向法院提起诉讼并出庭支持诉讼，要求法院追究被告人因其犯罪行为所应承担的刑事责任的职能。现代各国刑事诉讼的控诉职能原则上由检察机关承担；但有法律规定的一些特殊案件或特殊情况的，也可以由被害人承担，即自诉，或叫私人控诉。

辩护职能，是指针对指控的犯罪事实和法律进行反驳和辩解的职能。刑事诉讼的辩护职能由被告一方承担。现代西方国家的刑事辩护职能原则上只能由拥有法律专业知识和资格的律师承担。

审判职能，是指在核实案件事实和证据的基础上，确定被告人犯有被指控的罪行并对其作出处罚裁决的职能。现代各国的审判职能均由审判机关承担。

事实上，现代各国刑事诉讼的三大诉讼职能经历了一条否定之否定的发展轨迹。② 奴隶社会，诉讼产生即出现了控诉、辩护和审判三种职能鼎立的雏形。进入中世纪后期，在国家介入刑事诉讼后，诉讼结构开始变形，国家将控诉职能和审判职能合二为一以加强对犯罪行为的惩罚。被告人沦为诉讼的客体，辩护职能在事实上就不复存在了。资产阶级革命胜利之后，重新恢复了控、辩、审三种职能鼎立的诉讼格局，形成了现代意义的诉讼三大职能。随着社会分工的细化，世界各国一般都将侦查权（控诉准备职能）从控诉职能中分离出一部分来，由警察协助检察机关完成控诉准备工作，于是就形成了刑事诉讼职能发展历史上的第二次大分工，即侦控职能的分立。也因此，有学者认为应该把刑事诉讼的职能划分为四职能，即侦查职能、控诉职能、辩护职能和审判职能。

在我国，还有学者根据我国检察机关特殊的宪法地位，提出了刑事诉讼职能应包括检察机关法律监督职能的“五职能说”。另外，还有应包含执行职能和其他诉讼参与人协助诉讼职能等“六职能说”、“七职能说”等。

---

① 曾友祥、李春雷主编：《刑事诉讼法学》，中国民主法制出版社 2004 年版，第 43 页。

② 汪建成、王明达：《刑事诉讼职能研究》，载《政法论坛》2001 年第 1 期。

> 争论

侦查职能,是指发现犯罪事件、收集调查有罪证据、抓获犯罪人的权力。但它是否属于刑事诉讼中的一个独立的职能,学界存在分歧意见。从各国的诉讼阶段划分来看,侦查程序作为一个独立的阶段存在于刑事诉讼程序中已成为常识,所以有的学者据此认为侦查职能应是一个独立的职能。但有的学者强调侦查职能实际上是附属于控诉职能的,它发现犯罪事件,收集、调查有罪证据都是为控诉机关的控诉职能作准备的,所以侦查职能不具有独立性,应在控诉职能之下去理解它。大陆法系国家在刑事诉讼上实行"检警一体制",由检察官指挥警察开展侦查。英美法系国家检警虽是分离的,但它们同属国家行政权力机关,在刑事司法领域更多地体现出相互间协作侦查以及检察指导侦查的关系。而我国检警之间是分工负责、互相配合、互相制约的关系,但在立法和实务上体现更多的是检警分工侦查和检察机关对侦查机关的事后侦查监督。

三、刑事诉讼目的

在人类社会中,任何一项社会实践活动都有其目的。目的,通常是指行为主体"想要达到的地点或境地,想要得到的结果。"①一般来说,人的实践活动以目的为依据,目的贯穿实践过程的始终。

刑事诉讼目的,是指人类进行刑事诉讼活动和进行刑事诉讼立法所要达到的结果。它的内容具有二元结构,即它是由刑事诉讼的实践目的和刑事诉讼的立法目的这两方面的内容构成的。国内很多教科书和论文在讨论刑事诉讼目的问题时,没有区别刑事诉讼的实践目的与刑事诉讼的立法目的而将二者混为一谈。我们认为刑事诉讼与刑事诉讼法是两个不同的概念,就如同游戏与游戏规则是不同的概念一样,一个指行为,另一个指程序规则。游戏为了娱乐,而游戏规则则是为了规范人们的娱乐方式与手段,保证人们在娱乐过程中的理性与节制。因此,游戏的目的与游戏规则的目的显然是不同的。同理,刑事诉讼的目的与刑事诉讼法的目的也是两个不同层面的问题,具有不同的属性。前者关乎诉讼行为的结果,后者关乎实现诉讼结果的过程和手段。因此,刑事诉讼法不是为了追求诉讼的结果而立法的,而是为了保障诉讼的结果是以正当的程序和正当的手段获得而存在的。因此,我们在讨论刑事诉讼目的时必须区分这两个层面,这样才能有利于我们以清晰的思路分析、探讨问题。

(一)刑事诉讼的实践目的

如前所述,诉讼作为国家解决社会冲突与纠纷的一种法律手段,其实践目的不言而喻就是为了比其他手段能更有效地解决各种冲突与纠纷。相应地,刑事诉讼作为人类解决纠纷的一种手段,它的目的也不外乎是为了解决当事人之间的刑事纠纷,有效惩罚犯罪。应该

① 参见《现代汉语词典》(修订版),商务印书馆1996年版,第904页。

说，追究被告人的刑事责任，处罚犯罪是人类社会自古以来建立刑事诉讼制度所追求的永恒不变的目标，这一目标早已深入人心，并为现代世界各国的立法和理论所公认。

(二)刑事诉讼的立法目的

当下有关刑事诉讼目的的理论争议主要是围绕着刑事诉讼法的立法目的展开的。它涉及人类社会为什么要对充满正义的惩罚犯罪活动加以立法规范以及如何规范等问题的思考。我们认为，有关刑事诉讼立法目的的讨论才是刑事诉讼目的理论研究的核心内容和意义所在。也就是说，我们讨论刑事诉讼法的立法目的时，是围绕着对国家打击犯罪的活动是否需要法律加以规范以及如何规范等问题展开的。

目前，国内外学界关于刑事诉讼法的立法目的学说主要围绕以下三种展开：惩罚犯罪说，人权保障说，惩罚犯罪与保障人权双重目的并重说等。

1. 惩罚犯罪目的说

该观点认为，由于刑事诉讼活动是以追究被追诉者的刑事责任，实现国家惩罚犯罪、控制犯罪为目的的，因此刑事诉讼的立法目的应与其实践目的保持一致，进行刑事诉讼法的立法当然首先应当考虑的是制定有利于国家权力机关实现有效打击犯罪、惩罚犯罪实践目的的程序规则。他们将刑事诉讼法作为国家实施刑法，实现专政的工具来看待，立法中处处体现国家本位、官本位的思想，因此在制度设置上更多地考虑赋予侦、控、审等国家机关足够的财力、物力、人力和更多的强制手段，以保证有效发现犯罪、收集罪证、查获罪犯，保证有罪判决的顺利作出。大陆法系国家的刑事诉讼立法多持此目的论。

2. 保障人权目的说

本来，将有效惩罚犯罪作为刑事诉讼法的立法目的其本身并没有错。但是，在人类漫长的历史时期里，特别是在封建社会后期，封建君王为了维护岌岌可危的封建统治，借着有效打击犯罪的名义不断强化各种权力。“绝对的权力导致绝对的腐败”。1639年英国发生的那起安分守己的书商李尔本被无端指控贩卖禁书而在伦敦塔下的广场上当众受刑讯鞭笞的惨案，可以说是当时黑暗司法的真实写照。这种单纯以“有效惩罚犯罪”为目的的刑事诉讼制度日渐暴露出国家强权给公民个人，特别是对被追诉人，所带来的不公正的一面。人们逐渐觉悟到，在文明社会里，打击犯罪、惩罚犯罪的活动根本不应该用以暴制暴的方式进行；即便是国家为了恢复社会秩序，确保社会安全而惩罚犯罪，实现这一目的的过程也不能是不择手段、不问是非和不计后果的。因此刑事诉讼法的立法目的应强调其规范国家机关惩罚犯罪、打击犯罪的活动，着眼于保障每一个公民(潜在的刑事被追诉人)的合法权利免遭来自国家权力机关打着控制犯罪的旗号而实施的非法的或者无理的侵犯，即刑事诉讼法应是“控权法”、“刑事受追诉人的人权保障法”。

英美法系国家的刑事诉讼立法多持此目的论。他们在刑事诉讼的程序、制度设计上处处设置障碍，如实行强制侦查司法令状审查制、陪审制、非法证据排除规则等制度，以最大限度预防和限制公权力的滥用，从而达到保障公民基本人权的目的。

3. 惩罚犯罪与保障人权双重目的并重说

刑事诉讼立法上人权保障目的论在很大程度上克服了以惩罚犯罪为目的的立法在制约公权力滥用方面的不足，具有积极的时代意义。但以人权保障为目的的刑事诉讼立法由于过于强调对公权力的程序控制，大大削弱了国家权力机关打击犯罪的势头，造成打击犯罪不力的个案后果，因此，也遭到了不利于社会安定和社会正义实现的负面评价。

正因为如此，现当代世界各国刑事诉讼立法目的开始朝惩罚犯罪与保障人权双重目的并重的方向发展，期待刑事诉讼的立法既能实现国家有效惩罚犯罪的实践目的，又能防范公权力的滥用，保障公民的合法权利免遭国家强权的肆意侵犯。二战后的日本以及意大利、俄罗斯等传统上以惩罚犯罪为刑事诉讼立法目的的大陆法系国家率先开始了这一方面的尝试。当今，英国、美国等传统上坚持刑事诉讼以人权保障为立法目的的英美法系国家也开始出现这种转变。

争论

我国学界和立法界长期以来追随大陆法系的法律传统，强调刑事诉讼的立法是以惩罚犯罪为目的的。不过，近二十年来，我们亦深受英美法系人权保障目的观影响。大家普遍认为，如果刑事诉讼只强调保障人权，如确认犯罪嫌疑人、被告人的沉默权，势必影响到犯罪嫌疑人、被告人供述这一类证据的获取；而对警察强制性措施限制过多，也将影响国家打击犯罪的力度，进而影响社会治安。反过来，如果一味地强调打击犯罪，忽视对公民个人合法诉讼权利的保障，任司法人员恣意妄为，必将使民众失去对国家司法公正性的信任，其后果同样是可怕的。

因此，在新一轮对刑事诉讼法进行再修改的热烈讨论中，惩罚犯罪与保障人权双重目的并重说深受欢迎。但笔者认为，双重目的并重论过于理想化，在司法实践中难以实现。因此，我们还需正确处理打击犯罪与保障人权二者之间的对立冲突关系。

四、刑事诉讼价值

(一)刑事诉讼价值的含义

“价值”一词，最初是经济学上的一个概念，常用来指商品交换价值和使用价值，即指某一物品或活动中所蕴含的客观劳动量。19世纪以后，“价值”一词被广泛应用到哲学以及其他社会科学研究领域。

在哲学研究领域里，“价值”一词不仅应用于哲学的认识论和本体论的研究中，也被广泛应用于哲学的伦理学研究中。在认识论和本体论的研究中，“价值”一词主要强调客观事物的属性对人的需求的作用和意义；应用于伦理学研究领域的“价值”一词，则是指人对物、对社会、国家以及法律制度进行“善”、“恶”的评判标准。应用到法学研究领域，哲学认识论和本体论上的“价值”通常以法的目的论进行阐述。而伦理学意义上的“价值”一词，更多地被学者应用于法的价值的研究上。我们通常所说的法律价值目标、法律价值理念、法律价值取向、法律价值评判等，都是指伦理学上的价值的概念。

我们要讨论的刑事诉讼价值，是指人们对刑事诉讼的立法和实践进行伦理上的“善”、“恶”评价的标准。简单地说，就是评判什么样的刑事诉讼立法和实践是“善”的，什么样的是

"恶"的。

(二)刑事诉讼价值——司法公正

那么,什么样的刑事诉讼立法和司法是"善"的,什么样的是"恶"的呢? 可能大家会不假思索地回答说:能体现司法公正的刑事诉讼就是善的,违背司法公正的就是恶的。是的,人类自古以来就把司法公正作为刑事诉讼实践活动和立法最崇高的价值和理想孜孜不倦地追求着。

1. 司法公正的特点

司法公正就是指诉讼公正。诉讼公正不仅涉及国家专门机关的形象,还涉及诉讼参与人的利益以及社会公众对国家司法的期待。因此,司法公正作为一种价值评判标准,它具有三个特点:标准多元化、多层次性,主观性和相对性。

首先,评判司法公正的标准是多元化、多层次的。由于司法公正是社会成员对诉讼制度的一种评判标准,而评价主体的不同,对司法公正的理解和需求也不同,再加上他们所处的阶层、环境和时代的不同,人们对司法公正的评价标准就可能出现不一致。人类社会的刑事诉讼源起于纷争,所以刑事诉讼对于被害人来说,是为了保护自己的自由和权利,包括生命、健康、财产、行动的自由和权利免受他人的威胁,而将自己"私力自救"的权利出让,交给一个能够保护他们安全的、被人们称为"国家"的东西来解决,籍此保护属于自己的自由和权利,因此只有当他们的自由和权利得到了保护,他们才能认为刑事诉讼是"善"的;而对于被告人来讲,他之所以同意并服从国家来解决他与被害人之间的纠纷,是因为他希望能得到比被害人"私力自救"更为理智、合理的解决;而从国家的角度来说,它进行刑事诉讼是要实现它与每一个公民能达成的维护社会秩序,保证公民安全的协议。因此我们说,评价刑事诉讼活动的善恶,根据不同的诉讼主体,呈现出以自由、公平与安全等为评判标准的多元化的价值体系。人类的发展经验告诉我们,一个统一的、唯一的司法公正的标准是不存在的,科学的司法公正标准应是一个多元化、多层次的体系。虽然,这个多元化、多层次的评价体系带有很强的主观判断色彩,但它的标准还是从评价主体长期生活和实践的社会中生成、积淀起来的,能够得到社会共同体的高度认可。另一方面,虽然人类追求司法公正的脚步是永不停息的,但由于社会主体的多样性、社会的复杂性和时代的发展性,又决定了司法公正对每一个社会成员而言不可能是绝对的,而只能是相对的,这种评判标准会随着人类社会的发展而进步,它需要一个认识提高的过程。

2. 司法公正的评判标准

现在,人们评判刑事司法是否公正一般从实体公正和程序公正两个方面进行考察。

实体公正,是指刑事诉讼实践结果的公正,又称为结果公正,它通常包含事实的公正和适用法律定罪量刑的公正两个方面的评判标准。事实公正是指国家司法机关据以定罪量刑的案件事实清楚,真实可靠。然后在此基础上正确适用法律,作出"罪责刑相适应"的公正判决,实现处罚的公正。

程序公正,是强调《刑事诉讼法》规定的过程和手段的公正,它追求以"看得见的形式"实现司法公正,体现法律的尊严和秩序。因此,程序是否公正,人们主要通过程序公平与程序效率两个方面进行评判。

要保证程序公平，通常要求诉讼制度上要做到裁判者中立、办案措施合理、程序公开、程序平等、程序民主等。

当然，面对人类需求无限而社会资源有限这一现实，程序公正除了追求程序公平外，还需追求程序效率。效率，是指单位时间内的有效产出量。刑事诉讼的效率是指在刑事诉讼中所投入的资源（包括人力、物力、财力等）与所取得的结果之比。英国有一句非常著名的法律谚语说：迟到的正义是非正义。程序过于繁琐、冗长的低效率司法，即使结果是正确的，也会被认为是不公正的。因为如果正确的结果是以国家机关和诉讼参与人付出惨重的时间、精力和财力为代价的话，最终结果可能就是得不偿失。因此，程序公正必须是既公平又有效率的，要考虑程序上的繁简分流。比如，将诉讼分为公诉和自诉，刑事案件可以附带民事赔偿诉讼，审判程序可以分普通审程序和简易审程序，处罚"宽严相济"等。在西方国家还可以进行诉辩交易和刑事和解等。另外，程序效率还要考虑诉讼措施合理，手段节制。比如，在刑事诉讼中采取限制或剥夺公民基本权利的强制性措施（如逮捕、羁押、搜查、扣押、监听等），在种类、轻重、力度上，应当与所追究的犯罪的严重性以及被追诉者的人身危险性相适应。过度的手段，一则浪费国家有限的司法资源，二则难免造成社会的"白色恐怖"。

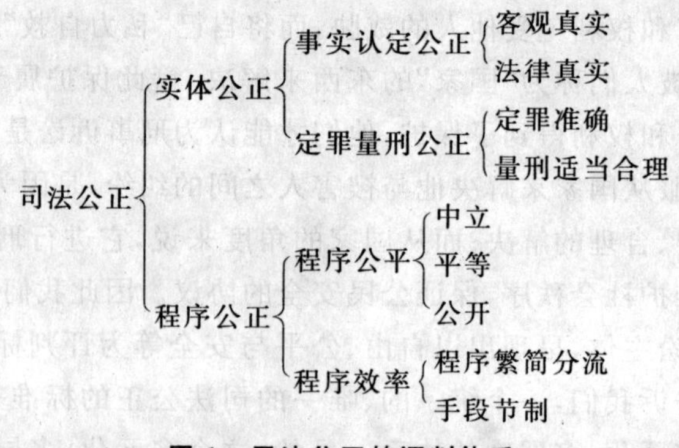

图1 司法公正的评判体系

五、刑事诉讼模式

（一）刑事诉讼模式的概念

刑事诉讼模式，又称刑事诉讼结构或构造，是指国家司法机关在当事人及其他诉讼参与人的参加下进行刑事诉讼的基本方式以及他们在刑事诉讼中形成的法律关系的格局。① 李心鉴博士指出，刑事诉讼的构造由一定的诉讼目的所决定，并由主要诉讼程序和证据规则中的诉讼基本方式所体现出的控诉、辩护和裁判三方的法律地位和相互关系构成。②

① 曾友祥、李春雷主编：《刑事诉讼法学》，中国民主法制出版社 2004 年版，第 43 页。

② 李心鉴：《刑事诉讼构造论》，中国政法大学出版社 1992 年版，第 7 页。

(二)刑事诉讼模式理论的发展概况

作为一个理论范畴,刑事诉讼模式理论是由日本学者较早提出并确立于刑事诉讼法学之中。而现代刑诉模式理论的发源地则被认为在美国。[①] 1964 年帕卡在美国宾夕法尼亚大学法学杂志上提出的犯罪控制模式(Crime Control Model)与正当程序模式(Due Process Model)学说作为美国刑事诉讼模式的开创性理论,不仅对美国及其他西方国家的理论产生了深远影响,而且对我们研究我国刑事诉讼模式也具有重要的启发意义。

帕卡用富有启发意义的比喻,说明犯罪控制模式视野下的刑事诉讼就像一个由警察和检察官操纵的高速装配的流水作业程序,这条司法装配线的最终产品便是辩诉交易,以实现高效惩罚犯罪,维护社会公共秩序为刑事诉讼程序最重要的目的。帕卡理论中的正当程序模式则更像是跨栏障碍赛跑,刑事诉讼活动以辩护律师不断地向法院提出关于被告人权利受到了侵犯的申诉,而最大限度地减少误判。犯罪控制模式的装配线式司法主要着眼于效率价值,而正当程序模式司法则更多关注对被告人的公平对待和案件质量的控制,强调个人的利益高于社会和国家利益。

除此之外,1970 年美国耶鲁大学副教授格里费斯提出充满博爱色彩的"家庭模式"和"争斗模式"学说。格里费斯认为,"争斗模式"是把刑事程序视为国家与被告之间的争斗程序的思考方式,亦即把被告利益与国家利益视为不可调和作为其理论前提。与之相反,"家庭模式"则把利害调整的可能性和爱的理念作为其理论的前提,认为刑事诉讼就像家庭内部对孩子的错误行为进行惩罚,但这种惩罚不是对孩子的敌视,而是对孩子的爱护。按照格氏的"家庭模式",只要对官员持信赖的态度,辩护人与检察官的诉讼活动就不会演化为争斗,而将成为对法院公正裁判的协助性活动。这种模式将使被告的权利、尊严、人格受到最大的尊重,同时,刑事程序本身所应有的教育功能也将会得到最有效的发挥。

1973 年,达马斯卡教授在宾夕法尼亚大学法律杂志上发表文章,提出应当使用当事人对抗模式(adversary model)[通过当事人抗争(party contest)]与非当事人对立模式(non-adversary model)[通过职权纠明(official inquiry)]来辨明大陆法系国家刑事诉讼程序与英美法系国家刑事诉讼程序的区别。达马斯卡提出,在当事人对立模式中,诉讼是由在原理上平等的双方当事人在法院面前抗争争议后由法院裁断所构成的。非当事人对立的基本模式是,其程序开始不是由争议引起的,而是由官员调查犯罪的嫌疑引起的。二者之间的主要区别在于法官的积极性。

1974 年,戈德斯坦(A. S. Goldstein)在斯坦福大学法学评论纪念帕卡的专号上,发表论文提出了传统的"纠问模式"(inquisitorial model)与"弹劾模式"(accusatorial model)两个模式的理论。戈德斯坦认为,"无罪推定"原则是构成"弹劾模式"的基石,即在程序和证明过程中,把被告人作为无罪者来对待。国家在程序的进行中采取消极的姿态,类似于民事诉讼的形态。与此相反,"纠问程序"的主要特征是国家的积极义务,通常这种义务是由法院承担的。可以说,纠问式程序不是当事人支配的程序,而是国家支配的程序。

---

① 陈瑞华:《刑事诉讼的前沿问题》,中国人民大学出版社 2000 年版,第 110 页。

上述这些学说[①]将刑事诉讼理论研究引入一个崭新的境界。

(三)人类历史上已经出现的刑事诉讼模式的基本类型

在上述刑事诉讼模式理论的启发下,人们将人类历史上已经出现过的刑事诉讼模式进行归纳,一般认为人类刑事诉讼模式具有以下几个类型:欧洲古代的弹劾式模式;封建专制时期的纠问式模式;现代欧洲大陆国家的职权主义模式与英美法系国家的当事人主义诉讼模式;当代日本以当事人主义为主,以职权主义为辅的折中主义诉讼模式。

各类模式均有各自的特点,自成风格,故不能将它们混为一谈,特别是将弹劾式与当事人主义、纠问式与职权主义混为一谈是不妥当的[②]。

1. 弹劾式刑事诉讼模式(Accusatorial Model)

"弹劾"一词原意是指调查官方人员的不正当行为,并追究其责任。但在这里最好理解为"告发",是指个人享有控告犯罪的绝对权利,国家机关不主动追控犯罪,而只承担居中判断是非的仲裁者的角色,因此弹劾式诉讼又被称为告发式诉讼。弹劾式刑事诉讼模式是人类刑事诉讼史上最初的诉讼模式形态,盛行于欧洲古代的奴隶制国家。

其主要特征有:(1)犯罪被认为是公民之间的纠纷,国家并不积极主动干预犯罪,而赋予被害人或其他公民以起诉权,所以刑事诉讼呈"私人起诉"形式。(2)实行不告不理原则。没有原告起诉,法院不得受理案件和进行审判,即没有原告的起诉就没有法官的审理。(3)原告和被告的诉讼地位平等,即权利、义务相等。(4)法官中立,居中听取控、辩双方的陈述及意见,从中获得对案件真相的认识,消极行使审判权。(5)审判公开,并以言词方式进行,双方及证人采取对质的方式核实证据;实行谁主张谁举证和"神示"证据判断制度。

弹劾式模式下诉讼开始时区分控诉、辩护、审判三种职能,体现诉讼民主与公平的价值理念。但由于奉行"私人起诉"和"不告不理"原则,如果受害人不告或无力控告,刑事诉讼程序也就不会开始;而且当时又实行谁主张谁举证和"神示"证据判断制度,使诉讼结果无法预料,不利于国家对犯罪的控制。

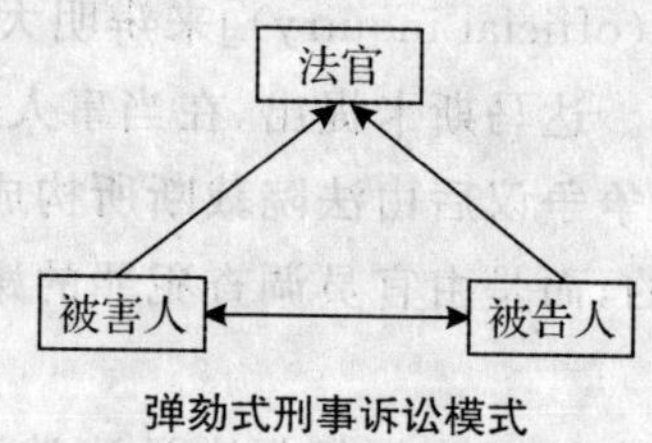

弹劾式刑事诉讼模式

2. 纠问式刑事诉讼模式(Inquisitorial Model)

纠问制,其原意是指"无人愿意充当原告的情况下,法官对犯罪事实进行调查、取证、审判。"[③]用于诉讼理论上概括总结盛行于欧洲中世纪君主专制国家和我国封建国家时期的刑事诉讼模式。它主要指:(1)犯罪被认为是严重破坏统治秩序的恶劣行为,主要依靠国家职

---

① 各模式均参见李心鉴:《刑事诉讼构造论》,中国政法大学出版社 1992 年版。

② 李心鉴:《刑事诉讼构造论》,中国政法大学出版社 1992 年版,"内容简介"。

③ 侣化强:《西欧中世纪纠问制诉讼中的原告》,载《法学家》2010 年第 2 期。

权积极主动地追究犯罪，实行“不告也理”原则（必须存在众所周知的公愤民怨或重大的犯罪事实）。(2)法官享有广泛的权力，集侦查、控诉、审判权于一身。(3)被告人不具有诉讼主体地位，只是被纠问的客体；在诉讼中不享有任何诉讼权利，却要承担各种诉讼义务，成为被拷打、逼问的对象。(4)侦查、审判秘密进行，审判以书面审查为主。(5)实行形式法定证据制度，被告人的认罪口供为“证据之王”，刑讯逼供合法化。

这种诉讼模式由于国家权力高度集中，在打击犯罪上显示出它强大而高效的威力，但另一方面严刑酷法下冤狱丛生和人权惨遭蹂躏的恶果也应运而生。

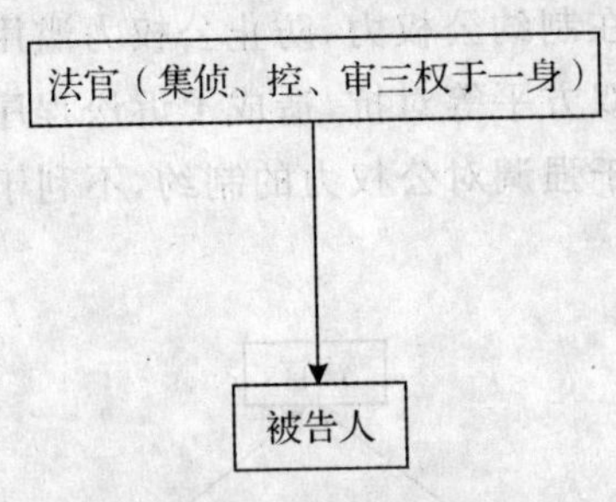

纠问式刑事诉讼模式

3. 职权主义诉讼模式

职权主义模式，是对以法国、德国为代表的大陆法系国家近现代刑事诉讼程序结构特点的概括，主要强调法官拥有探明案件事实真相的主动调查权。其主要特征是：(1)为避免司法独断专行，实行控审职能的分离，体现了权力制约权力的机制。(2)诉讼分阶段进行。在侦查阶段，强调国家对犯罪的控制，侦查活动秘密进行，并严格限制被追诉人的权利行使。在起诉时，控诉方应随起诉书移送全案的一切证据材料，以便法官审阅，决定是否正式启动审判程序。在审判阶段，强调法官在庭审中的主导地位。庭审活动以法官对案件的调查为主线而展开，法官依职权主动讯问被告人，询问证人，积极调查证据，控辩双方的法庭活动受到限制，作用比较消极。用一句话来概括就是，“主动的法官，消极的当事人”。

职权主义诉讼模式由于实行控审职能分离，避免了因司法权力过于集中而形成的司法专断；同时，由于法官积极主动行使职权，使得法院在探明案件事实真相方面发挥了重要的作用。但是，控审权力在谱系上同属于国家，有着共同打击犯罪的使命，因而又使得控辩双方的地位难以平等，诉讼呈非对抗性，被追诉人难逃成为诉讼审查对象的命运，辩护权受到较大的限制，不利于被追诉人的权利保障。

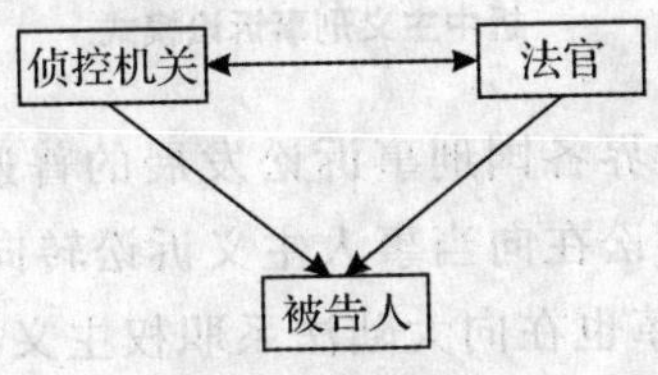

职权主义刑事诉讼模式

4. 当事人主义诉讼模式

“当事人主义”最一般的用法是指当事人进行主义，强调在刑事诉讼程序中当事人积极发动、推进诉讼的主动性，其主张、证明和陈述意见是诉讼的最基本内容，法院的职权活动具有消极被动性,受制于当事人。

当事人主义诉讼模式是在吸取古代弹劾式诉讼的民主、平等精髓的基础上发展而来的。是对英国、美国为代表的英美法系国家刑事诉讼程序各基本构成要素相互关系特点的概括。其主要特征是:(1)诉讼呈正三角形三方构造,不仅控审职能分离,而且职权分立。在英美法系国家,警察权、检察权属行政权,只有裁判权才隶属于司法权。控审分离,便于司法权对行政权的审查和制约。(2)法官中立,消极审判,控辩双方平等对抗。(3)刑事司法以“正当程序”优先,强调对当事人特别是被告人个人权利的保护。

当事人主义刑事诉讼模式在制约公权力,防止公权力滥用,保障人权方面发挥了积极的作用。但由于其过于强调控辩双方平等对抗,造成了诉讼程序冗长、繁琐,诉讼效率低下;同时,法官过于消极中立,司法过于强调对公权力的制约,不利于案件真相的探明,因而遭致放纵犯罪的强烈批评。

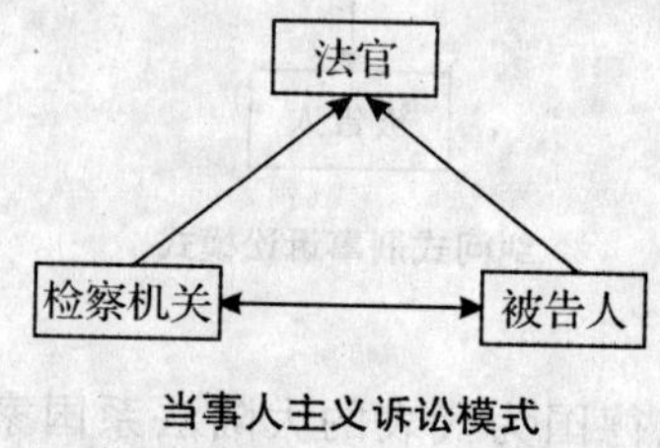

当事人主义诉讼模式

5. 折中主义诉讼模式

折中主义模式,又称混合式模式,是指职权主义模式与当事人主义模式互相吸收、渗透而产生的一种新型的刑事诉讼模式。采用该模式的国家有日本、意大利、俄罗斯等国家。其主要特征是:(1)审前阶段,为探明案件真相,强调侦控机关的职权行使,但强制侦查措施需经过司法令状审查后方能实施。(2)审判中,检察机关与被告人双方当事人地位平等,公平抗辩。(3)法官不是消极被动仲裁,而是为探明事实真相,掌握着庭审指挥权和庭外调查核实权。

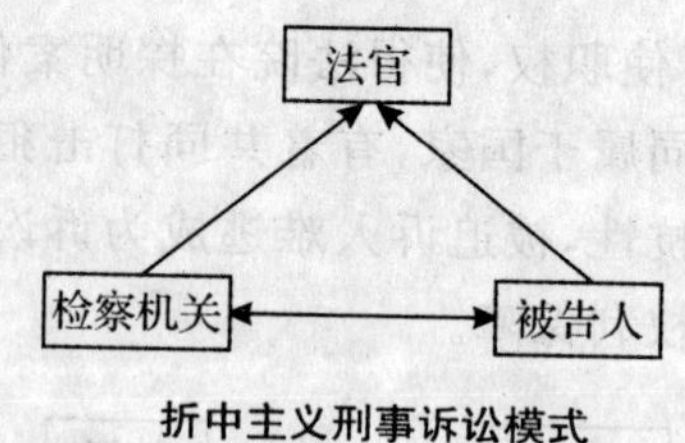

折中主义刑事诉讼模式

折中主义模式代表了当今世界各国刑事诉讼发展的普遍趋势,是职权主义与当事人主义的融合。大陆法系职权主义诉讼在向当事人主义诉讼转向,如日本、意大利等国。与此同时,英美法系国家的刑事司法改革也在向大陆法系职权主义模式靠近。如英国政府 2002 年 7 月公布的由英国大法官、总检察长和内政大臣共同签署的政府白皮书《所有人的正义》(*Justice for All*)中宣称,即使以牺牲刑事被追控人的合法利益为代价,也将“确保从犯罪发生的那一刻起,一切都围绕着准确追究犯罪、实现公正来进行。刑事诉讼程序应当被调整为朝着这样的目标:查明案件的真实情况,尽可能及时地判决犯罪人有罪,并且把任何阻碍这个目标实现的机会减少到最小限度”①。美国在 2001 年“9·11”事件后，于 2006 年制定并通过了《爱国者法》，该法无论从法律条款的内容还是实施后果来看，都为政府以反恐怖犯罪、反有组织犯罪为名更多涉入公民私人生活提供了法律依据。纵观世界各国刑事司法改革的潮流，总体而言，当事人主义借鉴职权主义是局部的、技术性的，而职权主义国家向当事人主义的借鉴则往往是整体性的、结构性的。之所以世界各国会出现这种发展倾向，有多方面的原因，其中最重要的原因是，如德国著名刑事诉讼法学家赫尔曼先生所说，在当事人主义的诉讼结构中，法院的角色更加符合现代民主宪政结构中的中立的裁判机构这一要求。同时，当事人主义的平等制和权利观念正好是解决隐伏于职权主义结构中的国家主义、国家权力至上的一剂良方。

当然，折中主义诉讼模式在理论上是美好的，是对两大诉讼模式的兼收并蓄。但现实中是否能够完全有效地运作，是否能够实现预期的立法价值目标，日本、俄罗斯等国的司法实践并没有给出一致的结论。日本、俄罗斯联邦国家的刑事司法改革显示，职权主义与当事人主义虽互有吸收，但并未完全融合。这两个国家均不同程度地出现了当事人主义的法律构架与职权主义的精神实质相冲突的问题，即立法上追求当事人主义，而实务却呈职权主义的困惑。

因此，在各国的刑事司法中，惩罚犯罪与通过加强对国家公权力的有效制约来实现人权保障这二者之间常常处于矛盾冲突之中，很难达到鱼与熊掌兼得的理想境界，各国最终还是要根据自己的国情作出一定的取舍。

6. 我国的刑事诉讼模式

我国传统的刑事诉讼活动是“流水作业”式的操作方式，即公安机关、检察院、法院三个部门分工、配合，共同致力于完成刑事诉讼任务，可以称之为强职权主义的诉讼模式，体现了人民民主专政国家惩罚犯罪，最大限度维护国家和社会利益的特征。

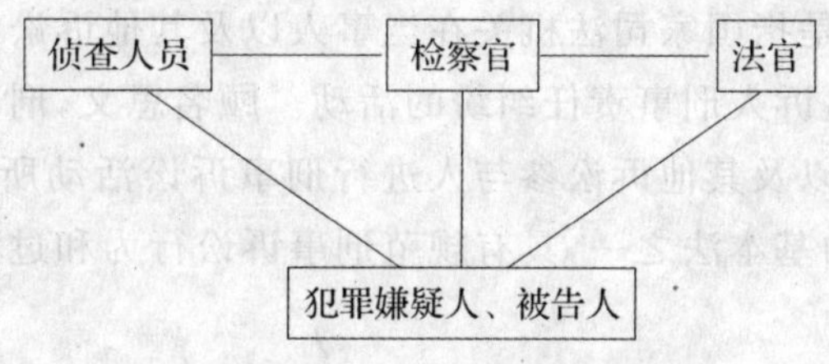

我国1979年的刑事诉讼模式

为了顺应保障涉讼公民人权这一世界潮流，我国于 1996 年对 1979 年的《刑事诉讼法》进行了较大幅度的修改，形成了职权主义与当事人主义交融的刑事诉讼新格局。与日本、意大利等国的倾向于以保障人权为目的的当事人主义式的折中模式相比，我国的刑事诉讼模式属于倾向于以惩罚犯罪为目的的职权主义式的折中模式。

我国现行刑事诉讼模式的主要特征是：(1)根据我国宪法和法律将公检法三机关视为国家司法机关的立法意图，刑事诉讼虽然分阶段进行，侦控审职能分离，但它们三家共同行使

① 曾友祥、李春雷主编：《刑事诉讼法学》，中国民主法制出版社 2004 年版，第 48 页。

着国家的刑事司法权，共同承担国家惩罚犯罪，维护国家和社会秩序的任务。(2)侦查阶段，我国现行法虽赋予了犯罪嫌疑人比旧法更多一些的诉讼权利，但更多的权利(如律师的在场权、会见权等)依然受到许多不应有的限制。侦查机关，特别是检察机关中的侦查部门，他们的强制性侦查行为几乎不受任何司法审查。(3)审查起诉阶段，检察机关自己审查自己侦查的案件。(4)审判阶段，虽然庭审加强了控、辩双方的对抗性，并适当削弱了法官在证据调查方面的职权，但依然难以改变检察机关非当事人身份的优势和由我国宪法所确认的控、审“一家亲”的现状。总体而言，我国现行刑事诉讼的构造模式依然呈现强职权主义的构造特征，并没有达到我们当初修改《刑事诉讼法》时的预期目标。

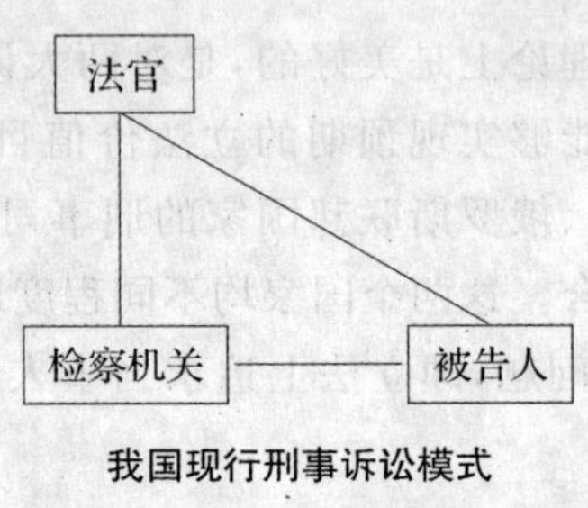

我国现行刑事诉讼模式

第三节　刑事诉讼法的概念

一、刑事诉讼法的概念

如前所述，刑事诉讼是指国家司法机关在当事人以及其他诉讼参与人的参加下，解决社会冲突和纠纷中有关被追诉人刑事责任纠纷的活动。顾名思义，刑事诉讼法，就是指有关规范国家司法机关、当事人以及其他诉讼参与人进行刑事诉讼活动所应遵循的法律规则的总称。刑事诉讼法是国家的基本法之一，具有规范刑事诉讼行为和过程，保障整个刑事诉讼活动有章可循的作用。

二、刑事诉讼法的法律渊源

所谓法律渊源，是指法律的外在表现形式或者法律内容的载体。刑事诉讼法的法律渊源有广、狭义之分。

狭义的刑事诉讼法是指国家立法机关制定的成文的刑事诉讼法典。换言之，狭义的刑事诉讼法仅指刑事诉讼法典。在我国，狭义的刑事诉讼法是指 1979 年 7 月 1 日第五届全国人民代表大会第二次会议通过的新中国第一部《中华人民共和国刑事诉讼法》。该法于 1996 年 3 月 17 日由第八届全国人民代表大会第四次会议通过修改决定。在 1979 年之前，新中国成立后近 30 年内始终没有制定一部统一的《刑事诉讼法》，刑事程序主要依靠《中华人民共和国逮捕拘留条例》等单行法规、政策等加以规范。

广义的刑事诉讼法是指一切与刑事诉讼有关的法律规范的总和。主要包括：(1)宪法。(2)刑事诉讼法典。(3)有关的法律。主要指全国人大及其常委会制定的刑法；法院和检察院组织法；国家赔偿法；监狱法；法官法、检察官法、律师法和警察法；未成年人保护法等法律中有关刑事诉讼的内容。(4)有关的司法解释、法律文件等。由于我国1996年修改的《刑事诉讼法》条文总共只有225条，这些简单抽象、高度概括的条文远远不能满足司法实践的需要。因此，还必须依靠最高人民法院、最高人民检察院及国务院各有关部委对之加以及时的细化和补充，迄今颁布的相关法律文件已约有40个。(5)有关的国际条约。国际条约规定了当代社会刑事司法最基本的准则，是人权保障的底线。据2010年9月26日国务院发布的《2009年中国人权事业的进展》白皮书，中国政府已加入的重要国际人权公约有《世界人权宣言》、《经济、社会及文化权利国际公约》、《公民权利和政治权利国际公约》等25项，并积极为加入《公民权利和政治权利国际公约》创造条件。

在英美法系国家，刑事诉讼法的法律渊源通常还包括判例、学说理论等。

三、刑事诉讼法与宪法、刑法的关系

(一)刑事诉讼法与宪法的关系

宪法是国家的根本法，除了规定了国家的性质和根本政治制度外，还规定了公民的基本权利和义务。一切国家部门法包括刑事诉讼法在内，都必须以宪法为根据来制定，其内容都必须符合宪法的基本精神和各项具体规定，而不能同它相抵触，否则就将失去其法律效力。所以，我国《刑事诉讼法》第1条就明确规定我国《刑事诉讼法》是根据《宪法》制定的。

刑事诉讼法的内容与宪法有着极其密切的关系。在我国，宪法中明确规定了国家刑事司法制度、组织和原则以及有关人权保障的内容，这些都是刑事诉讼法的重要内容来源，刑事诉讼法的立法是对这些宪法原则和精神加以具体化的表现。因此，有人形象地把宪法与刑事诉讼法的关系看成是“母法”与“子法”的关系。

(二)刑事诉讼法与刑法的关系

1. 刑事诉讼法与刑法的关系传统表述

刑事诉讼法与刑法的关系，在传统上表述为两个方面：(1)程序法与实体法的关系。法按其内容和作用可分为程序法和实体法。刑法是规范国家定罪量刑标准的法律，主要规定什么是犯罪行为以及如何处罚犯罪的内容，属于实体法。国家要实现实体法处罚犯罪时，连接犯罪与处罚的一个不可缺少的桥梁就是刑事诉讼程序。这个程序由刑事诉讼法来制定，因此刑事诉讼法是规范国家权力机关如何揭露犯罪、证实犯罪和惩罚犯罪的程序法。(2)形式与内容的统一，方法与任务的统一。传统的刑事法理论认为，刑事诉讼法和刑法都是国家实现打击犯罪、惩罚犯罪的重要工具，它们二者之间的关系是形式与内容的统一，也是方法和任务的统一。因此，有人把刑法称为“实体刑法”，把刑事诉讼法称为“形式刑法”。二者相互依存、密不可分，构成了刑事法的整体内容。一方面，刑事诉讼既要有刑法作为定罪量刑的依据,又要有刑事诉讼法规定的程序来保证刑法的正确实施;另一方面,刑法所规定的内容,只有通过刑事诉讼程序才能得到正确的实施。如果没有刑事诉讼法从程序上保证刑法的执行,刑法所规定的一切内容就成了一纸空文。同样,如果没有刑法作为刑事诉讼的内容和标准,刑事诉讼法的一切规定也就失去了目的和意义。

2. 刑事诉讼法与刑法关系的新视野

应当说,传统理论把刑事诉讼法和刑法的关系归纳为形式与内容、方法与任务的表述本身并没有错误。问题是,过分强调它们二者的相互依存关系,很容易将人们引入程序工具主义的误区,我国司法实务中长期存在的重实体、轻程序,违反程序规定办案的现象,即是这种理论误导的结果。

新观点认为,在现代民主文明的社会里,不经过刑事诉讼程序,就不能认定任何人犯罪并处以刑罚(即"无罪推定")的原则已成为国家活动的基本原则。刑事诉讼法作为"程序法"实际上起着制约作为"实体法"的刑法的实现的作用,刑事诉讼法实际是"刑法实现的法",具有不依赖实体法而独立存在的价值。因此,重新认识刑事诉讼法与刑法的关系,充分认识刑事诉讼法自身独特的程序价值,为我们摒弃传统落后的"重实体、轻程序"的司法指导思想,树立"程序优先、保障人权优先"的刑事司法新理念开辟了新的思想视野。

延伸阅读⇨

刑事诉讼宪法化趋势

在许多国家的宪法中都呈现出一个有趣的现象,即宪法中都规定了大量的与刑事诉讼有关的条款,而其中大部分条款又是关于刑事诉讼中的人权保护问题的。如美国宪法修正案,即《权利法案》(*The Bill Of Rights*)中规定的公民的23项基本权利中,有12项权利与刑事诉讼密切相关,其内容均成为刑事诉讼的基本原则。从1960年代开始,美国就出现了一种"刑事诉讼宪法化"或"宪法性刑事诉讼"(the constitutional criminal procedure)的提法,意在通过刑事诉讼,实现宪法保障人权方面的作用。在加拿大,《公民自由与权利宪章》也对刑事诉讼起直接的指导作用。在德国,由于刑事诉讼不管在理论上还是在实践中都必须遵守宪法的规定,所以有人称刑事诉讼法为"被应用的宪法"(das angewandte Verfassungsrecht)或"宪法的适用法"。而在日本,二战以后要求从宪法的高度重新审视刑事诉讼法的呼声更是高涨。

阅读链接⇨

◆ 1. 陈光中、严端主编:《中国刑事诉讼法修改建议稿与论证》,中国方正出版社1999年版。

◆ 2. 杨忠明、陈建军著:《刑事诉讼价值论与目的论述评》,载《时代法学》2003年第2期。

◆ 3. 陈光中著:《刑事诉讼法再修改之基本理念》,载《政法论坛》2004年第3期。

◆ 4. 郝银钟著:《刑事诉讼目的双重论之反思与重构》,载《法学》2005年第8期。

◆ 5. 樊崇义等著:《刑事诉讼法再修改理性思考》,中国人民公安大学出版社2007年版。

◆ 6. 锁正杰著:《刑事程序的法哲学原理》,中国人民公安大学出版社 2002 年版。

◆ 7. 宋健强著:《国际刑事法院诉讼详情实证研究》,哈尔滨工业大学出版社 2010 年版。

➢ 讨论题

1. 请分析刑事诉讼与刑事诉讼法的关系。

2. 刑法与刑事诉讼法在限制公权力滥用与保障人权方面应各自发挥怎样的作用?有什么联系和区别?

3. 谈谈你对刑事诉讼法的立法价值和立法目的的认识,并思考如何合理解决目的冲突、价值冲突的问题。

4. 请谈谈你对人类社会刑事诉讼模式演变规律的认识。

5. 请你谈谈对我国《刑事诉讼法》再修改的方向认识。

第二章 刑事诉讼中的专门机关和诉讼参与人

刑事诉讼中的专门机关，是指依照法定职权进行刑事诉讼活动的国家机关，包括人民法院、人民检察院和公安机关。根据《刑事诉讼法》第 4 条的规定，国家安全机关在办理危害国家安全的刑事案件时，行使与公安机关相同的职权。《刑事诉讼法》第 225 条规定，军队保卫部门对军队内部发生的刑事案件行使侦查权。罪犯在监狱内犯罪的案件由监狱行使侦查权。因此，军队保卫部门、监狱以及国家安全机关，在办理特定刑事案件时，也是刑事诉讼的专门机关。另外，从 1998 年起，经国务院批准，国家在各级海关设立侦查部门，专门负责走私案件的侦查工作。因此海关所属的缉私部门也属于刑事诉讼中的专门机关。

刑事诉讼中的专门机关是国家机构的重要组成部分，在刑事诉讼中居于主导的地位。这些机关分别行使侦查权、检察权、审判权，实行分工负责、互相配合、互相制约的原则，共同完成打击犯罪、保障人权的任务，共同保障国家安全和社会公共安全，维护社会主义社会秩序。

第一节 人民法院

一、人民法院的性质和任务

根据《宪法》第 123 条和《人民法院组织法》第 1 条的规定，人民法院是国家的审判机关，代表国家独立行使审判权。《刑事诉讼法》第 3 条规定，审判由人民法院负责。这些规定说明，只有人民法院才能代表国家独立行使审判权，其他任何机关、组织和个人都没有这种权力。

根据《人民法院组织法》的规定，人民法院的任务是审判刑事案件、民事案件，并且通过审判活动，惩办一切犯罪分子，解决民事纠纷，以保卫无产阶级专政制度，维护社会主义法制和社会秩序，保护社会主义的全民所有的财产、劳动群众集体所有的财产，保护公民私人所有的合法财产，保护公民的人身权利、民主权利和其他权利，保障国家的社会主义革命和社会主义建设事业的顺利进行。同时，人民法院用它的全部活动教育公民忠于社会主义祖国，自觉地遵守宪法和法律。

二、人民法院的组织体系和领导体制

根据《人民法院组织法》的规定，我国人民法院的组织体系包括最高人民法院、地方各级

人民法院以及专门法院。

1. 最高人民法院。最高人民法院是国家最高审判机关，对刑事案件享有终审权。职责主要是：监督下级法院的审判工作，审判案件，核准死刑案件，进行司法解释等。

2. 地方各级人民法院。地方各级人民法院包括基层人民法院、中级人民法院以及高级人民法院。(1)基层人民法院包括县、自治县、市、市辖区人民法院。基层人民法院可以设立若干人民法庭，以基层人民法院的名义独立工作。基层人民法院审判依法应由它审理的第一审案件。(2)中级人民法院包括：在省、自治区内按地区设立的中级人民法院，在直辖市内设立的中级人民法院，省、自治区所辖市的中级人民法院，自治州中级人民法院。中级人民法院审判第一审、第二审和再审案件。(3)高级人民法院包括省高级人民法院、自治区高级人民法院以及直辖市高级人民法院。高级人民法院审判第一审案件，第二审案件和再审案件，复核死刑缓期执行案件。

3. 专门法院。我国目前已经设立的专门法院有：中国人民解放军军事法院、铁路运输法院和海事法院。其中，海事法院不具有对刑事案件的管辖权。

根据《宪法》和《人民法院组织法》的规定，各级人民法院对各级人民代表大会及其常务委员会负责并报告工作，接受人大及其常委会的监督。人民法院上下级之间是监督关系。最高人民法院监督地方各级人民法院和专门人民法院的审判工作。上级人民法院监督下级人民法院的审判工作。

三、人民法院的职权

人民法院是我国唯一的审判机关，在刑事诉讼中，依法通过独立行使审判权，最终决定被告人是否构成犯罪，构成何种犯罪以及应当承担何种刑事责任等问题。未经人民法院审判，对任何人都不得确定有罪。人民法院在刑事诉讼中的职权主要包括：(1)对依法受理的自诉案件、公诉案件以及刑事附带民事案件进行审判和裁决；(2)有权决定对刑事被告人采取逮捕、拘传、取保候审和监视居住强制措施；(3)在必要的时候，可以进行勘验、检查、扣押、鉴定和查询、冻结等庭外活动；(4)依法收缴赃款、赃物，在审理刑事附带民事案件中，必要时可以查封、扣押被告人的财产；(5)依法主持和指挥审判活动，对违反法庭秩序的人，有权予以警告、强行带出法庭、罚款、拘留，直至追究刑事责任；(6)对生效的判决、裁定，依法交付执行机关执行，依照法律规定，行使对无罪、罚金和没收财产裁判的执行权；(7)向有关单位提出司法建议；(8)对错误的生效判决，有权按照审判监督程序进行再审。

➢ 案例分析

被告人王某因涉嫌诽谤被自诉人李某起诉到法院，法院受理以后可以对被告人王某采取那些强制措施？

解答：根据《刑事诉讼法》第 50 条、第 51 条的规定，人民法院有权对被告人王某决定逮捕和采取拘传、取保候审、监视居住等强制措施，但无权采取拘留措施。

第二节 人民检察院

一、人民检察院的性质和任务

根据我国《宪法》和《人民检察院组织法》的规定人民检察院是国家专门的法律监督机关，代表国家依法独立行使检察权。人民检察院通过对公安机关的立案、侦查活动，法院的审判活动以及执行机关的执行活动是否合法进行法律监督，体现其法律监督机关的性质。

人民检察院的任务是通过行使检察权，镇压一切叛国的、分裂国家的和其他反革命活动，打击反革命分子和其他犯罪分子，维护国家的统一，维护无产阶级专政制度，维护社会主义法制，维护社会秩序、生产秩序、工作秩序、教学科研秩序和人民群众生活秩序，保护社会主义的全民所有的财产和劳动群众集体所有的财产，保护公民私人所有的合法财产，保护公民的人身权利、民主权利和其他权利，保卫社会主义现代化建设的顺利进行。同时人民检察院通过检察活动，教育公民忠于社会主义祖国，自觉地遵守宪法和法律，积极同违法行为作斗争。

➢ **争论**

学界关于检察权的性质争议很大。主要有以下几种观点：(1)行政权说。认为检察权就是行政权。(2)司法权说。认为检察官与法官同质但不同职，具有同等性。(3)行政、司法双重属性说。认为检察权和检察官兼具行政与司法的双重属性。(4)法律监督权说。认为法律监督才是检察权的本质特点，司法属性和行政属性都只是检察权的局部特征。

二、人民检察院的组织体系和领导体制

根据我国《宪法》和《人民检察院组织法》的规定，人民检察院的组织体系包括最高人民检察院、地方各级人民检察院以及专门检察院。

1. 最高人民检察院。最高人民检察院是国家最高检察机关。最高人民检察院设有刑事检察厅、反贪污贿赂总局、法纪检察厅、监所检察厅、控告申诉厅、铁路运输检察厅以及其他业务机构。其主要职责有：领导地方各级人民检察院和专门检察院的工作；对全国性的重大刑事案件行使检察权；对各级人民法院已经发生法律效力的判决和裁定，如果发现确有错误，按照审判监督程序提出抗诉；依法对监狱、看守所的活动实行监督；依法对刑事诉讼、民事诉讼和行政诉讼实行法律监督；对检察工作中具体应用法律、法规的问题作出解释；制定检察工作条例、细则和办法；管理和规定各级人民检察院的人员编制。

2. 地方各级人民检察院。地方各级人民检察院有：省、自治区、直辖市人民检察院；省、

自治区、直辖市人民检察分院，自治州、省辖市人民检察院；县、市、自治县和市辖区人民检察院。省一级人民检察院和县一级人民检察院，根据工作需要，提请本级人民代表大会常务委员会批准，可以在工矿区、农垦区、林区等区域设置人民检察院，作为派出机构。此外，为进一步加强法律监督职责，地方各级人民检察院还先后在监狱、劳教所、看守所设立了驻监、驻所检察室，作为其派出机构。经省一级人民检察院批准，县(市)、市辖区人民检察院可以根据乡(镇)地域、人口、经济等状况，设立乡镇检察室，作为其派出机构。

3. 专门检察院。专门检察院是在特定的组织系统或行业内设立的检察机关。目前我国已经设置的专门检察院包括中国人民解放军军事检察院和铁路运输检察院。铁路运输检察院包括，在各铁路局设立的铁路运输检察分院和在各铁路分局设立的基层铁路运输检察院。军事检察院包括：中国人民解放军军事检察院，大军区、军兵种的军事检察院，军级和副大军区级单位的军事检察院。

人民检察院在国家机构中具有独特的法律地位，实行一重监督，一重领导的体制。一方面，各级人民检察院均由本级人民代表大会产生，对它负责，受它监督；另一方面，最高人民检察院领导地方各级人民检察院和专门人民检察院的工作，上级人民检察院领导下级人民检察院的工作。在各级人民检察院内部实行检察长负责制，检察长统一领导检察院的工作。同时，在各级人民检察院内部设立检察委员会。检察委员会实行民主集中制，在检察长主持下讨论、决定重大案件和其他重大问题。检察委员会讨论决定问题，实行少数服从多数的原则。如果检察长在重大问题上不同意多数人的意见，可以报请本级人民代表大会常务委员会决定。

三、人民检察院的职权

根据《刑事诉讼法》的规定，人民检察院独立行使检察权，不受行政机关、社会团体和个人的干涉。同时，人民检察院依法对刑事诉讼实行法律监督。它既是侦查、公诉机关，又是侦查以及审判活动的监督机关。在刑事诉讼中其职权主要有：

(一)立案侦查权

人民检察院依照法律的规定对于其直接受理的案件有立案侦查权。根据《刑事诉讼法》第 18 条第 2 款和《刑法》的相关规定，贪污贿赂案件，国家机关工作人员的渎职犯罪案件，国家机关工作人员利用职权实施的非法拘禁、刑讯逼供、报复陷害、非法搜查等侵犯公民人身权利的犯罪以及侵犯公民民主权利的犯罪，由人民检察院立案侦查。对于国家机关工作人员利用职权实施的其他重大的犯罪案件，需要由人民检察院直接受理的时候，经省级人民检察院决定，可以由人民检察院立案侦查。

(二)公诉权

对于公安部门或者自侦部门侦查终结后移送起诉的案件，有权进行审查，并依法作出提起公诉或者不起诉的决定。决定起诉的，人民检察院有权派员出席法庭支持公诉。

(三)诉讼监督权

根据《刑事诉讼法》第 8 条规定,人民检察院对刑事诉讼实行监督。法律监督权主要包括立案监督权、侦查监督权、审判监督权以及执行监督权。例如:在立案阶段,检察机关认为公安机关不立案的决定有错误,可以要求公安机关立案;在审判阶段,检察院认为法院的审判活动违法时,有权提出纠正意见,要求改正;对于人民法院的判决、裁定,人民检察院认为确有错误的,可以提起抗诉。

(四)刑事强制措施的批准或决定权

对公安机关侦查的案件,有权批准逮捕;对审查起诉的案件,有权决定采取、变更或者撤销强制措施。

(五)检察建议权

对于机关、团体和企事业单位存在或可能存在的违法、违纪事项,或者存在的管理、制度漏洞,有权发出检察建议,要求其纠正。

第三节　公安机关和其他专门机关

一、公安机关的性质、任务和组织体系

公安机关是国家的治安保卫部门,是各级人民政府的组成部分,是武装性质的国家治安行政力量和刑事司法力量,负责社会治安和国内安全保卫工作。在刑事诉讼中,公安机关是国家的侦查机关,行使国家的侦查权,负责大多数刑事案件立案侦查工作。

公安机关在刑事诉讼中的任务,是保证准确、及时地查明犯罪事实,正确应用法律,惩罚犯罪分子,保障无罪的人不受刑事追究,教育公民自觉遵守法律,积极同犯罪行为作斗争,以维护社会主义法制,保护公民人身权利、财产权利、民主权利和其他权利,保障社会主义建设事业的顺利进行。

我国公安机关实行统一领导、分级管理、条块结合和以块为主的管理体制。公安部是我国的中央公安机关,也是国务院的组成部门,是公安机关的最高领导和指挥机关,组织全国的公安工作,并根据协议与国际刑警组织、境外警察机构共同打击国际犯罪以及跨国、跨境犯罪。地方各级公安机关依照行政区划设立。在省、自治区设立公安厅,直辖市设立公安局;在地区、自治州和地级市设公安处(局);在县、自治县、县级市设立公安局;在直辖市和地级市的市辖区设立公安分局;此外,根据需要,基层公安机关可以在乡、镇、城市街道办和其他必要的地方设立公安派出所。另有专业公安机关,包括:铁路公安机关、林业公安机关、民航公安机关、交通公安机关以及海关公安机关。

二、公安机关的职权

公安机关在刑事诉讼中的职权非常广泛，根据《刑事诉讼法》的有关规定，公安机关在刑事诉讼中的职权主要有三大类：(1)立案权。对属于公安机关管辖的刑事案件，有权决定立案、不立案或撤销案件。(2)侦查权。在侦查过程中，公安机关可以依法讯问犯罪嫌疑人，询问证人，对现场进行勘查检验，对案件有关的场所进行搜查，扣押物证、书证，有权依法冻结存款、汇款，有权进行鉴定、通缉。有权依法对犯罪嫌疑人采取拘传、拘留、取保候审、监视居住等强制措施。对人民检察院批准逮捕、或者人民检察院或者人民法院决定逮捕的犯罪嫌疑人，有权执行逮捕。对有犯罪事实发生并且犯罪嫌疑人已归案的案件，有权进行预审。对符合条件的案件，可以作出侦查终结的决定。(3)执行权。依法负责对判处拘役、管制、剥夺政治权利的罪犯以及暂予监外执行罪犯的执行。对判处有期徒刑缓刑、假释的罪犯，执行期间由公安机关监督。对于没收财产的判决，必要的时候，可以参与执行。

三、其他专门机关及其职权

(一)国家安全机关

国家安全机关是国家机关的重要组成部分，主管我国的国家安全工作。担负着与间谍犯罪作斗争，保卫国家安全，巩固人民民主专政的社会主义制度的职能。1983 年 9 月 2 日第六届全国人大常委会第二次全体会议通过了《关于国家安全机关行使公安机关的侦查、拘留、预审和执行逮捕的职权的决定》，该《决定》明确授权："国家安全机关承担原由公安机关主管的间谍、特务案件的侦查工作，是国家公安机关的性质，因而国家安全机关可以行使宪法和法律规定的公安机关的侦查、拘留、预审和执行逮捕的职权。"1993 年 2 月 22 日第七届全国人民代表大会第三十次会议通过了《中华人民共和国国家安全法》，该法第 2 条规定："国家安全机关是本法规定的国家安全工作的主管机关。国家安全机关和公安机关按照国家规定的职权划分，各司其职，密切配合，维护国家安全。"该法第 6 条规定："国家安全机关在国家安全工作中依法行使侦查、拘留、预审和执行逮捕以及法律规定的其他职权。"根据《刑事诉讼法》第 4 条规定："国家安全机关依照法律规定，办理危害国家安全的刑事案件，行使与公安机关相同的职权。"

(二)军队保卫部门

军队保卫部门是军队政治机关的组成部分，是军队内部承担侦查和安全工作的专门机关。1993 年 12 月 29 日第八届全国人民代表大会常务委员会第五次会议通过《关于中国人民解放军保卫部门对军队内部发生的刑事案件行使公安机关侦查、拘留、预审和执行逮捕的职权的规定》，规定"中国人民解放军保卫部门承担军队内部发生的刑事案件的侦查工作，同公安机关对刑事案件的侦查工作的性质是相同的，因此，军队保卫部门对军队内部发生的刑事案件，可以行使宪法与法律规定的公安机关的侦查、拘留，预审和执行逮捕的职权。"《刑事诉讼法》第 225 条规定:“军队保卫部门对军队内部发生的刑事案件行使侦查权。”

案例分析

李某是某部队的现役军人,在其服役的军队内部涉嫌盗窃,对该犯罪行为应该由哪一部门进行立案侦查?

解答:根据《刑事诉讼法》第 225 条第 2 款的规定,军队内部发生的刑事案件由军队保卫部门立案侦查。

(三)监狱

监狱主要是刑事判决的执行机构,其性质是国家行政机关。根据《中华人民共和国监狱法》第 60 条规定:“对罪犯在监狱内犯罪的案件,由监狱进行侦查。侦查终结后,写出起诉意见书或者免予起诉意见书,连同案卷材料、证据一并移送人民检察院。”《刑事诉讼法》也规定,对罪犯在监狱内犯罪的案件由监狱进行侦查。

(四)海关缉私部门

从 1998 年起,经国务院批准,国家在各级海关设立侦查部门,2003 年 1 月 1 日起更名为海关缉私部门,专门负责走私案件的侦查工作。缉私部门在侦查过程当中,享有与公安机关相同的权力。

第四节 刑事诉讼参与人

诉讼参与人,是指在刑事诉讼中享有一定诉讼权利、承担一定诉讼义务的除国家司法机关及其工作人员以外的人。根据《刑事诉讼法》规定,“诉讼参与人”是指当事人、法定代理人、诉讼代理人、辩护人、证人、鉴定人和翻译人员。在理论上,诉讼参与人一般可以分为两类,即当事人以及其他诉讼参与人。这两类诉讼参与人的诉讼地位、诉讼权利和义务以及对刑事诉讼进程的影响程度,都存在着很大的差异。

一、当事人

当事人是指与刑事诉讼结果有直接利害关系,对刑事诉讼进程发挥着较大影响作用的诉讼参与人。根据《刑事诉讼法》第 82 条的规定,“当事人”是指被害人、自诉人、犯罪嫌疑人、被告人、附带民事诉讼的原告人和被告人。当事人与诉讼结果有直接利害关系,其在刑事诉讼中拥有广泛的诉讼权利,对刑事诉讼的启动、发展和终结具有重要的推动作用。

(一)犯罪嫌疑人和被告人

犯罪嫌疑人和被告人,是指在刑事诉讼中因涉嫌犯罪而被追究刑事责任的人。在同一刑事诉讼中，犯罪嫌疑人和被告人实质上是同一人，只是在不同诉讼阶段的称谓不同而已。犯罪嫌疑人只存在于公诉案件的侦查阶段和审查起诉阶段，是指因涉嫌犯罪而被公安机关或人民检察院决定立案侦查，尚未被提起公诉的人。被告人既存在于公诉案件中，也存在于自诉案件中，但只存在于审判阶段，是指公诉机关或自诉人指控犯罪，由人民法院受理并予以审判的人。根据1996年修改的《刑事诉讼法》的规定，在公诉案件中，受到刑事追诉者在被提起公诉前称为犯罪嫌疑人，在公诉机关正式向法院提起公诉后称为被告人。将被追诉者区分为犯罪嫌疑人和被告人，不仅仅具有形式的意义，更具有实质的意义。

犯罪嫌疑人、被告人作为刑事诉讼的主体享有广泛的诉讼权利，这些权利源于《宪法》所规定的公民的基本权利和自由。同时犯罪嫌疑人、被告人作为被追诉者，为了保障刑事诉讼的顺利进行，《刑事诉讼法》也对其规定了一定的义务。

犯罪嫌疑人权利主要有：(1)有权及时获知被指控的罪名和理由，有权获知所享有的诉讼权利；(2)对侦查人员提出的与本案无关的问题有权拒绝回答；(3)对于司法机关采取强制措施超过法定期限的，有权要求解除强制措施；(4)在被侦查机关第一次讯问后或采取强制措施之日起，有权聘请律师为其提供法律咨询，代理申诉、控告；在被羁押后，有权申请取保候审或由其法定代理人、近亲属聘请的律师为其取保候审；(5)有权核对侦查机关所作的讯问笔录，没有阅读能力的犯罪嫌疑人有权要求侦查人员向其宣读讯问笔录，如果笔录记载有错误或者遗漏，有权提出纠正或者补充；(6)自公诉机关移送审查起诉之日起，有权委托辩护人；(7)对侦查机关用作证据的鉴定结论有权申请补充鉴定或者重新鉴定；(8)对于人民检察院依照《刑事诉讼法》第142条第2款作出的不起诉决定不服的，有权自收到决定后7日内向人民检察院申诉。

被告人的权利主要有：(1)有权使用本民族语言文字进行诉讼；(2)有权自行辩护或在辩护人帮助下获得辩护，有权在法定条件下获得法院为其指定的辩护人提供的辩护，有权拒绝辩护人继续为其辩护，也有权另行委托辩护人；(3)有权申请侦查人员、检察人员、审判人员、书记员、鉴定人、翻译人员回避，对驳回回避申请的决定，有权申请复议；(4)对地方法院未生效的一审判决和裁定，有权书面或者口头向上一级人民法院上诉，对各级人民法院已经生效的判决和裁定，有权向法院和检察院提出申诉；(5)参加法庭调查，就指控的事实发表陈述，经审判长许可，有权对证人、鉴定人发问，有权辨认、鉴别物证，听取未到庭的证人证言笔录、鉴定结论、勘验笔录以及其他证据文书，有权申请调取、收集证据和要求新的证人出庭作证；(6)有权进行辩论，有权对证据和案件事实发表意见；(7)有权向法庭作最后陈述；(8)自诉案件的被告人还有权提起反诉等。

犯罪嫌疑人、被告人的义务有：(1)对侦查人员的讯问，应当如实回答；(2)对侦查机关采取的拘传、拘留、取保候审等强制措施，以及搜查、扣押、检察等侦查措施予以合作；(3)按时出席并接受法庭审判，遵守法庭秩序；(4)不得毁灭证据、伪造证据或者串供，不得威胁证人作证；(5)对发生法律效力的判决、裁定，应当执行，等等。

(二)被害人

被害人是指其人身、财产以及其他合法权益受到犯罪行为侵害的当事人。被害人在刑事诉讼中可能担当不同的诉讼角色。在自诉案件中其为自诉人，在刑事附带民事案件中，其为刑事附带民事的原告人，在公诉案件中，其为承担部分控诉职能的当事人。本节所称的被害人专自在公诉案件中的被害人。

根据《刑事诉讼法》的规定，被害人享有与犯罪嫌疑人、被告人共同的诉讼权利有：(1)根据《刑事诉讼法》第 9 条的规定，有权使用本民族语言文字进行诉讼；(2)对于审判人员、检察人员、侦查人员侵犯其诉讼权利或者人身侮辱行为的，有权提出控告；(3)有权申请侦查人员、检察人员、审判人员、书记员、鉴定人、翻译人员回避，对驳回回避申请的决定，有权申请复议；(4)有权核对侦查机关所作的询问笔录，没有阅读能力的被害人有权要求侦查人员向其宣读询问笔录，如果笔录记载有错误或者遗漏，有权提出纠正或者补充；(5)参加法庭调查，就起诉书指控的事实发表陈述，经审判长许可，有权对被告人、证人、鉴定人发问，有权辨认、鉴别物证，对当庭宣读的未到庭的证人证言笔录、鉴定结论、勘验笔录以及其他证据文书有权发表意见，有权申请调取、收集证据和要求新的证人出庭作证；(6)对已发生法律效力的判决、裁定，有权向人民法院、检察院提出申诉，申诉符合《刑事诉讼法》第 204 条规定的四种情形之一的，人民法院应当重新审判，等等。

被害人在刑事诉讼中享有的特有诉讼权利包括：(1)对于侵犯其人身、财产权利的犯罪事实或者犯罪嫌疑人，有权向公安机关、人民检察院、法院报案或者控告；(2)根据《刑事诉讼法》第 40 条的规定，被害人有权自案件移送审查起诉之日起，委托诉讼代理人；(3)对于人民法院、人民检察院、公安机关不立案的决定，有权获知原因，并可申请复议；对于公安机关应当立案侦查而不予立案侦查的，有权向人民检察院提出；(4)对于人民检察院所作出的不起诉决定，有权获得不起诉决定书，并有权向上一级检察机关申诉，要求提起公诉；对于人民检察院维持不起诉决定的，有权向人民法院起诉，也可以不经申诉，直接向人民法院起诉；(5)对有证据证明对被告人侵犯自己人身、财产权利的行为应当依法追究刑事责任，而公安机关或人民检察院不予追究的案件，被害人有权向人民法院提起自诉；(6)对地方各级人民法院的判决不服的，有权请求人民检察院提起抗诉；人民检察院在收到请求后 5 日内，应当作出是否抗诉的决定并答复被害人，等等。

被害人在享受上述诉讼权利的同时，还要在诉讼中承担一定的法定义务，主要包括：(1)如实向公安司法机关陈述案件事实的义务；(2)接受公安司法机关依法对其进行人身检查的义务；(3)接受公安司法机关依法传唤的义务；(4)在法庭上接受询问并回答问题的义务；(5)遵守法庭秩序的义务，等等。

➢ 案例分析

高某和刘某系某中学高一学生，某天因琐事吵架互殴，高某用随身携带的水果刀将刘某捅成重伤，公安机关以涉嫌伤害罪对高某进行立案侦查。本案当中，属于当事人的有哪些？

解答：根据《刑事诉讼法》第 82 条第 2 款的规定，当事人包括被害人、自诉人、犯罪嫌疑人、被告人以及附带民事诉讼的原告人和被告人，因此本案的当事人为被害人刘某以及犯罪嫌疑人高某。

(三)自诉人

自诉人是自诉案件中依法直接向人民法院提起诉讼，要求追究被告人刑事责任的人。在自诉案件中，自诉人的地位是原告，独立承担控诉职能的自诉人可以是被害人，也可以是被害人的法定代理人、近亲属。根据《刑事诉讼法》第 88 条的规定，被害人死亡或者丧失行为能力时，被害人的法定代理人、近亲属有权向人民法院提起自诉。

自诉人是自诉案件的当事人，独立承担控诉职能。自诉人除了享有诉讼参与人共同的诉讼权利外，还享有以下权利：(1)有权提起刑事诉讼；(2)有权撤回自诉或者同被告人自行和解；(3)有权提起刑事附带民事诉讼；(4)有权申请回避；(5)有权参加法庭调查和辩论；申请人民法院调取新的证据、传唤新的证人出庭作证；申请重新鉴定或者勘验；(6)对未生效的第一审判决或者裁定有权提出上诉；(7)对生效的判决或者裁定认为有错误的，可以提出申诉，等等。

自诉人应承担的义务有：(1)按时出庭，自诉人经两次传唤，无正当理由拒不到庭的，或者未经法庭允许中途退庭的，按撤诉处理；(2)不得捏造事实，诬告陷害他人或伪造证据；(3)对自己的诉讼主张有举证的义务；(4)执行人民法院生效的调解协议、判决或者裁定，等等。

(四)附带民事诉讼的原告人和被告人

根据《刑事诉讼法》第 77 条规定，被害人由于被告人的犯罪行为而遭受物质损失的，在刑事诉讼过程中，有权提起附带民事诉讼。如果是国家财产、集体财产遭受损失的，人民检察院在提起公诉的时候，可以提起附带民事诉讼。

附带民事诉讼被告人是指因被告人的犯罪行为而遭受物质损失，并在刑事诉讼中提出赔偿请求的人。

附带民事诉讼的原告人和被告人具有民事诉讼的主体地位，因此享有广泛的诉讼权利，主要包括：(1)原告人有权在刑事诉讼过程中，以口头或者书面形式提起刑事附带民事诉讼；(2)双方有权委托诉讼代理人，有权申请回避；(3)有权参加附带民事诉讼部分的法庭调查和法庭辩论；(4)原告人有权申请诉讼保全或者先行给付；(5)双方当事人可以要求人民法院进行调解，双方也可以自行和解，原告有权撤诉，被告也可以提起反诉；(6)双方有权对未生效的第一审判决、裁定中的附带民事部分提起上诉；(7)双方认为已经发生法律效力的附带民事判决或者裁定确有错误的，可以提起申诉，等等。

二、单位诉讼当事人

(一)单位犯罪嫌疑人、单位被告人

单位是否构成刑事犯罪的主体，在我国的刑法理论界一直存在争议，直至 1987 年《海关法》出现了法人承担刑事责任的规定才停止争议。1997 年《刑法》正式确立了单位犯罪的概念和制度。我国《刑法》第 30 条规定：“公司、企业、事业单位、机关团体实施的危害社会的行为，法律规定为犯罪的，应当负刑事责任。”第 31 条：“单位犯罪的对单位判处罚金，并对直接负责的主管人员和其他直接人员判处刑罚。”根据上述规定，单位是可以成为犯罪主体的。同时对单位实行“双罚为原则，单罚为例外”的刑罚原则。

在有关单位犯罪中，直接负责的主管人员和其他直接责任人员作为自然人参与刑事诉讼，其参与刑事诉讼的方式、诉讼权利、诉讼义务和普通的刑事犯罪嫌疑人、被告人基本相同。作为单位如何参与刑事诉讼，我国《刑事诉讼法》没有明确规定。为了弥补我国《刑事诉讼法》的不足，最高人民法院在《关于执行〈中华人民共和国刑事诉讼法〉若干问题的解释》中专门规定了单位犯罪案件的审理程序。根据该规定，代表被告单位出庭的诉讼代表人，应当是单位的法定代表人或者主要负责人；法定代表人或者主要负责人被指控为单位犯罪直接负责的主管人员的，应当由单位的其他负责人作为被告单位的诉讼代表人出庭。被告单位的诉讼代表人与被指控为单位犯罪直接负责的主管人员是同一人的，人民法院应当要求人民检察院另行确定被告单位的诉讼代表人出庭。人民法院决定开庭审理单位犯罪案件，应当通知被告单位的诉讼代表人出庭。接到出庭通知的被告单位的诉讼代表人应当出庭。拒不出庭的，人民法院在必要的时候，可以拘传到庭。

被告单位的诉讼代表人享有《刑事诉讼法》规定的有关被告人的诉讼权利，例如：可以委托辩护人，申请回避，提起上诉等等。同时也应当承担相应的义务，例如：诉讼代表人不得向公安机关、人民检察院、人民法院作虚假陈述，否则可能构成伪证罪，应当按时参加庭审活动，接受法庭审理，对于人民法院已经生效的判决、裁定有义务协助执行，等等。

(二)单位被害人

对于单位能否作为被害人，学界一直存在争议。我们认为单位虽然与自然人犯罪主体有所不同，但是为了保障单位的合法权益，单位同样可以成为刑事诉讼的被害人。首先，单位作为民事法律关系的主体，都有一定的财产和经费，其财产权益同样可能遭受犯罪行为的直接侵害。因此，单位同样有追究打击犯罪的愿望和得到物质赔偿的要求，此与自然被害人无异。其次，单位具有诉讼权利能力和诉讼行为能力，能够在刑事诉讼中行使诉讼权利，承担诉讼义务。再次，被害人参与刑事诉讼是程序公正的必然要求。在现代诉讼中，任何与案件结果有利害关系的人都应当有权参与诉讼活动，提出诉讼主张和证据，参与辩论和交涉。单位被害人同样与案件的结果有利害关系，要实现程序正义，就应当赋予其诉讼主体资格。

单位作为拟制的组织不能直接参与刑事诉讼活动，但是可以通过法定代表人或者主要负责人来表达自己的意志，行使诉讼权利，承担诉讼义务。如果单位是法人，应当由其法定代表人参与诉讼，如果是其他组织则由其主要负责人参加。单位被害人参与诉讼活动，与自然人被害人的诉讼权利和义务基本相同，例如：有权委托诉讼代理人，有权申请回避，有权参加法庭调查和辩论，有遵守法庭秩序的义务，等等。

➢ 争论

对于单位是否能够成为被害人，理论上存在争议。一种观点认为单位可以成为刑事诉讼中的被害人。另一种观点认为单位不能以刑事被害人的身份参与刑事诉讼活动，但是可以作为附带民事诉讼原告人，即以民事原告人的身份参与附带民事诉讼活动。这种主张的理由是，单位尽管可以是受犯罪行为侵害的对象，却只能提出民事赔偿或补偿要求，对犯罪行为的追诉只能由公诉机关承担。

三、其他诉讼参与人

其他诉讼参与人是指除当事人以外的诉讼参与人。其他诉讼参与人本身与案件结果一般没有直接的利害关系,其实体权益不会因诉讼的进展和结束而受到有利或不利的影响。他们参加诉讼的目的,是为了在某一方面或某一阶段协助刑事诉讼的进行。其他诉讼参与人不承担独立的诉讼职能,对诉讼的启动、进展和终结不会产生较大的影响作用。《刑事诉讼法》第 82 条规定的其他诉讼参与人有:法定代理人、诉讼代理人、辩护人、证人、鉴定人和翻译人员。除此以外,刑事诉讼中还有见证人、保证人、辨认人等。

(一)法定代理人

法定代理人是依照法律规定对被代理人负有专门保护义务,并代理其进行诉讼活动的诉讼参与人。法定代理人产生的根据是基于法律的规定,而非被代理人的委托。被代理的一方是无诉讼行为能力人以及限制诉讼行为能力人。根据《刑事诉讼法》第 82 条的规定"法定代理人"是指被代理人的父母、养父母、监护人和负有保护责任的机关、团体的代表。

法定代理人具有独立的诉讼地位,其享有的诉讼权利和承担的诉讼义务与被代理人基本相同。法定代理人有权放弃被代理人的实体权利和其他诉讼权利,不受被代理人意志的约束。但是法定代理人并非独立的诉讼主体,只能以被代理人的名义参与诉讼,其诉讼行为的后果归于被代理人。对于被代理人承担的与其人身有关的特定诉讼行为,法定代理人不得代为承担,只能由被代理人自己实行。如:不得代替被代理人供述、辩解或陈述,不得代替承担与被代理人的人身自由相关联的诉讼义务。

(二)诉讼代理人

诉讼代理人又称委托代理人,是指接受被害人、自诉人、附带民事诉讼的当事人以及他们的法定代理人或者近亲属委托,依法代理其参加刑事诉讼活动的人。诉讼代理人参加诉讼的目的,是帮助被代理人行使诉讼权利。他只能在被代理人授权的范围内以被代理人的名义进行诉讼活动,既不能超越代理权限,也不能违背被代理人的意志。因此,诉讼代理人没有独立的诉讼地位。除正在被执行刑罚或者依法被剥夺、限制人身自由的人以外,律师、当事人的近亲属、亲友以及有关的社会团体或者当事人所在单位推荐的人,都可以接受委托成为诉讼代理人。当事人在委托诉讼代理人时,应当向人民法院提交授权委托书。委托代理人在法庭审理时可以参加辩论,除了同被告人及其辩护人辩驳外,也可以反驳公诉人的意见。

(三)辩护人

辩护人是指接受犯罪嫌疑人、被告人及其法定代理人或近亲属的委托,或者受人民法院指定,帮助犯罪嫌疑人、被告人行使辩护权,以维护其合法权益的人。辩护人可以是律师、被告人的亲友、监护人,也可以是人民团体或者犯罪嫌疑人,被告人所在单位推荐的人。

辩护人具有独立的诉讼地位,根据对事实的掌握以及对法律的理解,独立地进行辩护,不受犯罪嫌疑人、被告人意志的约束，也不受公诉人员和审判人员意见的左右。

（四）证人

证人是除当事人以外的向司法机关陈述自己所了解的案件情况并作证的人。

证人在刑事诉讼中享有的权利有：(1)证人有权查阅询问笔录，认为笔录有误或者遗漏的，有权要求修改或者补充；(2)有权要求公安司法机关保障其自身以及近亲属安全的权利；(3)有权要求公安司法机关在立案阶段为其姓名保密的权利；(4)证人因出庭作证影响收入的，有权要求给予补偿。

证人在刑事诉讼中承担的义务有：(1)证人有作证的义务。根据《刑事诉讼法》第48条规定，凡是知道案件情况的人，都有作证的义务。(2)如实作证的义务。证人应当如实陈述自己所了解的案情，不得故意做虚假陈述或者隐匿证据。(3)保守秘密的义务。(4)遵守法庭秩序的义务。

（五）鉴定人

鉴定人是指受公安司法机关的指派或者聘请，凭借自己的专门知识或技能，对案件中的专门性问题进行分析判断并提出书面科学意见的人。

为了保障鉴定人进行科学的鉴定，鉴定人享有以下权利：(1)查阅与鉴定事项有关的案卷材料的权利；(2)因鉴定需要，经公安司法机关许可，可以询问当事人和证人；(3)有要求参加勘验与检查的权利；(4)一个案件有多个鉴定人时，有共同或者分别提供鉴定结论的权利。

鉴定人的诉讼义务有：(1)鉴定人应当如实鉴定，不得提供虚假鉴定结论；(2)鉴定人有出庭的义务，并回答有关人员就鉴定结论依法提出的问题；(3)遵守法庭秩序的义务。

➢ 案例分析

某公安机关法医鉴定室的法医金某一天下班回家，目睹了一起重大交通事故，本案当中金某应当作为鉴定人还是证人？

解答：因为证人是不可以替代的，而鉴定人却可以替代，当证人与鉴定人身份冲突时，证人的身份是第一位的。因此本案当中金某应当作为证人，而不能同时作为鉴定人参与刑事诉讼。

（六）翻译人员

翻译人员是指在刑事诉讼中接受公安司法机关的指派或聘请，为参与诉讼活动的外国人、少数民族人员、聋哑人等进行语言、文字或手势翻译的人员。

在刑事诉讼中，翻译人员的权利主要有：(1)了解和翻译有关案件情况的内容；(2)有权查阅记载其翻译内容的笔录，如果有错误或者遗漏，有权修正或者补充；(3)有权获得相应的报酬与补偿。

翻译人员承担的义务有：(1)按语言文字的原意如实翻译，不得隐瞒、歪曲或者伪造；(2)对在翻译过程中获知的案件情况以及他人隐私有保密的义务。

延伸阅读⇨

沉默权与如实供述义务

沉默权是任何人不受强迫自证原则的重要保障，是犯罪嫌疑人、被告人能否真正享有辩护权的基础，是无罪推定原则在刑事诉讼中的重要体现。我国《刑事诉讼法》中没有赋予犯罪嫌疑人和被告人享有沉默的权利，《刑事诉讼法》第93条规定，犯罪嫌疑人对侦查人员的提问，应当如实回答。该规定受到一些学者的批评，认为不符合国际司法理念，不利于犯罪嫌疑人、被告人的人权保障，因而主张废除如实供述义务，引入沉默权制度。理由在于：

首先，沉默权制度经过长期的发展，已成为现代国际刑事诉讼主要价值取向和重要内容。目前沉默权已经被国际文件以及许多国家的立法所肯定。联合国《公民权利和政治权利公约》第14条第(3)款第(g)项规定，受刑事追诉的人不得被强迫作不利于自己的证言，或者强迫承认犯罪。《联合国少年司法最低限度标准规则》(《北京规则》)第7条规定："在诉讼的各个阶段，应保证基本程序方面的保障措施，诸如假定无罪、将指控罪状通知本人的权利、保持缄默的权利、请律师的权利、要求父母或监护人在场的权利，与证人对质和盘诘证人的权利及向上级机关上诉的权利。"1984年10月，英国议会通过《1984年警察及刑事证据法》，再次重申了犯罪嫌疑人同普通公民一样享有沉默权，警察在以收集证据为目的而进行讯问前，必须告知其享有此项权利。中国作为联合国《公民权利和政治权利公约》的签署国，设立沉默权制度是履行国际义务、遵守国际公约、正确处理涉外刑事犯罪案件的必然要求。

其次，设立沉默权制度是无罪推定原则的要求。我国《刑事诉讼法》第12条规定："未经人民法院判决，对任何人不得确定有罪。"根据无罪推定原则，公诉机关负有提出证据证明被告人有罪的责任，被告人不承担证明自己有罪或无罪的义务。而要求犯罪嫌疑人承担"如实供述的义务"明显违背了这条原则，不符合国际刑事诉讼的价值取向和发展潮流。

最后，沉默权的设立有利于保障犯罪嫌疑人、被告人的人权。刑讯逼供是我国刑事诉讼中的一个顽疾，造成许多冤假错案，例如佘祥林、杜培武、赵作海案件，这些案件的发生极大地损害了司法公正和国家形象。沉默权的设立可以约束控方的非法取证行为，保证犯罪嫌疑人、被告人的合法权益不被侵犯，从而保证文明执法和人权保障的实现。

当然也有学者认为我国不应当设立沉默权，犯罪嫌疑人、被告人对侦查人员、检察人员和审判人员的提问，应当如实回答。其理由主要有：(1)要求如实回答，无论对于惩罚还是对于保障，均具有积极意义。(2)要求如实回答，与其在刑事诉讼中的地位是相吻合的。(3)法律上规定犯罪嫌疑人、被告人应当如实回答，有利于贯彻区别对待的刑事政策。①

阅读链接⇨

- 1. 宋英辉：《不必自我归罪原则与如实陈述义务》，载《法学研究》1998年第5期。
- 2. 刘根菊：《在我国确立沉默权原则几个问题之探讨(上)》，载《中国法学》2000年第

---

① 陈光中、严端主编：《中华人民共和国刑事诉讼法修改建议稿与论证》，中国方正出版社1995年版，第183页。

2 期。

◆ 3. 刘根菊:《在我国确立沉默权原则几个问题之探讨(下)》,载《中国法学》2000 年第 3 期。

案例讨论

李某(12 岁)、金某(15 岁),王某(21 岁)系某村村民,2010 年 7 月 8 日,李某与金某因琐事发生争吵,进而互殴,王某在村口看见以后,前去拉架,金某用随身携带的砍柴刀往李某头上砍了一刀,李某当场昏迷,王某拨打"120"将其送往医院进行抢救。该县公安局对此案立案调查后,聘请了法医刘某、高某对李某的伤情进行了鉴定,经鉴定李某的伤情为重伤。公安机关侦查终结后,将案件移送该县检察院审查起诉。该县检察院审查后,以故意伤害罪对金某提起了公诉。金某父亲委托了律师郑某为金某进行辩护。在检察院向法院提起公诉时,李某的母亲提起附带民事诉讼,并委托了律师张某作为诉讼代理人。在开庭过程中,王某被法院通知前往出庭作证,陈述案件事实。

本案的诉讼参与人有哪些,分别享有什么权利?如果法医刘某、高某的鉴定结论不一致,应当如何处理?

第三章　刑事诉讼法的基本原则

刑事诉讼法基本原则，是指由法律所规定的，贯彻于刑事诉讼全过程的，用以指导公安机关、人民检察院、人民法院以及诉讼参与人进行刑事诉讼活动的基本行为准则。刑事诉讼法基本原则具有法定性、全局性、抽象性、指导性等特征。

第一节　我国刑事诉讼法的基本原则

一、侦查权、检察权、审判权由专门机关依法行使原则

我国《刑事诉讼法》第3条第1款规定："对刑事案件的侦查、拘留、执行逮捕、预审，由公安机关负责。检察、批准逮捕、检察机关直接受理的案件的侦查、提起公诉，由人民检察院负责。审判由人民法院负责。除法律特别规定的以外，其他任何机关、团体和个人都无权行使这些权力。"这条规定是侦查权、检察权、审判权由专门机关依法行使原则的法律依据。

侦查权、检察权、审判权由专门机关依法行使原则，又称职权原则，内容包括三个方面：

(一)侦查权、检察权、审判权由专门机关行使

侦查权、检察权、审判权同属于国家公权力，是国家机器的重要组成部分，其运作关乎国家的安全、统一与稳定，关乎国家的核心利益，关乎社会的安宁与秩序，关乎民众的权利保障和生杀予夺，因而，必须由国家的专门机关来行使，以确保这些权力不至于旁落而被滥用。专属性是职权原则的本质特征。

(二)除法律特别规定的以外，其他任何机关、团体、个人都无权行使侦查权、检察权、审判权

在我国，侦查权、检察权、审判权的归属及其践行既具有专属性，又具有排他性。这些权力只能由公、检、法机关行使，其他任何机关、团体和个人，除法律有特别规定以外，均不得行使。之所以如此，是因为侦查权、检察权、审判权的行使，需要有高度的政治责任感、训练有素的专业技能和成熟稳定的职业规范，除公、检、法机关之外的其他机关、团体和个人，都不符合这样的特殊要求。

案例分析

陈某香是广州的一名单身母亲，含辛茹苦将女儿小倩（化名）养大。一天，女儿告诉她说自己被李某强奸。随后李某还打来骚扰电话，说要包养小倩，要求再见面。气愤之极的陈某香便与其弟陈某雄等商议如何抓获并教训这个"坏蛋"。2009 年 7 月 11 日，由小倩约李某到广州龙津东路附近，陈某雄、陈某香及陈某雄事前邀约来帮忙的汤某辉、林某辉（另案起诉）等人，即上前抓住李某并持械对其进行殴打及捆绑，致李某伤重死亡。经法医鉴定，李某系被钝器暴力作用头部，造成大、小脑广泛性蛛网膜下腔出血，致中枢神经功能衰竭死亡。案发后，陈某香报警并留在现场，后被公安人员带走，陈某雄、汤某辉案发后逃走，后分别被抓获。2010 年 12 月 27 日，广州中院一审宣判，陈某香犯故意伤害罪获刑 5 年，其弟陈某雄犯故意伤害和非法持有毒品两罪，获判 17 年徒刑，同案人汤某辉则获刑 12 年，剥夺政治权利 4 年。3 人还需赔偿被害人家属经济损失近 50 万元。请问：陈某香等人的做法是否违背了侦查权、检察权、审判权由专门机关依法行使的原则？

解答：在本案中，李某是否实施了强奸犯罪，以及是否该承担刑事责任，应该由公、检、法机关依法作出处理，当事人无权自行解决。而陈某香等人却通过殴打及捆绑等方式致李某伤重死亡，是典型的私刑现象，这种做法违背了侦查权、检察权、审判权由专门机关依法行使的原则，应当受到法律追究。

（三）公、检、法机关必须依法行使职权

公、检、法三机关在行使侦查权、检察权、审判权时必须依法进行，不得恣意妄为，否则同样会构成违法甚至犯罪，并将受到法律追究。依法行使职权就是要求：第一，必须遵守法定权限。依据我国《刑事诉讼法》的规定无论是侦查权、检察权还是审判权，都有其"权力边界"，如果超出该"权力边界"，就将构成严重违法。此外，侦查权、检察权、审判权在我国《刑事诉讼法》中有进一步的详细规定，对于法律没有赋予的权力，专门机关无权行使。第二，必须严格依照法定条件和程序。公、检、法机关在行使侦查权、检察权、审判权时必须符合法律规定的条件和程序，否则权力的行使不仅没有正当性，也同样会构成违法犯罪。对于滥用职权者将追究其相应的法律责任。

二、严格遵守法律程序原则

我国《刑事诉讼法》第 3 条第 2 款规定："人民法院、人民检察院和公安机关进行刑事诉讼，必须严格遵守本法和其他法律的有关规定。"这一规定确立了严格遵守法律程序的原则。对于"其他法律的有关规定"，应当理解为所有与刑事诉讼程序有关的法律，如《刑法》、《人民法院组织法》、《法官法》、《人民检察院组织法》、《检察官法》、《律师法》、《人民警察法》等。

该原则要求，国家专门机关进行刑事诉讼必须严格遵守法定程序。所谓法定程序，就是指《刑事诉讼法》和其他法律中有关程序的规定。其内容包括关于国家专门机关的职权分工和诉讼参与人的诉讼权利和义务，诉讼的阶段和顺序，诉讼的方式和手续等方面的具体规

定。也就是说,为保障案件的合法、正确处理而制定的一整套“操作规则”,如果国家专门机关进行刑事诉讼不遵守这套“操作规则”,往往会造成冤假错案,伤及无辜。长期司法实践经验证明,只有严格遵守法定程序办案,才能保证案件质量,提高办案效率,有利于司法公正的实现。该原则的另一层含义就是要求国家专门机关在刑事诉讼中必须重视对犯罪嫌疑人、被告人合法权益的保护。

确立严格遵守法律程序原则的目的在于将刑事诉讼活动纳入法制轨道,使《刑事诉讼法》规范的国家专门机关的职权,诉讼参与人的权利义务,得到严格遵守和执行,防止公、检、法人员有法不依,恣意妄为,侵犯诉讼参与人的诉讼权利。在我国的传统法律观念中,重实体、轻程序的执法观念长期存在,认为只要实体真实即可,遵不遵守程序并不重要。反映在刑事诉讼中也是这样,部分公、检、法人员按程序法办案的观念不强,还存在不按法定程序操作的习惯和做法,以至于产生了刑讯逼供、暴力逼证、超期羁押、庭审走过场等违反法律规定的现象,其结果是损害了法律的威信与尊严,更为严重的是导致了不少冤假错案的发生。因此,只有严格按照法定程序处理案件,才能体现法律的公正,才能维护法律的威严,也才能使我国更快更好地成为法治化国家。

三、人民法院、人民检察院依法独立行使职权原则

我国《刑事诉讼法》第 5 条规定:人民法院依照法律规定独立行使审判权,人民检察院依照法律规定独立行使检察权,不受行政机关、社会团体和个人的干涉。

人民法院、人民检察院依法独立行使审判权、检察权,不仅是我国的一项宪法性原则,也是一项司法活动准则。要正确理解该项原则,必须把握以下几点:

(一)人民法院、人民检察院独立行使审判权、检察权必须严格遵守宪法和法律的各项规定

人民法院、人民检察院独立行使审判权、检察权的前提是必须在法定的权限与范围内,如果超越法定的权限与范围,是无所谓独立行使审判权或者检察权的。这就要求人民法院、人民检察院必须在宪法与法律规定的权限范围内行使职权,不得越权行使;人民法院、人民检察院必须严格依照法律规定行使职权,既要遵守刑事实体法,又要遵守刑事程序法,否则即属于违法行为,必须承担由此引发的法律后果。

(二)人民法院与人民检察院作为一个组织整体,集体行使独立的检察权和审判权

我国人民法院与人民检察院依法独立行使职权原则与国外的司法独立原则有一个显著的区别就是,前者强调的是人民法院和人民检察院作为一个整体所表现出来的独立,而非法官和检察官的个人独立。

(三)人民法院和人民检察院行使职权不受非法干涉

人民法院和人民检察院行使职权的独立性表现在:其一,不受行政机关、社会团体和个人的干涉。检察权、审判权的行使具有职权判断的特点,社会应当为司法营造一个能够自主

判断、公正不偏的"隔音空间"，这是司法独立存在的基本理由。其二，人民法院和人民检察院在法定权限内办案，除了服从法律以外，不服从任何机关、社会团体和个人有关处理具体案件的指示或者命令，任何机关、社会团体和个人不得"非法干涉"人民法院和人民检察院的审判工作和检察工作。所谓"非法干涉"，是指以非法行为，如：以言代法、以权代法、以权压法等干扰刑事诉讼活动正常进行的行为，而不是指正常的工作建议或者批评意见。要正确理解这一点必须正确区分"依法监督"与"非法干涉"的界限。

（四）人民法院和人民检察院行使职权，要在党的领导下，并接受人大的监督

人民检察院和人民法院独立行使职权，并不是独立于党的领导和人大的监督，这是必须明确的，必须正确处理好独立行使职权与坚持党的领导、自觉接受人大监督之间的关系。

贯彻人民法院、人民检察院依法独立行使职权原则的意义主要有：其一，有利于排除行政机关、社会团体和个人的非法干涉，确保审判权、检察权的依法独立运行。其二，有利于克服地方保护主义，最大限度消除地方党委、政府为了维护本地利益利用手中权力对案件处理施加的消极影响，维护社会主义法制的统一性。

➢ 案例分析

犯罪嫌疑人李某，捕前系A市B区税务局局长。李某利用职权为他人谋取利益，收取贿赂共计人民币10万元。经群众举报揭发，A市B区人民检察院对该案立案调查，并决定对李某依法实施逮捕。正在检察院准备对李某的犯罪事实作进一步深入调查时，A市政法委副书记刘某因与犯罪嫌疑人李某系大学同窗，两人交情深厚，于是刘某出面阻止B区人民检察院依法办案，刘某指责B区人民检察院目无领导，没有组织纪律，事先不请示汇报即逮捕B区税务局局长李某，并强烈要求A市B区政法委严肃处理B区人民检察院检察长及其办案人员。问：在本案中，刘某的做法是否正确？

解答：犯罪嫌疑人李某涉嫌受贿，根据法律规定，人民检察院有权对该案进行立案侦查，并作出是否起诉的决定。对B区人民检察院依法独立行使检察权的诉讼活动，任何行政机关，社会团体或者个人均无权进干涉。A市政法委副书记刘某以坚持党对政法工作的领导为借口，对该案的侦查活动进行非法干预，是违反法律规定的，对此，B区人民检察院应当坚持原则，依法办案，积极抵制刘某的错误做法，以确保案件的查证活动依法推进。

四、分工负责、互相配合、互相制约原则

我国《宪法》、《刑事诉讼法》都规定，人民法院、人民检察院和公安机关进行刑事诉讼，应当分工负责、互相配合、互相制约，以保证准确有效地执行法律。

分工负责、互相配合、互相制约原则是处理我国刑事诉讼中专门机关之间相互关系的基本准则，它反映了我国现阶段公、检、法机关在刑事诉讼中相互联系的特点。

公、检、法三机关分工负责，是指公安机关、检察机关和人民法院根据法律规定的职权，

各司其职，各负其责，严格按照法定的分工进行刑事诉讼活动，不允许相互代替，也不允许超越法定的职权范围进行刑事诉讼活动。根据我国《刑事诉讼法》的规定，分工负责主要体现在两个方面：一是职能上的分工。根据《刑事诉讼法》第3条第1款的规定，三机关的职能分工分别是：公安机关负责侦查、拘留、预审和执行逮捕；检察机关的职能是检察、批准逮捕、对直接受理的案件的侦查、提起公诉；人民法院负责审判。二是案件管辖范围上的分工。根据《刑事诉讼法》第18条第3款的规定：自诉案件，由人民法院直接受理；人民检察院负责立案侦查贪污贿赂犯罪、国家工作人员的渎职犯罪以及国家机关工作人员利用职权侵犯公民民主权利、人身权利的犯罪等案件；公安机关则负责人民法院直接受理和人民检察院自行侦查的案件以外的案件的侦查。

公、检、法三机关的互相配合，是指公安机关、检察机关和人民法院在办理刑事案件时，在分工负责的基础上通力合作，互相支持、互相协助，共同完成揭露犯罪、证实犯罪、惩罚犯罪的任务，同时还要注意保障涉讼公民的合法权益，保障无罪的人不受到法律的追究。互相配合强调的是公、检、法三机关不能各行其是，互不通气，甚至互相扯皮，人为设置障碍，导致合力不能形成，力量被抵消。

公、检、法三机关的互相配合，在刑事司法实践中得到了广泛的体现。公安机关与检察机关的配合表现在：公安机关对刑事案件进行立案侦查，在查清案件事实，收集到了充分、确实的证据，把犯罪嫌疑人抓获归案后，将案件移送给检察机关提起公诉，是为检察机关审查起诉，提起公诉做好准备；人民检察院对公安机关提请逮捕且符合逮捕条件的，应及时批准逮捕；公安机关对人民检察院退回补充侦查的案件，在法定期间内侦查完毕，并将补充侦查得来的证据材料移送给人民检察院，是对人民检察院审查起诉工作的配合；人民检察院直接受理的自侦案件，若需要拘留、逮捕犯罪嫌疑人的，应由人民检察院作出决定以后，交由公安机关执行；人民检察院需要通缉被告人时，应当通知公安机关执行。检察院与法院的配合具体表现在：人民检察院对公安机关侦查终结、移送起诉的案件审查以后，认为犯罪嫌疑人的犯罪事实清楚，证据确实、充分，依法应当追究其刑事责任的，向人民法院提起公诉，是对法院审判工作的配合；人民检察院提起公诉的案件，应当派员出庭支持公诉，充分论证被告人应当承担刑事责任，是对法院审判工作的配合。公安机关与法院的配合主要表现在：法院在刑事诉讼中认为需要逮捕犯罪嫌疑人、被告人时，作出逮捕决定，公安机关在接到法院的逮捕决定书以后，应当及时将犯罪嫌疑人、被告人抓获归案。

➢ 争论

有学者认为，配合制约原则要求公、检、法三机关之间互相配合、互相制约，据此可以认定，检察院与法院之间也是一种双向配合、制约的关系，而这完全扭曲了现代刑事诉讼构造下正当的检、法关系。这是因为：其一，检、法关系本质上是一种制约关系而非配合关系，强调检、法之间的互相配合将破坏这一关系的基础；其二，检、法互相配合违背了审判中心主义，无疑将严重损害法院的司法权威。

公、检、法三机关的相互制约，是要求公安机关、人民检察院和人民法院依照法定的职权和程序，对其他机关作出的有关决定，如果发现存在问题或者错误，有权提出纠正意见或者要求重新作出决定，以保证法律的准确实施。根据我国《刑事诉讼法》的规定，三机关相互制约主要表现在：(1)检警制约。包括在立案、逮捕、侦查行为和不起诉等方面，公安机关与检察机关之间相互制衡。(2)检法制约。人民法院对于检察院提起公诉的案件，如果认为指控证据不足，则应作出无罪判决。人民检察院对人民法院的判决、裁定认为有错误时，有权依法提出抗诉。

争论

有学者指出，我国的检警关系具有检警分立和检警制约这两个特点，这违背了侦控职能的配置规律，模糊和混淆了控诉职能与侦查职能之间应有的主从关系，破坏了检警一体化的基础，并在实践中引发了机制冲突即“检警冲突”，造成了诉讼关系的不顺，侦查机制的不畅。这主要表现在：由于人民检察院监督、控制公安机关的能力不足，导致检控能力下降，诉讼效率低下。

分工负责、互相配合、互相制约原则的三项重要内容是辩证统一的，分工负责是基础，没有分工就没有配合与制约，互相配合和互相制约是一个问题的两个方面，要全面理解，不可偏废。贯彻分工负责、互相配合、互相制约原则的意义主要有：其一，有利于充分发挥公、检、法三机关各自的职能优势，建构分权制衡的刑事诉讼机制，这对于防止任何一个机关滥用职权，减少和防止错案，都具有合理性。其二，分工负责，互相配合、互相制约原则对于保证正确适用法律，顺利完成刑事诉讼法的任务有着重要促进作用。分工负责、互相配合、互相制约的司法体制如同一个工厂的三个车间。一个合格产品，要经过三道制作工序，前一道工序的产品质量需接受下一道工序的检验，通过三个机关的反复审查，相互监督，就有可能较大限度地防止和减少错误的发生，或者在发生错误后能够得到及时纠正。

五、人民检察院依法对刑事诉讼实行法律监督原则

人民检察院是我国的专门法律监督机关，有权对《刑事诉讼法》的贯彻实施实行法律监督。这一原则简称为检察监督原则。该原则的法律依据有：根据《宪法》第 129 条规定，中华人民共和国人民检察院是国家的法律监督机关。我国《刑事诉讼法》第 8 条规定：人民检察院依法对刑事诉讼实行法律监督。《人民检察院组织法》除了在第 1 条作了与《宪法》第 129 条相同的规定以外，还在该法第 5 条规定了三种刑事诉讼法律监督权。人民检察院依法对刑事诉讼实行法律监督原则的主要内容是：

（一）立案监督

根据《刑事诉讼法》第 87 条的规定，人民检察院对于公安机关不立案的案件，有权要求公安机关说明不立案的理由；对于不立案理由不能成立的案件，人民检察院有权通知公安机关立案，公安机关应当立案。

(二)侦查监督

在侦查阶段,人民检察院有权对公安机关的侦查活动是否合法实行法律监督,如果发现公安机关侦查活动存在违法行为,有权要求纠正。人民检察院对侦查活动的监督主要通过审查批捕、审查起诉的方式加以实现。在审查批捕中,人民检察院如果发现公安机关的侦查活动有违法情况,应当通知公安机关予以纠正,公安机关应当将纠正的情况通知人民检察院。人民检察院对于公安机关提请批准逮捕的犯罪嫌疑人,经过审查认为不符合逮捕条件的,应当作出不批准逮捕的决定,以防止公安机关滥用逮捕权。在审查起诉阶段,"侦查活动是否合法"是必须审查的内容之一,人民检察院审查起诉部门在审查中发现侦查人员以非法方法收集犯罪嫌疑人供述、被害人陈述、证人证言的,应当提出纠正意见,同时应当要求侦查机关另行指派侦查人员重新调查取证,必要时,人民检察院也可以自行调查取证。如果侦查人员违法进行侦查,情节严重构成犯罪的,人民检察院将依法追究其刑事责任。

案例分析

2008 年,某县绿湖中学发生了多名在校女生先后被强奸的恶性案件。经警方侦查,拘留了犯罪嫌疑人 KTV 老板刘某达。由于刘某达以前曾多次入狱,反侦查经验丰富,审讯工作进行得异常艰难。有些办案人员遂采取侮辱、谩骂、用警棍击打、罚确,不让吃喝等方式逼取口供。刘某达聘请的律师在了解到办案人员有刑讯逼供行为以后,遂向某县人民检察院提出控告,某县人民检察院侦监科迅速进行调查,发现个别侦查人员在侦办本案时确实存在比较严重的违法行为,后报请县人民检察院检察长批准,向公安机关发出了《纠正违法通知书》,要求公安机关立即纠正违法行为并将纠正情况回复县人民检察院。请问:本案中,某县人民检察院的侦查监督行为是否符合法律规定?

解答:某县人民检察院的侦查监督行为是符合法律规定的。根据我国《刑事诉讼法》的规定,人民检察院有权对公安机关的侦查活动是否合法实行法律监督,如果发现公安机关的侦查活动存在违法行为,有权要求纠正。本案由于刑讯逼供情节较为严重,某县人民检察院在经检察长批准以后,发出书面纠正通知的做法是正确的。

(三)审判监督

人民检察院对人民法院的审判活动实行监督,主要包括两个方面:第一,对审判活动实行监督。根据《刑事诉讼法》第 169 条之规定:人民检察院发现人民法院审理案件违反法律规定的诉讼程序,有权向人民法院提出纠正意见。第二,对人民法院作出的判决、裁定进行监督。人民检察院对人民法院作出的判决、裁定进行监督的方式是抗诉。人民检察院的抗诉又分为对一审未生效的判决提起抗诉和对生效裁判依照审判监督程序提起抗诉两种情况。

争论

近年来国内学界有人指出，应当从检察权本质上是控诉权的性质出发，主张取消人民检察院在审判阶段对人民法院进行监督的权力，恢复人民检察院在刑事诉讼中的当事人地位，与此同时强化人民检察院的侦查和执行监督权，从而使人民检察院的权力得到合理重组。如果取消人民检察院在审判阶段对法院进行监督的权力，那么检察监督就只能适用于控诉阶段，这样检察监督是否能够成为刑事诉讼法的基本原则就值得怀疑了。但是也有不少人反对该观点，其中来自检察实践部门的人较多。

(四)执行监督

执行监督即人民检察院在执行阶段对刑罚执行机关实行的监督。根据《刑事诉讼法》第224条之规定：人民检察院对执行机关执行刑罚的活动是否合法实行监督，如果发现有违法的情况，应当通知执行机关纠正。具体而言，执行监督主要有以下几个方面：人民检察院有权依法对刑事判决、裁定的执行和监狱、看守所的活动是否合法进行监督；人民检察院认为人民法院减刑、假释和监外执行不当，应当提出书面纠正意见，有关机关应重新审查处理；人民法院在交付执行死刑前，应当通知人民检察院派员临场监督，人民检察院对执行机关执行刑罚的活动是否合法进行监督，如果发现有违法行为，应当通知执行机关。

贯彻人民检察院依法对刑事诉讼实行法律监督原则的意义在于：第一，有利于维护法制的统一与尊严。第二，有利于有效维护诉讼参与人的合法权利，防范冤假错案的发生。

六、各民族公民有权使用本民族语言文字进行诉讼原则

我国《宪法》、《刑事诉讼法》都规定：各民族公民都有用本民族语言文字进行诉讼的权利。人民法院、人民检察院和公安机关对于不通晓当地通用的语言文字的诉讼参与人，应当为他们翻译。在少数民族聚居或者多民族杂居的地区，应当用当地通用的语言进行审讯，用当地通用的文字发布判决书、布告和其他文件。

各民族公民有权使用本民族语言文字进行诉讼的原则，包括以下几个方面的内容：(1)各民族公民，无论是当事人还是其他诉讼参与人，都有使用本民族语言进行诉讼的权利。这主要包括用本民族语言文字书写证人证言、鉴定结论、上诉书、申诉书及其他诉讼文书；用本民族语言回答公安司法人员的询问或者讯问；用本民族语言在法庭上发表意见等等。(2)在少数民族聚居区或者多民族杂居的地区，对案件的审理应当用当地通用的语言进行；起诉书、判决书、布告及其他诉讼文书，应当使用当地通用的一种或几种文字。(3)如果诉讼参与人不通晓当地通用的语言文字，公安机关、人民检察院、人民法院有义务指定或者聘请翻译人员为他们翻译。翻译人员的劳务报酬由国家支付，而不由诉讼参与人承担。

贯彻各民族公民有权使用本民族语言文字进行诉讼的原则，有利于保护少数民族公民在刑事诉讼中的平等诉讼权利，贯彻和体现民族平等的原则；有利于消除语言文字上的障碍，及时查明案件真实情况，确保刑事诉讼的顺利进行；有利于对各民族群众进行法制教育。

七、犯罪嫌疑人、被告人有权获得辩护原则

犯罪嫌疑人、被告人有权获得辩护的原则，既是我国的《宪法》原则，也是《刑事诉讼法》的基本原则之一。犯罪嫌疑人、被告人有权获得辩护原则的主要内容有：

(一)犯罪嫌疑人、被告人在整个诉讼过程中都有权为自己辩护

辩护权是犯罪嫌疑人、被告人最基本的诉讼权利，赋予犯罪嫌疑人、被告人辩护权是现代法治的要求。我国法律赋予犯罪嫌疑人、被告人辩护权，并在制度和程序上充分保障犯罪嫌疑人、被告人行使辩护权。公、检、法机关在任何情况下，都不得以任何理由限制或者剥夺犯罪嫌疑人、被告人的辩护权。辩护权如果得不到保障，其他诉讼权利的行使，也将难以得到保障。

(二)犯罪嫌疑人、被告人行使辩护权有自行辩护、委托辩护和指定辩护三种方式

辩护权可以由犯罪嫌疑人、被告人自己行使，也可以依法委托辩护人帮助共同行使。在侦查阶段，犯罪嫌疑人只能自行辩护，但可以聘请律师提供法律帮助；在审查起诉阶段，犯罪嫌疑人既可以自行辩护，也可以委托辩护人为其辩护；在审判阶段，被告人除可以自行辩护以外，还可以委托辩护人为其辩护，或者在法定情形下由人民法院指定承担法律援助义务的律师为其辩护。

(三)公安司法机关有义务保证犯罪嫌疑人、被告人获得辩护

公安、检察机关在侦查、起诉阶段，应当允许犯罪嫌疑人进行申辩和解释，并应当认真听取；从传讯犯罪嫌疑人之时起，就应当告知他享有辩护等诉讼权利；从案件移送审查起诉之日起 3 日以内，人民检察院应当告知犯罪嫌疑人有权委托辩护人。人民法院在开庭前依法将起诉书副本送达被告人，使被告人有足够时间准备辩护。告知被告人享有辩护权，并应告知可以委托辩护人出庭为其辩护。符合法定指定辩护条件的，人民法院应当为被告人指定免费的辩护律师。审判中应当认真听取和研究被告人及其辩护人的辩护意见，对其中正确的部分意见予以采纳。

➢ 案例分析

被告人张某因怀疑其妻申某与其邻居刘某偷情而在夫妻争吵、打斗中将其妻申某扼颈致死，随后潜逃。一年后，慑于严打的强大压力，张某到案发地公安机关投案自首。公安机关依法对犯罪嫌疑人张某实施拘留，并告知其可以对自己的行为进行辩护，可以聘请律师，但是张某未要求聘请律师。侦查终结以后，公安机关将该案移送人民检察院审查起诉。人民检察院收到案件以后，当天即告知张某有权聘请辩护人，张某表示不需要聘请辩护人，人民检察院遂以故意杀人罪提起公诉。某市中级人民法院受理该案以后，即告诉被告人有权聘请辩护人，张某则认为自己罪孽深重，请律师也没有用，故再次表示不需要委托律师。

由于人民检察院起诉的罪行有可能使被告人被判死刑，所以中级人民法院依法指定承担法律援助义务的律师艾某为被告人张某辩护。在庭审中，合议庭充分听取了张某的辩护人艾某提出的辩护意见，依法判决被告人张某犯有故意杀人罪，判处其死刑，缓期两年执行。问：请结合本案，说明如何正确理解犯罪嫌疑人、被告人有权获得辩护原则。

解答：在本案中，公、检、法三机关在相应的侦查、审查起诉和审判阶段都履行了法定的告知义务，向张某说明了其依法应该享有的辩护权利。此外，在审判阶段，由于被告人张某可能被判处死刑，因而人民法院指定律师艾某为其辩护。这些做法体现出公、检、法机关对犯罪嫌疑人、被告人辩护权的保障和维护，其本身也是法律所规定的“犯罪嫌疑人、被告人有权获得辩护原则”的重要内容。

贯彻犯罪嫌疑人、被告人有权获得辩护原则，具有重要的意义。其一，通过辩护人尤其是辩护律师的调查取证活动收集那些对犯罪嫌疑人、被告人有利的证据，可以增强收集证据的全面性和真实性，有利于公安司法人员客观、全面地查明案件事实。其二，在刑事司法中，无论是侦查权、检察权还是审判权都极易被滥用，这就要求加强对这些权力的监督与制约，而辩护制度的存在就是一种重要的监督与制约机制。其三，辩护制度的建立使诉讼过程中被告方与控诉方拥有了平等对抗的基础，也是审判者相对中立的重要条件，它保障了诉讼过程中对国家专门机关单方确认案件事实进行反驳的权利，充分体现了刑事程序的诉讼性质，对于形成合理的刑事诉讼结构，保障诉讼公正是不可或缺的。

八、未经人民法院依法判决不得确定有罪原则

我国《刑事诉讼法》第 12 条规定：未经人民法院依法判决，对任何人都不得确定有罪。这一规定是“未经人民法院依法判决不得确定有罪”原则的法律依据。该原则是 1996 年《刑事诉讼法》修订时新确立的一项基本原则，该原则吸收了无罪推定原则的精神及其合理内核，明确了只有人民法院才能享有定罪权的法治标准与要求。

（一）未经人民法院依法判决不得确定有罪原则的内容

1. 定罪权属于人民法院，其他任何机关、团体和个人都无权行使

从刑事诉讼的流程来看，尽管公安机关、人民检察院也要作出各种各样的决定，例如立案决定、采取强制措施的决定、提请公诉决定等等，这些决定往往是建立在公安机关、人民检察院认为犯罪嫌疑人的行为有罪的认定上的。但是这种认定只具有程序意义，而非确定犯罪嫌疑人有罪的最终结论。人民法院的审判活动会推翻公安机关、人民检察院所作的暂时性决定，即犯罪嫌疑人、被告人即使真的有罪，在人民法院依法判决确定有罪之前，公安机关、人民检察院认为犯罪嫌疑人、被告人有罪的判断也只能确定其犯罪嫌疑人、被告人的地位，而不能确定其罪犯的法律地位。

2. 在人民法院依法判决确定有罪之前，不能把犯罪嫌疑人、被告人当作罪犯看待

意大利刑法学家贝卡利亚在其著作《犯罪与刑罚》中早就指出：“在法官判决以前，一个人是不能被称为罪犯的，只要还不能断定他已经侵犯了给予他公共保护的契约，社会就不能

取消对他的公共保护。"[①]贝卡利亚的观点后来被世界各国的立法乃至《国际人权公约》所普遍吸纳并确认,其核心观点是在刑事诉讼过程中,未经生效判决确定犯罪嫌疑人、被告人有罪之前,不能将他们当作罪犯看待,因为在法律看来,他的罪行并没有得到证实。要使这个问题得到践行,在宏观上至少有以下三点需要得到法律制度的确认:第一,将刑事被告视为具有独立人格的个体,在审判判决其为有罪之前,他与那些没有被控触犯刑律而在正常生存的个体在宪法地位上是不应当有区别的。不允许法官歧视被告,并告诫法官被告人不等于罪犯。第二,必须赋予刑事被告人足够的抵御不当控诉和错误裁判的条件和能力。第三,要求法官如果在刑事审判中遇到控辩力量相当,审判结论难以定夺时,首先应当着眼于作为个体而存在的被告人的特殊利益的保护,以考虑如何使案件的处理有利于被告为前提。[②] 为了贯彻未经人民法院依法判决不得确定有罪原则,我国《刑事诉讼法》在以下几个方面作了规定:区分犯罪嫌疑人与刑事被告人;明确由控诉方承担举证责任;疑案作无罪处理;废除了免予起诉制度。

(二)未经人民法院依法判决不得确定有罪原则的意义

1996 年 3 月 17 日,第八届全国人民代表大会第四次会议通过了《关于修改〈中华人民共和国刑事诉讼法〉的决定》,该决定把"未经人民法院依法判决不得确定有罪"规定为刑事诉讼法的基本原则,该原则吸收了无罪推定原则的基本精神,是我国刑事诉讼法治化进程的重大进步,具有重大的现实意义。表现在:

1. 有利于促进执法观念由"有罪推定"向"无罪推定"的革命性转变

刑事诉讼发展史表明,在如何对待犯罪嫌疑人、被告人的诉讼地位上,存在着"有罪推定"与"无罪推定"两种执法观念。"有罪推定"是一种封建的、专制的、野蛮的执法观念,这就势必导致犯罪嫌疑人、被告人诉讼地位的客体化,也使冤假错案的发生成为必然。而"无罪推定"是与"有罪推定"相对应的一种执法观念,指在刑事诉讼过程中,任何被怀疑犯罪或者受到刑事控告的人在未经司法程序最终确认为有罪之前,在法律上应该被看作是无罪的人。"无罪推定"相对于"有罪推定"而言,其积极意义是不言而喻的,它是一种民主、科学、文明的执法观,但也因存在着一些自身的局限性,难以为我国的立法机关所接受。顾昂然同志1996 年 1 月 15 日在《刑事诉讼法》修改座谈会上指出:"封建社会采取有罪推定的原则,资产阶级针对有罪推定,提出了无罪推定,我们坚决反对有罪推定,但也不是西方国家那种无罪推定,而是以客观事实为根据。"[③]此外,还有一些代表性的官方解释是:"我们反对有罪推定,但也不是西方国家的那种无罪推定,而是实事求是地进行侦查,客观地收集有罪或无罪,罪轻或罪重的各种证据,在人民法院作出有罪判决以前,我们不称被告人为罪犯,但也不说他没有罪或者假定他无罪,如果假定他无罪,那么侦查机关对他进行侦查,采取强制措施就没有根据了。"[④]由此看来,我国在 1996 年修订《刑事诉讼法》时,并没有完全将无罪推定确

---

① [意]贝卡利亚:《论犯罪与刑罚》,黄风译,中国大百科全书出版社 1993 年版,第 31 页。

② 谢佑平:《社会秩序与律师职业》,法律出版社 1998 年版,第 88、89 页。

③ 参见《法制日报》1996 年 2 月 3 日。

④ 全国人大常委会法制工作委员会刑法室编著:《中华人民共和国刑事诉讼法释义》,法律出版社 1996 年版,第 15 页。

立下来，最突出的表现是我国《刑事诉讼法》没有将无罪推定原则的核心内容——犯罪嫌疑人、被告人的沉默权确立下来，而是规定犯罪嫌疑人对侦查人员的提问，应当如实回答。"如实回答"义务的立法确认与沉默权制度的缺失，表明无罪推定并没有在我国完全确立起来，也在很大程度上弱化了无罪推定原则的人权保障功能。

即便如此，我们依然不能否定"未经人民法院依法判决，对任何人都不得确定为有罪原则"对促进执法观念由"有罪推定"向"无罪推定"发生革命性转变的巨大贡献。尽管我国目前尚未完全建立起"无罪推定"的原则，但是"未经人民法院作出有罪判决以前不得确定有罪"毕竟吸取了"无罪推定"原则的合理因子，这将在客观上对执法人员的执法活动构成一种现实压力，迫使其树立起人权保障的现代执法观念，否则将会承担不利的法律后果。

2. 有利于促进疑难案件的及时处理，纠正司法实践中案件久拖不决、超期羁押的现象

从我国司法实践来看，由于多种因素的影响和制约，刑事案件久拖不决、超期羁押的现象曾经一度非常严重，虽经多次治理，仍然没有从根本上得以解决。之所以如此，其中重要的一个原因是执法人员头脑中"有罪推定"的观念在作祟，一些案件在办成"夹生饭"以后，因证据不足，不能认定被告人有罪的，本应及时作无罪处理，但是由于受"有罪推定"观念的影响，导致将所谓的犯罪嫌疑人、被告人长期超期羁押，不仅严重破坏了刑事诉讼法定期间的规定，也严重侵犯了公民的合法权益，甚至在国际上造成了极为不好的影响。要解决这个问题，就必须认真贯彻"未经人民法院依法判决不得确定有罪"原则，对疑案作无罪处理，这是解决司法实践中案件久拖不决、超期羁押现象的治本之策。

3. 有利于在制度上强化控方的举证意识

未经人民法院依法判决，对任何人不得确定有罪原则的确立，有利于在制度层面上通过立法区分犯罪嫌疑人与被告人，明确举证责任由控诉方承担，疑案作无罪处理等立法处置，从而切实提高犯罪嫌疑人、被告人的诉讼地位。这对于扭转我国司法实践中长期以来无视或者忽略被告人应当享有的诉讼权利无疑是具有十分重要的意义的。尤其是对于消除刑讯逼供现象更是具有十分积极的意义。

九、保障诉讼参与人的诉讼权利原则

我国《刑事诉讼法》第 14 条规定：人民法院、人民检察院和公安机关应当保障诉讼参与人依法享有的诉讼权利。对于不满 18 周岁的未成年人犯罪的案件，在讯问和审判时，可以通知犯罪嫌疑人、被告人的法定代理人到场。诉讼参与人对于审判人员、检察人员和侦查人员侵犯公民诉讼权利和人身侮辱的行为，有权提出控告。

（一）保障诉讼参与人的诉讼权利原则的主要内容

1. 诉讼参与人依法享有一定的诉讼权利，人民法院、人民检察院和公安机关有义务保障其行使这些诉讼权利

我国刑事诉讼法根据诉讼参与人在诉讼中的地位、作用的不同，赋予他们不同的诉讼权利，这些权利是他们参与诉讼活动所必须具有的。如果这些权利得不到保障，诉讼活动便不能顺利进行。公、检、法机关要依法保障诉讼参与人的诉讼权利，履行下列法定义务：告知诉

讼参与人依法应当享有的特定的诉讼权利；公、检、法机关要为诉讼参与人行使诉讼权利提供便利条件；公、检、法机关对于妨碍诉讼参与人行使诉讼权利的行为，要及时依法采取措施排除妨碍。

2. 诉讼参与人对于审判人员、检察人员和侦查人员侵犯公民诉讼权利和人身侮辱的行为，有权提出控告

公民对于侵害自己合法权益的行为，依法享有控告权，这是我国《宪法》规定的公民所享有的重要权利之一。控告权是公民所享有的救济性的权利之一，它对于维护公民的合法权益，尤其是在公民合法权益受到侵犯时维护与救济自己的权利有着重要作用。

3. 对未成年犯罪嫌疑人、被告人的诉讼权利给予特殊保障

在我国，法律意义上的未成年人是指已满 14 周岁不满 18 周岁的人。处在这个年龄阶段的人实施了危害社会、应受刑罚处罚的行为，即属于未成年人犯罪。未成年犯罪嫌疑人、被告人如有犯罪行为，当然也应该受到法律惩罚，但是由于未成年人在生理、心理上有着不同于成年人的特点，这些特点决定了对未成年犯罪嫌疑人、被告人应该更加注重加强教育、感化、挽救工作。未成年犯罪嫌疑人、被告人除了享有成年犯罪嫌疑人、被告人的一切诉讼权利以外，还应当享有某些特殊的诉讼权利。如讯问和审判时可以通知其法定代理人到场；未成年人没有委托辩护人的，人民法院应当指定承担法律援助义务的律师为其提供法律帮助；14 岁以上不满 16 岁未成年人犯罪的案件，一律不公开审理，16 岁以上不满 18 岁未成年犯罪的案件，一般也不公开审理，等等。公安司法机关对上述权利都应当给予特别保护。

案例分析

犯罪嫌疑人甲系不满 18 周岁的未成年人，在侦查阶段，依法享有下列哪些诉讼权利？

A. 在讯问时，侦查机关应当通知其法定代理人到场。

B. 在讯问时，侦查机关可以通知其法定代理人到场。

C. 甲被第一次讯问后，可以聘请辩护律师提供法律帮助。

D. 被第一次讯问后，甲的亲属可以为其聘请律师。

解答：《刑事诉讼法》第 14 条第 2 款规定，对于不满 18 周岁的未成年人犯罪的案件，在讯问和审判时，可以通知犯罪嫌疑人、被告人的法定代理人到场。可知 B 项说法正确，A 项的“应当”不正确。《刑事诉讼法》第 96 条规定，犯罪嫌疑人在被侦查机关第一次讯问后或者采取强制措施之日起，可以聘请律师为其提供法律咨询、代理申诉、控告。但此时的律师并无辩护人地位，所以 C 项“可以聘请辩护律师提供法律帮助”的说法错误。《六机关规定》第 10 条：“在侦查阶段犯罪嫌疑人聘请律师的，可以自己聘请，也可以由其亲属代为聘请。”所以 D 项当中“甲的亲属可以为其聘请律师”说法正确。故本题应选 BD。

(二)贯彻保障诉讼参与人的诉讼权利原则的意义

贯彻保障诉讼参与人的诉讼权利原则，可以从根本上确保刑事诉讼的健康运行。其意义在于：第一，依法保障诉讼参与人的诉讼权利，是司法文明的标志；第二，有利于及时发现和纠正办案过程中发生的错误，做到准确惩罚犯罪，保障无罪的人不受刑事追究；对未成年

人依法享有的诉讼权利的保障，有利于教育、感化、挽救未成年人。

十、具有法定情形不追究刑事责任原则

我国《刑事诉讼法》第 15 条规定了法定不追究刑事责任的情形，公、检、法机关都必须严格遵循，贯彻具有法定情形不追究刑事责任原则，以保障诉讼当事人享有的法定权利，提高刑事诉讼效率，避免不应有的诉讼资源浪费。

根据《刑事诉讼法》第 15 条的规定，下列情形不追究刑事责任，已经追究的，应当撤销案件，或者不起诉，或者终止审理，或者宣告无罪。不追究刑事责任的情形有：

1. 情节显著轻微、危害不大，不认为是犯罪的。根据《刑法》的规定，任何行为只有具有社会危害性，而且危害性达到一定的严重程度才构成犯罪。对于情节显著轻微、危害不大，刑法则不规定为犯罪，不应追究刑事责任。当然，这种行为虽然不追究刑事责任，却可以根据规定移送有关主管部门进行处理，如移送公安机关依据《治安管理处罚法》进行处罚。

2. 犯罪已过追诉时效期限的。追诉时效是《刑法》规定的司法机关追究犯罪人刑事责任的有效期限。犯罪已过法定追诉时效期限的，不再追究犯罪分子的刑事责任。《刑法》规定的追诉时效为：法定最高刑不满 5 年有期徒刑的，经过 5 年；法定最高刑为 5 年以上不满 10 年有期徒刑的，经过 10 年；法定最高刑为 10 年以上有期徒刑的，经过 15 年；法定最高刑为无期徒刑、死刑的，经过 20 年。如果 20 年以后认为必须追诉的，须报请最高人民检察院批准。但在公安机关立案侦查或者人民法院受理案件以后，逃避侦查或者审判的，不受追诉期限的限制；被害人在追诉期限内提出控告，公安机关应当立案而不予立案的，不受追诉期限的限制。

案例分析

某人民检察院立案侦查该市工商局长利用职权报复陷害他人，侦查中发现犯罪已过追诉时效期限。人民检察院应当如何处理？

A. 不起诉　B. 撤销案件　C. 宣告无罪　D. 移送法院处理

解答：根据《刑事诉讼法》第 15 条的规定，本案已过犯罪追诉时效期限，但是处于侦查阶段，所以结果应是撤销案件。正确答案：B。

3. 经特赦令免除刑罚的。特赦是由全国人民代表大会常务委员会决定对一些犯罪人免除刑罚，是一种赦免制度。经特赦令免除刑罚的人，只是免除了其刑罚，但并不赦免其罪名。对于刑罚，无论是已执行一部分，还是完全没有执行，都不得再予追究。

4. 依照《刑法》告诉才处理的犯罪，没有告诉或者撤回告诉的。告诉才处理是指只有被害人向人民法院提出控告，要求对犯罪人追究刑事责任时，人民法院才能受理，如果有权进行告诉的人不告诉，或者撤回告诉的，法院则不能受理。

5. 犯罪嫌疑人、被告人死亡的。我国《刑法》实行罪责自负原则，犯罪嫌疑人、被告人死亡就失去了适用刑罚的对象，追究刑事责任已无实际意义，所以应终结诉讼，不再追究。

6. 其他法律规定免予追究刑事责任的。

在刑事诉讼中贯彻具有法定情形不追究刑事责任原则，意义在于：其一，有利于公安司法机关避免无效劳动，节省有限的司法资源，集中力量打击现行犯罪活动，正确行使国家的侦查权、检察权、审判权。其二，有利于确保《刑法》的正确实施。《刑法》规定的是犯罪与刑罚的问题，而《刑事诉讼法》规定的是如何追究和惩罚犯罪的问题。如果行为人的行为根据《刑法》规定没有构成犯罪或者虽然构成犯罪，但是不需要追究刑事责任的话，则《刑事诉讼法》必须为此作出立法反映，制定出相关制度以供遵循，这就是不立案、撤销案件、不起诉、宣判无罪或者裁定终止审理等。其三，有利于维护社会的安定团结。如"告诉才处理的犯罪"如果没有告诉或者撤回告诉，说明当事人双方可以自行修复关系裂痕，司法机关就没有必要主动追究，这对于维护社会的安定团结，构建和谐社会是大有裨益的。

十一、追究外国人刑事责任适用我国刑事诉讼法原则

我国《刑事诉讼法》第 16 条规定："对于外国人犯罪应当追究刑事责任的，适用本法的规定。对于享有外交特权和豁免权的外国人犯罪应当追究刑事责任的，通过外交途径解决。"这项原则明确了我国刑事诉讼对外国人的效力，是《刑事诉讼法》适用范围的规则，体现了刑事诉讼中的国家主权原则。

追究外国人刑事责任适用我国《刑事诉讼法》原则，包括以下三方面内容：(1)在我国追究外国人犯罪的刑事责任适用我国《刑事诉讼法》。对于违反我国《刑法》而构成犯罪的，应当依照我国《刑法》、《刑事诉讼法》的规定处理。(2)对于享有外交特权和豁免权的外国人犯罪，应当追究刑事责任的，通过外交途径解决。(3)外国被告人委托律师辩护，只能委托我国律师，不允许外国律师在我国从事辩护业务。

➢ 案例分析

杰克，男，26 岁，美国籍公民。杰克于 2007 年 9 月来中国北京某高校学习汉语言文学，在学习过程中，杰克认识了同校的中国籍女大学生陈某某，在杰克的努力追求下，两人逐渐发展为恋人关系。2008 年 10 月，两人由于文化背景、生活习惯等方面存在重大差异，发生多次争吵，陈某某遂提出分手，但杰克坚决不答应，并以杀死陈某某一家相威胁。2008 年 11 月，两人因生活琐事发生打斗，陈某某再次提出分手，杰克一时情绪失控操起水果刀将陈某某捅死，这时，其他中国学生一拥而上，合力将杰克控制住并将其扭送到公安机关。杰克到公安机关以后，态度极度嚣张，声称：我是美国人，不受你们中国法律管制，你们公安机关无权对我进行追究。问：在本案中，对杰克追究刑事责任应当适用哪国法律？

解答：在本案中，犯罪嫌疑人系来华学习的外国留学生，不属于享有外交特权和豁免权的外国人，因此，对其追究刑事责任应当适用我国的《刑事诉讼法》。

十二、刑事司法协助原则

(一)刑事司法协助原则的法律依据

刑事司法协助是指一国法院或者其他司法机关,根据另一国的法院或者其他司法机关的请求,代为或者协助实行与刑事诉讼有关的司法行为的合作。国际社会对刑事司法协助有狭义和广义两种理解。狭义上的刑事司法协助,是指与审判有关的刑事司法协助,它包括送达刑事司法文书、询问证人和鉴定人、搜查、扣押、有关物品的移交以及提供有关法律资料等。广义的刑事司法协助,还包括引渡等内容。我国对刑事司法协助的理解是广义上的,包括各国为最终实现对罪犯的制裁而开展的各种类型的国际刑事合作。

在 1996 年修改《刑事诉讼法》时,我国在认真总结多年来执行刑事司法协助的经验基础上,在《刑事诉讼法》中增加规定了第 17 条,该条规定,根据中华人民共和国缔结或者参加的国际条约,或者按照互惠原则,我国司法机关和外国司法机关可以相互请求刑事司法协助。在我国开展刑事司法协助除了要遵守中华人民共和国缔结或者参加的国际条约和《刑事诉讼法》以外,还需要遵守有关的司法解释、行政法规。最高人民法院于 1998 年 9 月 2 日公布的《关于执行〈中华人民共和国刑事诉讼法〉若干问题的解释》第 18 部分“涉外刑事案件审理程序”、最高人民检察院于 1998 年 12 月 16 日公布的《人民检察院刑事诉讼规则》第 11 章“刑事司法协助”、公安部于 1998 年 5 月 14 日发布的《公安机关办理刑事案件程序规定》第 13 章“刑事司法协助和警务合作”都是有关司法机关进行刑事司法协助时应当遵守的规定。

(二)刑事司法协助原则的主要内容

1. 进行刑事司法协助的法律根据是我国缔结或者参加的国际条约,在没有条约的情况下,根据互惠原则进行。

2. 刑事司法协助是不同国家的司法机关之间,根据自己国家缔结或者参加的国际条约或者互惠原则,彼此相互协作,为对方代为一定诉讼行为的协助。

刑事司法协助的请求由我国的司法机关和外国司法机关提出。刑事司法协助的具体内容由条约具体规定或者按照互惠原则确定,刑事司法协助常见的内容包括:代为送达文书、代为调查取证、允许请求国人员在调查取证时在场、被请求国提供在押人员或其他人员作证、对证人和鉴定人的保护、进行搜查和扣押、移交赃款赃物、领事官员直接送达文书和调查取证、通报刑事诉讼结果、提供犯罪记录、移送管辖、外国刑事裁判的承认与执行、引渡、法律情报的交流等。根据我国缔结或参加的国际条约或与具体国家互惠内容的不同,国际司法协助的内容也会有所区别。

(三)刑事司法协助原则的意义

1. 有利于维护国家主权和利益

刑事司法协助的实质是两个有司法主权的国家间,在打击刑事犯罪方面的互相配合。司法协助的基础是主权国家之间司法上的相互尊重,是基于维护本国利益的实际需要。

2. 有利于加强我国与外国的刑事司法合作，惩治跨国犯罪

人类社会的进步，交通和通讯事业的迅猛发展，为不同国家的人们交往带来了便利，也为一些犯罪分子进行跨国犯罪打开了方便之门。跨国犯罪是以跨国形式出现的犯罪，亦即犯罪人的国籍国和所在地国、犯罪预备地国、犯罪实施地国、犯罪后果地国、受害国或者受害人的国籍国和受害人的所在地国分属于两个或两个以上国家，从而引起两个或两个以上国家具有刑事管辖权的犯罪。按照国际法原则，国家不论大小，都拥有主权，一个国家的司法机关不能进入他国逮捕犯罪嫌疑人或者进行搜查、扣押等刑事诉讼行为，为了不使潜逃国外的犯罪嫌疑人逃避法律的制裁，国家间开展刑事司法协助就成为必然。因此，刑事司法协助是有效打击跨国犯罪的重要手段。

第二节　联合国刑事司法最低限度准则

一、联合国刑事司法准则概述

（一）联合国刑事司法准则的概念

联合国刑事司法准则是一个中国化的术语。在联合国的文件中，长期习惯于使用“联合国预防犯罪和刑事司法标准和规范”一词。关于这类联合国准则，国际上也没有统一的名称。据考证，在我国最早系统研究和使用该概念的是《联合国刑事司法准则与中国刑事法制》一书，其所指的联合国刑事司法准则“是指联合国于 1945 年创建以来所制定、认可或倡导的有关刑事司法的标准、规范和政策”，并认为是在“刑事司法中应当遵循或尽可能遵循的准则”。① 对于联合国刑事司法准则中的“刑事司法”一词，应作广义理解，即刑事法律及其适用。换言之，它既指刑事实体法，又指刑事程序法。“从联合国刑事司法准则的内容来看，既有实体法方面的规范，如关于某些犯罪的定义和构成、对某些刑种的适用或限制等，又包括程序法方面的规范，如关于强制措施的适用、起诉和审判的规定等等。”②

（二）联合国刑事司法准则的制定机构

联合国刑事司法准则是在不同的历史时期，由联合国不同的机构所制定，其中最主要的有联合国大会、联合国经济及社会理事会、联合国预防犯罪和罪犯待遇大会、联合国刑事司法委员会、联合国人权委员会等机构，除联合国刑事司法委员会以外，其他机构并非刑事司法的专业性机构，只是在其职能中或在其审议和通过的文件中包含了与刑事司法有关的内容。

---

① 陈光中，加丹尼尔·普瑞方廷：《联合国刑事司法准则与中国刑事法制》，法律出版社 1988 年版，第 11 页。

② 程味秋等编：《联合国人权公约和刑事司法文献汇编》，中国法制出版社 2000 年版，第 14 页。

(三)联合国刑事司法准则的渊源

联合国刑事司法准则的渊源多种多样,表现形式各异,主要有宣言、公约、示范条约、规则、原则、议定书等。联合国制定的这些法律文书的效力是不同的。按照其强制力大小可分为:第一类为宪章,《联合国宪章》为联合国的宪法性文件,联合国的一切法律文书和行动必须符合宪章的规定或精神;第二类是公约,如《公民权利和政法权利国际公约》、《禁止酷刑和其他残忍、不人道或有辱人格的待遇或处罚公约》,以及公约的议定书,它们需要由国家履行批准、加入的手续,一旦加入,则对成员国有约束力;第三类是原则或规则,如《预防和控制有组织犯罪准则》、《执法人员守则》,这些规则不需要各国履行批准和加入的手续,也没有法律强制力,但联合国希望和鼓励各国加以遵行;第四类是示范性文件,如《引渡示范条约》,这些是联合国制定的样本性文件,没有强制力,只供各国在制订类似文书时参考。①

二、最低限度刑事司法准则

鉴于联合国刑事司法准则的开放性、多元性,要对所有的联合国刑事司法准则都加以研究具有相当的难度,下面对几个主要的联合国刑事司法准则加以介绍。

(一)程序法定原则

程序法定原则在某些国家又被称为“法制国家程序原则”或者“程序法制原则”。根据目前法学界通行的观点,“程序法定原则”包括两层含义:一是立法方面的要求,即刑事诉讼程序应当由法律事先明确规定;二是司法方面的要求,即刑事诉讼活动应当依据国家法律规定的刑事程序来进行。②

程序法定原则是当今世界法治国家普遍遵行的刑事诉讼基本原则。程序法定原则最早规定于法国 1789 年的《人权宣言》第 7 条:“除非在法律规定的情况下,并按照法律所规定的程序,不得控告、逮捕和拘留任何人”。1791 年《法国宪法》对此予以确认。目前,大陆法系国家和海洋法系国家除了在其本国宪法中明文规定程序法定原则以外,也在其刑事诉讼法典中对程序法定原则予以规定。

20 世纪 90 年代后期,程序法定原则得到了国际公约的认可,发展成为一项重要的国际刑事司法准则。《公民权利和政治权利国际公约》第 9 条第 1 款规定:“每个人都享有人身自由与安全的权利,任何人不得被任意逮捕或羁押,除非依据法律所规定的理由并遵守法定的程序,任何人不得被剥夺自由。”《欧洲人权公约》第 5 条第 1 款规定:人人享有自由和人身安全的权利。不得剥夺任何人的自由,除非依照法律规定在某些情况下才被允许。

---

① 杨宇冠、杨晓春编:《联合国刑事司法准则》,中国人民公安大学出版社 2003 年版,第 5 页。

② 龙宗智、杨建广主编:《刑事诉讼法》,高等教育出版社 2003 年版,第 100、101 页;谢佑平主编:《程序法定原则研究》,中国检察出版社 2006 年版,第 31 页;王敏远主编:《刑事诉讼法》,社会科学文献出版社 2005 年版,第 55 页;宋英辉主编:《刑事诉讼原理》,法律出版社 2007 年版,第 66 页。

(二)司法独立原则

司法独立原则是一项重要的国际刑事司法准则,但是究竟何为司法独立?无论是西方学者还是我国学者,目前没有一个统一的认识。一般认为,司法独立有广义和狭义之分,狭义的司法独立又称为审判独立或者法官独立。广义的司法独立则除了审判独立以外,还包括检察官独立,甚至包括律师独立。但从世界上大多数国家的立法和实践来看,一般是从狭义角度理解司法独立。

司法独立原则是资产阶级革命的产物,是资产阶级反对封建社会的司法专横所取得的胜利成果。司法独立原则起源于洛克和孟德斯鸠所提出的"三权分立"学说。孟德斯鸠堪称近现代三权分立思想之父,是司法独立原则的创始人。在现代社会,司法独立原则已经得到了当今世界法治国家的普遍遵从。联合国也在有关国际文件中加以确认,使之成为国际刑事司法准则之一。1948 年 12 月 10 日联合国大会通过并宣布的《世界人权宣言》第 10 条规定:"人人完全平等地有权由一个独立而无偏倚的法庭进行公正的和公开的审讯,以确定他的权利和义务并判定对他的任何刑事指控。"1966 年 12 月 16 日联合国大会通过的《公民权利和政治权利国际公约》第 14 条规定:"在判定对任何人提出的任何刑事指控或确定他在一件诉讼案中的权利和义务时,人人有资格由依法设立的合格的、独立的和无偏倚的法庭进行公正的和公开的审讯。"1982 年 10 月 22 日,国际律师协会在其第 19 届年会上通过了《司法独立最低标准》,对司法独立的有关事项作了明确规定。1983 年 6 月 10 日,在加拿大蒙特利尔召开的世界司法独立第一次会议一致通过了《司法独立世界宣言》,进一步规定了司法独立原则。1985 年 8 月 26 日至 9 月 6 日,在意大利米兰召开的第 7 届联合国预防犯罪和罪犯待遇大会通过了《关于司法机关独立的基本原则》,该基本原则后经"联大"1985 年 11 月 29 日第 40/32 号决议及 1985 年 2 月 13 日第 40/146 号决议认可,成为一份国际性的法律文件。《关于司法机关独立的基本原则》第 1 条规定:"各国应保证司法机关的独立,并将此原则正式载入其本国的宪法或法律之中。尊重并遵守司法机关的独立,是各国政府机构及其他机构的职责。"同时还规定了保障审判权的专属性、行使审判权的独立自主性和合法性的一系列规则和标准,使司法独立原则更加明确和具体。为了在世界范围内更好地推行司法独立原则,联合国经社理事会 1989 年 5 月 24 日第 1989/60 号决议又通过了《〈关于司法机关独立的基本原则〉的有效执行程序》。这些国际性法律文件的规定表明司法独立原则受到了广泛重视。

(三)无罪推定原则

一般认为,无罪推定原则是由意大利著名刑法学家贝卡利亚在其著作《论犯罪与刑罚》中最早提出的,其经典表述为:"在法官判决之前,一个人是不能被称为罪犯的,只要还不能断定他已侵犯了给予他公共保护的契约,社会就不能取消对他的公共保护。"①

根据无罪推定原则的含义,该原则对刑事诉讼制度的要求主要包括以下几方面的内容:第一,既然无罪推定意味着被告人在未经判决有罪以前,应被视为无罪的人,那么,刑事诉讼

① [意]贝卡利亚:《论犯罪与刑罚》,黄风译,中国大百科全书出版社 1993 年版,第 31 页。

法律制度应赋予并保障被告人以辩护权为核心的广泛的诉讼权利。第二，既然无罪推定要求追究被告人的刑事责任需经法定的程序，那么，刑事诉讼法律制度为追究被告人刑事责任而设立公正的诉讼程序并维护其不可侵犯的尊严，就是其应有之义。第三，无罪推定既然是假定被告人在判决前是无罪的人，那么，在任何具体案件中要推翻这一假定，就必须有充分确凿的证据；不仅如此，更重要的是，在任何具体案件中要推翻对被告人的这一假定，提出证据并予以证明的责任应由控诉一方承担；刑讯逼供以及其他非法手段获取证据应被禁止。第四，无罪推定既然是假定被告人在判决前无罪，那么，在判决前不能将其作为罪犯来对待就应是该原则的必然要求。

无罪推定原则在法律上得以明确规定始于法国的《人权宣言》。《人权宣言》第 9 条规定：任何人在其未被宣告为有罪以前应被推定为无罪。此后，欧洲大陆各国纷纷仿效法国，相继在宪法、刑事诉讼法或其他法律中对无罪推定作出规定。在英美法系国家，无罪推定原则也得到了广泛的确认。

第二次世界大战以后，无罪推定原则逐渐被一些重要的国际或地区性人权公约所确认，成为一项国际刑事司法准则。1948 年联合国《世界人权宣言》首次在联合国文件中规定了无罪推定原则，为在全球范围内贯彻这一原则提供了法律依据，该宣言第 11 条第 1 款规定："凡受刑事控告者，在未经依法公开审判证实有罪前，应视为无罪，审判时必须予答辩上所需之一切保障。"1950 年 11 月 4 日在罗马签订的《欧洲人权公约》第 6 章第 2 款规定：凡受刑事指控者在未经依法证明为有罪之前，应当推定为无罪。1966 年联合国《公民权利和政治权利国际公约》第 14 条第 2 款确认："凡受刑事罪的控告者在未经依法证明有罪之前，应被推定为无罪。"1969 年《美洲人权宣言》第 8 条第 2 款规定："被控告者犯有罪行的每一个人，只要根据法律未证实有罪，有权被认为无罪。"1985 年《联合国少年司法最低限度标准规则》第 7 条规定："在诉讼的各个阶段，应保证基本程序方面的保障措施，诸如假定无罪、指控罪状通知本人的权利、保持缄默的权利、请律师的权利、要求父母或监护人在场的权利、与证人对质和盘诘证人的权利和向上级机关上诉的权利。"联合国制定的《禁止酷刑和其他残忍、不人道或者有辱人格的待遇或处罚公约》、《保护所有遭受任何形式拘留或监禁的人的原则》也将无罪推定作为刑事司法领域国际公认的法律标准。此外，重要的国际性学术团体、机构和会议也都有涉及无罪推定的决议或宣言。如 1994 年 9 月 10 日在巴西召开的世界刑法学协会第十五届代表大会上通过的《关于刑事诉讼中的人权问题的决议》第 2 条规定："被告人在直到判决生效为止的整个诉讼过程中享有无罪推定的待遇。无罪推定也适用于有免责理由或减轻情节的案件。"《关于刑事诉讼中的人权问题的决议》还对如何在刑事诉讼中贯彻无罪推定原则、保障被告人权利提出了一些具体的要求。

（四）司法审查原则

在刑事司法中，司法审查原则的含义是指未经司法机关的司法审查，任何人不得被剥夺生命、自由或者科处其他刑罚；未经司法审查，不得对公民实施逮捕、羁押等强制措施以及其他强制性侦查措施。司法审查原则在控诉阶段的表现是侦控机关的强制处分措施必须经过法院的审批，即实行司法令状主义；司法审查原则在审判阶段的表现是只有法院才能拥有定罪量刑权，其他机关不得剥夺公民的生命、自由或者科处其他刑罚或保安处分。

从刑事诉讼制度发展的世界性趋势来看，司法审查原则已经成为一项刑事司法国际准则。《世界人权宣言》第9条规定："对任何人不得加以任意逮捕、拘禁或放逐。"《公民权利和政治权利公约》第6条规定："未经合格法庭最后判决，不得执行死刑刑罚。"第9条规定：对任何人不得加以逮捕或拘禁，除非依照法律所规定的根据和程序，任何人不得被剥夺自由。任何因刑事指控被逮捕或拘禁被剥夺自由的人，有资格向法院提起诉讼，以便法庭能不拖延地决定拘禁他是否合法以及拘禁不合法时命令予以释放。《联合国人权委员会关于公正审判和补救权利的宣言(草案)》第34条规定：任何人只能基于合理的理由和按照由合格当局签发的令状才能加以羁押。第38条规定：任何国家应当确保建立人身保护令程序或制度。《世界刑法学协会第十五届代表大会关于刑事诉讼法中的人权问题的决议》第8条规定："影响被告人基本权利的任何政府措施，包括警察所采取的措施，必须有法官授权，并且可受司法审查。"

(五)任何人不受强迫自证其罪原则

任何人不受强迫自证其罪原则，根据西方国家学者的解释，包含以下含义：一是被告人没有义务为追诉方向法庭提出任何可能使自己陷入不利境地的陈述和其他证据，追诉方不得采取任何非人道或有损被告人人格尊严的方法强迫其就某一案件事实作出供述或提供证据；二是被告人有权拒绝回答追诉官员或法官的讯问，有权在讯问中始终保持沉默。司法警察、检察官或法官应及时告知犯罪嫌疑人、被告人享有此项权利，法官不得因被告人沉默而使其处于不利的境地或作出对其不利的裁判；三是犯罪嫌疑人、被告人有权就案件事实作出有利或不利于自己的陈述，但这种陈述须出于真实的愿意，并在意识到其行为后果的情况下作出，法院不得把非出于自愿而是迫于外部强制或压力所作出的陈述作为定案根据。①

任何人不受强迫自证其罪原则及沉默权在许多国家的立法中均有明确规定和体现，而且也逐渐为联合国有关法律文献所确认。联合国《公民权利和政治权利国际公约》第14条第(3)款第(g)项规定：受刑事追诉的人不被强迫作不利于他自己的证言或强迫承认有罪。《联合国少年司法最低限度标准规则》第7条、世界刑法学协会第十五届代表大会《关于刑事诉讼法中的人权问题的决议》第17条，都有关于任何人不受强迫自证其罪原则或沉默权的规定。这表明，任何人不受强迫自证其罪原则及沉默权规则，已成为国际社会的一种共识。

(六)一事不再理原则

一事不再理原则是大陆法系国家的称谓，在英美法系国家，则称为禁止双重危险原则。在刑事诉讼中，一事不再理原则的基本含义是：对实质上同一的罪行不得给予两次以上的起诉、审判、定罪或科刑。一事不再理原则的立法确认一方面有利于维护法律尊严和法院权威，另一方面有利于保障被告人的人权。

---

① 宋英辉主编：《刑事诉讼原理》，法律出版社2007年版，第93、94页。

争论

关于一事不再理原则的含义，国内学界存在争议，最主要的差别在于一事不再理原则发生效力的时间问题。有学者认为，一事不再理原则只有在已有生效的实体裁判的前提下才发生效力，有的学者则认为只要存在诉讼系属，即法院接受了案件并将对之进行审理，即不能对该案件再行提起诉讼和进行审判。

一事不再理原则与禁止双重危险原则已为当今世界许多国家的宪法或者刑事诉讼法所确认，也被广泛规定在国际人权公约和区域性人权公约中，从而使其上升为刑事司法国际准则。1966 年联合国《公民权利及政治权利国际公约》第 14 条第 7 款规定："任何人已依一国的法律及刑事程序被最后定罪或宣告无罪的，不得就同一罪名再予审判或惩罚。"1969 年《美洲人权公约》第 8 条第 4 款规定："经一项未上诉的判决而宣判无罪的被告不得因相同的原因而受新的审判。"1984 年《欧洲人权公约》第 7 号议定书第 4 条第 1 项规定："在同一国家的管辖之下，任何已依该国的法律及刑事程序被最后宣告无罪或有罪者，不得就同一犯罪再予审判或惩罚。"1998 年《国际刑事法院罗马规约》第 20 条规定："(1)除本规约规定的情况外，本法院如果已经作出某人有罪或无罪的判决，不得就同一行为再行审判该人；(2)已经被本法院判定有罪或无罪的人，不得因该罪行而再由其他法院审判；(3)对于已经由另一法院审判的人，不受本法院审判。"

延伸阅读

未经人民法院依法判决不得确定有罪原则与无罪推定

关于我国《刑事诉讼法》第 12 条"未经人民法院依法判决不得确定有罪"的规定是否确立了无罪推定的原则，学界存在不同的观点。

有的学者持完全等同说，认为第 12 条的规定就是无罪推定原则。之所以表述不同只是由于翻译方面的原因。另外无论是关于无罪推定的国际条约还是国内立法，虽然表述上也是存在差异的，但其精神是一致的。[①] 现行《刑事诉讼法》不仅在基本原则中作出了有关无罪推定的规定，而且还通过确立一系列规则和制度，使无罪推定原则的具体要求得到法律的采纳，这具体表现在以下方面：(1)受刑事追诉者在起诉前处于"犯罪嫌疑人"的地位，在起诉后则处于"被告人"的地位，它标志着在诉讼过程中被追诉者处于无罪公民地位。拥有诉讼主体的资格，能够与追诉方展开积极主动的争辩的对抗，对裁判者的结论形成施加充分有效的影响。(2)在法庭审判过程中，公诉方负提出证据、证明被告人有罪的责任。承审法官不再承担提出控方证据、展示控诉证据内容的义务，而仅作补充性的调查。这样，提出证据、证实被告人有罪的责任事实上就由公诉一方承担，被告人不承担证明自己有罪或无罪的义务而拥有充分的防御权。这显然符合无罪推定原则的要求。(3)法庭在证据不足、不能认定被

① 宋英辉著：《刑事诉讼法修改建议稿》，中国政法大学出版社 1995 年版，第 120～122 页。

告人有罪时，应当作出证据不足、指控的犯罪不能成立的无罪判决。公诉人既然不能提出确实充分的证据证实被告人的罪行，法庭经过听审和补充性调查也不能使被告人有罪的事实得以查明，那么这就意味着"无罪的推定"尚未被推翻，而必然转化为"无罪的判定"。这显然是无罪推定原则内在的应有之义。

大多数学者认为第12条的规定不是无罪推定原则，只是借鉴吸取了无罪推定的合理之处，两者之间仍然存在着较大的区别：①(1)立法表现形式不同。"推定无罪"、"不能认为有罪"和"不得定罪"三者之间存在着虽然不显著但却很重要的差异。(2)内容不同。我国《刑事诉讼法》没有规定沉默权和非法自白排除规则，被告人的辩护权和律师帮助权也与"无罪推定"不同。而这些被认为是无罪推定原则的核心内容。(3)排除被告人无罪的证据制度不同。根据无罪推定的原则，推翻被告人无罪的假定，应有无可怀疑的证据证明被告人有罪，直到法院宣告判决认定有罪为止。在西方各国，法官是依据自由心证审查判断证据。我国未经审判不得定罪原则的基础是实事求是的证据制度，法院在审理终结前，既不肯定被告有罪也不肯定被告无罪。

阅读链接⇨

- 1. 刘根菊：《在我国确定沉默权原则几个问题之讨论》，载《中国法学》2000年第2期。
- 2. 易延友：《反对自我归罪的特权》，载《比较法研究》1999年第2期。
- 3. 李文健：《刑事诉讼原则论》，载《法学研究》1996年第1期。
- 4. 陈光中、张建伟：《联合国〈公民权利和政治权利国际公约〉与我国刑事诉讼》，载《中国法学》1998年第6期。
- 5. 谢佑平、万毅：《一事不再理原则重述》，载《中国刑事法杂志》2001年第3期。

讨论题

1. 试根据"侦查权、检察权、审判权由专门机关依法行使原则"分析私人侦探制度存在的依据。

2. 改革现行司法体制，保障司法独立已经成为我国学界共识，试就这个问题谈谈你的观点。

3. 有学者认为，在配合制约的原则指导下，我国公、检、法关系出现了错位、扭曲、缺位等不良现象，试对该观点加以评述。

4. 请分析我国《刑事诉讼法》中是否已经确立了程序法定原则。

5. 我国刑事诉讼法与国际刑事司法准则的差距表现在哪些方面，如何改进？

---

① 胡锡庆主编：《新编中国刑事诉讼法学》，华东理工大学出版社1998年版，第89、90页。

第四章 刑事诉讼法基本制度

第一节 辩护制度

近代辩护制度是西方资产阶级民主革命的产物，它是犯罪嫌疑人、被告人有权获得辩护这一宪法性原则在刑事诉讼中的具体体现与保障，也是现代法治国家法律制度的重要组成部分。辩护制度的健全和完善与否是一国刑事诉讼制度是否民主化、科学化的重要标志。

一、辩护、辩护权、辩护制度的概念及其关系

辩护也称刑事辩护，依据我国现行法律的规定，辩护是一个专属于刑事诉讼的范畴，不同于民事诉讼、行政诉讼中的辩论。它是指犯罪嫌疑人、被告人及其辩护人为反驳控诉，根据事实和法律，提出有利于犯罪嫌疑人、被告人的证据和理由，说明被告无罪、罪轻或者应当减轻、免除处罚的诉讼活动。在现代刑事诉讼中，辩护是针对控诉而提出并同控诉相对立的一种基本的诉讼职能。没有控诉就没有辩护，只有当犯罪嫌疑人、被告人被控告之后，犯罪嫌疑人、被告人及其辩护人才能进行辩护。

辩护权是犯罪嫌疑人、被告人及其辩护人对被控告、被追究的犯罪，从事实、证据、法律、处刑等方面进行申辩、反驳、反证，以维护犯罪嫌疑人、被告人的合法权益，使案件得到公正合法的处理的权利。从世界各国法律规定来看，辩护权有以下特征：第一，绝对性。任何公民一旦被认为具有犯罪嫌疑并因此而受到刑事指控时，他就应当拥有辩护权。第二，防御性。辩护权是针对控诉权而存在的，没有控诉，也就没有辩护。控诉权具有攻击性，辩护权具有防御性，辩护权的行使旨在对抗控诉方的指控，抵消其控诉效果，辩护权是犯罪嫌疑人进行自我保护的一种手段。第三，专属性。辩护权专属于被指控人，辩护人受委托或指定承担协助被指控人行使辩护权的法定义务。

辩护制度是法律所规定的关于辩护权、辩护种类、辩护方式、辩护人的范围、辩护人的责任、辩护人的权利与义务等一系列规则和制度的总称。它是实现宪法赋予犯罪嫌疑人、被告人辩护权的重要保障。在我国，《刑事诉讼法》是辩护制度的主要法律渊源，此外，《宪法》、《律师法》、《人民法院组织法》以及与刑事有关的司法解释中也存在大量的有关辩护制度的规定，这些也是我国辩护制度的重要法律渊源。

辩护、辩护权和辩护制度三者之间的关系是：辩护权是针对有攻击性的指控而进行的，

是被追诉者最基本、最核心的诉讼权利，是辩护制度产生的基础，不承认犯罪嫌疑人、被告人的辩护权就不可能有辩护制度；辩护制度是辩护权的保障，各种辩护制度都是为了保障犯罪嫌疑人、被告人充分、正确地行使辩护权而设立的；辩护是辩护权的外在表现形式，即辩护权是通过各种具体的辩护活动实现的。

二、辩护制度的内容

(一)辩护的种类

1. 自行辩护

自行辩护，是指犯罪嫌疑人、被告人针对指控进行反驳、申辩或辩解，自己为自己所作的辩护。根据《刑事诉讼法》第 32 条的规定，犯罪嫌疑人在侦查阶段只能自行辩护；犯罪嫌疑人、被告人在刑事诉讼过程中的起诉、审判阶段也都有权自行辩护。自行辩护是目前我国犯罪嫌疑人、被告人进行辩护的重要途径。犯罪嫌疑人、被告人是被追究刑事责任的对象。他们对是否实施了犯罪、如何实施的犯罪，以及犯罪的后果等情况最清楚，为了保护自己的合法权益，他们会竭力提供对自己有利的各种事实和证据，证明自己无罪、罪轻、应当减轻或免除处罚。因此，法律应当充分保护犯罪嫌疑人、被告人的自行辩护权。

2. 委托辩护

在审查起诉和审判阶段，犯罪嫌疑人、被告人除自行辩护外，为充分维护其合法权益，依法还有权委托律师或者其他公民协助其进行辩护。犯罪嫌疑人、被告人可以自己委托辩护人，也可以由其法定代理人、家属或者所在单位为其委托辩护人。委托辩护可分三种情形：

(1)根据《刑事诉讼法》第 33 条的规定，自诉案件的被告人有权随时委托辩护人。人民法院自受理自诉案件之日起 3 日以内应当告知被告人有权委托辩护人。

(2)公诉案件的犯罪嫌疑人自案件移送到人民检察院审查起诉之日起，有权委托辩护人。人民检察院自收到移送审查起诉的案件材料之日起 3 日以内，应当告知犯罪嫌疑人有权委托辩护人。对于人民检察院直接受理的案件，自人民检察院的刑事侦查部门将该案件移送审查起诉部门之日起，犯罪嫌疑人有权委托辩护人。

(3)根据《刑事诉讼法》第 151 条规定，开庭前 10 天被告人未委托辩护人的，人民法院应当告知被告人可以委托辩护人。

根据《刑事诉讼法》第 32 条之规定，犯罪嫌疑人、被告人除自己行使辩护权以外，还可以委托 1～2 人作为辩护人；在共同犯罪案件中，1 名辩护人不得为 2 名以上的同案犯罪嫌疑人、被告人辩护。

3. 指定辩护

指定辩护，是指当刑事案件进入审判阶段，在遇有法定情形时，人民法院指定承担法律援助义务的律师为被告人进行辩护。我国的指定辩护只适用于审判阶段，被指定的辩护人只能是律师。人民法院通过法律援助的程序为被告人指定辩护，既有利于切实保障辩护的质量，同时也符合国际刑事司法准则。联合国《关于律师作用基本原则》第 6 条规定：任何没有律师的人在司法需要情况下均有权获得按犯罪性质指派给他的一名有经验和能力的律师，以便得到有效的法律协助，如果他无足够力量为此种服务支付费用，可不交费。我国的指定辩护制度，基本体现了上述国际性文件精神。

我国的指定辩护包括强制指定辩护和任意指定辩护两种情形。强制指定辩护是指被告人没有委托辩护人而具有法定情形的，人民法院应当为其指定辩护人，根据《刑事诉讼法》第38条的规定，所谓"法定情形"包括：(1)盲、聋、哑人或者限制行为能力的人；(2)开庭审理时不满18周岁的未成年人；(3)可能被判处死刑的人。

任意指定辩护是指被告人没有委托辩护人而具有下列情形之一的，人民法院可以为其指定辩护人。根据《刑事诉讼法》第37条的规定，任意指定辩护是指具有下列情形之一：(1)符合当地政府规定的经济困难标准的；(2)本人确无经济来源，其家庭经济状况无法查明的；(3)本人确无经济来源，其家属经多次劝说仍不愿为其承担辩护律师费用的；(4)共同犯罪案件中，其他被告人已委托辩护人的；(5)具有外国国籍的；(6)案件有重大影响的；(7)人民法院认为起诉意见和移送的案件证据材料可能影响正确定罪量刑的。

根据《最高人民法院关于执行〈中华人民共和国刑事诉讼法〉若干问题的解释》的规定，被告人坚持自己行使辩护权，拒绝人民法院指定的辩护人为其辩护的，人民法院应当准许，并记录在案；残疾人、未成年人或可能被判处死刑而没有委托辩护人的被告人拒绝人民法院为其指定辩护人，有正当理由的，人民法院也可准许，但被告人需另行委托辩护人，或者人民法院应当为其另行指定辩护人。

(二)辩护人的范围

辩护人，是指接受犯罪嫌疑人、被告人的委托或人民法院的指定，帮助犯罪嫌疑人、被告人行使辩护权，以维护其合法权益的人。辩护人的责任是根据事实和法律，提出证明犯罪嫌疑人、被告人无罪、罪轻或者减轻、免除其刑事责任的材料和意见，以维护犯罪嫌疑人、被告人的合法权益。

根据《刑事诉讼法》第32条的规定，可以作辩护人的人包括：

1. 律师

根据《律师法》第2条的规定，律师是指依法取得律师执业证书，接受委托或者指定，为当事人提供法律服务的执业人员。由于律师具备良好的法学教育背景，精通法律，并且具有丰富的经验，因此是最重要、最能维护犯罪嫌疑人、被告人合法权益的辩护人。

2. 人民团体或者犯罪嫌疑人、被告人所在单位推荐的人

鉴于我国当前的律师队伍尚不能完全满足实际需要，为了有效地维护犯罪嫌疑人、被告人的合法权益，工会、妇联、共青团、学联等群众性团体以及犯罪嫌疑人、被告人所在单位，可以推荐公民担任刑事案件辩护人。

3. 犯罪嫌疑人、被告人的监护人、亲友

监护人、亲友也可以接受犯罪嫌疑人、被告人的委托，作他的辩护人。所谓"监护人"，是指对无行为能力或限制行为能力的人的人身、财产和其他一切合法权益负有监督和保护责任的人。一般来说，未成年人、精神病患者及其他有严重精神障碍的人，都应设置监护人。"亲友"，是指犯罪嫌疑人、被告人的亲朋好友。1996年修正后的《刑事诉讼法》实际上扩大

了犯罪嫌疑人、被告人委托辩护人的选择范围，因为除了监护人不再限定近亲属，而是亲戚朋友都可接受犯罪嫌疑人、被告及其法定代理人的委托担任辩护人。这对犯罪嫌疑人、被告人能够及时委托到辩护人，解决请律师难的问题和及时有效地维护其合法权益是十分有利的。

根据《刑事诉讼法》第32条第2款、《律师法》和《最高人民法院关于执行〈中华人民共和国刑事诉讼法〉若干问题的解释》第33条规定，下列人员不得被委托担任辩护人：

(1)被宣告缓刑和刑罚尚未执行完毕的人；

(2)依法被剥夺、限制人身自由的人；

(3)无行为能力或限制行为能力的人；

(4)人民法院、人民检察院、公安机关、国家安全机关、监狱的现职人员；

(5)本院的人民陪审员；

(6)与本案审理结果有利害关系的人；

(7)外国人或者无国籍的人；

(8)在担任各级人大常委会委员期间的律师；

(9)法官、检察官，从人民法院、人民检察院离任两年内的；

(10)法官、检察官的配偶、子女、父母不得担任该法官或者检察官所任职法院或者检察院办理案件的诉讼代理人或者辩护人。

上述第(4)项、第(5)项、第(6)项、第(7)项规定的人员，如果是被告人的近亲属或者监护人，由被告人委托辩护人的，人民法院可以准许。

案例分析

2006年4月9日晚，朱某本在下班途中遇到23岁的张某，因张某长得漂亮，遂以为其介绍男朋友为名将其骗到某甘中，意图强奸。朱某本强迫其妻刘某在张某喝的茶水里添加安眠药，遭到拒绝，就只好亲自动手。张某喝完茶水后陷入昏睡，朱某本乘机将张某强奸，刘某出于害怕未敢干涉。张某次日到公安机关报案。案件经过侦查和审查起诉，人民检察院向法院提起公诉后，法院在开庭前告知朱某本享有辩护权，问他是否聘请辩护人，朱某本要求让妻子为自己辩护，但是法院认为刘某是本案的证人，就拒绝了朱某本的要求。问：法院拒绝被告人朱某本让妻子为自己辩护的做法对不对？为什么？

解答：法院拒绝被告人朱某本让妻子为自己辩护的要求是正确的。根据我国《刑事诉讼法》第32条的规定，犯罪嫌疑人、被告人的亲友是可以充当辩护人的。但在本案中，因为朱某本的妻子是本案的证人，法律虽然没有规定证人不能充当辩护人，但是证人的作用与辩护人的职责是不同的，这两种角色若合二为一，则必然产生功能冲突。另一方面，在诉讼中，辩护人是可以选择的，证人却不能选择替代，刘某是本案的证人，她只能作证人而不能同时充当辩护人。因此，法院的做法是正确的。

(三)辩护人的诉讼地位

1. 辩护人是具有独立法律地位的、不附属于犯罪嫌疑人、被告人的诉讼参与人这表现在：其一，辩护人独立于犯罪嫌疑人、被告人意志之外，以自己的意志开展辩护活动。辩护人参加诉讼，进行辩护的权利来源于犯罪嫌疑人、被告人的委托或法院的指定。在诉讼中，辩护人根据自己对法律的理解，对犯罪嫌疑人、被告人被指控事实的把握，确定辩护的方式、理由、意见，而不能完全附和犯罪嫌疑人、被告人的意见，不能受犯罪嫌疑人、被告人无理要求的影响而成为犯罪嫌疑人、被告人的"代言人"、"传声筒"，甚至帮凶。其二，辩护人有权拒绝辩护。如犯罪嫌疑人、被告人要求辩护人为其作背离案件事实、曲解法律的辩护时，他可以拒绝接受委托。在辩护人接受委托后，如果发现犯罪嫌疑人、被告人不如实陈述案情，应说服犯罪嫌疑人、被告人改正。犯罪嫌疑人、被告人拒绝改正的，辩护人有权拒绝继续为其辩护，解除委托。

2. 辩护人独立辩护，不依附或受制于公安、司法机关

辩护人依照事实和法律进行辩护，不听命于公安机关、人民检察院或人民法院，也不受权力机关的约束或限制。对于妨碍或阻挠辩护职责行使的不正当行为，有权提出抗议，甚至控告。

3. 辩护人参加诉讼的目的是为了维护犯罪嫌疑人、被告人的合法权益

辩护人执行的是刑事诉讼中的辩护职能。在诉讼中，辩护人与被告人同为辩护一方，依法执行辩护职能，辩护人参加诉讼的宗旨是为了维护犯罪嫌疑人、被告人的合法权益，而不是其自身的利益。辩护人作为嫌疑人、被告人的帮助者，在一定程度上能影响审判进程和结果，然而他与案件的最终处理结果并无法律上的利害关系，犯罪嫌疑人、被告人有罪无罪、罪轻罪重的结果均对其不产生法律上的关系，这是他与犯罪嫌疑人、被告人最大的区别。正是基于此，法律才没有赋予辩护人上诉权、反诉权、最后陈述权等被告人才能享有的诉讼权利。

(四)辩护人的诉讼权利和义务①

1. 辩护人的诉讼权利

为保证辩护人能充分执行辩护职能，履行辩护职责，法律赋予了辩护人一系列的诉讼权利，主要包括：

(1)独立辩护权。辩护人依法履行职责，受国家法律的保护。辩护人有权根据事实和法律独立地进行辩护，不受任何机关、团体和个人的非法干涉和限制。

(2)阅卷权。《刑事诉讼法》第36条规定，辩护律师自人民检察院对案件审查起诉之日起，可以查阅、摘抄、复制本案的诉讼文书、技术性鉴定材料，其他辩护人经人民检察院许可，也可以查阅、摘抄、复制上述材料。辩护律师自人民法院受理案件之日起，可以查阅、摘抄、复制本案所指控的犯罪事实的材料，其他辩护人经人民法院许可，也可以查阅、摘抄、复制上述材料。

---

① 现行《刑事诉讼法》与2008年6月1日生效实施的新《律师法》在律师的阅卷权、会见通信权、调查取证权等方面的规定存在冲突，具体参见本章的"延伸阅读"部分。

争论

由于《刑事诉讼法》与有关司法解释对律师在审判阶段的阅卷范围即"本案所指控的犯罪事实的材料"具体包括哪些诉讼材料均未作出明确界定，学界对该问题存在不同解释。有学者认为"本案所指控的犯罪事实的材料"就是指人民检察院提起诉讼时，向人民法院移送的起诉材料，也就是《刑事诉讼法》第150条规定的"证据目录、证人名单和主要证据复印件或者照片"。也有学者反对该观点，认为律师在审判阶段的阅卷范围应当比起诉阶段要宽，而不能仅仅只局限于"证据目录、证人名单和主要证据复印件或者照片"，但是该观点仍然缺乏明确的法律依据。

(3)会见通信权。《刑事诉讼法》第36条规定，辩护律师自人民检察院对案件审查起诉之日起，可以同在押的犯罪嫌疑人会见和通信。其他辩护人经人民检察院许可，也可以同在押的犯罪嫌疑人会见和通信。在审判阶段，辩护律师自人民法院受理案件之日起，可以同在押的犯罪嫌疑人会见和通信，其他辩护人经人民检察院许可，也可以同在押的犯罪嫌疑人会见和通信。

案例分析

2002年8月10日，A市天平律师事务所律师申某、方某接受涉嫌抢劫的犯罪嫌疑人黄某亲属的委托，为黄某担任辩护律师，8月15日，申、方两位律师到A市B区公安分局看守所要求会见犯罪嫌疑人黄某。然而在两人出示了律师执业证明、授权委托书、律师事务所介绍信等法定手续以后，B区公安分局看守所以必须经办案机关批准才能会见为由拒绝了他们的会见请求。律师指出看守所的工作人员应执行《刑事诉讼法》和《六部委规定》时，看守所人员竟回答：我们不看那些规定，只有看到办案机关的书面批准，我们才能让你们会见犯罪嫌疑人，没有办案机关的书面批准，我们就不能让你们见犯罪嫌疑人。此后，申、方两位律师为了办理会见的批准手续而连续奔波了一个多月。问：B区公安分局看守所不让律师会见有没有法律依据？

解答：我国《刑事诉讼法》第96条确立了律师在侦查阶段介入诉讼，会见犯罪嫌疑人的权利。《六部委规定》第11条规定：涉及国家秘密的案件，律师会见在押的犯罪嫌疑人，应当经侦查机关批准。对于不涉及国家秘密的案件，律师会见犯罪嫌疑人不需要经过批准。本案并不涉及国家秘密，因此不需要批准，所以，B区公安分局看守所让律师须经侦查机关批准才能会见的做法是违反法律规定的。

(4)调查取证权。《刑事诉讼法》第37条规定，辩护律师经证人或者其他有关单位和个人同意，可以向他们收集与本案有关的材料，也可以申请人民检察院、人民法院收集、调取证据，或者申请人民法院通知证人出庭作证。辩护律师经人民检察院或者人民法院许可，并且经被害人或者其近亲属、被害人提供的证人同意，可以向他们收集与本案有关的材料。

(5)获得通知权。《刑事诉讼法》第151条规定，辩护人有权在开庭3日以前获得法院的通知书。

(6)质询权与辩论权。根据《刑事诉讼法》第155条、第156条、第159条、第160条、第175条和第176条的规定,在法庭调查阶段,辩护人在公诉人讯问被告人后,经审判长许可,可以向被告人发问;经审判长许可,可以对证人、鉴定人发问;法庭审理中,辩护人有权申请通知新的证人到庭,调取新的物证,重新鉴定或者勘验。在法庭辩论阶段,辩护人可以对证据和案件情况发表意见并且可以和控方展开辩论。

(7)拒绝权。律师接受委托后,无正当理由的,不得拒绝辩护,但是委托事项违法、委托人利用律师提供的服务从事违法活动或者委托人故意隐瞒与案件有关的重要事实的,律师有权拒绝辩护。

(8)司法文书获取权。辩护人有权得到与其行使辩护权有关的法律文书,如人民检察院的起诉书、抗诉书副本,人民法院的判决书、裁定书副本等。

(9)控告权。辩护人对审判人员、检察人员和侦查人员侵犯公民诉讼权利和人身侮辱的行为,有权提出控告。

(10)要求解除强制措施权。《刑事诉讼法》第75条规定:犯罪嫌疑人、被告人及其法定代理人、近亲属或者犯罪嫌疑人、被告人委托的律师及其他辩护人对于人民法院、人民检察院或者公安机关采取强制措施超过期限的,有权要求解除强制措施。

(11)其他权利。如辩护人在征得被告人同意后,可以对第一审判决、裁定提出上诉。

2. 辩护人的诉讼义务

根据《刑事诉讼法》、《律师法》及有关司法解释之规定,辩护人在享有诉讼权利的同时,需要承担下列诉讼义务:

(1)会见在押犯罪嫌疑人、被告人时,要遵守羁押场所的规定。

(2)辩护律师和其他辩护人不得帮助其他犯罪嫌疑人、被告人串供、隐匿、毁灭、伪造证据,不得引诱、威胁证人改变证言或者作伪证及其他干扰司法机关诉讼活动的行为。

(3)辩护律师未经人民检察院或者人民法院许可,不得向被害人及其近亲属、被害人提供的证人收集与本案有关的材料。

(4)参加法庭审判时要遵守法庭规则。

(5)辩护人包括辩护律师应当向法庭出示物证,让当事人辨认,对未到庭的证人证言笔录、鉴定人的鉴定结论和其他作为证据的文书,应当当庭宣读。

(6)不得私自接受委托,私自向委托人收取费用,收受委托人的财物。

(7)不得违反规定会见法官、检察官。

(8)不得向法官、检察官和其他工作人员请客送礼或行贿,或者指使、诱导当事人行贿。

(9)不得提供虚假证据,隐瞒事实或者威胁、引诱他人提供虚假证据,隐瞒事实以及妨碍对方当事人合法取得证据。

(10)不得干扰法庭秩序,干扰诉讼的正常进行。

(11)曾担任法官、检察官的律师,从人民法院、人民检察院离任后两年内,不得担任辩护人。

(12)必须按照国家规定承担法律援助义务,尽职尽责,为受援人提供法律服务。

(13)律师接受委托后,无正当理由的,不得拒绝辩护或者代理。

(14)律师应当保守在执业活动中知悉的国家秘密、商业秘密,不得泄露当事人的隐私。

三、律师在侦查阶段对犯罪嫌疑人的法律帮助

律师在侦查阶段对犯罪嫌疑人提供法律帮助，是指在侦查阶段律师接受犯罪嫌疑人的聘请，为其提供法律咨询，代理申诉、控告，申请取保候审的活动。《刑事诉讼法》第96条规定，犯罪嫌疑人在侦查机关第一次讯问后或者采取强制措施之日起，可以聘请律师为其提供法律咨询，代理申诉、控告。犯罪嫌疑人被逮捕的，聘请的律师可以为其申请取保候审。涉及国家秘密的案件，犯罪嫌疑人聘请律师，应当经侦查机关批准。这一规定在法学理论上被称为"侦查阶段律师为犯罪嫌疑人提供法律帮助制度"。

（一）律师在侦查阶段对犯罪嫌疑人的法律帮助的内容

1. 向侦查机关了解犯罪嫌疑人涉嫌的罪名

律师接受犯罪嫌疑人的聘请后，应当首先向侦查机关了解犯罪嫌疑人的罪名，以便有针对性地为犯罪嫌疑人提供法律帮助。

2. 会见犯罪嫌疑人，向其了解有关案件的情况

律师会见犯罪嫌疑人时可以向其了解有关案件的情况，具体包括以下内容：犯罪嫌疑人的自然情况；是否参与以及怎样参与所涉嫌的案件；如果承认有罪，陈述涉及定罪量刑的主要事实和情节；如果认为无罪，陈述无罪的辩解；被采取强制措施的法律手段是否完备，程序是否合法；被采取强制措施后其人身权利及诉讼权利是否受到侵犯；其他需要了解的情况。

涉及国家秘密的案件，律师会见在押的犯罪嫌疑人，应当经过侦查机关批准。不涉及国家秘密的案件，律师会见犯罪嫌疑人不需要经过批准。侦查机关不能以侦查过程需要保密的案件作为涉及国家秘密的案件不予批准。律师提出会见犯罪嫌疑人的，侦查机关应当在48小时内安排会见。对于组织、领导、参加黑社会性质组织犯罪，组织、领导、参加恐怖活动组织犯罪或者走私犯罪、毒品犯罪、贪污贿赂犯罪等重大复杂的两人以上的共同犯罪案件，律师提出会见犯罪嫌疑人的，应当在5日以内安排会见。对于侦查机关不依法安排会见的，律师有权向有关部门反映，要求纠正。

3. 律师会见犯罪嫌疑人时为其提供法律咨询

咨询内容如：有关管辖的法律规定；有关回避的法律规定；有关强制措施的决定、批准与执行机关、适用条件、法定期间、适用程序的法律规定；犯罪嫌疑人对侦查人员的提问有如实回答的义务以及对与本案无关的问题有拒绝回答的权利；犯罪嫌疑人享有辩护权的法律规定；犯罪嫌疑人有要求自行书写供述的权利，对侦查人员制作的讯问笔录有核对、补充、改正、附加说明的权利以及在承认笔录没有错误后应当签名或盖章的义务；犯罪嫌疑人享有侦查机关应当将用作证据的鉴定结论向他告知的权利以及可以申请补充鉴定或者重新鉴定的权利；犯罪嫌疑人享有的申诉权和控告权的有关规定；关于犯罪嫌疑人所涉嫌罪名的有关规定；关于自首、立功的法律规定等等。

4. 为犯罪嫌疑人申请取保候审

律师向侦查机关了解犯罪嫌疑人涉嫌的罪名及会见犯罪嫌疑人后，如果认为被羁押的犯罪嫌疑人符合取保候审的法定条件，可以主动为其申请取保候审。根据《刑事诉讼法》第

51条的规定,犯罪嫌疑人具有下列情形之一,可以申请取保候审:一是可能被判处管制、拘役或者独立适用附加刑的;二是可能被判处有期徒刑以上刑罚,采取保候审、监视居住,不致发生社会危害性的。

5. 代理申诉和控告

犯罪嫌疑人认为自己的行为不构成犯罪或者存在不应当追究刑事责任的情形,并提出代理申诉请求时,代理其向有关机关提出申诉,要求予以纠正。律师根据向犯罪嫌疑人了解的有关案件情况和其他有关证据材料,认为侦查机关违法立案,违法进行各项侦查活动和对犯罪嫌疑人进行刑讯逼供、人身侮辱、非法拘禁或超期羁押的情况,或者认为侦查机关管辖不当的,受聘律师可以代理犯罪嫌疑人提出申诉或控告,或者向有关部门反映,以维护犯罪嫌疑人的正当权益。

➢ 案例分析

下列关于侦查阶段犯罪嫌疑人聘请律师的表述哪些是错误的?

A. 李某抢劫案。因在押的犯罪嫌疑人李某没有提出具体人选,侦查机关对其聘请律师的要求不予转交。

B. 高某伤害案。因案件事实尚未查清,侦查机关拒绝告诉受聘请的律师犯罪嫌疑人涉嫌的罪名。

C. 石某贪污案。因侦查过程需要保密,侦查机关拒绝批准律师会见在押的石某。

D. 陈某刑讯逼供案。为防止串供,会见时在场的侦查人员禁止陈某向律师讲述案件事实和情节。

解答:根据《刑事诉讼法》第96条第1款的规定,犯罪嫌疑人在被侦查机关第1次讯问后或者采取强制措施之日起,可以聘请律师为其提供法律咨询、代理申诉、控告。据此,A项中的李某抢劫案,只要李某提出了聘请律师的要求,即使没有提出具体人选,侦查机关也必须转交其要求,否则就是侵犯了犯罪嫌疑人的权利。所以,A应当选。根据《刑事诉讼法》第96条第2款的规定,受委托的律师有权向侦查机关了解犯罪嫌疑人涉嫌的罪名,可以会见在押的犯罪嫌疑人,向犯罪嫌疑人了解有关案件情况。由此,受聘请的律师可以无条件的了解犯罪嫌疑人涉嫌的罪名,侦查机关不可限制。所以,B也是错误的。根据《刑事诉讼法》第96条第2款的规定,涉及国家秘密的案件,律师会见在押的犯罪嫌疑人,应当经侦查机关批准。最高人民法院等《六部委规定》第11条规定,涉及国家秘密的案件,律师会见在押的犯罪嫌疑人,应当经侦查机关批准。对于不涉及国家秘密的案件,律师会见犯罪嫌疑人不需要经过批准。不能以侦查过程需要保密作为涉及国家秘密的案件不予批准。由此,C项中,石某贪污案因侦查过程需要保密,侦查机关拒绝批准律师会见在押的石某的做法也是错误的。根据《刑事诉讼法》第96条第2款的规定,律师会见在押的犯罪嫌疑人,侦查机关根据案件情况和需要可以派员在场。由此,法律并没有赋予会见时在场的侦查人员禁止犯罪嫌疑人向律师讲述案件事实和情节,因此,D也是错误的。

(二)侦查机关的义务

为了确保律师在侦查阶段对犯罪嫌疑人的法律帮助落到实处,侦查机关必须履行下列法定义务:一是在犯罪嫌疑人在被侦查机关第一次讯问后或者采取强制措施之日起,告知犯罪嫌疑人聘请律师提供法律帮助的义务;二是有将犯罪嫌疑人聘请律师的请求及时转达给犯罪嫌疑人的亲属或者相关的律师事务所或律师协会的义务;三是对涉及国家秘密的案件,犯罪嫌疑人要求聘请律师,侦查机关依据法律规定有权不予批准,但有告知不批准的理由的义务。

(三)设立侦查阶段律师为犯罪嫌疑人提供法律帮助制度的意义

由于多种因素的影响,大多数公民的法律知识十分欠缺,一旦沦为犯罪嫌疑人之后,根本不知道在侦查阶段自己依法享有哪些诉讼权利,以及如何行使法律规定的诉讼权利,加之存在恐慌、畏惧心理,也就不知道怎样维护自己的合法权利。设立侦查阶段律师为犯罪嫌疑人提供法律帮助制度可以使犯罪嫌疑人的诉讼权利得到较好的维护。此外,该制度还有利于及时发现和纠正侦查活动中的违法乃至犯罪行为,从而促使侦查人员增强法制观念,提高依法行使侦查权的自觉性,预防违法侦查行为的发生。

当然也应该看到,自 1996 年修订后的《刑事诉讼法》颁布实施以来,对贯彻落实侦查阶段律师为犯罪嫌疑人提供法律帮助制度也还存在不少问题,由于立法本身不够完善,缺乏配套措施等因素,加之一些侦查人员对律师在侦查阶段介入刑事诉讼这一规定不理解,不支持,认为律师介入会影响侦查工作的顺利进行,从而使得侦查阶段律师为犯罪嫌疑人提供法律帮助制度的运行遭遇不少阻碍,突出表现为:会见难、调查取证难、阅卷难、采纳正确辩护意见难、维护律师在诉讼中的合法权益难等多个方面。这表明,侦查阶段律师为犯罪嫌疑人提供法律帮助制度还有待于进一步完善。

争论

关于律师在侦查阶段的法律地位一直因法无明确规定而争论不休,也使律师在侦查阶段为犯罪嫌疑人提供法律帮助显得名不正,言不顺。概括起来学界有以下几种观点:第一种观点认为,在侦查阶段介入诉讼的律师是受犯罪嫌疑人委托的律师或者受聘的律师,是法律帮助者或犯罪嫌疑人的法律顾问,是法律服务者。第二种观点认为,在侦查阶段参与诉讼的律师的身份与日本和我国台湾地区“刑事诉讼法”所规定的辅佐人的身份相似,因此,便借用“辅佐人”的概念,将侦查阶段介入诉讼的律师称为辅佐律师。第三种观点认为,律师在侦查阶段向嫌疑人提供咨询,称为诉讼代理人。第四种观点,主张把辩护人分为广义辩护人和狭义的辩护人。这种划分的主要依据是因为侦查阶段介入诉讼的律师和在审查起诉及审判阶段介入诉讼的律师所享有的权利不同。该观点认为,根据我国《刑事诉讼法》第 33 条的规定,公诉案件自案件移送审查起诉之日起犯罪嫌疑人有权委托“辩护人”,审查起诉和审判阶段介入刑事诉讼的辩护人是正规意义上的辩护人,属“狭义辩护人”,狭义辩护人可以根据案件事实、证据和法律,独立地发表对犯罪嫌疑人、被告人应当从轻、减轻、免除刑事处罚的辩护意见。而在侦查阶段介入刑事诉讼的律师只是协助犯罪嫌疑人行使辩护职能，他只能进行申诉、控告、会见等活动，将律师在侦查程序中的诉讼地位概括为“广义辩护人”，能够较为准确地揭示出律师在侦查程序中进行刑事活动的特点。

第二节　刑事代理制度

一、刑事代理概述

（一）刑事代理的概念

刑事代理，是指代理人接受公诉案件的被害人及其法定代理人或者近亲属、自诉案件的自诉人及其法定代理人、附带民事诉讼的当事人及其法定代理人的委托，以被代理人名义参加诉讼，进行活动，由被代理人承担代理行为法律后果的一项法律制度。

从刑事代理的概念来看，刑事代理有如下特征：(1)被代理人的限定性。依照《刑事诉讼法》第 82 条规定，被代理人只能是公诉案件的被害人、自诉案件的自诉人、附带民事诉讼的当事人。(2)诉讼代理人必须以被代理人的名义进行诉讼活动。(3)诉讼代理人只能在代理权限内从事活动，诉讼代理人活动的根据是被代理人的授权行为，被代理人的授权范围即为诉讼代理人的活动范围，代理人超越代理权限或代理关系终止后进行的诉讼行为，被代理人不承担该行为的法律后果，除非得到被代理人的追认。(4)诉讼代理人进行代理活动产生的法律后果由被代理人承担，代理权限内的代理行为视为被代理人本人行为，应由被代理人承担法律后果。

> **争论**

关于代理人是否必须以被代理人的名义进行诉讼活动，在国内学界存在不同观点。大多数学者认为，代理人进行代理活动只能以被代理人的名义进行，代理人如果以自己的名义进行代理活动，则该代理行为产生的法律后果只能由代理人自己承担，这种行为是自己行为而非代理行为。代理人只能以被代理人的名义进行代理活动，才能为被代理人取得权利，设定义务。有的学者则认为代理人进行代理活动是以自己的名义进行的。还有的学者认为代理人进行代理活动以谁的名义要根据各种代理活动的不同性质来定。如果代理人在被代理人的特别授权下代为承认、放弃或者变更诉讼请求，进行和解、调解时，他是以被代理人的名义，而代理人代理被代理人进行阅卷、调查取证、获得开庭通知书、提交代理词以及参与法庭调查和法庭辩论等活动时，他是以自己的名义进行活动的。

由于代理权限产生的根据不同，在刑事诉讼中的代理分为法定代理和委托代理两种。

法定代理是基于法律规定而产生的代理，委托代理是基于被代理人的委托授权行为而产生的代理。委托代理，既可以委托律师也可以委托其他公民代理。

(二)刑事辩护与刑事代理的比较

刑事代理是与刑事辩护相对应的用以维护被害人、自诉人和附带民事诉讼当事人权益的一项重要的诉讼活动。

基于不同的诉讼目的和实现方式，刑事辩护与刑事代理之间也存在着很大的差异。这主要表现在：

1. 产生的根据不同。刑事辩护人参加刑事诉讼是犯罪嫌疑人、被告人委托授权或法院的依法指定，而刑事代理人参加诉讼只能是当事人及其法定代理人授权。

2. 服务的对象不同。刑事辩护服务的对象是公诉案件的犯罪嫌疑人、被告人及刑事自诉案件的被告人，而刑事代理则适用于公诉案件的被害人、自诉案件的自诉人以及刑事附带民事诉讼的当事人双方。刑事代理人除了在刑事附带民事诉讼中接受被告人的委托履行辩解职责外，其他案件中主要是指控犯罪嫌疑人、被告人的罪行，追究犯罪嫌疑人、被告人的刑事责任。

3. 诉讼地位不同。辩护人具有独立的诉讼地位，以自己的名义进行辩护而不受犯罪嫌疑人、被告人意见的约束，也不受人民法院和人民检察院的左右；但刑事代理人不具有独立的诉讼地位，是附属于被代理人的，必须在委托人的依法授权范围内活动，因为刑事代理人的行为不仅与委托人的行为具有同等的法律效力，而且所产生的法律后果要由被代理人全部承担。

4. 诉讼职能不同。辩护人承担的是辩护职能，即反驳控方控诉，论证犯罪嫌疑人、被告人无罪或罪轻、应减轻或免除刑事责任，而刑事代理人的职责在于维护被代理人的合法权益。

5. 权利来源不同。辩护人享有的权利是由法律赋予的，不存在由犯罪嫌疑人、被告人授权问题，其授权也仅仅在于使辩护人参加诉讼，而刑事代理人是否参与诉讼，在多大权限范围内从事诉讼活动则均需委托人的授权。

6. 权利内容不同。辩护人享有法律规定的会见权和通信权、阅卷权、调查取证权等广泛权利，有的权利甚至是犯罪嫌疑人和被告人也不享有的；而刑事代理人享有的权利由被代理人授予，而且不能超过被代理人的权限范围。

7. 活动名义不同。辩护人调查取证、提交辩护词等活动中使用的是自己的名义，而刑事代理人进行诉讼活动使用的是被代理人的名义。

二、刑事代理制度的种类

(一)公诉案件中的代理

公诉案件中的代理，指诉讼代理人接受公诉案件中被害人及其法定代理人或者近亲属的委托，担任诉讼代理人，代理被害人参加诉讼，以维护被害人的合法权益。

根据《刑事诉讼法》第 40 条的规定，公诉案件的被害人及其法定代理人或者近亲属，自案件移送审查起诉之日起，有权委托诉讼代理人。人民检察院收到移送审查起诉的案件材料日起 3 日以内，应当告知被害人及其法定代理人或者其近亲属有权委托诉讼代理人。

公诉案件中被害人的代理人根据委托人的一般授权，行使诉讼权利并履行相应义务。代理人的权利主要有：(1)有权代理委托人向公安司法机关控告犯罪；(2)可以收集查阅与本案有关的材料；(3)人民检察院审查起诉过程中，向检察院反映被害人关于处理案件的意见和惩罚犯罪的要求；(4)人民检察院决定不起诉的案件，被害人如果不服，代理律师有权在被害人收到不起诉决定书后的 7 日内，代其向人民检察院提出申诉，也可以经被害人授权代其向人民法院提起自诉；(5)法庭审理过程中，诉讼代理人有权申请通知新的证人到庭，调取新的物证，申请重新鉴定或者勘验；(6)在法庭审理阶段，经审判长许可，可以向被告人发问；(7)经审判长许可，诉讼代理人可以对证据和案件情况发表意见并且可以互相辩论。

(二)自诉案件中的代理

自诉案件中的代理，是指在刑事自诉案件中，律师接受自诉人及其法定代理人的委托作为代理人参加诉讼。《刑事诉讼法》第 40 条规定，自诉案件的自诉人及其法定代理人有权随时委托诉讼代理人。人民法院自受理自诉案件之日起 3 日以内，应当告知自诉人及其法定代理人有权委托诉讼代理人。

自诉案件中的诉讼代理人的诉讼权利主要有：(1)可以代自诉人向人民法院提起诉讼；(2)可以收集查阅与本案有关的材料，即有权持单位介绍信和执业证件向有关单位进行访问，调查本案案情，有关单位、个人应当给予支持；(3)可以到人民法院查阅人民检察院不起诉、被害人起诉后人民检察院移送给人民法院的有关案卷材料，了解案情；(4)人民法院开庭审理时，代理律师有权应法院的通知到庭履行职务；(5)经自诉人授权，有权代委托人依法申请法庭组成人员、书记员等回避；(6)在法庭审理中于审判人员讯问被告人后，经审判长许可，可以向被告人发问，可以申请审判长对证人、鉴定人发问或者经审判长许可直接发问，申请通知新的证人到庭，调取新的物证，申请重新鉴定或者勘验；(7)法庭调查后，有权发言并且可以和被告方展开辩论；(8)有权代自诉人阅读审判笔录，如认为有遗漏或者错误，有权请求补充或者改正；(9)对司法人员非法剥夺自诉人诉讼权利和人身侮辱等侵权行为，有权提出控告。

自诉案件代理律师也需要履行一定的诉讼义务，主要有：(1)应按人民法院的通知及时到庭履行义务，不得借故妨碍诉讼的正常进行；(2)依法出庭履行职务时，应严格遵守法庭的规则和秩序；(3)严格遵守法律规定的程序；(4)协助自诉人负举证义务；(5)对于人民法院已经生效的判决、裁定或者调解协议，代理律师认为是正确的，则有义务教育委托人认真遵守执行；(6)对执业中接触到的国家机密、商业秘密和个人隐私，应当严格保守秘密；(7)履行律师法规定的其他义务。

由于对自诉案件人民法院可以进行调解，自诉人在宣告判决前，可以同被告人自行和解或者撤回起诉。这些都涉及处分自诉人的实体权利问题，代理律师不经委托人特别授权无权代理。因此，代理人除代理被代理人进行诉讼外，要经被代理人特别授权，才能代为承认、放弃或者变更诉讼请求、进行和解、提起反诉等。

(三)附带民事诉讼中的代理

附带民事诉讼当事人的代理,是指接受自诉案件或者公诉案件中附带民事诉讼当事人及其法定代理人的委托作诉讼代理人的活动,是刑事自诉案件中诉讼代理与公诉中诉讼代理的重要组成部分。

《刑事诉讼法》第40条规定:公诉案件附带民事诉讼的当事人及其法定代理人,自案件移送审查起诉之日起,有权委托诉讼代理人。自诉案件附带民事诉讼的当事人及其法定代理人,有权随时委托诉讼代理人。人民检察院自收到移送审查起诉的案件材料之日起3日内,应当告知附带民事诉讼当事人有权委托诉讼代理人。人民法院自受理自诉案件之日起3日内,应当告知附带民事诉讼的当事人及其法定代理人有权委托诉讼代理人。《刑事诉讼法》第41条规定,委托诉讼代理人,参照本法第32条的规定执行。以上规定说明:

1. 无论是公诉案件还是自诉案件,附带民事诉讼的当事人及其法定代理人都有权委托诉讼代理人,以维护委托方的合法权益。

2. 刑事案件一旦发生,作为该案的被害人及其法定代理人以及其他有权提起附带民事诉讼的人即可以附带民事诉讼原告或其法定代理人的身份提起附带民事诉讼,但是,他们若以附带民事诉讼当事人或其法定代理人的身份委托诉讼代理人,则只能在案件侦查终结并移送人民检察院审查起诉之日起提起。自诉案件由于不涉及侦查、预审,附带民事诉讼当事人及其法定代理人可以随时委托诉讼代理人。

3. 人民检察院、人民法院有告知附带民事诉讼当事人及其法定代理人有权委托诉讼代理人的义务。告知的最长期限分别是收到移送审查起诉的案件材料之日起3日以内或者受理自诉案件之日起3日以内。

4. 可以接受委托担任附带民事诉讼的诉讼代理人的,可以是律师、当事人的监护人、亲友或者所在单位推荐的人。

➢ 案例分析

邵某,男,26岁,四川省人,原系四川成都市某在校研究生。时某,男,27岁,山东省人,原系四川成都市某在校研究生。2007年3月14日晚上8时许,邵某、时某在成都市某学校门口空地聚集了一帮人喝酒唱歌,异常喧闹,这时门口值班室的保安罗某上前制止,要求邵某、时某等立即转移场所,停止喧闹,以免影响教学秩序,双方因此发生争执。邵某、时某用酒瓶猛击保安面部,罗某顿时血流如注,后送医院抢救,其右眼因损伤严重,功能丧失被摘除。正当邵某、时某与罗某争斗时,一名路过的学生钱某上前劝架,也被邵某、时某砸伤脸部,后经医院鉴定,罗某与钱某均为重伤。

后经侦查、起诉,该案移送人民法院审判。法院在审判过程中,被害人分别提起了附带民事诉讼,要求犯罪嫌疑人赔偿经济损失。由于罗某受伤较重,加之右眼失明,参与诉讼不甚方便,于是便委托钱某作为自己的诉讼代理人,钱某对此表示同意,罗某遂与钱某签订了委托合同。法院接到罗某的委托后,不同意钱某担任罗某的诉讼代理人,要求罗某另行委托诉讼代理人,请问:法院不同意钱某担任罗某的诉讼代理人对不对?为什么?

解答:我国《刑事诉讼法》第41条规定,委托诉讼代理人的范围,与辩护人的范围相同,不能担任辩护人的,也不能被委托为诉讼代理人。根据《最高人民法院关于执行〈中华人民共和国刑事诉讼法〉若干问题的解释》第33条之规定,与案件审理结果有利害关系的人不能充任辩护人,同样也不能充任诉讼代理人。另外,在同一案件当事人之间,往往会存在利益冲突。如果某一当事人同时又是另一当事人的代理人,可能会造成当事人在诉讼中互相矛盾的局面,即维护了自身的利益,就可能损害到被代理人的利益,反之,维护了被代理人的利益,就可能损害到自身的利益。在本案中,罗某与钱某同为附带民事诉讼原告人,两人之间存在共同利益,但也会因赔偿金的分配而出现利益冲突。基于上述分析,钱某不能担任罗某的诉讼代理人。罗某应当另行委托与本案无利害关系的人担任诉讼代理人。

自诉人、被害人及其法定代理人委托的诉讼代理人,特别是代理律师,在提起附带民事诉讼的同时,可以兼作附带民事诉讼的代理律师,一般无须另办法律手续。而刑事被告人或对被告人负有赔偿责任的机关、团体,或其法定代理人作为附带民事诉讼被告人的,可以委托原被告人的辩护律师作诉讼代理人,但要征得该律师的同意,并应依照有关规定另行办理相关法律手续。

附带民事诉讼当事人的诉讼代理,分为一般代理和特别代理。一般代理人只能代理被代理人进行诉讼行为,无权处分其实体权利。经特别授权的代理人除代理被代理人进行诉讼外,还可以根据被代理人的特别授权代为处分其相关的实体权利。特别代理,要在授权委托中注明授权内容,非经特别授权,代理人在刑事诉讼中不得代为承认、放弃或者变更诉讼请求,进行和解、调解等。委托书、特别授权委托书应由委托人签字后送交受案人民法院。代理律师要在授权范围内进行活动,超越代理权限的行为是无效的。

第三节　刑事法律援助制度

刑事法律援助制度,是指国家在刑事司法制度运行过程的各个环节中,对因经济困难及其他因素而难以通过通常意义上的法律救济手段保障自身基本社会权利的社会弱者,减免收费提供法律帮助的一项法律保障制度。这是现代法治国家实现司法公正和保障公民的基本人权的一个重要制度。在西方发达国家,法律援助制度已有几百年的历史,最早的法律援助可追溯到1424年苏格兰的穷人登记册制度,该制度使得受财产限制但有权提起诉讼的人有资格因其贫穷而在他们的案件中免费得到法律顾问和代理人的帮助。自1887年世界上第一部法律援助法在法国诞生以来,世界上已有140多个国家建立起了自己的法律援助制度。我国的刑事法律援助制度建立得较晚,1994年初司法部首次公开提出建立中国司法法律援助制度的设想,并陆续在北京、上海、广州、青岛等城市开始试点,1996年3月,司法部批准成立国家法律援助中心筹备组,以推动全国法律援助试点工作的迅速开展。1996年3月颁布的《刑事诉讼法》和同年5月颁布的《律师法》,正式规定了法律援助的有关内容。2003年9月1日我国颁布了第一部关于法律援助的全国性立法《法律援助条例》,标志着我国法律援助工作已从制度创立进入到加快发展的新阶段。① 刑事法律援助在初期仅仅是为刑事被告人指定辩护，现已经扩大到所有需要提供援助的刑事诉讼当事人。

一、刑事法律援助的对象

根据《刑事诉讼法》与2003年9月1日正式实施的《法律援助条例》的规定，刑事诉讼中的下列人员，由于经济困难，可以向法律援助机构申请法律援助。

(一)犯罪嫌疑人

犯罪嫌疑人在被侦查机关第一次讯问后或者采取强制措施之日起，有权请律师提供法律帮助，若因经济困难而请不起律师，可申请法律援助。

(二)刑事被告人

刑事被告人如因经济困难或者其他原因没有聘请辩护人的，可以申请法律援助。遇有下列情形，人民法院应当主动为其指定承担法律援助义务的律师为其辩护：(1)被告人是盲、聋、哑人等诉讼行为能力受限者；(2)被告人是未成年人；(3)被告人可能被判处死刑。对于公诉人出庭公诉的案件，被告人没有委托辩护人的，人民法院可以为其指定承担法律援助义务的律师为其辩护。人民法院为被告人指定辩护时，法律援助机构应当提供法律援助，无须对被告人进行经济状况的审查。

(三)公诉案件的被害人及其法定代理人或者近亲属

公诉案件中的被害人及其法定代理人或者近亲属，自案件移送审查起诉之日起，因经济困难没有委托诉讼代理人的，可以申请法律援助。

(四)自诉案件的自诉人及其法定代理人

自诉案件被人民法院受理之日起，自诉人及其法定代理人，若因经济困难没有委托诉讼代理人的，可以申请法律援助。

二、刑事法律援助机构

我国承担刑事法律援助任务的机构是律师事务所和设立在各级司法行政机关的“法律援助中心”。早期的法律援助是分配给律师事务所的律师承担的，作为律师的一种社会义务或责任，在“法律援助中心”成立后，就主要由该中心配备的专职律师承担法律援助工作。法律援助中心的专职律师由国家财政全额拨款，享有事业单位人员待遇，有固定工资，办案费用由单位承担，不得接受法律援助之外的当事人的委托。此外，有些地方依靠大学法学院

① 彭静：《和谐社会视野下的法律援助制度之完善构想》，http://www.cq.xinhuanet.com/view/2005－09/22/content_5192958_1.htm。

(系)所设立的“法律诊所”来开展法律援助工作,这对于解决法律援助人力资源的供需矛盾,增长学生的实践经验,有着重要的作用,并逐渐成为法律援助工作的一支生力军。

三、刑事法律援助的申请和审查

公民申请刑事法律援助的,应当向审理案件的人民法院所在地的法律援助机构提出申请。被羁押的犯罪嫌疑人的申请由看守所在24小时内转交法律援助机构,申请法律援助所需提交的有关证件、证明材料由看守所通知申请人的法定代理人或者近亲属协助提供。

公民申请代理、刑事辩护的法律援助应当提交下列证件、证明材料:身份证或者其他有效的身份证明,代理申请人还应当提交有代理权的证明;经济困难的证明;与所申请法律援助事项有关的案件材料。申请应当采用书面形式,填写申请表;以书面形式提出申请确有困难的,可以口头申请,由法律援助机构工作人员或者代为转交申请的有关机构工作人员作书面记录。

法律援助机构收到法律援助申请后,应当进行审查;认为申请人提交的证件、证明材料不齐全的,可以要求申请人作出必要的补充或者说明,申请人未按要求作出补充或者说明的,视为撤销申请;认为申请人提交的证件、证明材料需要查证的,由法律援助机构向有关机关、单位查证。对符合法律援助条件的,法律援助机构应当及时决定提供法律援助;对不符合法律援助条件的,应当书面告知申请人理由。

申请人对法律援助机构作出的不符合法律援助条件的通知有异议的,可以向确定该法律援助机构的司法行政部门提出,司法行政部门应当在收到异议之日起5个工作日内进行审查,经审查认为申请人符合法律援助条件的,应当以书面形式责令法律援助机构及时对该申请人提供法律援助。

四、刑事法律援助的实施

由人民法院指定辩护的案件,人民法院在开庭10日前将指定辩护通知书和起诉书副本或者判决书副本送交其所在地的法律援助机构;人民法院不在其所在地审判的,可以将指定辩护通知书和起诉书副本或者判决书副本送交审判地的法律援助机构。

法律援助机构可以指派律师事务所安排律师或者安排本机构的工作人员办理法律援助案件;也可以根据其他社会组织的要求,安排其所属人员办理法律援助案件。对人民法院指定辩护的案件,法律援助机构应当在开庭3日前将确定的承办人员名单回复给作出指定的人民法院。

第四节　回避制度

一、回避制度的概念和意义

刑事诉讼中的回避制度，是指审判人员、检察人员、侦查人员因与案件或案件当事人有某种特殊关系，可能影响案件公正处理，而不得参与该案件诉讼活动的一项诉讼制度。回避制度是一项古老的诉讼制度。在西方，早在11世纪至12世纪，英国和法国的诉讼中就已采用了回避制度。我国唐朝法律中也有司法回避，并为其后历朝法律所承袭。发展至今天，回避制度已成为当今世界各国普遍遵循的一项诉讼制度。我国《刑事诉讼法》第3章对回避制度作了专门规定。

在刑事诉讼中设立回避制度的意义在于：其一，有利于防止办案人员先入为主或者徇私舞弊，保证其能够客观、公正地处理刑事案件。其二，有利于消除当事人及其法定代理人的思想顾虑，保证刑事诉讼的顺利进行，减少不必要的上诉或申诉。其三，可以增强公民维护自己合法权利的法律意识，也有利于加强公民对刑事诉讼活动的监督，这从一个侧面体现了我国刑事诉讼的民主性。

二、回避的种类、理由和人员

(一)回避的种类

1. 根据回避的实施方式不同，将回避分为自行回避、申请回避和指令回避

自行回避，是指审判人员、检察人员、侦查人员等在刑事诉讼过程中遇到法定回避情形时，主动要求退出刑事诉讼活动。这一规定要求公安司法人员具有较高的职业道德和自律意识，一旦发现自己符合法定回避情形时，公安司法人员就应该自觉退出刑事诉讼活动。

申请回避，是指当事人及其法定代理人认为审判人员、检察人员、侦查人员等具有法定回避情形，而向他们所在的机关提出申请，要求他们回避。申请回避权是当事人及其法定代理人的一项重要的诉讼权利。需要注意的是，申请回避权只赋予当事人及其法定代理人，不能擅自扩大到其他人员。

指令回避，是指遇有法定应当回避的情形而有关人员没有自行回避或申请回避的，公、检、法等有关机关或行政负责人有权作出决定，令办案人员退出诉讼活动。指令回避是对自行回避和申请回避的必要补充。

2. 根据提出回避是否需要阐明理由，回避可分为有因回避和无因回避两种

有因回避是一种附理由的回避，它要求诉讼各方提出回避申请时，必须说明理由，由有关组织或个人进行裁决，该项申请被同意后，被申请者不得参与或者必须退出该案的诉讼活动，而该项申请在被审查时，一般情况下，已参与诉讼的被申请人不会停止其诉讼行为。无

因回避则是一种不附理由的回避，只要当事人一方提出回避申请，该回避申请就必须被接受，被申请人就应当回避。因此，无因回避又可称为“强制回避”。我国《刑事诉讼法》只规定了有因回避，没有规定无因回避，因此，提出回避申请必须符合法律规定的理由。

争论

有学者指出，虽然我国《刑事诉讼法》规定了当事人及其法定代理人的申请回避权，但从回避实践来看，申请回避权的行使却是十分困难的，究其原因是因为我国实行有因回避制度，且当事人负有举证责任。也即当事人及其法定代理人在提出回避申请时必须举出被申请人有法定回避事由的证据，否则其回避申请将被裁定驳回。由当事人及其法定代理人承担举证责任在很大程度上限制了其行使申请回避权。此外，我国对法定回避事由采取列举式的立法体例予以规定，但事实上由于司法实践的复杂性很难对所有应当回避的情形都一一列举，这就可能导致应该回避而没有回避的情形出现。还有，根据《刑事诉讼法》第154条之规定，当事人对合议庭组成人员、书记员、公诉人、鉴定人和翻译人员申请回避的时间节点是在“开庭的时候”，在如此短促的时间内当事人很难获悉上述人员的个人信息，也难以找出使相关人员退出诉讼程序的法定回避事由，这就使当事人的申请回避权很难得到保障。基于上述理由，不少学者主张在我国应该建立无因回避制度。

(二)回避的理由

回避的理由是指法律明确规定的实施回避所必备的事实根据。我国《刑事诉讼法》对回避的理由作了明确规定。根据《刑事诉讼法》第28条、第29条的规定，最高人民法院《关于执行〈中华人民共和国刑事诉讼法〉若干问题的解释》(1998)以及最高人民法院《关于审判人员严格执行回避制度的若干规定》(2000)等相关司法解释的内容，侦查、检察、审判人员等具有下列情形之一的，应当回避：

1. 是本案的当事人或者是当事人的近亲属

本案的当事人，是指本案的被害人、自诉人、犯罪嫌疑人、被告人、附带民事诉讼的原告人和被告人。当事人的近亲属，是指当事人的夫、妻、父、母、子、女、同胞兄弟姐妹。由于具有本项理由的上述人员与该案件的处理结果有着直接或间接的关系，由他们担任本案的侦查、检察、审判人员等，容易从维护自身或者其近亲属的不正当利益出发，歪曲事实、曲解法律，从而不公正地处理案件，或者容易使人们对其是否能够公正执法产生怀疑，因此应当回避。

2. 本人或者他的近亲属和本案有利害关系

该情形是指侦查、检察、审判人员等，虽然不是本案的当事人或者当事人的近亲属，但他们本人或其近亲属与本案有利害关系，如办案人员或其近亲属与犯罪嫌疑人、被告人有恋爱关系。在这种情形下，如果由他们主持或允许他们参加诉讼活动，就有可能从个人私利出发而不能客观、公正地履行职责和处理案件。因此，具备这一情形的办案人员也应当回避。

争论

对“本人或者近亲属与本案有利害关系”中的“利害关系”如何理解，有关法律并没有作出进一步的界定。学界对此有多种不同观点。有的认为“利害关系”是指物质利益关系，有的认为是指法律上的某种利益，还有的认为该关系应包括案件事实上的实体性利益关系和程序上的职务性利害关系。

3. 担任过本案证人、鉴定人、勘验人、辩护人或者诉讼代理人的办案人员

证人、鉴定人、辩护人、诉讼代理人是刑事诉讼中的诉讼参与人，在诉讼中具有各自的诉讼地位，从不同的方面协助公安司法机关办理案件。证人具有不可替代性，办案人员如果事前已了解案件情况，应当作为证人参加诉讼活动。在同一案件中，如果他们既作证人，又作办案人员，两种角色难免会发生冲突。同样，担任过本案鉴定人、辩护人或者诉讼代理人的，基于履行法律赋予的特定职责，对案件已形成自己的特定看法并已向公安司法机关提出，若再从事本案的侦查、起诉、审判工作，容易先入为主，主观臆断，影响案件的客观、全面、公正处理，因此，上述人员也应回避。

此外，根据最高人民法院关于审判人员《严格执行回避制度的若干规定》第1条第3项的补充规定，担任过本案勘验人的，也应当回避。

案例分析

庭审过程中，被告人赵某指出，公诉人的书记员李某曾在侦查阶段担任鉴定人，并据此要求李某回避。对于赵某的回避申请，下列哪一选项是正确的？

A. 法庭应以不属于法定回避情形为由当庭驳回。

B. 法庭应以符合法庭回避情形为由当庭作出回避决定。

C. 李某应否回避需提交法院院长决定。

D. 李某应否回避需提交检察院检察长决定。

解答：根据《刑事诉讼法》第28条的规定：“审判人员、检察人员、侦查人员有下列情形之一的，应当自行回避，当事人及其法定代理人也有权要求他们回避：(一)是本案的当事人或者是当事人的近亲属的；(二)本人或者他的近亲属和本案有利害关系的；(三)担任过本案的证人、鉴定人、辩护人、诉讼代理人的；(四)与本案当事人有其他关系，可能影响公正处理案件的。”本题符合法定的回避情形，所以A项错误。最高人民法院《关于执行刑事诉讼法若干问题的解释》第30条规定：“当事人及其法定代理人对出庭的检察人员、书记员提出回避申请的，人民法院应当通知指派该检察人员出庭的人民检察院，由该院检察长或者检察委员会决定。”因此D项正确，BC错误。

4. 与本案的诉讼代理人、辩护人有夫妻、父母、子女或者同胞兄弟姐妹关系

根据最高人民法院《关于审判人员严格执行回避制度的若干规定》第1条第4项的规定：与本案的诉讼代理人、辩护人有夫妻、父母、子女或者同胞兄弟姐妹关系的，也应当回避。

司法人员与案件的诉讼代理人、辩护人有上述关系的，容易因为彼此间存在的特殊关系而影响到其对案件的客观认识和正确处理，因此必须回避。

5. 接受当事人及其委托的人请客送礼或其他好处，或者违反规定会见当事人及其委托的人

《刑事诉讼法》第 29 条规定："审判人员、检察人员、侦查人员不得接受当事人及其委托的人的请客送礼，不得违反规定会见当事人及其委托的人。审判人员、检察人员、侦查人员违反前款规定的，应当依法追究法律责任。当事人及其法定代理人有权要求他们回避。"根据这一规定，司法人员接受某一方当事人及其委托人的"请客送礼"，违反规定会见某一方当事人及其委托人的，另一方当事人及其法定代理人有权要求他们回避。

最高人民法院《关于审判人员严格执行回避制度的若干规定》第 2 条的规定，将《刑事诉讼法》第 29 条规定的情形进一步细化和拓展，规定审判人员有下列情形之一的，当事人及其法定代理人有权要求回避：(1)未经批准，私下会见本案一方当事人及其代理人、辩护人的；(2)为本案当事人推荐、介绍代理人、辩护人，或者为律师、其他人员介绍办理该案件的；(3)接受本案当事人及其委托的人的财物、其他利益，或者要求当事人及其委托的人报销费用的；(4)接受本案当事人及其委托的人的宴请，或者参加由其支付费用的各项活动的；(5)向本案当事人及其委托的人借款、借用交通工具、通讯工具或者其他物品，或者接受当事人及其委托的人在购买商品、装修住房以及其他方面给予的好处的。

此外，公安部的《公安机关办理刑事案件程序规定》(1998) 第 26 条也规定，公安机关负责人、侦查人员不得接受当事人及其委托人的请客送礼，不得违反规定会见当事人及其委托人。违反规定的，应当依法追究法律责任。当事人及其法定代理人有权要求他们回避。

当事人及其法定代理人依照《刑事诉讼法》第 29 条、最高人民法院《关于审判人员严格执行回避制度的若干规定》第 2 条或者《公安机关办理刑事案件程序规定》第 26 条的规定提出回避申请的，应当提供相关的证据材料。

6. 在本诉讼阶段前曾参与办理此案

《刑事诉讼法》第 192 条规定：原审人民法院对于发回重新审判的案件，应当另行组成合议庭，依照第一审程序进行审判。第 206 条规定：人民法院按照审判监督程序重新审判的案件，应当另行组成合议庭进行。根据《最高人民法院关于执行〈刑事诉讼法〉若干问题的解释》第 31 条的规定，参加过本案侦查、起诉的侦查、检察人员，如果调至人民法院工作，不得担任本案的工作人员。凡在一个审判程序中参与过本案审判工作的合议庭组成人员，不得再参与本案其他程序的审判。最高人民法院《关于审判人员严格执行回避制度的若干规定》第 3 条也规定：凡在一个审判程序中参与过本案审判工作的审判人员，不得再参与该案其他程序的审判。《人民检察院刑事诉讼规则》第 29 条规定，参加过本案侦查的侦查人员，如果调至人民检察院工作，不得担任本案的检察人员。根据上述规定，在本诉讼阶段以前曾参加过该案件侦查、起诉、审判工作的，不得参与本诉讼阶段的案件办理工作。因为他们在先前诉讼阶段所形成的对案件的认识，可能带入后续诉讼阶段，造成先入为主、主观片面、妨碍后阶段诉讼工作的公正进行。为了确保案件处理的客观与公正，上述人员应当回避。

7. 与本案当事人有其他关系，可能影响公正处理案件

由于社会生活的极度复杂性，法律不可能将侦查、检察、审判人员与当事人之间可能存在的各种社会关系逐一列举出来，因此，公安、检察、审判人员如果与当事人存在上述 6 种情形以外的其他关系，可能使案件无法得到公正处理的，也应该回避。2004 年 3 月 19 日，最高人民法院、司法部公布实行的《关于规范法官与律师相互关系维护司法公正的若干规定》对“其他关系”作了正式界定，根据该规定第 1 条第 1 款：“法官应该严格执行回避制度，如果与本案当事人委托的律师有亲朋、同学、师生、曾经同事等关系，可能影响案件公正处理的，应当自行申请回避，是否回避由本院院长或者审判委员会决定。”也即“其他关系”主要是指法官与当事人或者当事人委托的律师存在“亲朋、同学、师生、曾经同事等关系”。应当注意的是，有“其他关系”并不一定要回避，侦查、检察、审判人员等与当事人有“其他关系”，只有在“可能影响公正处理案件”的情况下，才适用回避。

(三)回避的人员

根据上面的分析，回避的对象包括如下人员：

1. 审判人员，既负责本案的审判员、助理审判员、人民陪审员，也包括受理本案的人民法院的院长、副院长、审判委员会成员。

2. 检察人员，既包括直接负责本案审查批捕、审查起诉、支持公诉的检察员、助理检察员，也包括对本案有权参与讨论和作出处理决定的检察长、副检察长、检察委员会成员。

3. 侦查人员，包括负责本案侦查工作的人民警察和检察人员；领导和指挥本案的侦查工作，对本案有处理决定权的公安机关负责人或者检察长；讨论本案侦查工作的检察委员会成员。

4. 书记员，包括在侦查、起诉、审判工作中担任记录工作的书记员。

5. 翻译人员，包括在侦查、起诉、审判工作中，被指派或者聘请担任本案翻译工作的翻译人员。

6. 鉴定人，包括被指派或者聘请到本案就有关专门问题进行鉴定并得出鉴定结论的人员。

争论

早在 20 世纪 80 年代末 90 年代初，就有学者提出了律师回避的问题。伴随着最高人民法院《关于审判人员严格执行回避制度的若干规定》的出台，关于律师回避的问题再次浮出水面并引发了法学界的激烈讨论。《关于审判人员严格执行回避制度的若干规定》第 5 条规定：审判人员及法院其他工作人员的配偶、子女或者父母，担任其所在法院审理案件的诉讼代理人或者辩护人的，人民法院不予准许。这实质上是将律师也列为了回避的对象。对于该规定，学界持反对或者支持意见的均有。持反对意见的理由是：第一，律师回避的规定有悖于《宪法》，使得《宪法》以及程序法规定的“被告人有权获得辩护”以及人民法院有义务保障被告人获得辩护为完整内容的辩护制度、诉讼代理制度受到冲击。第二，律师回避的规定限制了律师依法从业的权利。我国《宪法》第 42 条明确规定，中华人民共和国

公民有劳动的权利和义务。律师参与诉讼,这是其劳动权利的一种充分体现。该项规定却将法院的近亲属中从事律师工作的人拒之于诉讼之外,显然是限制了律师依法从业的权利。第三,律师回避的规定有违回避制度的原意。律师只是为社会提供法律服务的执业人员,他在诉讼中提出的意见只供执法人员参考,并不对案件的处理起决定作用,如果由于律师与办案人员的关系可能影响案件的公正处理,回避的主体也应该是办案人员而非律师。第四,律师回避的规定侵害了委托人的合法权益。法律赋予当事人委托诉讼代理人和辩护人的权利,是诉讼民主的表现,也是查明案件客观事实及正确适用法律的需要。该权利是当事人的一项基本诉讼权利。要求律师回避的规定无疑是对当事人基本诉讼权利的一种限制和剥夺。第五,律师回避的规定不可能根治司法不公,也不利于律师队伍的健康发展。持支持意见的理由是:第一,某些律师曾长期在法院工作过,甚至曾经是法院的领导,他们和法院的审判人员有一种特殊的关系,如果他们在其原任职法院从事诉讼代理业务,极易引起对方当事人或被害人的疑虑;第二,律师和其曾经任职法院的审判人员的关系其实属于法定的"可能影响公正处理案件的其他关系"。由于这是个别律师和其原任职法院大部分法官之间的关系,如果因此而引起大部分法官回避的话,必然会影响法院的正常工作;第三,律师的回避,有利于提高律师的声誉,也有利于人民法院查明案件事实真相,保证案件的公正处理,提高人民法院的威信。

三、回避的程序

公安司法人员提出回避要求或者当事人及其法定代理人提出申请回避后,应当由公安司法机关或者领导研究后决定是否回避,这有助于保证刑事诉讼的顺利进行。根据《刑事诉讼法》第30条第1款和第31条的规定,审判人员、检察人员、侦查人员的回避,应当分别由院长、检察长、公安机关负责人决定;院长的回避,由本院审判委员会决定;检察长和公安机关负责人的回避,由同级人民检察院负责人审查决定;翻译人员和鉴定人的回避,应当由指派或者聘请机关的相应的负责人决定,即在侦查阶段由公安机关负责人决定,在审查起诉阶段由检察长决定,在审判阶段由院长决定。

《刑事诉讼法》第30条规定:"对侦查人员的回避作出决定前,侦查人员不能停止对案件的侦查。"这是由侦查工作必须迅速、及时的特殊性所决定的。如果因为回避未作出决定前而停止对案件的侦查,就有可能使犯罪现场没有得到及时勘验而遭到破坏,证据被毁损灭失,犯罪分子也可能借机逃跑,从而贻误战机,影响刑事诉讼的顺利进行,甚至给国家和人民造成重大的损失。但回避决定一经作出,侦查人员就应退出本案的侦查工作,另派其他侦查人员承担该案的侦破工作。

案例分析

某公安机关经长期侦查破获了一起特大贩卖毒品案件，几名犯罪嫌疑人正在潜逃，缉毒警俞某在追捕时发现其中一名逃犯是他的堂兄，于是他立即想到了刑事诉讼中的回避制度，便告知其他缉毒警后自己停止追捕退回公安机关。请问：缉毒警俞某的做法是否符合《刑事诉讼法》的规定？为什么？

解答：俞某的做法违反了《刑事诉讼法》关于回避的程序。其一，俞某自行回避时，只是"告知其他缉毒警"而不是报告领导审批；其二，根据《刑事诉讼法》的规定，侦查人员的回避，不论是申请回避还是自行回避，在作出决定以前，不能停止侦查，以防贻误战机。缉毒警俞某自认为应当回避，在有关领导批准之前就停止追捕工作是违反《刑事诉讼法》规定的。

对当事人及其法定代理人提出的回避申请或者公安司法人员提出的回避要求，有权作出决定的组织和人员，应当根据事实和法律予以审查，然后作出是否回避的决定。对驳回申请回避的决定，当事人及其法定代理人可以申请复议一次。复议的组织和人员仍为原作出决定的组织和人员，复议的组织和人员应当认真复议，并把复议后的决定及时告知提出复议请求的当事人及其法定代理人。复议程序一般不影响刑事诉讼程序的继续进行。复议以后，不得对复议的决定再提出复议。但如果复议的决定确实不正确，在人民法院作出判决或者裁定后，可以以严重违反《刑事诉讼法》关于回避的规定为理由，对判决或者裁定提出上诉。这样既保障了当事人及其法定代理人申请回避的权利，又可以防止当事人等无根据地利用回避制度拖延案件的处理，妨碍刑事诉讼的顺利进行。

延伸阅读

新《律师法》与《刑事诉讼法》的冲突与调适

我国1996年《律师法》颁布以来，先后经过了2001年、2007年两次修正。2007年10月修正后的《律师法》被简称为"新律师法"。新《律师法》加强了对律师执业权利的保障，但是与现行的《刑事诉讼法》的规定产生了明显的冲突。这种冲突不仅引起了法学界的广泛争议和讨论，也对执法实务产生了较大的影响。如何消除这种冲突，实现新《律师法》与《刑事诉讼法》之间的和谐统一，成为当前亟待解决的问题。

一、新《律师法》和《刑事诉讼法》冲突的主要表现

（一）律师会见权

《刑事诉讼法》第96条规定："犯罪嫌疑人在被侦查机关第一次讯问后或者采取强制措施之日起，可以聘请律师为其提供法律咨询、代理申诉、控告。犯罪嫌疑人被逮捕的，聘请的律师可以为其申请取保候审。涉及国家秘密的案件，犯罪嫌疑人聘请律师，应当经侦查机关批准。受委托的律师有权向侦查机关了解犯罪嫌疑人涉嫌的罪名，可以会见在押的犯罪嫌疑人，向犯罪嫌疑人了解有关案件情况。律师会见在押的犯罪嫌疑人，侦查机关根据案件情况和需要可以派员在场。涉及国家秘密的案件，律师会见在押的犯罪嫌疑人，应当经侦查机关批准。”由于《刑事诉讼法》第96条对律师会见权的规定不很清楚明了，导致执法实践中较为混乱，1998年最高人民法院、最高人民检察院、公安部、国家安全部等六部委发布《关于刑事诉讼法实施中若干问题的规定》指出：《刑事诉讼法》第96条规定涉及国家秘密的案件，律师会见在押的犯罪嫌疑人，应当经侦查机关批准。对于不涉及国家秘密的案件，律师会见犯罪嫌疑人不需要经过批准。不能以侦查过程需要保密作为涉及国家秘密的案件不予批准。律师提出会见犯罪嫌疑人的，应当在48小时内安排会见，对于组织、领导、参加黑社会性质组织罪、组织、领导、参加恐怖活动组织罪或者走私犯罪、毒品犯罪、贪污贿赂犯罪等重大复杂的两人以上的共同犯罪案件，律师提出会见犯罪嫌疑人的，应当在5日内安排会见。新《律师法》第33条对律师会见权则作了如下规定：“犯罪嫌疑人被侦查机关第一次讯问或者采取强制措施之日起，受委托的律师凭律师执业证书、律师事务所证明和委托书或者法律援助公函，有权会见犯罪嫌疑人、被告人并了解有关案件情况。律师会见犯罪嫌疑人、被告人，不被监听。”

两相比较可以发现，就律师会见权而言，新《律师法》与《刑事诉讼法》的规定在三个方面存在重大差异：一是律师会见犯罪嫌疑人的时间提前。新《律师法》规定，律师在犯罪嫌疑人被侦查机关第一次讯问或采取强制措施之日起就可以会见嫌疑人。与《刑事诉讼法》“第一次讯问后”相比少了一个“后”字。二是律师可不经侦查机关批准，有权随时会见犯罪嫌疑人。新《律师法》规定律师只需凭“三证”(律师执业证书、律师事务所证明和委托书或法律援助公函)即可会见。这一规定实际否定了六部委关于普通案件48小时内安排会见、特殊案件5日内安排会见以及涉密审批的规定。三是律师会见犯罪嫌疑人时不被监听，实际上也否定了律师会见在押犯罪嫌疑人时，侦查机关根据案件情况和需要可以派员在场的规定。

(二)律师阅卷权

《刑事诉讼法》第36条规定：“辩护律师自人民检察院对案件审查起诉之日起，可以查阅、摘抄、复制本案的诉讼文书、技术性鉴定材料……辩护律师自人民法院受理案件之日起，可以查阅、摘抄、复制本案所指控的犯罪事实的材料……”新《律师法》第34条则规定：“受委托的律师自案件审查起诉之日起，有权查阅、摘抄和复制与案件有关的诉讼文书及案卷材料。受委托的律师自案件被人民法院受理之日起，有权查阅、摘抄和复制与案件有关的所有材料。”

通过比较可以看出，新《律师法》与《刑事诉讼法》有关规定的冲突主要体现在阅卷的范围上。《刑事诉讼法》规定律师在审查起诉阶段只能查阅、摘抄、复制“本案的诉讼文书、技术性鉴定材料”，律师阅卷权的范围较为狭窄；新《律师法》规定律师在审查起诉阶段的阅卷权已经由查阅、摘抄和复制“本案的诉讼文书、技术性鉴定材料”延展到“与案件有关的诉讼文书及案卷材料”，而自案件被人民法院受理之日起，律师的阅卷权也由查阅、摘抄和复制“本案所指控的犯罪事实的材料”延伸到“与案件有关的所有材料”。

(三)律师调查取证权

《刑事诉讼法》第37条规定：“辩护律师经证人或者其他有关单位和个人同意，可以向他们收集与本案有关的材料，也可以申请人民检察院、人民法院收集、调取证据，或者申请人民法院通知证人出庭作证。辩护律师经人民检察院或者人民法院许可，并且经被害人或者其近亲属、被害人提供的证人同意，可以向他们收集与本案有关的材料。”新《律师法》第 35 条则规定：“受委托的律师根据案情的需要，可以申请人民检察院、人民法院收集、调取证据或者申请人民法院通知证人出庭作证。律师自行调查取证的，凭律师执业证书和律师事务所证明，可以向有关单位或者个人调查与承办法律事务有关的情况。”

在律师调查取证方面，新《律师法》的立法突破主要表现在两个方面：一是律师调查取证自由度更大，无须任何批准程序。《刑事诉讼法》第 37 条规定，律师向任何单位或者个人进行调查取证，都必须取得被调查者的同意。如果律师是向被害人及其近亲属、被害人提供的证人进行调查取证，不仅要取得被害人、证人的同意，而且还要经由人民检察院或者人民法院许可。但是新《律师法》规定律师凭律师执业证书和律师事务所证明以及委托书或法律援助公函，就可以向有关单位或者个人调查与承办法律事务有关的事项，而不必经过被调查人或单位的同意，更不存在经由人民检察院或者人民法院许可的问题。二是律师在侦查阶段享有调查取证权。《刑事诉讼法》对律师调查取证权开始行使的时间，限制在受理审查起诉以后。在侦查阶段，律师只有“提供法律咨询、代理申诉、控告、申请取保候审等权利。而没有调查取证权”。而新《律师法》对于律师受委托以后的调查取证没有作阶段限制，也就是说，律师接受犯罪嫌疑人委托以后，即可开展调查取证工作，横跨侦查、起诉和审判三个阶段。

二、新《律师法》生效实施后面临的尴尬处境

新《律师法》于 2008 年 6 月 1 日正式生效实施，由于新《律师法》在会见、阅卷、调查取证等方面赋予了律师更多的保障和权利，引起了社会广泛的关注，被认为是中国法治建设的一大进步。但是从新《律师法》生效实施的情况来看并不乐观，由于执法机构的抵制，长期困扰律师执业中的“会见难”、“阅卷难”、“取证难”这“三难”问题并没有得到根本性解决。在全国相当多的地方，公安司法机关对新《律师法》持抵制态度。理由是：《律师法》只是规范律师的行业法，公、检、法机关要遵行的是作为基本法的《刑事诉讼法》。从效力层次看，《律师法》是全国人大常委会修订颁行的，《刑事诉讼法》是全国人大通过的，在两者不相一致的情况下，不能以下位法——《律师法》否定上位法——《刑事诉讼法》。

（一）律师“会见难”的问题依然没有得到解决

新《律师法》生效实施以后，国内即发生了多起因律师会见权遭到拒绝而将公安机关告上法庭的案件，但却被人民法院裁定驳回。从全国范围来说，在新《律师法》实施以后，律师“会见难”的问题仍然没有得到解决，如公安机关或检察机关以涉及国家秘密等种种理由拖延或拒绝批准会见。又如看守所经常给律师会见设置种种障碍，常见的有：要求律师提供办案人员允许会见的证明，否则不同意会见；看守所要求律师会见时必须有两个律师；律师会见时看守所要求律师自带手铐；看守所安排的律师会见场所少，导致律师排号，由于时间紧迫，致使律师了解案情不全面；限制会见的时间和次数等等。再如，看守所对律师会见时普遍派员在场进行监视。如律师会见时，看守所派人坐在旁边或守在门口，有的地方还同时进行全程录音录像。法院对律师的会见也普遍存在限制和监视的问题，尤其是在办理个别特大要案时，对律师会见被告人实行限制和监视就更为普遍。这就使新《律师法》第 33 条关于“律师会见犯罪嫌疑人、被告人，不被监听”的规定完全成为一句空话。由此看来，新《律师法》关于律师会见规定的修订，只有理论意义而无实践意义。

（二）律师的阅卷范围没有得到实质扩充

在新《律师法》修订以前，律师的阅卷范围是由《刑事诉讼法》规定的，即律师在审查起诉阶段只能查阅诉讼文书和技术性鉴定材料，不包括其他材料。从司法实践来看，律师在审查起诉阶段通常只能看到拘留证、逮捕证、搜查证等采取强制措施的诉讼文书以及鉴定结论，至于立案决定书、批准逮捕决定书、起诉意见书一般不在阅卷范围内。这种做法与《人民检察院刑事诉讼规则》第309条的规定相悖。在审判阶段，律师一般只能查阅起诉书、证据目录、证人名单、主要证据复印件或照片，不能查阅全案证据材料。在新《律师法》生效以后，从该法的规定来看，律师的阅卷范围得到了很大的扩充，即律师自案件审查起诉之日起，有权查阅、摘抄、复制与案件有关的诉讼文书及案卷材料。但是从实践来看，正如有些律师所说：律师到检察院不能复印出比《刑事诉讼法》规定的哪怕多一点的材料。

（三）律师侦查阶段的调查取证权没有得到落实

从《刑事诉讼法》的规定来看，它赋予辩护律师在审查起诉和审判阶段的调查取证权，而对在侦查阶段介入的律师却没有赋予其调查取证的权利。然而，新《律师法》却规定"受委托的律师根据案情的需要"，"可以向有关单位或者个人调查与承办法律事务有关的情况"，这就是说，只要是承办法律事务的受委托律师都可以调查取证。但从新《律师法》的实施情况来看，律师在侦查阶段仍不可以调查取证，律师也不愿意接受这种授权。之所以如此，"按照有些律师的解释，一是新《律师法》在我国普遍不受尊重，执行起来也就大打折扣；二是在缺乏法律保障的情况下，赋予律师在侦查阶段的调查取证权无异于置律师于更加危险的境地，重庆的'李庄案件'就是一个沉重的教训。律师只能望'取证权'兴叹，不能承受'侦查阶段取证权'之重。可见，关于律师在侦查阶段的调查取证权的立法确立起来容易，而真正在实践中得到落实并非一件易事。在整个法治环境未得到根本改善和保障律师执业法律安全的相关制度未能跟进的情况下，律师对调查取证中遭遇风险的顾虑只能使其望而却步。"①

三、新《律师法》与《刑事诉讼法》冲突的调适

立法的冲突本应当通过立法加以消除。但是有意思的是，我国立法机构却否认新《律师法》与《刑事诉讼法》之间存在矛盾。例如全国人大常委会的有关人士就指出，几部不同的法律，在规范同一问题时，因为角度不同，用语可以不同。对于新《律师法》与《刑事诉讼法》文字表述不一致的内容，不可简单认为是相互冲突或抵触。二者的基本精神是一致的，方向也一致。任何法律，一旦生效，便具有普遍约束力，必须得到执行。毫无疑问，这一观点遭到了学界的反对。大家认为，新《律师法》与《刑事诉讼法》之间的冲突是客观存在的，关键是如何处理这种冲突，对此也存在着多种不同的观点。

第一种观点：认为应该按照"上位法优于下位法"的规则来处理《刑事诉讼法》与新《律师法》的冲突。在《刑事诉讼法》没有作出修订之前，新《律师法》与之相抵触的条文不能执行。

第二种观点：认为应该按照"新法优于旧法"的原则来处理《刑事诉讼法》与新《律师法》的冲突。该观点认为虽然承认新《律师法》与《刑事诉讼法》之间有冲突，但是否认《刑事诉讼法》的效力高于新《律师法》，而是认为两者的效力相同，理由是我国《立法法》中只有宪法、法律、行政法规等层次上的区别，没有基本法律与一般法律之分，因此，不能说基本法律与一般

① 韩旭：《新律师法实施后的律师刑事取证问题》，载《法学》2008年第8期。

法律是两个位阶。按照这一观点，新《律师法》与《刑事诉讼法》之间的冲突，应当按照“新法优于旧法”的原则处理，换言之，修改《律师法》就等于修改《刑事诉讼法》。这是当前官方（全国人大常委会法工委）所持的观点，当然也有来自学界的声音。

我们认为，加快修改《刑事诉讼法》的步伐，实现《刑事诉讼法》与新《律师法》的和谐一致，才是解决问题的最终办法。

阅读链接

◆ 1. 申君贵：《论我国新〈律师法〉与〈刑事诉讼法〉的冲突及其衔接》，载《湘潭大学学报》2009 年第 2 期。

◆ 2. 田文昌：《新〈律师法〉与〈刑事诉讼法〉的冲突、互动与衔接》，载《法学》2008 年第 7 期。

◆ 3. 谢佑平、江涌：《论审前程序的律师辩护》，载《政治与法律》2005 年第 2 期。

◆ 4. 陈瑞华：《增列权利还是加强救济？——简论刑事审判程序中的辩护问题》，载《环球法律评论》2006 年第 5 期。

讨论题

1. 侦查讯问时律师的在场权有何利弊？我国是否应当建立侦查讯问时律师在场权制度？请结合司法实践加以分析。

2. 我国《刑事诉讼法》目前并没有明确规定诉讼代理人的权利，只有相关司法解释对此作了简单规定，你认为在《刑事诉讼法》再修改时应对诉讼代理人的哪些权利加以明确规定？

3. 有学者认为，应当将辩护人和诉讼代理人也列为申请回避的主体，你对该观点有何看法？

4. 有学者指出，应当在《刑事诉讼法》中明确规定审判委员会及检察委员会的委员应是回避适用的对象，请对该观点加以分析。

第五章 刑事管辖

第一节 刑事管辖概述

一、刑事管辖的概念

在我国,刑事管辖是指公安机关、人民检察院和人民法院相互之间,以及人民法院内部之间,在受理或审判刑事案件范围上的权限划分。刑事管辖在本质上是处理案件司法权力的划分,这种权力称为管辖权,公、检、法机关只能在法律规定的权限范围内进行司法活动。

二、刑事管辖的划分根据

刑事管辖的划分绝不是立法者的随心所欲。从有利于刑事诉讼顺利进行,有利于完成刑事诉讼任务的角度考虑,刑事管辖通常是根据如下因素来划分与确定的:

1. 确保办案的质量

如案件性质恶劣的,罪行情节严重的,或者可能判处重刑的刑事案件,就由较高级别的公安、司法机关管辖。

2. 依据部门职能权限进行合理分工

管辖的划分必须要与公、检、法各机关的职责权限相适应,分工要合理,使各部门在刑事诉讼中的工作量均衡、协调。

3. 提高诉讼效率

管辖的确定还必须能够达到快速侦查取证、迅速审判的效率要求,效率也是刑事诉讼追求的重要价值。

4. 便利诉讼

便利诉讼既包括诉讼参与人参加诉讼的便利,也包括公安、司法机关进行立案侦查、起诉和审判等刑事诉讼活动的便利。

5. 原则性与灵活性相结合

刑事管辖既要有原则性的规定,又要具有一定的灵活性,以应对特殊情况的发生,使制度具有一定的张力。

三、刑事管辖的意义和分类

刑事管辖属于程序范畴，但会直接影响案件的实体处理结果。其意义在于：

1. 有利于明确专门机关的权力和责任

明确刑事案件管辖权，可以使公、检、法机关在受理和审判刑事案件上分工清楚，责任明确，有助于充分发挥它们各自的职能作用，各司其职，各尽其责，积极追究、打击犯罪，保证刑事诉讼活动能够顺利开展。

2. 有利于民众寻求专门机关的司法保护

国家专门机关在各自的管辖范围内都负有保护民众不受犯罪侵害、并对犯罪受害人给予积极救助的职责。管辖明确，可以使民众随时寻求司法保护。

争论

多年来，刑事管辖权更多地被理解为打击犯罪的权力和职责，而忽略了它对民众保护的意义。

有资料显示，最初的刑事司法管辖权具有保护犯罪人不受侵害和收取保护费用的双重目的。刑事司法管辖权的肇始即是人类迈向公力救济时代的显著标志。古代《法兰克部族法》中记载，实施了凶杀、损害、伤害的行为人，除了要给予被害者亲族和解金之外，还要向领主缴纳一种“安全税金”，这是犯罪人因受到司法上的保护，使其不至于受他人报复，而付出的一种报酬。“安全税金”由犯罪人缴纳，以取得和平与安全。这种税金是给当地的审判官的，但审判官自己不能收取，要由胜诉的当事人接受后代交到领地国库。当时的审判官也就是领主自己或者领主指派的人。领主有了采地，就可以征收各种利益和俸禄，其中最可观的一种，就是司法上的利益即“安全税金”。领主有了采地也就有了司法权，而且，司法权是世袭的，如果采地给了教会，那么，教会也就享有了各种特权包括司法权。

从古罗马的三种刑罚，可以反观刑事司法管辖权所包含的人身保护的含义。第一种是“献祭刑”，对触犯神明的犯罪，判决将犯罪人开除出共同体不受保护，让他在被遗弃中赎罪，如被任何人白白杀死，或者接受神的报复如沉入水底。那些杀死被法律遗弃的人将不被视为杀人犯。献祭的对象也可以是犯罪人的财产，如将财产献于寺院。第二种是对有些私人犯罪的惩罚就是遗弃犯罪人，任凭被害人一方对之实行报复或者占据。第三种是对于那些侵害城邦组织的犯罪，将犯罪人遗弃，任由公众实行报复。遗弃刑的核心，是公权力放弃对受刑者的司法保护，这种刑罚的大量使用，正说明了司法管辖权保护对于每个人的生命财产是何等重要，失去这种保护就是一种严厉的惩罚。当然，个人受国王或领主保护包括司法保护所应当承担的义务，就是纳税，尽管在许多国家没有如日耳曼人那样专门的“安全税金”，但自古以来人们缴纳的税赋无疑包含了类似的用途。

3. 有利于机关、团体等单位和公民个人按照管辖范围进行报案、举报、自首，有利于发动人民群众积极同犯罪作斗争

依据法律规定，我国刑事诉讼管辖分为立案管辖和审判管辖两大类。审判管辖又分为

普通管辖和专门管辖;普通管辖进一步分为级别管辖、地区管辖和指定管辖。这样便形成了一套科学的行之有效的管辖制度和管辖体系。

第二节 立案管辖

一、立案管辖的概念

立案管辖又称部门管辖或职能管辖,是人民法院、人民检察院和公安机关之间,在直接受理刑事案件的职权范围上的分工。立案管辖的根据是部门之间的职责权限。

二、公安机关立案管辖的案件

公安机关立案管辖的案件,也就是公安机关进行立案侦查的案件。除了人民检察院和人民法院立案管辖以外的其他所有刑事案件,都由公安机关立案侦查。这其中,根据侦查专业化的需求,法律及公安机关内部又作了一定的分工,具体包括:

1. 国家安全机关,负责立案侦查危害国家安全的案件。

2. 军队保卫部门,负责立案侦查军队内部的刑事案件。

3. 监狱警察,负责立案侦查监狱内发生的犯罪案件。

4. 海关缉私警察局,负责立案侦查走私犯罪案件。

5. 铁路、交通、民航公安机关,负责立案侦查其管辖区的犯罪案件。根据《公安机关办理刑事案件程序规定》,铁路、交通、民航系统的机关,厂、段、院、校、所、队、工区等单位发生的刑事案件,车站、港口、码头、机场工作区域内和列车、轮船、民航飞机内发生的刑事案件,铁路建设施工工地发生的刑事案件,铁路沿线、水运航线发生的盗窃或者破坏铁路、水运、通讯、电力线路和其他重要设施的刑事案件,以及内部职工在铁路、交通线上执行任务中发生的案件,分别由发案地铁路、交通、民航公安机关管辖。

6. 林业系统的公安机关,负责其辖区内盗伐、滥伐林木、危害陆生野生动物和珍稀植物等刑事案件的侦查;大面积林区的林业公安机关还负责辖区内其他刑事案件的侦查。未建立专门林业公安机关的,由所在地地方公安机关管辖。

7. 地方公安机关,立案管辖的刑事案件范围非常庞杂,主要是危害社会治安和公共秩序的普通刑事犯罪,具体来说,是除了法律规定的其他机关立案管辖以外的其他所有的刑事犯罪案件。

1996年《刑事诉讼法》及相关规定,对公、检、法三机关原来的立案管辖分工作了部分调整。包括:(1)涉税犯罪、破坏社会主义市场经济秩序犯罪,由公安机关立案管辖,人民检察院不再受理。(2)伪证罪、拒不执行判决裁定罪,由以前的法院直接受理改为公安机关立案侦查。(3)不需要侦查的轻微刑事案件,被害人向人民法院起诉后,人民法院认为证据不足可由公安机关受理的,应当移送公安机关立案侦查。

三、人民检察院立案管辖的案件

人民检察院立案管辖的案件：
- ◆ 贪污贿赂犯罪
- ◆ 国家机关工作人员的渎职犯罪
- ◆ 国家机关工作人员利用职权实施的侵犯公民人身权利和民主权利的犯罪
- ◆ 国家机关工作人员利用职权实施的其他重大的犯罪案件

《刑事诉讼法》第 18 条第 2 款规定："贪污贿赂犯罪，国家工作人员的渎职犯罪，国家机关工作人员利用职权实施的非法拘禁、刑讯逼供、报复陷害、非法搜查等侵犯公民人身权利的犯罪以及侵犯公民民主权利的犯罪，由人民检察院立案侦查。对于国家机关工作人员利用职权实施的其他重大的犯罪案件，需要由人民检察院直接受理的时候，经省级以上人民检察院决定，可以由人民检察院立案侦查。"据此，人民检察院直接受理并自行侦查的案件有以下四类：

1. 贪污贿赂犯罪案件

贪污贿赂案件是指我国《刑法》分则第 8 章规定的犯罪和其他章明确规定依照《刑法》第 8 章相关条文定罪处罚的犯罪案件。包括：贪污案、挪用公款案、受贿案、行贿案、单位行贿案、对单位行贿案、介绍贿赂案、单位受贿案、巨额财产来源不明案、隐瞒境外存款案、私分国有资产案、私分罚没财物案等。

2. 国家机关工作人员的渎职犯罪案件

渎职犯罪的主体在《刑事诉讼法》第 18 条中是"国家工作人员"，随着《刑法》的修订而被改为"国家机关工作人员"。由检察机关立案侦查的渎职犯罪案件，是指我国《刑法》分则第 9 章规定的犯罪，如滥用职权案，玩忽职守案，民事、行政枉法裁判案，私放在押人员案，徇私舞弊不移交刑事案件案，国家机关工作人员签订、履行合同失职被骗案，故意或过失泄露国家秘密案等。

➢ 案例分析

郑州市国家税务局开发区分局稽查局根据群众举报，对郑州市第二电缆厂的偷税案件进行了查处。这个厂的厂长金某四处活动并找到了稽查局局长华某，先后给华某送去人民币 5 万元，要求给予关照。华某在收受贿赂后，将这个厂已涉嫌构成偷税罪的案件压住，仅仅以罚款了事。因群众举报，该案被查处。该案应以何罪名由哪个机关立案侦查？

解答：该案中华某的行为涉嫌受贿罪和徇私舞弊不移交刑事案件罪，均属人民检察院立案侦查的范围，根据最高检关于职务犯罪侦查管辖的规定，应由郑州国税局开发区分局所在地的人民检察院立案侦查。

3. 国家机关工作人员利用职权实施的侵犯公民人身权利和民主权利的犯罪案件

此类案件包括：非法拘禁案，非法搜查案，刑讯逼供案，报复陷害案，暴力取证案，虐待被监管人案，破坏选举案，非法剥夺宗教信仰自由案，侵犯少数民族风俗习惯案等。

4. 国家机关工作人员利用职权实施的其他重大的犯罪案件，需由人民检察院直接受理

的，经省级以上人民检察院决定，可以由人民检察院立案侦查

最高人民检察院对于检察机关自行立案侦查的案件，又作了更为具体的规定。包括两个方面：一是上下级检察机关之间的分级立案侦查的制度。分级立案侦查的规定是：最高人民检察院负责全国性的重大案件；省级人民检察院负责全省性的重大案件；分、州、市人民检察院负责辖区内的重大案件；基层人民检察院负责辖区内的案件。上级人民检察院在必要时，可以直接侦查或组织指挥、参与下级人民检察院管辖的案件侦查工作，也可以将自己管辖的案件交由下级人民检察院侦查，下级人民检察院也可以请求将自己管辖的案件移送上级人民检察院侦查。二是同级人民检察院之间的立案管辖分工。其规定是：对于国家机关工作人员职务犯罪案件，一般由犯罪嫌疑人工作单位所在地的人民检察院管辖，其他人民检察院管辖更为适宜的，也可以由其他人民检察院管辖。遇有管辖权争议的，报共同的上级人民检察院指定管辖。

四、人民法院立案管辖的案件

人民法院立案管辖的案件，是指不需要经过公安机关或人民检察院立案侦查，不经人民检察院提起公诉，而由自诉人或其法定代理人或者近亲属直接向人民法院起诉，由人民法院立案后直接给予审判的案件，也称自诉案件。自诉案件包括三类：

1. 告诉才处理的犯罪案件

告诉才处理的犯罪案件又称不告不理案。这里的告诉或者称起诉、控告，必须是被害人或其法定代理人真实的意思表示，如果被害人因受到强制、威胁或行动不便等原因而无法告诉的，人民检察院或被害人的亲友也可以代为告诉。这类案件包括：侮辱、诽谤案，暴力干涉婚姻自由案，虐待案、侵占案。

➢ 争论

侵占案被列为告诉才处理的案件是否合适？

立法的考量是给予被害人自主决定是否追究侵占者刑事责任的选择权，这也是私权自治的体现。

实践中一些案件表明，被害人欲控告却无权抓捕被告人，无力取证，诉诸公权却不被受理。

2. 被害人有证据证明的轻微刑事犯罪案件

这类案件是自诉、公诉两可的案件，也就是说，可以由被害人一方直接向人民法院提起自诉，由法院立案审判，也可以由公安机关立案侦查。这类案件使自诉案件的范围得到了很大的扩展，既增强了被害人的自主性和程序选择权，又节省了诉讼资源，提高了刑事诉讼的效率。作为自诉案件的理由是，案件事实清楚明了，情节轻微，被告人明确并且没有逃跑，被害人有证据证明犯罪事实，因而不需要公安机关立案侦查。如果犯罪轻微但需要侦查，被害人提出要求的，则应由公安机关立案侦查，由人民检察院提起公诉。

依据最高人民法院、最高人民检察院、公安部、国家安全部、司法部、全国人大常委会法

制工作委员会《关于刑事诉讼法实施中若干问题的规定》，被害人有证据证明的轻微刑事犯罪的案件包括：(1)故意伤害案（轻伤）；(2)重婚案；(3)遗弃案；(4)妨害通信自由案；(5)非法侵入他人住宅案；(6)生产、销售伪劣商品案件（严重危害社会秩序和国家利益的除外）；(7)侵犯知识产权案件（严重危害社会秩序和国家利益的除外）；(8)属于《刑法》分则第 4 章、第 5 章规定的，对被告人可以判处 3 年有期徒刑以下刑罚的其他轻微刑事案件。

➢ 案例分析

章某系福建某地级市工商局副局长，与妻子林某育有一女，女儿已 12 岁。因想要儿子传宗接代，章某又在老家河南农村娶王某某为妻，虽未领取结婚证，但摆过酒席，而且王某某婚后就与章某的父母一同生活，并与章某生有一子。时间一久，林某与王某某二人都已知道章某重婚的事实，但都不提出控告。该案在章某的工作单位和他农村老家产生了很坏的社会影响，都有人举报，但公安机关认为此案属于自诉案件不便立案，法院认为没有控告人不能立案。问：该案应如何处理？

解答：章某的行为已涉嫌重婚罪。按照立案管辖规定，重婚罪可以由被害人直接向人们法院提起自诉，由法院立案审判。但本案两被害人均未提起诉讼，根据不告不理原则，法院不能主动审判。由于本案属于自诉、公诉两可的案件，在没有自诉人的情况下，公安机关应当按公诉案件立案侦查，然后移交人民检察院向法院提起公诉，而且，在公诉的情况下，不适用自诉案件的和解、调解处理方式。

3. 公诉转自诉的案件

此类案件是指，被害人有证据证明对被告人侵犯自己人身、财产权利的行为应当依法追究刑事责任，而公安机关或者人民检察院不予追究被告人刑事责任，被害人依法直接向法院提起诉讼的案件。简称公诉转自诉案件。公诉转自诉案件需要具备四个条件：一是被害人自行起诉，且应当提供证据证明确实存在犯罪事实；二是被告人的行为依法应当追究刑事责任；三是被告人侵犯的是被害人自己的人身权利或财产权利；四是公安机关或人民检察院不予追究被告人的刑事责任，即公安机关、人民检察院已经作出了不立案、撤销案件、不起诉等不予追究被告人刑事责任的书面决定。

➢ 争论

对公诉转自诉制度，学术界存在两种观点。

一是肯定说，认为这一制度设置的目的在于有效保护被害人的合法权益，在公权力不究的情况下，启动自诉，既可实现被害人的自我救济功能，又可对公诉权进行监督制约，是我国民主和法制的进步。

二是否定说，认为我国长期以来实行的是以公诉为主，自诉为辅的追诉制度，这一制度经过长期的实践证明是行之有效的，公诉转自诉制度造成了对公诉权的侵犯，容易引发公民不当的缠讼，即不符合诉讼经济原则，也可能损害宽严相济刑事政策的有效推行。

五、公、检、法机关立案管辖的衔接

《刑事诉讼法》第 84 条第 3 款对立案管辖作了变通规定:"公安机关、人民检察院或者人民法院对于报案、控告、举报,都应当接受。对于不属于自己管辖的,应当移送主管机关处理,并且通知报案人、控告人、举报人;对于不属于自己管辖而又必须采取紧急措施的,应当先采取紧急措施,然后移送主管机关。"

六、公、检、法机关的交叉管辖

交叉管辖是指在立案管辖上,两个以上的机关同时对某一个案件享有管辖权的情况。实践中如果存在交叉管辖的情况,应当按照六部委《规定》的第 6 条办理:

1. 公安机关侦查刑事案件涉及人民检察院管辖的贪污贿赂案件时,应当将贪污贿赂案件移送人民检察院。人民检察院侦查贪污贿赂案件涉及公安机关管辖的刑事案件时,应当将属于公安机关管辖的刑事案件移送公安机关。

2. 在案件不可分别办理的情况下,应当协商解决。一般由对主要犯罪享有管辖权的机关为主侦查,如果难以区分主罪与次罪,则由最先受理的机关为主侦查。如果涉嫌主罪属于公安机关管辖,由公安机关为主侦查,人民检察院予以配合;如果涉嫌主罪属于人民检察院管辖,由人民检察院为主侦查,公安机关予以配合。换句话说就是分清主罪和次罪(性质较严重或者刑罚较重的为主罪)后再确定管辖。比如犯贪污罪和故意伤害罪,如果贪污罪刑罚较重,则主要由人民检察院管辖;如果故意伤害罪刑罚较重,则主要由公安机关管辖。

第三节　审判管辖

审判管辖,是指普通人民法院之间、普通人民法院与专门法院之间以及专门法院之间在审判第一审刑事案件上的权限分工。法院有上下级之分,有地区之分,审判管辖就是解决不同法院之间的管辖分工。根据《刑事诉讼法》第 19 条至第 27 条的规定,我国刑事审判管辖可分为普通管辖和专门管辖,而普通管辖又分为级别管辖、地区管辖和指定管辖。

一、级别管辖

级别管辖是指各级人民法院在审判第一审刑事案件上的权限划分。级别管辖所要解决的是上下级人民法院各自审判哪些第一审案件的问题,因此,级别管辖也称为审判管辖权的纵向划分。我国《刑事诉讼法》对级别管辖的具体分工是:

- 级别管辖
  - 最高法院：全国性重大案件
  - 高级法院：全省性重大案件
  - 中级法院：共有四类案件
    - 危害国家安全的案件
    - 死刑、无期徒刑案件
    - 外国人犯罪的案件
    - 海关侦查的犯罪案件
  - 基层法院：上述案件以外的案件

1. 基层人民法院管辖的第一审刑事案件

基层人民法院管辖的第一审刑事案件是除了上级人民法院管辖的第一审刑事案件以外的其他所有的普通刑事案件。我国《刑事诉讼法》第 19 条规定："基层人民法院管辖第一审普通刑事案件，但是依照本法由上级人民法院管辖的除外。"基层人民法院实际上承担着绝大多数刑事案件的审判任务，这是因为基层人民法院的任务单一，案件的发生地都在其辖区内，由其进行审判，便于诉讼参与人参加诉讼，便于法院调查核实证据和审判，也便于人民群众旁听审判，接受法制教育。

2. 中级人民法院管辖的第一审刑事案件

根据《刑事诉讼法》第 20 条的规定，中级人民法院管辖的第一审刑事案件有四类：

(1)危害国家安全的犯罪案件。

(2)可能判处无期徒刑、死刑的普通刑事案件。

(3)外国人犯罪的案件。

(4)海关侦查的犯罪案件。

上述四类案件或是性质严重、案情重大、影响面广；或是涉及国家的外交政策和国际关系，或是量刑较重，由中级人民法院进行第一审审判，有利于确保办案质量，实现法律效果与社会效果的统一。

案例分析

Z 市 G 区公安分局对李某涉嫌为境外非法提供国家秘密罪立案侦查，并将李某从珠海拱北口岸抓获归案。此案由 G 区人民检察院提起公诉，G 区法院判处被告人李某为境外非法提供国家秘密罪名成立，依法判处其有期徒刑 6 年，并处没收财产 10 万元。问该案在诉讼程序上有何不当之处？

解答：首先，该案立案管辖错误。依照法律，危害国家安全犯罪由国家安全机关立案侦查，G 区公安分局无权立案侦查此案。其次，按照审判管辖的规定，该案应当由 Z 市中级人民法院作一审审理，G 区法院审理此案是错误的。再次，根据公诉与审判对应性要求，该案不能由 G 区人民检察院提起公诉，而应当由 Z 市人民检察院提起公诉。

3. 高级人民法院管辖的第一审刑事案件

高级人民法院管辖的第一审刑事案件是全省(自治区、直辖市)性的重大刑事案件。从实践看，高级人民法院审判的一审刑事案件数量很少，一般是涉及党和国家高级干部如省部级或国家级干部犯罪的案件。我国《刑事诉讼法》虽然没有根据被告人的身份级别划分管辖，但被告人的身份级别往往决定着刑事犯罪危害性的大小和案件影响力的范围，如果是省级领导干部涉嫌犯罪，其影响就可能是全省性的。

4. 最高人民法院管辖的第一审刑事案件

最高人民法院管辖的第一审刑事案件是全国性的重大刑事案件。事实上，建国后，只有林彪、"四人帮"反革命集团案件是由最高人民法院设置特别审判庭进行一审审判的。最高人民法院是国家最高审判机关，主要任务是监督地方各级人民法院和专门法院的审判工作，并负责对在审判过程中如何具体应用法律的问题进行解释，还要审判对下级人民法院、专门法院裁判的上诉、抗诉案件和最高人民检察院按照审判监督程序提出的抗诉案件，核准死刑案件等。

5. 级别管辖的变通

针对级别管辖中出现的一些特殊情况，最高人民法院在司法解释中作了一些灵活规定：

(1)上级人民法院在必要的时候，可以审判下级人民法院管辖的第一审刑事案件；下级人民法院认为案情重大复杂，需要由上级人民法院审判的第一审刑事案件，可以请求移送上一级人民法院审判。即管辖权只能"上移"而不能"下移"，以确保审判质量，防止上级人民法院将其审判的一审案件大量下放。在程序上，上级人民法院需要审理下级人民法院管辖的第一审刑事案件的，应当向下级人民法院下达改变管辖决定书，并书面通知同级人民检察院。

(2)基层人民法院对已经受理的公诉案件，如认为可能判处死刑、无期徒刑的，应当请求移送中级人民法院审判。请求移送的，应当经合议庭报请院长决定后，在案件审理期限届满15日以前书面请求移送。中级人民法院应当在接到移送申请10日内作出决定。

中级人民法院不同意移送的，应当向该基层人民法院下达不同意移送决定书，由该基层人民法院依法审判；同意移送的，应当向该基层人民法院下达同意移送决定书，并书面通知同级人民检察院。基层人民法院接到上级人民法院同意移送决定书后，应当通知同级人民检察院和当事人，并将起诉材料退回同级人民检察院。

(3)有管辖权的人民法院因案件涉及本院院长需要回避等原因，不宜行使管辖权的，可以请求上一级人民法院管辖；上一级人民法院也可以指定与提出请求的人民法院同级的其他人民法院管辖。

(4)人民检察院认为可能判处无期徒刑、死刑而向中级人民法院提起公诉的普通刑事案件，中级人民法院受理后，认为不需要判处无期徒刑以上刑罚的，可以依法审判，不再交基层人民法院审理。

(5)一人犯数罪、共同犯罪和其他需要并案审理的案件，只要其中一人或者一罪属于上级人民法院管辖的，就应当全案由上级人民法院管辖。

➢ 案例分析

S市中级人民法院受理本市人民检察院提起公诉的谢某、王某抢劫案后，认为不需要判处无期徒刑以上刑罚。S市中级人民法院应当作出哪种处理？

解答：根据司法解释，该案由S市中级人民法院开庭审理，不再交基层人民法院审理。

二、地区管辖

地区管辖是指同级人民法院之间在审判第一审刑事案件上的权限划分。这是对审判管辖权的横向划分，所要解决的是第一审刑事案件审判权的最终地点问题。我国《刑事诉讼法》确定的地区管辖的原则是：

1. 犯罪地人民法院管辖为主，被告人居住地人民法院管辖为补充

《刑事诉讼法》第24条规定，刑事案件由犯罪地的人民法院管辖。如果由被告人居住地的人民法院审判更为适宜的，可以由被告人居住地的人民法院管辖。所谓犯罪地，是指犯罪行为发生地，一般包括犯罪行为预备地、犯罪行为实施地、犯罪结果发生地和销赃地等。按照最高人民法院的司法解释，以非法占有为目的的财产犯罪，犯罪地包括犯罪行为发生地和犯罪分子实际取得财产的犯罪结果发生地。

案例分析

一天清晨，村民李某起床后，发现儿媳王某吊死在房门背后。室内无任何挣扎搏斗的痕迹，门窗也完好无损，立即报告了公安机关。经侦查查明，死者王某30岁，是党员妇女干部，其丈夫部队复员后在某市工厂当工人，平时难得回家。王某在前一天晚上参加了村里会议，积极发言，回家路上还与村民有说有笑，没有自杀的迹象。而其丈夫邓某自从复员到城里工作后，对王某逐渐冷淡，曾提出离婚遭到王某的拒绝。经查，该案为死者丈夫邓某所为。原来邓某为达到在城里成家的目的，晚上潜回家中，叫醒妻子开门进屋，趁妻子熟睡之际，用绳子将其勒死，然后伪造现场，又连夜回到单位。此案最终判处邓某死刑，剥夺政治权利终身。问：本案应由哪个地方的法院审判管辖？

解答：该案的审判管辖涉及犯罪地法院和被告人居住地法院。依据法律规定，刑事案件由犯罪地法院管辖，如果由被告人居住地法院审判更为适宜的，可以由被告人居住地的法院管辖。本案不存在由居住地法院管辖更为适宜的情况，因而，应当由犯罪地的人民法院审判。

法律规定犯罪地法院管辖，便于公安司法机关就地调查、核实证据，正确及时地处理案件，便于诉讼参与人参加诉讼活动，便于当地群众旁听，也便于结合案件进行法制宣传教育。由于我国地域辽阔，人口流动较大，案件情况复杂，犯罪分子流窜作案、结伙作案、多次作案呈增长趋势，因此，仅规定犯罪地人民法院管辖原则，有时难以解决地区管辖问题，特别是在犯罪地不明的情况下。所以，《刑事诉讼法》规定在更为适宜时，也可以由被告人居住地的人民法院管辖。所谓更为适宜，一般包括：(1)被告人流窜作案，主要犯罪地难以确定，而居住地群众更为了解其犯罪情况的；(2)被告人在居住地民愤极大，当地群众要求在居住地进行审判的；(3)可能对被告人适用缓刑、管制或者单独适用剥夺政治权利等刑罚，因而需要在其居住地执行的，等等。

单位犯罪的管辖。单位犯罪的刑事案件，由犯罪地的人民法院管辖。如果由被告单位住所地的人民法院管辖更为适宜的，可以由被告单位住所地的人民法院管辖。最高人民检

察院在《人民检察院实施〈中华人民共和国刑事诉讼法〉规则(试行)》第 14 条中规定:“国家工作人员职务犯罪案件,由犯罪嫌疑人工作单位所在地的人民检察院管辖;如果由其他人民检察院管辖更为适宜的,可以由其他人民检察院管辖;对管辖权有争议的,由共同的上级人民检察院指定管辖。”

2. 出现并行管辖权时,由最初受理地或者主要犯罪地法院管辖

按照《刑事诉讼法》规定,在几个同级人民法院都有权管辖的情况下,由最初受理的人民法院审判。在必要的时候,可以移送主要犯罪地的人民法院审判。

所谓主要犯罪地,包括案件涉及多个地点时对该犯罪的成立起主要作用的行为地,也包括一人犯数罪时主要罪行的实施地,还可指一个犯罪中主要情节的发生地。

案例分析

张某、李某二人合伙作案,先在甲县盗窃一辆大巴车,然后沿着一条公路实施抢劫,在乙县和丙县境内各抢劫作案一次,最后在丁市销赃时被抓获。此案应由哪个地方的哪些机关受理?

解答:按照《刑事诉讼法》的规定,刑事案件的地区管辖划分是:A. 一般由犯罪地的法院管辖,必要时可由被告人居住地法院管辖。B. 在几个同级法院都有权管辖的情况下,由最初受理地或者主要犯罪地的法院管辖。当然应当优先考虑 A,然后再考虑 B,具体到本案分析如下。

首先,甲、乙、丙三地是犯罪行为地;丁地是销赃地,四地都是犯罪地,因此四地的法院对此案都有管辖权。

其次,4 个地方都是犯罪地,且没有告诉被告人居住地,因此,根据犯罪地原则和居住地原则均无法具体地确定管辖。

再次,本案涉及 1 次盗窃,3 次抢劫,犯罪行为严重程度无明显轻重之分,即主要犯罪地不明显,因此,本案由最初受理地的法院审判较为合适,即本案应由丁市的法院进行一审。

复次,这是一个连续多次实施盗窃、抢劫的恶性案件,属于《刑法》第 263 条抢劫罪第 4 项多次抢劫或者抢劫数额巨大的;第 264 条盗窃罪的盗窃数额特别巨大的情形,有可能会判处无期徒刑以上刑罚,因而,根据级别管辖的规定,该案应由丁市所在地的中级人民法院进行一审审判。

最后,法律虽然只规定审判管辖,但实际上也连带了侦查和审查起诉的管辖。在确定了管辖的一审法院后,相应地,对该案的侦查和审查起诉,也就由管辖法院对应的公安、检察机关负责。该案属于普通刑事犯罪案件,其侦查机关是地方公安机关。

综合运用刑事管辖的知识,可以得出的结论就是:本案应该由丁市所在地的地市级公安机关立案侦查,由地市级人民检察院审查起诉,由当地的中级人民法院进行一审审判。

3. 特殊地区管辖

(1)我国参加的国际条约所规定的罪行,由被告人抓获地的中级人民法院管辖。

(2)中国公民在驻外的中国使馆内犯罪的,由该公民主管单位所在地或其原户籍所在地的人民法院管辖。

(3)中国公民在中国领域外犯罪的,由该公民离境前的居住地或原户籍地人民法院管辖。

(4)外国人在中国领域外对中国公民犯罪应受处罚的,由该外国人入境地的中级人民法院管辖。

(5)在中国领域外的中国船舶内的犯罪,由该船舶最初停泊的中国口岸所在地的人民法院管辖。

(6)在中国领域外的中国航空器上的犯罪,由该航空器在中国的最初降落地人民法院管辖。

(7)在国际列车上的犯罪,按我国与相关国家签订的协定确定管辖。没有协定的,由犯罪后该列车最初停靠的中国车站所在地或目的地的铁路运输法院管辖。

(8)刑事自诉案件的自诉人、被告人一方或双方是在港、澳、台居住的中国公民或单位,由犯罪地的基层人民法院审判。港、澳、台同胞告诉的,应当出示港、澳、台居民身份证、回乡证或者其他能证明本人身份的证件。

(9)发现漏罪的管辖。发现正在服刑的罪犯在判决宣告前还有其他犯罪没有受到审判的,由原审人民法院管辖;如果罪犯服刑地或者新发现罪的主要犯罪地的人民法院管辖更为适宜的,可以由服刑地或者新发现罪的主要犯罪地的人民法院管辖。正在服刑的罪犯在服刑期间又犯罪的,由服刑地的人民法院管辖。

(10)发现新罪的管辖。正在服刑的罪犯在服刑期间犯罪的,由服刑地人民法院管辖;在脱逃期间,如果是犯罪地发现并抓获的,由犯罪地人民法院管辖;如果是缉捕押解回监狱后发现的,由服刑地人民法院管辖。

三、指定管辖

《刑事诉讼法》第 26 条规定:“上级人民法院可以指定下级人民法院审判管辖不明的案件,也可以指定下级人民法院将案件移送其他人民法院审判。”最高人民法院在司法解释中要求:对管辖权发生争议的,应当在审限内协商解决;协商不成的,由争议的人民法院分别逐级报请共同的上一级人民法院指定管辖。

实践中常见的指定管辖有以下几种情形:(1)地区管辖不明的刑事案件。例如,犯罪案件发生在两个法院管辖范围的交界处,或者犯罪地不能确定,被告人又无固定居住地的;(2)无管辖权的人民法院错误管辖而需要移送有管辖权的法院的;(3)有管辖权的几个同级人民法院因移送案件发生争议的;(4)有管辖权的人民法院由于特殊原因不能行使管辖权的;(5)上级人民法院认为由其他人民法院审判更有利于正确、及时处理案件的;(6)对于共同犯罪不在同一地区抓获的犯罪嫌疑人,原则上应并案处理,由主犯抓获地人民法院就整个案件进行审判;主犯从犯难以确认的,可由主要犯罪地人民法院审判;发生争执的,报其共同上级法院指定。

上级人民法院指定管辖的,应当将指定管辖决定书分别送达被指定管辖的人民法院和其他有关的人民法院。原受理案件的人民法院,在收到上级人民法院指定其他人民法院管辖决定书后,不再行使管辖权。对于公诉案件,应当书面通知提起公诉的人民检察院,并将全部案卷材料退回,同时书面通知当事人;对于自诉案件,应当将全部案卷材料移送被指定管辖的人民法院,并书面通知当事人。

> 争论

对于最高人民法院近年来广泛使用的指定管辖，如高官犯罪案件、广东律师马克东诈骗案等，理论界存在较大的争议。

有人认为，最高人民法院根据案件的特殊情况指定管辖，让单位或地方回避，有助于突破高官的权力网或地方保护，确保法院审判的客观公正。

但也有人认为，最高人民法院的指定管辖，在许多时候突破了《刑事诉讼法》所规定的“管辖不明”或管辖争议的限定，呈现任意使用指定管辖权的情形，是不适当甚至是违法的，违反了有法必依、司法守法的法治原则。尤其是马克东案，无论是犯罪地还是被告人居住地都在广州，不存在管辖不明或管辖争议，且被告人仅仅是一名律师，不属于高官权力回避的范围，但最高人民法院却指定该案由辽宁省营口市站前区人民法院审理，是典型的违法司法。

四、专门管辖

专门管辖是指专门法院之间、专门法院与普通人民法院之间审判第一审刑事案件的权限划分。我国有权审理刑事案件的专门法院有：军事法院和铁路运输法院。

(一)军事法院管辖的刑事案件

军事法院管辖的刑事案件，主要是违反军人职责罪案件，现役军人的犯罪案件，在军队编制服务的无军职人员的犯罪案件，普通公民危害与破坏国防军事利益的犯罪案件。

如果现役军人(含在编职工)和非军人共同犯罪的，分别由军事法院和地方人民法院管辖。但涉及国家军事秘密的，则全案由军事法院管辖。如下案件应由地方人民法院或其他专门法院管辖：非军人、随军家属在部队营区犯罪的案件，军人办理退役手续后犯罪的案件，现役军人入伍前犯罪的(需与服役期内犯罪一并审判的除外)案件，退役军人在服役期内实施的军人违反职责罪以外的犯罪案件。

军队与地方互涉的刑事案件，由军队保卫机关与地方公安机关联合侦查，在查清事实的基础上，军人交由军队司法机关审判，地方人员交由地方司法机关审判。《公安机关办理刑事案件程序规定》，对地方公安机关与军队保卫部门之间的立案管辖范围，也作了相对明确的管辖划分。包括：(1)军人在地方作案的，当地公安机关应当及时移交军队保卫部门侦查。(2)地方人员在军队营区作案的，由军队保卫部门移交公安机关侦查。(3)军人与地方人员共同在军队营区作案的，以军队保卫部门为主组织侦查，公安机关配合；共同在地方作案的，以公安机关为主组织侦查，军队保卫部门配合。(4)现役军人入伍前在地方作案，依法应当追究刑事责任的，由公安机关侦查，军队保卫部门配合。(5)军人退出现役后，发现其在服役期间在军队营区作案，依法应当追究刑事责任的，由军队保卫部门侦查，公安机关配合。(6)军人退出现役后，在离队途中作案的，以及已经批准入伍尚未与军队办理交接手续的新兵犯罪的，由公安机关侦查。(7)属于地方人武部门管理的民兵武器仓库和军队移交或者出租、出借给地方单位使用的军队营房、营院、仓库、机场、码头，以及军队和地方人员混居的军队宿舍区发生的非侵害军事利益和军人权益的案件，由公安机关侦查，军队保卫部门配合。(8)军队在工商行政管理部门登记注册，实行企业化经营管理的公司、厂矿、宾馆、饭店、影剧院，以及军队和地方合资经营的企业发生的案件，由公安机关侦查，军队保卫部门配合。(9)公安机关和武装警察部队互涉刑事案件的管辖分工依照公安机关和军队互涉刑事案件的管辖分工的原则办理。列入武装警察部队序列的公安边防、消防、警卫部门，以及武警黄金、交通、水电、森林部队人员的犯罪案件，由公安机关管辖。

(二)铁路运输法院管辖的刑事案件

铁路运输法院管辖的刑事案件主要是铁路运输系统公安机关负责侦破的刑事案件。如危害和破坏铁路交通和安全设施的犯罪案件，铁路职工职务上犯罪的案件，在铁路沿线道轨内、火车内、站台上发生的犯罪案件等。铁路运输法院与地方法院因管辖不明而发生争议的，一般由地方各级人民法院管辖。

延伸阅读

刑事司法管辖权的结构

一、刑事司法管辖权的内外结构

在一般意义上，刑事司法管辖权是指对刑事案件所享有的侦查、公诉、审判和刑罚处罚的权力。从权力结构看，刑事司法管辖权有内外两重结构：

1. 内在权力结构。在刑事司法管辖权的内部，包含了对刑事案件的立案权、侦查权、公诉权、审判权和执行权五个部分，是公权力的重要组成。从权力效能上讲，属于对既有刑事法律的执行，是立法之后的裁判权和惩戒权，体现着打击犯罪、保障人权的价值追求。

2. 外在权力结构。刑事司法管辖权外在表现为两种权力：对刑事案件处理上的独占权或优先权以及排他权。独占权或优先权即刑事案件只能由拥有管辖权的一方依法处理或优先处理，旨在确保一个案件的侦查、起诉、初审和执行，都只有一个相应的有权机关进行，避免管辖重复或者管辖遗漏。司法管辖上的优先权可以在很大程度上接近于独占权，因为在国际社会，多数国家都确立了"一事不再理原则"或称"禁止双重危险原则"，依据该原则，已经合法的机关依据正当法律程序确定为犯罪并受刑罚处罚的人，不得因为其同一个犯罪行为而再次受到追诉和刑罚惩罚。当然，该原则并不是在所有国家都得到贯彻的，有时，重复追诉仍然是存在的，从这个意义上讲，优先权仍然逊色于独占权，只能是独占权之后退而求其次的选择。排他权是相对于独占权而言的，某地的司法机关一旦拥有了司法管辖上的独占权，就自然排斥其他地方司法机关对该案件的管辖权。

二、刑事司法管辖权的权属范围

1. 联合国刑事司法管辖权。第二次世界大战胜利后，国际社会先后组成了欧洲国际军事法庭和远东国际军事法庭，对德、意、日法西斯分子、战争罪犯进行审判，国际军事法庭开创了联合国刑事司法管辖的先例。之后，根据国际政治斗争的需要，联合国又组织了若干刑事审判机构行使司法审判权，包括：(1)前南斯拉夫国际刑事法庭。(2)卢旺达国际刑事法庭。(3)国际刑事法院。

2. 国家刑事司法管辖权。指根据国际公约或国际惯例以及国内法的规定，特定国家对刑事案件所享有的侦查、公诉、审判和刑罚执行的权力。国家是刑事司法管辖权的基本享有者和行使者。国际刑事司法管辖权通常也就是指的国家刑事司法管辖权及其相互关系问题。

3. 法域刑事司法管辖权。指同一个国家之内各个独立的法域对刑事案件所享有的侦查、公诉、审判和刑罚执行的权力。在联邦制国家，因各邦自行立法而产生有不同法域，如英国、美国、德国、加拿大、澳大利亚等。我国由于历史的原因形成了大陆、香港、澳门和台湾四个法域，各法域都有适用于该法域的刑法、《刑事诉讼法》，依照这些法律，四个法域都享有刑事司法管辖权。

4. 地区刑事司法管辖权。它是指国家内部实行相同法律的不同地区之间划分出的刑事司法管辖权，如中国大陆各省、市、自治区所拥有的刑事司法管辖权。这种刑事司法管辖权是与行政区划相对应的，与政府的行政管理权限相辅相成，共同构成地方的治理权。

三、刑事司法管辖权的实体与程序划分

从内容上刑事司法管辖权可分为实体和程序两个方面。

1. 实体管辖权。即刑法管辖权，以刑罚权为核心，解决的是在特定刑事犯罪发生后，能否适用本刑法给予定罪处罚的问题。在国际社会就体现为国家主权。

2. 程序管辖权。指特定的司法机关对刑事案件进行侦查、起诉、审判和刑罚执行的权力，体现了刑事司法管辖权的外部运行机制。程序管辖权以司法权为核心，解决的是刑事犯罪发生后，由哪些司法机关，以法律规定的措施和程序，追究、惩罚犯罪的问题。

实体管辖权是程序管辖权的前提和根据，程序管辖权是实体管辖权的体现和保障。

阅读链接

- 1. 高秀东：《刑事管辖权专题整理》，中国人民公安大学出版社 2010 年版。
- 2. 张兰图：《国家刑事管辖权研究》，吉林大学博士论文，2004 年。
- 3. 李长坤、朱铁军：《网络犯罪刑事管辖权问题研究》，载《网络安全技术与应用》2003 年第 1 期。
- 4. 时延安：《中国区际刑事管辖权冲突及其解决研究》，中国人民公安大学出版社 2005 年版。
- 5. 赵秉志、田宏杰：《中国内地与香港刑事管辖权冲突研究——由张子强案件引发的思考》，载《法学家》1999 年第 6 期。
- 6. 梁玉霞：《中国区际刑事司法协助研究》，中国人民公安大学出版社 2009 年版。

讨论题

1. 根据国际、地区之间刑事管辖权之争，试分析刑事司法管辖权的本质。
2. 从比较法的角度，谈谈职务犯罪侦查权在不同国家的配置。
3. 网络犯罪在管辖上有何特点？
4. 如何确定我国区际刑事司法管辖权的划分原则？
5. 分析案例：

广东省甲市某大型国有(控股)集团公司下属电器销售总公司,在全国地级以上市设有分公司或经营部,专营该集团生产的电器产品,并将全国各营销点分成七个大区统归总公司管理。各分公司、经营部由集团和总公司出资注册成立,属于法人,但属非独立核算非自负盈亏单位,各网点副经理以上职员由总公司任命委派。

犯罪嫌疑人任某系辽宁省大连市人,于 1996 年被委派到沈阳公司任经理、法人代表,1998 年被免去经理职务改任东北区总监。任某常住在沈阳市,主要负责东北三省各网点的管理、销售协调、监督等工作,其工资、福利等费用均由设在甲市的电器销售总公司发放和报销。2000 年 8 月,任某得知即将被免去东北总监职务时,便将沈阳公司原存留的 70 万元账外资金(公款)据为己有。

2000 年集团审计部对任某在职期间的财务进行审计,发现任某有经济犯罪嫌疑遂向甲市检察院告发。该市检察院对任某立案侦查,并向甲市中级人民法院提起公诉。但甲市中级人民法院认为其对该案无审判管辖权。

问:1. 甲市中级人民法院的做法是否正确?

2. 甲市检察院对该案有无侦查权?

3. 依照法律该案应由何地司法部门管辖?

第六章 刑事强制措施

第一节 刑事强制措施概述

一、刑事强制措施的概念及特征

刑事强制措施，又称为刑事诉讼中的强制措施，是指公安机关、人民检察院和人民法院等专门机关在刑事诉讼过程中，为了保障侦查、起诉和审判等诉讼活动的顺利进行，依法对犯罪嫌疑人、被告人的人身自由强行剥夺或者施加一定限制的方法或手段。我国《刑事诉讼法》规定的强制措施包括：拘传、取保候审、监视居住、拘留和逮捕五种。

刑事强制措施具有如下特征：

1. 适用主体的职权性。即由公安机关、人民检察院和法院等专门机关根据职权加以适用。除法定机关外，其他任何国家机关、社会团体和个人都无权采取刑事强制措施。

2. 适用阶段的特殊性。强制措施的适用只限立案以后至人民法院作出生效判决以前的阶段。在立案以前，在紧急情况下才可以先行拘留，且之后必须及时立案。

3. 适用的对象具有特定性。强制措施只能适用于犯罪嫌疑人或被告人，即涉嫌刑事犯罪而受到司法机关追诉的人。对其他的诉讼参与人不得适用。

4. 适用目的具有针对性。采取强制措施的目的是为了保障刑事诉讼活动的顺利进行，即防止犯罪嫌疑人、被告人可能实施逃跑、藏匿、伪造或毁灭证据等妨碍刑事诉讼进行的行为。因此，并不是对所有的犯罪嫌疑人、被告人都必须适用刑事强制措施。

➢ **案例分析**

某地公安机关在开展扫黄行动中，对卖淫女刘某处罚款 1000 元，为强迫刘某缴纳罚款，公安机关对刘某进行监视居住长达 7 天，刘某被迫缴纳罚款，该公安机关的行为是否合法？

解答：公安机关对刘某实施监视居住的行为违法。监视居住属于刑事强制措施，只能在针对刑事案件的犯罪嫌疑人、被告人时适用，其目的是为了保证犯罪嫌疑人、被告人到案便于案件处理。因此，公安机关为了逼迫刘某缴纳罚款而采取监视居住不符合强制措施的目的，其适用对象也不合法。

5. 适用程序具有法定性。刑事强制措施的适用必须依法进行。由于适用强制措施意味着剥夺或者限制公民的人身自由，因此《刑事诉讼法》对刑事强制措施的种类、适用条件和申请、批准与执行程序等作出了明确的规定。

二、刑事强制措施的适用原则及变更

适用刑事强制措施旨在保障刑事诉讼的顺利进行，但客观上不可避免地会对犯罪嫌疑人或被告人的人身自由形成制约。如果适用不当，势必会造成对公民合法权利的侵犯。因此，在适用强制措施的过程中必须秉持保障人权与程序刑事诉讼活动相结合的理念。

（一）刑事强制措施的适用原则

刑事强制措施作为一种影响公民生活、工作和社会评价的公权力行为，应当遵循“比例原则”。“比例原则”是指只有在公共利益必要时才能限制公民的权利。比例原则又具体化为如下三原则：

1. 合目的性原则

又称适当性原则，指适用刑事强制措施的目的必须是为了保障刑事诉讼活动的顺利进行，并且所采取的手段与这一目的之间具有合理的联系，不得为了其他目的或者掺杂其他目的而适用强制措施。

2. 必要性原则

又称最小损害原则。指专门机关在采取强制措施时应当尽可能选择对犯罪嫌疑人、被告人影响较轻微的措施。因此，只有在适用拘传不足以防止发生危险时，才能适用监视居住或取保候审甚至拘留等更严厉的强制措施。

3. 相当性原则

适用强制措施必须与犯罪嫌疑人或被告人的社会危害性和人身危险性相对应。一般而言，犯罪嫌疑人、被告人所实施的行为危害性越大或者其人身危险性越大，对其采取的强制措施就越严厉。

“比例原则”不是一种静止的原则，而是贯穿于强制措施适用过程的动态原则。因此，适用强制措施也不是一成不变的，而应随着刑事诉讼活动的进行，根据案件情况和保障诉讼活动的需要及时对强制措施予以变更、解除或撤销。

（二）刑事强制措施的变更

根据“比例原则”，在刑事诉讼中由于诉讼进程的变化，对犯罪嫌疑人、被告人采取的强制措施也应当随之变化，这种变更可能是由严厉的强制措施变更为较为轻缓的强制措施，也可能是由轻缓的强制措施变更为严厉的强制措施。例如公安机关对犯罪嫌疑人实施拘留或逮捕后发现其没有妨碍诉讼或再次实施危害行为的危险，可以变更为取保候审或其他强制措施；拘留后犯罪嫌疑人的嫌疑被排除的，应当立即解除强制措施；被取保候审的犯罪嫌疑人严重违反取保候审的规定，有毁灭、伪造证据、串供等妨害刑事司法的行为或者可能再次实施危害行为的，应当变更为逮捕。

概而言之，适用和变更强制措施应该考虑以下因素：(1)犯罪嫌疑人、被告人所实施的行为的性质和危害性大小。一般而言，犯罪嫌疑人、被告人所实施的行为对社会的危害性越大，说明其人身危险性越大，就应该对其适用相对严厉的强制措施。反之，则应当适用较为轻缓的强制措施，甚至不适用强制措施。(2)犯罪嫌疑人、被告人是否有逃避侦查、起诉和审判的可能性及其程度。判断犯罪嫌疑人、被告人逃避追诉的可能性，需要综合考虑案件的性质、情节以及当事人的个人情况等因素。(3)司法机关对案件事实和相关证据的掌握情况。司法机关对犯罪嫌疑人、被告人采取某种强制措施，必须证明具备采取该措施的条件，例如在采取逮捕前，公安机关等专门机关应当掌握能够证明逮捕必要性的事实和证据。(4)犯罪嫌疑人、被告人的个人状况。犯罪嫌疑人、被告人个人的身体状况、人身危险性大小等也是适用强制措施时应当考虑的因素，例如犯罪嫌疑人是正在怀孕或哺乳自己婴儿的妇女的，即使符合应当逮捕的条件，也可考虑对其适用取保候审。

三、刑事强制措施的意义

刑事强制措施对保障刑事诉讼活动的顺利进行、维护社会安定、预防与打击犯罪以及保障人权都具有重要意义。

1. 适用刑事强制措施可以防止犯罪嫌疑人、被告人实施串供、毁灭或伪造证据、逃跑等妨害刑事司法活动的行为。

2. 适用刑事强制措施可以防止犯罪嫌疑人、被告人再次实施危害社会的行为。

3. 适用刑事强制措施可以对社会成员起到警示和教育作用，从而防患于未然。

4. 适用刑事强制措施可以防止国家权力被滥用，维护公民的人身自由和人格尊严。

四、强制措施与司法令状主义

一些法治发达国家，非常重视刑事诉讼程序的公正与规范。著名的英国《自由大宪章》、法国《人权宣言》和美国《联邦宪法第五修正案》都规定：任何人未经正当的法律程序，不得被剥夺生命、自由和财产等基本权利。因此，在重视程序公正的国家，警察需要对公民采取刑事强制措施的，原则上应持有特定的司法令状(warrant)。美国《联邦宪法第五修正案》规定："人民保护自己的人身、房屋、文件及财产不受任何无理搜查扣押的权利，不容侵犯；除非是由于某种正当理由，并且要有宣誓或誓言的支持并明确描述要搜查的地点和要扣留的人和物，否则均不得签发搜查证。"《美国联邦刑事诉讼规则》第4条则规定："如果控告表明，或者根据提出控告的宣誓书获悉，有合理根据相信有犯罪行为发生并且由被告人所为，应签发逮捕被告人令状给法律授权的官员执行。……逮捕令需由治安法官签发。"这种对公民的人身或财产采取强制措施的令状多数情况下由法院签发，因此亦被称为"司法令状"主义。当今世界许多法治发达国家均在其刑事诉讼法中确立了司法令状主义，以制约侦查机关的权力。

我国《刑事诉讼法》部分借鉴了西方国家令状制度的内容，例如规定拘留和逮捕需要出具拘留证和逮捕证，搜查需要出示搜查令。但由于"重实体、轻程序"的传统观念的影响，加上公安机关、人民检察院和人民法院之间的权力制衡机制不够完善,并没有实现司法令状主义。实践中,我国强制措施的许可证大多由侦查机关自行签发,仅在适用逮捕措施时才需要向人民检察院提出申请。因此,刑事强制措施的适用往往存在较大的随意性,对侦查行为的合法性难以进行事前的审查和监督,导致人权侵害案件屡屡发生。近年来,有学者提出我国应当在《刑事诉讼法》中确立司法令状主义,也有学者建议令状原则应当写入《宪法》,并在《刑事诉讼法》中规定强制措施比例原则、令状的形式要件和程序违法的救济机制等。

第二节　拘传

一、拘传的概念和特点

拘传是指公安机关、人民法院和人民检察院依法强制未被羁押的犯罪嫌疑人、被告人到案接受讯问的一种强制措施。拘传是我国《刑事诉讼法》规定的五种强制措施中最为轻缓的一种,对犯罪嫌疑人、被告人的权利限制较小。

拘传具有以下特点:

1. 有权采取拘传的主体是公安机关、人民检察院和人民法院。

2. 拘传的对象为未被羁押的犯罪嫌疑人、被告人。也就是说,对已经被羁押的犯罪嫌疑人、被告人没有必要适用拘传措施。

3. 拘传具有强制性。同其他强制措施一样,拘传也具有人身强制性,不需要征得犯罪嫌疑人、被告人的同意。如果在执行拘传的过程中,犯罪嫌疑人、被告人不予配合,公安机关等专门机关有权使用相应的械具。

二、拘传与留置盘问的区别

我国《人民警察法》第 9 条规定:“为维护社会治安秩序,公安机关的人民警察对有违法犯罪嫌疑的人员,经出示相应证件,可以当场盘问、检查;经盘问、检查,有下列情形之一的,可以将其带至公安机关,经该公安机关批准,对其继续盘问:(1)被指控有犯罪行为的;(2)有现场作案嫌疑的;(3)有作案嫌疑身份不明的;(4)携带的物品有可能是赃物的。对被盘问人的留置时间自带至公安机关之时起不超过 24 小时,在特殊情况下,经县级以上公安机关批准,可以延长至 48 小时,并应当留有盘问记录。对于批准继续盘问的,应当立即通知其家属或者其所在单位。对于不批准继续盘问的,应当立即释放被盘问人。经继续盘问,公安机关认为对被盘问人需要依法采取拘留或者其他强制措施的,应当在前款规定的期间作出决定;在前款规定的期间不能作出上述决定的,应当立即释放被盘问人。”这种强制手段被称为“留置盘问”。由于留置盘问的时间比较长,最长可以达到 48 小时,实践中以留置盘问代替拘传的情况屡有发生。

然而,尽管拘传和留置盘问存在很多相似性,适用对象均为有犯罪嫌疑的人,但两者在法律性质、适用目的、适用条件等方面却有根本性的区别。主要是：

1. 两者的目的不同。拘传是为了保证犯罪嫌疑人、被告人到案接受讯问，有利于后续程序顺利进行而实施的；而留置盘问则是为了发现违法行为、维护社会治安而采取的措施。

2. 两者的适用范围不同。拘传适用于刑事诉讼过程中，主要针对犯罪嫌疑人和被告人适用；而留置盘问往往适用于人民警察在治安巡逻或其他治安管理活动中发现的违法人员，故属于一种行政性执法手段。

3. 两者适用的对象不同。拘传适用于已经进入刑事诉讼程序但未被羁押的犯罪嫌疑人或被告人，留置盘问则适用于涉嫌违法者。

4. 两者的实施主体不同。根据《刑事诉讼法》的规定，公安机关、国家安全机关、人民检察院和人民法院等专门机关都有权实施拘传，而留置盘问只能由公安机关实施。

5. 两者的法律依据不同。拘传依据的是《刑事诉讼法》的明确授权，留置盘问的法律依据则是《人民警察法》。在立法属性上，《刑事诉讼法》为综合性、部门性法律，而《警察法》则属于职权法、身份法，其法律位阶低于《刑事诉讼法》。

6. 两者的期限不同。根据《刑事诉讼法》第 92 条的规定，拘传的持续时间最长不得超过 12 小时，而留置盘问的时间最长不得超过 24 小时，经县级以上公安机关批准可延长至 48 小时。

有学者指出，公安机关以留置盘问代替拘传的做法有滥用职权之嫌，违背了刑事诉讼的程序法定原则，留置盘问的时间较长、缺乏必要的程序性规制，应当予以规制。

➢ 争论

《刑事诉讼法》和《人民警察法》的这两条规定，显然给了公安机关在办理案件过程中，在未对犯罪嫌疑人采取拘留、逮捕强制措施的情况下，既可以适用传唤、拘传限制其人身自由 12 小时，也可以适用留置盘问限制其人身自由 48 小时的选择权。因此，在司法实践中，公安机关传唤、拘传超过 12 小时时，往往用留置盘问作为超时的依据。这样，《刑事诉讼法》对公安机关关于传唤、拘传的时间规定就失去了意义。因此有学者认为，《人民警察法》规定的留置时间应与《刑事诉讼法》的相关规定一致，应改为 12 小时。

三、拘传的程序

1. 由案件的承办人提出申请。办案人员根据案件情况认为需要采用拘传措施的，首先应当填写“拘传证”，填写的内容包括：被拘传人的姓名、性别、年龄、籍贯、住址等个人信息，拘传的理由、时间和地点等内容，报请县级以上公安机关负责人、人民检察院检察长、人民法院院长审查批准，经有关负责人签发并盖章后有效。

2. 拘传应当由侦查人员或司法警察执行。执行拘传的人员不得少于 2 人，应当向被拘传人出示“拘传证”，对抗拒拘传的犯罪嫌疑人、被告人，执行人员可以使用械具强制其到案接受讯问。

3. 对犯罪嫌疑人、被告人拘传后，应立即实施讯问。根据《刑事诉讼法》第 92 条的规定，拘传持续的最长时间不得超过12小时，不得以连续拘传的方式变相羁押被拘传人。然而，因为《刑事诉讼法》并未对拘传的次数、地点、两次拘传的时间间隔作出明确的规定，实践中大多由公、检、法等专门机关根据具体情况自行决定。在此问题上，学界通说认为两次拘传的间隔不得少于12小时，并应保证被拘传人获得一定的休息时间。根据公安部《规定》第60条与最高人民法院《规则》第35条的规定，拘传的地点通常应当在犯罪嫌疑人、被告人所在的市、县之内。如果犯罪嫌疑人的工作单位、户籍地与居住地不在同一市、县内的，拘传应当在犯罪嫌疑人的工作单位所在地的市、县进行。在特殊情况下，也可以在犯罪嫌疑人户籍地或者居住地所在的市、县内进行。

4. 拘传结束后，办案机关应当根据案件情况立即作出处理。如果公安机关等专门机关认为应依法限制或剥夺犯罪嫌疑人、被告人的人身自由的，可以变更为拘留或逮捕等其他强制措施；如果专门机关认为案件无须进一步适用强制措施的，应当允许被拘传人离开，不得变相羁押。

第三节　取保候审和监视居住

一、取保候审

(一)取保候审的概念和使用条件

刑事诉讼中的取保候审是公安机关、人民检察院和人民法院责令犯罪嫌疑人、被告人提出保证人或者缴纳保证金，出具保证书以保证其不逃避或妨碍侦查、起诉和审判，并随传随到的一种强制措施。

与刑罚不同，取保候审只是限制而不是剥夺犯罪嫌疑人、被告人的人身自由。根据《刑事诉讼法》第51条的规定，取保候审在一般情况下，只适用于可能判处管制、拘役或者独立适用附加刑的犯罪嫌疑人；或者可能判处有期徒刑以上刑罚，采取取保候审不致发生社会危险性的犯罪嫌疑人、被告人。

考虑到刑事诉讼中的复杂情况，关于取保候审的条件，结合《刑事诉讼法》和相关司法解释的规定，可以从两个不同的维度加以理解。其一，根据《刑事诉讼法》第60条、第65条、第74条、第75条，最高人民法院《解释》第66条、最高人民检察院《规则》第37条、公安部《规定》第63条的规定，具有以下情形，可以适用取保候审：

(1)可能判处管制、拘役或者独立适用附加刑的。

(2)可能判处有期徒刑以上刑罚，采取取保候审不致发生社会危险性的。

(3)应当逮捕但患有严重疾病，或者是正在怀孕、哺乳自己未满一周岁婴儿的妇女。

(4)对被拘留的犯罪嫌疑人、被告人，需要逮捕而证据不足不符合逮捕条件的。

(5)提请批准逮捕后，检察机关不批准逮捕，需要复议、复核的。

(6)移送起诉后，检察机关决定不起诉，需要复议、复核的。

(7)犯罪嫌疑人、被告人被羁押的案件,不能在《刑事诉讼法》规定的侦查、审查起诉、一审和二审期限内办结,需要继续侦查、审查起诉或审判的。

(8)持有有效护照和出入境证件,可能出境逃避侦查,但不需要逮捕的。

其二,根据最高人民检察院《规则》第 38 条和公安部《规定》第 64 条,具有以下情形,不得适用取保候审:

(1)严重危害社会治安的犯罪嫌疑人,以及其他犯罪性质恶劣、情节严重的犯罪嫌疑人。

(2)累犯、犯罪集团的主犯,以自伤、自残办法逃避侦查的犯罪嫌疑人,危害国家安全的犯罪、暴力犯罪,以及其他严重犯罪的犯罪嫌疑人。

(二)取保候审的方式

我国《刑事诉讼法》第 53 条规定,对犯罪嫌疑人、被告人取保候审,应当责令犯罪嫌疑人、被告人提出保证人或者交纳保证金。由此可见,我国的取保候审有保证人保证和保证金保证两种方式。对同一犯罪嫌疑人、被告人决定取保候审的,不能同时适用保证人和保证金取保。

1. 保证人保证

保证人保证简称“人保”,是指公安机关、人民检察院和人民法院责令犯罪嫌疑人、被告人提供保证人并出具保证书,保证被保证人在取保候审期间不逃避和妨碍侦查、起诉和审判,并随传随到的保证方式。

对于符合取保候审条件,具有下列情形之一的犯罪嫌疑人、被告人,办案机关决定取保候审时,可以采用保证人保证:(1)无力缴纳保证金的;(2)未成年人或者具有其他不宜收取保证金的情形的。

根据《刑事诉讼法》第 54 条的规定,保证人的条件是:(1)与本案无牵连;(2)有能力履行保证义务;(3)享有政治权利,人身自由未受限制;(4)有固定的住处和收入。

根据《刑事诉讼法》第 55 条的规定,保证人在担保期间,应当履行以下义务:(1)监督被保证人履行法律规定的取保候审期间的义务;(2)发现被保证人可能实施或者已经实施违反法律规定的行为时,应当及时向执行机关报告。保证人有违反法律规定的行为,保证人未及时报告的,经查证属实后,由县级以上执行机关对保证人处以 1000 元以上,20000 以下的罚款。如果保证人与被保证人串通,协助被取保候审人逃匿或明知其藏匿地点而拒绝告知公安司法机关并构成犯罪的,依《刑法》有关规定对保证人追究刑事责任。对于保证人是否履行了保证义务,由公安机关认定,对保证人的罚款决定,也由公安机关决定和执行。

2. 保证金保证

保证金保证又称“财产保”,是指公安机关、人民检察院和人民法院责令犯罪嫌疑人、被告人缴纳保证金并出具保证书,保证被保证人在取保候审期间不逃避和妨碍侦查、起诉和审判,并随传随到的保证方式。

对保证金的具体数额,我国《刑事诉讼法》没有明确规定。最高人民检察院、公安部的有关解释规定,保证金的下限为 1000 元,应当以人民币的形式缴纳,但没有规定上限。保证金由县级以上公安机关统一收取和管理,没收、退还保证金的决定都应当由县级以上公安机关作出。保证金的数额应当综合经济发展水平、犯罪嫌疑人的经济状况、案件的性质、情节、社会危害性以及可能判处刑罚的轻重等情况加以考量。一般认为，取保候审的保证金不宜过重。联合国《公民权利和政治权利国际公约》也将收取过重的保证金视为一种人权侵犯而予以禁止。

(三)取保候审的执行

根据《刑事诉讼法》及相关司法解释的规定，除国家安全机关决定的取保候审由其自己执行外，取保候审统一由公安机关执行。公安机关在执行取保候审时，应当向被取保候审的犯罪嫌疑人、被告人宣读《取保候审决定书》，由犯罪嫌疑人、被告人签名或盖章。告知被保证人应当遵守的法律规定以及违反法律规定应承担的法律责任。根据《刑事诉讼法》第56条的规定，被取保候审的犯罪嫌疑人、被告人应当遵守的规定包括：

(1)未经执行机关批准不得离开所居住的市、县。

(2)在传讯的时候及时到案。

(3)不得以任何形式干扰证人作证。

(4)不得毁灭、伪造证据或者串供。

在取保候审执行期间，被取保候审的犯罪嫌疑人、被告人违反上述规定，将产生以下法律后果：

(1)已经缴纳保证金的，由执行机关没收保证金。

(2)被取保候审人违反规定的，还可以区别情形，责令犯罪嫌疑人、被告人具结悔过，重新缴纳保证金、提出保证人或者监视居住、予以逮捕。

(3)犯罪嫌疑人、被告人在取保候审期间有下列情形的，应当予以逮捕：①企图自杀、逃跑，逃避侦查、审查起诉的；②实施毁灭、伪造证据或者串供、干扰证人作证行为，足以影响侦查、起诉和审判的；③未经批准，擅自离开所居住的市、县，造成严重后果的，或者两次未经批准，擅自离开所居住的市、县的；④经传讯不到案，造成严重后果，或者经两次传讯不到案的；⑤在取保候审期间故意实施新的犯罪行为的，必须予以逮捕；已缴纳保证金的，同时通知公安机关没收保证金。

(四)取保候审的程序和期限

根据《刑事诉讼法》及相关司法解释，取保候审应当遵循以下规定：

(1)被羁押的犯罪嫌疑人、被告人及其法定代理人、近亲属和聘请的律师有权申请取保候审。有权决定的机关应当在收到书面申请后7日以内作出答复。

(2)对犯罪嫌疑人、被告人的取保候审，由公安机关、人民检察院和人民法院等专门机关根据案件情况依法作出决定；除国家安全机关作出的决定外，均由公安机关执行。

(3)办案机关对犯罪嫌疑人、被告人决定取保候审的，应当向其本人宣布，并由其本人在取保候审决定书上签名；执行取保候审的公安机关应当责令取保候审的犯罪嫌疑人、被告人定期报告有关情况并制作笔录。

(4)在侦查或审查起诉阶段已经采取取保候审的，案件移送至审查起诉或者审判阶段时，如果需要继续取保候审，或者变更保证方式或强制措施的，受案机关应当在7日内作出决定。受案机关决定继续取保候审的，不再重新收取保证金。取保候审的期限应当重新计算并告知犯罪嫌疑人、被告人。

(5)取保候审期限届满或者发现不应追究犯罪嫌疑人、被告人的刑事责任的，应当及时解除或撤销取保候审；犯罪嫌疑人、被告人及其法定代理人或聘请的律师认为取保候审超过法定期限的，有权申请解除取保候审，原作出决定的机关应当在7日内审查决定。

(6)对犯罪嫌疑人、被告人决定取保候审的，不得中断对案件的侦查、起诉和审判，不得以取保候审的形式变相释放，影响对犯罪的追究。

(7)取保候审的期限最长不得超过12个月。取保候审期间不得终止或中断对案件的侦查、起诉和审判。

争论

取保候审的期限为12个月是指整个刑事诉讼中不得超过12个月，还是指侦查、起诉和审判三阶段各不得超过12个月？

司法实践中，公、检、法三机关实际上将此解释为侦查、起诉和审判各个阶段采取取保候审的期限不得超过12个月。

学术界一般认为《刑事诉讼法》规定的这个期限是指整个刑事诉讼过程中公、检、法三机关采取取保候审的期限合计不得超过12个月。

二、监视居住

(一)监视居住的概念与适用条件

监视居住是指公安机关、人民检察院和人民法院对未被羁押的犯罪嫌疑人、被告人依法责令其不得擅自离开住所或者居所，并对其活动加以监视和控制的一种强制手段。从强制的程度来看，监视居住略重于取保候审，但轻于拘留。

根据《刑事诉讼法》第51条的规定，监视居住和取保候审的适用范围和适用条件基本相同，但两者只能择一适用。在司法实践中，一般是犯罪嫌疑人、被告人能够找到保证人或能够交纳保证金的，就采取取保候审，否则就适用监视居住。

(二)被监视居住人应当遵守的规定

根据《刑事诉讼法》第57条的规定，被监视居住的犯罪嫌疑人、被告人应当遵守下列规定：

1. 未经执行机关批准不得离开住处，无固定住处的，未经批准不得离开指定的居所。在这一点上，监视居住比取保候审的要求更为严格。

2. 未经执行机关批准不得会见他人。所谓“他人”是指与被监视居住的人共同居住的家庭成员和聘请的律师以外的人。在取保候审的相关规定中则没有这一要求。

3. 在传讯的时候及时到案。

4. 不得以任何形式干扰证人作证。

5. 不得毁灭、伪造证据或者串供。

被监视居住的人违反上述规定的，公安机关可以根据情节严重程度作出以下处理：如果情节较轻，可以予以批评训诫、责令具结悔过；如果情节严重，则提请检察机关批准逮捕。根据有关的司法解释，“情节严重”主要是指出现故意实施新的犯罪行为、企图实施妨碍刑事诉讼的活动、擅自会见他人造成严重后果和经传讯拒不到案造成严重后果等情形。

（三）监视居住的程序和期限

1. 监视居住的决定。公安机关、人民检察院或人民法院对犯罪嫌疑人、被告人采取监视居住，应当由办案人员提出监视居住意见，经办案部门负责人审核后，由公安机关、人民检察院或人民法院的负责人批准，制作“监视居住决定书”和“执行监视居住通知书”。

2. 监视居住由公安机关执行。除国家安全机关有权执行自己决定的监视居住措施外，监视居住由公安机关统一执行，人民检察院和人民法院应当将“监视居住决定书”和“执行监视居住通知书”及时送达公安机关。公安机关开始执行监视居住，应当向被监视居住的犯罪嫌疑人、被告人宣读“监视居住决定书”，由犯罪嫌疑人、被告人签名或盖章，并告知被监视居住人应当遵守的法律规定以及违反法律规定的责任。

3. 监视居住的期间不得超过 6 个月。根据《刑事诉讼法》第 58 条的规定，监视居住的期限最长为 6 个月，其间不得中断对案件的侦查、起诉和审判。

4. 监视居住的解除或撤销。监视居住期满，发现不应追究犯罪嫌疑人的刑事责任的，应当及时解除或撤销监视居住。犯罪嫌疑人、被告人及其法定代理人、近亲属或者律师认为监视居住超过法定期限的，有权向执行机关申请解除监视居住。

第四节　刑事拘留

一、刑事拘留的概念和特点

刑事拘留是指侦查机关在侦查过程中，紧急情况下依法对现行犯或者重大嫌疑分子采取的临时剥夺其人身自由并予以羁押的一种强制措施。

我国《刑事诉讼法》规定的拘留具有如下特点：

1. 实施刑事拘留的主体为侦查机关。依照法律规定，有权实施刑事拘留的机关是公安机关、人民检察院、国家安全机关、军队保卫部门等对刑事案件有侦查权的专门机关。除法定职权机关外，其他任何机关、团体和个人均无权决定刑事拘留。《刑事诉讼法》赋予侦查机关拘留决定权，目的是在紧急情况下采取必要的措施，制止和控制犯罪。在我国，针对一般刑事案件，有权决定拘留的机关是公安机关。人民检察院在自侦案件中，对于犯罪后企图自杀、逃跑或者在逃的以及有毁灭、伪造证据或者串供可能的，也有权决定拘留。根据全国人大常委会 1983 年《关于国家安全机关行使公安机关的侦查、拘留、预审和执行逮捕的职权的决定》和 1993 年《关于中国人民解放军保卫部门对军队内部发生的刑事案件行使公安机关的侦查、拘留、预审和执行逮捕的职权的决定》,国家安全机关和军队保卫部门拥有对特殊案件的拘留决定权。

2. 刑事拘留是在紧急情况下采用的一种应急性措施。因此,只有事出紧急需要立即剥夺相对人的人身自由,才可适用拘留。所谓紧急情况,是指《刑事诉讼法》第 61 条规定的拘留条件包含的七种情形。属于这七种情形下的现行犯或重大嫌疑分子,若不及时采取措施,可能造成进一步的严重后果。因此,拘留是为保障侦查工作的顺利进行,防止罪犯给国家和人民财产造成新的损失而采取的应急性措施。从法律规定来看,《刑事诉讼法》第 61 条规定中的"先行"二字也说明了拘留具有应急性的特征。当然,拘留的决定和执行,并不因其临时性而忽视程序上的严谨性和条件的必要性。

3. 刑事拘留是一种临时性措施。刑事拘留同逮捕一样是剥夺人身自由的强制措施,但期限较短。根据拘留期间的侦查情况,符合逮捕条件的被拘留人应转为逮捕;不符合逮捕条件但需要对其人身加以限制的,应转为取保候审或监视居住;对于没有犯罪事实或证据不足者,应予以释放。

二、刑事拘留与司法拘留、公民扭送的区别

(一)刑事拘留与司法拘留

司法拘留是指人民法院对违反法庭秩序、实施妨害诉讼行为情节严重的人采取的,在一定期间内剥夺其人身自由的处分方式。刑事拘留与司法拘留都是在诉讼过程中使用的强制措施,都剥夺了适用对象的人身自由,都由公安机关负责执行且都具有保障诉讼顺利进行的作用,但二者有着本质上的不同:(1)法律依据不同。刑事拘留的法律依据是《刑事诉讼法》及其相关规定;司法拘留根据具体种类不同,法律依据也不相同:刑事司法拘留的法律依据是《刑事诉讼法》,民事司法拘留的法律依据是《民事诉讼法》,行政司法拘留的法律依据是《行政诉讼法》。(2)性质不同。刑事拘留是一种预防性措施,它是针对可能出现的妨碍刑事诉讼的行为而采用的;司法拘留则是一种惩罚性措施,是针对已经出现的妨碍诉讼活动的严重行为而采取的。(3)有权适用的机关不同。刑事拘留只能由公安机关、人民检察院等侦查机关在侦查阶段决定适用;司法拘留只能由人民法院(审判机关)决定适用。(4)适用的对象不同。刑事拘留的适用对象是现行犯或者重大嫌疑分子;司法拘留适用的对象是严重妨害诉讼活动的诉讼参与人或法庭旁听人员,不仅适用于原告、被告、第三人和其他诉讼参与人,也可以适用于诉讼案外人。(5)适用条件不同。刑事拘留是在法定的七种紧急情况下适用的;司法拘留的适用条件是行为人在案件审理过程中故意实施了妨害庭审秩序的行为。(6)羁押期限不同。刑事拘留的期限一般不超过 10 日,但特殊情况下可延长至 37 日;司法拘留的期限最长为 15 日。(7)法律后果不同。刑事拘留的期限,如果被拘留人经人民法院生效判决判拘役以上刑罚的,可以折抵刑期;而司法拘留是对实施妨害庭审活动行为人的制裁,不能折抵刑期。(8)司法拘留的被拘留人有权申请复议一次;刑事拘留的被拘留人不能申请复议。

(二)刑事拘留与扭送

扭送是指公民将现场抓获的现行犯或者犯罪后在逃的犯罪嫌疑人、罪犯等强制送交公安机关、人民检察院或人民法院处理的自发行为。《刑事诉讼法》第 63 条规定:对于有下列情形的人,任何公民都可以立即扭送公安机关、人民检察院或者人民法院:(1)正在实行犯罪或者在犯罪后即时被发觉的;(2)通缉在案的;(3)越狱逃跑的;(4)正在被追捕的。公民扭送是法律赋予公民的权利,也是每个公民应承担的义务。扭送也是公安司法机关依靠人民群众查获犯罪分子、及时制止和打击现行犯罪活动的手段之一。

公安机关、人民检察院和人民法院,对于公民扭送来的现行犯、被追捕的犯罪嫌疑人等,无论是否属于自己管辖的范围,都应当接受,不得以任何理由拒绝,并向扭送的公民询问扭送过程,对被扭送人员依照法律规定进行处理。对于现行犯,认为已经构成犯罪,需要追究刑事责任的,移送主管机关依法追究;对于需要采取强制措施的,立即采取相应措施;对于不符合扭送条件的,立即释放,并向扭送人说明情况;对于有行政违法行为的,交由治安管理机关或其他行政管理机关处置;如果被扭送人属于被通缉在案、越狱逃跑的和正在被追捕的犯罪嫌疑人、罪犯的,应通知或直接移送通缉机关、原关押监狱、看守所或追捕机关。

拘留与公民扭送的主要区别如下:(1)性质不同。拘留是《刑事诉讼法》明确规定的强制措施;扭送是公民对具有特定情形的人所采取的与犯罪作斗争的行为,不具有职权性,是法律赋予公民的一项权利,不是独立的刑事强制措施。(2)行为主体不同。具有拘留决定权的是侦查机关,而扭送是公民的个人行为。(3)适用条件不同。《刑事诉讼法》第 61 条规定了拘留适用的七种情形;同法第 63 条规定了扭送适用的四种情形。

三、刑事拘留的条件

根据《刑事诉讼法》第 61 条的规定,公安机关适用拘留这一强制措施,应当同时具备两个条件:

1. 拘留的对象是现行犯或者重大嫌疑分子

现行犯或者重大嫌疑分子,是拘留的实质条件。现行犯是正在进行犯罪或不法行为或者犯罪后及时被发现的人。故意犯罪中,实施犯罪预备行为、实行行为都是现行犯。重大嫌疑分子,通常是指有较明显的证据或多种迹象表明其具有很大的犯罪可能性。

2. 具有法定的紧急情形

根据《刑事诉讼法》的规定,紧急情形包括如下七种:

(1)正在预备犯罪、实行犯罪或者在犯罪后即时被发觉的。所谓预备犯罪是为了犯罪准备工具,制造条件的。所谓实行犯罪,是指正在进行犯罪活动。

(2)被害人或者在场亲眼看见的人指认他犯罪的。即遭受犯罪行为直接侵害的人或者在犯罪现场亲眼看到犯罪活动的人指认某人是犯罪嫌疑人。

(3)在身边或者住处发现有犯罪证据的。所谓身边是指其身体、衣服、随身携带的物品等。所谓住处是指其居所、办公地点等。

(4)犯罪后企图自杀、逃跑或者在逃的。

(5)有毁灭、伪造证据或者串供可能的。

(6)不讲真实姓名、住址、身份不明的。

(7)有流窜作案、多次作案、结伙作案重大嫌疑的。根据《公安机关办理刑事案件程序规定》第110条的相关内容,流窜作案是指跨市、县管辖范围连续作案,或者在居住地作案后逃跑到外市、县继续作案。多次作案是指3次以上作案。结伙作案是指2人以上共同作案。《刑事诉讼法》第132条规定,人民检察院在直接受理的案件的侦查过程中,有权对"犯罪后企图自杀、逃跑或者在逃的"和"有毁灭、伪造证据或者串供可能的"两种法定情形决定拘留。

四、刑事拘留的程序

(一)拘留的决定

公安机关对于符合拘留条件的现行犯或重大嫌疑分子决定拘留,应当填写"呈请拘留报告书",写明被拘留人的基本情况和犯罪事实,并附有关证据,由县级以上公安机关负责人批准,签发"拘留证",然后提请批准拘留的单位负责执行。

人民检察院决定拘留,应当由办案人员提出意见,经办案部门负责人审核后,由检察长决定。决定拘留,应当制作"拘留决定书",送达公安机关,由县级以上公安机关签发"拘留证",并立即执行拘留。

(二)拘留的执行

拘留的执行机关是公安机关。人民检察院作出拘留决定,应当送达公安机关执行,公安机关应当立即执行,人民检察院可以协助公安机关执行。

执行拘留的时候,必须向被拘留人出示"拘留证",并责令被拘留人在"拘留证"正本上签名(盖章)或捺指印,侦查人员在"拘留证"上填写拘留的时间。被拘留人拒绝签名的,执行人员应当注明。执行拘留时如果遇到反抗,可以使用武器警械等。在拘留犯罪嫌疑人后,应当立即送看守所羁押。对于被拘留人,公安机关应当在拘留后24小时内进行讯问。

对符合拘留条件,因情况紧急来不及办理拘留手续的,应当在将犯罪嫌疑人带至公安机关后立即办理法律手续。紧急情况下,人民检察院也可以向犯罪嫌疑人宣布拘留决定,送交公安机关执行。

公安机关在异地执行拘留的,应当通知被拘留人所在地的公安机关,被拘留人所在地的公安机关应当予以配合。异地拘留主要适用于情况紧急,犯罪嫌疑人有逃跑、自杀可能,或犯罪嫌疑人经常在异地工作、生活的。

公安机关拘留犯罪嫌疑人后,应当把拘留的原因和羁押的处所,在24小时以内,制作"拘留通知书",送达被拘留人的家属或者其所在单位。但有下列情形之一的,经县级以上公安机关负责人批准,可以不予通知:(1)同案的犯罪嫌疑人可能逃跑,隐匿、毁灭或者伪造证据的;(2)不讲真实姓名、住址,身份不明的;(3)其他有碍侦查或者无法通知的。上述情形消除后,应当立即通知被拘留人的家属或者他的所在单位。对没有在24小时内通知的,应当在拘留通知书中注明原因。

由人民检察院决定拘留的犯罪嫌疑人应当由人民检察院进行讯问，并由人民检察院通知被拘留人的家属或其所在单位。

(三)拘留后的处理

1. 发现不应当拘留的，经县级以上公安机关负责人批准，签发“释放通知书”，看守所收到“释放通知书”后应当立即将被拘留人释放。不应当拘留的情形是指：(1)犯罪行为没有发生，或者被拘留人的行为不构成犯罪的；(2)虽有犯罪行为，但依法不应当追究刑事责任的；(3)虽有犯罪行为，但不是被拘留人所为；(4)犯罪行为虽然是被拘留人所为，但其不具备刑事诉讼法第61条规定的情形之一，因而不需要对其实行拘留的。

2. 需要逮捕的，在拘留期限内，依法办理提请批准逮捕手续。

3. 需要逮捕而证据还不充足的，可以取保候审或者监视居住。

4. 应当追究刑事责任，但不需要逮捕的，依法办理取保候审或者监视居住手续，直接向人民检察院移送起诉。

5. 依法不需追究刑事责任的，撤销案件，释放被拘留人。需要予以行政处罚的，依法处理。

(四)对身份特殊人员的拘留

公安机关、人民检察院对特殊身份的人员决定拘留，需要报请有关部门批准或者备案。

1. 对人民代表大会代表实施拘留。

担任县级以上人民代表大会代表的犯罪嫌疑人因现行犯被拘留的，决定机关应当立即向该代表所属的人民代表大会主席团或者常务委员会报告。因为其他情形需要拘留的，应当报请该代表所属的人民代表大会主席团或者常务委员会许可。

拘留担任本级人民代表大会代表的犯罪嫌疑人，直接向本级人民代表大会主席团或常务委员会报告或者报请许可。拘留担任上级人民代表大会代表的犯罪嫌疑人，应当立即上报至该代表所属的人民代表大会同级的公安(检察)机关并向该级人民代表大会主席团或者常委会报告或者报请许可。拘留担任下级人民代表大会代表的犯罪嫌疑人，可以直接向该代表所属的人民代表大会主席团或者常委会报告或者报请许可，也可委托该人民代表大会代表所属同级的公安(检察)机关报告或者报请许可。拘留担任乡镇人民代表大会代表的犯罪嫌疑人，由县级公安(检察)机关报告乡镇人民代表大会。如果拘留的犯罪嫌疑人担任两级以上人大代表，则应按规定分别报告或者报请许可，不得省略手续。如果拘留的犯罪嫌疑人是本辖区之外的人大代表，则应委托该代表所属同级公安(检察)机关履行报告手续。担任两级以上人民代表大会代表的，应当分别委托该代表所属的人民代表大会同级的公安(检察)机关报告或者报请许可。

案例分析

全国人大代表朱某在去北京参加人大会议的途中，在武昌转机时，因与人争执而大打出手，被机场警察李某以涉嫌故意伤害罪拘留。朱某对警察说“你无权拘留我，我是全国人大代表。”李某说：“人大代表怎么啦？法律面前人人平等，你涉嫌犯罪我们就有权拘留你！”问：警察李某的说法正确吗？

解答:不正确。首先,我国法律规定的原则是"公民在适用法律面前一律平等",是适用法律的平等而非立法本身的平等。法律对人大代表的拘留和逮捕规定了特别的程序,执法者就应当按照法定程序办理。其次,警察用"有权拘留"规避了程序上的报请许可义务。法律对人大代表的特殊保护只是程序性的,是增加了一个报请人大组织许可的手续,目的是要人大组织知情并许可,防止人大代表受到错误对待而影响人大的工作。程序上的报请并不否定警察拘留的权力。

2. 对政协委员采取拘留措施前,应当向该委员所属的政协组织通报情况。情况紧急的,可以同时或事后及时通报。

3. 对不享有外交特权和司法豁免权的外国人、无国籍人实施拘留时,应事先征求省、自治区、直辖市外事办公室和外国人主管部门的意见,然后报请省、自治区、直辖市公安厅(局)或者国家安全厅(局)审核批准。案件发生在边远地区或者出入境口岸,因特殊情况来不及报批的,可以对犯罪嫌疑人先予执行拘留,同时履行报批手续。

4. 对外国留学生采取拘留措施时,在征求地方外事办公室和高教厅、局的意见后,报公安部或国家安全部审批。

五、刑事拘留的期限

公安机关对其拘留的犯罪嫌疑人,认为需要逮捕的,应在拘留后 3 日以内报同级人民检察院审查批准逮捕。在特殊情况下,提请审查批准逮捕的时间可以延长 1 至 4 日。所谓的特殊情况,是指案情比较复杂、在交通不便的边远地区、调查取证困难等。对于流窜作案、多次作案、结伙作案的,经县级以上公安机关负责人批准,提请审查批准逮捕的时间可以延长至 30 日。需要延长拘留期限的,办案单位应当在期限届满前 24 小时以内制作"呈请延长拘留期限报告书",报县级以上公安机关负责人批准。

人民检察院在接到公安机关提请批准逮捕书后,应当在 7 日以内审查,并作出批准逮捕或不批准逮捕的决定。因此,普通刑事拘留的期限为 10 日以内。在特殊情况下,拘留期限可延长至 14 日内。对于流窜作案、多次作案、结伙作案的,拘留最长期限为 37 日。

人民检察院对直接受理的案件的犯罪嫌疑人拘留后认为需要逮捕的,应当在 10 日内作出决定。特殊情况下可以延长 1 至 4 日。即人民检察院决定拘留的案件一般情况最长期限为 10 日,特殊情况下的最长期限为 14 日。

公安机关和检察机关应当严格执行拘留期限的规定。符合逮捕条件的,应当在法定期限内办理提请、审查、决定逮捕的手续。人民检察院不批准逮捕的,公安机关一旦接到通知,应立即释放被拘留人,并有义务将执行情况通知人民检察院,接受其法律监督。公安机关认为不批准逮捕决定有错误的,可以要求检察机关复议,但必须立即释放被拘留人。

拘留超过法定期限,被拘留人及其法定代理人、近亲属、被拘留人所委托的律师及其他辩护人,有权要求解除拘留,释放被拘留人或者变更强制措施。人民检察院应当在 3 日内审查完毕。经审查认为超过法定期限的,应当提出释放犯罪嫌疑人或者变更拘留措施的意见,经检察长批准后,通知公安机关执行。经审查认为未超过法定期限的,书面答复申诉人。

> 案例分析

胡某因受贿被某区人民检察院依法拘留,根据《刑事诉讼法》的规定,可以对胡某拘留的最长期限是多少天?

A,7 日;B,10 天;C,14 日;D,15 日。

解答:人民检察院拘留的最长期限为 14 天,因此,正确的选项是:C。

第五节 逮捕

一、逮捕的概念和条件

(一)逮捕的概念

逮捕,是指公安机关、人民检察院、人民法院在刑事诉讼过程中,为防止犯罪嫌疑人、被告人逃避或者妨碍侦查、起诉、审判,防止其发生社会危险性,依法采取的剥夺其人身自由并予以羁押的一种强制措施。

(二)逮捕的条件

《刑事诉讼法》第 60 条规定:"对有证据证明有犯罪事实,可能判处徒刑以上刑罚的犯罪嫌疑人、被告人采取取保候审、监视居住等方法,尚不足以防止发生社会危险性,而有逮捕必要的,应即依法逮捕。"根据法条,逮捕应符合三个条件。

1. 有证据证明有犯罪事实

逮捕首先要具备证据条件,即有证据证明有犯罪事实,这是逮捕的前提。根据有关司法解释,有证据证明有犯罪事实需同时具备以下情形:(1)有证据证明发生了犯罪事实,即犯罪事实已经发生,并有证据能够证明。(2)有证据证明犯罪事实是犯罪嫌疑人、被告人实施的。(3)证明犯罪嫌疑人、被告人实施犯罪行为的证据已经查证属实。犯罪事实可以是数个犯罪行为中的一个。对实施多个犯罪行为或者共同犯罪案件的犯罪嫌疑人,具有下列情形之一的,就视为"有证据证明有犯罪事实":(1)有证据证明犯有数罪中的一罪;(2)有证据证明实施多次犯罪中的一次犯罪;(3)共同犯罪中,有证据证明有犯罪事实的犯罪嫌疑人。

2. 可能判处有期徒刑以上刑罚

可能判处有期徒刑以上刑罚是逮捕的罪责条件。根据已有证据证明的案件事实,比照《刑法》的有关规定,衡量犯罪嫌疑人所犯的罪行,有可能判处有期徒刑、无期徒刑、死刑刑罚的,才可考虑适用逮捕。如果只可能被判处管制、拘役或独立适用附加刑,不可能判处有期徒刑以上刑罚的,就不能适用逮捕。司法实践中,对于那些可能判处有期徒刑缓刑的犯罪嫌疑人或被告人,一般也不适合用逮捕。否则,强制措施的严厉程度可能与犯罪嫌疑人或被告人的罪责不相适应，有违比例原则中的相当性原则。

3. 有逮捕必要

"有逮捕必要"是逮捕的人身危险性条件。对犯罪嫌疑人、被告人采取取保候审、监视居住强制措施，不足以防止发生社会危险性，而有逮捕必要的，方能实施逮捕。反之，如果采取取保候审、监视居住措施，已足以防止其发生社会危险性，则没有逮捕的必要。考察犯罪嫌疑人、被告人的人身危险性时，一般从案件的性质、犯罪的情节、犯罪嫌疑人或被告人的自身情况、可能判处的刑罚等因素着手。

"有逮捕必要"是指具有下列情形之一的：一是可能继续实施犯罪行为，危害社会的；二是可能毁灭、伪造证据、干扰证人作证或者串供的；三是可能自杀或者逃跑的；四是可能实施打击报复行为的；五是可能有碍其他案件侦查的；六是其他可能发生社会危险性的情形。对有组织犯罪、黑社会性质组织犯罪、暴力犯罪和多发性犯罪等严重危害社会治安和社会秩序以及可能有碍侦查的犯罪嫌疑人，一般应予逮捕。

以上三个条件，必须同时具备，缺一不可。只有严格把握逮捕条件，才能够防止错捕和滥捕现象的发生。

案例分析

犯罪嫌疑人朱某，30岁，农民，小学文化，因发现其妻与人通奸，一怒之下将其妻子和她的奸夫砍成重伤，但随后急忙将伤者送医院治疗并日夜守候在妻子床前照顾。公安局拘留朱某时，其妻苦苦求情不让抓走朱某。请问：是否应逮捕朱某？

解答：本案朱某的犯罪事实清楚，证据确凿，其行为造成两人重伤，量刑可能在有期徒刑以上，是否逮捕就要看有无逮捕必要了。从本案看，朱某是激愤伤人，之后积极抢救伤者，并日夜照料妻子，人身危险性不大，可以不予逮捕。

根据《刑事诉讼法》的有关规定，对应当逮捕的犯罪嫌疑人、被告人，如果患有严重疾病或者是正在怀孕、哺乳自己未满一周岁婴儿的妇女，可以采用取保候审或者监视居住的方法而不予逮捕。对这类犯罪嫌疑人、被告人在可以不予逮捕的原因消除后，仍应予以逮捕。如果是在逮捕后发现其为患有严重疾病的或者正在怀孕、哺乳自己婴儿的妇女，由于已经履行过逮捕程序，因此在不予逮捕的原因消除后重新收监时，不必再履行批准逮捕的程序。

取保候审期间，犯罪嫌疑人有下列情形的，应当予以逮捕：一是企图自杀、逃跑、逃避侦查、审查起诉的；二是实施毁灭、伪造证据或者串供、干扰证人作证行为，足以影响侦查、审查起诉工作正常进行的；三是未经批准，擅自离开所居住的市、县，造成严重后果，或者两次未经批准，擅自离开所居住的市、县的；四是经传讯不到案，造成严重后果，或者经两次传讯不到案的。对在取保候审期间故意实施新的犯罪行为的犯罪嫌疑人，应当予以逮捕。

监视居住期间，犯罪嫌疑人具有下列情形之一的行为，属于"情节严重"，也应当予以逮捕：一是故意实施新的犯罪行为的；二是企图自杀、逃跑、逃避侦查、审查起诉的；三是实施毁灭、伪造证据或者串供、干扰证人作证行为，足以影响侦查、审查起诉工作正常进行的；四是未经批准，擅自离开住处或者指定的居所，造成严重后果，或者两次未经批准，擅自离开住处或者指定居所的；五是未经批准，擅自会见他人，造成严重后果，或者两次未经批准，擅自会见他人的；六是经传讯无故不到案，造成严重后果或者经两次传讯不到案的。

二、逮捕的主体及批决程序

（一）逮捕的主体

我国《宪法》规定："中华人民共和国公民的人身自由不受侵犯。""任何公民，非经人民检察院批准或者决定或者人民法院决定，并由公安机关执行，不受逮捕。"与之对应，《刑事诉讼法》第 59 条规定：逮捕犯罪嫌疑人、被告人，必须经过人民检察院批准或者人民法院决定，并由公安机关执行。

在我国行使逮捕权力的机关是公安机关、人民检察院和人民法院。除上述机关外，其他任何机关、团体、个人，无权适用逮捕措施。同时，公安机关、人民检察院和人民法院在适用逮捕措施时拥有不同的职权。

1. 人民检察院批准和决定的逮捕。人民检察院批准逮捕是指公安机关立案侦查的案件，在侦查过程中需要逮捕犯罪嫌疑人的，应当提请人民检察院批准。未经人民检察院的批准，公安机关不得实施逮捕。决定逮捕适用于检察机关在自侦案件中需要逮捕的情形。

2. 人民法院决定的逮捕。人民法院决定逮捕是指人民法院受理的自诉案件或被告人没有被逮捕的公诉案件，在审理过程中，人民法院发现有逮捕必要的，可以作出逮捕决定。

3. 无论是人民检察院批准逮捕和决定逮捕的，还是人民法院决定逮捕的，都必须由公安机关执行。

（二）逮捕的批决程序

1. 人民检察院对公安机关提请逮捕犯罪嫌疑人的批准程序

公安机关要求逮捕犯罪嫌疑人，应当经县级以上公安机关负责人批准，制作"提请批准逮捕书"一式三份，连同案卷材料、证据，一并移送同级人民检察院审查批准。必要的时候，人民检察院可以派人参加公安机关对于重大案件的讨论。

人民检察院审查批准逮捕犯罪嫌疑人，由审查批捕部门办理。审查批捕部门办理审查逮捕的案件，应当指定办案人员进行审查。办案人员应当审阅案卷材料，制作阅卷笔录，提出批准逮捕、不批准或者不予逮捕的意见，经部门负责人审核后，报请检察长批准或者决定；重大案件应当经检察委员会讨论决定。人民检察院对于公安机关提请批准逮捕的案件进行审查后，应当根据情况分别作出批准逮捕或者不批准逮捕的决定。

对于批准逮捕的决定，公安机关应当立即执行，并且将执行情况及时通知人民检察院。对于不批准逮捕的，人民检察院应当说明理由，需要补充侦查的，应当同时通知公安机关。人民检察院对报请批准逮捕的案件不另行侦查，但在审查批捕中认为报请批捕的证据存有疑问的，可以复核有关证据，讯问犯罪嫌疑人、询问证人。

对于人民检察院决定不批准逮捕的，公安机关在收到不批准逮捕决定书后，如果犯罪嫌疑人已被拘留，应当立即释放，发给"释放证明书"，并将执行回执在 3 日内送达作出不批准逮捕决定的人民检察院。公安机关认为需要补充侦查、要求复议或者提请复核的，可以变更为取保候审或者监视居住。

对人民检察院不批准逮捕的决定，认为有错误需要复议的，应当在5日内制作“要求复议意见书”报经县级以上公安机关负责人批准后，送交同级人民检察院复议。人民检察院另行指派审查批捕部门办案人员复议，并在7日内作出决定，通知公安机关。如果意见不被接受，认为需要复核的，公安机关应当在5日内制作“提请复核意见书”报经县级以上公安机关负责人批准后，连同人民检察院的“复议决定书”，一并提请上一级人民检察院复核。上级人民检察院应当立即复核，15日内作出是否变更的决定，通知下级人民检察院和公安机关执行。

2. 人民检察院决定逮捕犯罪嫌疑人的程序

人民检察院在两种情况下自行决定逮捕犯罪嫌疑人：(1)对于人民检察院立案侦查的案件，需要逮捕犯罪嫌疑人时，先由侦查部门填写“逮捕犯罪嫌疑人审批表”，连同案卷材料和证据一起移交审查批捕部门审查，由检察长决定。对重大、疑难、复杂案件的犯罪嫌疑人的逮捕，须提交检察委员会决定。如果犯罪嫌疑人已被拘留，侦查部门移送审查的期限为拘留实施的3日内，特殊情况下，可以延长1至4日。(2)对于公安机关移送起诉的案件，人民检察院认为需要逮捕的，由审查起诉部门填写“逮捕犯罪嫌疑人审批表”，连同案卷材料和证据，移交审查批捕部门审查，由检察长或检察委员会决定。

人民检察院办理审查逮捕案件，发现应当逮捕而公安机关未提请逮捕犯罪嫌疑人的，应当建议公安机关提请批准逮捕。如果公安机关不能说明不提请逮捕的合理理由或理由不能成立，人民检察院也可以直接作出逮捕决定。

人民检察院决定逮捕的，由检察长签发“决定逮捕通知书”，交由公安机关执行。

人民检察院审查批准或决定逮捕的期限一般是接到案卷材料的7日之内，犯罪嫌疑人未被拘留的，审查批准决定期限为15日，重大复杂的案件，不得超过20日。

3. 人民法院决定逮捕被告人的程序

人民法院决定逮捕被告人的情况如下：(1)对于直接受理的自诉案件，认为需要逮捕被告人时，由办案人员提交人民法院院长决定，对于重大、疑难、复杂案件，提交审判委员会讨论决定。(2)对于检察机关提起公诉时未予逮捕的被告人，人民法院认为符合逮捕条件的，也可以决定逮捕。

人民法院决定逮捕，由法院院长签发“决定逮捕通知书”，交由公安机关执行。如果是公诉案件，还应当通知人民检察院。

三、对特殊对象实施逮捕的审批程序

(一)对各级人民代表大会代表的逮捕审批

人民检察院对担任本级人民代表大会代表的犯罪嫌疑人批准或者决定逮捕，应当报请本级人民代表大会主席团或者常务委员会许可。

对担任上级人民代表大会代表的犯罪嫌疑人批准或者决定逮捕，应当呈报该代表所属的人民代表大会同级的人民检察院请求许可。对担任下级人民代表大会代表的犯罪嫌疑人批准或者决定逮捕，可以直接报请该代表所属的人民代表大会主席团或者常务委员会许可，也可以委托该代表所属的人民代表大会同级的人民检察院报请许可；对担任乡、民族乡、镇的人民代表大会代表的犯罪嫌疑人批准或者决定逮捕，由县级人民检察院报告乡、民族乡、镇的人民代表大会。

对担任两级以上的人民代表大会代表的犯罪嫌疑人批准或者决定逮捕，分别报请许可。

对担任办案单位所在省、市、县（区）以外的其他地区人民代表大会代表的犯罪嫌疑人批准或者决定逮捕，应当委托该代表所属的人民代表大会同级的人民检察院报请许可；担任两级以上人民代表大会代表的，应当分别委托该代表所属的人民代表大会同级的人民检察院报请许可。

（二）对外国人、无国籍人的逮捕审批

外国人、无国籍人涉嫌危害国家安全犯罪的案件或者涉及国与国之间政治、外交关系的案件以及在适用法律上确有疑难的案件，需要逮捕犯罪嫌疑人的，由地、市级人民检察院审查并提出意见，上报最高人民检察院审查。最高人民检察院经征求外交部的意见后，决定批准逮捕。经审查认为不需要逮捕的，可以直接作出不批准逮捕的决定。

外国人、无国籍人涉嫌其他犯罪的案件，由地、市级人民检察院审查并提出意见，报省级人民检察院审查。省级人民检察院经征求同级政府外事部门的意见后，决定批准逮捕，同时报最高人民检察院备案。经审查认为不需要逮捕的，可以直接作出不批准逮捕的决定。

（三）对特殊案件的逮捕备案

人民检察院办理下列审查逮捕案件，应当报上一级人民检察院备案：(1)批准逮捕的危害国家安全的案件、涉外案件；(2)检察机关直接立案侦查的案件。上级人民检察院对报送的备案材料应当进行审查，发现错误的，应当在10日以内将审查意见通知报送备案的下级人民检察院或者直接予以纠正。

四、逮捕的执行程序

（一）逮捕的执行

逮捕犯罪嫌疑人、被告人的执行机关是公安机关。公安机关接到人民检察院、人民法院的逮捕通知后，由公安机关负责人签发“逮捕证”，并立即逮捕。公安机关应当将执行回执及时送达作出批准逮捕的人民检察院。如果未能执行，也应当将回执送达，并写明未能执行的原因。执行逮捕时，必须向被逮捕人出示“逮捕证”，并责令被逮捕人在“逮捕证”上签名（盖章）、捺指印。拒绝签名（盖章）、捺指印的，应予注明。执行逮捕时执行人员有权使用相应的强制手段，必要时可以使用警械和武器。执行逮捕的侦查人员不得少于2人。

人民法院、人民检察院决定逮捕犯罪嫌疑人、被告人的，由县级以上公安机关凭人民法院、人民检察院决定逮捕的法律文书，签发“逮捕证”并立即执行，将执行回执及时送达原决定的机关。如果未能执行，也应当将回执送达原决定的机关，并说明未能执行的原因。必要

时，可以请人民法院、人民检察院协助执行。逮捕后，公安机关应当及时通知人民法院、人民检察院，并由人民法院、人民检察院通知被逮捕人的家属或者他的所在单位。

（二）捕后讯问

对被逮捕的人，必须在逮捕后的24小时内进行讯问。如在讯问中发现不应当逮捕的，经县级以上公安机关负责人批准，签发“释放通知书”。看守所收到“释放通知书”后应当发给被逮捕人“释放证明书”并将其立即释放，同时将释放理由书面通知原批准逮捕的人民检察院。

（三）捕后通知

对犯罪嫌疑人执行逮捕后，应当在24小时内制作“逮捕通知书”，送达被逮捕人家属或者单位。但有下列情形之一的，经县级以上公安机关负责人批准，可以不予通知：(1)同案的犯罪嫌疑人可能逃跑，隐匿、毁灭或者伪造证据的；(2)不讲真实姓名、住址，身份不明的；(3)其他有碍侦查或者无法通知的。上述情形消除后，应当立即通知被逮捕人的家属或者他的所在单位。对没有在24小时内通知的，应当在逮捕通知书中注明原因。

（四）逮捕措施的变更

人民法院、人民检察院和公安机关如果发现对犯罪嫌疑人、被告人采取强制措施不当的，应当及时撤销或者变更。公安机关释放被逮捕的人或者变更逮捕措施的，应当通知原批准的人民检察院。

犯罪嫌疑人及其法定代理人、近亲属或者犯罪嫌疑人委托的律师及其他辩护人认为人民检察院批准或者决定逮捕的犯罪嫌疑人羁押超过法定期限，向人民检察院提出释放犯罪嫌疑人或者变更逮捕措施要求的，由人民检察院审查批捕部门审查，审查批捕部门应当向侦查机关或者本院侦查部门了解有关情况，并在7日以内审查完毕。

审查批捕部门经审查认为超过法定期限的，应当提出释放犯罪嫌疑人或者变更逮捕措施的意见，经检察长批准后，通知公安机关执行；经审查认为未超过法定期限的，书面答复申诉人。审查批捕部门应当将审查结果同时书面通知本院监所检察部门。

（五）逮捕的期限

对犯罪嫌疑人逮捕后的侦查羁押期限不得超过2个月。案情复杂、期限届满不能终结的案件，应当制作“提请批准延长羁押期限意见书”，经县级以上公安机关负责人批准后，在期限届满7日前送请同级人民检察院转报上一级人民检察院批准延长1个月。需要延长的，侦查机关应当制作“提请批准延长羁押期限意见书”，经县级以上侦查机关负责人批准后，在期限届满前7日送请同级人民检察院转报上一级人民检察院批准延长。

下列案件在前述3个月期限届满不能侦查终结的，应当制作“提请批准延长羁押期限意见书”，经县级以上公安机关负责人批准，在期限届满7日前送请同级人民检察院呈报省、自治区、直辖市人民检察院批准，延长2个月：(1)交通十分不便的边远地区的重大复杂案件；(2)重大的犯罪集团案件；(3)流窜作案的重大复杂案件；(4)犯罪涉及面广，取证困难的重大复杂案件。

犯罪嫌疑人可能判处10年有期徒刑以上刑罚，依照前述规定延长期限届满，仍不能侦查终结的，应当制作“提请批准延长羁押期限意见书”，经县级以上公安机关负责人批准，在期限届满7日前送请同级人民检察院呈报省、自治区、直辖市人民检察院批准，再延长2个月。

在侦查期间，发现犯罪嫌疑人另有重要罪行的，应当自发现之日起5日内报县级以上公安机关负责人批准后，重新计算侦查羁押期限，制作“重新计算羁押期限通知书”，送达看守所，并报原批准逮捕的人民检察院备案。犯罪嫌疑人不讲真实姓名、住址，身份不明的，侦查羁押期限自查清其身份之日起计算，但是不得停止对其犯罪行为的侦查取证。对犯罪事实清楚，证据确实、充分的，也可以按其自报的姓名移送人民检察院审查起诉。

根据《刑事诉讼法》第138条、第140条规定，人民检察院审查起诉案件，应当在一个月内作出决定，重大复杂的案件，可以延长半个月。人民检察院审查起诉的案件改变管辖的，从改变后的人民检察院收到案件之日起计算审查起诉期限。退回补充侦查的，补充侦查的期限为一个月，补充侦查以两次为限。补充侦查完毕移送人民检察院后，人民检察院重新计算审查起诉期限。如果一个案件属于重大、复杂的案件，并且被退回补充侦查两次，侦查终结移送审查起诉的期限最长为六个半月。

五、逮捕与拘留的区别

拘留与逮捕都是一定期限内剥夺犯罪嫌疑人、被告人人身自由的措施，都属于相当严厉的强制措施。拘留和逮捕的执行机关都是公安机关，羁押场所都是看守所。另外，拘留和逮捕都要求公安机关或作出决定的人民检察院、人民法院在羁押24小时内对犯罪嫌疑人、被告人进行讯问，并在24小时内通知被羁押人的家属或者所在单位。

拘留是临时性的剥夺人身自由，最长时限为37日。逮捕则是相对稳定的羁押期限较长的剥夺人身自由，逮捕的羁押期间一般要到人民法院判决生效为止。拘留的决定机关是公安机关和人民检察院。逮捕的决定机关是人民检察院和人民法院，公安机关没有逮捕的决定权。拘留一般要出示拘留证，但特殊情况下，来不及办理拘留手续的，可以先将犯罪嫌疑人带至公安机关，再补办拘留手续。但逮捕要求必须持“逮捕证”执行。

延伸阅读⇨

监视居住的存与废

关于监视居住能否作为强制措施，在1996年我国《刑事诉讼法》修改前就有争论，针对当时的立法和司法实际，有人认为：监视居住的区域范围不好掌握，区域过大，不好监视，区域过小，又易与羁押相混；监视居住没有措施保证，实践中难以有效地执行等等，因此，建议取消。有人认为：监视居住不能取消，应当保留，但应完善，1996年《刑事诉讼法》修改时，吸纳了后者，对监视居住的具体内容进行了多处补充修改，如关于监视居住的适用条件、监视居住的区域范围、监视居住的期限、被监视居住人在监视居住期间应遵守的规定以及违反这些规定所要承担的后果等，使其内容较之修改前有了一定程度的改进与完善，可操作性明显增强。但是，从修改后在实践中的适用情况看，效果仍有不理想之处，突出的问题是一些机关或者部门在适用时不按法定的地点进行，即使被适用的犯罪嫌疑人、被告人有固定的住处，仍然为其指定居所（许多仍然指定在饭店、招待所等场所）并派人看守，形成实质上的监禁。司法实践部门的同志对于各方面对上述作法的指责，也深感委屈，认为如不这样，在其住处或指定居所，没有办法进行监视，如果犯罪嫌疑人、被告人逃跑，会给侦查、起诉和审判工作带来诸多困难甚至难以补救的损失。两相比较，各有其理。

鉴于司法实践中监视居住的适用存在诸多问题，在目前讨论《刑事诉讼法》的再修改之际，监视居住的存与废问题再次在学术界引起了争议。

主张保留监视居住的理由主要有：(1)监视居住可以对特殊对象的犯罪嫌疑人、被告人在不予关押的情况下，予以控制，防止其实施逃避或妨碍侦查、起诉和审判的行为，有利于保障刑事诉讼活动的顺利进行；(2)监视居住可以防止错捕、滥捕，有利于保障犯罪嫌疑人、被告人的人权，同时也可以避免给司法机关造成过多的压力；(3)可以减少羁押，从而减少因羁押犯罪嫌疑人、被告人而付出的人力、财力和物力，节省司法资源。

主张废除监视居住的理由主要有：(1)监视居住需要投入大量的警力，在中国目前警力严重不足的情况下，没有足够的警力去实施监视居住，拘留和逮捕的成本反而比监视居住要小；(2)中国目前流动人口犯罪比较高发，大量的犯罪嫌疑人、被告人没有固定住所或居所，难以实施监视居住，监视居住的风险很高，被监视居住的人容易脱离监视；(3)由于监视居住的条件与取保候审相同，在实践中司法机关绝大多数情况下会适用取保候审，监视居住沦为一种替补措施，在实践中适用极少，没有多大存在的必要；(4)监视居住容易侵犯人权，由于随着中国城市化进程的加快，人们的住所往往不具有独立性，因此监视居住往往容易侵犯小区其他住户的住宅权、隐私权等合法权益；(5)监视居住在实践中往往异化为一种变相羁押或者成为公安机关逼迫违法行为人交纳行政罚款的手段。

我们认为，监视居住制度应当予以保留，但应当进行修改和完善。警力不足的问题可以通过增加警力来解决，还可以通过引进高科技手段加以弥补；至于监视居住在实践中的异化现象，这并不是监视居住独有的问题，而是所有刑事强制措施都存在的滥用问题，这可以通过提高警察队伍的素质、完善强制措施的配套制度来予以规范；监视居住在实践中使用率很低并不代表它没有用，针对某些不符合拘留的条件但不限制人身自由又不足以防止发生危险的犯罪嫌疑人、被告人，保留监视居住可以让专门机关在刑事诉讼活动中多一种选择。在定罪之前剥夺公民的自由是例外，已经成为国际社会公认的适用刑事强制措施的一项原则。按照这一原则的要求，剥夺公民自由的羁押制度要具有正当性，就必须在法律上同时存在充分的羁押替代性措施，监视居住作为一种羁押的替代性措施可以让公安司法机关多一种选择。

阅读链接⇨

◆ 1. 程荣斌、赖玉中：《论废除监视居住的理由》，载《山东警察学院学报》2010 年第 1 期。

◆ 2. 潘金贵：《监视居住保留论：反思与出路》，载《人民检察》2007 年第 14 期。

◆ 3. 杨旺年:《关于监视居住几个问题的探讨》,载《法律科学》2001 年第 6 期。

◆ 4. 马静华、冯露:《监视居住:一个实证角度的分析》,载《中国刑事法杂志》2006 年第 6 期。

◆ 5. 杨正万:《监视居住制度功能分析》,载《贵州民族学院学报》2008 年第 6 期。

◆ 6. 李昌林:《侦查阶段的取保候审与监视居住》,载《刑事法评论》2009 年第 25 卷。

讨论题

1. 你认为对强制措施的采用应否建立司法审查机制?理由是什么?

2. 如何理解与把握“有逮捕必要”?

3. 对强制措施应否实行司法救济?我国为何没有设置司法救济程序?

第七章 附带民事诉讼

第一节 附带民事诉讼的概念和意义

一、附带民事诉讼的概念

刑事附带民事诉讼是指人民法院在审理刑事案件的同时，附带地审理被指控犯罪行为给被害人所造成的物质损失的赔偿所涉及的诉讼活动。附带民事诉讼包括公诉案件中的附带民事诉讼和自诉案件中的附带民事诉讼。

由于被告人的同一行为可能既侵犯了《刑法》所保护的社会关系，面临刑事追诉，又损害了被害人的民事权利，产生民事纠纷，从而同时承担刑事和民事两种不同性质的法律责任。出现此种情况时，我国允许被害人选择以附带民事诉讼的方式，或者另行单独提起民事诉讼的方式实现其民事权利。在我国刑事案件的审判过程中，有相当比例的被害人会提起附带民事诉讼，附带民事诉讼已经成为我国刑事诉讼中最常见的诉讼活动之一。

我国《刑事诉讼法》第 77 条规定："被害人由于被告人的犯罪行为而遭受物质损失的，在刑事诉讼过程中，有权提起附带民事诉讼。如果是国家、集体财产遭受损失的，人民检察院在提起公诉的时候，可以提起附带民事诉讼。人民法院在必要的时候，可以查封或者扣押被告人的财产。"该规定以及《刑事诉讼法》第 78 条是我国进行附带民事诉讼活动的主要法律依据。此外还有司法解释作为补充依据，主要包括，1998 年《最高人民法院关于执行〈中华人民共和国刑事诉讼法〉若干问题的解释》（以下简称《最高人民法院司法解释》）第 84 条至第 102 条、2000 年《最高人民法院关于刑事附带民事诉讼范围问题的规定》、《最高人民法院关于人民法院是否受理刑事案件被害人提起精神损害赔偿民事诉讼问题的批复》。

由于程序规范的缺乏及相互冲突，上述司法解释不足以满足司法实践中审理附带民事诉讼的需求，"不同法院之间对刑事附带民事案件的审理在程序的适用、诉权的保障、赔偿范围、赔偿标准、主体资格的认定等方面均存在较大争议"①，各地纷纷出台地方性的规范性文件，至少广东、北京、江苏、陕西等省人民法院出台了关于附带民事诉讼的规范性文件。

---

① 北京市第一中级人民法院刑一庭：《关于刑事附带民事诉讼面临的司法困境及其解决对策调研报告》，载《法律适用》2007 年第 7 期。

二、附带民事诉讼的特点

附带民事诉讼与其他诉讼比较，具有以下特点：

1. 附带民事诉讼性质上属于民事诉讼

附带民事诉讼尽管在刑事诉讼中进行，但就其解决问题的性质而言，与民事诉讼中的损害赔偿并无不同，在本质上仍然属于民事诉讼。附带民事诉讼的目的是为了解决被告人的犯罪行为所引起的民事纠纷，其基于民事权利受损害者的私诉诉权而产生，实体法依据主要是民事法律，并非刑事诉讼所派生，原告在诉讼过程中有权处分自己的民事权利。附带民事诉讼的双方当事人地位平等，在诉讼中可调解，这些都与刑事诉讼截然不同，但与民事诉讼类似。

2. 附带民事诉讼具有与普通民事诉讼不同的特殊性

与普通侵权行为不同，附带民事诉讼中的损害赔偿由犯罪行为产生，在刑事诉讼中附带进行，必然受到刑事诉讼程序的制约而具有特殊性。如，附带民事诉讼适用法律依据上的复合性，《最高人民法院司法解释》第 100 条规定："人民法院审判附带民事诉讼案件，除适用刑法、刑事诉讼法外，还应当适用民法通则、民事诉讼法有关规定。"其实体依据上并不完全遵循民事法律，以赔偿范围为例，只有部分物质损失才可以提起附带民事诉讼，不得主张精神损害赔偿，不遵循全面赔偿的原则，赔偿数额要考虑被告人的赔偿能力等等。程序规范上，附带民事诉讼的诉讼参与人范围、起诉时效、管辖法院、上诉期限等都与普通民事诉讼不同，而采取刑事诉讼的法律规范。

3. 附带民事诉讼程序的依附性

为了实现诉讼中的平等对抗，保护被告人权利，英美法系不允许在刑事诉讼中附带提起民事诉讼，只能提起独立的民事诉讼。与英美法系截然不同，我国附带民事诉讼以刑事案件的成立为前提，具有依附性的特点，在刑事诉讼过程中提起，在审理过程中遵循刑事部分优先的原则，附带民事诉讼判决的民事部分不能与刑事部分相抵触。如果在人民法院受理刑事案件前，侦查机关撤案或者人民检察院作出不起诉决定的，附带民事诉讼不能提起。同时，基于附带民事诉讼的依附性，附带民事诉讼不能影响刑事审判的正常进行，不能使附带民事诉讼过于复杂，因此需要限制附带民事诉讼的范围。

三、附带民事诉讼的意义

全国人大常委会相关业务部门认为，在《刑事诉讼法》中规定附带民事诉讼制度是十分必要的，理由是：其一，有利于正确处理刑事案件；其二，有利于保障公民和国家、集体的财产不受侵犯；其三，有利于提高诉讼的效率。[①] 但我们认为，上述认识不足以全面、准确地体现附带民事诉讼的意义，我国附带民事诉讼的意义在于：

① 全国人大常委会法制工作委员会刑法室编：《〈中华人民共和国刑事诉讼法〉条文说明、立法理由及相关规定》，北京大学出版社 2008 年版，第 77 页。

1. 保障被害人权利

附带民事诉讼的重要意义在于为被害人权利提供另一种制度保障。我国遵循“先刑后民”的原则，在刑事案件尚未审理终结前，人民法院不能审理被害人提起的独立的民事诉讼。刑事案件的诉讼期限一般较长，而被害人往往亟需救济，甚至被告人及其家属还可能利用此期间转移财产，被害人权利难以得到及时、有效的保障。允许被害人提起附带民事诉讼，可以使被害人更早地实现权利。而且，我国存在“判了不赔”的现象，很多被告人在受到刑事判决后以种种理由拒绝赔偿，而附带民事诉讼将是否赔偿作为量刑的前置因素，更有效地保障被害人获得赔偿。此外，通过合并审理，可以减轻被害人因重复诉讼面临的诉累，也可以避免部分特殊弱势被害人，如奸淫幼女案件中的受害幼女，因重复出庭、重复诉讼而面临的二次伤害。

2. 有助于预防犯罪

刑事诉讼解决的是被告人犯罪行为的刑罚问题。现代刑罚理念已经从报应刑走向目的刑，从犯罪学的角度，要预防犯罪就必须剥夺犯罪者所获得的全部利益，这绝非仅仅刑罚制度可以解决。被告人的犯罪行为不仅危害了国家、社会秩序，也往往因为危害公民的私权而获得经济利益。只有同时追究其刑事责任和民事责任，剥夺其因为犯罪所获得的全部利益，弥补因犯罪所造成的全部损害，才能做到“罚当其罪”，以警示世人，实现预防犯罪之目的。附带民事诉讼也为被告人提供了以赔偿获得被害人谅解的机会，司法机关也可以通过被告人的赔偿观察其悔罪性，以便更准确地量刑。同时，被告人的民事责任对其改造也至关重要，如果赔偿过重则会不当加重被告人心理负担，不利于其改造。可见，被告人犯罪行为的民事责任对于预防犯罪具有重要意义，而这在刑罚确定前审查才能发挥作用。所以，附带民事诉讼提供了审理刑事责任同时解决民事责任的诉讼制度。

3. 有助于提高诉讼效率

公正与效率是司法的两大主题，也是诉讼活动的两大价值取向。由于被害人的民事诉求和国家的刑罚诉求都基于同一犯罪行为，审理对象具有同一性，从而构成合并审理的基础。如果在刑事判决之后另行提起民事诉讼，必然导致对同一行为的重复审理。相反，通过合并审理，由同一审判组织审理同一行为产生的刑事责任和民事责任，避免不同审判组织审理的二次心证形成，减少当事人重复出庭、重复举证，从而避免二次审理所产生的人力、时间、资源耗费，节约司法成本，提高诉讼效率。

4. 有利于保障人民法院审判工作的统一性

在大陆法系以及社会主义国家，非常强调判决之间的统一性，这是职权主义文化背景下对司法公正的理解。由于附带民事诉讼是由审理刑事案件的同一审判组织进行审理的，在证据审查、事实认定和司法判决上必然相同，避免了不同审判组织审理可能出现的差异，从而保障司法工作的统一性，维护司法权威。相反，则可能出现重大差异，影响司法的公正性。比如美国著名的辛普森一案中，刑事陪审团判决杀人嫌疑犯辛普森无罪，但是民事陪审团在刑事诉讼终结之后，认定辛普森对被害人之死负有责任，裁决辛普森败诉，赔偿原告方 850 万美元，另外向两名被害人家庭各支付 1250 万美元的惩罚性赔偿金。

> 争论

有观点认为，应当将附带民事诉讼从刑事诉讼中分离出去，其理由如下：(1)有利于确定不同诉讼的证明规则。民事诉讼的事实认定模式在证明对象、举证责任、证明要求上与刑事诉讼均有较大差异，刑事证明不能代替民事诉讼证据的事实认定。(2)有利于法官走专业化、精英化道路。(3)有利于民事法律特有规定的适用。比如，诉讼时效、财产保全等规定。[①] (4)还有理由认为，刑事附带民事诉讼由于不赔偿精神损害、限制赔偿范围等，不仅不能有效赔偿被害人的权利，反而破坏与割裂了民事法律适用的统一性和确定性。

第二节　附带民事诉讼成立的条件

一、以刑事案件的成立为前提

附带民事诉讼具有依附性的特点，附带民事诉讼必须以刑事案件的成立为前提，如果刑事案件不成立，附带民事诉讼就失去了存在的基础。刑事案件的成立以刑事立案作为起点，即使有犯罪行为，如果尚未立案，案件尚未进入刑事诉讼，附带民事诉讼也就无法存在。刑事立案的条件是侦查机关认为有犯罪发生、需要追究刑事责任，可见，附带民事诉讼的成立必须要求被告人的行为涉嫌犯罪行为，如果仅仅属于民事侵权行为，或者其他普通民事纠纷，则刑事诉讼无法启动，也无法成立附带民事诉讼。需要辨析的是，刑事附带民事诉讼以“刑事案件”的成立为前提，而并非以“犯罪行为”的成立为前提，在提起附带民事诉讼时，被告人的犯罪行为并未依法判决确定，未经人民法院判决任何人不得被确定有罪，因此如果以犯罪行为为成立条件，则法院必须在审前审查实体事实，难免导致法官预断，有本末倒置之嫌。

附带民事诉讼的存续，要以刑事诉讼的存续为要件，如果在侦查和起诉阶段，刑事诉讼部分作了撤销案件或者不起诉的处理决定，意味着刑事诉讼已经终结。刑事诉讼既然已经终结，刑事案件就不再成立，附带民事诉讼也就失去了存续的前提，被害人也就没有提起附带民事诉讼的权利，他只能向法院民事审判庭提起正式的民事赔偿之诉；如果案件已到法院审判阶段，法庭经过审理，发现被告人的行为根本不构成犯罪，则法院仍然需要对附带民事诉求作出判决。《最高人民法院司法解释》第101条规定：“人民法院认定公诉案件被告人的行为不构成犯罪的，对已经提起的附带民事诉讼，经调解不能达成协议的，应当一并作出刑事附带民事判决。”比如，被告人的行为只是侵权不符合犯罪构成，则应作出宣告被告人无罪但应承担侵权责任的刑事附带民事判决。因为如果案件已到法院审判阶段，只要法庭没有作出裁决，刑事诉讼程序就尚未终结，附带民事诉讼的基础仍然存在。

---

① 樊崇义等著：《刑事诉讼法修改专题研究报告》，中国人民公安大学出版社2011年版，第332页。

二、犯罪行为给被害人造成了物质损失

在附带民事诉讼中可以要求赔偿的仅限于被害人的物质损失。按照现行《刑事诉讼法》第77条第1款的规定，只有被害人由于被告人的犯罪行为而遭受物质损失时，才有权在刑事诉讼过程中，提起附带民事诉讼。刑事诉讼中的被害人是直接遭受犯罪侵害的人，而犯罪行为可能使很多人间接受到伤害，被害人以外的其他人的损失不属于附带民事诉讼的范围。比如，因为被害人受犯罪行为侵害自杀，被害人的母亲因伤心病倒，其母亲的治疗费不属于被害人的损失，而不能主张附带民事诉讼赔偿。

被害人因犯罪行为所遭受的损失既可能是物质性的，也可能是非物质性的。附带民事诉讼赔偿的只是物质损失。物质损失往往是有形的，可以具体认定和用货币表现的，如致人死亡、致人伤害、毁损财物等。附带民事诉讼保护的物质损失主要包括两类：一是犯罪行为侵害被害人的人身权利造成的经济损失，如伤害案件中，被害人因身体被伤害，进行治疗而产生的相关费用。治疗因犯罪侵害导致的精神疾病所付出的治疗费用也属于物质损失。二是犯罪行为损毁被害人财物造成的经济损失，比如为了盗窃被害人财物，将被害人家的门锁撬坏。

侵犯被害人的人身权利、人格权利，损害具有人格象征特定纪念物品时，可能造成被害人的精神痛苦，该精神损失不能在附带民事诉讼中主张赔偿。2000年实施的《最高人民法院关于刑事附带民事诉讼范围问题的规定》第1条第2款明确指出："对于被害人因犯罪行为遭受精神损失提起附带民事诉讼的，人民法院不予受理。"2002年《最高人民法院关于人民法院是否受理刑事案件被害人提起精神损害赔偿民事诉讼问题的批复》指出："对于刑事案件被害人由于被告人的犯罪行为而遭受精神损失提起的附带民事诉讼，或者在该刑事案件审结以后，被害人另行提起精神损害赔偿民事诉讼的，人民法院不予受理。"最高人民法院司法解释之所以将精神损害赔偿请求排除在刑事附带民事诉讼范围之外，主要是考虑到："刑事诉讼法第七十七条明确规定只能对犯罪行为造成的'物质损失'提起民事诉讼，而且从理论上讲，犯罪行为对被害人造成的精神损害，通过确定被告人的行为构成犯罪，判处一定的刑罚，本身就是对被害人的一种抚慰，如果允许被害人对犯罪行为造成的精神损害提起附带民事诉讼，则所有犯罪对被害人都会造成一定的精神损害，所有的犯罪都能提起附带民事诉讼，这显然不符合立法原意。"①据此，最高人民法院的司法解释已经明确地表态，刑事附带民事诉讼仅限于"物质损害"范围，"精神损害"被拒之于法院大门之外。

对于非人身性质的物质损失，被害人只能对被犯罪损毁的财产提出附带民事赔偿要求。我国刑事诉讼程序中存在追缴及返还被害人财物制度。《最高人民法院关于刑事附带民事诉讼范围问题的规定》第5条规定，"犯罪分子非法占有、处置被害人财产而使其遭受物质损失的，人民法院应当依法予以追缴或者责令退赔。被追缴、退赔的情况，人民法院可以作为

---

① 熊选国：《〈关于刑事附带民事诉讼范围问题的规定〉的理解和适用》，载《刑事审判参考》2001年第4辑（总第15辑），法律出版社2001年版，第62页。本文中，作者还进一步指出，《关于刑事附带民事诉讼范围问题的规定》出台的背景是"下级法院普遍反映附带民事诉讼的范围过宽，影响刑事案件的及时审结"。

量刑情节予以考虑。经过追缴或者退赔仍不能弥补损失，被害人向人民法院民事审判庭另行提起民事诉讼的，人民法院可以受理。"可见，人民法院审理附带民事诉讼案件的受案范围，应只限于被害人因人身权利受到犯罪行为侵犯和财物被犯罪行为损毁而遭受的物质损失，不包括因犯罪分子非法占有、处置被害人财产而使其遭受的物质损失。对因犯罪分子非法占有、处置被害人财产而使其遭受的物质损失，应当根据《刑法》第 64 条的规定处理[①]，即应通过追缴赃款赃物、责令退赔的途径解决。如赃款赃物尚在的，应一律追缴；已被用掉、毁坏或挥霍的，应责令退赔。[②] 其目的是为了更好地保护被害人权利，使其受到犯罪侵害的权利能尽早地恢复，特别是当被害人急需该财产解决生产、生活之需时，该制度的功能得以彰显。

案例分析

2007 年 11 月，被告人张某因生活拮据产生盗窃意图，将江西某工厂正在使用中的价值 1 万余元的电力设备盗走，导致该工厂停电长达 10 多个小时，因停产造成经济损失 10 余万元。被告人张某被抓获后，检察机关对其提起公诉。该工厂提起附带民事诉讼，请问该工厂可对哪些损失提起附带民事诉讼？

解答：被告人占有被盗窃的电力设备属于非法占有，应由公安机关通过追缴或者责令退赔的方式追回，而因停电造成的经济损失，可以提起附带民事诉讼。

三、被害人遭受的物质损失必须是由被告人的犯罪行为所直接造成

被害人所遭受的物质损失必须与被告人的犯罪行为之间存在直接的因果关系。该"犯罪行为"仅指此次刑事诉讼被指控的犯罪行为。如果被害人的物质损失，不是被指控犯罪行为造成，而是其他侵权行为造成，或者其他犯罪行为引起的，不能针对其他非指控行为提起附带民事诉讼。比如被告人三次伤害被害人，前面两次都未构成犯罪，但最后一次导致被害人重伤，被害人只能就导致重伤的行为提起附带民事诉讼，而不能主张前面两次伤害的侵权责任。因民事上的债权债务关系纠纷而引起的刑事犯罪，被害人也不能在刑事诉讼过程中，就刑事犯罪之前的债权债务问题提起附带民事诉讼，因为该债权债务纠纷并非因犯罪而产生。至于被害人遭受犯罪侵害后，由于治疗、误工、丧葬、抚恤等事由同所属单位或雇主发生纠纷的，更不属于附带民事诉讼的受案范围。在犯罪过程中由被害人自己的过错造成的损失，与犯罪行为之间不存在因果关系，也不应由被告人承担。

犯罪行为直接造成的物质损失，包括积极损失和消极损失。前者指犯罪行为已经给被害人造成的物质损失，例如，犯罪分子作案时破坏的物品，被害人已经支出的医疗费、营养费、护理费等。后者指被害人将来必然会遭受的物质利益的损失，例如，因伤残减少的劳动收入、今后继续治疗的费用、被抚养人的生活费等。但是，不包括今后可能得到的或通过努

---

① 根据我国《刑法》第 64 条的规定，犯罪分子违法所得的一切财物，应当予以追缴或者责令退赔；对被害人的合法财产，应当及时返还。

② 1999 年 10 月 27 日《全国法院维护农村稳定刑事审判工作座谈会纪要》。

力才能争得的物质利益，比如超产奖、加班费等。对一审开庭前尚未实际发生的后续治疗费、康复费、护理费，尚未评定伤残等级而要求的残疾赔偿金、残疾辅助器具费等，被害人可以向法院另行提起民事诉讼解决。

损毁财物的物质损失相对容易确定，人身损害赔偿的范围则可参考2003年《最高人民法院关于审理人身损害赔偿案件适用法律若干问题的解释》，该解释第17条规定："受害人遭受人身损害，因就医治疗支出的各项费用以及因误工减少的收入，包括医疗费、误工费、护理费、交通费、住宿费、住院伙食补助费、必要的营养费，赔偿义务人应当予以赔偿。受害人因伤致残的，其因增加生活上需要所支出的必要费用以及因丧失劳动能力导致的收入损失，包括残疾赔偿金、残疾辅助器具费、被扶养人生活费，以及因康复护理、继续治疗实际发生的必要的康复费、护理费、后续治疗费，赔偿义务人也应当予以赔偿。受害人死亡的，赔偿义务人除应当根据抢救治疗情况赔偿本条第一款规定的相关费用外，还应当赔偿丧葬费、被扶养人生活费、死亡补偿费以及受害人亲属办理丧葬事宜支出的交通费、住宿费和误工损失等其他合理费用。"其中，残疾赔偿金、死亡补偿金属于财产性损失，故对残疾赔偿金、死亡补偿金的请求，应予以支持。

四、被害人在诉讼过程中提起了附带民事诉讼请求

附带民事诉讼的成立需要被害人在诉讼过程中提起附带民事诉讼请求。被告人的犯罪行为产生了被害人附带民事诉讼的诉权，但是，如果被害人未提出附带民事诉讼请求，则该权利只处于尚未实施的阶段，并不能成立附带民事诉讼。附带民事诉讼必须在被害人提出了附带民事诉讼请求时才真正得以成立。而且，附带民事诉讼依附于刑事诉讼，必须在刑事诉讼过程中提出，在刑事诉讼程序之外不能提出附带民事诉讼请求。

第三节　附带民事诉讼的当事人

一、附带民事诉讼的原告人

附带民事诉讼的原告人，是指在刑事诉讼过程中，以自己的名义向司法机关提起附带民事诉讼，要求被告人赔偿其因犯罪而遭受了物质损失的人。根据《刑事诉讼法》和有关司法解释的规定，以下主体有权提起附带民事诉讼：

1. 因犯罪行为而遭受物质损失的被害自然人

受到犯罪行为直接侵害而遭受了物质损失的被害人，在刑事诉讼过程中，都有权提起附带民事诉讼，这是附带民事诉讼中最常见的原告人。此时，其既是附带民事诉讼的原告人，通常也是刑事诉讼的被害人，具有双重身份，有权分别参与刑事案件和附带民事诉讼的审判。

2. 因犯罪行为遭受物质损失的被害单位

我国承认单位在诉讼中的主体资格，一般认为，《刑事诉讼法》第 77 条中规定的"被害人"，既包括自然人，也包括单位，因为二者都可能受到犯罪行为的侵害。比如，故意放火烧毁某单位的财物，该单位成为附带民事诉讼的原告人。但是，在故意伤害罪、故意杀人罪等以侵害人身权利为对象的犯罪中，被害人只能是自然人，而不能是单位，单位不能提起人身权利受到侵害的附带民事诉讼。

3. 当被害人死亡时，其近亲属可以提起附带民事诉讼

近亲属与死者有血缘关系或婚姻关系，与死者具有特定的情感与共同利益，具有参与诉讼的利益与愿望，附带民事诉讼将之作为附带民事诉讼的原告，以实现被害人生前本应获得的利益和报应犯罪的愿望，让受到程序影响的人充分参与程序而实现程序正义。因此，当被害人死亡时，被害人的近亲属可以以自己的名义提起附带民事诉讼，作为附带民事诉讼的原告参与诉讼。在我国《民法》和《刑事诉讼法》中近亲属的范围并不一致，提起附带民事诉讼的"近亲属"应当以《刑事诉讼法》的规定为准。我国《刑事诉讼法》第 82 条第 6 项规定，"近亲属是指夫、妻、父、母、子、女、同胞兄弟姐妹"，从而将祖父母、外祖父母、孙子女、外孙子女排除在"近亲属"之外。

4. 如果是国家财产、集体财产遭受损失的，人民检察院在提起公诉时，可以提起附带民事诉讼

《最高人民法院司法解释》第 85 条规定："如果是国家财产、集体财产遭受损失，受损失的单位未提起附带民事诉讼，人民检察院在提起公诉时提起附带民事诉讼的，人民法院应当受理。"这里有三个限制：其一，人民检察院只能维护国家财产、集体财产，而不能为维护私人财产权益而提起附带民事诉讼，这是为了防止国家不当干预私权领域。其二，即使国家财产、集体财产遭受损失，也只有在被害单位没有提起附带民事诉讼时，人民检察院作为国家、集体利益的维护者，才能提起附带民事诉讼。其三，受损失的单位并不一定必须是国有、集体单位，只要单位中具有国家财产、集体财产，而犯罪行为导致国家财产、集体财产遭受损失，就符合检察机关提起附带民事诉讼的必要条件。此外，在诉讼过程中，如果被害人单位参与诉讼的，检察机关应当退出附带民事诉讼。

➢ 争论

对于检察机关提起的附带民事诉讼，检察机关处于何种法律地位，学界及司法实践存在争议。主要有三种观点：第一种观点认为，检察机关应为提起刑事附带民事诉讼的国家公诉机关；第二种观点认为，检察机关是提起附带民事诉讼的原告人；第三种观点认为，检察机关是刑事附带民事诉讼的公益代表人。笔者认为，我国《刑事诉讼法》规定参与附带民事诉讼的只能是原告人和被告人，因此检察机关只能以附带民事诉讼原告人的身份参与诉讼。但在整个刑事诉讼当中，当检察机关一并提起附带民事诉讼时，它既是公诉机关，又是附带民事诉讼原告人，享有两者的诉讼权利。

值得思考的是，当被害人是未成年人或精神病患者等无行为能力人或者限制行为能力人时，他们的法定代理人可以代为提起附带民事诉讼。据此，很多学者认为，其法定代理人是附带民事诉讼的原告。我们认为，法定代理人只是"代为"提起附带民事诉讼，根据诉讼法

的基本原理，法定代理人只能以被代理人的名义从事诉讼行为，因此，其只能以其被代理的“无行为能力或者限制行为能力人”的名义提起附带民事诉讼，作为原告的是该“无行为能力或者限制行为能力人”，而不是法定代理人。

为被害人支付医药费、丧葬费、护理费、营养费、残疾人生活补助费等费用的人，不能成为附带民事诉讼的原告，提起的附带民事诉讼，人民法院不应受理，建议其另行起诉。因为，是否支付上述费用、支付多少上述费用本身需要耗费较多的司法资源查明，允许其提起附带民事诉讼会导致程序过于复杂，妨碍刑事审判。① 而且，其支付的费用与犯罪行为无直接因果关系。

二、附带民事诉讼的被告人

附带民事诉讼的被告人，是指对犯罪行为造成的物质损失依法负有赔偿责任，而被附带民事诉讼原告起诉，要求承担赔偿责任的人。附带民事诉讼被告人通常是刑事诉讼的被告人，但在特殊情况下，附带民事诉讼被告人的范围要大于承担刑事责任的被告人。根据《最高人民法院司法解释》第 86 条的规定，附带民事诉讼中负有赔偿责任的人包括：

1. 刑事被告人

刑事被告人是最常见的附带民事诉讼的被告人，但是，并不是所有的刑事被告人都必然成为附带民事诉讼的被告人。在多个被告人的犯罪案件中，只有对附带民事诉讼原告的损害负有行为责任的被告人才成为附带民事诉讼的被告人。附带民事诉讼被告不仅可以是自然人，也可以是单位和其他组织。

2. 没有被追究刑事责任的其他共同致害人

在犯罪案件中，有的共同致害人被起诉成为刑事被告人，但并非所有导致被害人物质损失的责任人都构成犯罪而被审判，有的共同致害人被公安机关处以行政拘留处分或者被撤案，有的共同致害人被人民检察院作出不起诉决定。在这些情况下，未被起诉的其他共同致害人也可以被列为附带民事诉讼被告人，判断的关键在于是否是“共同致害人”。“共同致害人”的情形多种多样，判断标准应当采取民事诉讼中共同侵权人的判断标准，共同致害人应当承担连带赔偿责任。只要数人共同造成他人物质损失的行为是一个不可分割的整体行为，物质损失与多个共同致害人的行为有直接因果关系，各共同致害人就应对被害人承担民事赔偿责任，因而可以成为附带民事诉讼的被告人。

3. 未成年被告人的监护人

根据我国民事法律制度，监护人依法负有对未成年人监管、教育的责任，如果未履行好责任导致未成年被告人从事犯罪活动，致被害人损失的，监护人应当对未成年被告人的行为承担民事责任，所以，未成年被告人的监护人可成为附带民事诉讼的被告人。我国已经确立了未成人监护制度，未成年人的监护人一般是其父母，也可以是依法确定的其父母的亲属、朋友。但成为附带民事诉讼的被告人应当为在犯罪行为发生时具有监护职责的人。

---

① 但是，江苏的司法解释规定，已死亡的直接受害人没有近亲属和遗产，或有遗产但不足以支付医疗费、丧葬费等费用的，为其支付医疗费、丧葬费等费用的人也可以作为附带民事诉讼的原告人。

4. 已被执行死刑的罪犯的遗产继承人，共同犯罪案件中案件审结前已死亡的被告人的遗产继承人

已经被执行死刑的罪犯和共同犯罪案件中案件审结前已死亡的被告人，都因为其犯罪行为而对被害人的物质损失负有民事赔偿责任。由于其已经死亡，不再具有诉讼能力，无法成为诉讼参与人，但其民事责任并不因此而消除，仍然应当以其生前的财产来承担民事责任。遗产继承人在继承财产的同时，应当承担被继承人生前应当承担的对外债务，因而成为附带民事诉讼的被告人。遗产继承人放弃遗产继承权的，不列为附带民事诉讼被告人。

5. 其他对刑事被告人的犯罪行为依法应当承担民事赔偿责任的单位和个人

如因法人或其他组织的工作人员或雇员，在执行职务中犯罪，造成物质损失的，该法人或其他组织可成为附带民事诉讼的被告人。再如，对于夫妻之间发生的侵害人身权利的犯罪，由于夫妻之间的人身权利是相互独立的，夫妻之间虽然有夫妻共同财产，但也可能存在个人财产，因此可允许被害方依法提起附带民事诉讼。夫妻一方受到的损害，另外一方虽然不能依据《婚姻法》[①]主张赔偿，但可以依照《侵权责任法》提出附带民事诉讼。

争论

对于在逃犯可否成为附带民事诉讼的被告人的问题，审判实践中一般遵照最高人民法院《关于印发全国法院维护农村稳定刑事审判工作座谈会纪要的通知》中，“在逃的同案犯不应列为附带民事诉讼被告人”的规定执行。但是，也有观点主张将在逃的同案犯在附带民事诉讼中缺席审判，确定其应承担的民事赔偿部分。这样可以避免被告人因不仅逃避了刑罚惩罚，而且逃避了需要立即承担的民事责任，且方便其家庭使用、处置财产，导致被害人的合法权益最终得不到保护。

我们认为，在逃犯或者下落不明的其他共同致害人不能成为附带民事诉讼被告人。因为，刑事案件中的在逃犯，未经公安机关抓捕归案，或者下落不明的共同致害人，附带民事诉讼起诉状无法直接送达，只能公告送达。《中华人民共和国民事诉讼法》第 84 条规定：“受送达人下落不明，或者用本节其他方式无法送达的，公告送达。自发出公告之日起，经过 60 日，即视为送达。”据此，需要经过 60 日才可完成送达，这已经超过了刑事诉讼的法定一审期限。而且，如果在逃犯没有到庭辩护，对其缺席判决作出的事实认定，可能不符合客观事实，在其归案后，一旦对其刑事审判改变了原事实，会导致案件依审判监督程序重新审判。可见，将在逃犯列为附带民事诉讼被告人显然会妨碍刑事诉讼的顺利进行，也达不到提高诉讼效率，节约司法资源的效果。因此，在逃的同案犯不应列为附带民事诉讼被告人。

6. 排除附带民事被告人

根据我国的地方性规范及司法实践，以下几种人不能被列为附带民事诉讼被告人：

---

① 最高人民法院关于适用《中华人民共和国婚姻法》若干问题的解释(一)第 29 条规定，承担《婚姻法》第 46 条规定的损害赔偿责任的主体，为离婚诉讼当事人中无过错方的配偶。人民法院判决不准离婚的案件，对于当事人基于《婚姻法》第 46 条提出的损害赔偿请求，不予支持。在婚姻关系存续期间，当事人不起诉离婚而单独依据该条规定提起损害赔偿请求的，人民法院不予受理。

(1)在逃犯或者下落不明的其他共同致害人。

(2)成年被告人的近亲属代为赔偿的,不能列为附带民事诉讼被告人。

(3)因保险偿付金的给付不属于附带民事诉讼范围,故不宜直接将保险公司作为附带民事诉讼被告人。

(4)被害人在执行职务或业务中受到犯罪行为的侵害,被害人所属单位或雇主不应作为附带民事诉讼被告人。

(5)被害人在住宿、餐饮、娱乐或参加其他社会活动时,因刑事被告人的犯罪行为遭受物质损失,被害人起诉未尽合理范围内安全保障义务的自然人、法人或者其他组织的;未成年人在学校、幼儿园或者其他教育机构中因刑事被告人的犯罪行为遭受物质损失,被害人起诉未尽职责范围内的相关义务,学校、幼儿园或者其他教育机构存在过错的,法院可以告知被害人另行单独提起民事诉讼,不能提起附带民事诉讼。

➢ **争论**

在我国附带民事诉讼中,除了附带民事诉讼原告人和附带民事诉讼被告人之外,是否允许出现诉讼第三人?有观点认为,如果不允许第三人参加诉讼,那么既不能彻底解决民事纠纷,有效地保护当事人或第三人的合法的民事权益,又不能及时息诉,收到便利当事人等诉讼参与人参加诉讼,节省人力、物力和时间的效果。因此,应当允许第三人参与诉讼。但我们认为,将第三人纳入诉讼,会使附带民事诉讼过于复杂,拖延刑事审判,妨碍刑事诉讼功能的实现,不利于被告人的权利保障。因此,不应当允许第三人参与诉讼。

第四节 附带民事诉讼的审判

一、附带民事诉讼的提起

人民法院受理刑事案件后,可以告知因犯罪行为遭受物质损失的被害人(公民、法人和其他组织)、已死亡被害人的近亲属、无行为能力或者限制行为能力被害人的法定代理人,有权提起附带民事诉讼。有权提起附带民事诉讼的人放弃诉讼权利的,应当准许,并记录在案。被害人的监护人应以被害人的名义提起附带民事诉讼,并以法定代理人的身份参与诉讼。被告人的监护人属于附带民事诉讼中依法负有赔偿责任的人,应以法定代理人暨附带民事诉讼被告人的身份参与诉讼。

根据《最高人民法院司法解释》第88条规定,附带民事诉讼的起诉条件是:(1)提起附带民事诉讼的原告人、法定代理人符合法定条件;(2)有明确的被告人;(3)有请求赔偿的具体要求和事实根据;(4)被害人的物质损失是由被告人的犯罪行为造成的;(5)属于人民法院受理附带民事诉讼的范围。附带民事诉讼原告起诉必须具备上述条件,否则人民法院不受理案件。

为了鼓励被害人提起附带民事诉讼，节约司法资源，我国人民法院审理刑事附带民事诉讼案件，不收取诉讼费。

由于附带民事诉讼的附属性特性。附带民事诉讼应当在刑事案件立案以后第一审判决宣告以前提起。有权提起附带民事诉讼的人在一审判决宣告以前没有提起的，不得再提起附带民事诉讼，但可以在刑事判决生效后另行提起民事诉讼。被害人及其近亲属在刑事案件审理终结之后提起的民事赔偿诉讼，不属于附带民事诉讼。

与普通民事诉讼不同的是，普通民事诉讼原告只能向法院提起，而附带民事诉讼原告却还可以向公安机关、检察机关提起。在侦查、预审、审查起诉阶段，有权提起附带民事诉讼的人向公安机关、人民检察院提出赔偿要求，已经公安机关、人民检察院记录在案的，刑事案件起诉后，人民法院应当按附带民事诉讼案件受理；经公安机关、人民检察院调解，当事人双方达成协议并已给付，被害人又坚持向法院提起附带民事诉讼的，人民法院也可以受理。

提起附带民事诉讼原则上采取书面形式，原告应当提交书面的附带民事诉状。书写诉状确有困难的，可以口头起诉。审判人员应当对原告人的口头诉讼请求详细询问，并制作笔录，向原告人宣读；原告人确认无误后，应当签名或者盖章。

二、附带民事诉讼的审判

（一）受理与审判

人民法院收到附带民事诉状后，应当进行审查，并在7日内决定是否立案。符合《刑事诉讼法》提起附带民事诉讼有关规定的，应当受理；不符合规定的，应当裁定驳回起诉。但是，人民法院对附带民事诉讼起诉只进行形式审查，主要审查是否符合提起刑事附带民事诉讼的起诉条件，受理时不对被告人是否应承担赔偿责任进行实质审查，也不能以被告人行为不构成犯罪为由拒绝受理案件。

人民检察院撤回起诉的刑事案件、人民法院裁定终止审理或者决定不予受理的刑事案件，附带民事诉讼原告人提起附带民事诉讼的，应要求其撤回起诉，原告人不撤回起诉的，人民法院应当裁定驳回起诉。

当有权提起附带民事诉讼的近亲属为多人，已形成必要的共同诉讼时，可选择诉讼代表人参加诉讼，但应告知所有共同诉讼人享有的权利，对有权提起附带民事诉讼资格的人，部分表示放弃实体权利和诉讼权利的，应出具书面意见或由法院记录在案。附带民事诉讼原告人起诉部分共同侵权的附带民事诉讼被告人的，人民法院应当告知附带民事诉讼原告人可以起诉其他共同侵权人。原告人仍不起诉的，视为放弃对其他共同侵权人的诉讼请求。

我国《刑事诉讼法》第93条规定，人民法院受理附带民事诉讼后，应当在5日内向附带民事诉讼的被告人送达附带民事起诉状副本，或者将口头起诉的内容及时通知附带民事诉讼的被告人，并制作笔录。被告人是未成年人的，应当将附带民事起诉状副本送达其法定代理人，或者将口头起诉的内容通知其法定代理人。

人民法院审判附带民事诉讼案件，除适用《刑法》、《刑事诉讼法》外，还应当适用《民法通则》、《民事诉讼法》的有关规定。附带民事诉讼的原告人经人民法院传票传唤，无正当理由拒不到庭且未委托代理人的，或者未经法庭许可中途退庭的，应当记录在案，按自行撤诉处理。无行为能力或限制行为能力附带民事诉讼被告人的法定代理人、未被追究刑事责任的其他共同致害人无正当理由拒不到庭且未委托诉讼代理人的，或者未经法庭许可中途退庭的，应记录在案，并比照《民事诉讼法》的相关规定缺席判决。

(二)财产保全和先予执行

为了保障被害人权益，我国附带民事诉讼规定了财产保全与先予执行制度。根据《刑事诉讼法》第77条第3款规定："人民法院在必要的时候，可以查封或者扣押被告人的财产。"这是附带民事诉讼中的保全措施。因此，在刑事诉讼过程中，因被告人或其他人的行为可能导致将来发生法律效力的附带民事诉讼判决不能或难以得到执行时，人民法院可以对被告人的财产采取查封和扣押措施，以保证附带民事判决能够得到执行。

附带民事诉讼的先予执行，是指在刑事诉讼过程中，在法院就附带民事诉讼作出判决之前，人民法院根据民事诉讼原告人的请求，要求民事诉讼被告人先行给付民事诉讼原告人一定款项或履行一定义务并立即执行的措施。而且，最高人民法院2000年11月20日通过的《关于审理刑事附带民事诉讼案件有关问题的批复》规定：对于附带民事诉讼当事人提出先予执行申请的，人民法院应当依照《民事诉讼法》的有关规定，裁定先予执行或驳回申请。

(三)举证与证明

附带民事诉讼案件的当事人对自己提出的主张，有责任提供证据。比如附带民事诉讼的原告，对于侵权人的主观过错、物质损害数额的确定、侵权行为的发生、侵权行为与物质损失之间的因果关系，一般应承担举证责任，一些民事诉讼中的举证责任倒置规则同样适用。但是，由于上述待证事实许多属于犯罪事实，可在刑事诉讼中证明，比如犯罪行为是否发生、主观的过错等，对于该部分事实主要由检察机关承担举证责任，并受到刑事判决效力的约束，当然，被害人也是刑事诉讼的当事人，可以在刑事诉讼中提供证据。值得强调的是，对于犯罪事实的证明标准适用刑事证明标准，而对于附带民事诉讼中不同于犯罪事实的部分事实的证明标准适用民事诉讼的有关规定。

(四)调解

审理附带民事诉讼案件，除人民检察院提起的以外，可以调解。由于检察机关并非国家财产、集体财产的实体权利处分人，相当于民事诉讼中的"程序当事人"，检察机关只具有程序参与权，不具有实体处分权。检察机关作为附带民事诉讼原告人无权同被告人就经济赔偿通过调解达成协议或自行和解。

调解可参照民事诉讼调解的原则和程序进行。调解应当在自愿合法的基础上进行，不能强制调解。经调解达成协议的，审判人员应当及时制作"调解书"。"调解书"经双方当事人签收后即发生法律效力。调解达成协议并当庭执行完毕的，可以不制作"调解书"，但应当记入笔录，经双方当事人、审判人员、书记员签名或者盖章即发生法律效力。经调解无法达成协议或者"调解书"签收前当事人反悔的，附带民事诉讼应当同刑事诉讼一并判决。对于调解达成协议的，法院应当对调解协议内容进行审查。对调解协议侵害国家利益、社会公共利益的，侵害案外人利益的，超出当事人处分权范围的，违背当事人真实意思的，以及违反法律、行政法规禁止性规定的，应不予确认。

（五）判决与赔偿

附带民事诉讼案件，可根据被告人实际赔偿能力大小等因素，依法确定其所应承担的民事赔偿责任。

争论

传统上，对于附带民事诉讼的赔偿，一般认为应当根据犯罪对被告人造成损失的程度，结合被告人的赔偿能力，确定合理的赔偿数额。但是，损害赔偿以弥补受害人受到的损失为目的，应实行全额赔偿的原则，确定赔偿数额应根据被害人由于被告人的犯罪行为遭受全部物质损失的数额来确定。有无赔偿能力是被告人的实际赔偿支付能力问题，是判决后的执行问题。因此，附带民事诉讼也应当适用全部赔偿的原则。刑事被告人被判处的刑罚和赔偿能力不应影响附带民事诉讼赔偿责任和赔偿数额的确定。

附带民事诉讼的赔偿应当以被告人本人的财产为限。对于被告人不具备充分赔偿能力的，人民法院不得要求刑事被告人的亲属代为赔偿或者垫付。刑事被告人的亲属自愿代为赔偿或者垫付的，人民法院应当准许，并视为刑事被告人已经赔偿。对于被告人及其家属自愿或经调解达成赔偿协议所确定的赔偿金额高于被害人实际损失的，应当允许。

被告人已经赔偿了被害人物质损失的，法院可以在量刑时酌情予以从轻处理。对于轻微刑事案件，如果经做工作，被告人认罪悔过，愿意赔偿被害人损失，并取得被害人谅解，从而达成和解协议的，对被告人可以从轻判处非监禁刑或者免予刑事处罚。在被害方提出过高赔偿要求的情况下，被告人客观存在赔偿的困难，或不同意对方的不合理要求，但表示愿意预交一定数额的赔偿款，法院可以接收，并作为被告人的量刑情节酌情考虑。此外，被追缴、退赔的情况，人民法院可以作为量刑情节予以考虑。

人民法院认定被告人的行为事实清楚、证据确实充分，构成犯罪的，经审理法院认为原告附带民事诉讼请求成立的，应当作出刑事附带民事判决，支持原告的诉讼请求；相反，原告主张的事实缺乏证据，请求没有充分理由的，应当判决驳回附带民事诉讼原告人的诉讼请求。

人民法院认定公诉案件被告人的行为不构成犯罪的，对已经提起的附带民事诉讼，经调解不能达成协议的，应当一并作出刑事附带民事判决。其中，对于事实不清、证据不足，不能认定刑事被告人实施了犯罪事实而判决宣告无罪的，为了维护判决的统一性，不应依据民事诉讼的证明标准重新审查认定其是否从事侵权行为，而应当裁定驳回附带民事诉讼原告人的起诉。刑事被告人被起诉的事实清楚，证据确实、充分，虽然该行为不构成犯罪，但其行为构成侵权行为的，人民法院在作出无罪判决时，可以判决附带民事诉讼被告人承担民事赔偿责任。事实已经查清，被告人系无刑事责任能力的人而判决宣告不负刑事责任的或者被告人死亡的，仍可适用附带民事诉讼程序解决刑事被告人的行为给被害人造成的物质损失赔偿问题。

根据《中华人民共和国民法通则》第113条,"二人以上共同侵权造成他人损害的,应当承担连带责任"之规定,共同犯罪案件附带民事诉讼的审理,应当在分清被告人各自赔偿数额的基础上确定赔偿总额,并要求被告人相互承担连带责任。① 因共同犯罪提起的附带民事诉讼,人民法院应参照各被告人在共同犯罪中的地位、作用确定各被告人所应承担民事赔偿责任的大小,但未成年、自首、立功、累犯等情节不得作为认定被告人分担民事赔偿责任的依据。共同犯罪中,对先归案被告人提起的附带民事诉讼,由先归案被告人赔偿被害人的全部经济损失。附带民事诉讼原告人再次就同一个物质损失的事实,对其他因在逃等原因后审判的负连带责任的刑事被告人提起附带民事诉讼的,在生效裁判认定先归案被告人所应承担的全部赔偿总额范围内,由后归案被告人承担连带赔偿责任。

但是,被害人对同一物质损失的发生或者扩大有过错的,可以减轻附带民事诉讼被告人的赔偿责任:(1)被害人对犯罪行为的发生有过错的,可以酌情减轻附带民事诉讼被告人的赔偿责任;(2)被害人的过错发生在犯罪行为的实施过程中,物质损失的后果是双方共同行为引起的,附带民事诉讼被告人的赔偿责任按照过错比例分担;(3)被害人的过错引起物质损失的扩大,对于扩大的损害后果,附带民事诉讼被告人不承担赔偿责任。②

(六)审理期限

刑事附带民事诉讼一般应在《刑事诉讼法》规定的审理期限审结。但是,一些特殊的案件中,人民法院审理刑事附带民事部分的复杂程度远大于审理刑事部分,导致无法在刑事诉讼法定的期限内审结。因此,根据《最高人民法院司法解释》第99条规定:"对于被害人遭受的物质损失或者被告人的赔偿能力一时难以确定,以及附带民事诉讼当事人因故不能到庭等案件,为了防止刑事案件审判的过分迟延,附带民事诉讼可以在刑事案件审判后,由同一审判组织继续审理。如果同一审判组织的成员确实无法继续参加审判的,可以更换审判组织成员。"这即体现了优先保障刑事诉讼的原则,又通过同一审判组织继续审理提高了诉讼效率。

(七)上诉与二审

附带民事诉讼的当事人针对附带民事部分可以提出上诉,二审实行全面审理的原则。刑事附带民事案件一审判决宣告后,被告人对刑事判决不上诉,检察院也未抗诉,只是附带民事诉讼当事人提出上诉引起二审程序的,一审刑事判决在上诉期满后即发生法律效力。但为了正确确定民事责任,二审法院不仅要审查附带民事部分,也要审查刑事部分,并就附带民事部分作出判决。

二审法院审理针对附带民事部分提出上诉的案件,原告一方增加独立的诉讼请求以及对新发生的事项提出增加赔偿数额或者被告一方提出反诉的,二审法院可以根据当事人自愿的原则就新增加的诉讼请求及赔偿额或者反诉进行调解;调解不成的,告知当事人另行提起民事诉讼。对原告一方在一审期间所提诉讼请求范围内要求增加赔偿数额的,如果该增

① 2006年陕西省高级人民法院《审理刑事附带民事诉讼案件的指导意见》。

② 2005年江苏省高级人民法院《关于审理附带民事诉讼案件若干问题的意见(试行)》。

加的赔偿额系原先发生的，应当依法作出裁判；对原告一方在一审中已经提出的诉讼请求，原审法院未进行审理或者判决的，二审法院可以根据当事人自愿的原则进行调解，调解不成的，发回重审。发回重审的裁定书中不列应当追加的当事人。

延伸阅读

精神损害赔偿能否纳入附带民事诉讼的赔偿范围

精神损害赔偿能否纳入附带民事诉讼的赔偿范围，一直以来，是我国理论界争议较大，也引起媒体广泛关注的重要问题。目前，我国否定刑事附带民事诉讼精神损害赔偿的理由主要是：

1. 刑罚具有代替赔偿抚慰被害人的作用。因犯罪行为造成的精神损害，可通过刑罚加以惩处。国家对被告人的刑事制裁本身就具有一定的平复被害人精神损害的作用，其本身就是对被害人及其近亲属最好的精神抚慰，刑罚的安抚功能足以使被害人在心理上得到满足和抚慰，无须再加以赔偿。

2. 影响诉讼效率。精神损害属于无形损失，损害程度没有明确的标准，受被害自然人个人因素影响较大，精神损害的赔偿数额难以把握。正是由于精神损害难以测定，赔偿数额认定的困难性决定了其审查程序的复杂性，如果允许在附带民事诉讼中提起精神损害赔偿，将导致范围过于宽泛，降低刑事审判的效率，可能会影响刑事案件的及时审结。

3. 难以执行。许多犯罪分子生活困难，缺乏赔偿能力，犯罪后面临较多的物质损失赔偿、罚金，但其经济能力不足，导致判决难以执行，判令其承担精神损害赔偿责任将更难以执行，法院即使判了，往往也是"法律白条"而无法执行。

4. 精神损害影响被告人的改造。学界担心精神损害赔偿会使被告人背负沉重的经济债务，影响被告人的劳动改造。

5. 精神损害不能用金钱衡量。社会主义国家曾经认为公民的人格、名誉等不是商品，不能用金钱衡量，遭到损害后，不能用金钱赔偿。否则就是把人和商品等同起来，就是贬低了人格，降低了人的价值。因此，对于犯罪行为给被害人造成的精神损害应采用非经济责任方法去消除，不宜用金钱赔偿的方法解决。

6. 人身损害赔偿中残疾赔偿金、死亡赔偿金，足以弥补精神上的痛苦，没有必要再对其赔偿。因犯罪行为造成被害人人身损害而遭受精神痛苦的，人民法院可以在人身损害赔偿中通过残疾赔偿金、死亡赔偿金赔偿解决，但不单独赔偿精神损失。

学界一般认为，我国现行法律规范层面应确定刑事附带民事诉讼精神损害赔偿，其理由主要是①：

1. 建立刑事附带民事诉讼精神损害赔偿制度，有利于维护法律统一。就精神损害赔偿而言，我国刑事立法与民事立法是相对割裂的，刑事立法不救济精神损害赔偿，而民事立法则对精神损害赔偿提供救济。《民法通则》第120条规定："公民的姓名权、肖像权、名誉权、

---

① 该部分参考林智远：《反思与建构：刑事附带民事诉讼精神损害赔偿研究》，载《福建法学》2009年第2期。

荣誉权受到侵害的，有权要求停止侵害、恢复名誉、消除影响、赔礼道歉，并可以要求赔偿损失。”2001年最高人民法院《关于确定民事侵权精神损害赔偿责任若干问题的解释》对精神损害赔偿也作出了肯定性规定，大大扩大了民事侵权行为中精神损害赔偿的求偿范围。另一方面，侵犯人身权利的犯罪是性质更为严重的侵权行为，更大地侵犯了被害人的人身权利、人格利益，如果民事侵权行为尚且需要赔偿精神损失，而构成犯罪的严重侵权行为反而不需要赔偿精神损失，显然是法律体系内存在的矛盾和冲突。

2. 刑罚无法取代赔偿。学界通说认为，刑罚体现国家法律对犯罪行为的否定性评价，立足点是保护国家利益，属于公法的范畴。而精神损害赔偿则是对当事人人身权利受侵害的救济，立足点是保护个人利益，属于私法的范畴。刑事责任和民事责任其性质根本不同，不能因为承担了刑事责任就可以免除其民事责任。以刑罚替代赔偿，是公权力不适当扩张的表现。

3. 评定精神损害赔偿一般不会影响诉讼效率。当人身权、人格权和其他精神利益被抽象为民法权利时，作为法律技术上的概念，它们与金钱观念上的拟制对价是可行的。我国立法及司法实务中对精神损害赔偿数额的评定已渐趋成熟，逐步确立行之有效的判定原则和计算方法，在法律技术上有所突破，精神损害如何赔偿不再那么难以衡量。因此，计算难不应成为赔偿与否的考量因素。

4. 执行难不应成为赔偿与否的考量因素。附带民事诉讼被告人的财产可能存在难以查清或隐匿、转移的情形，且其赔偿能力并不是固定不变的，现在不能赔偿并不意味着将来就不能赔偿。承担民事责任与能否执行是两个不同层面的问题，是否有可供执行的财产，是执行中应予考虑的问题，不应成为审判中的影响因素，如果确无财产可供执行，可裁定中止或终结执行。

5. 从保护被害人权益的角度，对犯罪分子追究刑事责任和要求犯罪分子对受害人进行精神损害赔偿，是两种性质不同的责任。前者是犯罪分子对国家承担的公法责任，后者则是犯罪分子对受害人承担的私法责任，追究刑事责任不能代替民事上的精神损害赔偿。附带民事诉讼在性质上作为一种特殊的民事诉讼，就应保护受害人的民事权利，任何机关和个人都不能剥夺，不管它是通过民事诉讼程序还是通过刑事附带民事诉讼程序进行。

6. 刑事附带民事诉讼本质上仍是民事诉讼，是一种特殊的民事诉讼。侵犯人身权利的犯罪是性质更为严重的侵权行为，在刑法上构成犯罪，在民法上则属于侵权行为。犯罪分子是否承担赔偿责任，应从民事责任的构成要件进行分析，而我国民事人身侵权已经确立了精神损害赔偿制度。因此，允许在刑事附带民事诉讼中提起精神损害，符合诉讼程序设置的意图。

7. 建立刑事附带民事诉讼精神损害赔偿制度符合国际立法趋势。

阅读链接⇨

◆ 1. 熊选国：《〈关于刑事附带民事诉讼范围问题的规定〉的理解和适用》，载《刑事审判参考》2001年第4辑，法律出版社2001年版。

◆ 2. 刘金友、奚玮：《附带民事诉讼的原理与实务》，法律出版社2005年版。

◆ 3. 北京市第一中级人民法院刑一庭：《关于刑事附带民事诉讼面临的司法困境及其解决对策调研报告》，载《法律适用》2007年第7期。

◆ 4. 廖中洪:《论刑事附带民事诉讼制度的立法完善——从被害人民事权益保护视角的思考》,载《现代法学》2005 年第 1 期。

◆ 5. 陈瑞华:《刑事附带民事诉讼的三种模式》,载《法学研究》2009 年第 1 期。

◆ 6. 樊崇义等著:《〈刑事诉讼法〉修改专题研究报告》,中国人民公安大学出版社 2004 年版。

◆ 7. 肖建华:《刑事附带民事诉讼制度的内在冲突与协调》,载《法学研究》2001 年第 6 期。

◆ 8. 林智远:《反思与建构:刑事附带民事诉讼精神损害赔偿研究》,载《福建法学》2009 年第 2 期。

➢ 讨论题

1. 附带民事诉讼制度有何重要意义?

2. 是否应当将精神损害赔偿纳入附带民事诉讼的赔偿范围?

3. 为什么附带民事诉讼的物质损失仅限于财产被犯罪行为损毁造成的损失?

4. 如何确定附带民事诉讼的被告人?

5. 附带民事诉讼的审理与民事诉讼、刑事诉讼的审理有何区别?

6. 案例讨论:2004 年 8 月 5 日傍晚,胡某、戴某、余某、陈某、邓某、江某等在步行街电影院门口碰到叶某,江某与叶某因琐事发生口角。被人劝开后,胡某一伙人又持刀到“乐乐”网吧将叶某押至较偏僻的山口岭附近的路边。邓某、陈某要叶某跪下,遭到拒绝,陈某便持刀朝叶某脚上砍了一刀,其他人也拿起手中的刀朝叶某背部砍去,当时叶某就被打倒在地,随即,胡某、邓某等人拿刀上前朝叶某一阵乱砍,最终导致被害人重伤。2004 年 10 月,犯罪嫌疑人戴某、余某、陈某、江某被抓获归案;归案后,余某赔偿了叶某医疗费 2 万元,陈某赔偿其 7000 元。经公安机关侦查后,检察机关以故意伤害罪对戴某、余某、陈某提起公诉,未对江某提起公诉;被害人叶某未对 4 人提出附带民事诉讼。2005 年 1 月 10 日,某人民法院以故意伤害罪判处戴某、余某、陈某有期徒刑 4 年。判决后三被告人均未上诉,判决生效。2006 年 2 月 27 日,犯罪嫌疑人胡某被抓获,检察机关以故意伤害罪对其提起公诉,被害人叶某提出了附带民事诉讼,要求胡某赔偿 123177 元。原审法院以故意伤害罪判处胡某有期徒刑 3 年;附带民事诉讼原告人叶某因伤造成的经济损失 123177 元由附带民事诉讼被告人胡某赔偿。至判决之日止,仍有邓某在逃,公安机关在追捕中。

本案中,被害人叶某仅对胡某提起附带民事赔偿要求,并且法院判决胡某赔偿被害人的全部损失,是否正确?为什么?

第八章 期间、送达

第一节 期间、期日

一、期间、期日

（一）期间

期间是指公安司法机关进行刑事诉讼，以及诉讼参与人参加刑事诉讼必须遵守的期限。

刑事诉讼的期间一般为法定期间，有两类：一类是司法机关应遵守的期间，一类是当事人及诉讼参与人应遵守的期间。

（二）期日

期日是指公安司法机关和诉讼参与人进行刑事诉讼活动的特定时间点。

期日和期间的区别在于：(1)期间是一个时间段，而期日是一个特定的时间点，如某时、某日；(2)期间一般由法律规定，不能变更；而期日由公、检、法机关指定，遇有特殊情形再另行指定。

二、期间的计算

根据《刑事诉讼法》第 79 条及 1998 年最高人民法院《关于执行〈中华人民共和国刑事诉讼法〉若干问题的解释》(以下简称《刑事诉讼法解释》)第 103 条的规定，期间计算的方法是：

1. 期间以时、日、月计算。

2. 以时、日为计算单位的，期间开始的时和日不算在期间以内。从下一时、下一日开始计算。例如，某嫌疑人是某日 7 点 40 分被逮捕的，那么 24 小时内将逮捕原因和羁押场所通知家属的时间应当从 8 点开始起算。再如，被告人在 5 月 1 日收到判决书，其上诉期限则应从 5 月 2 日起开始计算，截止日是 5 月 11 日。

以月为计算单位的，期间开始的时日都计算，开始月的某日到结束月的某日为一整月，自本月某日至下个月某日为一整月。如果结束月没有同日，则应将期满日向前推，不得向后顺延到下一个月。例如，1 月 30 日开始补充侦查，补充侦查期限为 1 个月，期满之日应是 2

月的最后一天，即 28 日或 29 日。

半个月一律按 15 日计算。

3. 法定期间不包括路途上的时间。上诉状或其他文件在期满前已交邮的，不算过期。有关诉讼文书材料在公、检、法机关间传递的时间，也应在法定期间内扣除。

这也适用于缉捕、押解路途时间的扣除。例如，缉捕嫌疑人从外地到侦查机关所在地需要 2 日，那么 24 小时内讯问、通知家属或单位的法定期间应扣除这 2 日。

4. 节假日。

根据 1998 年最高人民法院、最高人民检察院、公安部、国家安全部、司法部、全国人大法工委《关于刑事诉讼法实施中若干问题的规定》(以下简称《六机关规定》)第 29 条规定，期间的最后一日是法定节假日的，应顺延至法定节假日后的第一个工作日。节假日有变通规定的，以实际休假日后的第一个工作日为期满日。例如，被告人上诉的期满日是 10 月 1 日，则应顺延到国庆节后的第一个工作日。

但对嫌疑人、被告人或罪犯的在押期间，应至期满之日为止，不得因节假日而延长至节假日后的第一个工作日。

5. 不计入法定期间的情形：

(1)犯罪嫌疑人不讲真实姓名、住址、身份不明的，侦查羁押期限自查清身份之日起计算。对于犯罪事实清楚，证据确实、充分的，也可按其自报的姓名移送检察机关审查起诉。

(2)根据《刑事诉讼法》第 122 条、《六机关规定》第 33 条及《刑事诉讼法解释》第 110 条规定，对嫌疑人作精神病鉴定的期间不计入办案期限。其他鉴定时间都应当计入办案期限。对于因鉴定时间较长，办案期限届满仍不能终结的案件，自期限届满之日起，应对被羁押的嫌疑人、被告人变更强制措施，改为取保候审或者监视居住。

(3)中止审理期限一般不计入审理期限。

(4)因另行委托、指定辩护人，法院决定延期审理的，自案件决定延期审理之日起至第 10 日止，辩护人准备辩护的时间不计入审理期限。

(5)因当事人、诉讼代理人、辩护人申请通知的证人到庭、提取新的证据、申请重新鉴定或勘验，法院决定延期审理 1 个月之内的期间不计入审理期限。

三、法定期间

(一)强制措施期间

1. 根据《刑事诉讼法》第 92 条规定，传唤和拘传持续的时间最长不得超过 12 个小时。不得以连续传唤、拘传的形式变相拘禁嫌疑人、被告人。

2. 根据《刑事诉讼法》第 58 条规定，取保候审不得超过 12 个月，监视居住不得超过 6 个月。

3. 根据《刑事诉讼法》第 64 条规定，拘留后 24 小时以内讯问，以及通知家属或单位。

4. 根据《刑事诉讼法》第 69 条规定，公安机关要求逮捕嫌疑人时，应写出“提请批准逮捕书”，连同案卷材料、证据，在拘留后的 3 日内，一并移送同级人民检察院审查批准，在特殊情况下,提请审查批准时间可延长 1 至 4 日。对流窜作案、多次作案、结伙作案的重大嫌疑分子,提请审查批准时间可以延长至 30 日。

人民检察院应当自接到公安机关提请批准逮捕书后的 7 日内,作出批准或不批准的决定。因此,公安机关拘留期限最长为 14 天,对流窜作案、多次作案、结伙作案的重大嫌疑分子可达 37 天。

5. 人民检察院对被拘留的人,认为需要逮捕的,应当在 10 日内作出决定;在特殊情况下,决定逮捕的时间可延长 1 至 4 日。

(二)侦查羁押期间

根据《刑事诉讼法》第 124 条至第 127 条规定,侦查羁押期限及其延长如下:

对嫌疑人逮捕后的侦查羁押期限不得超过两个月。案情复杂、期限届满不能终结的案件,可经上一级人民检察院批准延长一个月。

交通十分不便的边远地区的重大复杂案件;重大的犯罪集团案件;流窜作案的重大复杂案件;犯罪涉及面广,取证困难的 4 类重大复杂案件。在上述期限届满不能侦查终结的,经省、自治区、直辖市人民检察院批准或决定,可延长两个月。

对嫌疑人可能判处 10 年有期徒刑以上刑罚,上述延长期限届满,仍不能侦查终结的,经省、自治区、直辖市人民检察院批准或决定,可再延长两个月。

根据《六机关规定》第 30 条规定:"公安机关对案件提请延长羁押期限时,应当在羁押期限届满 7 日前提出,并书面呈报延长羁押期限案件的主要案情和延长羁押期限的具体理由,人民检察院应当在羁押期限届满前作出决定。"

因特殊原因,在较长时间内不宜交付审判的特别重大复杂的案件,由最高人民检察院报请全国人大常委会批准延期审理。

(三)解除扣押、冻结期间

对扣押、冻结的财物,经查明与案件无关的,应在 3 日内解除扣押、冻结,退还原主或原邮电机关。

(四)审查起诉期间

一般应在 1 个月内作出决定;重大复杂的案件,可以延长半个月;对于补充侦查的案件,应在 1 个月内补充侦查完毕。补充侦查以两次为限。

(五)对不起诉决定的申诉期间

对有被害人的案件,决定不起诉的,任命检察院应将不起诉决定书送达被害人。被害人如果不服,可以自收到决定书 7 日内向上级人民检察院申诉,请求提起公诉。

(六)律师参与刑事诉讼期间

1. 第一次讯问后或采取强制措施之日起,嫌疑人可聘请律师为其提供法律帮助。律师提出会见嫌疑人的,应当在 48 小时内安排会见,对于组织、领导、参加黑社会性质组织罪,组织、领导、参加恐怖活动组织或者走私犯罪、毒品犯罪、贪污贿赂犯罪等重大复杂的 2 人以上的共同犯罪案件，律师提出会见嫌疑人的，应当在 5 日内安排会见。

2. 公诉案件自案件移送审查起诉之日起，嫌疑人有权委托辩护人。自诉案件被告人有权随时委托辩护人。

(七)一审期间

1. 庭前告知期间：开庭 10 日前将起诉书副本送达被告人；开庭 3 日前将开庭的时间、地点通知人民检察院；开庭 3 日前将传票、通知书送达诉讼参与人；公开审判的案件，在开庭 3 日前先期公布案由、被告人姓名、开庭时间和地点。

2. 公诉案件审理期限：受理后 1 个月内宣判，至迟不得超过 1 个半月；4 类重大复杂的案件可以再延长 1 个月。

3. 自诉案件审理期限：根据《刑事诉讼法解释》第 109 条规定，被告人被羁押的，与公诉案件的审理期间相同。被告人未被羁押的，应当在立案后 6 个月内宣判；有特殊情况需要延长的，由本院院长批准，可延长 3 个月。需要延长审理期限的，应在期满 7 日前报请高级人民法院批准或决定。

4. 简易程序审理期限：20 日以内。

5. 判决宣告期限：当庭宣判，应在 5 日内将判决书送达当事人和人民检察院；定期宣判的，应在宣判后立即将判决书送达当事人和人民检察院。

(八)上诉、抗诉期限

不服判决的上诉、抗诉期限为 10 日；不服裁定的上诉、抗诉期限为 5 日；被害人及法定代理人不服地方各级人民法院一审判决，有权自收到判决书后 5 日内请求人民检察院抗诉。

(九)二审程序期间

在 1 个月内审结，至迟不得超过 1 个半月；4 类重大复杂案件可再延长 1 个月，但最高人民法院受理的上诉、抗诉案件，由最高人民法院决定。

(十)再审期间

应在作出提审、再审决定之后 3 个月内审结，需要延长期限的，不得超过 6 个月。

(十一)执行期间

1. 下级人民法院接到最高人民法院执行死刑命令后，应在 7 日内交付执行。

2. 人民检察院认为暂予监外执行不当的，应在收到通知之日起 1 个月以内将书面意见交批准机关。

3. 人民检察院认为法院减刑、假释的裁定不当的，应在收到裁定书副本后 20 日以内，向人民法院提出纠正意见，人民法院应在收到纠正意见后 1 个月以内重新组成合议庭审理，给出最终裁定。

四、期间的重新计算

(一)侦查羁押期限的重新计算

根据《刑事诉讼法》第128条以及《六机关规定》第32条规定，在侦查期间，发现嫌疑人另有重要罪行的，自发现之日起依照《刑事诉讼法》第124条的规定重新计算侦查羁押期限。公安机关可直接决定，不需要人民检察院批准，但要报送其备案，以便人民检察院监督。

案例分析

2000年司法考试选择题：J市人民检察院在侦查舒某、刘某期间，发现舒某、刘某还曾对证人高某使用暴力手段逼取证言，如何计算舒某的侦查羁押期限？A. 只按照前一个罪计算侦查羁押期限。B. 自前一个罪的侦查羁押期限届满之日的第二日起计算新发现罪的侦查羁押期限。C. 按照数罪中最重的罪计算侦查羁押期限。D. 自发现对证人使用暴力手段逼取证言的犯罪之日起，重新计算侦查羁押期限。

解答：选D。依据为《刑事诉讼法》第128条，《六机关规定》第32条相关规定。

(二)因改变管辖重新计算

人民检察院审查起诉的案件，改变管辖的，从改变后人民检察院收到案件之日起计算审查起诉期限。

人民法院改变管辖的案件，从改变后人民法院收到案件之日起计算审理期限。

(三)因补充侦查重新计算

对于退回公安机关补充侦查的案件，公安机关补充侦查完毕移送审查起诉后，人民检察院重新计算审查起诉期限。

人民检察院补充侦查的案件，补充侦查完毕移送法院后，人民法院重新计算审理期限。

(四)因程序转换重新计算

由简易程序转为普通程序的第一审刑事案件的期限，自案件决定转为普通程序次日起重新计算。

(五)因发回重审重新计算

第二审人民法院发回原审法院重审的案件，原审法院重新计算审理期限。

> 案例分析

2008年司法考试单选题：根据《刑事诉讼法》及有关司法解释的规定，下列哪一项办案期限是不能重新计算的？A. 补充侦查完毕后的审查起诉期限。B. 发现犯罪嫌疑人另有重要罪行后的侦查羁押期限。C. 处理当事人回避申请后的法庭审理期限。D. 检察院补充侦查完毕移送法院继续审理的审理期限。

解答：选C。依据为《刑事诉讼法》第140条、第165条、第168条及《刑事诉讼法解释》第156条的相关规定。

五、期间的耽误和恢复

期间的耽误是指公安司法机关或诉讼参与人未在法定期限内完成应进行的诉讼行为。

期间的恢复是指当事人由于不能抗拒的原因或有其他正当理由而耽误期限的，在障碍消除后的一定期限，申请人民法院准许其继续进行应在期满前完成的诉讼活动的一种补救措施。

根据《刑事诉讼法》第80条的规定，期间恢复须具备以下条件：(1)当事人申请；(2)由于不能抗拒的原因或其他正当理由；(3)在原因消除后5日内向人民法院提出；(4)须经人民法院裁定批准。

> 案例分析

2004年司法考试多选题：何某不服一审人民法院以故意伤害罪判处其12年有期徒刑的判决，但又因故耽误上诉期限。障碍消除后，何某申请继续进行应当在期满前完成的上诉活动，必须满足什么条件？A. 何某耽误期间是由于不能抗拒的原因或者有其他正当理由。B. 在障碍消除后5日内何某提出上诉。C. 继续应当在期满以前提出上诉的申请，需要由辩护人为其提出。D. 经人民法院查证属实，裁定允许。

解答：选ABD。依据为《刑事诉讼法》第80条。

第二节 送达

一、送达的概念和意义

(一)送达的概念与特征

送达是指公安司法机关按法定程序，将有关诉讼文件送交诉讼参与人和有关单位的活动。具有以下特征：

1. 送达的主体是公安司法机关。

2. 送达对象可以是诉讼参与人，也可以是有关单位，包括公安司法机关。

3. 送达的诉讼文件是公安司法机关依职权制作的。

4. 需依照法定的程序和方式送达。

(二)送达的意义

1. 有利于推动刑事诉讼的顺利进行。

2. 有利于保障诉讼参与人的合法权利。

3. 有利于敦促专门机关依法履行职权。

二、送达回证

送达回证是公安司法机关制作的用以证明送达行为及结果的诉讼文件。

它既是送达人完成送达任务的凭证，也是被送达人接收或拒收诉讼文件的证明，还是检查公安司法机关是否按照法定程序和方式送达诉讼文件，认定诉讼参与人的诉讼行为是否有效的依据。

《刑事诉讼法解释》第 104 条规定，送达诉讼文书必须有送达回证。收件人本人应当在送达回证上记明收到的日期，并且签名或者盖章。如果本人不在，可以由其成年家属或者所在单位负责收件人员代收，代收人应当在送达回证上记明收到的日期，并且签名或者盖章。收件人本人或者代收人在送达回证上签收的日期为送达的日期。

三、送达程序

(一)送达方式

1. 直接送达

《刑事诉讼法》第 81 条第 1 款规定了直接送达。送达诉讼文书，应直接送交受送达人。受送达人是公民的，若本人不在就交他的同住成年家属签收；受送达人是法人或其他组织的，应由法定代表人、其他组织主要负责人或该法人、组织负责收件的人签收；受送达人有诉讼代理人的，可以送交其代理人签收；受送达人已向法院指定代收人的，送交代收人签收。

2. 留置送达

《刑事诉讼法》第 81 条第 2 款及《刑事诉讼法解释》第 104 条第 3 款规定了留置送达。受送达人或他的同住成年家属拒绝接收诉讼文书的，送达人应邀请有关基层组织或所在单位代表到场，说明情况，在送达回证上记明拒收事由和日期，由送达人、见证人签名或盖章，把诉讼文书留在受送达人住所，即视为送达。

案例分析

2007年司法考试单选题：张某以侮辱罪对王某提起自诉。一审中，经调解双方达成协议。但在送达调解书时，张某反悔，拒绝签收。关于本案，下列哪一选项是正确的？A. 调解协议一经达成，即发生法律效力。B. 调解书经审判人员和书记员署名，并加盖法院印章后，即发生法律效力。C. 无论当事人是否签收，调解书一经送达，即发生法律效力。D. 本案中调解书并未生效，人民法院应当进行判决。

解答：选D。因为调解书不适用留置送达。

3. 委托、邮寄送达

根据《刑事诉讼法解释》第105条至第107条规定，直接送达诉讼文书有困难的，可委托收件人所在法院代为送达或邮寄送达。

委托送达的，应当将委托函、委托送达的诉讼文书及送达回证，寄送收件人所在地的人民法院。受委托的人民法院收到委托送达的诉讼文书，应当登记，并由专人及时送达收件人，然后将送达回证及时退回委托送达的人民法院。受委托的人民法院无法送达时，应当将不能送达的原因及时告知委托的人民法院，并将诉讼文书及送达回证退回。

邮寄送达的，应当将诉讼文书、送达回证挂号邮寄给收件人。挂号回执上注明的日期为送达的日期。

4. 转交送达

根据《刑事诉讼法解释》第108条规定，对军人，可通过所在部队团级以上单位政治部门转交；对被监禁的人，可通过所在监狱或其他执行机关转交。对正在劳动教养的人，可通过劳动教养单位转交。

(二)送达时间

1. 直接送达：收件人本人或代收人在送达回证上签收的日期为送达日期。
2. 留置送达：留在受送达人住所之时为送达日期。
3. 委托、邮寄送达：回执上注明的收件日期为送达日期。
4. 转交送达：代为转交的机关、单位收到诉讼文书后，必须立即交受送达人签收，以在送达回证上的签收日期，为送达日期。

(三)建议增加公告送达

我国《刑事诉讼法》及司法解释未规定公告送达。其实在刑事诉讼中是有采用公告送达的必要性的。现行送达方式主要有直接送达、留置送达、委托送达、邮寄送达与转交送达。但在实践中，对那些没有被起诉的附带民事诉讼被告人用以上送达方式并不能解决问题。而现行法律并未规定对该类案件可公告送达，也未规定被告人的诉讼代理人可代为签收。

实践中，被告人往往自知要承担赔偿等法律责任，在得知受害人起诉自己后，欲逃避责任，认为不接收起诉状副本和开庭传票等法律文书、不参加庭审，法院就无法判其承担责任。有的被告人虽未参加庭审，但从其他收到判决书的被告人处或其他途径了解到判决对自己不利，于是四处躲避。而被告人的家属避而不见，其他人也不愿代收，邮寄送达也因找不到收件人而被退回。这些都造成附带民事诉讼判决书难以送达，判决长时间不能生效，法院也无可奈何。这不仅影响了办案效率，也增加了被害方诉累，影响了司法权威。

因此，应当修订刑事附带民事诉讼案件的文书送达方式，规定对此类案件，采用直接送达、邮寄送达、留置送达或委托送达方式无效的，可采用公告送达的方式送达。如果受送达人有诉讼代理人的，也可由其诉讼代理人代为签收后视为送达。

延伸阅读⇨

起诉书副本应当送达被害人

人民法院决定开庭审理的公诉案件，《刑事诉讼法》第151条第1款第2项规定，将人民检察院的起诉书副本至迟在开庭10日以前送达被告人，却没有关于将起诉书送达被害人的规定。实践中，除向提起附带民事诉讼的被害人送达起诉书、开庭通知外，对其余的被害人不仅未送达起诉书，甚至开庭通知、判决书有时都不能及时送达。

被害人作为刑事诉讼一方通常比较关注对犯罪追究的情况。为了使被害人更好地行使诉讼权利，为开庭审理做好准备，《刑事诉讼法》应制定起诉书副本送达被害人制度，因为：

1. 这是维护被害人知情权及其诉讼权利的需要。被害人作为刑事诉讼的当事人，应享有对刑事案件的立案、批准、起诉、审判等诉讼阶段的基本情况的知情权。这是他们最重要的基础性权利。只有对一系列重大情况知晓，被害人才有可能行使各项诉讼权利，维护自身利益。《刑事诉讼法》规定，被害人有权参加法庭调查，在法庭上就起诉书指控的犯罪进行陈述，可以向被告人发问；有权向证人发问和质证；有权辨认、鉴别物证，听取书面证言及其他证据文书，并就上述证据向法庭陈述意见；有权申请通知新的证人到庭，调取新的物证，申请新的鉴定和勘验；有权参加法庭辩论，对证据和案件情况发表意见，并与公诉人、其他当事人、辩护人等相互辩论，而这些权利的行使，都需要其于诉前获得起诉书副本。

2. 体现了被害人的当事人地位。我国《刑事诉讼法》赋予了公诉案件被害人当事人的地位，我们的具体制度设计也应当体现这一规定。虽然《刑事诉讼法》第145条规定，对于有被害人的案件决定不起诉的，人民检察院应将不起诉决定书送达被害人，保障了被害人此时的知情权，但没有规定起诉状副本于诉前送达被害人，显然存在法律疏漏，应予以弥补。

3. 有利于对公诉案件的监督制约。允许被害人参加诉讼程序可在刑事司法中设立一个检查和平衡机制，以提高司法人员的责任感。建立起诉书副本送达被害人制度，可扩大被害人对诉讼的参与，便于其核对起诉书中的事实和证据，进而推动审理的“透明化”，有效防止司法权的滥用。

阅读链接⇨

- 李积国：《应当建立起诉书副本送达被害人制度》，载《检察日报》2011年1月17日。

讨论题

1. 谈谈期日与期间的区别。

2. 谈谈你对我国期间重新计算制度的看法。

3. 我国送达制度的问题及其改革。

4. 案例讨论：

被告人陈某，男，1996 年 3 月 2 日生。2011 年 4 月 5 日，因涉嫌故意杀人罪被某县检察院起诉至该县法院。县法院审查后认为该案不属本院管辖，遂决定将案件移送市中级人民法院。中级人民法院受理案件后，由审判员孙某、梁某、华某及人民陪审员魏某、秦某组成合议庭。由于情节极其严重，合议庭中多数人认为应公开审理，以便更好地进行法制宣传。据少数服从多数原则，最终决定公开审理。4 月 27 日，中级人民法院依法对陈某故意杀人一案公开审理。审判过程中，被告人陈某趁人不备脱逃，案件在较长时间内无法审理，审判长宣布延期审理。6 月 6 日，陈某被抓获归案，法院对案件继续审理，以故意杀人罪当庭宣告判处被告人陈某无期徒刑。6 月 13 日将判决书送达了当事人和人民检察院。

问题：试分析本案中公、检、法机关行为的不当之处，并说明理由。

第九章 刑事诉讼证据

第一节 刑事诉讼证据概述

一、刑事诉讼证据的概念

一般意义上的证据，是指“能够证明某事物的真实性的有关实事或材料”。①

诉讼证据，包括证据方法和证据资料两个方面。所谓证据方法是证据赖以存在的外在形式，亦即证据存在的载体。证据方法包括物体和人两种。所谓证据资料则是指通过调查证据方法所获取的可以用来证明案件真实情况的事实。②

我国《刑事诉讼法》第 42 条规定：“证明案件真实情况的一切事实，都是证据。证据有下列七种：(一)物证、书证；(二)证人证言；(三)被害人陈述；(四)犯罪嫌疑人、被告人供述和辩解；(五)鉴定结论；(六)勘验、检查笔录；(七)视听资料。以上证据必须经过查证属实，才能作为定案的根据”。据此，刑事诉讼中的证据，是指以法律规定的形式表现出来的能够证明案件真实情况的一切事实。

刑事诉讼证据在刑事诉讼中具有重要的作用，它是正确认定案件事实的依据，也是判断犯罪嫌疑人、被告人是否有罪、罪责轻重的基础。刑事诉讼从立案、侦查、起诉到审判，每一个诉讼阶段都离不开证据的运用。

➢ 争论

刑事诉讼证据的定义是什么？

关于刑事诉讼证据的定义，学界有不同的观点。传统的观点被人们称为事实说，认为证据是客观事实。后来，一些学者对事实说提出了质疑，并提出了一些新的界定，从而形成了所谓的根据说、材料说、方法说、统一说。根据说认为证据是证明案件事实的根据；材料说认为证据是可能用来证明案件事实的材料；方法说认为证据是认定案件事实的手段；统一说认为证据是证据内容与证据形式的统一。

---

① 转引自卞建林主编：《证据法学》，中国政法大学出版社 2007 年第 3 版，第 55 页。

② 龙宗智、杨建广主编：《刑事诉讼法》，2007 年第 2 版，第 126 页。

二、刑事诉讼证据的特征

(一)证据的客观性

证据的客观性,是指作为证据内容的事实是客观存在的,即证据事实必须真实可靠,而不是主观想象、猜测和杜撰的,而且作为证据内容的事实与案件待证事实间的联系也是客观的。①

作为证明刑事案件真实情况的依据,刑事诉讼证据应当是伴随着刑事案件的发生而出现的各种物品、物质痕迹和反映现象。刑事案件的真实情况需要由真实客观的证据加以证明,如果证据本身是虚假或主观的,那么,就难以据此来证明刑事案件事实。

证据的客观性要求证据必须是经过查证属实的。刑事诉讼中的所有证据资料,如果未经查证属实,不具有客观真实性,就不能作为证据使用。客观性是刑事证据最基本的特征。

(二)证据的关联性

证据的关联性,又称证据的相关性,是指作为证据的事实,必须和刑事案件的待证事实之间存在客观的联系,是对查明刑事案件有意义的事实。

作为证据的事实与刑事案件的联系形式是多种多样的,如因果联系、时间联系、空间联系、偶然联系或必然联系、直接联系或间接联系、肯定联系或否定联系,等等。

证据的相关性要求证据必须是能够证明案件真实情况的事实。只有与案件事实具有客观的联系,对查明案件有意义的事实,才能作为证据;凡是与案件事实无关的,对查明案件没有意义的事实,即使它是真实可靠的,也不能作为证据。基于证据的相关性,司法人员在办理刑事案件的过程中,应当关注作为证据的事实与案件待证事实之间的关系,把与案件事实没有客观联系的事实排除在刑事证据体系之外。

➢ 案例分析

在甲故意杀人案中,公安机关在侦查过程中除了其他证据外,还收集到了两份证人证言:证人乙的证言证明,甲吃、喝、嫖、赌,道德品质败坏;证人丙的证言证明,在本案的作案时间中,甲曾与她一起在某电影院看电影。本案中,如果要认定甲犯有故意杀人罪,乙和丙的证言是否具备证据的相关性特征?

解答:本案中,证人乙的证言与本案要证明的故意杀人罪的案件事实无关,不具备证据的相关性特征;证人丙的证言如果真实,则能证明甲无作案时间,具备证据的相关性特征。

(三)证据的合法性

证据的合法性,也叫证据的可采性,是指一定的事实材料只有符合法律规定才能被采纳

① 卞建林主编:《证据法学》,中国政法大学出版社2007年第3版,第63页。

成为诉讼证据。[①]

一般认为，证据的合法性具体包括以下三个方面的内容：

1. 提供、收集证据的主体必须合法。如没有鉴定资格的人提出的鉴定结论就不能被采纳为合法的诉讼证据。[②]

2. 证据必须依照法律规定的程序和方法收集、固定、保全和审查运用。为了确保证据的合法性，我国《刑事诉讼法》在收集、固定、保全和审查运用证据等方面，设定了严格的程序。

3. 证据必须符合法定的形式。我国《刑事诉讼法》第 42 条第 2 款所规定的证据种类，即为刑事证据的法定形式，在我国刑事诉讼中，只有符合这七种形式的材料才能作为证据使用。

➢ 争论

刑事诉讼证据具有哪些属性？

关于刑事诉讼证据的属性，学界有多种观点。其中最具代表性的观点是"三性说"和"两性说"。"三性说"和"两性说"都一致认为刑事诉讼证据具有客观性和相关性，但在合法性是否是刑事诉讼证据的本质属性问题上，二者产生了分歧。"三性说"认为合法性是刑事诉讼证据的本质属性，不具有合法性的证据材料不能成为刑事诉讼的证据；"两性说"则认为依照法定程序收集和审查证据等不是刑事诉讼证据本身的特征，而是属于刑事诉讼证据的收集和审查问题。

三、刑事诉讼证据能力和证明力

证据能力和证明力是证据法学和法律实践常用的与证据的客观性、关联性、合法性相关的两个概念。它是从证据材料是否能进入诉讼程序及对案件事实有多大程度的证明作用方面揭示出的证据的两大特征：

1. 刑事诉讼证据能力

证据能力又称证据资格、证据的适格性，是指事实材料成为诉讼中的证据所必须具备的条件，及法律对事实材料成为诉讼中的证据在资格上的限制。在刑事诉讼中，不具备客观性、相关性和合法性的事实材料，都不具备证据能力。在司法实践中，判断证据能力的主要依据是证据排除规则，根据非法证据排除规则而被排除的证据，不具有证据能力。

2. 刑事诉讼证据的证明力

证据的证明力，是指证据在认定案件事实上是否有作用和作用的程度，又称之为证据价值。它是证据关联性的反映，只要某证据具有客观性，并与案件待证事实具有关联性，该证据就具有一定的证明力。不同的证据因为有着各自的特点，并与案件待证事实有着不同的

---

① 龙宗智、杨建广主编:《刑事诉讼法》，高等教育出版社 2007 年第 2 版，第 128 页。

② 卞建林主编:《证据法学》，中国政法大学出版社 2007 年第 3 版，第 62 页。

联系，它们对案件待证事实往往具有不同的证明价值。

对证据证明力的判断是建立在证据能力已经具备的前提下的。[①] 只有某事实材料具备了证据能力，判断其是否具有证明力才有意义，因为如果其不具备证据能力，则根本就不能作为证据使用。

➢ 案例分析

甲涉嫌故意杀人罪，侦查期间，甲供认自己实施了故意杀人的行为，乙提供了其亲眼目睹甲杀人经过的证言。法庭审理期间，甲声称其有罪供述是在侦查人员对其实施刑讯逼供情况下作出的，乙也提出其关于甲故意杀人案的证言出自侦查人员的威胁、引诱、欺骗。经法院查明，上述情况属实。甲的有罪供述和乙的证言是否具有证据能力？

解答：本案中，依据非法证据排除规则，甲的有罪供述和乙的证言都不具有证据能力，不能作为定案的根据。

第二节　刑事证据的种类

刑事证据的种类，是指刑事证据在法律上的分类。依照我国《刑事诉讼法》第 42 条第 2 款的规定，我国的刑事证据分为七类：物证、书证；证人证言；被害人陈述；犯罪嫌疑人、被告人供述和辩解；鉴定结论；勘验、检查笔录；视听资料。

一、物证、书证

(一)物证

物证，是指能够以其外部特征、物质属性和存在状况等来证明案件真实情况的一切物品和痕迹。

物证的外部特征，是指物证的形状、大小、数量、颜色、新旧、破损程度等。物证的物质属性，是指物证的质量、重量、材料、成分、结构、功能等。物证的存在状况，是指物证所处的位置、环境、状态等。

在刑事诉讼中，物证的形式纷繁复杂，其中最常见的物证有以下几种：

1. 在犯罪中使用的工具。例如，故意杀人案中作案人作案时所使用的刀具、棍棒，盗窃案中作案人作案时使用的钳子、撬棍，等等。

2. 犯罪行为侵犯的客体物。例如，故意杀人案中的被害人的尸体，盗窃案中作案人盗窃的赃款、赃物，等等。

---

① 龙宗智、杨建广主编：《刑事诉讼法》，高等教育出版社 2007 年第 2 版，第 129 页。

3．犯罪现场留下的物品或痕迹。例如，故意杀人案中作案人作案时留在犯罪现场上的手套、指纹，盗窃案中作案人作案时留下的撬压痕迹，等等。

4．犯罪行为产生的物品。例如，非法制造枪支、弹药案中非法制造的枪支、弹药，等等。

5．其他可以用来发现犯罪行为和查获犯罪分子的存在物。例如，人体的气味，物体的位置、大小、颜色、气味，等等。

物证是刑事诉讼中最为普遍的一种证据，它同其他证据相比更为直观，稳定性和可靠性也比较强。公安司法机关一般通过勘验、检查、搜查、扣押等方法收集物证。在法庭审判阶段，物证必须依法当庭出示，经当事人辨认和法庭查实以后，才能作为定案的根据。[①]

➢ 争论

物证的摄影照片或复制模型是否属于物证范畴？

有人认为，用以提取、固定和保全物证的摄影照片或复制模型，属于物证范畴。另有人则持相反意见，认为现场照片属于现场勘验笔录的组成部分，对某个物证照相或制作模型，只是提取、固定和保全物证的一种方法，作为物证的仍是原痕迹。

（二）书证

书证，是指用文字、符号、图画等记载的内容和所表达的思想来证明案件真实情况的书面文件或其他物品。

书证的表现形式通常是文字，但也可以是图画或其他可以识别的符号。书证的载体，一般是纸张，但也可能是布帛、竹木、石块、金属或其他的物质材料。但无论是何种形式何种载体，书证必须是表达了一定思想内容的物品，而且这种思想内容必须能够为人们所理解，与案件事实之间存在客观的联系。

刑事诉讼中常见的书证有证件、文件、信件、标语、图纸、账册、单据、计划书等。

书证是刑事诉讼中广泛使用的一种证据。例如，犯罪人伪造的各种证件、印章和证明材料，载有犯罪内容的标语、传单、信件、图画等，经常被用来证明有关案件情况。特别在经济犯罪的案件中，书证是犯罪事实以及涉案金额所必不可少的证据。相对其他证据而言，书证具有内容明确、形式稳定及对案件情况证明比较直接等特点。

➢ 案例分析

某甲被杀，在犯罪现场发现了乙写给丙的一封信，信中写有杀害甲的计划。本案中，乙写给丙的信作为认定乙和丙犯有故意杀人罪的证据之一，它是物证还是书证？

解答：本案中，乙写给丙的信既是物证又是书证。一方面，信能够以其文字内容证明案件的真实情况，它是书证；另一方面，信被留在了现场，能够以其存在状况证明案件的真实情况，它又是物证。

---

① 邱俊芳、薛竑编著：《〈刑事诉讼法〉精要与依据指引》，人民出版社 2005 年第 1 版，第 163、164 页。

二、证人证言

(一)证人证言的概念

证人证言,是指证人在诉讼过程中将自己所知道的案件情况向公安司法机关所作的陈述。证人证言是证人直接向公安司法机关口头或书面陈述其所了解的案件事实。匿名举报、揭发的材料,不能直接作为证人证言,必要时只能作为查证的线索。证人向其他机关和其他人员所作的陈述,也不能成为证人证言。

证人证言的内容是十分广泛的,凡是证人所知道的与案件有关的一切情况,包括案件事实情况和当事人的情况,只要是对查明案件事实有意义的所有情况,都属于证人证言的范围。

证人证言一般是口头陈述的,特殊情况下也可以是书面的。《刑事诉讼法》要求证言应当具有口头的形式,以便公安司法人员经过询问,全面了解证人所提供的情况,对证人证言作出正确判断。必要的时候,公安司法人员也可以要求证人书写证言,书面证言应由证人签名或盖章。

(二)证人的资格条件

我国《刑事诉讼法》第48条规定:"凡是知道案件情况的人都有作证义务。生理上、精神上有缺陷或者年幼,不能辨别是非、不能正确表达的人,不能作证人"。据此,凡是知道案件情况的人都有作证义务,但要成为我国刑事诉讼中的证人,必须具备以下三个条件:

1. 知道案件情况。在刑事诉讼开始之前,对刑事案件的情况有所了解,这是成为证人的首要条件。

2. 是当事人以外的自然人。首先,证人只能是自然人。证人对刑事案件的了解,是在刑事案件事实发生过程中或发生之后通过自己感知而形成的,在刑事诉讼中,证人要把自己所了解的案件情况用语言文字表达出来,形成证人证言。法人和其他组织都不具备这种条件和能力,不能成为证人。其次,证人只能是当事人以外的知情人。犯罪嫌疑人、被告人、被害人、自诉人就自己涉嫌犯罪或被犯罪行为侵害的事实向公安司法机关所作的陈述,在我国不是证人证言,而分别属于犯罪嫌疑人、被告人的供述和辩解以及被害人的陈述。

3. 能够辨别是非、正确表达。生理上、精神上有缺陷或者年幼,不能辨别是非、不能正确表达的人,不能作证人。反之,生理上、精神上有缺陷或者年幼,但能辨别是非、能正确表达的人,也可以成为证人。

因为只有知道案件情况的人才能成为证人,并且凡是知道案件情况的人都有作证的义务,所以,证人具有不可替代性和不可指定性。在诉讼活动中,必须坚持"证人优先"原则,已经成为案件的证人的人不得再担任该案的侦查、检察、审判人员,也不得再担任该案的鉴定人、翻译人员、书记员和辩护人、代理人。

(三)证人证言的特点和运用

证人证言也是刑事诉讼中使用较多的一种证据。由于受到多种因素的影响,证人证言也可能会失真或者多变，但与被害人陈述及犯罪嫌疑人、被告人的供述和辩解相比，证人证言的客观性往往更强。为了保证证人证言的真实性，应当尽可能要求证人出庭作证。只有经过法庭审理查证属实的证人证言，才能作为法院定案的依据。

➢ 案例分析

王某带着10岁的儿子在菜场买菜时，与刘某发生争执，继而互殴。王某被刘某打成重伤。如该案进入刑事诉讼程序，王某的儿子可以成为证人吗？

解答：《刑事诉讼法》第48条规定，凡是知道案件情况的人，都有作证的义务。生理上、精神上有缺陷或者年幼，不能辨别是非、不能正确表达的人，不能作证人。本案中，王某的儿子目睹了案件的全部过程，其已经10岁，虽然年幼，但不是不能辨别是非、不能正确表达的人，因此可以作为证人。

三、被害人陈述

被害人陈述，是指受犯罪行为直接侵害的人向公安机关、人民检察院或人民法院就其遭受犯罪行为侵害的事实和有关犯罪嫌疑人、被告人的情况所作的陈述。我国刑事诉讼中的被害人陈述，包括公诉案件、自诉案件被害人所作的陈述，也包括刑事附带民事诉讼被害人所作的陈述。

被害人陈述通常由两部分构成：一是关于遭受犯罪分子侵害的事实的陈述，二是关于犯罪分子的情况的陈述。[①] 被害人在参与刑事诉讼的过程中，有时也会提出一些关于案件应当怎样处理的要求和意见，这些要求和意见不能作为证据使用。

被害人是犯罪行为的受害者，许多被害人对犯罪人的情况及整个案件的经过等都有所了解，所以，他们对案件的相关陈述对查清案件事实有重要的作用。

被害人陈述一般比较客观、具体，但由于被害人的身份所限，被害人陈述有时容易扩大对被告人不利的内容。被害人原则上应当出庭，依法接受公诉人、审判人员和当事人及其委托人的询问。只有经过法庭审理查证属实的被害人陈述，才能作为法院定案的依据。

四、犯罪嫌疑人、被告人的供述和辩解

犯罪嫌疑人、被告人的供述和辩解，是指犯罪嫌疑人、被告人就有关案件情况，向侦查人员、检察人员和审判人员所作的陈述，即通常所说的口供。

犯罪嫌疑人、被告人的供述和辩解主要包括三方面内容：一是犯罪嫌疑人、被告人承认自己犯罪事实的供述；二是犯罪嫌疑人、被告人说明自己无罪或罪轻的辩解；三是犯罪嫌疑人、被告人对共犯的检举，即在共同犯罪的案件中，同案犯罪嫌疑人、被告人关于其他共犯及

① 邱俊芳、薛竑编著：《〈刑事诉讼法〉精要与依据指引》，人民出版社2005年第1版，第178页。

其所参与的属于同一共同犯罪事实的陈述，也叫攀供。而如果同案犯罪嫌疑人、被告人所检举的共犯另行实施的、与本人所参与的共同犯罪无关的犯罪事实或其他人的犯罪事实，则不属于口供的范围，而属于证人证言。犯罪嫌疑人、被告人可能在承认自己犯罪以后，揭发共犯或者举报他人有犯罪行为；也可能是否认自己犯罪，而举报他人犯罪。

犯罪嫌疑人、被告人的供述和辩解，一方面是对案件事实情况的陈述，是证据的一种，具有证明案件事实的性质；另一方面又是对控诉内容所作的辩解，具有辩护的性质。

犯罪嫌疑人、被告人供述和辩解应当是口头陈述，以笔录或者录音、录像的形式加以固定。也可以由犯罪嫌疑人、被告人亲笔书写供述和辩解。

犯罪嫌疑人、被告人特定的主体身份，决定了犯罪嫌疑人、被告人的供述和辩解可能会成为案件中内容最具体、最真实和最完整的证据，但是，多方面的因素也导致其具有虚假的可能性大、不稳定、复杂等特点。犯罪嫌疑人、被告人真实的供述有利于查明案情，而犯罪嫌疑人、被告人虚假的供述则可能会影响刑事案件的公正处理。

➢ 案例分析

甲和乙因共同抢劫被抓获。甲在接受侦查人员的讯问时，承认自己在乙的引诱之下参加了抢劫，并揭发乙在这次抢劫前曾单独多次入室盗窃并窃得巨额财物。本案中，甲在接受讯问时所说的内容是属于证人证言还是犯罪嫌疑人、被告人的供述和辩解？

解答：关于甲承认自己在乙的引诱之下参加了抢劫的内容，属于甲和乙共同抢劫案的犯罪嫌疑人、被告人的供述和辩解；关于甲说的乙在这次抢劫前曾单独多次入室盗窃的内容，属于乙盗窃案的证人证言。

五、鉴定结论

鉴定结论，即鉴定人意见，是指鉴定人受公安司法机关的指派或聘请，运用自己的专门知识和技能，对案件中某种专门性问题进行鉴定以后所作出的书面结论。

鉴定结论是一种意见证据，是符合一定主体资格的专家，对案件事实方面涉及的专门问题进行检测、分析后所作的判断结论。鉴定结论只能就案件事实方面所涉及的某些专门问题从科学原理上作出鉴别和判断，而不能就案件的法律问题提供意见。

刑事诉讼中需要鉴定的专门性问题很多，常见的有法医鉴定、司法精神病鉴定、痕迹鉴定、化学鉴定、会计鉴定、文件书法鉴定等。

鉴定结论是鉴定人依据专业知识和技能作出的分析判断意见，其科学性一般比较强，但鉴定人有时也会因其受到的主、客观条件的限制，而作出不正确的判断。在司法实践中，鉴定结论在证明案件真实情况和确定案件性质及行为人责任等方面发挥着十分重要的作用。

➢ 案例分析

被害人甲被被告人乙打成重伤。在刑事诉讼中，被害人甲受伤后到医院就诊时医生就其受伤情况开出的诊断书，能否作为鉴定结论使用？

解答：被害人到医院就诊时医生出具的诊断证明，不能作为鉴定结论使用，因为鉴定结论只能由受公安司法机关的指派或聘请的鉴定人依照法定程序作出。

六、勘验、检查笔录

勘验、检查笔录，是指公安司法人员对与案件有关的场所、物品、尸体、人身进行勘验、检查时所作的记录。包括文字记录、绘图、照片、录音、录像、模型等材料。

勘验、检查笔录可以分为勘验笔录和检查笔录。勘验笔录是指公安司法人员在对与案件有关的场所、物品、尸体等对象进行勘查、检验过程中所作的记录；检查笔录是指公安司法人员在对与案件有关的人身进行检查过程中所作的记录。

刑事诉讼中的勘验、检查笔录是多种多样的，常见的有现场勘验笔录、尸体检验笔录、物证检验笔录、人身检查笔录、侦查实验笔录等。各种不同的勘验、检查笔录有其不同的作用，如尸体检验笔录有助于查明死者的死亡原因、死亡时间、致死方法和手段，人身检查笔录有助于查明被害人、犯罪嫌疑人的某些特征、伤害情况、生理状态等。

勘验、检查笔录是否客观、全面、准确，往往受到参加勘验、检查人员的主观因素和客观条件的影响，所以，在运用勘验、检查笔录作为定案依据时，必须注意对其进行审查核实。

七、视听资料

视听资料，是指以录音、录像、电子计算机以及其他科技设备所储存的信息资料，证明案件事实情况的一种证据。

视听资料的形式多种多样。主要包括录音资料、录像资料、电子计算机和其他高科技设备储存的资料。录音资料是指录音磁带、唱片等录有或储存有与案件事实有关的音像资料。录像资料是指录像带、电视片、电影片等摄录的与案件事实有关的各种形象资料。电子计算机和其他高科技储存的资料是指储存在电子计算机和其他高科技设备内的与案件有关的各种信息。

视听资料只有在以其所储存的内容来证明案件事实时，才是视听资料证据，否则就属于其他证据。比如，没收非法制造或贩卖的黄色录音带、录像带和扣押盗窃的录音带、录像带，则是证明犯罪案件的物证，而不是视听资料。又如，对证人、被害人陈述和犯罪嫌疑人、被告人供述和辩解所进行的录音、录像，则是固定这些证据的一种手段，不是一种独立的证据，更不是视听资料。

视听资料直观性强、易于保存，但却容易被伪造、篡改或毁坏，所以，在运用视听资料作为证据时，应特别注意鉴别其真伪，并注意小心保管。

> **案例分析**

某市公安机关根据商场电子监视系统拍摄的图像资料破获一盗窃团伙，收缴赃款8万余元，并缴获金、银首饰及CD机、电视剧录像带等赃物。本案中，上述哪些内容可以作为证据？各自分别属于哪种法定证据类型？

解答：本案中，公安机关缴获的现金、CD机和首饰、录像带是赃物，可以作为证据，都属于物证；公安机关提取的商场电子监视系统拍摄的图像资料，也可以作为证据，属于视听资料。

第三节　刑事证据的分类

一、刑事证据分类概述

(一)刑事证据分类的概念和意义

刑事证据的分类，是指理论上对刑事证据依照不同的标准所作的划分。

我国通常在理论上将刑事证据分别分为言词证据与实物证据、有罪证据与无罪证据、控诉证据与辩护证据、原始证据与传来证据、直接证据与间接证据等两两对应的类别。

对刑事证据进行分类，具有重要的理论意义和实践意义。从理论层面上看，刑事证据分类通过对证据进行分组研究，揭示出各类不同证据的特点和正确运用各类证据的一般规律，为立法和司法实践提供法理依据；从实践层面上看，刑事证据分类有助于公安司法人员和其他有关人员在刑事司法实践中，依据各类不同证据的特点，更自觉、更有效地从不同角度收集、分析、运用和判断证据，提高办案效率和办案质量。

(二)刑事证据分类和刑事证据种类的关系

刑事证据种类与刑事证据分类，两者都是对刑事证据的划分，但两种划分有着明显的区别。法律上规定的刑事证据种类，是立法者根据我国科学技术的发展水平以及证据的存在和表现形式对证据所作的划分，这种划分具有法律上的效力，不属于法律规定种类范畴内的证据材料不能作为定案的依据。理论上对刑事证据的分类，是理论研究者从多角度依照不同的标准对刑事证据所作的划分，这种划分，不具有法律上的效力。

刑事证据种类与刑事证据分类，两种划分是交叉的。同一个证据，由于划分的标准不同，可以属于证据种类中的某一种，同时又属于证据某一分类中的某一种。

二、言词证据和实物证据

根据证据是否以人的陈述为表现形式，可以把证据分为言词证据与实物证据。

1. 言词证据

言词证据，又称陈述性证据，是指以人的陈述为表现形式的证据。我国《刑事诉讼法》规定的七种证据中，证人证言、被害人陈述、犯罪嫌疑人或被告人的供述和辩解、鉴定结论属于言词证据。

言词证据的优点在于，信息量比较大，常常能证明主要案件事实，证明力较强；言词证据的缺点在于，真实性不强，不稳定。由于言词证据的形成要经历感知、记忆和表述三个阶段，常常受陈述者主、客观条件的影响，容易失真。

对于言词证据，一般要采用讯问、询问等方式收集。在审查言词证据时，要重点审查其是否受到主、客观因素的干扰而失真。法庭调查言词证据是通过询问、讯问和宣读的方式进行的。

2. 实物证据

实物证据，又称非陈述性证据，是指不以人的陈述为表现形式，而是以各种客观载体和自然状况为表现形式的证据。我国《刑事诉讼法》规定的七种证据中，物证、书证和勘验、检查笔录及视听资料属于实物证据。

➢ 争论

视听资料是言词证据还是实物证据？

一般认为视听资料是实物证据，也有人认为应当具体问题具体分析。视听资料根据其具体内容不同，可能是言词证据，也可能是实物证据。

实物证据的优点在于，比较客观不易受主观因素的干扰，稳定性比较强；实物证据的缺点在于难收集、难固定。

实物证据一般采用勘验、检查、搜查、扣押等方式收集，在审查时要重点审查其实体物质形态是否遭到破坏，法庭调查实物证据是通过出示和宣读的方式进行的。

把证据分为言词证据和实物证据，是帮助办案人员正确认识这两类证据的不同特点，从而有针对性地收集、审查、判断和运用证据。

➢ 案例分析

某地发生一起杀人案件，侦查人员赶到犯罪现场后，对现场进行了勘验、拍照，对尸体进行了尸表检验和尸体解剖，对整个过程制作了笔录，并由法医对死亡原因和死亡时间作出书面的结论性意见。这一过程中涉及的证据，属于证据分类中的何种证据？

解答：本案中，侦查人员的勘验、检验笔录属于实物证据；法医对死亡原因和死亡时间所作的结论性意见是鉴定结论，属于言词证据。

三、有罪证据与无罪证据

根据证据的内容和作用，是肯定犯罪嫌疑人、被告人实施了犯罪，还是否定犯罪嫌疑人、被告人实施了犯罪，可以把证据分为有罪证据和无罪证据。

有罪证据，是指能够证明犯罪事实存在，犯罪嫌疑人、被告人有罪的证据。

无罪证据，是指证明犯罪事实不存在，或者证明犯罪嫌疑人、被告人无罪的证据。

应当注意的是，侦查机关、检察机关收集提供的证据并不都是有罪证据，而犯罪嫌疑人、被告人及其委托的律师收集、提供的证据也并不都是无罪证据。

我国《刑事诉讼法》第 43 条规定："审判人员、检察人员、侦查人员必须依照法定程序，收集能够证实犯罪嫌疑人、被告人有罪或者无罪、犯罪情节轻重的各种证据"。把证据分有罪证据与无罪证据的意义，正是提醒公安司法人员全面客观地收集和运用证据，防止片面收集有罪证据。

四、控诉证据和辩护证据

根据证据在刑事诉讼中不同的证明作用，可以将证据分为控诉证据和辩护证据。

控诉证据，是指能够证明被告人有罪以及应当从重、加重处罚的证据。控诉证据和刑事诉讼中的控诉职能相对应，控诉证据服务于控诉职能。

辩护证据，是指能够证明被告人无罪、罪轻或应当减轻、从轻或免除处罚的证据。辩护证据与刑事诉讼中的辩护职能相对应，辩护证据服务于辩护职能。

根据控诉、辩护职能分离的原理，证明被告人有罪和从重、加重处罚的证据需要由控方提出，证明被告人无罪的证据需要由辩方提出。而证明被告人罪轻的证据主要由辩方提出，但控方基于"客观义务"，也应当向法庭提出一些能够证明被告人罪轻的证据。①

控诉证据与辩护证据的区分不是绝对的，在某些情况下，控诉证据与辩护证据可能相互重叠，即一个证据可能包含着控诉证据的信息又包含着辩护证据的信息。在一定的条件下，控诉证据与辩护证据是可以相互转化的。②

把证据分控诉证据和辩护证据的意义是：有利于指导不同职能的承担者明确自身的职责，运用不同类型的证据完成其控诉犯罪的责任或有效地行使辩护的权利。

五、原始证据与传来证据

根据证据是否直接来源于案件事实，可以将刑事诉讼证据分为原始证据和传来证据。

原始证据，是指直接来源于案件事实的证据，也就是来自原始出处的证据，也就是通常所说的第一手材料。

---

① 邱俊芳、薛竑编著：《〈刑事诉讼法〉精要与依据指引》，人民出版社 2005 年版，第 201 页。

② 龙宗智、杨建广主编：《刑事诉讼法》，高等教育出版社 2007 年第 2 版，第 144 页。

传来证据，是指不直接来源于案件事实，而是经过转述、传抄、复制等中间环节而形成的证据，也就是从原始出处以外的其他来源传来的证据，也就是通常所说的第二手材料。

由于原始证据直接来源于案件事实，没有经过中间环节，所以，一般情况下，就同一证据事实而言，原始证据比传来证据更为可靠。而传来证据由于经过了中间环节，容易出现虚假的情况，而且中间环节越多，出现虚假的情况的可能性也越大。但在某些情况下，如果证据的传递者在传递过程中，较好地保持了证据的原始状态，这样的传来证据的可靠性程度同其经历的中间环节的数量，并不一定形成反比。

把证据分原始证据与传来证据的意义，是引导公安司法人员在诉讼过程中，应当尽可能地收集和优先使用原始证据；在无法收集到原始证据或收集原始证据有困难的情况下，应当尽可能收集中间环节少的传来证据；在运用传来证据证明案件事实的过程中，对传来证据的审查应当更加仔细，凡不能查清来源的，或不能证明与原始证据内容相同的，不能作为定案的根据。

原始证据数量少，不容易收集。传来证据数量多，更容易收集。尽管传来证据的可靠性不如原始证据，但这并不意味着传来证据不重要。实践证明，传来证据在刑事诉讼中具有重要的作用：通过传来证据可以追根溯源去发现和收集原始证据，传来证据往往是发现和收集原始证据的先导；利用传来证据可以检验已有原始证据的真实可靠程度，实践中，传来证据常常是审查原始证据是否真实的重要手段；在无法取得原始证据，或不必使用原始证据的情况下，经过查证属实的传来证据也可以作为定案的根据。

➢ 案例分析

李某在法庭上作证说，他曾听徐某讲述其如何杀害高某的经过。李某向法庭提供的证言，是属于原始证据还是传来证据？

解答：本案中，李某的证言不是直接来源于案件事实，而是转述了徐某在某种场合对案件事实的陈述，所以，李某的证言属于传来证据。

六、直接证据和间接证据

根据证据与案件主要事实的证明关系不同，可以将证据分为直接证据和间接证据。所谓案件的主要事实，是关于犯罪事实是否发生以及由何人所为的事实。①

1. 直接证据

直接证据，是指能够单独直接证明案件主要事实的证据。常见的直接证据有：证人、被害人目击犯罪行为发生的证言或陈述，犯罪嫌疑人、被告人对自己实施犯罪行为的供述等等。这类证据如果查证属实，往往能够直接证明相关案件的犯罪嫌疑人、被告人是否实施了犯罪行为。

① 徐静村主编：《刑事诉讼法学(上)》，法律出版社 1999 年版，第 166 页。

直接证据的优点在于证明力强，运用简便，只要案件的主要事实都有直接证据证明，就可以定案。直接证据的缺点在于数量较少，不易取得，且多为言词证据，其失真的可能性比较大。

2. 间接证据

间接证据，也叫情况证据，它不能独立地直接证明案件的主要事实，而只能证明案件事实的某种情况，证明和案件主要事实有关联的一些事实情节，必须与案内的其他证据结合起来，构成一个证据体系，才能共同证明案件的主要事实，对案件的主要事实作出肯定或否定的结论。常见的间接证据有物证、鉴定结论和勘验、检查笔录等。

与直接证据相比较，间接证据的优点在于数量多，易于收集，且多为实物证据，失真的可能性小。间接证据的缺点在于证明力弱，运用间接证据定案的难度大且容易发生差错。

案例分析

甲致乙重伤，侦查人员收集到带有被害人乙血迹的匕首一把，鉴定人给出了匕首上留下的指纹与甲的指纹同一的鉴定结论，甲承认自己伤害了乙并就自己伤害乙的过程作了供述，乙作出了对甲伤害自己过程的陈述，证人丙提供了看到甲从现场走出且身上有血迹的证言，上述证据中哪些属于直接证据？

解答：本案中，如果甲的供述和乙的陈述属实，就能证明案件的主要事实，所以，甲的供述和乙的陈述属于直接证据。而其他证据不具备这样的证明作用，所以，这些证据都是间接证据。

3. 划分直接证据与间接证据的意义

把证据分为直接证据和间接证据的意义，是为了正确把握各种证据与案件事实的关系，以便更好地收集、审查和运用证据。一般而言，运用直接证据证明案件事实的过程相对简单，而运用间接证据证明案件事实过程比较复杂，而且需要更加慎重。

在刑事诉讼实践中，应尽量使用直接证据，以尽快、直接地证明案件主要事实，但单凭个别直接证据也不能认定案情，因为“孤证不能定案”。一般还需要与其他直接证据或间接证据相互印证，才能作出判断。

间接证据在司法实践中对案件的证明作用也不容忽视：间接证据往往是发现犯罪、获取直接证据的先导；它是鉴别、印证、强化直接证据的重要手段；在特定情况下，特别是缺乏直接证据的情况下，多个间接证据如果形成了完整的证据链也能定案。

4. 依靠间接证据定案的规则

完全依靠间接证据认定被告人有罪，就需要特别慎重。最高人民法院、最高人民检察院、公安部、国家安全部和司法部联合发布的《关于办理死刑案件审查判断证据若干问题的规定》(以下简称《办理死刑案件证据规定》)第 33 条的规定：“没有直接证据证明犯罪行为系被告人实施，但同时符合下列条件的可以认定被告人有罪：(1)据以定案的间接证据已经查证属实；(2)据以定案的间接证据之间相互印证，不存在无法排除的矛盾和无法解释的疑问；(3)据以定案的间接证据已经形成完整的证明体系；(4)依据间接证据认定的案件事实，结论是唯一的，足以排除一切合理怀疑；(5)运用间接证据进行的推理符合逻辑和经验判断。根据间接证据定案的，判处死刑应当特别慎重。”

第四节 刑事诉讼证据规则

一、外国刑事诉讼证据规则

(一)相关证据规则

相关证据规则,又称关联证据规则,是指只有与本案有关的事实材料才能作为证据使用。① 相关证据规则是英美法系一项基础性证据规则,证据的相关性是证据的可采性的前提,相关性也被认为是具备证据资格的必要条件之一。美国《联邦证据规则》第401条将相关性的证据定义为:"有关联证据指具有下述倾向性的证据,即它使某项事实存在的盖然性比没有证据大得多或小得多,而该事实存在对诉讼的裁判结果产生后果"。②

依据该规则的要求,证据必须限制在与案件事实有关的范围内,与案件事实无关的情况不允许作为证明案件事实的证据。

依照该项规则,除了法律规定的例外情形,相似事实,即某人以前曾实施过同本案中的行为相似的事实,通常不能作为证据;当事人的个人品格,即所谓"品格证据",通常不能作为证据;前科事实一般也不能作为证据。

(二)传闻证据规则

传闻证据规则,即传闻法则,是指原则上排斥传闻证据作为认定犯罪事实的根据的证据规则。传闻证据规则是英美证据法最重要的排除规则之一。

传闻证据规则中的所谓传闻证据是指两种证据资料:一是证明人在审判期日以外对直接感知的案件事实亲笔所写的陈述书及他人制作并经本人认可的陈述笔录;二是证明人在审判期日就他人所感知的事实向法庭所作的转述。传闻证据有三个特点:(1)是以人的陈述为内容的陈述证据;(2)不是直接感知案件事实的人亲自到法庭所作的陈述,而是对感知事实的书面的或者口头形式的转述;(3)是没有给予当事人对原始人证进行反询问的机会的证据。③

➢ 争论

我国有学者认为,传闻证据通常是指证人的陈述,不是陈述其亲身经历的事实,而只是转述传闻的内容,也就是将他人的陈述在法庭上提出,作为自己的证言;我国还有学者认为,传闻证据是指证人在本案法庭审理之外作出的用以证明其本身所主张的事实的各种

① 樊崇义主编:《证据法学》(第三版),法律出版社2003年版,第113页。

② 转引自程荣斌主编:《外国刑事诉讼法教程》,中国人民大学出版社2002年版,第427页。

③ 徐静村主编:《刑事诉讼法学(上)》,法律出版社1999年版,第182页。

陈述；英国证据法学者麦克米克认为，传闻证据是指在法庭之外作出、在法庭之内作为证据使用的陈述，或者是口头的，或者是书面的，用于证明该陈述本身所声明的事件的真实性。

根据这一规则，如无法定理由，在庭审或庭审准备期日外所作的陈述不得作为证据使用；勘验人、鉴定人作出的勘验笔录和鉴定结论一般也不具有当然的证明能力，勘验人在庭审时应当接受交叉询问，鉴定人在庭审时应当庭说明其鉴定过程和结论依据。

传闻证据规则的基本要求，是直接感知案件情况的人应当出庭作证，这同样是直接言词原则的基本要求。大陆法系国家，在废止书面审理之后，普遍实行了直接言词原则，要求直接感知案件事实的人必须当庭作证。

确认传闻证据规则的原因：一是传闻证据不可靠；二是如果在诉讼中使用传闻证据，会侵害控辩双方对原始人证的询问和反询问权利。

如果有法定理由，传闻证据也可以在诉讼中使用：一是不得不使用传闻证据，如证人死亡、重病等；二是为效率目的且传闻具有高度的可信性；三是为保护证人。

(三)非法证据排除规则

非法证据排除规则，是指在刑事诉讼中将以违反法律的方式获取的证据排除在诉讼之外。非法证据，即以违反法律的方式获取的证据，大体上可分为两类：一是以违法方式获取的言词证据；二是以违法方式获取的实物证据。

争论

有些学者认为，非法证据可分为三类，即除通过非法手段获取的言词证据、实物证据以外，还有一种非法证据，即在非法获得的证据的基础上进一步获得的派生证据，也就是所谓的“毒树之果”。

外国现代的刑事诉讼法或证据法普遍禁止以违反法律的方式获取证据，但在是否可以将非法证据作为证据使用问题上，对不同类型的非法证据，态度有所不同：

1. 对以违法方式获取的言词证据

对以违法方式获取的言词证据，国外一般只侧重于关注其中的以违法方式获取的供述。各国刑事证据法或证据法普遍禁止将以违法方式获取的供述作为证据使用。如，英美法系国家中，英国确立了对非法获取口供的“自动排除”原则，对用刑讯、强迫等方法获取的被告人的供述，法庭都必须无条件地将它予以排除；大陆法系国家中，德国和日本等国均规定采用非法手段获得的犯罪嫌疑人、被告人口供不得作为认定案件事实的根据。

各国之所以要将违法手段获得的供述排除，主要是因为以违法手段获得的供述对基本人权损害极大，其虚假的可能性也较大，可能妨害获得案件的实质真实。而禁止使用这类证据，不使违法者从中获得利益，对遏制这类违法行为、保护公民的权利具有重要的作用。

2. 对以违法方式获取的实物证据

以违法方式获取的实物证据，主要是指违反法定的搜查和扣押程序取得的实物证据。对以违法方式获取的实物证据，各国一般适用利益权衡原则。

美国是严格实行非法物证排除的国家，美国以往的做法是，对违法获取的实物证据一律予以排除。1984 年，联邦最高法院通过判例对排除规则增加了两项例外：一是"最终或必然发现"的证据不适用排除规则；二是不是明知搜查和扣押是违宪的，即出于"善意"不适用排除规则。此外，最高法院还进一步提出，警察的非法行为必须与犯罪给社会造成的损失一起衡量，也就是要作利益权衡。①

英国、法国、德国也不绝对排斥违法取得的实物证据，而是根据违法的严重程度以及违法取得的证据对国家利益的损害程度，在两者进行利益权衡的基础上，选择排除或不排除。法律也赋予了法官对违法实物证据一定的自由裁量权。

（四）补强规则

补强规则，是指禁止以被告人的口供作为定案的唯一依据而必须有其他证据对其予以补强的规则。许多国家限制口供的证明能力，不承认其对案件事实的独立和完全的证明力，禁止以被告口供作为有罪判决的唯一依据，而要求提供其他证据予以"补强"。这就是刑事证据学上的"补强规则"。

在英美法系国家当事人刑事诉讼中，补强规则的适用较为广泛，不仅适用于某些口供，也适用适用于其他证言。大陆法系国家，补强规则一般只适用于口供。

对于补强规则中补强证据所要达到的"补强"程度问题，一般说来，不要求达到其单独使法官确认犯罪事实的程度，但也不仅仅是对口供稍有支撑。在理论和司法实践中主要有两种主张，一种要求补强证据大体上能独立证明犯罪；一种要求补强证据达到与供述一致，能保证有罪供认的客观性。

共同犯罪的案件中，共犯口供能否互为补强证据，对此，各国也有不同的主张。在英国和美国，一般要求用其他证据作为补强，共犯口供不能互为补强证据。在日本，共犯口供能互为补强证据，则不要求一定有其他证据作为补强。

确立补强规则，一方面有利于防止偏重口供的倾向，另一方面也有助于保证用于定案的口供的真实性，毕竟口供虚假的可能性很大。

（五）意见排除规则

意见排除规则，又称意见规则，该规则将作为证据的陈述分为两类：一类是体验陈述，指陈述人就自己所体验的事实而作的陈述，这类陈述为证人（包括被害人和被告人）的陈述；另一类是意见陈述，指陈述人以其特别知识和经验，陈述其判断某一事项之意见，这类陈述为鉴定人的陈述。意见排除规则的主要内容是：证人提供的证言只能是就其所体验的事实而作的陈述，而一般情况下，不得将自己的判断意见和推测作为证言的内容。

意见排除规则是对抗制诉讼中一项重要的证据规则。在英美法系国家的对抗制诉讼中，证人被分为普通证人和专家证人。普通证人被要求就其直接知道的事实陈述，而不得对

---

① 徐静村主编：《刑事诉讼法学（上）》，法律出版社 1999 年版，第 186 页。

普通陪审员可以得出正确结论的问题表达意见，也不得随便对超出其能力范围的事务表达意见和信念。如果违反这一点，普通证人的意见陈述将根据意见规则被限制采纳；但符合法定条件的专家证人提供的意见证据则不在被排除之列。

意见排除规则确立的理由是：证人的责任在于提供与案件相关的其经历的事实，认定事实、作出判断是法官的职责，证人不能代行法官行使判断职能；证人提供的推测意见可能会带有偏见，可能会影响法官客观公正地认定案件事实。

二、我国刑事诉讼证据规则

（一）非法证据排除规则

非法证据排除规则，是指收集证据必须依法进行，违法取得的证据不得作为定案根据。

我国《刑事诉讼法》明确规定，公安司法机关必须依照法定程序收集各种证据，严禁刑讯逼供和以威胁、引诱、欺骗以及其他非法的方法收集证据。最高人民检察院《人民检察院刑事诉讼规则》和最高人民法院《关于执行〈中华人民共和国刑事诉讼法〉若干问题的解释》也规定，采用刑讯逼供或者威胁、引诱、欺骗等非法的方法取得的证人证言、犯罪嫌疑人或被告人供述、被害人陈述，不能作为指控犯罪或定案的依据。据此，在我国刑事诉讼中，已初步确立了非法证据排除规则，其主要内容是：违法获取的言词应当排除。

2010年5月30日，最高人民法院、最高人民检察院、公安部、国家安全部、司法部联合发布了《关于办理刑事案件排除非法证据若干问题的规定》（以下简称《非法证据排除规定》），“《非法证据排除规定》标志着中国特色的非法证据排除规则的确立”①。我国对不同类型的非法证据的态度也不相同。

1. 对以违法方式获取的言词证据

根据《非法证据排除规定》的规定，采用刑讯逼供等非法方法取得的犯罪嫌疑人、被告人供述和采用暴力、威胁等非法方法取得的证人证言、被害人陈述，属于非法言词证据。经依法确认的非法言词证据，应当予以排除，不能作为定案根据。

国外的非法证据排除规则排除的非法言词证据，主要是以违法方式获取的供述。我国非法证据排除规则排除的非法言词证据，不仅包括非法取得的犯罪嫌疑人、被告人供述，还包括了非法取得的证人证言、被害人陈述，这对保障证人和被害人的合法权利具有重要意义。

2. 对以违法方式获取的实物证据

根据《非法证据排除规定》的规定，物证、书证的取得明显违反法律规定，可能影响公正审判的，应当予以补正或者作出合理解释，否则，该物证、书证，不能作为定案的根据。在《非法证据排除规定》发布以前，我国非法证据排除规则中并不包括非法实物证据的排除，《非法证据排除规定》把明显违反法律规定取得的物证、书证纳入了非法证据排除规则的范围。

实物证据中的物证、书证，一般情况下，不会因为取证手段上的瑕疵而影响其真实性，取证方法和程序上的瑕疵也不会直接侵犯公民的基本权利。正因为如此，对于非法取得的物

---

① 杨冠宇、孙军：《构建中国特色的非法证据排除规则》，载《国家检察官学院学报》2010年第4期。

证、书证等实物证据，大多数国家通常认为是可以采纳的，只有采纳这些物证、书证可能导致审判不公时，才予以排除。①

> 争论

关于非法实物证据是否应当排除问题，在理论界长期存在争论和分歧。有观点认为，对违反法定程序收集的实物证据一概排除是不适当的，应采用利益权衡原则，视违法轻重以及待证犯罪的轻重予以区别对待；有观点认为，凡是对违反法定程序收集的实物证据，都应排除；还有观点认为，应把非法手段与证据区分开来，对非法取证行为可以追究处理，但违法取得的证据材料经查证属实的，可以作为定案的依据。

(二)口供补强规则

口供补强规则，即口供不能作为有罪判决的唯一根据的规则。只有被告人的供述，没有其他证据的，不能认定该被告人有罪和处以刑罚。在共同犯罪案件中，即使各共犯口供之间协调一致，没有矛盾，但是没有其他实质证据的，也不能认定被告人有罪和处以刑罚。②

我国《刑事诉讼法》第46条规定："对一切案件的判处都要重证据，重调查研究，不轻信口供。只有被告人供述，没有其他证据的，不能认定被告人有罪和处以刑罚；没有被告人供述，证据充分确实的，可以认定被告人有罪和处以刑罚。"根据这一规定，公安司法机关在刑事诉讼过程中不能只靠口供定案，口供必须与其他证据相印证，用其他证据加以补充和强化，才能认定案件事实。

对于口供补强规则中补强证据所要达到的"补强"程度问题，我国法学界一般认为，补强证据只要达到保证被告人口供的真实性即可，因为如果要求补强证据达到大体上能独立证明犯罪，那么口供的有无就不再重要了。

口供补强规则的确立，对遏制刑事诉讼中过分依赖口供定案现象、保证定案证据的客观充分及对维护犯罪嫌疑人、被告人的合法权利都具有重要的作用。

> 争论

我国法学界对共同犯罪的案件中共犯口供适用补强规则有不同的观点，分为肯定说、否定说、区别说和折中说四种。肯定说，肯定共犯口供可以相互补强，在共犯口供一致的情况下，可以据以定案；否定说，否定共犯口供可以相互补强，认为共犯口供仍是"被告人供述"，必须有其他形式的证据予以补强；区别说，认为同案处理的共犯口供是"被告人供述"，应有其他证据补强，不同案处理的共犯口供，可作为证人证言，不适用补强规则；折中说，认为符合以下条件的不适用补强规则，可以认定被告人有罪：一是各被告人的供述一致，二是各被告人没有串供的可能，三是口供不是以非法手段取得的，四是无法取得其他证据。

---

① 宋英辉、王贞会：《我国非法证据排除规则及其适用》，载《法学杂志》2010年第7期。

② 邱俊芳、薛竑编著：《〈刑事诉讼法〉精要与依据指引》，人民出版社2005年版，第184页。

(三)原始证据优先规则

原始证据优先规则，是指对于实物证据，应当优先收集、调取原物或原件，只有在取得原物或原件有困难时，才收集、调取复制品、照片、副本、节录本。在原物或原件与复制件有矛盾时，原物或原件的证明力高于后者。

最高人民法院《关于执行〈中华人民共和国刑事诉讼法〉若干问题的解释》规定，收集、调取的书证应当是原件。只有在取得原件确有困难时，才可以是副本或者复制件。收集、调取的物证应当是原物。只有在原物不便搬运、不易保存或者依法应当返还被害人时，才可以拍摄足以反映原物外形或者内容的照片、录像。书证的副本、复制件，物证的照片、录像，只有经与原件、原物核实无误或者经鉴定证明真实的，才具有与原件、原物同等的证明力。《办理死刑案件证据规定》规定，据以定案的物证应当是原物。只有在原物不便搬运、不易保存或者依法应当由有关部门保管、处理或者依法应当返还时，才可以拍摄或者制作足以反映原物外形或者内容的照片、录像或者复制品。据以定案的书证应当是原件。只有在取得原件确有困难时，才可以使用副本或者复制件。

把原始证据优先规则引入刑事诉讼，其目的在于促使侦查机关更加努力地收集具有真实性的原始证据，从而更准确及时地查明案件事实，实现实体正义。①

(四)传闻证据限制规则

我国《刑事诉讼法》对传闻证据规则没有作出明确而具体的规定，但是，我国《刑事诉讼法》和最高人民法院《关于执行〈中华人民共和国刑事诉讼法〉若干问题的解释》的相关规定，已经初步确立了我国的传闻证据限制规则。即我国并不禁止使用传闻证据，但对传闻证据的使用作了限制性规定。

我国《刑事诉讼法》第 47 条规定，证人证言必须在法庭上经过公诉人、被害人和被告人、双方辩护人讯问、质证，听取各方证人的证言并且经过查实以后，才能作为定案的根据。我国《刑事诉讼法》第 157 条又规定，对未到庭的证人的证言笔录应当当庭宣读。最高人民法院《关于执行〈中华人民共和国刑事诉讼法〉若干问题的解释》第 141 条规定，证人应当出庭作证。但又规定了经法院准许证人可以不出庭作证的几种情况，即(1)未成年人；(2)庭审期间身患严重疾病或者行动极为不便的；(3)其证言对案件的审判不起直接决定作用的；(4)有其他原因的。上述规定存在一定的冲突，这种冲突导致司法实践中证人出庭难的问题长期难以解决。

《办理死刑案件证据规定》从一定程度上弥补了相关问题立法上的漏洞。《办理死刑案件证据规定》规定："具有下列情形的证人，人民法院应当通知出庭作证；经依法通知不出庭作证证人的书面证言经质证无法确认的，不能作为定案的根据：(一)人民检察院、被告人及其辩护人对证人证言有异议，该证人证言对定罪量刑有重大影响的；(二)人民法院认为其他应当出庭作证的"。《办理死刑案件证据规定》又规定："对未出庭作证证人的书面证言，应当听取出庭检察人员、被告人及其辩护人的意见，并结合其他证据综合判断。未出庭作证证人

① 樊崇义：《只有程序公正，才能实现实体公正》，载《法学杂志》2010 年第 7 期。

的书面证言出现矛盾，不能排除矛盾且无证据印证的，不能作为定案的根据”。《办理死刑案件证据规定》还规定：“对鉴定意见有疑问的，人民法院应当依法通知鉴定人出庭作证或者由其出具相关说明，也可以依法补充鉴定或者重新鉴定”。这些规定，进一步确立了传闻证据限制规则，“从实体上说有利于保障正确认定案件事实，从程序上说更有利于保障当事人的质证权。”①

(五)意见排除规则

我国《刑事诉讼法》没有明文规定意见排除规则，但意见排除规则在《办理死刑案件证据规定》已有了相应的规定。《办理死刑案件证据规定》第 12 条第 3 款规定：“证人的猜测性、评论性、推断性的证言，不能作为证据使用，但根据一般生活经验判断符合事实的除外”。这一规定，有利于规范证人如实提供他们所感知的案件事实的证明活动，避免办案机关将证人主观的推断、评论、猜测、估计、假设、想象作为证言适用从而对案件事实作出错误的判断。

延伸阅读⇨

我国刑事诉讼证据规则的确立与发展

证据规则有广义和狭义之分。广义上的证据规则，是指规定收集证据、运用证据和判断证据的法律准则。狭义上的证据规则，是指确认某一证据材料是否具备证据能力以及如何运用证据判断事实的法律要求。②

证据规则普遍存在于英美法系国家和大陆法系国家的法律制度中，证据规则的确立及内容受诉讼基本结构的制约。在英美法系国家，奉行当事人主义并实行陪审团制度，其证据规则主要强调证据能力问题，确立了以规范当事人双方的举证活动为重点的完备而细密的证据规则。英美法系国家确立的证据规则，主要有相关性规则、违法证据排除规则、传闻证据规则、供述自愿性规则、最佳证据规则等；在大陆法系国家，实行职业法官裁判制度，其证据规则强调审查判断证据的程序，确立了以调整法官“心证”形成为重点的简略而灵活的证据规则。大陆法系国家确立的证据规则，主要有质证和辩论规则、自白任意规则等。值得注意的是，随着世界不断融合趋势的加强，两大法系国家都以各自的诉讼模式为基础，在保留自有证据规则合理内容的基础上，借鉴对方的成功经验，不断对证据规则加以完善。这种借鉴逐渐缩小了两大法系在证据资格问题上的差别，形成了一些为多数国家所公认的证据规则。③

我国过去的刑事诉讼采取法官职权推进的方式，证据规则呈现出大陆法系的证据规则的特点，很少对证据能力问题加以直接规定，我国证据理论研究上也把“运用证据认定案件事实的活动基本等同于办案人员主观认识客观世界的活动”④，这些因素导致我国有关证据规则的法律规定相当粗疏。1997 年修订后的《刑事诉讼法》开始施行，审判方式的改革也随

---

① 樊崇义：《只有程序公正，才能实现实体公正》，载《法学杂志》2010 年第 7 期。

② 徐静村主编：《刑事诉讼法学(下)》，法律出版社 1999 年版，第 121 页。

③ 宋强：《我国刑事证据规则体系构建研究》，法律出版社 2007 年版，第 34、35 页。

④ 卞建林：《铸证据基石，保案件质量，促司法公正》，载《人民公安报》2010 年 6 月 3 日第 004 版。

之展开。为顺应改革的需要，在后来颁布的相关司法解释中，有了一些关于证据审查判断及可采性等问题的规定，但总体缺乏明确性、系统性和完整性。我国至今还没有统一的证据法，更没有统一的证据规则。我国刑事证据规则的立法缺陷，使得司法实践中收集证据、运用证据和判断证据等活动缺少应有的规范，刑讯逼供和其他非法取证现象屡禁不止，证人不出庭率居高不下，还出现了杜培武案、佘祥林案、赵作海案等震惊社会的冤案，证据规则的缺乏带来的危害日渐显现。

随着我国司法改革的深入，"控辩式"诉讼模式对我国刑事审判的影响越来越大，建立与完善刑事证据规则的呼声也越来越高。现实需要制定统一而系统的刑事证据规则，"但是制定统一的刑事司法证据规则需要一个过程，不可能一蹴而就，需要逐步建立和完善"①。2010年5月30日，最高人民法院、最高人民检察院、公安部、国家安全部、司法部联合发布的《关于办理死刑案件审查判断证据若干问题的规定》和《关于办理刑事案件排除非法证据若干问题的规定》，对我国刑事司法将产生积极而深远的影响，为建立和完善我国统一的刑事证据规则奠定了基础。

《关于办理刑事案件排除非法证据若干问题的规定》不仅明文确立了非法证据排除规则，而且科学界定了非法言词证据的内涵和外延，还对非法证据排除的范围、排除的程序等问题一一作了明确具体的规定。

《关于办理死刑案件审查判断证据若干问题的规定》以死刑案件为对象，明确规定了证据裁判原则、程序法定原则、证据质证原则，制定了各类证据的审查和运用规则，丰富和完善了我国的刑事证据规则。在关于各类证据审查和运用的规定中，一些重要的证据规则，如关联性证据规则、意见证据排除规则、原始证据优先规则、补强证据规则和直接言词规则都有所体现。

阅读链接⇨

◆ 1. 樊崇义：《只有程序公正，才能实现实体公正》，载《法学杂志》2010年第7期。

◆ 2. 陈光中：《改革完善刑事证据制度的重大成就》，载《人民公安报》2010年6月1日第004版。

◆ 3. 卞建林：《铸证据基石，保案件质量，促司法公正》，载《人民公安报》2010年6月3日第004版。

◆ 4. 杨宇冠、孙军：《构建中国特色的非法证据排除规则》，载《国家检察学院学报》2010年第4期。

◆ 5. 宋英辉、王贞会：《我国非法证据排除规则及其适用》，载《法学杂志》2010年第7期。

◆ 6. 陈卫东：《非法证据排除规则的喜与忧》，载《法制日报》2010年8月11日第011版。

◆ 7. 卞建林：《我国非法证据排除的若干重要问题》，载《国家检察学院学报》2007年第1期。

➢ 讨论题

1. 证据的属性与证据能力及证据力之间的关系。

---

① 杨宇冠、孙军：《构建中国特色的非法证据排除规则》，载《国家检察学院学报》2010年第4期。

2. 控诉证据与辩护证据的区别和联系。

3. 确立非法证据排除规则的意义。

4. 案例讨论：

被告人余某和被害人杨某原来是好朋友。某日中午，杨某路经余某开的小卖部时，向余某借钱买早点。杨某曾买几个鸡蛋送给余某，所以余某说你不用借，我把鸡蛋钱给你，并拿出10块钱给杨某。杨某说，鸡蛋只要9块钱。余某说，就多1块钱，拿去用吧。在两人为1元相互推让的过程中，杨某从小卖部的台阶上摔了下来。

余某将杨某送到了医院。经诊断，杨某右腿粉碎性骨折，需住院治疗。杨某身上没有钱，父母也去了外地，余某便为杨某垫付医药费，并常在医院照顾杨某。其间，杨某为余某写过一张条子：因下雨路滑自己不小心摔倒了，没有其他人的责任。

杨某腿伤久治不愈。后来，杨某开始对外人说，是余某推了她导致了摔伤。余某则说杨某是自己摔伤的。余某夫妇曾向法院起诉，要求杨某返还垫付的医药费。

事发两年后，杨某以余某故意推伤为由向公安局报案。某市检察院以涉嫌故意伤害罪，将余某起诉到某市人民法院。市检察院认定杨某是被余某推倒导致重伤的，依据的是三份证据：第一份证据，是同一个医生写的两份原始病历，一份有入院前两小时被他人推倒的记录，另一份写着因不慎摔倒而住院。第二份证据，是杨某同一病室的邢某某夫妇证言，证明是余某逼着杨某写了那份承认是自己摔倒而与他人无关的说明。邢某某夫妇后来在接受辩方律师调查时承认曾收过杨某送的钱和衣物。第三份证据，是医院护士李某证言，证明听杨某说，是余某推倒了杨某。李某后来又亲笔写了一个证明，说她对这件事根本不清楚。

市人民法院作出一审判决，判处余某犯故意伤害罪，判处有限徒刑3年，依据就是上面提到的3个间接证据。

对本案中检察院起诉和法院判决所依据的证据，结合证据的特征、证据的种类及分类，谈谈你的看法。

第十章　刑事诉讼证明

第一节　刑事证明概述

一、刑事证明的概念和意义

(一)刑事证明的概念

根据《现代汉语词典》,"证明"有两种基本含义:一是"用可靠的材料来表明或者断定人或事物的真实性",二是"证明书"或者"证明信"。前者是从动词意义上进行阐述,后者是从名词意义上阐述。本文所论述的"证明"主要是动词意义上的,其本质是由已知推出未知的活动。刑事证明,是指国家公诉机关以及诉讼当事人在法庭审理过程中根据《刑事诉讼法》以及相关法律规定的程序和要求向审判法官提交证据,运用证据阐明争议事实,论证己方诉讼主张的他向证明活动。他向证明就是向他人证明。证明者在证明时已经知道或者认为自己已经知道了待证明的结论,但是他人不知道或者不相信,所以要用证据加以证明。

➢ **争论**

目前对于刑事证明的概念,学界争议很大,主要分歧表现在:第一,刑事证明是否仅存在于审判阶段?第二,刑事证明的主体是谁?包不包括侦查人员、法官以及其他诉讼参与人?第三,证明是否包括自向证明和他向证明?

(二)刑事证明的意义

刑事证明在刑事诉讼活动中具有非常重要的意义。公安司法机关办理刑事案件必须在查明案件事实的基础上,才能正确适用法律,才能对犯罪嫌疑人、被告人正确定罪量刑。可以说刑事证明是刑事诉讼的核心和基本环节,关系着诉讼的结局以及案件的质量。其作用主要表现在以下几个方面:

1. 刑事证明直接体现刑事诉讼的价值。刑事诉讼最主要的价值就是打击犯罪和保障人权。要打击犯罪,那么公安司法机关就必须查明案件事实,而这个目标只有通过刑事证明活动才能实现。现代国家,将指控犯罪的证明责任分配给了公诉机关,任何人不得自证其罪，从而保护了犯罪嫌疑人、被告人的合法权益。

2. 刑事证明对查明案件事实，确定案件性质至关重要。犯罪事实是发生在过去的事实，有些随着时间的推移逐渐被人们淡忘，有些犯罪事实可能被犯罪嫌疑人、被告人歪曲掩盖。因此揭示犯罪事实的唯一方法就是公安司法机关通过法定程序收集与案件相关的证据，并对这些证据进行判断审查。而这些证据只有经过证明，才能被法庭采纳，从而作为认定犯罪事实的依据。

3. 刑事证明是正确适用刑事法律的保障。公安司法机关办理刑事案件必须以事实为依据，以法律为准绳。查明刑事案件事实是正确适用法律的前提和基础。而查明、确认案件事实的过程实际上就是刑事证明的过程。没有证明就不可能认定案件事实，从而也不可能正确适用法律。

二、刑事证明的特点

刑事证明与民事、行政证明既有相同之处，也有不同之处。相同之处，如三者证明的方法相同。不同之处，如三者的证明主体不同，证明标准也不同。刑事证据的特点具体如下：

1. 刑事证明的主体是国家公诉机关以及诉讼当事人

根据《刑事诉讼法》第 43 条的规定：审判人员、检察人员、侦查人员必须依照法定程序，收集能够证实犯罪嫌疑人、被告人有罪或者无罪、犯罪情节轻重的各种证据。但这只能说明审判人员、检察人员、侦查人员有收集证据的责任，并不能说明审判人员、检察人员以及侦查人员是当然的证明主体。从证明责任的本质来说，它是行为责任与结果责任的统一，承担证明责任者必须是可能承受不利后果甚至败诉风险的诉讼主体，因此是否有自己的诉讼主张以及是否可能因证明不力而承受于己不利的裁判是判断证明标准的唯一标准。因此在刑事诉讼中，能够成为证明主体的只能是公诉机关以及诉讼当事人。例如，《最高人民法院、最高人民检察院、公安部、国家安全部、司法部关于办理刑事案件排除非法证据若干问题的规定》第七条规定："经审查，法庭对被告人审判前供述取得的合法性有疑问的，公诉人应当向法庭提供讯问笔录、原始的讯问过程录音录像或者其他证据，提请法庭通知讯问时其他在场人员或者其他证人出庭作证，仍不能排除刑讯逼供嫌疑的，提请法庭通知讯问人员出庭作证，对该供述取得的合法性予以证明。公诉人当庭不能举证的，可以根据刑事诉讼法第一百六十五条的规定，建议法庭延期审理。"

侦查机关本身不是证明主体，只是在侦查阶段收集证据为公诉机关提起公诉作准备。人民法院承担裁判职责，本身没有任何诉讼主张，也不会承担任何诉讼的风险，因此人民法院不可能成为证明主体。

诉讼当事人主要包括自诉人、被告人。自诉人是证明主体一般不会有异议。关键是被告人能否成为证明主体。根据无罪推定原则，被告人在任何时候都不承担证明自己有罪的责任。被告人不承担证明自己有罪的责任是绝对的、无条件的，但是被告人不承担自己无罪的责任却是相对的、有条件的。在法律有规定要求被告人承担证明责任时，被告人就可以成为证明主体。例如，《最高人民法院、最高人民检察院、公安部、国家安全部、司法部关于办理刑事案件排除非法证据若干问题的规定》第六条规定："被告人及其辩护人提出被告人审判前供述是非法取得的，法庭应当要求其提供涉嫌非法取证的人员、时间、地点、方式、内容等相关线索或者证据。”在西方一些国家阻却违法性以及有责性的事实一般由被告方承担证明责任。对于被告方的一些积极抗辩主张，典型的例子如不在现场，一般也由被告人承担证明责任。

2. 刑事证明的对象是案件事实，又称为待证事实或者要件事实

证明对象是指法律规定的司法机关为了正确作出裁判或者决定，必须查明的案件事实，是适用法律不可缺少的事实。案件事实与全案事实、案情事实不同。全案事实是公安司法人员通过调查取证所了解到的所有情况，其中可能与本案有关，也可能与本案无关；案情事实是公安司法人员通过调查取证获取的与本案有关的一切事实；案件事实是案情事实中由法律规定必须查明的要件事实，如犯罪构成要件事实。一般来说，案件事实与客观事实是否一致不能用科学实验或者其他实证方法进行检验，它只能是司法人员依靠经验法则和逻辑规则对已发生的事实进行推导。推导的结果可能与客观情况一致，也可能不一致。

3. 刑事证明是在诉讼程序中进行的

严格意义上的刑事证明只存在于审判阶段，其要旨乃在于通过法庭上的举证论证使担任事实裁判者的法官或者陪审团采信与确认己方的事实主张。侦查机关、公诉机关在侦查阶段、审查起诉阶段进行的证据收集、审查判断活动只是为法庭上的证明活动奠定基础，不是严格意义上的刑事证明。现代刑事证明最基本的特征是对抗。由于诉讼模式的差异，在当事人主义模式下，法官是完全消极中立的裁判者，证明活动完全在控辩双方的对抗中进行。在职权主义模式下，法官在证明活动中不是完全保持消极中立，而是享有一定的主动权，因而控辩双方的对抗相对要少一点。但无论诉讼模式如何，对抗都是在庭审过程当中进行的，刑事证明其实质就是一种对抗活动。因此真正的刑事证明发生在审判阶段，而不是发生在审判前阶段。

➢ 案例分析

周某因涉嫌盗窃被公安机关立案侦查，公安机关侦查终结后移送检察院审查起诉。检察机关审查以后，认为符合起诉条件，遂向法院提起公诉。法院受理以后决定开庭审理。刑事证明发生在本案的那个阶段？

解答：因为真正的刑事证明只能发生在审判阶段，所以有关本案的刑事证明活动也只能发生在法庭的审判阶段。

4. 刑事证明不仅仅是一种认识活动，也是具体的诉讼行为，受到法律的严格约束

传统的证据法理论，以辩证唯物主义认识论为基础，将刑事证明活动视为主观对客观世界的一种认识活动。这种认识必然强调对客观真实的追求，忽视刑事诉讼程序的独立价值，使事实真伪不明这一证明责任发生作用的逻辑前提丧失了独立存在的境地。事实上案件事实并不是在任何时候都能查明，在案件事实处于真伪不明的情况时，法官不得因案件事实不能查明而拒绝裁决，而应当根据证明责任的规定依法结案。如在刑事诉讼中，公诉机关指控犯罪的证据不足，法官应当作出证据不足，指控的犯罪不能成立的无罪判决。在非法证据排除程序中，根据《最高人民法院、最高人民检察院、公安部、国家安全部、司法部关于办理刑事

案件排除非法证据若干问题的规定》第 11 条的规定："对被告人审判前供述的合法性，公诉人不提供证据加以证明，或者已提供的证据不够确实、充分的，该供述不能作为定案的根据。"另一方面，刑事证明是在《刑事诉讼法》的严格规定下进行的。《刑事诉讼法》对证明的主体、证明的对象、证明的标准以及证明的程序等事项进行了严格的规定。

第二节　刑事证明对象

一、刑事证明对象的概念和意义

(一)刑事证明对象的概念

所谓证明对象，也称待证事实或者要证事实、证明客体，是指证明主体在诉讼中必须用证据证明或确认的法律要件事实。关于被告人的行为是否构成犯罪，此罪还是彼罪，罪轻还是罪重，采用何种刑罚等问题的事实，就是刑事诉讼的证明对象。在理解刑事证明对象概念时，应该把握以下几个特征：

1. 刑事证明对象是以刑事证明主体主张的事实为基础，没有主张的事实一般不能成为证明的对象。无论是当事人主义还是职权主义，法院都不得超越公诉机关指控事实自行确立证明对象。但是对于犯罪构成可能存在的从重、从轻等附带性要件，法院能否主动提出将其纳入证明对象的范围，因诉讼模式的不同而有所区别。在职权主义模式下，裁判者可以通过提出新的事实主张积极地推动证明对象的具体化。在当事人主义模式下，此类主张完全依赖于双方当事人。在英美法系国家，刑事诉讼实行诉因制度，起诉状记载的事实包括公诉事实和诉因事实两种。其中诉因事实为现实审判事实，公诉事实则限定诉因变更之范围。

2. 刑事证明对象与刑事证明责任密切相关。刑事证明对象都要有相应的刑事证明责任。所有的刑事证明责任都是针对一定证明对象而言的。刑事证明对象在获得确证之前往往处于真伪不明的状态，为了化解这一未决状态，有必要把证据的提供证明责任落实在特定的刑事证明主体身上。

3. 刑事证明对象是刑事法律规定的要件事实。所谓要件事实就是公诉机关以及诉讼当事人必须提供证据予以证明的事实，包括与犯罪构成有关的定罪与量刑情节以及某些程序上的事实。对于不需要公诉机关以及诉讼当事人举证证明的免证事实或者不要证事项，不属于刑事证明的对象。

(二)刑事证明对象的意义

1. 刑事证明对象决定着刑事诉讼证明活动的进行。刑事证明对象决定着刑事证明活动的出发点和归宿，决定着刑事证明活动如何正确进行。正是在观念上设定了刑事证明对象，才产生了诸如刑事证明责任、刑事证明主体、刑事证明标准等概念。刑事证明对象和刑事证明标准一起，形成了刑事证明的方向、内容和目标。刑事证明主体依刑事证明对象的不同,分别选择不同的证明手段、证明技巧和方法,围绕着刑事证明对象有序进行。因此,刑事证明对象既是刑事证明的出发点,又是刑事证明的归宿。最后,作为案件定罪量刑的证据是否确实充分,还要受具体案件刑事证明对象及其范围的制约。

2. 刑事证明对象制约和指导公安司法机关依法正确办理刑事案件。公安司法机关在办理刑事案件的过程当中如果能够准确地确定本案所要证明的案件事实,就能保证在整个刑事证明活动中,始终目标明确,有目的、有重点地围绕刑事证明对象展开全面调查、收集有关案件的证据。明确刑事证明的对象,可以确保公安司法机关在办案过程当中不会遗漏案件中应当予以证明的事实,也不会脱离刑事证明对象去收集一些与案件事实无关的证据。这样不但有利于正确处理刑事案件,也有利于提高刑事案件的办案效率,节约司法资源。

3. 刑事证明对象有利于诉讼当事人参与刑事诉讼活动。对于刑事被告人来说,可以知晓公诉机关指控的犯罪事实以及范围,从而可以合理、有效地组织抗辩,维护自己的合法权利。对于自诉人而言,明确刑事证明对象之后,便会积极收集和提供与案件事实相关的证据,支持自己的诉讼主张,说服审判人员,从而达到自己的诉讼目的。

4. 研究刑事证明对象,可以完善、丰富刑事证据法学的内涵。刑事证明对象是全部刑事诉讼证明的出发点和归宿,是刑事实体法和刑事程序法在证据法上的交汇,具有实体和程序双重规定性。因此,深入研究刑事证明对象,可以拓展刑事证据法的调整范围,丰富刑事证据法学的内涵,又可以促进刑事证据立法的健全和完善。

二、刑事证明对象的范围

刑事诉讼中的证明对象范围主要是刑事实体法上的事实以及刑事程序法上的事实。我国《刑事诉讼法》以及相关司法解释对此作了概括性的规定。如最高人民法院《关于执行〈中华人民共和国刑事诉讼法〉若干问题的解释》第 52 条规定:“需要运用证据证明的案件事实包括:(一)被告人的身份;(二)被指控的犯罪行为是否发生;(三)被指控的行为是否为被告人所实施;(四)被告人有无罪过,行为的动机,目的;(五)实施行为的时间、地点、手段、后果以及其他情节;(六)被告人的责任以及与其他同案人的关系;(七)被告人的行为是否构成犯罪,有无法定或者酌定从重、从轻、减轻处罚以及免除处罚的情节;(八)其他与定罪量刑有关的事实。”最高人民检察院《人民检察院刑事诉讼规则》第 333 条规定:“公诉人讯问被告人,询问证人、被害人、鉴定人,出示物证,宣读书证、未出庭证人的证言笔录等应当围绕下列事实进行:(一)被告人的身份;(二)指控的犯罪事实是否存在,是否为被告人所实施;(三)实施犯罪行为的时间、地点、方法、手段、结果,被告人犯罪后的表现等;(四)犯罪集团或者其他共同犯罪案件中参与犯罪人员的各自地位和应负的责任;(五)被告人有无责任能力,有无故意或者过失,行为的动机、目的;(六)有无依法不应当追究刑事责任的情况,有无法定的从重或者从轻、减轻以及免除处罚的情节;(七)犯罪对象、作案工具的主要特征,与犯罪有关的财物的来源、数量以及去向;(八)被告人全部或者部分否认起诉书指控的犯罪事实的,否认的根据和理由能否成立;(九)与定罪量刑有关的其他事实。”最高人民法院最高人民检察院公安部国家安全部司法部《关于办理死刑案件审查判断证据若干问题的规定》第 5 条第 3 款也对死刑案件的证明对象作了一定的规定,即:“(一)被指控的犯罪事实的发生;(二)被告人实施了犯罪行为与被告人实施犯罪行为的时间、地点、手段、后果以及其他情节;(三)影响被告人定罪的身份情况;(四)被告人有刑事责任能力;(五)被告人的罪过;(六)是否共同犯罪及被告人在共同犯罪中的地位、作用;(七)对被告人从重处罚的事实。"

➢ 争论

关于刑事证明对象的范围争议很大。一种观点认为只有实体性事实才是证明的对象。另一种观点认为除了实体性事实以外,还包括程序性事实。第三种观点认为刑事证明对象包括实体性事实、程序性事实以及证据事实。

根据现行的《刑法》、《刑事诉讼法》的规定以及相关司法解释,刑事证明对象的范围主要有:

1. 有关犯罪构成要件的事实

犯罪构成要件,是指依照《刑法》的规定为决定某一具体行为的社会危害性及其程度而为该行为构成犯罪所设定的一切客观要件和主观要件的统一。犯罪构成要件包括4个方面,即:(1)犯罪客体,是指《刑法》所保护的但为犯罪行为所侵犯的社会关系或法益。(2)犯罪的客观方面,是指《刑法》所规定的,说明行为对《刑法》所保护的社会关系造成损害的客观外在的事实特征。犯罪客观方面的要件具体表现为危害行为、危害结果以及危害行为的时间、地点、方法、对象。(3)犯罪主体,是指实施危害社会行为、依法应当负刑事责任的自然人和单位。(4)犯罪的主观方面,是指犯罪主体对自己的行为及其危害社会的结果所抱的心理态度。它包括犯罪的故意、犯罪的过失以及犯罪的目的和动机这几个要素。为了便于司法实践操作,有学者将犯罪构成的诸要件概括为"7何"要素,即:"何人,何时,何地,基于何种动机、目的,采用何种方法、手段,实施何种犯罪行为,造成何种危害后果"。由于刑事案件千差万别,不同性质的案件有着不同的犯罪构成要件,因此"7何"要素在具体案件中的作用并不完全相同,有些对定罪量刑具有重要作用,必须予以证明,有些可能对于定罪量刑没有影响,可以不予证明。

2. 有关量刑的情节事实

量刑,是指人民法院根据行为人所犯的罪行及其刑事责任的大小,在定罪并找准法定刑的基础上,依法决定对犯罪分子是否判处刑罚,判处何种刑罚、刑罚轻重或者所判处的刑罚是否立即执行的刑事审判活动。我国《刑法》第61条规定:"对于犯罪分子决定刑罚的时候,应当根据犯罪的事实、犯罪的情节和对于社会的危害程度,依照本法的有关规定判处。"量刑情节包括法定量刑情节和酌定量刑情节。例如,最高人民法院、最高人民检察院、公安部、国家安全部、司法部《关于办理死刑案件审查判断证据若干问题的规定》第36条对死刑案件的酌定量刑情节作了一定的说明,主要包括:"(一)案件起因;(二)被害人有无过错及过错程度,是否对矛盾激化负有责任及责任大小;(三)被告人的近亲属是否协助抓获被告人;(四)被告人平时表现及有无悔罪态度;(五)被害人附带民事诉讼赔偿情况,被告人是否取得被害人或者被害人近亲属谅解;(六)其他影响量刑的情节。"

(1)法定情节

①从重处罚情节。它指对犯罪分子在法定刑的限度内处以较重刑罚的情节。例如,组织、领导犯罪集团进行犯罪活动或者在共同犯罪中起主要作用的主犯;教唆不满18周岁的

人犯罪；司法工作人员捏造事实诬告陷害他人以使他人受到刑事追究；奸淫幼女；引诱未成年人参加聚众淫乱活动；猥亵儿童；冒充人民警察招摇撞骗；等等。

②从轻、减轻处罚的情节。从轻情节是指对犯罪分子在法定刑的限度内处以较轻刑罚的情节。例如，已满 14 周岁不满 18 周岁的人犯罪的；尚未完全丧失辨认或者控制自己行为能力的精神病人；预备犯，又聋又哑的人犯罪的；未遂犯；从犯；等等。减轻处罚是对犯罪分子在法定刑以下判处刑罚的情节。例如，预备犯；又聋又哑的人犯罪；从犯；被胁迫参加犯罪；紧急避险超过必要限度造成不应有的损害的；正当防卫超过必要限度造成不应有的损害；自首；重大立功；等等。

③免除处罚的事实。免除处罚是指对犯罪分子依法免除刑罚处罚的情节。如行贿人在被追诉之前主动交代行贿行为的；介绍贿赂人在被追溯之前交代贿赂行为的；非法种植毒品原植物，在收获之前主动铲除的；没有造成损害的中止犯；正当防卫超过必要限度的；紧急避险超过必要限度的；预备犯；自首且情节较轻的；犯罪后自首又有重大立功表现的；等等。

(2)酌定情节

酌定情节不是法律明文规定的，而是根据司法实践经验总结的可以从重或者从轻处罚的情节。酌定情节是法定情节的补充，酌定量刑情节具有丰富的内容和多种表现形式。常见的酌定量刑情节有：

①行为主体方面，酌定从轻或者从重的处罚情节。如，偶犯、初犯一般可以从轻处罚，而再犯、重犯可以从重处罚；犯罪人人品一贯良好可以从轻处罚，犯罪人品行一贯不好可以从重处罚；等等。

②行为人心态方面，酌定从轻或者从重的处罚情节。如，基于义愤实施犯罪的可以作为酌定从轻情节，而有计划有预谋的犯罪可以作为从重处罚的酌定情节；犯罪目的、动机特殊，主观恶性较小的可以从轻处罚，而犯罪目的和动机恶劣、卑鄙的可以从重处罚；等等。

③行为方面，酌定从轻或者从重处罚的情节。如，行为人主动坦白交代罪行的，一般可以从轻处罚，而对于那些拒不交代罪行且犯罪后毁灭罪证、掩盖罪行的可以从重处罚；犯罪方法、手段特殊，社会危害程度较轻的可以从轻处罚，而对于那些犯罪手段残忍，社会危害性程度较重的，可以从重处罚；等等。

④行为客体方面，酌定从轻或者从重处罚的情节。如，犯罪没有造成危害后果或者危害结果较轻的，可以从轻处罚，而对于非结果犯造成一定危害后果或后果较重的可以从重处罚；对于积极退赃，赔偿经济损失的可以从轻处罚，而对于拒不退赃，有经济赔偿能力而不主动赔偿的可以从重处罚；等等。

3. 排除违法性、可罚性或行为人刑事责任的事实

(1)排除行为违法性的事实。某些行为在客观上好像符合犯罪构成要件，但实质上这些行为没有社会危害性，因而《刑法》不将其规定为犯罪行为。根据《刑法》的规定这些行为主要有正当防卫和紧急避险。

(2)排除行为可罚性的事实。某些行为虽然已经构成犯罪，但由于客观上存在一定事实，而排除了这类行为应当受到刑事处罚的可能性。根据《刑事诉讼法》第 15 条规定："有下列情形之一的，不追究刑事责任，已经追究的，应当撤销案件，或者不起诉，或者终止审理，或者宣告无罪：(一)情节显著轻微、危害不大，不认为是犯罪的；(二)犯罪已过追诉时效期限

的;(三)经特赦令免除刑罚的;(四)依照刑法告诉才处理的犯罪,没有告诉或者撤回告诉的;(五)犯罪嫌疑人、被告人死亡的;(六)其他法律规定免予追究刑事责任的。"

(3)排除行为人刑事责任的事实。这主要是行为人无刑事行为能力或者依法不负刑事责任的情况。根据《刑法》第17条的规定,不满14周岁的人犯任何罪都不负刑事责任。《刑法》第18条规定,对于不能辨认或者不能控制自己行为的时候造成危害结果的精神病人,经法定程序确认的,不负刑事责任。《刑法》第13条规定,情节显著轻微,危害不大的,不认为是犯罪。当然也不产生刑事责任的问题。

4. 刑事程序法事实

刑事程序法事实,是指引起刑事诉讼法律关系发生、变更和消灭的事实,也称刑事诉讼法律事实。具体包括:(1)有关回避的事实;(2)有关管辖的事实;(3)有关强制措施的事实;(4)有关延期审理的事实;(5)需要变更执行依据的事实;(6)有关耽误诉讼期限的事实;(7)有关发回重审的事实;(8)其他与程序的合法性或者公正审判有关的事实等。

> 案例分析

嫌疑人张某因涉嫌故意伤害被刑事拘留,后来又变更强制措施为取保候审。本案应当证明的程序性事实是什么?

解答:本案需要证明的程序性事实主要为变更强制措施的事实。具体是犯罪嫌疑人张某是否符合《刑事诉讼法》第60条第2款规定的事实。即采取取保候审是否能够足以防止其发生社会危险性。

第三节 刑事证明标准

一、刑事证明标准

刑事证明标准,是指在刑事诉讼活动中,证明主体根据相关刑事法律规定运用证据证明争议事实或者主张所要达到的证明程度。由于国情以及立法指导思想的不同,国外刑事证明标准在具体规定以及内涵上与中国存在不少差异。中国目前采用的是一元的证明标准(三大诉讼采用统一标准),而在国外根据案件的性质往往会设置不同的证明标准,而且在诉讼进行的过程中,也会根据具体问题,设置证明标准的不同等级。

(一)英美法系国家刑事证明标准

英美法系国家的刑事诉讼证明标准表述是"排除合理怀疑",或者"案情无可置疑"。目前关于"排除合理怀疑"的产生时间并没有达成共识,一种观点认为英国于1798年在都柏林所审理的谋逆案件中,确立了"排除合理怀疑"的证明标准;另一种观点则认为1793年美国最早提出了"排除合理怀疑"的证明标准,新泽西州一所法院规定法官在审判时必须向陪审团指示:“如果你们对被告人是否有罪存在合理怀疑,那么你们就应当对此作出无罪判决。”国内学者一般认为“排除合理怀疑”的证明标准产生于18、19世纪。其中的代表是1824年,一位英国学者率先主张,刑事诉讼中的证明标准应当是“由于道德上的确定性足以排除一切怀疑。”根据美国学者威格摩尔(Wigmore)考证,“排除合理怀疑”的证明标准最初仅适用于死刑案件,对其他案件并未作此要求。在其他案件中,最初适用的证明标准是对被告人的定罪量刑必须具有“明白”的根据。直到最后,“排除合理怀疑”证明标准才扩大到所有刑事案件中,成为英美法系国家刑事诉讼中的通用证明标准。

何谓“排除合理怀疑”,依据《布莱克法律词典》解释为“全面的证实、完全的确信或者一种道德上的确定性;这一词汇与清楚、准确、无可置疑这些词相当。在刑事案件中,被告人的罪行必须证明到排除合理怀疑的程度方能成立。意思是,被证实的事实必须通过他们的证明力使罪行成立。”“排除合理怀疑的证明,并不排除轻微可能的或是想象的怀疑,而是排除每一个合理的假设,除非这种假设已经有了根据;它是达到道德上确信的证明,是符合陪审团的判断和确信的证明,作为理性的人的陪审团成员在根据有关指控犯罪已有被告人事实的证据进行推理时,是如此确信,以至于不可能作出其他合理的推论。”美国《加利福尼亚州刑法典》将“合理怀疑”界定为:“它不仅仅是一个可能的怀疑,而只是该案的状态,在经过对所有证据的总的比较和考虑之后,陪审员的心理处于这种状况,他们不能说他们感到对指控罪行的真实性得出永久的裁判已达到的内心确信的程度。”而比较常用的立法定义是:“合理怀疑是指基于原因和常识的怀疑,即那种将使一个理智正常的人犹豫不决的怀疑,所以毫无合理怀疑的证明必须是如此地令人信服以至于一个理智正常的人在处理他自己的十分重要的事务时将毫不犹豫地依靠它并据此行事。”

“排除合理怀疑”的证明标准虽然在证据的方法论中占据主导地位,但是在司法实践中如何把握并不是一件容易的事。“排除合理怀疑”表面上简单易懂,实质上却是一个复杂、微妙的概念,这一概念对于那些必须向陪审团解释其含义的法官来说尤其困难。为此,美国联邦最高法院曾以敷衍的态度,宣称“合理怀疑”一词是不言而喻的,因此本质上无法作出更进一步的明确定义,也不需要对“排除合理怀疑”进行任何详细的阐述或者解释。最高法院宣称,“试图解释合理怀疑此一词语,反而往往无法让陪审团更加明白其涵意。”

(二)大陆法系国家刑事证明标准

在大陆法系国家,法国最早确立了“内心确信”的证明标准。1790年12月26日,杜波尔在法国议会发表了一篇引起争议的著名演说,他建议:应当废除以往实行的法定证据制度,而改为“法官自由心证”。法国议会经过激烈的辩论,于1791年1月18日通过了由杜波尔起草的一项决议,确立了法官自由心证的原则。同年9月29日,法国宪法议会发布训令正式予以公告。1808年通过的《法兰西刑事诉讼法典》,在第342条里对“自由心证”作了一个经典的表述:“法律不要求陪审法官报告他们建立确信的方法,法律也不给他们预定一些规则,要他们必须按照这些规则来决定证据是不是完全和充分。法律只是要求他们集中精神,在自己良心的深处探求对于所提出的不利于被告人的证据和被告人的辩护手段在自己的理性中产生了什么印象。法律不向他们说:‘你们应当把多少证人所证明的每一件事实认为是真实的’,法律也不向他们说:‘你们不要把没有由某种笔录、某种文件、多少证人或多少罪证……所决定的证据，看作是充分证实的。'法律只向他们提出一个能够概括他们职务上的全部尺度的问题：'你们真诚地相信吗？'"德国在 1877 年通过的《刑事诉讼法典》中正式采用了自由心证(内心确信)原则后，帝国裁判所通过判例逐渐形成了"高度盖然性"的证明标准，即有罪认定除要求法官的诚实、良心和基于此产生的有罪的内心确信外，还要求通过证据在量和质上的积累而使待证事实达到客观的"高度盖然性"。所谓"高度盖然性"，一方面是指在公开的法庭上通过证据的提出和调查以及当事人双方的辩论而逐渐形成的证据在质和量上的客观状态，以及这种客观状态所反映出来的待证事实的明白性和清晰性；另一方面高度盖然性也指法官对这种客观状态的认识，即证据的客观状态作用于法官的心理过程而使其达到的确信的境地。日本的《刑事诉讼法》也接受了大陆法系国家的内心确信标准。第二次世界大战后，随着英美对日本影响的增加，"排除合理怀疑"证明标准也被日本的理论和司法事件所接受。①

虽然英美法系国家和大陆法系国家在刑事证明标准问题上采用了截然不同的表达方式，但是"排除合理怀疑"和"内心确信"(高度盖然性)的本质内容是一样的。关于这一点，日本最高法院的判例作了很好的说明，即"在刑事审判中，'证明是犯罪'就是存在高度的盖然性。但是盖然性并不能否定相反事实存在的可能性，应当切记，在观念上一味强调盖然性是很可能导致错误判决的。因此，上述所说的'高度盖然性'必须达到不允许相反事实存在的程度，'证明构成犯罪的证明'必须达到某种程度才是可信的判断。""内心确信"和"排除合理怀疑"互为表里，是一个事物的不同侧面。"内心确信"是有罪判决证明标准的正面表述，而"排除合理怀疑"是从反证法的角度对同一内容所作的界定。

(三)我国的刑事证明标准

我国《刑事诉讼法》并没有明确规定刑事审判中应当采用何种标准。《刑事诉讼法》第 162 条规定，在被告人最后陈述后，审判长宣布休庭，合议庭进行评议，根据已经查明的事实、证据和有关的法律规定，分别作出以下判决：(1)案件事实清楚，证据确实、充分，依据法律认定被告人有罪的，应当作出有罪判决；(2)依据法律认定被告人无罪的，应当作出无罪判决；(3)证据不足，不能认定被告人有罪的，应当作出证据不足、指控的犯罪不能成立的无罪判决。根据这条规定，理论界认为我国刑事审判采用的是"案件事实清楚，证据确实、充分"的证明标准。根据最高人民法院、最高人民检察院、公安部、国家安全部、司法部《关于办理死刑案件审查判断证据若干问题的规定》第 5 条的精神和我国司法实践经验，案件事实清楚，证据确实充分，具体是指：

1. 定罪量刑的事实都有证据证明。
2. 每一个定案的证据均已经法定程序查证属实。
3. 证据与证据之间、证据与案件事实之间不存在矛盾或者矛盾得以合理排除。
4. 共同犯罪案件中，被告人的地位、作用均已查清。
5. 根据证据认定案件事实的过程符合逻辑和经验规则，由证据得出的结论为唯一结论。

也有学者将该标准拆开来理解。所谓案件事实清楚，是指凡与定罪量刑有关的事实和

① 樊崇义主编：《证据法学》，法律出版社 2004 年版，第 308 页。

情节,都必须查清。至于那些不影响被告人定罪量刑的细枝末节,则没有必要要求都搞清楚。所谓证据确实充分,是对定案证据量和质总的要求。"确实"是对定案根据质的方面的要求,其含义首先是指用以定案的单个证据必须查证属实;其次是经查实的单个证据必须具有说明力,也就是和待证、待查的犯罪事实之间存在客观联系,可以据此推论出犯罪的事实。"充分"是对定案证据量的方面的要求,指具有上述质的属性的证据在数量上必须符合法律关于定罪的要求。其含义首先是指所有证据在总体上已足以对犯罪实施者得出确定无疑的结论,并排除其他一切可能;其次是指属于犯罪构成各要件的事实均有相应的证据加以证明。[①] 应该说我国的刑事诉讼证明标准是客观真实论的典型代表,是一种排除盖然性的绝对确定的客观标准。我国的《证据法》以辩证唯物主义认识论为理论基础,认为公安司法机关是完全能够认识案件的事实真相的,任何案件事实,通过正确地收集、分析证据,是可以查明的。实质上刑事证明活动作为一种特殊的社会认识活动,要受到主客观诸多因素的制约,具有其内在的特殊性。这种特殊性决定了运用证据认定案件事实在大多数情况下只能达到相对真实,而不可能是绝对真实。因此承认认识的相对性原理具有现实的合理性。

➢ 争论

案件事实清楚,证据确实充分,在司法实践当中能否理解为基本事实清楚,基本证据确实充分?基本事实清楚,基本证据确实充分是否等于事实基本清楚,证据基本确实充分?

二、关于我国刑事证明标准的争议

在我国证据法学界,关于刑事证明标准的理论主要有两种,一种是"客观真实说",一种是"法律真实说"。"客观真实说"是我国的传统理论观点,至今有不少学者仍然坚持这一观点。"法律真实说"是在批判"客观真实说"的基础上发展起来的。

(一)客观真实说

客观真实说,是指证明主体运用证据对案件事实的证明必须完全符合客观真实情况。具体到刑事诉讼中,就是指公安司法机关所认定的有关犯罪嫌疑人、被告人构成犯罪承担刑事责任的事实必须与客观上实际存在的事实一致,归根到底,就是要求办案人员的主观认识必须符合客观实际。正如有学者所说"刑事诉讼证明所要追求的是客观真实,只有当人们运用证据对案件事实的认识达到了与客观的实际情况相符合时证据才是真实的,否则就是虚假的,这就是刑事诉讼证明的任务与要求;而判断其是否真实的标准是看证据是否与案件的客观实际相符合。"[②]客观真实的依据主要有:

---

① 廖永安主编:《证据法学》,清华大学出版社 2008 年版,第 161 页。

② 张继成:《对"法律真实"和"排他性证明"的逻辑反思》,载何家弘主编:《证据法论坛(第 2 卷)》,中国检察出版社 2001 年版,第 417 页。

1. 马克思主义认识论认为存在是第一性的，意识是第二性的，存在决定意识；人类具有认识客观世界的能力，能够通过调查研究认识案件的客观真实。查明案件的客观真实具有科学的理论基础。

2. 客观上已经发生过的案件事实必然会在外界留下这样或那样的物品、痕迹，或者为某些人所感知，这为查明案件客观真实提供了事实依据。

3. 我国公安司法机关有党的坚强、统一领导，有广大具有社会主义觉悟的群众的支持，有一支忠实于人民利益，忠实于法律，忠实于事实真相，具有比较丰富的经验，掌握一定科学、技术的政法干部队伍。这是查明案件客观真实的有力组织保证。

4. 随着社会主义法制的加强，总结公安司法工作正反两方面的经验，反映现实需要的《刑事诉讼法》、《民事诉讼法》和《行政诉讼法》已先后颁布，提供了查明案件客观真实的法律依据。总之，公安司法工作人员只要依法正确收集和审查判断证据，完全有可能对案件事实作出符合客观实际的认定。①

在近几年的讨论中，坚持客观真实说的学者对传统的客观真实论作出了一定的修正。例如，在刑事证明中，放弃了传统理论对所有刑事案件都坚持客观真实的要求，主张对于被告人已经作出有罪供述的简易案件和自诉案件可以适当放宽证明标准，甚至主张在某些案件中实行法律真实；再如，放弃了传统理论对法律所规定的案件事实都应当达到客观真实的要求，主张对于那些法律意义相对次要的事实和情节，证明标准可以适当放宽。尽管如此，坚持客观真实说的学者仍然认为必须以客观真实性为主导、为原则，司法人员在认定被告人有罪时，对案件事实的认识必须达到与客观存在的社会经验事实相一致的程度；对犯罪事实的证明达到客观真实的程度是司法人员认定被告人有罪的唯一标准。可见，修正后的客观真实论的基本观点与传统客观真实说仍然一致，只是对客观真实的适用范围作出了某些限定。

（二）法律真实说

所谓法律真实就是公、检、法机关在诉讼过程中对案件事实的认定应当符合实体法和程序法的有关规定，应当达到从法律的角度可以认为是真实的程度。法律真实主要是从法律的角度对案件事实作出的认定。法律事实以客观事实为基础，但法律事实不等同于客观事实，在任何案件中，两者都存在着质和量的差异。因为法律事实是通过人的认识活动而达到的，它不可避免地受到人的主观因素的影响和作用，而人的认识具有相对性，只能是最大限度地接近客观事实；另外，刑事诉讼的认识受到严格的时间限制，这种限制一方面来自实体法规定的追诉时效，另一方面来自程序法规定的诉讼期限。法律真实标准的内涵在于：它在形式上是主观的，即存在于证明主体和审判人员的内心和主观之上；但它在内容上则是客观的，是以客观的证据材料为基础的，经过严格的法定程序确定的，对实体法规定的要件进行了证明，究其本质而言，是一种对客观的模拟。在价值取向上，这一标准还体现了只有通过正当程序才能发现实体真实的理念。这种法律真实证明标准，要求在内心确信的程序上必须达到令人信服的高度盖然性。②

---

① 陈一云主编：《证据学》，中国人民大学出版社 2000 年版，第 116 页。

② 赵喜尘：《证据法学》，山东大学出版社 2003 年版，第 238 页。

法律真实说相对于客观真实说的优点在于：首先，克服了客观主义重实体轻程序的缺陷，强化了对程序正义的追求，有利于保障人权。其次，法律真实说在诉讼证明上采用排他性标准，即排除合理怀疑，具有较强的量化性，便于司法实践操作。最后，法律真实并不否认对客观真实的追求，相反其为客观真实转化为法律真实提供了明确的标准。

当然，也有学者对"法律真实说"提出了质疑：首先，法律真实论者过于强调认识的相对性，而否认认识的决定性，认为在诉讼中司法人员对案件事实的认识只能达到相对真实。其实，人的认识是绝对和相对的辩证统一，绝对中有相对，相对中有绝对，只承认其中的一个方面是错误的。其次，有些人"把认识论的一般规律与诉讼证明的特殊规律对立起来，以个性否定共性，以特殊规律否定一般规律，犯了白马非马的错误。"再次，有些人"过分夸大了程序公正的价值和作用，并把程序正义与认识规律对立起来，从而有意无意地否定或贬低了认识规律对诉讼证明的指导作用。"①

第四节　刑事证明责任

一、证明责任和举证责任

证明责任被喻为诉讼的脊梁。但是证明责任的概念，在理论上却没有形成统一认识。最主要的分歧集中在证明责任和举证责任的关系上。在学术理论上，学者们更多地使用证明责任的概念；而在具体法律规定和司法实践中，人们则更多地使用举证责任的概念。关于证明责任和举证责任的概念及其关系，大致有以下几种观点：

1. 同一说

该说认为证明责任与举证责任是完全相同的概念，可以互相替代。举证责任即证明责任，是指谁提出证据证明案件事实的义务。该说认为没有必要对证明责任和举证责任进行区分。虽然举证和证明这两个概念的字面含义确有不同，但是人们在长期使用举证责任这个概念的时候已经赋予它"证明"的含义。人们讲的举证责任实际上就包含有证明责任的含义，即不仅指举出证据的行为责任，而且包括说服责任和结果责任。②

2. 并列说

该说认为证明责任和举证责任是完全不同的概念。举证责任的主体是当事人，证明责任的主体是承担收集运用证据证明犯罪嫌疑人、被告人是否有罪的公、检、法机关。

3. 大小说

该说认为不应该将证明责任等同于举证责任，而是证明责任包含了举证责任。证明责任是指司法机关或者某些当事人应当收集或提供证据证明案件事实或者有利于自己主张的责任，不尽证明责任将承担其认定或者主张不得成立的后果。举证责任仅指当事人提供证

---

① 陈光中、陈海光、魏晓娜等：《刑事证据制度与认识》，载《中国法学》2001 年第 1 期。

② 何家弘：《刑事诉讼中举证责任分配之我见》，载《政治与法律》2002 年第 1 期。

据证明有利于自己主张的责任。①

4. 包容说

该说认为证明责任和举证责任是两个相容的概念,证明责任包括举证责任。

5. 前后说

该说认为证明责任和举证责任是两个独立的概念,但两者之间存在着一种前后关系。举证责任主要是指提出和收集证据,证明责任主要是判断和适用证据。从认识论的角度讲,前者属于感性认识,后者属于理性认识。②

现在很多学者主张二者是同一概念。这是因为:第一,并列说和大小说将证明责任和举证责任仅从证明或者举证的主题来区别,意义并不大。第二,并列说、包容说和前后说将提出证据的责任作为举证责任,而不与其承担的诉讼风险相联系,则会使举证责任这一概念显得没有任何意义。③

显然,同一说的学者认识到了其他学说的缺陷。但是同一说的学者同样未能认识到证明责任的分层特征。实质上仍然是超职权主义诉讼模式的体现。确定"证明责任"的目的仍然是为了准确打击犯罪、维护社会秩序,从而难以认识到证明责任的本质。我们认为为了摆脱目前理论界的困境,有必要引入大陆法系或者英美法系的证明责任体系。即认为证明责任是提供证据的责任与说服责任、结果责任的统一,或者将证明责任定义为主观的证明责任(形式的证明责任)与客观证明责任(实质的证明责任)的统一。将举证责任视为提供证据的责任或者主观的证明责任。

二、我国刑事证明责任的划分

在我国的刑事诉讼中,证明责任的承担者主要是公诉机关和自诉人,这是古老法则——"谁主张,谁举证"以及"无罪推定"原则在刑事诉讼中的具体体现,另外根据"否认者不负证明责任"的古老法则,犯罪嫌疑人、被告人不承担证明自己无罪的责任。但是有原则往往也有例外,在有法律规定的情况下,犯罪嫌疑人、被告人也负有证明自己无罪的责任。

(一)公诉案件证明责任的承担

在公诉案件中,由公诉机关承担证明责任。一是提出诉讼主张的责任。根据《刑事诉讼法》第153条的规定,人民法院审判公诉案件,人民检察院应当派员出席法庭支持公诉。提起公诉的方式主要是移送起诉书,发表公诉词。二是提供证据的责任。根据《刑事诉讼法》第150条的规定,人民检察院提起公诉应当向人民法院提供证据目录,证人名单和主要证据复印件或者照片;根据《刑事诉讼法》第157条的规定,公诉人应当向法庭出示物证,让当事人辨认,对未到庭的证人笔录、鉴定笔录、勘验笔录以及其他证据文书应当当庭宣读。三是说服责任。为了使法官形成内心确信,公诉机关还应当对证据的合法性、客观性、关联性以及

① 转引自樊崇义主编:《证据法学》,法律出版社2004年版,第276页。

② 陈光中、陈海光、魏晓娜等:《刑事证据制度与认识》,载《中国法学》2001年第1期。

③ 樊崇义主编:《证据法学》,法律出版社2004年版,第276页。

对案件事实的总体证明力进行充分的论证和推断。四是不利后果承担的责任。如果公诉机关积极履行了提供证据以及说服法官的责任，而指控事实最后被证明不成立或者仍然处于真伪不明的状态，那么公诉机关可能就要承担败诉的后果。败诉意味着对检察机关业绩的否定，也可以认为是一种"不利后果"。

(二)自诉案件证明责任的承担

在符合《刑法》以及《刑事诉讼法》规定的情况下，自诉人可以向人民法院提起自诉，要求法院追究被告人的刑事责任。提起自诉时，自诉人应当向法院提交自诉状并提供相应的证据。如果自诉人提供的证据不足又不能补充证据，其主张可能会被法院裁定驳回或者被说服撤回起诉。自诉人的自诉被法院受理以后，自诉人应该积极承担说服法官的责任，如果其说服未能使法官形成对其有利的内心确信，自诉人必然承担败诉的不利后果。

(三)特殊情形下，被告人承担一定的证明责任

按照无罪推定的原则，由控诉方承担证明责任是一条黄金定律，但是在特殊情况，特别是法律有例外规定的情况下，被告人可能要承担部分证明其无罪的责任。例如，我国的巨额财产来源不明罪。根据我国《刑法》第 395 条的规定，国家工作人员的财产或者支出明显超过合法收入，差额巨大的，可以责令其说明来源。本人不能说明其来源是合法的，差额部分以非法所得论。也就是说，公诉机关如果证明某国家工作人员的财产或者支出明显超过其合法收入且差额巨大时，证明责任就转移给被告人，被告人如果不能证明差额部分的合法来源，差额部分就以非法所得论处。

➢ 争论

根据"否认者不负证明责任"的古老法则以及无罪推定原则，犯罪嫌疑人、被告人不承担证明自己无罪的责任。我国《刑法》规定的巨额财产不明罪要求犯罪嫌疑人、被告人承担证明责任是否违背了这两条原则？

三、证明责任倒置

在刑事诉讼中，应当由控诉方承担指控犯罪的证明责任。但这种最初的分配原则只是一种原则性的分配。根据程序正义的原则，如果这种分配造成程序上的不公正，就应当引导证明责任重新回到正义的轨道上来。因此为了保护某些特定的重要法益，实现国家某种社会政策以及刑事政策，维护控诉方与犯罪嫌疑人、被告人在证明责任方面的合理平衡，法律明文规定，某些刑事案件适用证明责任倒置。适用举证责任倒置一般应当满足以下几个形式要件①：

① 黄永：《刑事证明责任分配研究》，中国人民公安大学出版社 2006 年版，第 394、395 页。

1. 倒置必须由法律明文规定,而不是由法官自由裁量

根据证明责任分配原理以及程序正义原则,如果法律没有明确规定,法官不得自由裁量加重犯罪嫌疑人、被告人的法律义务。因此除非法律有明文规定,任何法官不得将控诉方的证明责任转移给被告方。

2. 倒置的证明责任本身应当是犯罪构成要件的内容

如果证明对象本身不是犯罪构成要件的内容,则不能依据倒置的规则从控方向被告人方倒置,而是应当按照最基础的证明责任分配规则进行分配。

3. 倒置必须有一定的推定作为前提。法律采用明示或者默示的方法来认定一定的事实,并以此事实为前提来分配证明责任

实际上,这种情况也减轻了控方的证明责任。比如,在持有型犯罪中,并不是控方不需要证明一定的事实,而是控方需要首先证明案件的其他要件,在其他要件成立的基础上推定特定要件的存在,并进而推定犯罪的成立。也就是说,法律通过推定的方法免除了控方对一些要件的证明责任。

案例分析

某市人民检察院接到举报后,对李某贪污行为进行侦查,后发现证据不足,但检察院发现李某拥有房产5处,豪华私家车3部,存款近千万。检察院要指控李某巨额财产不明罪成立,应该证明哪些事实?被告方应当证明哪些事实?

解答:检察院只需证明李某拥有的财产明显超出其合法收入即可。被告方要想证明自己无罪,应当证明其超过合法收入的巨额财产有合法来源。

四、刑事证明责任的免除

在刑事诉讼中,证明主体应当对争议事实予以证明。但是在某些情况下,法律允许司法人员按照一定规则免除诉讼一方的举证责任。最高人民检察院于1999年发布的《人民检察院刑事诉讼规则》第334条规定的免证事实有:(1)为一般人共同知晓的常识性事实;(2)人民法院生效裁判所确认的并且未依审判监督程序重新审理的事实;(3)法律、法规的内容以及使用均属于审判人员履行职务所应当知晓的事实;(4)在法庭审理中不存在异议的程序事实;(5)法律规定的推定事实。在理论上,免证的事实主要包括:

1. 司法认知

司法认知是指法官在审理案件过程中,对于那些显而易见或众所周知的事实采用直接确认的方法予以认定。其范围一般包括众所周知的事实、自然规律以及法律法规。

2. 推定认定的事实

推定是指由法律规定或者由法官按照经验法则从已知的基础事实推断未知事实的存在。推定允许对方当事人举证予以推翻。

3. 已经预决的案件事实

它是指人民法院作出的已生效的裁判所确认的事实以及仲裁裁决认定的事实等。已经预决的事实可以免除有关诉讼方的举证责任,但是有相反证据的除外。

第五节　推定

推定是指由法律规定或者由法官按照经验法则从已知的基础事实推断未知事实的存在。推定按其性质而言可以分为事实上的推定和法律上的推定;按其作用而言又可分为可推翻的推定和不可推翻的推定。国内很多学者赞成法律推定与事实推定的分类方法。事实推定是指存在一定基础事实时,根据法律规定或者经验法则推出另一事实存在的推定。法律推定是指法律上明文规定如果能够证明甲事实存在,且没有反证时,就可以推断乙事实存在的推定。

推定是重要的法律行为,因此一旦作出就要引起法律效力。其中受推定影响较大的是证明责任。推定对证明责任最重要的影响是其转移了证明责任。在刑事诉讼中,由控诉方举证是一条基本原则,当其举证不能时,便要承担败诉的后果。但是当根据法律规定或者根据经验规则作出推定时,主张推定的一方,因推定的存在无须再举证,那么举证责任就只能由对方当事人来承担。对方当事人只有承担起举证责任并举反证推翻被推定的事实或者使被推定的事实处于真伪不明的状态,才能阻止审判机关认定被推定的事实。否则,就只能接受由推定带来的不利后果。例如《刑法》第193条"贷款诈骗"中规定了四种情形,被告人只要实施了其中的一种行为,就可以认定其有非法占有的目的,此时不具有非法占有目的的证明只能由被告方承担。

首先,由于推定的事实不用证据证明,而基础事实与推定事实又存在高度的盖然性,因此应该允许对方当事人提出反证予以推翻。具体包括:(1)就基础事实提出反证。(2)就推定事实提出反证。(3)证明基础事实与推定事实不存在因果关系或逻辑关系。其次,推定是一种降低了证明标准的证明方式,因此对其范围应该加以严格限制。

延伸阅读⇨

推定的构成

推定是由一系列要素构成的,主要包括:基础事实、推定依据以及推定事实构成。

1. 基础事实

基础事实是导致推定的某一事实或事实组合。[①] 基础事实可分为事件与行为。事件有大小之别。大事件因为经常与司法认知联系在一起,因此其作为推定的基础事实一般不需要证明。小事件一般与个人的生活联系在一起,以小事件作为推定的基础事实,通常需要证明。事件表征由于是已发生的、静止的、固化的过去状态,以其作为推定的基础,得出的推定事实准确性较高。行为具有动态性,因此以行为作为基础事实稳定性较差。但是像持续行为、违法行为以及普通行为作为基础事实还是具有一定的可靠性。当然作为推定的基础事实必须具备肯定性、唯一性以及可证明性这三个特征,否则不能作为推定的基础事实。基础

① 何家弘、张卫平主编:《外国证据法选译(增补卷)》,人民出版社2002年版,第16页。

事实与推定事实必须具有一定的依据才能进行推定,否则容易发生冤假错案。

2. 推定依据

推定依据一般包括法律规定、经验法则、人情事理。法律规定属于强制性的推定依据,后两项属于司法人员自由裁量的推定依据。在有法律依据的情况下,只要出现法律规定的基础事实,司法人员就应当作出与法律规定相符的推定事实,且推定事实一般不允许司法审查。虽然法律规定限制了法官对证据的自由裁量权,但是一定程度上也不利于案件真实的发现。经验法则是人们对事物常态关系的总结,通常能够反映事物之间的内在规律,根据经验法则推出的事实通常是准确的,人们借助经验法则极大地弥补了证据证明的缺陷。把人情事理作为推定依据的基础是:人性具有某些共同点。受角色定位的制约和利益驱动的影响,在一定情景下,人们通常都会作为某一行为或不作为某一行为。在通常情况下,以人情事理作为推定的根据基本不会发生错误。

3. 推定事实

推定事实是以基础事实为依据,根据法律规定或者经验法则推出的事实。推定事实是否准确取决于基础事实是否真实以及基础事实与推定事实之间是否具有因果关系或者逻辑关系。推定事实最主要的特点在于它的可推翻性,无论是事实推定还是法律推定都可以推翻。其原因主要有:基础事实不真实;推定依据所依据的法律失效;基础事实与推定事实之间不具有常态联系等等。

阅读链接

◆ 1. 裴苍龄:《论推定》,载《政法论坛》1998 年第 4 期。

◆ 2. 裴苍龄:《再论推定》,载《法学研究》2006 年第 3 期。

◆ 3. 李富成:《刑事推定研究》,中国人民大学出版社 2008 年版,第 38~52 页。

讨论题

1. 试分析刑事证明的对象。
2. 如何理解我国的刑事证明标准?
3. 如何把握我国刑事证明的范围?
4. 案例讨论:

公诉机关指控:2002 年 6 月,某市人民检察院反贪污贿赂局对王某涉嫌贪污罪立案侦查后,依法扣押其存款共计 430 万余元,另查明其价值 33.66168 万元的房产一处及分别借给他人的 20.3 万元和 1.7 万元的债权及冻结在案的 25 万元存款。其财产的总额为 511 万余元,扣除已认定其贪污犯罪的金额和家庭合法收入,其余 355 万元不能说明合法来源。公诉人就该笔指控出示了下列证据:(1)扣押被告人王某及其亲属保管的储蓄存单 101 张,共计金额 430.32532 万元的清单,扣押被告人王某储蓄 25 万元存款清单,扣押现金 2046.5 元的证据。(2)扣押被告人王某及其亲属所有的营业房产两间,计购价款为 33.66168 万元。(3)扣押被告人王某借给郑某借款 20.3 万元的债权凭证,扣押被告人王某借给林某 1.7 万元的债权凭证。(4)被告人王某及其亲属 1995 年至 2002 年 5 月工资奖金等收入的审计报告。

上述金额合计为 511.10166 万元,其中已认定为贪污金额的有 113.3336 万元。

被告人王某及其亲属1995年至2002年5月工资奖金等收入计57.530135万元，支出(2000年标准：5234元/人/年)按4人计算为15.4872万元，其合法储蓄存款有42.042935万元。

综合上述数据：扣押金额511.10166万元－贪污金额113.3336万元－合法储蓄存款42.042935万元＝来源不明财产355.725125万元。

被告人王某在法庭上的陈述：1995年前我们家就有合法存款，在市里的几家银行都存有钱。辩护人在法庭上出示的证据：广汉市殡仪馆证明，被告人王某及其丈夫李某在1974年至1994年间有收入54.6万元，1995年至2002年间有收入79.9万元，合计为134.5万元。

问：本案中人民检察院的指控是否事实清楚、证据确实充分？根据现有证据能否认定被告人构成巨额财产来源不明罪？

第十一章 立案程序

第一节 立案概述

一、立案的概念与地位

立案是指公安机关、人民检察院、人民法院对报案、控告、举报和犯罪人的自首等方面的材料进行审查，判明是否有犯罪事实并需要追究刑事责任，依法决定是否作为刑事案件交付侦查或审判的诉讼活动。

1. 立案是我国刑事案件必经的一个诉讼程序

在我国，一般而言，公安机关、人民检察院、人民法院只有先立案，才能随后进行侦查。但是，当侦查机关发现犯罪行为存在且需要追究刑事责任时，可以先采取紧急的侦查行为（例如拘留、搜查等），之后再进行立案程序。人民法院受理自诉案件，立案程序是其进入审判程序的前提，人民法院不得“先审判、后立案”，在立案之前不得采取强制措施。最高人民法院 1997 年的《关于人民法院立案工作的暂行规定》（以下称《规定》）第 9 条规定：“人民法院在审查立案过程中，发现原告或者自诉人证明其诉讼请求的主要证据不具备的，应当及时通知其补充证据。”同时，《规定》第 11 条也规定：“经审查不符合法定受理条件，原告坚持起诉的，应当裁定不予受理；自诉人坚持起诉的，应当裁定驳回。”

一些案件在立案之前存在初查，初查是对立案的准备，不是独立的程序阶段。“初查”，是指侦查机关在立案程序之前对犯罪事实进行的调查与部分侦查行为。例如，1997 年《人民检察院刑事诉讼规则》第 127 条规定：“侦查部门对举报中心移交举报的线索进行审查后，认为需要初查的，应当报检察长或者检察委员会决定。举报线索的初查由侦查部门进行，但性质不明、难以归口处理的案件线索可以由举报中心进行初查。”同时，人民检察院在举报线索的初查过程中，可以进行询问、查询、勘验、鉴定、调取证据材料等不限制被查对象人身、财产权利的措施。但是不得对被查对象采取强制措施，不得查封、扣押、冻结被查对象的财产。刑事初查行为为立案程序的决定提供了必要依据。由于初查行为的内容不包括人身强制措施，并非强制性侦查行为，尚不会涉及嫌疑人的基本人权保护问题。①

① 在立案之前，犯罪嫌疑人对任何人身强制性的侦查行为有权拒绝，对于询问、勘验、鉴定等需要嫌疑人配合的初查行为，嫌疑人同样也有权拒绝。

争论

立案程序有无设置的必要存在相当的争议。有学者以英美等国的刑事司法实践为据，认为立案程序应当在未来修订法律时予以废除。还有学者认为立案之前的各种刑事"初查"在行为性质上已经属于侦查行为，所以立案程序的设置并无实质意义。另有学者认为，应当取消立案程序的独立性，将其纳入侦查程序中，有利于减少刑事诉讼的环节而提高诉讼效率。

2. 立案是司法机关职权活动的体现

刑事诉讼行为主要是通过国家司法机关的职权活动来完成的。将立案的权力委诸于公安机关、人民检察院、人民法院行使，是国家试图通过司法机关的职权性活动来维护社会治安的体现。例如，我国现行《刑事诉讼法》第 83 条规定："公安机关或者人民检察院发现犯罪事实或者犯罪嫌疑人，应当按照管辖范围，立案侦查。"立案是刑事诉讼中的第一道程序，司法机关根据《刑事诉讼法》的规定对案件分别进行管辖，立案既是刑事诉讼程序的开始，也是司法机关行使管辖权的法定化。由于我国目前实行公安机关、人民检察院、人民法院三机关"分工负责、互相配合"的原则，三机关会依照不同的管辖权来分别立案。简言之，我国之所以设置专门的立案程序，其实是为了便利国家司法机关之间对案件的相互分工管辖。

二、立案程序存在的必要性

立案程序有"案件分流"、"保障人权"、"开启程序"等正面功能。首先，当案件符合法定的立案标准而予以立案后，侦查机关可根据犯罪行为的各项情节，根据重罪与轻罪的具体情形对案件进行合理分工与分流，以实现"宽严相济的刑事政策"，同时也根据案件对侦查资源进行合理而有效的配置。其次，根据立案的条件，唯有存在犯罪事实且根据实体刑法需判处刑罚的情形，侦查机关方能立案，也意味着如果不存在犯罪事实或嫌疑人行为依法不得论处刑罚的，司法机关则不得立案，所以立案程序有保障无罪的公民不受非法追诉之功能。此外，由于立案程序是启动进一步侦查行为以及进行立案监督的依据，这也促使司法机关认知到立案程序的严肃性，促使司法机关及时侦查、追诉犯罪行为。最后，就"案件知情权"而言，控告人可以在收到不立案决定书后申请启动立案监督。

三、对欧美国家刑事立案制度的简介与评析

英美国家并无独立的立案程序之立法设置，侦查机关开始实施讯问、搜查、扣押、逮捕等侦查行为时即意味着刑事诉讼程序的开始。[①] 例如，犯罪嫌疑人在被一次人身强制拘留后，

① 美国刑事程序包括以下的诉讼阶段：逮捕（arrest）——登记（booking）——答辩指控（filing complaint）——第一次出庭（first appearance）——治安法官的预审（preliminary）——大陪审团预审（grand jury）——聆讯（arraignment）——审前准备程序（pre-trial）——正式开庭审判（trial）——判决（sentencing）——上诉审（appeals）——生效裁判的救济（post-conviction remedies）。从以上阶段可以看出，逮捕（性质上类似于我国的刑事拘留）程序的启动是刑事诉讼程序启动的通常标志。

警察机关有权对其进行登记(Booking)与照相(Mug-shot),记录案件相关的犯罪信息,其与我国的立案初查程序相似。大陆法系的德、日等国由于实行"检警一体化",即检察官至少是立法上的侦查主导者,所以正式的立案程序往往是在警察机关侦查终结移送起诉后进行,虽不似我国在立案程序后才进行强制侦查,但在审查追诉时则有立案程序。从比较法角度而论,一国有无独立的立案程序并不能成为衡量该国刑事法治程度的标尺,如何促使侦查行为在合法的前提下提升侦查效率才是问题的关键所在。他国的刑事司法经验是我国未来司法改革的参照系,但并非评价利弊得失的依据。①

第二节 立案的根据和条件

立案的条件是指立案的法定理由和根据。根据我国《刑事诉讼法》第 86 条的规定,人民法院、人民检察院或者公安机关对于报案、控告、举报和自首的材料,应当按照管辖范围,迅速进行审查,认为有犯罪事实需要追究刑事责任的时候,应当立案;认为没有犯罪事实,或者犯罪事实显著轻微,不需要追究刑事责任的时候,不予立案。所以,我国目前的立案条件是:

一、公诉案件的立案条件

由于立案程序属刑事诉讼的起始阶段,侦查机关在收集犯罪证据、查清案件事实上尚存在局限,所以立案条件不宜要求过高。立案程序之后,侦查机关通过采取各种侦查行为、侦查措施来收集相关的犯罪证据,以完成案件的侦破。

1. 存在犯罪事实(事实条件)

只有存在刑法典所规定的犯罪行为时,公安机关、人民检察院才能够进行立案,否则不能够按照刑事程序来处理。对于"存在犯罪事实"的具体含义,可以从以下方面来理解:(1)有关的事实必须是《刑法》上的犯罪事实,即在罪刑法定原则的基础上,依照刑法典的规定来判断某一行为是否构成犯罪。非犯罪行为不能以刑事程序来论处,只能按行政行为或民事行为来处理。例如,行为人如果在公开场合暴露自己身体,该行为并非犯罪行为,而只能按照《治安管理处罚法》对之进行行政处罚。(2)犯罪事实的存在应当有一定的证据支持,侦查人员不能凭借主观猜测来立案。例如,对于死亡原因不明的尸体,只有在查明死亡原因系他人致死时才能立案。在立案时,并不要求司法机关证明犯罪事实系何人所为、犯罪动机与犯罪目的如何,也不要求查清犯罪实施的方法,只要司法机关能够证明存在《刑法》上的犯罪行为即可。(3)即使根据立案后的侦查活动查明,客观上并不存在犯罪行为,只要侦查人员主观上凭借证据合理地相信犯罪事实的存在,其立案活动便是正确的。例如,侦查人员根据受害人的举报,对盗窃罪进行立案,但随后查明受害人财物的丢失原因并非盗窃,而是其子女

① 其实问题的关键不在于侦查行为是在立案程序之前或之后,而是在于如何对强制侦查行为进行相应的监督与制约。所以,我国是否取消立案程序与强制侦查行为如何监督问题之间并无必然关联。

将物品借用他人，只要司法人员在立案时基于证据，合理地相信犯罪事实的存在，其立案决定则符合法律条件。

案例分析

控告人丁某向公安机关报案称，被告人李某，化名李辉，女，30岁，江苏仪征人。1998年8月，被告人与扬州城东乡文峰村民丁某结识后，谎称其是扬州大学经贸学院英语教师，与丁某“恋爱”，同年11月双方同居。11月底，李某谎称其单位福利分房需预交房款，丁某给付其2.55万元。其后李某又以各种理由，骗丁某人民币共2万元。但李某拿到现金后，又以工资的名义分期给付丁某6000元。1999年6月，李某以去南京有事为由，携带款项以及“新大洲”助力车1辆“逃跑”。事后，李某经扬州五台山医院鉴定为限制刑事责任能力人。问题：对于该案控告人控告的事实，公安机关是否应当立案？

解答：公安机关通过询问、查询后如果不能确定李某有诈骗故意，仅凭丁某陈述不应当立案。

2. 需要追究刑事责任（罪责条件）

刑事诉讼是为了实现国家的刑罚权，立案以追究刑事责任为目的，只有当犯罪事实需要追究刑事责任时，立案程序的启动才有意义。即使存在犯罪行为，但如果是《刑事诉讼法》第15条规定的情形，包括犯罪超过追诉时效，犯罪嫌疑人、被告人死亡，告诉才处理的犯罪没有告诉或者撤回告诉，经特赦令免除刑罚，犯罪情节轻微不需要追究刑事责任等，侦查机关都不能立案。例如，行为人系未满18周岁的未成年人，在犯罪活动中系从犯，所犯的罪行又极其轻微（在盗窃中为他人“放风”），公安机关完全可以基于“犯罪情节轻微、不需追究刑事责任”而不予立案。法律要件的判断是以《刑法》中的犯罪构成要件及量刑条款为准，侦查人员在决定立案时必须严格依照《刑法》的规定来审查，既不得以“行政处罚代替刑罚”，也不得有案不立或为片面地追求破案率而“先破后立”。

案例分析

犯罪行为人A与B为玩耍取乐，从山顶往山下推大块石头，结果造成受害人C死亡，法医鉴定只有一块巨石击中C致C死亡，但是法院却无法查明究竟是A还是B行为产生犯罪结果。问题：对于AB两人致受害人死亡的过失行为，侦查机关是否应当立案？

解答：此案属过失共同犯罪情形。两行为人行为只有一人行为致人死亡，不能排除其中一人无罪的可能性。但该案已存在“存在犯罪事实且需追究刑事责任”之要件，至于是A有罪还是B有罪是立案之后继续侦查要解决的问题，与立案条件无关。

二、自诉案件的立案条件

自诉案件由人民法院依法受理，起诉主体为自诉人并由其承担相应的证明责任，自诉案件的立案条件因此与公诉案件有所不同。在自诉案件中,举证责任原则上由自诉人承担(被告人对反诉主张举证),因为自诉案件立案后没有侦查程序而是直接进入审判程序,所以,立案条件要符合法庭审理的需要,比公诉案件立案条件要严格。

1. 自诉案件立案的证据条件

自诉案件起诉与受理条件相同,即自诉人必须"有证据证明犯罪事实"。根据我国现行立法,自诉人的证据唯有符合"犯罪事实清楚且有足够证据"的证明情形,人民法院才应当开庭审判。① 从证据学原理进行分析,"有足够证据"并不等同于"犯罪事实清楚、证据确实充分"的定案证据标准。"有足够证据"的证明度高于公诉案件的立案证明标准,而低于刑事定案标准,与民事案件中的"优势证明"标准大致相同,即自诉人诉求成立的可能性高于犯罪事实不成立的可能性。如果自诉人起诉时,其无法提供证据证明被告人犯罪事实存在的可能性,人民法院就不予立案或者裁定驳回自诉。

案例分析

自诉人P向人民法院控告起诉称,被告人D多次对P进行严重诽谤,向不特定人散布虚假传闻称P于新西兰海外留学期间参加裸体派对并与多名外籍男子有两性性行为,自诉人能够举证证明被告人D上述言论,但却无法证明诽谤内容的真伪,即上述诽谤内容是否真实。

问题:人民法院对P之自诉请求是否应当立案?

解答:诽谤罪属自诉罪名,证明诽谤言行的存在由自诉人承担,但内容的真伪与否在立案时并不要求进行审查(有学说认为应当由被告负举证责任),人民法院应当受理P之自诉请求。

2. 自诉案件受案的程序要件

(1)有明确的被告人及诉讼请求

自诉人在提起刑事控诉时,必须有明确的被告人。被告人死亡或下落不明的,自诉请求会被人民法院驳回。根据最高人民法院的司法解释规定,自诉人明知有其他共同侵害人,但只对部分侵害人提起自诉的,人民法院应当受理,并视为自诉人对其他侵害人放弃告诉权利。判决宣告后自诉人又对其他共同侵害人就同一事实提起自诉的,人民法院不再受理。在共同犯罪的案件中,自诉人如果只对部分侵害人提起自诉,人民法院应当受理,且判决的效力不及于未经审判的侵害人。

自诉人在起诉时,应当有具体的诉讼请求。诉讼请求应当包括被告人承担的刑事责任,如果同时提起附带民事诉讼,则应当明确民事诉讼的具体诉求(例如赔偿数额等)。自诉请求应当明确、具体,有相应的法律依据。

(2)自诉人须具备法定的起诉资格

只有与案件有利害关系的被害人及其法定代理人、近亲属才有权提起自诉;如果与案件

① 我国《刑事诉讼法》第171条。

无利害关系，则不得提起自诉。如果被害人死亡、丧失行为能力或者因受强制、威吓等原因无法告诉，或者是限制行为能力人以及由于年老、患病、盲、聋、哑等原因而不能亲自告诉，其法定代理人、近亲属代为告诉的，人民法院应当依法受理。因前款规定的原因，被害人不能告诉，由其法定代理人、近亲属代为告诉的，代为告诉人应当提供与被害人关系的证明和被害人不能亲自告诉的原因的证明。在特殊情形下，考虑到被害人的心理、生理状况，允许其法定代理人或近亲属代为告诉，但应当举出不能亲自告诉原因的相关证明。共同被害人中只有部分人告诉的，人民法院应当通知其他被害人参加诉讼。被通知人接到通知后表示不参加诉讼或者不出庭的，即视为放弃告诉权利。第一审宣判后，被通知人就同一事实又提起自诉的，人民法院不予受理。

(3)无法定的终止诉讼的情形

在司法实务中，为保证自诉的法定性及程序的安定性，当出现特定情形时不允许自诉人提起自诉或驳回自诉。具体而言，主要包括以下情形：①犯罪已超过《刑法》规定的追诉时效；②被告人死亡或下落不明的；③除因证据不足撤诉的以外，自诉人撤诉后，就同一事实又提起自诉的；④经人民法院调解结案后，自诉人反悔，就同一事实再行提起自诉的；⑤民事案件结案后，自诉人就同一事实再行提出刑事自诉的。

第三节　立案程序和立案监督

一、刑事立案程序

(一)接受立案材料

我国现行《刑事诉讼法》要求公安司法机关对于各种报案材料，都应当先接受。该法第84条规定："任何单位和个人发现有犯罪事实或者犯罪嫌疑人，有权利也有义务向公安机关、人民检察院或者人民法院报案或者举报。被害人对侵犯其人身、财产权利的犯罪事实或者犯罪嫌疑人，有权向公安机关、人民检察院或者人民法院报案或者控告。"为了调动人民群众同犯罪作斗争的积极性以及保护举报人的人身权益，我国《刑事诉讼法》第85条同时规定："报案、控告、举报可以用书面或者口头提出。接受口头报案、控告、举报的工作人员，应当写成笔录，经宣读无误后，由报案人、控告人、举报人签名或者盖章。接受控告、举报的工作人员，应当向控告人、举报人说明诬告应负的法律责任。但是，只要不是捏造事实，伪造证据，即使控告、举报的事实有出入，甚至是错告的，也要和诬告严格加以区别。公安机关、人民检察院或者人民法院应当保障报案人、控告人、举报人及其近亲属的安全。报案人、控告人、举报人如果不愿公开自己的姓名和报案、控告、举报的行为，应当为他保守秘密。"

(二)对立案材料进行审查

《刑事诉讼法》第86条规定："人民法院、人民检察院或者公安机关对于报案、控告、举报和自首的材料，应当按照管辖范围，迅速进行审查，认为有犯罪事实需要追究刑事责任的时候，应当立案；认为没有犯罪事实，或者犯罪事实显著轻微，不需要追究刑事责任的时候，不予立案，并且将不立案的原因通知控告人。控告人如果不服，可以申请复议。”不属于本部门管辖的，移送有关主管机关处理，并且通知报案人、控告人、举报人、自首人。对于不属于自己管辖又必须采取紧急措施的，应当先采取紧急措施，然后移送主管机关。除非是现行犯或情况紧急，在立案程序中不得对嫌疑人采取人身强制措施，也不得进行查封、扣押、冻结等侦查措施。为了贯彻立案中的人权保护，公安司法机关在立案中只能进行询问、拦停、拍身、鉴定等非强制性的侦查措施。

（三）立案决定的程序

公安机关、人民检察院、人民法院对案件进行审查后，如果认为符合立案条件，应当由立案人员作出立案报告书或填写“立案报告表”。立案报告书的内容应当包括：立案机关的名称；立案材料的来源和案由；发案的时间、地点、犯罪事实、现有的证据材料；立案的法律根据和初步意见；立案时间；承办人姓名等事项。

对于不符合立案条件的案件，公安司法机关作出不立案的决定，应当将不立案决定的原因通知控告人。如果控告人不服，可以申请复议。主管机关在复议后，将复议结果通知控告人。对于有关机关移送的案件，经审查决定立案侦查的，应当将查处结果通知原移送机关；对于决定不予立案的，应说明不予立案的理由，并将有关材料退回原移送机关处理。如果控告人、举报人存在严重的举报失实或违法行为，可以针对不同情形建议作其他处理或者进行行政处罚。① 如果证据符合相应条件，侦查机关则认定已经破案并侦查终结。例如，根据《公安机关办理刑事案件程序规定》，公安机关的破案应当具备下列条件：犯罪事实已有证据证明；有证据证明犯罪事实是犯罪嫌疑人实施的；犯罪嫌疑人或者主要犯罪嫌疑人已经归案。

二、刑事立案的监督

立案监督的概念有广义与狭义两种，狭义的立案监督是指人民检察院对于公安机关立案活动之监督；广义的立案监督是指所有的对立案决定的监督途径，除了检察监督外，还包括人大监督、群众监督、党政监督等。我国设置立案监督，是由立案程序的地位所决定的。如果案件不能立案，案件便不会进入侦查、起诉程序，是否立案对于受害人权益的影响非常大。既然我国检察院是法定的法律监督机关，由人民检察院来事后审查公安机关的立案活动是否合法更能保护人权。英国的阿克顿勋爵曾云：“绝对的权力绝对会导致权力的滥用。”所以，对于不立案决定也应当进行必要的司法审查，我国目前的立案审查主要由人民检察院来完成。

---

① 1998年《公安机关办理刑事案件程序规定》第157条规定：“公安机关接受控告、举报的工作人员，应当向控告人、举报人说明诬告应负的法律责任。但是，只要不是捏造事实、伪造证据，即使控告、举报的事实有出入，甚至是错告的，也应当与诬告严格加以区别。”

1. 对于公安机关的立案决定人民检察院无权强令变更

与德国、日本等国的情况不同，由于我国目前并不实行"检警一体化"，检察官并非侦查活动中的指挥者与领导者，对于公安机关错误的立案决定，人民检察院只能提起检察建议，不得直接改变公安机关的立案决定，只能在侦查终结移送审查起诉时作出不起诉决定。[①] 简言之，人民检察院对于公安机关立案侦查的案件唯有在审查起诉阶段方能作出正式的起诉或不起诉决定。

> **争论**

在英美法系国家，有些州县在侦查阶段设置"验尸官"(coroner)制度，即由中立的验尸法医来查明尸体死亡原因，验尸官独立于侦查机关，有学者认为我国也应当引入该制度。

2. 人民检察院对公安机关不立案的监督

我国《刑事诉讼法》第 86 条规定："人民检察院认为公安机关对应当立案侦查的案件而不立案侦查的，或者被害人认为公安机关对应当立案侦查的案件而不立案侦查，向人民检察院提出的，人民检察院应当要求公安机关说明不立案的理由。人民检察院认为公安机关不立案理由不能成立的，应当通知公安机关立案，公安机关接到通知后应当立案。"同时，对于人民检察院要求说明不立案理由的案件，公安机关应当在 7 日内制作"不立案理由说明书"，经县级以上公安机关负责人批准后，通知人民检察院。人民检察院如果认为公安机关的"不立案理由说明书"中的不立案理由不成立，可以直接要求公安机关立案。公安机关在收到人民检察院要求立案的通知后，应当在 15 日内决定立案，并将立案决定书送达人民检察院。

> **争论**

对于职务犯罪的立案监督问题，我国目前实行"备案管理制度"。即县、处级干部的要案线索一律报省级人民检察院备案，其中涉嫌犯罪数额特别巨大或者犯罪后果特别严重的，层报最高人民检察院备案；厅、局级以上干部的要案线索一律报最高人民检察院备案。

3. 控告人对不立案决定的复议权与上诉权

对于公安机关不立案的案件，控告人如果不服，可以在收到"不予立案通知书"后 7 日内向原决定的公安机关申请复议。原决定的公安机关应当在收到复议申请后 10 日内作出决定，并书面通知控告人。

对于人民检察院作出不立案决定的案件，《人民检察院刑事诉讼规则》第 134 条对之进

---

① 我国目前的侦查体制是平行侦查制，在侦查程序中检察官并非整个司法程序中的司法指挥官，我国人民检察院的检察体制与欧美诸国存在很大差异，目前在我国实行"检警一体化"尚缺乏宪法与实务根据。

行了规定:"人民检察院决定不予立案的,如果是被害人控告的,应当制作不立案通知书,写明案由和案件来源、决定不立案的原因和法律依据,由侦查部门在15日以内送达控告人,同时告知本院控告申诉检察部门。控告人如果不服,可以在收到不立案通知书后10日内申请复议。"控告人对于人民检察院不立案决定提起复议申请后,由人民检察院的控告申诉部门办理,并在收到复议申请的30日内作出复议决定。

如果是人民法院的自诉案件,如果一审法院裁定驳回自诉人的控告,控告人对于不立案裁定可以上诉至二审人民法院。当事人不服一审"驳回自诉"的裁定而上诉后,第一审人民法院应当及时办妥送达上诉状副本等有关手续,将案卷连同二审案件诉讼费缴费凭证等一并移送二审人民法院。

➢ 拓展案例

以下是一起刑事司法实践中受争议的案例,根据现有证据,控告人认为乙有杀人嫌疑。公安机关进行勘验后,对受害人究竟属意外死亡还是他杀尚不能断定。公安机关是否应当对之立案,请给予相应评析。

2002年5月,被告人姜某经人介绍与湘潭市临丰学校的音乐教师黄某相识,并确立了恋爱关系。2002年8月至2003年1月,两人曾在海南、长沙游玩,并多次同宿一室。2003年2月23日,姜某到湘潭锰矿黄某娘家吃中饭,并将黄某及其姐姐随车接至湘潭市区。当天,姜某与黄某一起吃完晚饭后到姜某的朋友家中打牌至次日凌晨2时许,随后两人回到湘潭市临丰学校黄某的宿舍同宿。姜某与黄某亲吻、抚摸后,提出与黄某进行性行为时,黄某将双腿夹紧,姜即用双手扳黄的双下肢胳窝处,黄不依,表示等结婚时再行其事,姜便改用较特殊方式骑跨在黄的胸部进行了体外性活动,之后两人入睡。熟睡中黄某吐气、喷唾液、四肢抽搐,姜惊醒便问黄某"哪里不舒服",黄未作答,姜便又睡。早上6时许,姜某起床离开黄某的宿舍回到父母家。约1小时后,姜某多次拨打黄某的手机无人接听,后回到临丰学校敲黄某的宿舍门没有应答,且发现黄某又未在学校上班,姜某便将此情况向校领导反映。校方派人从楼顶坠绳由窗户进入黄某的宿舍,9时30分许发现黄某裸体躺在床上,已经死亡。后经最高人民法院司法鉴定中心法医学鉴定,黄某系在潜在病理改变的基础下,因姜某采用较特殊方式进行的性活动促发死亡。

公安机关现场勘查笔录、照片、房屋结构平面图载明:勘查时间为2003年2月24日9时50分,地点为湘潭市临丰学校南栋宿舍西头单元6楼右户,门窗完好,死者黄某全身赤裸于卧室双人席梦思床上,头朝东、脚朝西,呈仰卧状态,尸体右腰北侧毛巾线毯床单上有白色女式三角内裤及乳罩各1条。现场提取物品有1卷拆散过的卷筒纸及3小团卷筒纸。

法医鉴定,公安局尸体检验报告书:①死者黄某处女膜完整,无破裂现象。②死者体表除双下肢胳窝部有小片状挫擦伤外,全身其他部位无损伤痕迹,无机械性窒息征象。据此,分析认为可排除因机械性损伤及机械性窒息死亡;勘验中未见明显中毒征象,病理切片检验除心肺有明显病理改变外,其他各器官组织无明显中毒性病理改变的特征,且经提取胃内容物进行毒物化验未检出毒鼠强。据此,认为可排除毒物中毒死亡。③死者生前患有风湿性心脏病和冠心病，此可发生心肌缺血而导致急性心功能衰竭和急性肺水肿而猝死。解剖见双肺水肿，有明显捻发感，切面见泡沫液体流出，上述征象符合急性肺水肿特征。④结论：死者黄某系患心脏疾病急性发作导致急性心、肺功能衰竭而猝死。

附带民事诉讼原告人对湘潭市公安局的法医鉴定不服，要求重新鉴定，湘潭市公安局委托湖南省公安厅重新进行法医鉴定。省公安厅刑侦局法医学鉴定书：①尸体体表检验，会阴部干净，处女膜完整，无破裂痕迹。②尸体双下肢于胳窝处及其周边发现有多处小片状软组织挫伤，有皮下出血，说明系生前损伤，根据其性状分析，符合他人形成，这些损伤均显著轻微，为非致命伤。③病理检查。脏器有不同程度病变，其中肺组织有楔形出血区，底部为胸膜侧，尖端朝向肺门，镜下高度淤血、水肿、有出血，肺泡隔坏死，在水肿液与血液中散在较多腐败菌菌落，这是肺动脉栓塞引起的肺梗死的表现，根据医学病理学理论，肺动脉栓塞导致肺梗死可以造成急性心力衰竭与呼吸衰竭引起猝死，肺动脉栓塞的栓子来源于血管等其他部位，以下腔静脉多见，亦可以来源于右心附壁血栓，首次尸检中检见黄某尸体右心中有附壁血栓，该附壁血栓的脱落部分可以造成肺动脉栓塞；同时还检出其心脏有轻度疾患，这可加速心力衰竭的发生与发展，并说明其既往有慢性心血管病变。其他脏器的改变符合猝死的病理改变。④结论：黄某系因肺梗死引起急性心力衰竭与呼吸衰竭而死亡。

阅读链接⇨

◆ 1. 吕萍：《刑事立案程序的独立性质疑》，载《法学研究》2002 年第 3 期。

◆ 2. 孙长永、杨柳：《论刑事立案前的初查》，载《河北法学》2006 年第 1 期。

◆ 3. 肖建国：《应建立公安机关刑事立案记录报检察机关备案制度》，载《人民检察》2005 年第 24 期。

◆ 4. 程军伟：《由现场勘查的性质反思我国刑事立案制度》，载《法律科学》2005 年第 1 期。

◆ 5. 杨昌军、李必强：《刑事立案困境的博弈论诠释》，载《法学评论》2006 年第 4 期。

➢ 讨论题

1.“中国特色”的立案制度存在的价值有哪些？

2. 我国现行立案监督机制存在的问题有哪些？

3. 刑事立案后，有学说认为应当赋予司法警察“微罪处分权”，即由公安机关对于轻微犯罪便宜处分而不必移送检察机关审查起诉，你对此有何看法？

第十二章 侦查程序

第一节 侦查概述

一、侦查的概念和意义

侦查是指侦查机关在办理刑事案件过程中,依照法律进行的专门调查工作和有关的强制性措施。在我国,侦查是全部刑事诉讼程序中的一个独立诉讼阶段,在刑事诉讼中具有非常重要的地位,是国家专门机关同犯罪作斗争的强有力的手段。因为刑事案件立案以后,侦查机关为查明案情、查获犯罪嫌疑人,必须依法开展侦查活动,收集确实、充分的证明犯罪嫌疑人有罪或者无罪、罪重或者罪轻的各种证据材料,从而为检察机关提起公诉和人民法院进行审判作好充分的准备和奠定坚实的基础。

侦查的内容包括专门调查工作和有关的强制性措施。"专门调查工作",是指《刑事诉讼法》所规定的为收集证据、查明犯罪而进行的调查工作,具体包括讯问犯罪嫌疑人,询问证人、被害人,勘验、检查,侦查实验,扣押物证、书证,查询、冻结存款、汇款,鉴定,通缉等专门的活动。上述调查工作是侦查机关依法进行的诉讼活动,通过这些活动所收集的证据材料具有诉讼证据的性质,经过查证属实,可以作为定案的根据。"有关的强制性措施",是指《刑事诉讼法》所规定的为收集证据、查明犯罪和查获犯罪人而采用的限制、剥夺人身自由或对人身、财物进行强制的措施。根据《刑事诉讼法》的规定,有关的强制性措施包括两类:一类是在侦查活动中采用的强制措施,包括拘传、取保候审、监视居住、拘留、逮捕 5 种;另一类是在进行专门调查工作中必要时采用的强制性方法,如强制检查、强行搜查、强制扣押等。

侦查作为公诉案件的必经程序,在刑事诉讼中具有十分重要的意义:

1. 侦查是与犯罪行为作斗争的重要手段。侦查机关通过采用专门的调查手段和有关的强制性措施,收集确实、充分的证据,准确、及时地查清案件事实,查获犯罪嫌疑人,进而对犯罪分子予以有效地揭露、证实和惩罚,从而完成刑事诉讼打击犯罪,保护人民,保障社会稳定的任务,因此,侦查是公安司法机关有效地同犯罪行为作斗争的强有力的手段。

2. 侦查是提起公诉和正确审判的基础和前提条件。实践证明,侦查机关如果能够严格按照法律规定,收集确实、充分的证据,查明案件事实情况,查获犯罪嫌疑人,就能够为人民检察院准确、及时批捕并提起公诉以及为人民法院正确审判奠定坚实的基础和提供前提条件。如果侦查工作存有任何疏漏或偏差,都将影响起诉和审判工作的顺利进行,影响案件的正确、及时、合法处理。因此，侦查工作对于整个刑事诉讼活动的正确进行和诉讼任务的正确实现都有着十分重大的意义。

3. 侦查是预防犯罪和进行社会治安综合治理的有力措施。通过侦查活动，一方面可以教育群众，强化群众的法制观念，提高群众守法的自觉性，提高同犯罪作斗争的积极性；另一方面，还可以总结和掌握犯罪的特点和规律，发现有关机关、单位和企业存在的隐患和漏洞，及时采取有效措施，消除隐患、堵塞漏洞，加强安全防范措施，加强社会治安综合治理，以预防和减少犯罪。

二、侦查的任务和原则

(一)侦查的任务

侦查的任务是收集证据，查明犯罪事实和查获犯罪嫌疑人，为打击和预防犯罪，保证诉讼的顺利进行提供可靠的根据。首先，收集证据，查明犯罪事实是侦查的一项基本任务。这是因为刑事诉讼的重要目的之一是实现国家刑罚权，而欲达此目的，侦查机关就必须收集确实、充分的证据，查明案件事实。其次，查获犯罪嫌疑人也是侦查机关实施侦查行为的另一个重要任务。刑事诉讼最终的实体目标是为了对犯罪行为人进行刑罚处罚，从而恢复被犯罪行为所破坏的社会秩序。如果在侦查过程中不能准确、有效地查获犯罪嫌疑人，那么，即使最终判明被告人的行为构成所指控的犯罪，也无法对他进行处罚。再次，在侦查过程中，还应当注意总结犯罪分子作案的特点和规律，通过各种方式开展法制宣传教育活动。

(二)侦查的原则

为了更好地完成侦查任务，揭露、证实和惩罚犯罪，侦查人员在侦查活动中，除了必须遵守《刑事诉讼法》规定的基本原则外，根据侦查工作的特点，还必须遵守下列各项工作原则：

1. 遵守法制的原则。在侦查工作中，要求侦查人员严格遵守《刑法》、《刑事诉讼法》和其他有关法律、法规的规定，这不仅是侦查质量和效率的保证，也是社会主义法制的根本要求。

2. 迅速及时的原则。侦查工作本身的性质、特点和任务决定了侦查工作必须迅速及时。如果侦查机关行动迟缓，失去有利战机，就有可能因时过境迁，使犯罪现场遭破坏、犯罪痕迹消灭、犯罪嫌疑人潜逃等，给侦查破案工作造成困难。迅速及时是对侦查工作在时间和时机上的要求。

3. 客观全面的原则。侦查工作是对过去发生案件的发现、再现，因而必须要从客观的立场出发，实事求是地全面收集有罪、无罪、罪重、罪轻的各种证据材料，切忌主观臆断和先入为主，这样才能确保案件发现的准确性。

4. 深入细致的原则。调查案情、收集证据是一项深入细致的调查研究工作，这就要求侦查人员应当具备深入细致的工作作风，广泛而深入地调查，不忽略任何细枝末节，查清犯罪构成基本要件和犯罪的各种具体情节，排除案件所有证据材料中的一切疑点和矛盾。

5. 保守秘密的原则。侦查过程中，有关案情、侦查线索、方向和意图、侦查措施、证据材料或者当事人、其他诉讼参与人以及举报人、控告人等情况，都不得向外人透露，以免影响侦查的顺利进行。

第二节 侦查行为和程序

侦查行为是指侦查机关在办理案件过程中，依照法律规定进行的各种专门调查工作。根据我国《刑事诉讼法》的规定，侦查行为包括：(1)讯问犯罪嫌疑人；(2)询问证人、被害人；(3)勘验、检查(含侦查实验)；(4)搜查；(5)扣押物证、书证；(6)查询、冻结存款、汇款；(7)鉴定；(8)辨认；(9)通缉。在侦查实践中，客观上还存在技术侦查、诱惑侦查等侦查行为。

一、讯问犯罪嫌疑人

(一)讯问犯罪嫌疑人的概念和意义

讯问犯罪嫌疑人，是指侦查人员依照法定程序以言词方式，就案件事实和其他与案件有关问题向犯罪嫌疑人进行查问的一种侦查活动。

做好讯问犯罪嫌疑人的工作，有利于侦查人员进一步查明案件事实，收集和核实证据，查清犯罪情节，并发现新的犯罪线索和其他应当追究刑事责任的犯罪分子；同时又可以为犯罪嫌疑人如实供述罪行或充分行使辩护权提供机会，侦查机关通过听取犯罪嫌疑人的供述和辩解，在保护犯罪嫌疑人合法权益的同时，保障无罪的人和其他依法不应追究刑事责任的人免受刑事追诉，保证办案质量。

(二)讯问犯罪嫌疑人的程序

根据《刑事诉讼法》的规定，讯问犯罪嫌疑人应当严格遵守下列程序：

1. 讯问的人员及人数。《刑事诉讼法》第 91 条规定："讯问犯罪嫌疑人必须由人民检察院或者公安机关的侦查人员进行。讯问的时候，侦查人员不得少于 2 人。"这表明，讯问犯罪嫌疑人是侦查机关的侦查人员的专有职权，其他任何机关、团体和个人都没有这项权力。为了加强侦查人员在讯问过程中的相互监督和相互配合，保障侦查人员的人身安全，防止意外事件的发生，在讯问犯罪嫌疑人时，侦查人员不得少于 2 人。

2. 讯问的时间、地点。《刑事诉讼法》第 92 条规定："对于不需要逮捕、拘留的犯罪嫌疑人，可以传唤到犯罪嫌疑人所在市、县内的指定地点或者到他的住处进行讯问，但是应当出示人民检察院或者公安机关的证明文件。"对于已被拘留、逮捕的犯罪嫌疑人，必须在拘留、逮捕后的 24 小时以内进行讯问，侦查人员提讯在押的犯罪嫌疑人，应当填写"提讯证"，在看守所或者侦查机关的工作场所进行讯问。

3. 讯问的步骤、方法。《刑事诉讼法》第 93 条规定："侦查人员在讯问犯罪嫌疑人的时候，应当首先讯问犯罪嫌疑人是否有犯罪行为，让他陈述有罪的情节或者无罪的辩解，然后向他提出问题。"这是为了防止侦查人员主观片面、先入为主，保证讯问工作的客观性和科学性。

4. 讯问的对象。讯问犯罪嫌疑人应当个别进行。当一个案件有几个犯罪嫌疑人时，侦查人员应当分别讯问，未被讯问的犯罪嫌疑人不得在场，以防止同案犯罪嫌疑人之间互相串供或影响。此外，在侦查阶段，一般也不宜在同案犯罪嫌疑人之间进行对质。

《刑事诉讼法》第 93 条还规定："犯罪嫌疑人对侦查人员的提问，应当如实回答。但是对与本案无关的问题，有拒绝回答的权利。"我国法律没有赋予犯罪嫌疑人沉默权，对侦查人员与本案有关问题的提问，犯罪嫌疑人负有如实回答和陈述的义务。侦查人员在讯问时，应当将该项义务和权利告知犯罪嫌疑人。

5. 讯问未成年和聋、哑等犯罪嫌疑人的特殊要求。《刑事诉讼法》第 94 条规定："讯问聋、哑的犯罪嫌疑人，应当有通晓聋、哑手势的人参加，并且将这种情况记明笔录。"公安部《规定》第 182 条对讯问未成年、聋、哑和不通晓当地语言文字的犯罪嫌疑人作了特殊要求，以保障其合法权益。具体包括：(1)讯问未成年的犯罪嫌疑人，应当针对未成年人的身心特点，采取不同于成年人的方式；除有碍侦查或者无法通知的情形外，应当通知其家长、监护人或者教师到场；讯问可以在侦查机关进行，也可以到未成年人的住所、单位、学校或者其他适当的地点进行。(2)讯问聋、哑犯罪嫌疑人，应当有通晓聋、哑手势的人参加，并在讯问笔录上注明犯罪嫌疑人的聋、哑情况以及翻译人员的姓名、工作单位和职业。(3)讯问不通晓当地语言文字的犯罪嫌疑人时，应当配备翻译人员。

6. 讯问犯罪嫌疑人的禁止性规定。《刑事诉讼法》第 43 条规定，严禁刑讯逼供和以威胁、利诱、欺骗以及其他非法的方法收集证据。最高人民检察院《规则》第 265 条和最高人民法院《解释》第 61 条均规定，以刑讯逼供或者威胁、引诱、欺骗等非法的方法取得的犯罪嫌疑人或被告人的供述，不能作为指控犯罪或定案的根据。犯罪嫌疑人对侦查人员侵犯其诉讼权利的违法行为，有权提出控告；构成犯罪的，应当依法追究其刑事责任。

7. 讯问犯罪嫌疑人应当制作笔录。侦查人员应当将问话和犯罪嫌疑人的供述或者辩解如实地记录清楚。书写讯问笔录应当使用能够长期保持字迹的书写工具、墨水。《刑事诉讼法》第 9 条规定："讯问笔录应当交犯罪嫌疑人核对，对于没有阅读能力的，应当向他宣读。如果记载有遗漏或者差错，犯罪嫌疑人可以提出补充或者改正。犯罪嫌疑人承认笔录没有错误后，应当签名或者盖章。侦查人员也应当在笔录上签名。犯罪嫌疑人请求自行书写供述的，应当准许。必要的时候，侦查人员也可以要犯罪嫌疑人亲笔书写供词。"此外，讯问犯罪嫌疑人，在进行文字记录的同时，根据需要可以录音、录像。

争论

讯问犯罪嫌疑人时律师有权在场是世界各国的通行规则，美国的"米兰达规则"、英国的"法官规则"都体现了相关要求。我国《刑事诉讼法》虽然允许犯罪嫌疑人在侦查阶段聘请律师，但讯问犯罪嫌疑人时律师无在场权，有学者建议在我国确立讯问犯罪嫌疑人时的律师在场制度，这将有利于监督并及时制止侦查人员的非法取证行为，对侦查人员侵犯犯罪嫌疑人人格尊严和实施人身侮辱的行为进行申诉控告，对保护犯罪嫌疑人的合法权利以及遏制刑讯逼供等违法行为有重要意义。

二、询问证人、被害人

询问证人，是指侦查人员依照法定程序以言词方式，就案件有关情况向证人进行调查了解的一种侦查活动。询问证人作为侦查过程中广泛采用的一种经常性侦查行为，在侦查程序中起着非常重要的作用，通过询问证人，有助于侦查人员发现、收集证据和核实证据，查明案件事实真相，查获犯罪嫌疑人，揭露、证实犯罪，保障无罪的人不受刑事追究。

1. 询问的地点和人数

《刑事诉讼法》第 97 条第 1 款规定："侦查人员询问证人，可以到证人的所在单位或者住处进行，但是必须出示人民检察院或者公安机关的证明文件。在必要的时候，也可以通知证人到人民检察院或者公安机关提供证言。"侦查人员关于询问证人地点的选择，应当从有利于获取证言、保证证人作证的积极性方面考虑。根据六机关《规定》第 17 条的规定，侦查人员询问证人，除以上询问地点以外，不得另行指定其他地点。此外，最高人民检察院《规则》第 158 条规定，询问的时候，检察人员不得少于 2 人。

2. 询问证人应个别进行

《刑事诉讼法》第 97 条第 2 款规定："询问证人应当个别进行。"为了防止证人之间互相影响，确保证人证言的真实可靠，同一案件有几个证人需要询问的时候，侦查人员应当对每个证人分别进行询问；询问某一证人时，不得有其他证人在场，也不允许采用开座谈会的形式，让证人集体讨论和作证，更不能让多名证人共同出具一份书面证词。

3. 询问证人时的告知义务

询问证人时，侦查人员应当告知他必须如实地提供证据、证言，以及有意作伪证或者隐匿罪证要负的法律责任。

4. 询问证人的步骤、方法

首先，侦查人员应当问明证人的基本情况以及与当事人的关系。其次，侦查人员应当告知证人有如实作证的义务和证人依法享有的各种诉讼权利，保障证人及其近亲属的安全。再次，侦查人员在询问证人时，一般应先让证人就他所知道的案件情况作连续的详细叙述，然后对其所陈述的事实，问明其来源和根据。侦查人员应当耐心听取证人的陈述，然后根据案件的具体情况进行询问，提出的问题应当明确清楚，不得用提示性、暗示性的方式询问，更不得以暴力、胁迫、引诱、欺骗等非法方法逼取证人证言。最高人民检察院《规则》第 265 条和最高人民法院《解释》第 61 条均规定，以刑讯、威胁、引诱、欺骗等非法的方法收集的证人证言，不能作为指控犯罪或定案的根据。此外，询问中涉及证人隐私的，应当保守秘密，不得泄露。

5. 询问未成年证人的特殊要求

《刑事诉讼法》第 98 条第 2 款规定："询问不满 18 岁的证人，可以通知其法定代理人到场。"据此，为了减轻未成年人的思想压力，增强其心理承受能力，保证其如实作证，侦查人员在询问不满 18 岁的证人时，应尽可能地通知其法定代理人到场。

6. 询问笔录的制作

询问证人，应当制作询问笔录。根据《刑事诉讼法》第 99 条的规定，询问笔录应当交证人核对，对于没有阅读能力的，应当向他宣读；如果记载有遗漏或者差错，证人可以提出补充或者改正；证人承认笔录没有错误后，应当签名或者盖章，侦查人员也应当在笔录上签名；证人请求自行书写证词的，应当准许，必要的时候，侦查人员也可以要求证人亲笔书写证词。

➢ 案例分析

黄某和刘某是夫妻，其中刘某是哑巴，他们日常生活中用哑语进行交流。一天晚上，他们夫妻二人目睹了犯罪嫌疑人抢劫邻居的全过程。公安机关通知黄某和刘某到指定的某宾馆，单独询问了刘某，但请黄某在现场对其哑语进行翻译。问上述询问中有哪些是错误的？

解答：(1)询问证人可以到证人的所在单位或者住处进行，必要的时候，也可以通知证人到人民检察院或者公安机关提供证言，不能在宾馆询问。(2)应当单独询问刘某，但应当另请懂哑语的人在现场对其哑语进行翻译。

询问被害人，是指侦查人员依照法定程序以言词方式，就被害人遭受侵害的事实及犯罪嫌疑人的有关情况向被害人进行调查了解的一种侦查活动。

根据《刑事诉讼法》第100条的规定，询问被害人的规定适用询问证人的程序。由于被害人直接遭受犯罪行为的侵害，在不少案件中，被害人与犯罪分子还有过直接接触，因此，通过询问被害人，可以更多地掌握犯罪事实和犯罪嫌疑人的有关情况；但也要考虑到被害人与案件的利害关系，在询问时，既要认真听取他的陈述，又要注意分析是否合乎情理。对于被害人的个人隐私，应当为其保守秘密，对于被害人的人身安全，也应当采取切实有效的措施予以保护。另外，第一次询问被害人时，应当告知他有提起附带民事诉讼的权利。

三、勘验、检查

(一)勘验、检查的概念和要求

勘验、检查是指侦查人员对与犯罪有关的场所、物品、尸体、人身等进行勘验和检查，以发现、收集和固定犯罪活动所遗留下来的各种痕迹和物品的一种侦查行为。勘验、检查的主体、任务和性质相同，但适用对象有所区别，勘验的对象是现场、物品和尸体，而检查的对象则是活人的身体。

勘验、检查是侦查中取得第一手证据材料的一个重要途径。犯罪分子实施犯罪行为，必然会在客观外界留下各种痕迹、物品，即使在犯罪后对现场加以破坏或伪装，也会留下新的痕迹和物品。因此通过勘验和检查，可以及时发现、收集和固定犯罪的痕迹和证物，了解案件性质、作案手段和犯罪活动情况，确定侦查范围和方向，并为进一步查清案情，揭露、证实犯罪分子提供可靠的依据。

根据《刑事诉讼法》的规定，勘验、检查的基本程序是：(1)勘验、检查由侦查人员进行，必要的时候可以指派或者聘请具有专门知识的人，在侦查人员的主持下进行；(2)侦查人员进行勘验、检查，必须持有人民检察院或者公安机关的证明文件；(3)侦查人员应当邀请与案件没有利害关系的人作为见证人参加勘验、检查工作，以保证勘验、检查的客观性；(4)人民检察院要求复验、复查的，侦查机关应当及时进行复验、复查，并通知人民检察院派员参加；(5)勘验、检查的情况应当写成笔录，由参加勘验、检查的人和见证人签名或者盖章。

(二)勘验、检查的种类和程序

1. 现场勘验

现场勘验是侦查人员对发生犯罪事件或者发现犯罪痕迹的特定地点、场所进行勘验和检查的一种侦查活动。现场勘验的任务，是查明犯罪现场的情况，发现和收集证据，判断案件性质，确定侦查方向和范围，为破案提供线索和证据。现场勘查，由县级以上公安机关侦查部门负责。侦查人员在现场勘验时，应当及时向现场周围的群众、被害人、目睹人、报案人等进行调查访问，以便了解案发前和案发时现场的状况，并进行实地勘验，发现和收集同案件有关的各种证据，并及时采取紧急措施和各种技术手段固定和保全各种证据。根据公安部《规定》的规定，勘查现场，应当按照现场勘查规则的要求拍摄现场照片，制作"现场勘查笔录"和现场图。对重大案件、特别重大案件的现场，应当录像。计算机犯罪案件的现场勘查，应当立即停止应用，保护计算机及相关设备，并复制电子数据。

2. 物证检验

物证检验，是指侦查人员对已经收集到的物品及其痕迹进行检查和验证，以确定其与案件有无联系的一种侦查活动。物证的检验应当及时、认真、细致。如果需要专门技术人员进行检验和鉴定的，应当指派或聘请鉴定人进行鉴定。物证检验应当制作笔录，详细记载检验的过程、物品及其痕迹的特征，如物品的大小、形状、尺寸、重量、颜色、商标、号码和痕迹的位置、大小、深度、长度、形态、性质等。

3. 尸体检验

尸体检验，是指侦查人员指派、聘请法医或医师对非正常死亡的尸体进行尸表检验或尸体解剖的一种侦查活动。其目的在于确定死亡的原因和时间，判明致死的工具、手段和方法，以便分析作案过程，为查明案情和查获犯罪嫌疑人提供线索和证据。根据《刑事诉讼法》及公安部《规定》的有关规定，对于死因不明的尸体，为了确定死因，经县级以上公安机关负责人批准，可以解剖尸体或者开棺检验，并且通知死者家属到场，让其在"解剖尸体通知书"上签名或者盖章。死者家属无正当理由拒不到场或者拒绝签名、盖章的，不影响解剖或开棺检验，但是应当在"解剖尸体通知书"上注明。对于身份不明的尸体，无法通知死者家属的，应当在笔录中注明。对于已经查明死因，没有继续保存必要的尸体，应当通知家属领回处理，对无法通知或者通知后其家属拒绝领回的，经县级以上公安机关负责人批准，可以及时处理。

4. 人身检查

人身检查，是指侦查人员为了确定被害人、犯罪嫌疑人的某些特征、伤害情况或者生理状态，依法对其人身进行检查的一种侦查活动。人身检查是对活人身体进行的一种特殊检验，其目的在于确定被害人、犯罪嫌疑人的相貌、肤色、特殊痕迹、伤害部位和程度、智力发展和生理机能等情况，从而有利于查明案件性质、查获犯罪嫌疑人。人身检查涉及公民的人身权利和自由，因此必须严格按照《刑事诉讼法》和有关规定进行：(1)人身检查只能由侦查人员进行，必要时也可以在侦查人员的主持下，聘请法医或医师严格依法进行，不得有侮辱被害人、犯罪嫌疑人的人格或其他合法权益的行为；(2)对犯罪嫌疑人进行人身检查，如果有必要，可以强制进行。但对于被害人的人身检查，应征求本人同意，不得强制进行；(3)检查妇女的身体，应当由女侦查人员或者医师进行。其中，对强奸案件的被害妇女，一般不得进行生殖器和处女膜检查。个别确实需要检查的，应当征得被害人及其家长或亲属的同意，并经地(市)侦查机关批准，在指定的医院由女医师或女法医进行。

5. 侦查实验

侦查实验是指侦查人员为了确定和判明与案件有关的某些事实或行为在某种情况下能否发生或怎样发生，而按照原有条件实验性地加以重演的一种侦查活动。《刑事诉讼法》第108条规定："为了查明案情，在必要的时候，经公安局长批准，可以进行侦查实验。"据此，侦查实验并不是每个刑事案件必须进行的程序，只有在必要时才可以进行。所谓必要，根据公安部《规定》第202条的规定，是指通过侦查实验要完成下列任务之一的：(1)确定在一定条件下能否听到或者看到；(2)确定在一定时间内能否完成某一行为；(3)确定在什么条件下能够发生某种现象；(4)确定在某种条件下某种行为和某种痕迹是否吻合一致；(5)确定在某种条件下使用某种工具可能或者不可能留下某种痕迹；(6)确定某种痕迹在什么条件下会发生变异；(7)确定某种事件是怎样发生的。

进行侦查实验，应禁止一切足以造成危害、侮辱人格或者有伤风化的行为。《刑事诉讼法》第107条规定："人民检察院审查案件的时候，对公安机关的勘验、检查，认为需要复验、复查时，可以要求公安机关复验、复查，并且可以派检察人员参加。"

四、搜查

(一)搜查的概念

搜查是指侦查人员依法对于犯罪嫌疑人以及可能隐藏罪犯或者罪证的人的身体、物品、住处和其他有关地方进行搜索和检查的一种侦查行为。

(二)搜查的程序

由于搜查直接关系到我国《宪法》所规定的公民的人身自由和住宅不受侵犯的权利，因此，《刑事诉讼法》明确规定了搜查应当遵守的法律程序：

1. 搜查必须由侦查人员进行，并且持有侦查机关签发的"搜查证"，执行搜查的侦查人员不得少于2人，其他任何机关、团体和个人都无权对公民人身和住宅进行搜查。搜查的对象和范围，既可以是犯罪嫌疑人，也可以是其他可能隐藏罪犯或者犯罪证据的人；既可以对人身进行，也可以对被搜查人的住处、物品和其他有关场所进行。侦查人员进行搜查，既可以在勘验、检查时进行，也可以在执行逮捕、拘留时进行，还可以单独进行。搜查前，应当了解被搜查对象的基本情况、搜查现场及周围环境，确定搜查的范围和重点，明确搜查人员的分工和责任。

2. 进行搜查，必须向被搜查人出示"搜查证"。但是，侦查人员在执行逮捕、拘留的时候,遇有紧急情况,不使用"搜查证"也可以进行搜查。根据公安部《规定》第 207 条的规定,紧急情况是指下列情形之一:(1)可能随身携带凶器的;(2)可能隐藏爆炸、剧毒等危险物品的;(3)可能隐匿、毁弃、转移犯罪证据的;(4)可能隐匿其他犯罪嫌疑人的;(5)其他突然发生的紧急情况。侦查人员向被搜查人出示搜查证后,应责令其在搜查证上签字或按指印。如果被搜查人拒绝,侦查人员应在搜查证上注明"被搜查人拒绝签字"的字样,接着责令被搜查人或者他的家属交出与犯罪有关的证据,如果拒不交出的,便可以进行搜查。

3. 搜查时,应当有被搜查人或者他的家属、邻居或者其他见证人在场。并且对被搜查人或其家属说明阻碍、妨碍公务应负的法律责任。在搜查过程中,如果遇到阻碍,可以强行进行搜查;对以暴力、威胁方法阻碍搜查的,应当予以制止或者将其带离现场。

4. 搜查妇女的身体,应当由女工作人员进行。

5. 搜查的情况应当写成笔录,由侦查人员和被搜查人员或者他的家属、邻居或者其他见证人签名或盖章。如果被搜查人在逃或者他的家属拒绝签名、盖章的,应当在笔录上注明。必要的时候,可以进行拍照或录像。

五、扣押物证、书证

(一)扣押物证、书证的概念

扣押物证、书证,是指侦查机关依法强行提取、留置和封存与案件有关的物品、文件的一种侦查行为。扣押物证、书证的目的在于取得和保全证据。侦查机关通过及时的扣押行为,能够防止能证明犯罪嫌疑人有罪或无罪、罪重或罪轻的物品和文件发生毁弃、丢失或被隐藏。

扣押物证、书证,通常与勘验、搜查同时进行,在勘验、搜查过程中发现可以用于证明犯罪嫌疑人有罪或无罪的物品和文件,都应当扣押,同时,扣押物证、书证又是一种独立的侦查行为,也可以单独进行。

(二)扣押物证、书证的程序

1. 扣押物证、书证只能由侦查人员进行。执行扣押的时候,侦查人员不得少于 2 人。侦查人员如果是在勘验、检查和搜查中发现需要扣押的物品、文件时,凭"勘查证"和"搜查证"即可予以扣押;如果是单独进行扣押,则应持有侦查机关的证明文件,如侦查人员的工作证件。

2. 扣押物证、书证必须由侦查机关负责人批准。在勘验、检查和搜查中发现的物品、文件需要扣押的,由现场指挥人员决定。凡应当扣押的物品、文件,持有人拒绝交出的,侦查机关可以强行扣押。

3. 扣押的范围仅限于查明与案件有关的具有证据意义的各种物品、文件,对与案件无关的物品、文件不得扣押。

4. 侦查人员应当依法办理扣押手续;对于扣押的物品和文件,侦查人员应当会同在场见证人和被扣押物品、文件的持有人查点清楚,当场开列清单,写明物品或者文件的名称、编号、规格、数量、重量、质量、特征及其来源，由侦查人员、见证人和持有人签名或者盖章。持有人及其家属在逃或者拒绝签名时，不影响扣押的进行，但应当在扣押清单上注明。对于应当扣押但不便提取的物品，应当现场加封，并由专人负责，妥善保存。

5. 对于扣押的物品、文件，侦查机关应当妥善保管或者封存，不得使用、损毁或丢弃。对于涉及国家秘密的文件、资料，应当严格保守秘密。

6. 侦查人员认为需要扣押犯罪嫌疑人的邮件、电报时，经公安机关或人民检察院负责人批准，即可通知邮电机关将有关的邮件、电报检交扣押。不需要继续扣押时，应当立即通知邮电机关。经查明确实与案件无关的，应当在3日以内解除扣押，退还原主或者原邮电机关、网络服务单位。

六、查询、冻结存款、汇款

(一)查询、冻结存款、汇款的概念和意义

查询、冻结存款、汇款，是指侦查机关根据侦查犯罪的需要而依法向银行或者其他金融机构、邮电机关查询犯罪嫌疑人的存款、汇款，在必要时予以冻结的一种侦查行为。

查询、冻结存款、汇款，可以了解犯罪嫌疑人的犯罪情况，证实犯罪和惩罚犯罪，也可以为国家、集体和公民个人挽回经济损失，维护国家、集体的经济利益和公民个人的财产利益。

(二)查询、冻结存款、汇款应注意的问题

1. 查询、冻结存款、汇款，应当经过县级以上侦查机关负责人批准，制作查询存款、汇款通知书或者冻结存款、汇款通知书，通知银行或者其他金融机构、邮电机关执行。如不需要继续冻结犯罪嫌疑人的存款、汇款的时候，侦查机关应当制作解除冻结存款、汇款通知书，通知银行或者其他金融机构、邮电机关执行。

2. 查询、冻结的存款、汇款只限于犯罪嫌疑人的存款、汇款。“犯罪嫌疑人的汇款”既包括犯罪嫌疑人汇出的款项，又包括其他单位和个人汇给犯罪嫌疑人的款项。对于不属于犯罪嫌疑人的存款、汇款，则不得查询、冻结。

3. 犯罪嫌疑人的存款、汇款已被冻结的，不得重复冻结。所谓“不得重复冻结”，是指不论犯罪嫌疑人的存款、汇款是由于哪一种原因由哪一个机关依法冻结的，侦查机关都不得再次采取冻结措施，但可以要求有关银行或者其他金融机构、邮电机关在解除冻结或者作出处理前，通知侦查机关，以便采取相应措施。

4. 冻结存款、汇款的期限为6个月。有特殊原因需要延长的，侦查机关应当在冻结期满前办理继续冻结手续，每次冻结期限最长不得超过6个月。侦查机关逾期不办理继续冻结手续的，视为自动撤销冻结。

5. 对于冻结的存款、汇款经查明确实与案件无关的，侦查机关应当在3日以内通知原银行或者其他金融机构、邮电机关解除冻结，并通知被冻结存款、汇款的所有人。

七、鉴定

(一)鉴定的概念和意义

鉴定是指侦查机关指派或聘请具有专门知识的人,就案件中某些专门性问题进行鉴别和判断并作出结论的一种侦查行为。

在侦查实践中,鉴定的适用范围极其广泛,凡是与刑事案件有关的能够证明犯罪嫌疑人有罪、无罪的各种物品、文件、痕迹、人身、尸体等都可以进行鉴定。因此,鉴定对于侦查机关及时收集证据,查明案件事实真相,查获犯罪嫌疑人具有重要作用。

在侦查中经常采用的鉴定主要有:刑事技术鉴定、人身伤害的医学鉴定、精神病的医学鉴定、扣押物品的价格鉴定、文物鉴定、司法会计鉴定等。

(二)鉴定的程序

1. 指派或者聘请鉴定人。刑事技术鉴定,由县级以上公安机关指派其刑事技术部门专职人员或者其他专职人员负责进行;其他专门性问题需要聘请有专门知识或技能的人进行鉴定的,应当经县级以上侦查机关负责人批准,并制作“聘请书”。鉴定人必须具备职业资格。侦查机关聘请鉴定人,应征得其所在单位同意。

2. 侦查机关应当为鉴定人提供必要的条件,及时向鉴定人送交有关检材和对比样本等原始材料,介绍与鉴定有关的情况,并且明确提出要求鉴定解决的问题,但是不得暗示或者强迫鉴定人作出某种鉴定结论。

3. 鉴定人应当按照鉴定规则,运用科学方法进行鉴定。鉴定后,应当出具鉴定结论,并由鉴定人签名。如果是多名鉴定人对同一专门问题共同进行鉴定,可以互相讨论,提出共同的鉴定结论,但每一位鉴定人都应当签名;如果意见不一致,则可以分别提出自己的鉴定意见,分别签名。鉴定只能涉及案件中的专门性问题,无权对案件的法律问题作出评判。

4. 对于人身伤害的医学鉴定有争议需要重新鉴定或者对精神病的医学鉴定,由省级人民政府指定的医院进行。鉴定人进行鉴定后,应当写出鉴定结论,并且由鉴定人签名,医院加盖公章。

5. 侦查人员或者侦查部门认为鉴定结论不确切或者有错误的,经县级以上侦查机关负责人批准,可以补充鉴定或者重新鉴定;侦查人员应当将用作证据的鉴定结论告知犯罪嫌疑人、被害人,如果犯罪嫌疑人、被害人对鉴定结论有异议提出申请的,经县级以上侦查机关负责人批准,可以补充鉴定或者重新鉴定。其中,重新鉴定的,侦查机关应当另行指派或者聘请鉴定人。

➢ 案例分析

某市高校附近连续发生几起恶性事件,几名女生被打成重伤。该案由市公安局组织人员侦查,逮捕了犯罪嫌疑人甲某。甲某被捕后,聘请了乙律师。乙律师会见了甲某之后,向公安机关提出甲某有精神病。公安局为此专门请本市权威的精神病医院进行鉴定。

该医院非常重视，指定了本院3名主任医师进行了鉴定。鉴定结论是：甲某没有患精神病。

问题：(1)甲某在被捕后是否有权聘请律师？

(2)本案中的精神病鉴定结论能否作为证据使用？

(3)如果犯罪嫌疑人对鉴定结论有异议，可否要求重新鉴定？

解答：(1)甲某在被捕后有权聘请律师为其提供法律帮助。(2)本案中的鉴定结论不能作为证据使用。(3)犯罪嫌疑人对鉴定结论有异议，有权要求重新鉴定，也可以申请补充鉴定。

八、辨认

(一)辨认的概念

辨认是指侦查人员为了查明案情，在必要时让被害人、证人以及犯罪嫌疑人对与犯罪有关的物品、文件、尸体、场所或者犯罪嫌疑人进行辨别和确认的一种侦查行为。

(二)辨认的程序

根据公安部《规定》和最高人民检察院《规则》的有关规定，辨认应当遵守下列程序：

1. 公安机关、人民检察院在侦查各自管辖的案件过程中，需要辨认犯罪嫌疑人时，应当分别经办案部门负责人或者检察长批准。

2. 辨认应当在侦查人员主持下进行。在公安机关侦查的案件中，主持辨认的侦查人员不得少于2人。

3. 组织辨认前，侦查人员应当向辨认人详细询问辨认对象的具体特征，禁止辨认人见到辨认对象，并应当告知辨认人有意作假辨认应负的法律责任。

4. 几名辨认人对同一辨认对象进行辨认时，应当由每名辨认人单独进行。必要时，可以有见证人在场。

5. 辨认时，应当将辨认对象混杂在其他人员或物品中，不得给辨认人任何暗示。公安机关侦查的案件，辨认犯罪嫌疑人时，被辨认的人数不得少于7人；对犯罪嫌疑人的照片进行辨认的，不得少于10人的照片。人民检察院自侦案件侦查过程中辨认犯罪嫌疑人时，受辨认的人数不得少于5人，照片不得少于5张。辨认物品时，同类物品不得少于5件，照片不得少于5张。

6. 辨认的经过和结果等情况，应当制作笔录，由主持和参加辨认的侦查人员、辨认人、见证人签名或盖章，并注明时间。

7. 人民检察院主持进行辨认，可以商请公安机关参加或者协助。

九、通缉

(一)通缉的概念

通缉是指公安机关发布通缉令并采取有效措施,对应当逮捕而在逃的犯罪嫌疑人追捕归案的一种侦查行为,是公安机关内部通力合作、协同作战,动员和依靠广大人民群众积极同犯罪作斗争的一种重要措施。

(二)通缉的程序

根据《刑事诉讼法》及公安部《规定》的有关规定,通缉应当遵循下列程序:

1. 只有公安机关有权发布通缉令,其他任何机关、团体、单位、组织和个人都无权发布。人民检察院在办理自侦案件过程中,需要追捕在逃的犯罪嫌疑人时,经检察长批准,作出通缉决定后,通知公安机关,由公安机关发布通缉令。

2. 县级以上公安机关在自己管辖的地区以内,可以直接发布通缉令;超出自己管辖的地区,应当报请有权决定的上级公安机关发布。通缉令发送范围,由签发通缉令的公安机关负责人决定。同时,为发现重大犯罪线索,追缴涉案财物、证据,查获犯罪嫌疑人,必要时,经县级以上公安机关负责人批准,可以发布悬赏通告。悬赏通告应当写明悬赏对象的基本情况和赏金的具体数额。通缉令、悬赏通告可通过广播、电视、报刊、计算机网络等媒体发布,也可以张贴等形式发布。

3. 被通缉的对象必须是依法应当逮捕而在逃的犯罪嫌疑人,包括依法应当逮捕而在逃的和已被逮捕但在羁押期间逃跑的犯罪嫌疑人。

4. 通缉令中应当尽可能写明被通缉人的姓名、别名、曾用名、绰号、性别、年龄、民族、籍贯、出生地、户籍所在地、居住地、职业、身份证号码、衣着和体貌特征并附被通缉人近期照片以及可以附指纹及其他物证的照片。除了必须保密的事项以外,应当写明发案的时间、地点和简要案情。

5. 通缉令发出后,如果发现新的重要情况可以补发通报。通报必须注明原通缉令的编号和日期。

6. 有关公安机关接到通缉令后,应当及时布置查缉。抓获犯罪嫌疑人后,应当迅速通知通缉令发布机关,并报经抓获地县级以上公安机关负责人批准后,凭通缉令羁押。原通缉令发布机关应当立即进行核实,依法处理。

7. 被通缉的人已经归案、死亡,或者通缉原因已经消失而无通缉必要的,发布通缉令的机关应当立即发出撤销通缉令的通知。

> 争论

甲市A区公安分局接到报案，某居民区一辆广本小轿车被盗，价值约18万元。侦查中发现重大嫌疑人范某已经潜逃，根据已经掌握的证据，认为范某应当被逮捕，于是，A区公安分局在网上发布通缉令通缉范某。对于网上发布通缉令的做法，有两种不同的观点：一种认为正确合法，因为公安机关对于应当逮捕而在逃的犯罪嫌疑人有权发布通缉令。第二种认为不合法，因为网上通缉，在范围上已经超出了A区公安分局的辖区，属于越界越权发布通缉令。

第三节　人民检察院行使侦查权的特殊规定

《刑事诉讼法》第131条规定："人民检察院对直接受理的案件的侦查适用本章规定。"这表明，《刑事诉讼法》关于侦查的所有规定均适用于人民检察院直接受理的案件。因此，人民检察院在讯问犯罪嫌疑人、询问证人或被害人、勘验、检查、侦查实验、搜查、扣押、查询和冻结存款或汇款、鉴定、辨认等活动中，都必须遵守《刑事诉讼法》的有关规定。但是，考虑到人民检察院的性质和其直接受理的案件的特殊性，《刑事诉讼法》又对其侦查权的行使作了一些特别规定。

一、人民检察院没有拘留和逮捕的执行权

《刑事诉讼法》第132条规定："人民检察院直接受理的案件中符合本法第60条、第61条第(4)项、第(5)项规定情形，需要逮捕、拘留犯罪嫌疑人的，由人民检察院作出决定，由公安机关执行。"这一规定明确了检察机关的拘留和逮捕决定权，《刑事诉讼法》虽然赋予了检察机关拘留、逮捕的决定权，但同时也明确规定，拘留和逮捕由公安机关执行。2000年8月，最高人民检察院和公安部共同下发了《关于适用刑事强制措施有关问题的规定》，其中明确规定，人民检察院直接立案侦查的案件，需要拘留犯罪嫌疑人的，应当依法作出拘留决定，并将有关法律文书和有关案由、犯罪嫌疑人基本情况的材料送交同级公安机关执行。公安机关核实有关法律文书和材料后，应当报请县级以上公安机关负责人签发拘留证，并立即派员执行，人民检察院可以协助公安机关执行。人民检察院直接立案侦查的案件，依法作出逮捕犯罪嫌疑人的决定后，应当将有关法律文书和有关案由、犯罪嫌疑人基本情况的材料送交同级公安机关执行。公安机关核实人民检察院送交的有关法律文书和材料后，应当报请县级以上公安机关负责人签发逮捕证，并立即派员执行，人民检察院可以协助公安机关执行。

二、人民检察院自行侦查案件中的拘留时限较短

《刑事诉讼法》第134条规定："人民检察院对直接受理的案件中被拘留的人，认为需要

逮捕的，应当在十日以内作出决定。在特殊情况下，决定逮捕的时间可以延长一日至四日。”由此可见，人民检察院对直接受理的案件的犯罪嫌疑人拘留羁押的期限分别为：一是认为需要逮捕的，应当在10日内作出决定；二是在特殊情况下，决定逮捕的时间可以延长1至4日，即拘留羁押的最长期限为14日。相比公安机关最长37天的拘留期限，检察机关自行侦查案件中的拘留时限要短得多，其原因主要是自侦案件侦查的对象相对明确，是否需要逮捕主要不是靠拘留期间进行查证的。

三、人民检察院没有直接发布通缉令的权力

《刑事诉讼法》第123条规定：“应当逮捕的犯罪嫌疑人如果在逃，公安机关可以发布通缉令，采取有效措施，追捕归案。”根据此规定，有权适用通缉、发布通缉令的机关只能是公安机关，其他任何机关、团体、企事业单位和个人都无权自行发布通缉令。根据《关于适用刑事强制措施有关问题的规定》，人民检察院直接立案侦查的案件，需要通缉犯罪嫌疑人的，应当作出逮捕决定，并将逮捕决定书、通缉通知书和犯罪嫌疑人的照片、身份、特征等情况及简要案情，送达同级公安机关，由公安机关按照规定发布通缉令，人民检察院应当予以协助。

四、人民检察院自行侦查的案件可能有初查程序

初查是检察机关对案件线索在立案前依法进行的审查和必要的调查。它是检察机关所特有的一种司法审查活动。由于检察机关按照管辖范围，受理有关报案、控告、举报、自首等材料后，往往仅凭审查材料，尚不能确定有涉嫌犯罪的事实，因此，有必要通过进一步的审查和调查，在一定范围内收集、调取涉案人的材料和信息，以确定有无犯罪嫌疑及可查线索，如果一旦确认有犯罪事实需要追究刑事责任，初查则宣告结束，就应依法立案侦查。最高人民检察院《规则》第127条至第132条对初查作出了规定：(1)明确初查由检察长或检察委员会决定。侦查部门对举报的线索进行审查后，认为需要初查的，应当报检察长或者检察委员会决定。(2)规定初查的基本方法，即在初查过程中可以进行询问、查询、勘验、鉴定、调查证据等不限制被查对象人身、财产权利的措施，不得对被查对象采取强制措施，不得查封、扣押、冻结被查对象的财产；(3)明确规定初查的处理程序以及备查、备案制度。侦查部门对举报线索初查后，应当制作审查结论报告，提出是否提请批准立案的处理意见，报检察长决定。人民检察院对要案线索初查后的处理情况，应当在作出决定后10日以内按照备案的范围报上级人民检察院备案。上级人民检察院认为处理不当的，应当在收到备案材料后10日以内通知下级人民检察院纠正。

1999年11月8日，最高人民检察院发布《关于检察机关反贪污贿赂工作若干问题的决定》，又明确初查的工作内容及原则，即初查可以审查报案、控告、举报、自首材料，接谈举报人或者其他知情人，进行必要的调查和收集涉案信息等，初查一般不公开进行，一般不接触被查对象，初查可以进行询问、查询；可以请举报人、知情人和纪检监察、审计等有关机关、单位协助调查。以检察机关名义进行调查时，应当出示检察机关的证明文件和检察工作人员的身份证明。

五、人民检察院自行侦查中法律没有赋予使用技术性侦查手段的权力

技术侦查是指秘密利用科技手段发现、跟踪、证明犯罪的少数特殊侦查活动，包括电子监听、电子监控、秘密录音录像、秘密拍照、秘密截取电子资料信息等。技术侦查措施具有侦查工具的技术性、侦查方式的秘密性、认识犯罪事实的直接性和对侦查对象民主权利特别是隐私权的损害性等特点，因而是一种"特殊侦查手段"。技术侦查措施在国外普遍使用，不仅使用于普通犯罪案件，而且也使用于职务犯罪案件。例如美国、意大利、澳大利亚、德国、日本、俄罗斯等国，都将技术侦查用于对严重犯罪包括严重职务犯罪的侦查。联合国《反腐败公约》第 5 条第 4 款规定："法律应当为腐败犯罪的侦查活动规定适当的手段。这些手段在严重的案件中可以包括秘密侦查以及窃听通讯。"第 50 条第 1 项规定："为有效打击腐败，各缔约国均应当在其本国法律制度基本原则许可的范围内并根据本国法律规定的条件在其力所能及的情况下采取必要措施，允许其主管机关在其领域内酌情使用控制下交付和在其适当时使用诸如电子或者其他监视形式和特工行动等特殊侦查手段，并允许法庭采集由这些手段产生的证据。"由此可见，技术侦查措施是国外侦查严重职务犯罪的一种常用侦查措施。但在我国，法律没有赋予检察机关技术侦查的决定权和实施权，并且非常严格地控制技术侦查的使用范围。1989 年最高人民检察院、公安部《关于公安机关协助人民检察院对重大经济案件使用技侦手段有关问题的答复》规定："对经济案件，一般地不要使用技术侦查手段。对于极少数重大经济犯罪案件主要是贪污贿赂案件和重大的经济犯罪嫌疑分子必须使用技术侦查手段的，要十分慎重地经过严格审批手续后，由公安机关协助使用。"

第四节　侦查终结

一、侦查终结的概念

侦查终结是指侦查机关对于自己立案侦查的案件，经过一系列的侦查活动，认为案件事实已经查清，证据确实、充分，足以认定犯罪嫌疑人是否有罪和应否追究刑事责任而决定结束侦查，并对案件依法作出处理或提出处理意见的一种诉讼活动。侦查终结是侦查程序的最后一项工作，是对已经开展的各种侦查活动和侦查工作所做的全部总结，是侦查任务已经完成的标志。

二、公安机关侦查终结的条件和程序

侦查终结案件的处理，由县级以上公安机关负责人批准；重大、复杂、疑难的案件应当经过集体讨论决定。其中，具备起诉条件的，应当移送人民检察院审查起诉；发现不应对犯罪

嫌疑人追究刑事责任的，应当撤销案件。因此，公安机关负责侦查的案件，侦查终结后的处理包括两种：一种是移送人民检察院审查起诉，一种是撤销案件，由于案件的处理不同，侦查终结的条件和程序有一定的区别。

1. 移送审查起诉的条件和程序

根据《刑事诉讼法》和《公安机关办理刑事案件程序规定》，公安机关侦查终结移送审查起诉必须符合以下条件：

(1)犯罪事实清楚。对于犯罪嫌疑人的犯罪时间、地点、动机、目的、情节、手段和危害结果等情况应当全部予以查清，并且没有遗漏任何罪行。共同犯罪的案件，还应当查清每个犯罪嫌疑人在共同犯罪中的地位和作用，且没有遗漏其他应当追究刑事责任的同案人。

(2)证据确实、充分。它要求侦查终结的案件，证明犯罪事实、情节的每一个证据来源都是可靠的，是经查证属实、核对无误的，并且证据与证据之间能够相互印证，形成一个完整的证明体系，足以排除其他可能性，完全可以确认犯罪嫌疑人有罪和犯罪情节的轻重。

(3)犯罪的性质和罪名认定正确。根据查明的事实和相关法律规定，足以对犯罪嫌疑人犯了某种罪或者某几种罪的性质和罪名作出正确的认定。

(4)法律手续完备。它要求侦查机关采取的专门调查工作和有关强制性措施的各种法律文书及其审批、签字、盖章等手续都是齐全、完整并符合法律规定的。若发现法律手续不完备或不符合要求，应采取适当措施予以补救。

(5)依法应当追究刑事责任。根据已查明的事实和法律规定，只有对犯罪嫌疑人应当追究刑事责任的，侦查机关才能作出移送人民检察院审查起诉的决定；如果发现对犯罪嫌疑人不应追究刑事责任，则应作出撤销案件的决定。

根据《刑事诉讼法》第 129 条的规定，对于符合上述条件的案件，侦查机关应当写出起诉意见书，连同案卷材料、证据一并移送同级人民检察院审查决定。此外，根据《刑事诉讼法》第 128 条第 2 款的规定，犯罪嫌疑人不讲真实姓名、住址，身份不明，但犯罪事实清楚，证据确实、充分的，也可以按其自报的姓名移送人民检察院审查起诉。

2. 撤销案件的条件和程序

《刑事诉讼法》第 130 条规定："在侦查过程中，发现不应对犯罪嫌疑人追究刑事责任的，应当撤销案件；犯罪嫌疑人已被逮捕的，应当立即释放，发给释放证明，并且通知原批准逮捕的人民检察院。"其中"不应对犯罪嫌疑人追究刑事责任的"，指犯罪嫌疑人的行为缺乏犯罪构成要件不构成犯罪、本案根本不存在犯罪事实或者有《刑事诉讼法》第 15 条规定的 6 种情形之一的。侦查机关作出撤销案件决定，要制作撤销案件决定书。犯罪嫌疑人已被逮捕的，应当立即释放，发给释放证明，并且通知原批准逮捕的人民检察院。

此外，在侦查过程中，发现犯罪嫌疑人不够刑事处罚但需要给予行政处罚的，经县级以上侦查机关批准，对犯罪嫌疑人应依法予以行政处罚或者移交其他有关部门处理。

争论

对于那些经过反复侦查,仍然事实不清,证据不足的案件,即所谓疑案,侦查机关该如何处理呢?法律对此规定不明。有学者认为,对这种情况,也应该撤销案件。对于侦查阶段疑案的认定标准,可借鉴国外的立法,同时设置主客观两项标准,一是主观标准,即由侦查的执行或指挥机关根据案件的具体情况斟酌决定,在我国,由侦查机关提出申请,由侦查监督部门作出决定比较合适。二是客观标准,即规定侦查超过一定期限,仍然事实不清,证据不足的案件,应当撤销案件。

三、人民检察院侦查终结的条件与程序

《刑事诉讼法》第135条规定:"人民检察院侦查终结的案件,应当作出提起公诉、不起诉或者撤销案件的决定。"同时,为提高办案质量,人民检察院由其侦查部门和审查起诉部门分别负责案件的侦查和审查起诉工作,实行内部制约。根据最高人民检察院《规则》的规定,人民检察院侦查部门侦查终结的案件应分别按照以下程序进行处理:

1. 提出起诉意见并移送审查起诉部门审查

经过侦查,认为犯罪事实清楚,证据确实、充分,足以认定犯罪嫌疑人构成犯罪,依法应当追究刑事责任的,侦查人员应当写出侦查终结报告,并且制作起诉意见书,报送侦查部门负责人审核、检察长批准;经检察长批准提出起诉意见的,侦查部门应当将起诉意见书以及其他案卷材料,一并移送本院审查起诉部门审查。

2. 提出不起诉意见并移送审查起诉部门审查

经过侦查,认为犯罪事实清楚、证据确实充分,足以认定犯罪嫌疑人构成犯罪,但犯罪情节轻微,依照《刑法》规定不需要判处刑罚或者免除刑罚的,侦查人员应当写出侦查终结报告,并且制作不起诉意见书,然后报送侦查部门负责人审核、检察长批准;经检察长批准提出不起诉意见的,侦查部门应当将不起诉意见书以及其他案卷材料,一并移送本院审查起诉部门审查。

3. 提出撤销案件意见并报请检察长或检察委员会决定

案例分析

某人民检察院立案侦查该市工商局长利用职权报复陷害他人一案,侦查中发现犯罪已过追诉时效期限。人民检察院应当如何处理?

解答:人民检察院应当撤销案件。侦查过程中或侦查终结时,发现具有下列情形之一的,侦查人员应当写出撤销案件意见书,经侦查部门负责人审核后,报请检察长或者检察委员会决定撤销案件:(1)具有《刑事诉讼法》第15条规定的情形之一的;(2)没有犯罪事实的,或者依照《刑法》规定不构成犯罪的;(3)虽有犯罪事实,但不是犯罪嫌疑人所为的。对于共同犯罪的案件,如有符合上述情形的犯罪嫌疑人,应当撤销对该犯罪嫌疑人的立案。

人民检察院撤销案件的决定,应当分别送达犯罪嫌疑人及其所在单位;如果犯罪嫌疑人在押,应当制作决定释放通知书,通知公安机关依法释放。

四、侦查羁押期限

侦查羁押期限,是指犯罪嫌疑人在侦查中的逮捕羁押期限。我国《刑事诉讼法》对侦查羁押期限明确加以规定,目的是为了切实保障犯罪嫌疑人的人身自由和合法权益,防止案件久拖不决,提高侦查工作效率。

根据《刑事诉讼法》和六机关《规定》的规定,侦查中的羁押期限可以分为一般羁押期限、特殊羁押期限和重新计算的羁押期限三种:

1. 一般羁押期限

《刑事诉讼法》第 124 条规定:"对犯罪嫌疑人逮捕后的侦查羁押期限不得超过两个月。"这是对一般刑事案件的侦查羁押期限的规定。如果犯罪嫌疑人在逮捕以前已被拘留的,拘留的期限不包括在侦查羁押期限之内。

2. 延长羁押期限

考虑到特殊刑事案件的需要,《刑事诉讼法》规定在符合法定条件时履行相应的审批手续和程序,便可以延长侦查羁押期限。

(1)根据《刑事诉讼法》第 124 条的规定,案情复杂、期限届满不能终结的案件,可以经上一级人民检察院批准延长 1 个月。

(2)根据《刑事诉讼法》第 125 条的规定,因为特殊原因,在较长时间内不宜交付审判的特别重大复杂的案件,由最高人民检察院报请全国人民代表大会常务委员会批准延期审理。

(3)根据《刑事诉讼法》第 126 条的规定,下列案件在《刑事诉讼法》第 124 条规定的期限届满仍不能侦查终结的,经省、自治区、直辖市人民检察院批准或者决定,可以延长 2 个月:①交通十分不便的边远地区的重大复杂案件;②重大的犯罪集团案件;③流窜作案的重大复杂案件;④犯罪涉及面广,取证困难的重大复杂案件。

(4)根据《刑事诉讼法》第 127 条的规定,对犯罪嫌疑人可能判处 10 年有期徒刑以上刑罚,依照本法第 126 条规定延长期限届满,仍不能侦查终结的,经省、自治区、直辖市人民检察院批准或者决定,可以再延长 2 个月。

应当注意的是,根据六机关《规定》第 30 条、第 31 条的规定,公安机关对案件提请延长羁押期限时,应当在羁押期限届满 7 日前提出,并书面呈报延长羁押期限案件的主要案情和延长羁押期限的具体理由,人民检察院应当在羁押期限届满前作出决定。最高人民检察院直接立案侦查的案件,符合《刑事诉讼法》第 124 条、第 126 条和第 127 条规定的条件,需要延长犯罪嫌疑人侦查羁押期限的,由最高人民检察院依法决定。

3. 重新计算羁押期限

根据《刑事诉讼法》和六机关《规定》的规定,遇有下列情况不计入原有侦查羁押期限,即重新计算羁押期限:

(1)《刑事诉讼法》第 128 条第 1 款规定,在侦查期间,发现犯罪嫌疑人另有重要罪行的,自发现之日起依照本法第124条的规定重新计算侦查羁押期限。但是,公安机关在侦查期间发现犯罪嫌疑人另有重要罪行,重新计算侦查羁押期限的,由公安机关决定,不再经人民检察院批准。但须报人民检察院备案,并受人民检察院监督。

(2)犯罪嫌疑人不讲真实姓名、住址,身份不明的,侦查羁押期限自查清其身份之日起计算,但不得停止对其犯罪行为的侦查取证。对于犯罪事实清楚,证据确实、充分的,也可以按其自报的姓名移送人民检察院审查起诉。

4. 不计入侦查羁押期限

《刑事诉讼法》第122条规定,对犯罪嫌疑人作精神病鉴定的期间不计入办案期限(包括侦查羁押期限)。

➢ 案例分析

甲某因为涉嫌强奸被公安机关立案侦查并被逮捕。但是在侦查羁押期限已经届满的时候,又发现甲某还涉嫌盗窃。

问题:(1)公安机关的侦查部门到甲某盗窃的现场进行侦查,可以进行哪些侦查活动?

(2)如果公安局决定继续对甲某实施羁押时,需要履行什么手续?

解答:(1)可以进行勘验、检查,制作笔录,在必要时可以聘请或者指定具有专业知识的人在侦查人员主持下进行勘验。

(2)公安机关在侦查过程中,发现犯罪嫌疑人还有重要罪行,需要重新计算羁押期限的,应当报人民检察院备案。

第五节 补充侦查

一、补充侦查的概念和意义

补充侦查,是指公安机关或者人民检察院对于案件部分事实不清、证据不足或者尚有遗漏罪行、遗漏同案犯罪嫌疑人的,依照法定程序,在原有侦查工作的基础上继续收集、补充证据的一种诉讼活动。

补充侦查并不是每一个刑事案件都必须经过的诉讼程序,它是在原有侦查工作没有完成侦查任务的情况下就案件的部分事实、情节所进行的侦查活动。因此,正确、及时进行补充侦查,有助于查明案件的全部事实,客观公正地处理案件。

二、补充侦查的类型

根据《刑事诉讼法》第68条、第140条和第165条的规定,补充侦查在程序上有3种,即审查批捕阶段的补充侦查、审查起诉阶段的补充侦查和法庭审理阶段的补充侦查。

1. 审查批捕阶段的补充侦查

《刑事诉讼法》第68条规定，人民检察院对于公安机关提请批准逮捕的案件进行审查后，“对于不批准逮捕的，人民检察院应当说明理由，需要补充侦查的，应当同时通知公安机关。”但这里需要指出的是，六机关《规定》第27条对《刑事诉讼法》第68条关于审查批捕阶段的补充侦查的有关规定作了明确解释，即“人民检察院审查公安机关提请批准逮捕的案件，应当作出批准或者不批准逮捕的决定，对报请批准逮捕的案件不另行侦查。”这一规定，进一步明确了在人民检察院审查批捕阶段，人民检察院既不自行补充侦查，也不通知公安机关补充侦查，只是在作出不批准逮捕决定后，应当对公安机关说明理由，如果认为需要补充侦查的，也应当通知公安机关。

2. 审查起诉阶段的补充侦查

《刑事诉讼法》第140条规定：“人民检察院审查案件，对于需要补充侦查的，可以退回公安机关补充侦查，也可以自行侦查。对于补充侦查的案件，应当在1个月以内补充侦查完毕。补充侦查以2次为限。补充侦查完毕移送人民检察院后，人民检察院重新计算审查起诉期限。对于补充侦查的案件，人民检察院仍然认为证据不足，不符合起诉条件的，可以作出不起诉决定。”

3. 法庭审理阶段的补充侦查

根据《刑事诉讼法》第165条第2项和第166条的规定，在法庭审理过程中，检察人员发现提起公诉的案件需要补充侦查，并提出补充侦查建议的，人民法院可以延期审理，补充侦查应当在1个月以内完毕。根据这一规定，在法庭审理阶段，人民检察院有提出对正在审理的案件进行补充侦查的建议权，对该建议是否接受要由人民法院决定。根据最高人民法院《解释》第157条规定，对公诉人在庭审过程中发现案件需要补充侦查而提出延期审理建议的，合议庭应当同意。但该建议以2次为限。

三、补充侦查的方式

根据《刑事诉讼法》的规定，补充侦查有退回补充侦查和自行补充侦查两种方式。

1. 退回补充侦查

退回补充侦查，是指决定补充侦查的人民检察院将案件退回侦查机关进行补充侦查。根据《刑事诉讼法》的规定，退回补充侦查的案件必须是公安机关立案侦查的案件，人民检察院不能将自己直接受理的案件退给公安机关补充侦查。人民检察院认为需要补充侦查的，应当提出具体的书面意见，连同案卷材料一并退回侦查机关补充侦查。在上述三类补充侦查中，审查批捕时的补充侦查，只能采用退回补充侦查的方式；在审查起诉和法庭审理过程中，人民检察院既可以采用将案件退回原侦查机关进行补充侦查的方式，也可以采用自行侦查的方式。

2. 自行补充侦查

自行补充侦查，是指决定补充侦查的人民检察院自行对案件进行的补充侦查。自行补充侦查的案件，既可以是原来由公安机关立案侦查的案件，也可以是人民检察院直接受理侦查的案件。如果是审查起诉阶段案件需要补充侦查，检察院既可以退回公安机关，由公安机关进行补充侦查，也可以由检察院自行侦查；如果是审判阶段案件需要补充侦查，只能由检察院自行补充侦查，而不能再退回到公安机关，但必要时可以让公安机关协助。

在审查起诉阶段，人民检察院是退回补充侦查还是自行补充侦查，一般取决于未查明案件事实的内容和性质。如果主要事实不清、证据不足或者有遗漏罪行、遗漏同案犯罪嫌疑人等情形的，原则上应退回公安机关补充侦查；如果只是次要事实不清、证据不足的，则应尽可能自行补充侦查，以节省办案时间，提高诉讼效率。

第六节　侦查监督

一、侦查监督的概念和意义

侦查监督是指人民检察院依法对侦查机关的侦查活动是否合法进行的监督。根据《刑事诉讼法》的规定，除公安机关外，国家安全机关、监狱、军队保卫部门以及人民检察院的侦查部门也依法行使侦查权。因此，人民检察院对上述机关或部门的侦查活动是否合法，都有权进行监督。

侦查监督是人民检察院实行法律监督的重要组成部分。通过侦查监督，人民检察院可以及时发现、制止和纠正侦查机关或部门和侦查人员在侦查活动中违反法律规定的行为，从而保证侦查活动严格依照法定程序和要求进行，保护诉讼参与人特别是犯罪嫌疑人的合法权利，保证刑事案件的正确处理，防止和避免出现冤假错案。

二、侦查监督的内容

根据《刑事诉讼法》和人民检察院《规则》的规定，人民检察院对公安机关的侦查活动是否合法实行监督，主要是发现和纠正以下违法行为：(1)对犯罪嫌疑人刑讯逼供、诱供的；(2)对被害人、证人以体罚、威胁、诱骗等非法手段收集证据的；(3)伪造、隐匿、销毁、调换或者私自涂改证据的；(4)徇私舞弊，放纵、包庇犯罪分子的；(5)故意制造冤、假、错案的；(6)在侦查活动中利用职务之便谋取非法利益的；(7)在侦查过程中不应当撤案而撤案的；(8)贪污、挪用、调换所扣押、冻结的款物及其孳息的；(9)违反《刑事诉讼法》关于决定、执行、变更、撤销强制措施的规定的；(10)违反羁押和办案期限规定的；(11)在侦查中有其他违反《刑事诉讼法》有关规定的行为的。

三、侦查监督的程序

根据《刑事诉讼法》和人民检察院《规则》的有关规定，人民检察院主要通过以下途径和方式，对公安机关的侦查活动实行法律监督：(1)人民检察院通过审查逮捕、审查起诉等方式，审查公安机关的侦查活动是否合法；(2)人民检察院根据案件需要，通过派员参加公安机关对于重大案件的讨论和其他侦查活动，发现公安机关在侦查活动中的违法行为；(3)人民检察院通过接受诉讼参与人对侦查机关或侦查人员侵犯诉讼权利和人身侮辱的行为提出的控告，行使侦查监督权；(4)人民检察院通过审查公安机关执行人民检察院批准或不批准逮捕决定的情况，以及释放被逮捕的犯罪嫌疑人或者变更逮捕措施的情况，发现侦查活动中的违法行为，履行侦查监督职能。

人民检察院发现公安机关或者公安人员在侦查或者决定、执行、变更、撤销强制措施等活动中有违法行为的，应当及时提出纠正意见。对于情节较轻的违法行为，由检察人员以口头方式向侦查人员或者公安机关负责人提出纠正，并及时向本部门负责人汇报；必要的时候，由部门负责人提出。对于情节较重的违法行为，应当报请检察长批准后，向公安机关发出"纠正违法通知书"。人民检察院发出"纠正违法通知书"的，应当根据公安机关的回复，监督落实情况；没有回复的，应当督促公安机关回复。人民检察院提出的纠正意见不被接受的，应当向上一级人民检察院报告，并抄报上一级公安机关。上级人民检察院认为下级人民检察院意见正确的，应当通知同级公安机关督促下级公安机关纠正；上级人民检察院认为下级人民检察院纠正违法的意见错误的，应当通知下级人民检察院撤销发出的"纠正违法通知书"，并通知同级公安机关。

人民检察院发现侦查人员在采取侦查措施或者决定、执行、变更、撤销强制措施等活动中的违法行为情节严重，构成犯罪的，应当立案侦查；对于不属于人民检察院管辖的，应当移送有管辖权的机关处理。

人民检察院审查逮捕部门或者审查起诉部门对本院侦查部门在侦查或者决定、执行、变更、撤销强制措施等活动中的违法行为，应当根据情节分别处理。情节较轻的，可以直接向侦查部门提出纠正意见；情节较重或者需要追究刑事责任的，应当报告检察长决定。

延伸阅读

侦查监督的比较与完善

侦查监督主要是指对侦查行为实施法律控制。英美法系国家和大陆法系国家侦查监督制度存在一些共同之处：一是实行"非法证据排除规则"，对于司法警察在侦查过程中通过非法途径取得的证据，包括实物证据和言词证据，法官在裁判时有权排除其适用。二是普遍实行"令状制度"，对某些强制性侦查行为进行司法控制和监督，尤其是英美法系国家，其"令状制度"较为完善。大陆法系国家对于那些涉及限制或者剥夺公民个人自由、财产、隐私等权益的强制性侦查措施，也必须向法官提出申请，并取得法官经审查发布的令状才可以进行。三是实行逮捕与羁押相分离制度。逮捕只是一种强制到案的侦查手段，如果需要较长时间予以关押的，必须经过法院批准，变更为羁押措施。

我国的侦查监督制度与西方国家的侦查监督制度相比较有明显的不同，主要表现在：

1. 侦查监督主体与侦查监督的权源不同。我国的侦查监督权源于《宪法》赋予检察机关的法律监督权，检察机关的侦查监督权是法律监督权的组成部分，是法律监督权在侦查阶段的表现形式。西方国家的侦查监督制度源于权力制约和分权制衡理论，主要通过法院行使司法审查权来对侦查机关的侦查行为合法性进行审查。我国的侦查监督主体是人民检察院。公安机关侦查的案件，由其自身负责侦查，检察机关不组织、指挥侦查。除需要逮捕犯罪嫌疑人，提请检察机关批准外，采取其他强制措施都由公安机关自行决定。检察机关可以参与某些侦查活动，但目的是为了更好地行使侦查监督权，而不是单纯的参与侦查。除非依照法律规定和客观情况需要，检察机关一般不干预公安机关的侦查活动，侦查权与侦查监督权相分离。西方国家不论是英美法系国家还是大陆法系国家，尽管诉讼理念有所不同，侦查权的具体运作方式也有很大差异，但大都强调法官对侦查程序的介入，以司法权制约侦查权，侦查监督的主体是法院或法官，而检察机关虽然参与侦查但一般只有指挥、指导、引导司法警察进行侦查或自我侦查的权力，以侦查为主要目的，并非专门为了监督司法警察的侦查行为。

2. 侦查监督范围不同。根据现行法律规定，除了逮捕犯罪嫌疑人必须依照法定程序提请检察机关审查批准外，我国侦查机关对拘留等其他强制措施均有权自行决定或变更，采取搜查、扣押、冻结、监听等侦查行为的决定权，不属于侦查监督的范围，侦查监督的范围显然较小。在西方国家，司法警察采取的逮捕、搜查、扣押、窃听、羁押等涉及人身自由权利和财产权利的强制措施，都属于侦查监督的范围，必须经过司法审查程序方能实施，侦查监督的范围明显较为广泛。

3. 侦查监督方式不同。我国现行的侦查监督一般采用事后审查的方式。我国检察机关主要是通过审查批捕、审查起诉等方式，发现公安机关的侦查活动有违法情况的，提出纠正意见。审查批捕是对侦查机关采取的逮捕这一最严厉的强制措施有无正当依据进行的判断；审查起诉则主要是对侦查活动的有效性进行判断，在审查批捕和审查起诉的过程中也对侦查活动的合法性进行判断，这种侦查监督具有事后补救性。当前司法实践中已出现的侦查引导机制，例如提前介入，可视为侦查监督的补充方式。在西方国家，除紧急情况外，强行性侦查行为的启动，如运用逮捕、搜查、扣押、窃听、羁押或者其他强制措施，需由侦查主体事先向法院或法官提出申请，经过专门的司法审查程序并获得“司法令状”后方可进行，侦查监督带有强烈的同步预防性质。

目前我国对侦查活动的检察监督的力度不够，对侦查活动的监督具有事后性，实效性不强，尤其是对搜查、扣押、冻结和拘留等强制性措施还缺乏有效监督控制方式，检察机关对侦查活动中的违法行为的纠正还缺乏力度，随着我国刑事诉讼制度的发展完善，侦查监督应进一步加强。在具体制度和措施方面，应加强检察机关对公安机关刑事立案和撤案的监督与制约，扩大侦查阶段犯罪嫌疑人与律师权利，从非法证据排除和诉讼行为无效两方面构建侦查行为违法的程序性制裁机制，完善我国侦查监督方法，规制我国侦查权的行使，达到惩罚犯罪和保障人权的统一。

阅读链接⇨

- 1. 孙长永著：《侦查程序与人权——比较法考察》，中国方正出版社 2000 年版。
- 2. 陈永生著：《侦查程序原理论》，中国人民公安大学出版社 2003 年版。
- 3. 陈瑞华著：《程序性制裁理论》，中国法制出版社 2005 年版。
- 4. 李菁菁：《侦查程序诉讼化研究》，中国政法大学博士学位论文，2005 年。
- 5. 陈瑞华著：《刑事诉讼的前沿问题》，中国人民大学出版社 2000 年版。
- 6. 谢佑平、万毅著：《刑事侦查制度原理》，中国人民公安大学出版社 2003 年版。

讨论题

1. 试述在侦查阶段依法询问证人的注意事项。

2. 简述侦查阶段搜查的程序。

3. 试述搜查与检查的区别。

4. 侦查终结的案件，应当如何处理？

5. 案例讨论：

李成军涉嫌盗窃罪被某市公安机关立案侦查，以下是侦查人员的讯问笔录：

侦查人员：被告人李成军，你知道你为什么被拘留吗？

李成军：不知道。

侦查人员：你要老实交代，顽抗是没有出路的。

李成军：我没有罪，我要请律师。

侦查人员：现在你不能请律师，你可以自己为自己辩护。

侦查人员：你是不是偷了邻居黄成3万元？

李成军：没有，他诬陷我。

侦查人员：政府的政策历来都是“坦白从宽、抗拒从严”。你若老实交代罪行，我们可以放你出去；否则，你将受到严厉的处罚。

问：(1)根据上述讯问笔录，请指出哪些方面违反了《刑事诉讼法》的规定。

(2)讯问犯罪嫌疑人应注意的事项有哪些？

第十三章　起诉程序

第一节　起诉概述

一、起诉的概念和种类

刑事起诉，是指享有追诉权的国家专门机关和公民，依法向法院提起控告，要求法院对指控的犯罪行为进行审判，以确定被告人刑事责任并予以刑事处置的诉讼活动。在刑事诉讼的各项程序中，起诉具有承前启后的重要作用。

刑事起诉，依照行使追诉权的主体不同，分为公诉和自诉两种。公诉是指依法享有刑事起诉权的国家专门机关，代表国家向司法机关提起诉讼，要求法院通过对被指控的犯罪行为进行审判以确定被告人的刑事责任，并给予相应的刑事制裁的诉讼行为。自诉是指刑事被害人及其法定代理人、近亲属等，以个人的名义向法院起诉，要求保护刑事被害人的合法权益，追究被告人刑事责任的活动。

人类社会对犯罪的追诉，先后出现了"私诉"、"公众追诉"和"国家公诉"几种形式。在近现代，公诉制度成为各国追诉制度的主流方式，但由于政治、经济、文化等因素的差异，各国的起诉制度也不尽相同。总体来说，可以将各国的起诉模式划分为两种类型：其一为"公诉独占主义"，即刑事案件的起诉权被国家垄断，刑事案件只能由检察机关向法院起诉，因而不再允许被害人自诉。实行公诉独占主义的国家有美国、法国、日本等；其二为"公诉兼自诉模式"，即刑事案件主要由检察机关代表国家提起诉讼，少量较为轻微的刑事案件可以由公民个人提起诉讼。"公诉兼自诉"模式避免了诉权垄断的弊端，也提高了诉讼效率。目前，许多国家实行了"以公诉为主、自诉为辅"的起诉方式，其中以德国、奥地利和英国的制度最为典型。

在适用公诉权时，存在起诉法定主义和起诉便宜主义两种不同的态度。起诉法定主义是指对于符合法定起诉条件的公诉案件，公诉机关必须向审判机关起诉，并无斟酌裁量的可能。与之相对，起诉便宜主义是指在具备起诉条件的情况下，公诉机关享有一定自由裁量的权限，可以根据被告人认罪态度、犯罪情节以及刑事政策等因素，作出起诉或不起诉的决定。学界一般认为，起诉法定主义与起诉便宜主义的二元并存、互相补充是一种较为理想的诉权运用模式。

二、起诉的任务和意义

(一)起诉的任务

起诉的任务是指起诉活动的目的和预计达到的法律效果。在自诉活动中,刑事被害人及其法定代理人、近亲属自行向法院说明犯罪事实并提供相关证据,以提出诉讼请求,从而追究被告人的刑事责任。公诉是在侦查终结后人民检察院单独行使检察权的行为,是刑事诉讼程序中的重要环节。与其他阶段相比,提起公诉具有以下特定任务:

1. 代表国家对公安机关侦查终结移送起诉的案件和自行侦查终结的案件进行全面审查。

2. 根据事实和法律,对案件分别决定起诉、不起诉或者撤销案件,并制作相应的法律文书。

3. 通过对公安机关移送起诉案件的审查实行侦查监督,纠正违法的侦查行为。

4. 对于决定交付审判的案件,做好出庭支持公诉的准备工作;对于决定不起诉或者撤销的案件,做好善后工作。

(二)起诉的意义

在现代刑事诉讼程序中,起诉具有十分重要的意义。具体而言,可归纳为以下几点:

1. 起诉是审判程序启动的前提和依据,是审判程序之前的必经程序。现代刑事审判的一个基本原则是"司法消极主义"(也称"不告不理"原则),即没有起诉活动就没有审判程序。在刑事案件中,自诉案件的起诉人和公诉案件中的检察机关,通过起诉程序来对犯罪进行追究,决定了审判的范围和对象,从而达到保护国家、社会和公民权益的目的。因此,起诉是审判程序的驱动力,也是启动审判活动的必经程序。

2. 起诉体现了诉讼职能的分工。现代刑事诉讼制度的职能包括控诉、辩护和审判,三者共同构成刑事诉讼的基本体系。其中,控诉职能包括侦查、起诉和出庭控诉等形式,而其中起诉是检察机关和自诉人行使控诉职能的主要形式。起诉与审判职能分离,是公正审判的基本保证。公民未经起诉不受法院审判。

3. 起诉是保护公民合法权益,惩罚犯罪的重要手段。在自诉案件中,被害人及其法定代理人、近亲属等提起自诉后,法院对自诉案件进行审查,以确认案件的可追诉性与合程序性,有利于提高诉讼的效率、维护当事人的权益。在公诉案件中,人民检察院通过对符合起诉条件的案件进行审查,可以实现对侦查机关工作的监督。同时,将符合起诉条件的被告人起诉到法院,也达到了惩治犯罪,对被害人进行保护的目的。

三、起诉权的配置

如上所述,我国刑事诉讼实行公诉为主、自诉为辅的起诉方式。享有起诉权的不仅包括人民检察院,也包括公民个人。

根据《刑事诉讼法》第 170 条的规定，公民可以提起自诉的案件范围如下：

1. 告诉才处理的案件。包括：(1)《刑法》第 246 条规定的侮辱、诽谤案，但是严重危害社会秩序和国家利益的除外；(2)《刑法》第 257 条第 1 款规定的暴力干涉婚姻自由案；(3)《刑法》第 260 条第 1 款规定的虐待案；(4)《刑法》第 270 条规定的侵占案。

2. 人民检察院没有提起公诉，被害人有证据证明的轻微刑事案件。包括：(1)《刑法》第 234 条第 1 款规定的故意伤害案；(2)《刑法》第 245 条规定的非法侵入住宅案；(3)《刑法》第 252 条规定的侵犯通信自由案；(4)《刑法》第 258 条规定的重婚案；(5)《刑法》第 261 条规定的遗弃案；(6)《刑法》分则第 3 章第 1 节规定的生产、销售伪劣商品案，严重危害社会秩序和国家利益的除外；(7)《刑法》分则第 3 章第 7 节规定的侵犯知识产权案，严重危害社会秩序和国家利益的除外；(8)《刑法》分则第 4 章、第 5 章规定的，可能判处三年有期徒刑以下刑罚的案件。

上述所列 8 项案件中，被害人直接向人民法院起诉的，人民法院应当依法受理；对于其中证据不足、可要求公安机关协助进行取证。被害人向公安机关控告的，公安机关应当受理，并及时将案件移交有管辖权的人民法院。

3. 被害人有证据证明其人身、财产权利遭到侵害，应当依法追究刑事责任，但公安机关或者人民检察院不予追究被告人刑事责任的案件。

实践中，除了由人民法院直接受理的自诉案件以外，大部分的刑事案件由检察机关提起公诉加以处理。公诉和自诉两种起诉形式互为补充，构成了我国刑事起诉的完整体系。

四、我国刑事起诉的特点

我国刑事诉讼实行公诉为主、自诉为辅的起诉模式，其优点是在保护国家利益和社会利益的同时，最大限度地保护被害人的合法权益，因此符合刑事诉讼的基本规律。在起诉原则上，我国采用的是起诉法定主义为主，检察官的起诉裁量权受到严格的限制。这样可以避免检察机关滥用公诉权。

➢ 争论

对于应否扩大我国检察机关的起诉自由裁量权，理论上存在两种不同的观点：一种观点认为，检察机关的起诉裁量权不能扩大，要严格按照我国起诉法定主义的路径走，这既是法治的需要，也可防止起诉权的滥用。另一种观点认为，我国是个大国，人多、情况复杂，赋予检察机关一定的起诉自由裁量权，有助于在刑事诉讼过程中，实现公共利益和个体利益的适度平衡，防范个体利益受到不适当的忽略或侵害，确保个案公正。如检察机关对于涉案的在校学生实行暂缓起诉、不起诉等，都收到了良好的效果。

第二节 审查起诉

一、审查起诉的概念和意义

(一)审查起诉的概念

审查起诉是指人民检察院对于公安机关侦查终结移送起诉的刑事案件和自行侦查终结的刑事案件依法进行审查,以决定是否对犯罪嫌疑人提起公诉的诉讼活动。

《刑事诉讼法》第136条规定:"凡需要提起公诉的案件,一律由人民检察院审查决定。"这一规定表明了人民检察院是行使公诉决定权的唯一机关,其他任何机关、团体和个人都无权干预。再者,无论是公安机关侦查终结移送起诉的刑事案件,还是人民检察院自行侦查终结的刑事案件,决定提起公诉之前,审查起诉都是必经程序。

(二)审查起诉的意义

作为公诉案件的必经程序,审查起诉在刑事诉讼中的意义有以下几点:

1. 人民检察院通过对侦查终结案件的审查,对犯罪事实清楚、证据确凿充分,依法应当追究刑事责任的犯罪嫌疑人提起公诉,交付审判,追究和惩治犯罪。

2. 审查起诉工作是连接侦查与审判的纽带。人民检察院通过审查起诉活动,对侦查阶段的活动进行严格检查,可以巩固侦查的成果,发现和纠正失当行为。

3. 审查起诉工作提升了追诉的公正性和准确性,对于指控证据不足案件进行退查和撤销,避免无辜者受到刑事追责。

二、审查起诉的内容

根据《刑事诉讼法》第137条和最高人民检察院《规则》第250条的规定,人民检察院对审查移送起诉的案件,必须查明以下几个方面的内容:

1. 犯罪事实、情节是否清楚,认定犯罪性质和罪名的意见是否正确;有无法定的从重、从轻、减轻或者免除处罚的情节;共同犯罪案件中的犯罪嫌疑人在犯罪活动中的责任认定是否恰当。犯罪事实、情节清楚,既要求查清主要犯罪事实和情节,又要求查清次要犯罪事实和有关情节;既要查清主犯的犯罪事实,又要查清从犯的犯罪事实;对于每个犯罪嫌疑人的犯罪事实,都要查清其犯罪的时间、地点、目的、动机、手段、后果、情节以及犯罪的全过程;既要求查清犯罪嫌疑人的从重、加重情节;又要查清其从轻、减轻以及免除处罚的情节;同时还要查清共同犯罪案件中每个犯罪嫌疑人自己在犯罪中的地位和作用,以及应负的刑事责任等;还要查清犯罪嫌疑人身份状况,包括姓名、性别、国籍、出生年月、职业和单位等。

2. 证据是否确实、充分。只有掌握了确实、充分的证据，才能准确认定犯罪事实。因此在审查案件时，必须对全案证据进行全面分析、鉴别，考虑其是否全面、真实和客观；是否与案件事实有关，是否充分；证据的证明效力如何；收集证据的程序是否合法。在审查时，既针对主要证明有罪和罪重的证据，也要审查证明无罪和罪轻的证据，并注意各种证据之间有无矛盾，特别是犯罪嫌疑人的供述与其他证据之间有无矛盾；证据材料是否随案移送，不宜移送的证据的清单、复制件、照片或者其他证明文件是否随案移送。

3. 有无遗漏罪行和其他应当追究刑事责任的犯罪主体。如果发现还有遗漏罪行和其他应当追究刑事责任的人，应当分清情形进行处理：(1)最高人民检察院《规则》第 280 条规定，人民检察院在办理公安机关移送起诉的案件中，发现遗漏依法应当移送审查起诉同案犯罪嫌疑人的，应当建议公安机关补充移送审查起诉；对于犯罪事实清楚，证据确实、充分的，人民检察院也可以直接提起公诉；(2)最高人民检察院《规则》第 260 条规定，审查起诉部门经审查认为需要逮捕犯罪嫌疑人的，应当参照本《规则》第 5 章第 2 节的规定移送审查逮捕部门办理。也就是说，遗漏的同案犯罪嫌疑人符合逮捕条件的，人民检察院可以直接决定逮捕，而无须再建议公安机关提请批准逮捕。

4. 是否属于不应当追究刑事责任的情形。

5. 有无附带民事诉讼。在刑事诉讼中，被害人由于被告人的犯罪行为而遭受物质损失的，被害人有权提起附带民事诉讼。如果被害人没有行使这一权利的，人民检察院应当告知，以保障被害人的权益。国家财产、集体财产由于被告人的犯罪行为而遭受损失的，人民检察院在提起公诉的时候，可以提起附带民事诉讼，以保障国家、集体的利益。

6. 采取的强制措施是否适当。

7. 侦查活动是否合法。人民检察院对案件进行审查时，要针对侦查人员的侦查活动是否符合法律规定，法律手续是否完备，特别要查明在讯问犯罪嫌疑人和询问证人的过程中是否有刑讯逼供和以威胁、引诱、欺骗以及其他非法途径收集证据的情况进行监督。一旦发现有违法行为，人民检察院应当及时提出意见，责令纠正；构成犯罪的，应依法追究刑事责任。

8. 与犯罪有关的财物及其孳息是否扣押、冻结并妥善保管，以供核查。对被害人合法财产的返还和对违禁品或者不宜长期保存的物品的处理是否妥当，移送的证明文件是否完备。

三、审查起诉的步骤和方法

1. 审阅案卷材料。审阅案卷是人民检察院接触案件、掌握案情的开始，也是查清事实、核实证据的基础工作。办案人员首先应当将起诉意见书认定的犯罪事实与证据对照，查明犯罪事实的每个环节是否有相应证据予以证明；将犯罪事实和侦查机关认定的犯罪性质、罪名予以对照，审查是否适当和准确；将犯罪嫌疑人的每次口供相对照，将口供与其他证据相对照，审查口供与口供之间、口供与其他证据之间是否一致；将犯罪嫌疑人的犯罪行为与相关法律对照，审查犯罪嫌疑人的行为是否应该负刑事责任。

2. 讯问犯罪嫌疑人。《刑事诉讼法》第 139 条规定，人民检察院审查案件，应该讯问犯罪嫌疑人。这一规定表示，讯问犯罪嫌疑人是审查起诉的必经程序和法定方法。办案人员通过讯问,听取犯罪嫌疑人的供述和辩解,进一步核实口供,分析口供与其他证据之间有无矛盾,查清犯罪事实,同时也了解犯罪嫌疑人的心理状况和认罪态度,为出庭公诉准备好条件。通过讯问,还可以发现遗漏的罪行和罪犯,发现在侦查活动中有无违法情形。

3. 听取被害人的意见。在刑事案件中,被害人具有当事人和证据主体双重身份。被害人作为受害者,对案件情况比较了解,听取被害人的意见,既有助于及时、有效查清案件事实,也有利于保护被害人的权益。应当指出的是,听取被害人的意见,并不代表被害人的意见对检察机关的决定形成法律意义上的制约。是否采纳被害人的意见,由检察机关在查清案件事实真相的基础上作出判断。

4. 听取犯罪嫌疑人、被害人委托人的意见。犯罪嫌疑人的辩护人和被害人的诉讼代理人在审查起诉阶段介入,检察机关听取他们的意见,有助于提高检察机关审查起诉的质量和效率。辩护人、代理人既可以用口头形式,也可以用书面形式向检察机关陈述意见。

5. 调查核实其他证据。在审查中如果发现口供和其他证据不符合,有矛盾和疑点时,可以通过调查,核实相关的证据。《刑事诉讼法》第 107 条规定,人民检察院在审查起诉,对公安机关的勘验进行复查时,可以要求公安机关复验、复查,并且可以派检察人员参加。人民检察院有能力自行勘验、检查的,可自行实施复验、复查。

6. 补充侦查。《刑事诉讼法》第 140 条规定,人民检察院在审查起诉时,如果认为案件事实不清,证据不足,不能作出提起公诉或者不起诉的决定,需要对案件作进一步的侦查时,可以决定补充侦查。对于补充侦查的案件,应该在一个月之内补充侦查完毕。补充侦查以两次为限。经过补充侦查的案件,人民检察院仍然认为事实不清、证据不足,不符合起诉条件的,可以作出不起诉的决定。

四、起诉审查后的处理

检察机关对案件经过一系列审查程序,查清全部案件事实后,除了退回公安机关作补充侦查的以外,应当根据不同的情形,依法作出相应的处理。在案件事实清楚、证据充足的前提下,人民检察院对案件的处理方式有两种:一是提起公诉,二是不起诉。

五、审查起诉的期限

《刑事诉讼法》第 138 条及第 140 条第 3 款对审查起诉的期限作了明确规定。人民检察院对于公安机关移送起诉的案件,应当在一个月内作出决定。对于重大、复杂的案件,可以延长半个月。对于补充侦查的案件,补充侦查完毕移送人民检察院后,人民检察院重新计算审查起诉期限。人民检察院审查起诉的案件,改变管辖的,从改变后的人民检察院收到案件之日起计算审查起诉期限。

第三节 提起公诉

一、提起公诉的概念

提起公诉是指人民检察院对于公安机关移送的案件和自行侦查终结的案件进行审查后，认为犯罪事实已经查清，证据确实、充分，依法应当追究被告人刑事责任时，代表国家将其提交人民法院审判的诉讼活动。

提起公诉是《刑事诉讼法》赋予人民检察院的一项专有职权，只有人民检察院才能代表国家对犯罪嫌疑人提起公诉。人民检察院提起公诉后，产生如下法律后果：(1)犯罪嫌疑人的诉讼地位转变为刑事被告人；(2)受诉人民法院取得案件的审判权。

二、提起公诉的条件

《刑事诉讼法》第141条规定："人民检察院认为犯罪嫌疑人的犯罪事实已经查清，证据确实、充分，依法应当追究刑事责任的，应当作出起诉决定，按照审判管辖的规定，向人民法院提起公诉。"这一规定明确了提起公诉的概念和条件，具体而言，提起公诉的条件有以下几个方面：

1. 犯罪嫌疑人的犯罪事实已经查清，证据确实、充分

"犯罪事实"是指影响定罪量刑的所有犯罪事实。包括：(1)犯罪嫌疑人实施犯罪行为的事实，包括犯罪的时间、地点、手段、过程、结果，犯罪的动机、目的等。(2)对犯罪嫌疑人应当或可以从轻、减轻或者从重处罚的事实。犯罪事实是正确定罪量刑的前提，只有在犯罪事实清楚，并有确实、充分的证据证明的情况下，才能依法决定提起公诉。

如下情形都属于犯罪事实已查清：(1)属于单一罪行的案件，与定罪量刑有关的事实已经查清，不影响定罪量刑的事实无法查清的；(2)属于数个罪行的案件，部分罪行已经查清并符合起诉条件，其他罪行无法查清的，应当以已经查清的罪行起诉；(3)无法查清作案工具、赃物去向，但有其他证据足以对被告人定罪量刑的；(4)证人证言、犯罪嫌疑人的供述和辩解、被害人陈述的内容主要情节一致，只有个别情节不一致且不影响定罪的；(5)在共同犯罪案件中，有的犯罪嫌疑人在逃，为及时惩罚已经归案并已查清犯罪事实的犯罪分子，应当对其先起诉和审判，在逃嫌疑犯归案并查清犯罪事实以后，再另案起诉。

证据确实、充分的要件的内涵是：证据准确是指对证据内容的要求，即用以证明犯罪事实的每个证据都已经查证属实。与之相对，证据充分则是对证据数量的要求，即用以证明犯罪事实的证据必须形成证据链，并足以证明与定罪量刑有关的全部犯罪事实。应当指出的是，此处的"证据确实、充分"，有别于《刑事诉讼法》第162条关于对有罪判决所要求的"案件事实清楚，证据确实、充分"，前者认定"证据确实、充分"的主体为人民检察院，是公诉机关对案件是否达到起诉要求的判断。而在对案件进行终局性评价时，证据是否"确实、充分"，应

由人民法院在审理中加以确认。

2. 对犯罪嫌疑人应当依法追究刑事责任，并且没有免于刑事责任的情况

提起公诉的目的在于追究犯罪嫌疑人的刑事责任，如果犯罪嫌疑人具有法定不应当追究刑事责任的情形，就不能作出提起公诉的决定。同时，依照《刑法》的规定，如果属于依法应当免于追究刑事责任的未成年人、聋哑盲人、犯罪预备、犯罪中止、正当防卫过当、紧急避险过当、自首、有重大立功等情形的，也无须提起公诉。

3. 人民检察院提起公诉应当符合审判管辖的规定

人民检察院作出起诉决定后应当向有管辖权的法院提起公诉。公诉必须符合级别管辖、专门管辖、地区管辖的规定，向没有管辖权的法院提起公诉将不被受理，不能启动审判程序。

前两个条件是提起公诉的实体性要求，是对人民检察院提起公诉的程序性要求。对犯罪嫌疑人提起公诉，必须同时具备上述三个条件，任何一个条件都不可或缺。

三、提起公诉的程序

(一)起诉书的制作

起诉书，是人民检察院依照法定的诉讼程序代表国家对被告人向人民法院提起诉讼的文书。这种文书是检察机关以国家公诉人的名义制作的，因而又称之为公诉书。起诉书是人民检察院代表国家提起公诉的书面依据，是人民法院对被告人行使审判权的前提，同时也是法庭调查和辩论的基础。因此，起诉书的制作是一项十分严肃细致的工作，必须严格按照案件事实和法律要求进行，即记述的案件事实清楚，行文简练，逻辑严谨，格式规范，引用法律准确、恰当。

从内容上看，起诉书主要包括以下部分：

1. 首部。主要是制作该文书的检察院名称、文书编号等。

2. 被告人的基本情况。主要写明被告人的姓名、性别、出生日期、籍贯、身份证号码、民族、文化程度、职业、住址、是否受过刑事处罚、采取强制措施的情况以及在押被告人关押处所等；单位犯罪案件中应负直接刑事责任的主管人员或其他直接责任人员作为被告人的，也应按上述要求写明基本情况。另外，如果被告人真实姓名、住址无法查清的，可以按其绰号或者自报的姓名、自报的年龄制作起诉书，并在起诉书中注明。被告人自报的姓名可能损害他人名誉、破坏当地风俗等不良影响的，可以对被告人以编号制作起诉书，并在起诉书中附具被害人的照片。在单位犯罪案件中，应写明犯罪单位名称，所在地址，法定代表人或代表人的职务、姓名。

3. 案由和案件来源。案由通常由被告人姓名和检察院认定的罪名组成。案件来源，是指该案由哪一个机关或者部门移送检察院审查起诉部门审查起诉的，即案件是由公安机关侦查终结起诉的，还是由检察院侦查部门自行侦查终结的。公安机关侦查终结的，起诉书应写明公安机关名称，案件移送的时间等。检察院自行侦查终结的，应写明“经本院侦查终结”。

4. 案件事实。案件事实是对案件起因、发生过程和结果的简要叙述，主要由犯罪时间、地点、经过、手段、动机、目的、危害后果等与定罪量刑有关的事实要素构成。起诉书不需要对案件事实进行细致的描述，只要对指控犯罪事实的必备要素的叙述清楚、准确即可。被告人被指控有多项犯罪事实的，应当逐一列举，做到条理清楚，层次分明。

5. 起诉的理由和根据。包括提出起诉的实体法根据和程序法根据，以及对被告人犯罪性质的认定和表明法定从轻、减轻或者从重处罚的情节、犯罪中被告人应负的罪责等。

6. 尾部。写明起诉书送达的法院名称，本案承办人的职务和姓名，制作起诉书的年、月、日，并加盖检察院公章。

7. 附项。这部分应写明：被告人的住址或羁押处所；证据目录、主要证据复印件或者照片；证人名单及其住址或单位地址；鉴定人的住址或单位地址；随案移送案卷的册数、页数；随卷移送的赃物、证物。

（二）移送起诉

人民检察院提起公诉的案件，应当向人民法院移送起诉书、证据目录、证人名单和主要证据复印件或照片。具体要求是：(1)起诉书应当一式八份，每增加一名被告人增加起诉书五份。(2)证据目录应当是起诉前收集的证据材料目录。(3)证人名单应当包括在起诉前提供了证言的证人，应列明证人的姓名、年龄、性别、职业、住址、通讯地址。对拟不出庭的证人，可以不说明不出庭的理由。(4)关于被害人姓名、住址、通讯地址，有无扣押、冻结在案被告人的财物及存放地点，被告人采取强制措施的种类，是否在案及羁押地点等情况，应当在起诉书中列明，不再单独移送材料，其中对于涉及被害人隐私或者为保护被害人人身安全，而不宜在起诉书中列明被害人姓名、住址、通讯地址的，单独移送人民法院。(5)鉴定结论、勘验检查笔录已经作为主要证据移送复印件的，鉴定人、勘验检查笔录制作人姓名已载明的，不需另行移送。(6)主要证据是对认定犯罪构成要件的事实起主要作用，对案件定罪量刑有重要影响的证据。

起诉书应当由人民检察院向有管辖权的同级人民法院移送。如果案件是属于上级人民法院管辖的，应将案件报送上级人民检察院重新审查和制作起诉书向其同级人民法院提起公诉。如果案件是属于下级人民法院管辖的，应将案件移送下级人民检察院，指定其重新制作起诉书并向同级人民法院提起公诉。

➢ 案例分析

犯罪嫌疑人刘某涉嫌盗窃与故意杀人两罪，某县公安局在侦查终结移送该县检察院审查起诉后，该县检察院应当如何处理？

解答：将两罪均移送市人民检察院审查起诉。一人犯数罪，共同犯罪和其他需要并案审理的案件，只要其中一人或一罪属于上级人民检察院管辖的，全案由上级人民检察院审查起诉。

四、出庭支持公诉

出庭支持公诉是指检察机关在审判机关开庭审判公诉案件时，派员以国家公诉人身份出席法庭，支持对被告人指控并追究其刑事责任的一项诉讼活动。

根据我国法律规定，人民检察院派员出席法庭，是以国家公诉人身份出庭，它肩负两项诉讼职能，具有双重法律地位。它既是公诉权的行使者，执行控诉职能，在法庭上进一步阐述和维护公诉意见，揭露证实犯罪，驳斥被告人的无理辩解，论证被告人的犯罪性质和罪名，协助法庭查明案情；同时它又作为国家专门法律监督机关的代表，执行法律监督的职能。

五、公诉案件适用简易程序的提起

基层法院对某些事实清楚，情节简单，罪行比较轻微的刑事案件可以适用比普通第一审程序简化的审判程序。

公诉案件适用简易程序的情况有两种：(1)检察院建议适用简易程序的。人民检察院对符合适用简易程序的案件，在提起公诉时，经检察长决定，书面向法院建议适用简易程序审理，并随案移送全案卷宗和证据材料。法院经过审查，认为符合适用简易程序审理条件的，可以适用简易程序审理；认为不应当适用简易程序的，应当书面通知检察院，并将全案卷宗和证据材料退回检察院。对于法院不同意适用简易程序的案件，检察院应当按照普通程序提起公诉。(2)检察院同意适用简易程序的。人民检察院提起公诉时没有建议适用简易程序审理，法院经审查认为符合《刑事诉讼法》规定的适用简易程序的条件并拟用简易程序审理的，应当书面征求检察院意见。检察院经审查并经检察长决定同意适用简易程序的，应当书面表示同意。检察院不同意法院适用简易程序建议的，案件只能以普通程序审理。

对于适用简易程序审理的公诉案件，检察院可以不派员出庭，但应向法院移送起诉书、全部卷宗和证据材料。

第四节 不起诉

一、不起诉的概念

不起诉，是指人民检察院对公安机关侦查终结移送起诉的案件和自行侦查终结的案件进行审查后，认为犯罪嫌疑人的行为不符合起诉条件而依法作出的不将犯罪嫌疑人提交人民法院进行审判的一种处理决定。不起诉是人民检察院对案件审查后依法作出的处理方式之一，其性质是人民检察院对其认定的不应追究、无法追究或者可以不追究刑事责任的犯罪嫌疑人所作的一种诉讼处分。

《刑事诉讼法》第 142 条第 1 款规定："犯罪嫌疑人有本法第十五条规定的情形之一的，

人民检察院应当作出不起诉决定。"第2款规定:"对于犯罪情节轻微,依照刑法规定不需要判处刑罚或者免除刑罚的,人民检察院可以作出不起诉决定。"第140条第4款规定:"对于补充侦查的案件,人民检察院仍然认为证据不足,不符合起诉条件的,可以作出不起诉的决定。"可见,我国《刑事诉讼法》规定的不起诉制度可以分为三种,即绝对不起诉、相对不起诉和证据不足不起诉。三者适用的条件各不相同,以下分述之。

二、绝对不起诉

绝对不起诉,又称法定不起诉,是指《刑事诉讼法》第142条第1款规定的不起诉情形。所谓绝对不起诉,是指凡是有《刑事诉讼法》第15条规定的情形之一的,人民检察院应当作出不起诉决定,检察机关不享有作出起诉决定或者不起诉决定的自由裁量权,只能依法作出不起诉决定。根据《刑事诉讼法》第15条的规定,法定不起诉适用于以下6种情形:(1)情节显著轻微、危害不大,不认为是犯罪的;(2)犯罪已过追诉时效期限的;(3)经特赦令免除刑罚的;(4)依照《刑法》告诉才处理的犯罪,没有告诉或者撤回告诉的;(5)犯罪嫌疑人、被告人死亡的;(6)其他法律规定免予追究刑事责任的。

除此之外,下述情形在法理上和实务中也应当不予起诉:(1)行为不构成犯罪的;(2)我国法院对案件没有管辖权的;(3)案件已由生效判决处理的。

➢ 争论

犯罪嫌疑人涉嫌多项犯罪事实,有的犯罪情节轻微,对于定刑没有影响,对该犯罪事实是否一定要作出起诉决定?有人认为,我国《刑事诉讼法》没有将这种情形列入不起诉范围,故应一并起诉。另有人认为,一些国外的立法与判例则主张犯罪嫌疑人涉嫌多项犯罪事实,其中有的属于犯罪情节轻微,对于量刑没有影响的案件,也属于不起诉案件,这种做法体现了诉讼谦抑的原则,应有一定的借鉴价值。

三、相对不起诉

相对不起诉又称酌定不起诉,是指《刑事诉讼法》第142条第2款规定的不起诉情形,人民检察院对于轻微犯罪案件的起诉拥有裁量权,符合条件的,既可以作出起诉决定,也可以作出不起诉决定。相对不起诉必须同时具备两个条件:一是犯罪嫌疑人的行为已经构成犯罪,应当负刑事责任;二是犯罪行为情节轻微,依照《刑法》规定不需要判处刑罚或者免除刑罚。从我国的《刑事诉讼法》规定看,检察机关自由裁量权使用的案件范围只限于"犯罪情节轻微"的案件。犯罪情节分为定罪情节和量刑情节两种,前者为决定案件性质的情节,后者为决定犯罪性质的基本事实之外的,影响犯罪社会危害程度的事实情况,它不决定案件的定性,但却左右量刑的轻重。学界通说认为,《刑事诉讼法》第142条第2款规定的"犯罪情节"应理解为"量刑情节",即对犯罪行为人裁量决定刑罚时,据以处刑轻重或者免除处罚的各种事实情节。量刑情节又可以分为四种情形,即情节轻微、情节较轻、情节严重或者情节恶劣、情节特别严重或者情节特别恶劣的案件，只有情节轻微的案件，才能适用自由裁量权。检察机关可以裁量不起诉的案件有两种情形：一为犯罪情节轻微，不需要判处刑罚的，按照《刑法》第37条规定可以免予处分的案件；二是犯罪情节轻微，可以免除刑罚的案件。这里需要指出，我国《刑法》中"免除刑罚"的根据是法定的免除刑罚的情节，其犯罪本身可能不是轻微的，如《刑法》第67条关于自首的规定指出："犯罪较轻的(不是轻微)，可以免除处罚。"

依据《刑法》规定，以下几种情形可以适用这种不起诉：(1)犯罪嫌疑人在我国领域外犯罪，依照我国《刑法》应当负刑事责任，但在外国已经受过刑事处罚的；(2)犯罪嫌疑人又聋又哑，或者是盲人的；(3)犯罪嫌疑人因防卫过当或紧急避险超过必要限度，造成不应有的危害的；(4)为犯罪准备工具、创造条件的；(5)在犯罪过程中自动终止或自动有效防止犯罪结果发生，没有造成损害的；(6)在共同犯罪中，起次要或辅助作用的；(7)被胁迫参加犯罪的；(8)犯罪嫌疑人自首或者有重大立功表现或者自首后又有重大立功表现的。

从法律规定看，检察机关主要依据犯罪情节加以权衡，即在犯罪嫌疑人犯罪情节轻微的前提下，根据犯罪嫌疑人的年龄、动机、手段、环境和条件、犯罪对象的情况、犯罪嫌疑人的一贯表现和犯罪后的态度等酌定情节进行综合考虑，从而决定是否起诉。然而，在实践中还应当依据设定起诉便宜原则的立法意图，即法律择定的价值(如有利于教育改造犯罪行为人使之复归社会、瓦解共同犯罪中的行为人使案件侦查得以顺利进行，节约诉讼成本的投入等)来综合考虑是否提起公诉。

由于担心不起诉权被滥用，立法机关虽然在审查起诉活动中赋予检察机关一定的裁量权，但对这一权力行使的范围却作了严格的限制。这种对于不起诉裁量权的严格限制，表现了对惩罚犯罪价值的偏重。我国法律对于不起诉的限制表现为两点：一是适用裁量不起诉案件类型较少；二是不起诉决定引起的程序中断可以基于被害人的起诉而得到接续。这些限制虽然避免了起诉裁量权被滥用，但也存在明显的弊端，即导致检察机关基于利弊权衡而作出的决定因被害人的起诉而失去意义，使起诉裁量的功能因公诉转自诉机制的启动而失去功效。因此，在《刑事诉讼法》再修改之际，应拓宽起诉裁量权在审查起诉案件中的适用范围，也就是增加不起诉的案件类型，使起诉裁量权能够发挥更大作用。

四、证据不足不起诉

证据不足不起诉见于《刑事诉讼法》第140条第4款之规定，又称存疑不起诉，是指对于补充侦查的案件，人民检察院仍然认为证据不足，不符合起诉条件的，可以作出不起诉的决定。证据不足不起诉的适用前提是案件必须经过补充侦查，未经过补充侦查的案件，不能直接适用证据不足不起诉。需要指出的是，这里的"可以"并非指符合该条款时检察机关可以在起诉与不起诉之间进行裁量。实际上，证据不足意味着不具备起诉条件，检察机关即使提起了公诉也不能取得胜诉，因而应当作出不起诉的决定。所以，学界通常认为法条中用"可以"加以表述并不准确，宜用"应当"一词。

证据不足不起诉是针对我国刑事诉讼活动中曾经存在的补充侦查无次数限制，对于经过反复侦查仍然未查清的案件如何处理没有明确规定，造成犯罪嫌疑人长期得不到解脱，甚至被长期羁押，严重侵犯人权的状况，而增加的一种不起诉类型，体现了"疑罪从无"的刑事诉讼原则。

证据不足不起诉适用的条件是：

1. 案件经过补充侦查。没有经过补充侦查的案件，不能直接适用该种不起诉。按照我国《刑事诉讼法》的规定，补充侦查应当在1个月补充侦查完毕，补充侦查以2次为限。这里的"案件经过补充侦查"既可以是1次补充侦查，也可以是2次补充侦查。进行1次补充侦查，案件的关键证据已经灭失，所存证据不能达到起诉标准的，检察院就有权作出不起诉决定。

2. 指控证据不足。依据最高人民检察院有关司法解释的规定，具有下列情形之一的，不能确定犯罪嫌疑人构成犯罪和需要追究刑事责任的，属于证据不足，不符合起诉条件，可以作出不起诉决定：(1)据以定罪的证据存在疑问，无法查证属实的；(2)犯罪构成要件事实缺乏必要的证据予以证明的；(3)据以定罪的证据之间的矛盾不能合理排除的；(4)根据证据得出的结论具有其他可能性的。

人民检察院根据上述情形作出不起诉决定后，如果发现新的证据，案件符合起诉条件时，有权决定提起公诉。

➢ 案例分析

甲、乙、丙因涉嫌绑架犯罪被逮捕。经检察院审查起诉，认为丙犯罪证据不足，不符合起诉条件，于是作出不起诉决定。该不起诉决定宣布后，发生哪些法律后果？

解答：不起诉决定书立即发生法律效力；应当立即释放丙；该案被害人可以在法定期限内向上一级检察院申诉。检察院作出证据不足不起诉的，如果发现了新的证据，符合起诉条件时，可以撤销不起诉决定，提起公诉。

五、不起诉的程序和效力

1. 不起诉决定书的制作。人民检察院作出不起诉决定后，应当制作不起诉决定书。不起诉决定书是人民检察院代表国家依法确认不追究犯罪嫌疑人刑事责任的决定性法律文书，具有终结刑事诉讼的效力。其主要内容包括：(1)被不起诉人的基本情况，包括姓名、出生年、月、日、出生地、民族、文化程度、职业、住址、身份证号码，是否受过刑事处罚，拘留、逮捕的年、月、日和关押处所等；(2)案由和案件来源；(3)案件事实，包括否定或者指控被不起诉人构成犯罪的事实以及作为不起诉决定根据的事实；(4)不起诉的根据和理由，写明作出不起诉决定适用的法律条款；(5)有关告知事项。

2. 不起诉决定书的宣布和送达。不起诉决定书由人民检察院公开宣布，公开不起诉决定的活动应当载入笔录。被不起诉人在押的，应当立即释放。

不起诉决定书应当送达如下单位和个人：(1)被不起诉人；(2)被不起诉人的单位；(3)对于公安机关移送的案件，应当将不起诉决定书送达公安机关；(4)对于有被害人的案件，应当将不起诉决定书送达被害人或者其近亲属及其诉讼代理人。送达时应履行如下告知义务：一是告知被不起诉人如果对不起诉决定不服，可以向人民检察院申诉；二是告知被害人或者其近亲属及其诉讼代理人如果对不起诉决定不服，可以向人民检察院申诉或向人民法院起诉。

争论

不起诉决定应否送达审查起诉阶段的辩护律师？有不同意见：一种意见认为，法律没有规定要送达辩护人，因而不应送达；另一种意见认为，审查起诉阶段既然有辩护律师介入，检察机关就应当将不起诉书同样要送达辩护人，这是辩护人履行职责应当享有的知情权，也是检察机关对辩护人应有的尊重。

3. 对被不起诉人财物的处理。依据《刑事诉讼法》第 142 条第 3 款及最高人民检察院的司法解释，人民检察院决定不起诉的案件，对不起诉人需要给予行政处罚、行政处分或者没收违法所得的，应当提出检察意见连同不起诉决定书一并移送有关主管机关处理。有关主管机关应当将处理结果及时通知人民检察院。人民检察院也可以根据案件的不同情况，对被不起诉人予以训诫或者责令具结悔过、赔礼道歉、赔偿损失。

另外，人民检察院决定不起诉的案件，应当同时对侦查中扣押、冻结的财物解除扣押、冻结。

4. 对不起诉决定的申诉、复议和复核等救济程序。

(1)被害人不服不起诉决定的申诉程序如下：①对于有被害人的案件，被害人如果对人民检察院的不起诉决定不服，可以自收到不起诉决定书后 7 日内向上一级人民检察院申诉，请求提起公诉；②上一级人民检察院对不起诉决定进行复核后，应当在 3 个月内作出复查决定，案情复杂的，最长不得超过 6 个月；③复查决定书应当送达被害人和作出不起诉决定的人民检察院。上级人民检察院复核后作出起诉决定的，应当撤销下级人民检察院的不起诉决定，交由下级人民检察院提起公诉，并将复查决定抄送移送审查起诉的公安机关。

(2)被不起诉人不服不起诉决定的申诉程序如下：①对于人民检察院依据《刑事诉讼法》第 142 条第 2 款规定作出的不起诉决定，被不起诉人如果不服的可以自收到不起诉决定书后 7 日内向作出不起诉决定的人民检察院提出申诉。②人民检察院应当作出复查决定，并将复查决定书送达被不起诉人；如果复查决定是撤销不起诉决定或者变更不起诉的事实或者法律依据的，还应当将复查决定书同时抄送移送审查起诉的公安机关和本院的有关部门；如果人民检察院作出的是撤销不起诉决定并提起公诉的复查决定，应当将案件交由审查起诉部门提起公诉。

(3)公安机关认为不起诉决定有错误的复议、复核程序如下：①对于公安机关移送起诉的案件，人民检察院作出不起诉决定后，公安机关认为不起诉决定有错误的，可以要求作出该不起诉决定的人民检察院进行复议。②人民检察院应当在收到要求复议意见书后 30 日内作出复议决定，并通知公安机关。③如果不接受复议意见，公安机关还可以向上一级人民检察院提请复核。④上一级人民检察院应当在收到提请复核意见后 30 日内作出决定，制作复核决定书，送交下级人民检察院通知提请复核的公安机关；改变下级人民检察院的决定的，应当撤销下级人民检察院的不起诉决定，交由下级人民检察院提起公诉。

(4)被害人可以向人民法院起诉。对人民检察院维持不起诉决定的,被害人可以向人民法院起诉。被害人也可以不经申诉,直接向人民法院起诉。赋予被害人对这部分公诉案件享有自诉权,客观上对人民检察院不起诉决定形成了外部制约,有利于督促人民检察院正确行使权力、严格执法。

第五节 自诉

一、自诉案件的范围

刑事诉讼中的自诉是相对于公诉而言的,它是指法律规定的享有起诉权利的公民自行向有管辖权的人民法院提起刑事诉讼的活动。自诉案件,是指被害人或者其法定代理人、近亲属向人民法院起诉,要求追究被告人刑事责任,由人民法院直接受理的刑事案件。

根据我国《刑事诉讼法》第 170 条规定和有关司法解释,自诉案件范围有以下三类:

1. 告诉才处理的案件

告诉才处理的案件,指由被害人及其法定代理人、近亲属等提起诉讼,人民法院才予以受理的案件。这类案件如果没有被害人或者其亲属的告诉,侦查机关、起诉机关不能进行侦查、起诉,审判机关也不能进行审判。根据我国《刑法》的规定,告诉才处理的刑事案件有:侮辱、诽谤案,暴力干涉婚姻自由案,虐待案,侵占案。

2. 被害人有证据证明的轻微刑事案件

轻微刑事案件是指犯罪事实、情节较为轻微,可能判处 3 年以下有期徒刑以及拘役、管制等较轻刑罚的案件。这类案件案情简单、危害不大,无须专门机关进行侦查。对于此类案件,只要被害人有证据证明,便具备了审判条件。但是这类案件强调被害人的举证责任,自诉能否成立在一定程度上取决于被害人等有无证据或者证据是否充分,如果被害人等没有证据,人民法院将不予受理。如果被害人等提出的证据不充分,不足以支持其起诉主张,人民法院将裁定驳回自诉。

被害人有证据证明的轻微刑事案件具体包括:轻伤害案,非法侵入住宅案,侵犯通信自由案,重婚案,遗弃案,生产、销售伪劣商品案(严重的除外),侵犯知识产权案(严重的除外),属于《刑法》分则第 4 章、第 5 章规定的,对被告人可能判处 3 年有期徒刑以下刑罚的案件。对这些案件,被害人直接向人民法院起诉的,人民法院应当依法受理。对于其中证据不足、可由公安机关受理的,或者认为对被告人可能判处 3 年有期徒刑以上刑事处罚的,应当移送公安机关立案侦查。被害人向公安机关控告的,公安机关应当受理。伪证罪、拒不执行判决裁定罪由公安机关立案侦查。

3. 公诉转自诉案件

被害人有证据证明对被告人侵犯自己人身、财产权利的行为应当依法追究刑事责任,而公安机关或者人民检察院不予追究被告人刑事责任的案件。简称“公诉转自诉案”。

争论

被害人对不起诉决定不服的救济手段，主要有两种模式，即德国的“强制起诉”制度，以及日本、韩国的“准起诉”制度。前者是指被害人就检察官作出的不起诉决定不服的可以向法院提出申请，法院审查后认为不起诉不当的，应当裁定提起公诉，由检察院执行；后者是指被害人就检察官作出的不起诉决定不服的可以向法院提出申请，法院审查后认为不起诉不当的，应当将案件交付管辖的地方法院审判，该法院应从律师中指定对该案件担任公诉者，该律师为了案件维持公诉，应执行检察官的职务直到裁判确定。

二、自诉案件的特点

1. 从犯罪客体来看，主要是侵犯公民个人权益方面的犯罪，比如侵犯公民的人身权、财产权、名誉权、婚姻自主权等。

2. 从起诉对象看，自诉案件多数是性质不太严重，给社会造成的危害相对于公诉案件较小的案件。国家将追诉犯罪的权利交给被害人自己行使，不但不会危害国家利益、集体利益和社会利益，而且可以节省人力、物力和财力，可以使国家侦查机关与公诉机关集中力量打击较为严重的刑事犯罪，将有限的司法资源进行更为合理的使用。

3. 从诉讼程序看，被害人及其法定代理人需要依靠自身能力承担诉讼。自诉案件有明确的被告，案情比较清楚，情节相对简单，无须专门的取证手段和侦查措施，被害人及其法定代理人有条件自行提起诉讼并推动诉讼。

三、自诉案件的提起条件

1. 有适格的自诉人。要求自诉人应当享有自诉权，即自诉人的主体资格要合法。在法律规定的自诉案件范围内，遭受犯罪行为直接侵害的被害人有权向人民法院提起自诉。若被害人死亡、丧失行为能力或者因受强制、威吓等原因无法告诉，或者是限制行为能力以及由于年老、患病、盲、聋、哑等原因不能亲自告诉的，可由被害人的法定代理人、近亲属向人民法院起诉。

2. 有明确的被告人和具体的诉讼请求。自诉人起诉时应明确提出控诉的对象，如果不能提出明确的被告人或者被告人下落不明的，自诉案件不能成立。自诉人起诉时还应提出具体的起诉请求，包括指明控诉的罪名和要求人民法院追究被告人何种刑事责任。如果提起刑事自诉附带民事诉讼，还应提出具体的赔偿请求。

3. 属于自诉案件范围。即属于《刑事诉讼法》第 170 条规定的告诉才处理的案件、被害人有证据证明的轻微刑事案件、被害人有证据证明对被告人侵犯自己人身权利、财产权利的行为应当依法追究刑事责任，而公安机关或者人民检察院不予追究被告人刑事责任的三类案件以及最高人民法院《解释》确定的具体的自诉案件。

4. 自诉人有证据证明。自诉人提起刑事自诉必须有能够证明被告人犯有被指控的犯罪事实的证据。自诉人对自己的主张承担证明责任，没有证据或者证据不足，人民法院将不予受理、立案或者将裁定驳回自诉。

5. 属于受诉人民法院管辖。自诉人应当依据《刑事诉讼法》关于级别管辖和地区管辖的规定，向有管辖权的人民法院提起自诉。

➢ 案例分析

刘某致王某和李某轻伤，王某将案件起诉到法院，李某接到法院通知后表示不想追究刘某的责任，没有参加诉讼。一审宣判后，李某反悔，就同一事实向法院提起自诉。该法院应当如何处理？

解答：不受理李某的自诉。根据司法解释，自诉人明知有其他共同侵害人，但只对部分侵害人提起自诉的，人民法院应当受理，并视为自诉人对其他侵害人放弃告诉权利。判决宣告后自诉人又对其他共同侵害人就同一事实提起自诉的，人民法院不再受理。共同被害人中只有部分人告诉的，人民法院应当通知其他被害人参加诉讼。被通知人接到通知后表示不参加诉讼或者不出庭的，即视为放弃告诉权利。第一审宣判后，被通知人就同一事实又提起自诉的，人民法院不予受理。但当事人可另行提起民事诉讼。

四、提起自诉的程序

自诉人提起自诉既可以通过书面方式也可以通过口头方式。其中，书面方式是提起自诉的主要方式。按照法律规定，自诉人提起自诉时，自诉人应当向人民法院提交刑事自诉状。提起附带民事诉讼的，还应当提交刑事附带民事自诉状。自诉人书写自诉状确有困难的，可以口头告诉，由人民法院工作人员作出告诉笔录，经自诉人确认、签字有效。

自诉状或者告诉笔录应当包括以下内容：(1)自诉人、被告人、代为告诉人的姓名、性别、年龄、民族、出生地、文化程度、职业、工作单位、住址；(2)具体的诉讼请求；(3)被告人犯罪行为的时间、地点、手段、情节和危害后果等；(4)递送人民法院的名称及具状时间；(5)证人的姓名、住址及其他证据的名称、来源等。如果被告人是两人以上的，自诉人在自诉时需按照被告人的人数提供自诉状副本。

延伸阅读⇨

辩诉交易及其争议

辩诉交易是检察官与被告人或者他的律师进行协商从而达成双方均可接受的协议——检察官愿意降低指控罪名或者从轻求刑来换取被告人认罪；被告人愿意以认罪来换取检察官降低指控罪名或者从轻求刑。该项交易经法官采纳后才可以生效；如果法官拒绝，则案件按普通程序审判。

第二次世界大战以后，美国由于种种社会原因，犯罪率居高不下。为了以有限的人力、物力解决日益增多的案件，一些大城市的检察官开始用协议和交易的方式，换取被告人的“认罪答辩”。由于这种结案方式迅捷而灵活，因而在联邦和各州得到广泛采用。1970年，美国联邦最高法院正式确认了辩诉交易的合法性。美国1974年修订施行的《联邦刑事诉讼规则》明确地将辩诉交易作为一项诉讼制度确立下来。但辩诉交易制度的确立和发展在理论界引起了广泛的争论，拥护者和反对者的力量都很强大。1973年，阿拉斯加州检察长命令全州所有检察官停止参加辩诉交易。“全国刑事审判标准及目标咨询委员会”还在全美呼吁争取在1978年之前废除辩诉交易。当然，辩诉交易并没有停止。目前，联邦和各州90%的案件是以辩诉交易结案的。

有学者认为：要实行辩诉交易制度，至少有两个条件需要满足，一是切实保证有罪供述的自愿性，杜绝刑讯逼供（包括侦查阶段的刑讯逼供）和其他获取非法口供的做法，辩诉交易得以成立的前提之一是被告人的有罪供述是自愿作出的，如果是在某种压力下作出的供述，就不能保证判决的正确性。二是实行强制辩护制度，有律师参与，使被告人的认罪能够事先征得律师的意见，保证认罪确实能够为他带来利益，否则一个理性的人应当选择不认罪。

在我国，对于辩诉交易一直存在争议。有人主张应当借鉴辩诉交易制度，以缓解我国由于犯罪高发而导致的司法压力，让被告人自己主宰自己的命运，也是被告人主体性的体现。另有人持反对态度，认为辩诉交易会瓦解正在建构的现代法治；在中国刑讯逼供还难以遏制的情况下，如果实行辩诉交易，根据被告人供述直接定罪量刑，对于实体公正而言是一种冒险之举；再者，实行辩诉交易容易为司法腐败开辟新的途径。

阅读链接⇨

- 1. [美]琼·雅各比：《美国检察官研究》，周叶谦等译，中国检察出版社1990版。
- 2. 卞建林：《刑事起诉制度的理论与实践》，中国检察出版社1993年版。
- 3. 江浪：《试论我国刑事起诉权划分的理论基础》，载法律快车网，http://www.lawtime.cn/info/xingfa/zsquan/2007042532750_5.html。

➢ 讨论题

1. 法庭上表现良好的公诉人，需要具备哪些素质？

2. 检察院以证据不足作出不起诉决定之后，如果发现新证据，能否重新起诉？

3. 请对公诉转自诉的情况进行可行性分析。

4. 时某，某工厂工人。时某与同厂女职工吴某自由恋爱，俩人感情很好，并且已经准备近期结婚。吴某的父亲以前因喝酒与时某的父亲闹过矛盾，吴父对此事一直耿耿于怀。当吴父得知自己的女儿要与时某结婚时，便坚决反对这门婚事。吴某在父亲强烈的反对下，经过再三考虑和权衡，决定与时某分手。时某为此痛苦万分，一再努力却无法挽回。时某心灰意冷，对吴某的父亲恨之入骨。时某对吴某说：“看来，我只有把你父亲给杀了，你才会跟我好！”吴某听后惊恐万状，叫时某不要乱来。时某说：“你放心，我会处理好这件事的。”时某与吴某分手后，多次对别人说要把吴父杀掉。某年10月5日上午10时40分左右，时某怀揣一把菜刀直奔吴某家。吴某的母亲孙某见时某杀气腾腾的样子，慌忙阻止。吴父从房里出来，时、吴二人发生争执。时某挥刀朝吴父的头部猛砍过去，左右两刀都被吴父躲过，只划伤左脸颊。在搏斗中，时某将吴父的手掌砍伤。正在这时，孙某叫来了吴某的大哥，时某见状，弃刀而逃。县公安局接到被害人吴父的控告后，认为吴父只是受了轻微伤，时某的行为只属一般轻微伤害行为，仅对其进行治安管理处罚。被害人吴父不服县公安局的处理，遂向该县人民检察院提出申请。县人民检察院接到县公安局不立案的理由后，认为该理由成立，同意县公安局不立案的决定。被害人吴父由于过度气愤，心脏病发作，经医院抢救无效死亡。吴父死后，其妻孙某向县人民法院起诉，要求追究时某故意杀人行为的刑事责任，并向县人民法院提交了证人证言以及时某给吴某的书信。该县人民法院认为该案属于公诉案件，非自诉案件，人民法院不能直接受理，遂拒绝受理该案。

问：本案被害人能否直接向人民法院起诉？被害人之妻孙某是否有权向县人民法院起诉？

第十四章 刑事审判概述

第一节 刑事审判的概念和任务

一、刑事审判的概念和意义

刑事审判是由法院代表国家通过独立地认定案件事实和适用刑事法律，对被告人刑事责任问题作出最终裁决的司法活动。刑事审判是整个刑事诉讼程序的重心，具有举足轻重的作用：

1. 通过审判确保《刑法》的正确实施，使刑事实体法从"纸面上的法"变成"行动中的法"。没有审判活动，《刑法》就只能是一纸空文，正是由于刑事审判，《刑法》的效力才得以体现。

2. 通过审判体现人权的司法保护。人权的司法保障包含两层意思：一是通过依法惩罚犯罪分子，保障被害人和广大人民群众的合法权利；二是在审判过程中依法保障被告人的合法权利，彰显法律的人文关怀。

3. 通过审判化解社会矛盾，建设和谐社会。在审判过程中，受损的社会关系得以修补，社会矛盾得以化解，这样就能积极推动和谐社会的建设。

4. 通过依法制裁犯罪行为，教育人们遵纪守法。审判活动不但能制裁已然之罪，还能防范未然之罪，广大人民群众通过旁听审判能更好地接受法制教育。

5. 通过审判，审查侦查和起诉工作的正确性与合法性，为执行工作提供依据。

二、刑事审判的任务和作用

(一)刑事审判的任务

1. 审查判断证据与案件事实。刑事审判的任务之一就是审查判断证据是否确实、充分，指控的犯罪事实是否存在，犯罪行为是否为被告人所为。

2. 审查诉讼活动是否符合法定程序的要求。审判不但要追求实质正义，还要追求程序正义，确保《刑事诉讼法》的各项规定落到实处。因此，审判的任务还包括审查诉讼主体，特别是诉讼中的国家机关工作人员的侦查、起诉等行为是否符合法定的程序。

3. 适用法律，对案件作出裁决。审判的核心任务就是根据已查明的事实、证据和有关法律规定，对被告人是否有罪、应否判处刑罚以及判处何种刑罚作出公正的裁决。

4. 审判的根本任务是通过审判活动，惩罚犯罪分子，保障无罪的人不受刑事追究，教育公民自觉遵守法律，积极同犯罪行为作斗争，维护社会主义法制和社会秩序，保护公民的人身权利、财产权利、民主权利，保障社会主义建设事业的顺利进行。

(二)刑事审判的作用

1. 刑事审判具有定罪量刑的作用。这是刑事审判最重要的功能，整个刑事审判活动就是围绕着被告人是否应该定罪量刑的问题而展开，被告人也必须经过依法审判才能得以定罪量刑。

2. 刑事审判具有惩罚与教育相结合的作用。审判是对犯罪分子的一种惩罚，也是给犯罪分子一次接受教育、改过自新的机会，同时，还是对广大人民群众的一次生动的法制教育。

3. 刑事审判具有实现司法民主的作用。控辩双方共同参与法庭审理，就本方指控主张或辩解理由进行充分论证和辩论，这为实现司法民主提供了条件。

三、刑事审判程序的种类

在我国，审判程序有多种，依据不同的标准，可进行不同的分类：

1. 按提起诉讼主体的不同，可以分为公诉审判程序和自诉审判程序。

公诉审判程序根据适用范围的不同又分为公诉案件第一审普通程序和公诉案件第一审简易程序。自诉审判程序均适用第一审简易程序。

2. 按审判程序的先后顺序不同，可以分为第一审程序、第二审程序、审判监督程序和死刑复核程序。

3. 按审判程序的繁简程度不同，可以分为普通程序和简易程序。

普通程序是人民法院审理第一审案件通常适用的程序，也是刑事审判中最完整的一种程序，包括起诉和受理、审理前的准备、开庭审理三个阶段。简易程序是相对于普通程序而言的，是指基层人民法院在审理某些事实清楚、情节简单、犯罪轻微的刑事案件时所适用的比普通程序相对简化的第一审程序。

➢ 争论

2003 年，最高人民法院、最高人民检察院和司法部联合通过了《关于适用普通程序审理“被告人认罪案件”的若干意见(试行)》，该规定授权人民法院在现有法律框架内，对某些适用普通程序的刑事案件，在被告人作有罪答辩，且案件事实清楚、证据充分的情况下，可以采用简化部分审理程序、快速审结案件的庭审程序，学者称之为“普通程序简易审”。该程序的设立引发了人们对正义，效率与人权保障关系的争论。有人认为这种程序对于确保司法公正、提高诉讼效率具有十分重要的意义，但也有人认为该审理程序随意简化普通程序，有违程序正义。

第二节　刑事审判原则

一、审判公开原则

审判公开是指审判活动对社会公开，即要求人民法院审理案件和宣告判决，都应当公开进行，在不损害审判公正和其他合法利益的情况下，允许公民到庭旁听，允许记者采访和报道。审判公开是民主原则在审判活动中的体现，对于诉讼活动的价值主要体现在：其一，将审判活动置于当事人和社会的监督之下，有利于保障审判的公正性；其二，审判公开有利于增强刑事司法的公信力和司法的权威性；最后，审判公开有利于加强法制宣传，增强民众的法律意识。该原则已为现代各国立法所普遍认可，《世界人权宣言》和《公民权利和政治权利国际公约》等国际公约中也有规定，并成为国际性的刑事司法准则。

审判公开原则有两项基本要求：一是形式要求，即产生法律裁决的法庭审判行为应当在一定场合公开进行；二是实质要求，即作为司法裁判基础的事实、证据，裁判的法律依据和理由以及裁判的过程应当向诉讼主体和社会公开。

但是，审判公开原则并非绝对的，为保护国家利益和当事人权益，审判公开原则存在例外情况：一是法庭的评议过程不公开；二是特殊案件不公开审理过程，但宣判要公开。我国不公开审理的特殊案件包括：

1. 涉及国家秘密的案件。为了保护国家秘密不至于因为公开审理而泄露，法律规定这类案件不公开审理。

2. 涉及个人隐私的案件。这类案件不公开，一是为了保护当事人的个人隐私，二是为了保护社会道德风尚。

3. 未成年人犯罪的案件。未成年犯罪案件不公开，是为了保护未成年人的心理健康与名誉，以更好地实现教育和挽救的目的。这其中，对于已满14周岁不满16周岁的未成年人犯罪案件的审判，一律不公开审理；对于已满16周岁不满18周岁的未成年人犯罪案件，一般也不公开审理，特殊情况下才可以公开。

4. 涉及商业秘密的案件，经当事人申请，也可以不公开审理。

➢ 争论

不公开审理的案件，法律要求应当公开宣判。那么公开宣判，是仅仅公开判决结论呢？还是公开法院判决书的全部内容？如果公开法院判决书的全部内容，则无异于公开审判，因为法院认定的证据、事实、控辩双方的意见、当事人的姓名等都将公开，势必会造成不良后果。如果只公开法院的判决结论，则又法律依据不明。

二、直接言词原则

直接言词原则，是指法官必须在法庭上亲自听取被告人、证人及其他诉讼参与人的陈述，案件事实和证据必须以口头方式向法庭提出，调查证据以口头辩论、质证和辨认方式进行。直接言词原则包括直接原则和言词原则，因均以有关诉讼主体出席法庭为先决条件，理论上合称为直接言词原则。直接原则指案件审理时诉讼当事人和诉讼参与人应当在场，法官应当亲自对证据进行调查，直接听取证言、审查证据。言词原则是指法庭审理必须以口头陈述的方式进行，除法律有特别规定，凡未经口头调查之证据，不得作为定案的依据。

直接言词原则要求法官直接听取控辩双方的陈述和辩论，亲自参加法庭证据调查，从而有利于保证审查判断证据的真实性，对案件事实形成准确的判断，最终作出公正的裁判。直接言词原则要求当事人及其他诉讼参与人直接参与法庭审理，有利于维护控辩平等，落实法律所规定的各项审判制度、原则，实现程序公正。

我国《刑事诉讼法》没有明确规定这一原则，一些关于通知证人、鉴定人出庭作证，证人证言必须在法庭上经公诉人、被害人和被告人、辩护人双方询问、质证的规定，在一定程度上体现了直接言词原则。2010 年 6 月五部委颁布《非法证据排除规定》确立了有限的直接言词证据规则，该规定第 15 条规定："具有下列情形的证人，人民法院应当通知出庭作证；经依法通知不出庭作证证人的书面证言经质证无法确认的，不能作为定案的根据：(一)人民检察院、被告人及其辩护人对证人证言有异议，该证人证言对定罪量刑有重大影响的；(二)人民法院认为其他应当出庭作证的。证人在法庭上的证言与其庭前证言相互矛盾，如果证人当庭能够对其翻证作出合理解释，并有相关证据印证的，应当采信庭审证言。对未出庭作证证人的书面证言，应当听取出庭检察人员、被告人及其辩护人的意见，并结合其他证据综合判断。未出庭作证证人的书面证言出现矛盾，不能排除矛盾且无证据印证的，不能作为定案的根据。"这是根据我国的实际情况，为解决证人出庭难、质证难的现状设立的。

➤ 案例分析

甲作为独任法官审理了王某盗窃案，由于时间紧，案件未当庭宣判。随后，甲被调往其他法院，案件交由乙法官承办。乙在阅读案卷后作出了判决。问：该法院的做法违反了哪项审判原则？

解答：违反了直接言词原则。该原则要求法官必须在法庭上亲自听取被告人、证人及其他诉讼参与人的陈述，案件事实和证据必须以口头方式向法庭提出，调查证据以口头辩论、质证和辨认方式进行。

三、集中审理原则

集中审理原则是指刑事案件的审判，原则上应当持续、不间断地进行，即法庭审理程序应当尽可能不间断，一气呵成，即行裁判。这一原则包括两层含义：一是整个审判阶段以庭审为中心，所有的事实、证据和法律适用等问题都应在庭审中一并提出、调查、判断，审判结论也应当在庭审过程中形成；二是审判不间断，即对一个案件的审判应当一次性连续完成。即使对需要进行两日以上审理的复杂、疑难案件，也应当每日连续审理，直到审理完毕，其间除法定节假日外，不应有数日的间隔。在此期间，庭审法官不得审理其他案件。如果庭审法官因故不能继续审理，审理则由一直在场的候补法官替补或者另换法官重新进行审判。

集中审理原则可以避免审判拖延，及早结案，提高诉讼效率；同时可以防止外界对法官审理案件的干扰，保证法官自始至终在连续审理中获得对案件清晰、连贯的印象，形成完整的案件事实，避免同其他案件混淆，保证准确、公正地裁判。

我国《刑事诉讼法》虽未明确规定这一原则，但一些司法解释仍可觅其踪影。最高人民法院于2002年8月颁发的《关于人民法院合议庭工作的若干规定》第3条关于合议庭成员不得更换的规定、第9条关于合议庭评议案件时限的规定以及第14条关于裁判文书制作期限的规定，体现了集中审理原则的精神。当然，上述规定与集中审理原则的要求仍有一定的距离。为充分发挥合议庭的作用，进一步强化庭审功能，应确立并贯彻集中审理原则。

➢ 案例分析

最高人民法院规定，合议庭组成人员确定后，除因回避或者其他特殊情况不能继续参加案件审理外，不得在案件审理过程中更换。这一规定体现的是哪一项审判原则？

解答：体现了集中审理原则的精神。

四、一事不再理原则

一事不再理原则，又称禁止双重危险原则，是指除法律有特别规定外，对已经发生法律效力的裁判所评价的同一行为，法院不得再次进行审理，被告人也不能请求对自己的同一行为再次进行审理。确立一事不再理原则有深刻的理论意义：第一，有利于维护法律尊严和法院权威，维护社会关系的稳定。法院对某一犯罪行为依照现行法律予以审理，作出的裁判应当是对该犯罪行为最具权威的法律认定，这一结果非经法定程序，其他任何机关、团体、组织和个人无权变更或者撤销。如果随意变更或者撤销，法律便不会被遵循，法院权威便无从树立。同时社会关系通过法院的终局性裁判得以调整、修正和确定，如果随意变更或者撤销法院的裁判，社会关系就会处于一种不确定的状态，使得人们无所适从，不利于经济的发展和社会的进步。第二，有利于保障被告人的人权。同一人实施的同一行为不受第二次追诉和审判是近现代法治国家的公民应当享有的一项重要人权。如果对被告人的同一行为进行重复的追诉和评价，势必使被告人陷入累讼的漩涡中，使其权利受到损害。

我国刑事诉讼贯彻一事不再理原则，实行两审终审制度，对同一犯罪行为的裁决生效后，除有法律规定的特殊情况外（体现为审判监督程序），均不得再次提起诉讼和进行审理。

➢ 案例分析

某中级人民法院受理了一起案件，由于该案件事实清楚，控辩双方对于事实和法律问题均无争议，遂决定由审判员甲组成独任庭审理此案，问：程序是否合法？

解答：不合法，因为独任制只能由基层法院适用。

第三节　审判组织

审判组织是指人民法院审判案件的组织形式。根据《刑事诉讼法》第 147 条的规定，审判组织包括两种形式，即合议制和独任制。审判委员会对重大的或者疑难的案件的处理有最后的决定权，从这一意义上讲，审判委员会也具有审判组织的性质。

一、独任制

独任制是指由审判员一人审理刑事案件的组织形式。独任制的设置是为了提高诉讼效率，对符合法律规定的简单刑事案件，由审判员一人独立审理即可。《刑事诉讼法》第 147 条规定："基层人民法院适用简易程序的案件可以由审判员一人独任审判。"因此，采用独任制应当具备两个条件：一是形式要件，即基层人民法院在进行第一审程序时才能适用独任制；二是实质要件，即只有对自诉案件和轻微的公诉案件才能适用独任制。

二、合议制

合议制是集体审判刑事案件的一种组织形式，它由审判员或者审判员与人民陪审员共同组成合议庭，对具体刑事案件进行审理。这种审判组织形式有利于发挥集体的智慧，集思广益，防止办案人员在审判活动中的主观片面性，对保证人民法院公正、客观地审理刑事案件具有重要意义。合议制是刑事审判活动中最常用的基本组织形式。

1. 合议庭人员的组成

《刑事诉讼法》第 147 条规定："基层人民法院、中级人民法院审判第一审案件，应当由审判员 3 人或者由审判员和人民陪审员 3 人组成合议庭进行。高级人民法院、最高人民法院审判第一审案件，应当由审判员 3 人至 7 人或者由审判员和人民陪审员共 3 人至 7 人组成合议庭进行。人民法院审判上诉和抗诉案件，由审判员 3 人至 5 人组成合议庭进行。"合议庭人员组成包括两种形式：(1)由审判员组成。这种形式可适用于所有的审判程序。(2)由审判员和人民陪审员组成。这种形式仅可适用于第一审程序，第二审程序和审判监督程序不能采用这种形式。同时，合议庭的组成人员在人数上应当为单数，这是由合议庭表决原则决定的。人民陪审员在人民法院执行职务时，同审判员有同等的权利。

2. 合议庭的活动原则

《刑事诉讼法》第 148 条规定："合议庭进行评议的时候，如果意见分歧，应当按多数人的意见作出决定，但是少数人的意见应当写入笔录。评议笔录由合议庭的组成人员签名。"第 149 条规定："合议庭开庭审理并且评议后，应当作出判决。对于疑难、复杂、重大的案件，合议庭认为难以作出决定的，由合议庭提请院长决定提交审判委员会讨论决定。审判委员会的决定，合议庭应当执行。"可以看出，合议庭审理案件应当遵循以下活动原则：(1)少数服从多数原则，即按多数人员的意见作出判决，但少数人的意见应当写入笔录；(2)开庭审理并经评议后作出判决原则；(3)对合议庭难以作出决定的疑难、复杂、重大的案件提请院长交审判委员会讨论原则；(4)执行审判委员会决定原则。

案例分析

某基层人民法院对某案件进行再审，由于该案件在当地影响很大，为了更好地听取民意，法院决定由陪审员和审判员共同组成合议庭审理此案，问这样做是否正确？

解答：这样做是错误的，因为只有一审案件才能邀请陪审员参加。

三、审判委员会

审判委员会是人民法院内部对审判工作实行集体领导的组织形式。各级人民法院内部都设有审判委员会，由院长提请同级国家权力机关任免。审判委员会由院长主持，院长不能主持时可以委托副院长主持，其成员享有同等的权利。审判委员会讨论案件和其他问题时，贯彻民主集中制、少数服从多数原则。同级人民检察院检察长可以列席审判委员会会议，参加对重大、复杂和疑难案件的讨论，但没有表决权。

审判委员会的具体工作是对人民法院内部的日常工作进行领导、监督、协调，同时"对于疑难、复杂、重大的案件，合议庭认为难以作出决定的，由合议庭提请院长交审判委员会讨论决定"。审判委员会不是通常的审判组织形式，不负责审理具体刑事案件，审判委员会对具体案件作出裁判，必须符合下列条件：第一，实质条件，即刑事案件必须是疑难、复杂、重大的，并且合议庭难以作出决定的。即使案件是疑难、复杂、重大的，但合议庭能够作出决定时，审判委员会也不能审理。根据司法实践，这类案件具体包括：(1)案件复杂，影响较大；(2)判处死刑且案情重大的；(3)适用法律有疑难，合议庭难以作出决定的；(4)院长不同意合议庭的决定且分歧较大的；(5)合议庭不能形成多数决定，分歧较大的。第二，形式条件，即案件必须由合议庭提请院长决定后，再提交审判委员会。审判委员会不能主动审理具体刑事案件，其讨论具体刑事案件必须符合上述两个条件，这样才能防止审判委员会蜕变成一个常规的审判组织，从而导致"审"、"判"脱节。严格控制审判委员会讨论具体案件一方面有利于疑难、复杂、重大案件的正确处理，同时也有利于充分发挥合议庭的积极性。

争论

审判委员会的存废在我国已争议多年。主存论者认为，审判委员会可以减轻法官的"外来压力"，有利于提高审判质量，能强化对裁判者的监督。主废论者认为，审判委员会与审判原则相违背，会降低诉讼效率，审判委员会的"集体负责"等于"无人负责"。折中论者认为，审判委员会的确存在许多缺陷，但在现阶段仍有其存在的合理性，在保留审判委员会的基础上，可以推行改革使其完善。

第四节 法庭审判笔录

一、审判笔录的含义

笔录在诉讼中是指公安司法人员按照法定要求制作的,用于描述和证明司法活动中发生的具有法律意义的事实状况的书面记录。法庭审判笔录是人民法院按照法定程序审判各类诉讼案件过程中制作的全面记载法庭审判活动的诉讼文书。审判笔录主要由四个要素构成:(1)主体。根据《刑事诉讼法》第167条的规定,法庭审判的全部活动应当由书记员写成笔录。因此,法庭审判笔录的制作主体是书记员。(2)客体。审判笔录记录的对象是审判过程中发生的有法律意义的事实,如法庭组成人员,出庭的诉讼参加人,开庭的时间、地点,控辩双方辩论的内容等。这些事实具有重要的诉讼意义。(3)形式。审判笔录均当以书面形式制作,且须遵循一定的格式。一些法庭也会使用录音、录像等辅助手段记录庭审过程,这些只能属于审判笔录的附属部分。(4)法律后果。审判笔录是《刑事诉讼法》规定必须制作的一种文书,是审判程序合法性的必然要求,未制作笔录需承担相应程序违法的后果。

二、审判笔录的诉讼意义

审判笔录具有重要的诉讼意义:

1. 审判笔录常常是上诉法院审理上诉案件的基础。上诉审不同于一审,由于效率的需要,二审常常不开庭审理,这时二审法官只能通过法庭笔录来了解一审当事人和其他诉讼参与人的主张和观点,一审法庭调查的基本情况(包括举证和质证活动、法官的发问和当事人的回答等),一审法官的审理思路及本案系争的焦点及相关事实及其依据,以及一审审理程序的合法性。通过阅读审判笔录及其他相关材料,二审法院的法官可以确定审判思路、案件的系争焦点,以便正确裁判。

2. 审判笔录是固定诉讼各方的证据的重要手段。诉讼各方为支持自己的主张必须向法庭提供充分的证据。依据法律及相关解释,这些证据应当经过当事人当庭质证方可作为定案的依据。而是否经过当庭质证的唯一依据就是法庭笔录上是否有相关记载。

3. 审判笔录是合议庭、审判委员会讨论决定案件的依据。合议庭、审判委员会讨论决定案件必须以审判笔录记录的情况为依据,未经记载的情况不能成为定案的依据。

4. 审判笔录是审判监督的基本依据。根据我国《刑事诉讼法》的规定,当事人在诉讼中享有平等的权利、回避的权利、使用本民族语言进行诉讼的权利、陈述、辩解、质证、辩论、申请法院调取和保全证据、保全财产、申请证人出庭等权利,但法庭是否对当事人的这些权利给予了及时和充分的保障,诉讼中有无程序违法行为,是否偏袒一方,在法庭笔录中往往都有记载。实践中遇不服裁判的一方或双方申请再审、抗诉或投诉时,受理机构往往先查阅法庭笔录,以此为据,结合其他情况,作出是否再审或重审的处理意见。

三、审判笔录的制作要求

法庭笔录的制作，应该按照审判活动的顺序详尽记载。其内容包括：开庭的时间、地点；合议庭的组成人员和书记员的姓名；公诉人、当事人、证人和其他诉讼参与人到庭的情况；案由；不公开审理的案件，应写明不公开的理由；当事人的申请和法庭对申请所作的决定；法庭调查和法庭辩论的情况；证人的证言和鉴定人的意见；公诉词、辩护词的要点；被告人的最后陈述；评议时合议庭对案件提出的处理意见；宣判情况等。

为了能够真实地反映审判活动的全貌，法庭笔录应由书记员当庭制作。如果当庭记录不够完整，书记员应当在闭庭后及时加以整理。法庭笔录写成后要经审判长阅读，并由审判长和书记员签名。对于笔录中有关证人的证言和当事人等的陈述部分，应当庭向证人、当事人等宣读或交他们阅读。证人、当事人等对各自的陈述听阅后，如果认为记载有遗漏和差错时，可以请求补充或者改正，在承认没有差错和遗漏后应签名、盖章。

➢ **案例分析**

某当事人在开完庭，看笔录签字时，发现某处记录有误，遂要求修改，书记员以没有错误为由，拒绝修改，于是，当事人拒绝签字，书记员立刻在笔录上写下“当事人已阅，无正当理由拒绝签字。”并签上自己的名字，并对当事人说：“你不肯签字也没关系，我已注明，该笔录合法有效。”请问这样做是否正确？

解答：这样做是违法的，当事人有权要求补正，笔录必须经当事人签字。

第五节　判决、裁定和决定

一、判决

（一）判决的概念和分类

判决是人民法院在诉讼终局时直接针对案件的实体问题所作的裁判。刑事判决是人民法院经过审理案件，根据已经查明的事实、证据和有关的法律规定，就被告人是否犯罪、犯了什么罪、应否处罚和处以什么刑罚等案件的实体问题所作出的结论性裁判。

判决是人民法院代表国家行使审判权的具体结果，是国家意志在具体案件中的体现，具有一定的稳定性，非依法定程序不能改变。因此，判决只能在审理案件后的终局阶段作出。判决一经作出，既标志着实体问题的解决，也标志着程序审理的结束。因此，判决又具有相应的强制性和排他性。

刑事判决根据其法律适用的结果可以分为有罪判决和无罪判决两种：

1. 有罪判决。根据《刑事诉讼法》第162条的规定，有罪判决是人民法院通过对案件的审理，对案件事实清楚，证据确实、充分，依据法律认为被告人有罪时所作出的判决。有罪判决又可分为课刑判决（判处刑罚的判决）和免刑判决（免除刑罚的判决）。课刑判决，是确认被告人有罪，决定给予适当刑事处罚的判决；免刑判决，是认定被告人的行为构成了犯罪，但因犯罪情节轻微不需要判处刑罚或者有其他法定免刑情节而免除对被告人刑事处罚的判决。

2. 无罪判决。无罪判决有两种情况：(1)依据法律认定被告人无罪的。包括查明被告人没有实施犯罪，被告人的行为在法律上不构成犯罪等；(2)证据不足，不能认定被告人有罪的，应当作出证据不足，指控犯罪不能成立的无罪判决。另外，根据最高人民法院《解释》第176条第5项、第6项的规定，被告人因不满16周岁而不予刑事处罚的，或精神病人在不能辨认或者不能控制自己行为的时候造成危害结果而不予刑事处罚的，应当判决宣告被告人不负刑事责任。

(二)判决书

判决是国家法律的具体适用，是一件非常严肃的事。因此，无论是有罪判决还是无罪判决都必须制作判决书，刑事判决只能采取书面形式。判决书是判决的法定表现形式，是刑事诉讼中最重要的法律文书，执行判决一律以判决书为依据。

根据最高人民法院发布的《法院的诉讼文书样式》和审判实践经验，刑事判决书一般包括：首部、事实、理由、判决结果、尾部五个部分。

1. 首部（开头部分）。包括：(1)人民法院名称、判决书类别、案号；(2)公诉机关的名称，公诉人的姓名、职务，如果是自诉案件，则应写明自诉人的情况；(3)被告人姓名、性别、年龄、民族、职业、籍贯、住址，是否在押；(4)辩护人、代理人的姓名、职业；(5)案件由来、开庭日期、审判形式，是否公开审理等。

2. 事实部分。应先写明控方指控的基本内容，被告人、辩护人对指控的看法、态度，然后写明人民法院认定的事实。作有罪判决的，人民法院确认有罪后应当详细写明犯罪的时间、地点、动机、目的、手段、行为过程、结果等有关情况；被告人犯数罪的，要写清各罪的犯罪事实和情节；共同犯罪案件中，要写明各个被告人参与的犯罪事实和情节，明确各个被告人在共同犯罪中的地位和作用。叙述事实应以法庭审理中查证属实的证据为根据，层次要清楚，主次要分明。如果事实内容涉及国家机密的，应当注意防止泄密；涉及当事人隐私的，不能叙述有关隐私的具体情况和被害人的姓名。无罪判决的事实部分可以和理由部分合并起来写。

3. 理由部分。有罪判决应当写明认定被告人犯有指控罪行的证据，叙明具体运用证据的理由，确定犯罪性质和罪名的法律依据，判处刑罚或者免除刑罚以及从重、加重、从轻、减轻处罚的理由和根据。这些理由和根据应当包括对辩护意见否定或者肯定的理由和依据。判决无罪的，应当写明判决无罪的具体理由或者有关的证据。

4. 判决结果（或称“主文”）部分。判决的结果（主文）是判决书的实质内容，是人民法院对案件所作的结论。认定被告人有罪的，这一部分应当写明被告人犯了何罪，给予的刑事处罚，赃款、赃物的处理；数罪并罚的，应当写明对各罪所判的刑罚和决定执行的刑罚；被告人被羁押的日期如何折抵刑期,刑期的起止日期;有附带民事诉讼的,还应写明附带民事部分的处理。无罪判决则应写明对被告人宣告无罪的决定。如果有被扣押、封存的物品、文件等,还应写明如何处理。

5. 结尾部分。应写明对本判决不服可以上诉及上诉的法院和上诉期限;合议庭或独任审判员、书记员署名;判决书制作日期等。

> 案例分析

某轻微刑事自诉案件经法院调解,双方握手言和,法院为了体现调解的权威性,按照调解内容制作了一份刑事判决书,送达双方签收,请问这样做是否正确?

解答:不正确,调解结案的应制作调解书,调解不成才判决,调解书一经送达,即产生与判决一样的效力。

二、裁定

(一)裁定的概念

裁定是指人民法院在案件审理或者判决执行过程中,就某些重大程序问题和部分实体问题所作的一种裁判(处理决定)。刑事裁定的书面形式就是刑事裁定书。第一审程序常用的裁定书有驳回自诉的裁定书、中止审理的裁定书等。

刑事裁定与刑事判决虽然都是人民法院审判过程中用以处理案件的一种形式,但两者在使用上有很大区别:(1)适用的范围有所不同:判决直接针对起诉主张的内容而作,裁定则不直接针对起诉主张的内容本身,主要用于解决程序问题或只直接针对诉讼行为,包括起诉、上诉、抗诉、申诉行为本身而作;(2)作出的阶段不同:判决只能在案件审理终结时作出,裁定则可以在诉讼的任何阶段作出;(3)表现形式不同:判决必须以书面形式作出,裁定则既可以用书面形式,也可以用口头形式作出;(4)使用次数不同:一个案件中发生法律效力的判决只有一个,而一个案件中则可以形成多个生效裁定。此外,判决和裁定的上诉、抗诉期限也不相同,不服一审裁定的上诉、抗诉期限为5日,而不服一审刑事判决的上诉、抗诉期限是10日。

(二)裁定的分类和性质

刑事裁定,大部分是形式裁判、中间裁判,如关于延期审理的裁定,小部分是终局裁判、实体裁判,如对涉案财产处分的裁定,执行过程中的减刑裁定。从内容上分,有程序性裁定和实体性裁定。下列裁定为程序性裁定:撤销原判决发回重审的裁定,有关是否恢复诉讼期限的裁定。下列裁定是实体性裁定:对自诉案件驳回起诉的裁定,驳回上诉、抗诉和申诉的裁定,决定减刑、假释的裁定,核准死刑的裁定。

从审判程序上分,可以分为第一审裁定、终审裁定(第二审裁定)、死刑复核裁定和再审裁定。其中,第一审裁定即第一审人民法院作出的裁定,从理论上讲,除最高人民法院作出的裁定以外，都可以上诉或抗诉，但实际上只有驳回自诉的裁定才可上诉。

从表现形式上分，刑事裁定有书面裁定和口头裁定。法律允许裁定以口头宣告后记入笔录。其中，书面裁定的表现形式即为裁定书。裁定书的格式、写法、署名与判决书类似，但内容比较简单。

三、决定

决定是人民法院在办理案件过程中对某些程序性问题进行处理的一种形式。

根据法律规定，人民法院在审理案件过程中解决诉讼程序问题，除了使用裁定外，还可以使用决定。例如，对申请回避作出的决定；对当事人和辩护人申请通知新的证人、调取新的物证、重新鉴定或勘验，作出是否同意的决定；庭审中因故需要延期审理的决定等。

决定的形式，在庭审中可以是口头的，也可以是书面的。口头决定应当记录在案，书面决定应当形成决定书。

对于不同的问题，要由不同的主体作出决定。有的问题可以由审判长直接作出决定，而有的问题则应由院长决定。

决定一经作出，一般就马上发生法律效力，不得上诉、抗诉。但是，对关于驳回申请回避的决定，当事人及其法定代理人可以申请复议一次。

四、判决、裁定、决定的异同

判决、裁定、决定是公安司法机关在办理刑事案件过程中，根据案件事实和法律对各类案件的审理结果和办理案件过程中所发生的各种问题作出的结论。三者的适用是有严格区别的：

(1)解决问题的性质不同。判决是人民法院在审理案件时就实体所作的决定；裁定是人民法院在审理案件或判决执行过程中就诉讼问题或部分实体问题所作的决定；决定只解决程序问题。

(2)适用范围不同。刑事判决在于解决确定被告人是否犯罪，犯何种罪，应否处罚、如何处罚以及刑罚的执行方法等问题；刑事裁定主要适用于：①驳回自诉；②驳回上诉或抗诉；③撤销原判发回原审人民法院重审；④停止执行死刑；⑤依法应予减刑或假释、减免罚金等。决定适用于整个刑事诉讼阶段的具体程序问题。

(3)采用形式有所不同。判决必须采用书面形式，裁定可书面或口头两种形式，例如延期审理、传唤未到庭的证人、更换不符合条件的当事人等可以制作口头裁定。决定既可采用口头形式也可采用书面形式。

(4)发生法律效力的条件和时间不同。刑事判决的上诉和抗诉期限为 10 日，刑事裁定的上诉和抗诉期限为 5 日，决定不可上诉、抗诉，只能复议一次。

(5)适用机关不同。判决和裁定只能由人民法院作出，决定可以由侦查机关、检察机关、审判机关和执行机关作出。

➢ 拓展案例

某报2004年4月7日报道：对福建省周宁县公安局副局长强奸少女案重罪轻判的原周宁县法院刑庭庭长阮某某，因徇私枉法罪被福建省霞浦县法院一审判处有期徒刑两年。

该法院经审理查明，2004年1月至2月间，被告人阮某某在担任原周宁县公安局副局长陈某某强奸、妨害作证一案审判长时，在法庭认定陈某某强奸、妨害作证的罪名成立的前提下，因徇私情，在量刑时，明知陈某某具有从重情节，即陈身为公安局副局长兼刑警大队大队长，强奸被害人(另一强奸案)，案发后胁迫其出走，阻挠作证，并指使、贿买他人顶罪，案情暴露后长期潜逃，被抓捕后又拒不认罪，主观恶性大，社会影响极坏等酌定从重情节，为达到对陈轻判的目的，将"实施暴力不明显，在被害人叫喊疼痛时未继续实施奸淫"作为酌定从轻理由，对强奸罪判定处有期徒刑3年；在处理被指控的妨害证人作证罪时，对陈妨害作证罪的加重情节和司法工作人员犯罪的法定从重情节未作认定，提出判处有期徒刑1年，数罪并罚决定执行有期徒刑3年的量刑意见。在向审判委员会汇报该案时，阮某某极力强调可以轻判，可以判起点刑，误导审判委员会成员。而该院审判委员会在讨论该案时，未正确履行职责，作出了同意合议庭定罪量刑意见的结论。

一审宣判后，检察机关提出抗诉，社会反响强烈。最高人民法院院长肖扬亲自批示。3月23日，宁德市中级人民法院对该案作了改判，以陈犯强奸罪、犯妨害作证罪数罪并罚，判处陈有期徒刑12年。随后，周宁县法院院长被免职，分管副院长受处分，一审主审法官阮某某被刑拘。

让人难以置信的是，这个案件还是福建省公安厅和宁德市委督办的重大案件，一审判决结果也经过了法院审判委员会的监督和把关。参与该案讨论的审判委员会成员有8名，除刑庭庭长阮某某外，其他人均声称自己没有从事刑事审判的司法背景，对刑法不熟悉，且绝大多数成员没有参与旁听这起案件的审理。在审判委员会讨论案件时起重要作用、且分管刑事审判的副院长陈木森，也长期从事民事审判工作，分管刑庭工作才半个月。该案暴露出我国审判委员会制度的问题，如行政化的组织、活动方式，行政化的工作机制，人们对审判制度的要求与现行审判委员会制度间的紧张关系越来越引起人们关注，存废之争也一度成为审判制度研究的一个热门话题。

阅读链接 ⇨

◆ 1. 傅玉林：《审级制度的建构原理》，载《中国社会科学》2000年第4期。

◆ 2. 程荣斌、邓云：《审级制度研究》，载《湖南省政法管理干部学院学报》2001年第5期。

◆ 3. 陈瑞华：《正义的误区——评法院审判委员会制度》，载《北大法律评论》1999年第2期。

◆ 4. 苏力：《基层法院审判委员会制度的考察及思考》，载《送法下乡——中国基层司法制度研究》，中国政法大学出版社2000年版。

讨论题

1. 如何看待我国的审判委员会制度在司法制度中的利与弊？

2. 如何处理“一事不再理”原则和“有错必纠”原则之间的矛盾？

3. 讨论案例：

淮南市安成镇石头埠村农民沈某某以养鱼为生。2003 年 7 月，安成镇石头埠村被划为行洪区，沈某某家鱼塘里的鱼被洪水冲走。9 月，石头埠村村委会文书邹某某通知他说，根据有关文件规定，沈某某可以争取一笔行洪补偿款。年底，沈某某拿到了 25320 元行洪补偿款，其中 5000 元作为“喜面”（当地土话，就是“意思意思”）钱被村委会要走。没多久，淮南市田家庵区检察院接到举报，对沈某某和村委会“骗取”行洪补偿款和“吃喜面”一事立案侦查，并于 2004 年 10 月以“涉嫌贪污”对沈某某等人提起公诉。2004 年 10 月 19 日，沈某某涉嫌贪污一案在淮南市田家庵区法院开庭审理。检察院指控：沈某某既没有和村里签订过鱼塘承包合同，也没有交纳过承包费。沈某某与村委会吴主任、村委会文书邹某某合谋伪造承包手续、虚报鱼塘面积，骗取行洪补偿款，当以贪污罪论处。沈某某的辩护律师认为，沈某某从 1983 年起承包村里鱼塘，当时承包手续齐全，这有村民证言为证；承包期满后双方没有续签书面合同，但鱼塘继续由沈某某经营承包至今，与村里是事实合约关系。申报鱼塘补偿款手续由村委会成员办理，沈某某主观上没有伙同他人虚报亩数的故意，不构成贪污罪。但一审判决沈某某构成贪污罪，被判处有期徒刑一年。

沈某某提起上诉，理由之一为“一审判决程序违法”。他认为，一审判决是由一审法院审委会讨论决定的。合议庭参加庭审整个过程，却不能独立自主判案，审判委员会没有参加庭审，没有听取当事人和辩护人的辩护意见，就作出了有罪决定，显然违背了《刑事诉讼法》“审判人员应当听取公诉人、当事人和辩护人、诉讼代理人的意见”的规定。①

讨论：审判委员会在个案审判中的地位和作用。

---

① 计翀：《不审案凭啥判案？淮南一农民质疑审判委员会制度》，载《新安晚报》2005 年 4 月 12 日。http://xawb.cn/content/2005－04/12/content_19012.htm。

第十五章 第一审程序

第一节 第一审程序的概念和意义

一、第一审程序的概念

第一审程序，也称初审程序，是指人民法院对人民检察院提起公诉或者自诉人提起自诉的刑事案件进行初次审判所必须遵守的规则、经历的步骤和手续的总称。

根据我国《刑事诉讼法》的规定，刑事案件被人民检察院提起公诉或者自诉人向人民法院提起自诉并经法院审查立案后，即进入第一审程序。第一审程序按照案件性质的不同又可以分为以下三种：公诉案件的第一审程序，自诉案件的第一审程序和简易程序。《刑事诉讼法》对上述三种程序分别作了规定，其中对公诉案件的第一审程序规定得最为详细、全面，自诉案件的第一审程序则是根据自诉案件的特点作了一些特殊规定，没有规定的，仍参照公诉案件的第一审程序进行。至于简易程序，立法从适用的案件范围到具体的程序都作了比较明确的规定，但没有规定的，仍适用公诉案件第一审程序处理。

二、第一审程序的意义

第一审程序在刑事诉讼中具有十分重要的地位，是刑事诉讼程序的基础和中心，其意义主要体现在以下几个方面：

1. 是审判的基础、必经程序。第一审程序是刑事审判程序的第一个环节，是人民法院审理刑事案件的基础程序。无论是公诉案件还是自诉案件，都要经过第一审程序，第一审程序前的侦查、起诉等，都是为第一审提供材料，准备条件。第一审人民法院按照法定程序对案件事实和证据进行法庭调查和辩论，并依法对案件的审理结果作出裁判，对于这个裁判，非经特定程序，任何机关和个人不得随意撤销；案件如果超过了法定期限当事人没有上诉或者人民检察院没有抗诉，就不会经历第二审程序。第二审程序、死刑复核程序、审判监督程序，都是在第一审程序及第一审人民法院作出的裁判的基础上进行的，这些程序也是以第一审程序为蓝本而设计的。二审、再审、死刑复核程序等，实际上都是对第一审裁决结果的检查和监督。因此，第一审程序是刑事诉讼的中心环节和主要阶段，在整个刑事诉讼中居于核心地位，它的程序进行得如何，审判质量如何，直接关系到案件的处理结果，关系到刑事诉讼任务最终能否实现。

2. 具有终结刑事争议的功能。从某种意义上说,刑事诉讼是为解决控、辩双方之间关于被告人刑事责任问题的争议而展开的活动,刑事诉讼的启动因刑事责任争议的形成而开始,以争议的解决而终结。刑事审判亦以依法解决控辩双方的这一争议为中心,通过审理并作出裁判,平抑控辩双方的争议。这是第一审程序的重要功能,也是侦查程序、起诉程序所不具备的。

3. 依法对有罪的被告人科处刑罚,以保证《刑法》的正确实施,及时惩治犯罪,修复被犯罪损害的社会秩序。刑事案件第一审程序审判的结果,往往是对有罪的被告人科处刑罚,从而解决了被告人的刑事责任问题,也保护被害人的合法权利。可见,第一审程序具有保障《刑法》正确实施,及时惩罚犯罪,修复因犯罪行为而被破坏的社会秩序,保障社会有序发展的重要作用。

4. 保障无辜,维护公民的合法权益。保障无罪的人不受刑事追究,保障被告人的诉讼权利和其他合法权益不受非法侵害,是刑事审判的内在价值目标和诉讼任务。在刑事第一审程序中,被告人及其辩护人被赋予了足以与控方平等对抗的诉讼权利和诉讼手段,诉讼采取法官主导下的控辩积极对抗,这不仅有利于审判人员准确查明案件事实,正确适用法律,公正地作出裁判,还能有效避免伤及无辜,维护公民的合法权益。

5. 第一审程序的正确、合理适用,可以减少上诉、抗诉和申诉,减轻人民法院和当事人的诉讼负担,节约国家司法资源,提高诉讼效率。

第二节　公诉案件第一审程序

一、公诉案件第一审程序的概念和意义

公诉案件第一审程序,又称公诉案件初审程序,是指人民法院对人民检察院提起公诉的案件进行初次审判所依照的程序。公诉案件第一审程序根据其适用的案件范围不同又分为公诉案件第一审普通程序和公诉案件第一审简易程序。

公诉案件第一审程序是公诉审判程序的开始,主要任务是通过法定审判程序,保障人民法院在公诉人、当事人和其他诉讼参与人的参加下,客观全面地审查判断证据,认定案件事实,正确适用法律,对被告人是否有罪、有何罪、应否受刑罚、受何刑罚作出裁决,保障当事人的合法诉讼权利。

公诉案件第一审程序的重要意义体现在:

1. 公诉案件第一审程序是对前面进行的立案、侦查、起诉等活动的集中和总结,能有效地审查侦查机关和检察机关的先前工作,制约侦查机关和检察机关的侦查和起诉行为,对先前工作的合法性作出最终的裁判。

2. 公诉案件第一审程序是审判阶段的基本和必经程序。任何一个公诉案件都是从第一审程序开始。一个刑事案件可能会经历二审程序、再审程序,但没有第一审程序,后面的

审理程序也就没有出现的可能。

3. 公诉案件第一审程序不仅可以使各项诉讼原则和制度得以贯彻实施，而且还可以直接、生动地进行法制宣传教育，通过审判活动查清事实、适用法律，既准确、及时地惩罚犯罪，又保障无辜的人不受刑事处罚，实现刑事诉讼惩罚犯罪和保障人权的根本目的。

二、对公诉案件的审查

(一)审查的概念和目的

对公诉案件的审查，是指人民法院对人民检察院提起公诉的案件，在开庭前进行初步审查，决定是否开庭审理的活动。

《刑事诉讼法》第 150 条规定："人民法院对提起公诉的案件进行审查后，对于起诉书中有明确的指控犯罪事实并且附有证据目录、证人名单和主要证据复印件或者照片的，应当决定开庭审判。"这一规定表明，人民法院对人民检察院提起公诉的案件，并非径直开庭审判，而是需要经过初步审查，然后才能决定是否开庭审判。因此，对公诉案件的审查，是公诉案件进入第一审程序的一个必经程序。

我国审查公诉案件的目的，主要是查明人民检察院提起公诉的案件是否具备了开庭审判的条件，即起诉书和相关证据在形式上是否符合《刑事诉讼法》第 150 条规定的要求，是否具备了开庭审理的程序性条件，能否将被告人交付法庭审判的问题，并不解决对被告人定罪量刑的问题。通过对公诉案件的庭前审查，有利于避免不当审判的出现，保障被告人合法权益，提高法院审判效率，同时也要避免"先入为主"的现象，防止先"定"后"审"。

争论

有学者认为在开庭前检察机关只提交主要证据复印件并不合理，因为何谓主要证据完全由检察机关自主决定，检察机关一定会提交证明被告有罪或罪重的证据，隐瞒被告无罪或罪轻的证据，这样反而会让法官形成不利于被告的第一印象。

(二)审查的内容

人民法院受理人民检察院提起的公诉案件，应当在收到起诉书后，立即指定审判员审查以下内容：

1. 案件是否属于本院管辖。

2. 起诉书是否有明确的指控犯罪事实。即起诉书指控的被告人的身份，实施犯罪的时间、地点，犯罪事实，危害后果和罪名以及其他可能影响定罪量刑的情节等是否明确。

3. 是否附有证据目录。凡是能够证明指控犯罪行为性质、情节等内容，拟在法庭上出示的所有证据都应列入证据目录中。

4. 是否附有证人名单。证人名单应写明拟出庭作证证人的身份、住址、明确的通讯联络方法。根据最高人民法院就执行刑事诉讼法所作的司法解释，鉴定人、勘验、检查笔录制作人出庭作证的，也应附有明确的身份、住址、通讯处名单，对于拟不出庭作证的证人、鉴定人，应在名单上注明理由；同时要求附有被害人、已委托的辩护人、代理人的明确的姓名、住址、通讯处名单，以便于人民法院开庭审理案件时传唤、通知有关的诉讼参与人到庭。

5. 是否附有主要证据复印件或照片。主要证据是指，起诉书中必须附有的能够证明指控犯罪行为性质、情节等内容的证据。

根据最高人民法院《解释》第 116 条的规定和司法实践经验，还需注意对下列问题进行审查：(1)起诉书中是否载明被告人被采取强制措施的种类、羁押地点、是否在案以及有无扣押、冻结在案的被告人的财产及存放地点；(2)提起附带民事诉讼的，是否附有相关证据材料；(3)侦查、起诉程序的各种法律手续和诉讼文书复印件是否完备；(4)有无《刑事诉讼法》第 15 条第 2 项、第 3 项、第 4 项、第 5 项、第 6 项规定的不追究刑事责任的情形，等等。

必须强调的是，开庭前只进行程序性审查，不进行实质性的审查。这有利于避免审判人员先入为主、先定后审，造成开庭审理流于形式等弊端，从而有利于审判的公正，保证审判质量。

(三)审查后的处理

人民法院对公诉案件进行审查后，应当根据案件的具体情况作如下处理：

1. 依法受理，决定开庭审理。案件经审查后，认为符合开庭审判条件的，应当依法受理，并决定开庭审理。

2. 要求补充材料。案件经审查后，认为存在以下情况的，应当要求人民检察院在 3 日内补充材料：(1)起诉书对犯罪事实的指控不甚明确的；(2)未附有拟在法庭上出示的所有证据的目录及缺少证明指控犯罪行为性质、情节等内容的主要证据复印件或者照片的；(3)未附有出庭作证的证人、鉴定人、勘验检查笔录制作人名单，以及被害人、已委托的辩护人、代理人的姓名、住址、通讯处不明确的；(4)对被告人采取强制措施的种类、是否在案及羁押地点、扣押、冻结其财物情况说明不够清楚的；(5)侦查、起诉程序的各种法律手续和诉讼文书复印件尚不完备，可能影响开庭审理的。经补充后符合开庭条件的，人民法院应当决定开庭审理。

3. 不予受理。案件经审查后，存在下列情况之一的应当决定不予受理：(1)对于不属于本院管辖或者被告人不在案的案件，应当决定退回人民检察院；(2)对经检察机关补充后仍不符合开庭条件，或者逾期未予补充的，应当决定不予受理；(3)人民法院裁定准许人民检察院撤诉的案件，没有新的事实、证据，人民检察院重新起诉的，人民法院不予受理。

4. 驳回起诉。对于有《刑事诉讼法》第 15 条第 2 项、第 3 项、第 4 项、第 5 项、第 6 项规定的情形的，应当裁定终止审理或者决定驳回起诉。

案例分析

2004年2月28日区公安分局以王某等5人涉嫌抢劫罪移送审查起诉，区检察院于3月25日向区法院提起公诉。区法院经审查受理该案，3月29日确定案件承办人。5月12日对该案作出判决。问本案是否属于超期？

解答：人民法院对提起公诉的案件进行审查的期限，计入人民法院的审理期限，超期1天。按照最高人民法院《解释》第118条的规定，人民法院对于按照普通程序审理的公诉案件，应当在收到起诉书后7日以内审查完毕，决定是否受理。对于人民检察院建议按简易程序审理的公诉案件，决定是否受理，应当在3日内审查完毕。人民法院对提起公诉的案件进行审查的期限，计入人民法院的审理期限。

三、开庭审判前的准备

庭审过程是审判程序的核心，是一项系统工程，对国家的利益和公民的合法权益有着重大的影响。按照《刑事诉讼法》第151条和最高人民法院《解释》第119条的规定，人民法院对公诉案件决定开庭审判后，应当进行下列准备工作：

1. 组成合议庭

人民法院决定开庭审判以后，要由院长或庭长指定审判长并依法确定合议庭的组成人员。依照法律规定，第一审人民法院的合议庭可以全部由审判员组成，也可以由审判员和人民陪审员组成。适用简易程序审理的案件，由庭长指定审判员1人独任审判。

2. 将起诉书副本送达被告人，并保障其辩护权的行使

人民法院应当将人民检察院的起诉书副本至迟在开庭10日以前送达被告人和被害人，并且告知被告人可以委托辩护人，或者在必要时为被告人指定辩护人。对于未委托辩护人的被告人，人民法院有义务告知他可以委托辩护人；如果符合《刑事诉讼法》第34条第2款、第3款规定的，应当指定承担法律援助义务的律师为他提供辩护；对于公诉人出庭支持公诉的案件，被告人因经济困难或者其他原因没有委托辩护人的，人民法院一般也要指定承担法律援助义务的律师为他提供辩护，以确保审判公正。

案例分析

被告人陈某(21岁)、萧某(23岁)，李某(17岁)被控伙同无国籍人约翰(24岁)共同盗窃了价值约15万元的文物。案件审理中，陈某的家人代其委托了辩护人，其余被告人均未委托辩护人。问：人民法院应当为哪些被告人指定辩护人？

解答：根据《刑事诉讼法》的规定，在被告人是盲、聋、哑人，未成年人或者是可能判处死刑而没有委托辩护人时，才是“应当”指定辩护人。因此，人民法院应当为李某指定辩护人。

3. 通知人民检察院开庭

应将开庭的时间、地点在开庭3日以前通知人民检察院，以便人民检察院按时派员出庭支持公诉。《刑事诉讼法》第153条规定："人民法院审判公诉案件，人民检察院应当派员出席法庭支持公诉，但是依照本法第15条的规定适用简易程序的，人民检察院可以不派员出席法庭。"据此，人民检察院原则上应当派员出庭支持公诉。不派员出庭的，应经人民法院同意。

4. 传唤当事人，通知辩护人等诉讼参与人

《刑事诉讼法》第151条第4项规定，人民法院决定开庭审判后，应当传唤当事人，通知辩护人、诉讼代理人、证人、鉴定人和翻译人员，传票和通知书至迟在开庭3日以前送达。对于不满18岁的未成年人犯罪的案件，在必要的时候。可以通知被告人的法定代理人到庭。证人需要出庭作证的，应当通知其到庭；如果该证人当场表示拒绝出庭作证或者按照所提供的证人通讯地址未能通知到该证人的，应当及时告知申请通知该证人的公诉机关或者辩护人。

为了确保案件的公正审理，人民法院还应通知被告人、辩护人于开庭5日以前提供申请出庭作证的证人、鉴定人名单、身份、住址、通讯处，以及不出庭作证的证人、鉴定人名单、理由和拟当庭宣读、出示的证据复印件、照片等材料。被害人、证人、诉讼代理人、鉴定人，经人民法院传唤或者通知未到庭，不影响开庭审判的，人民法院可以开庭审理。

5. 先期公告

除依法不公开审理的案件以外，其余案件均公开审理。依法不公开审理的案件，任何公民包括与审理该案件无关的法院工作人员和被告人的近亲属都不得旁听。

人民法院应当将公开审判案件的案由、被告人姓名、开庭的时间和地点在开庭3日以前先期公告，并保留到开庭审判的时候。以便于群众到庭旁听和新闻记者进行采访。

四、法庭审判

法庭审判是指人民法院采取公开开庭的方式，在公诉人、当事人和其他诉讼参与人的参加下，控辩双方对案件事实、证据进行取证、举证、质证，并对定罪量刑开展辩论，依法确定被告人是否有罪，应否处刑以及给予何种刑事处罚的诉讼活动。

法庭审判由合议庭的审判长或者独任审判员主持。公诉人、当事人、辩护人、诉讼代理人经审判长许可，可以对被告人、证人、鉴定人发问。审判长认为发问的内容与案件无关的时候，应当制止。诉讼参与人都应当听从审判长的指挥，遵守法庭秩序。

根据《刑事诉讼法》第154条至第164条的规定，法庭审理的程序可以分为开庭、法庭调查、法庭辩论、被告人最后陈述、评议和宣判5个阶段。

（一）宣布开庭

宣布开庭是法庭审理的开始，是为审判的顺利进行做准备。根据《刑事诉讼法》第154条和最高人民法院《解释》第124条至第129条的规定，开庭阶段的活动程序是：

1. 开庭审理前，书记员应当依次进行下列工作：(1)查明公诉人、当事人、辩护人和其他

诉讼参与人是否已经到庭。(2)公开审判的案件,书记员应在开庭前向旁听人员宣布法庭纪律。(3)请公诉人、辩护人入庭。(4)请审判长和合议庭成员入庭。审判人员入庭时,请全体人员起立。(5)审判人员、全体人员就座后,当庭向审判长报告开庭前的准备工作已经就绪。

2. 审判长宣布开庭后,应当宣布案由,并传唤被告人到庭,问明被告人姓名、年龄、民族、籍贯、出生地、文化程度、住址、职业,被告人受过何种法律处分及处分的种类、时间;是否被采取强制措施及种类、时间;是否收到起诉书副本以及收到的日期;如果有附带民事诉讼的,还应查明附带民事诉讼被告人收到民事诉状的日期。上述情况也可以由书记员在开庭前查明,开庭后向审判长报告。

3. 审判长宣布案件的来源、起诉的案由、附带民事诉讼原告人和被告人的姓名,案件是否公开审理。对于不公开审理的案件,应当当庭宣布不公开审理的理由。

4. 审判长宣布合议庭组成人员、书记员、公诉人、辩护人、鉴定人和翻译人员的名单,并用通俗的语言告知当事人、法定代理人有权对合议庭组成人员、书记员、公诉人、鉴定人和翻译人员申请回避。如果当事人、法定代理人提出申请,审判长应当问明申请回避的理由,合议庭认为符合法定情形的,应当依照《刑事诉讼法》有关回避的规定处理;认为不符合法定情形的,应当当庭驳回,继续法庭审理;如果申请回避人当庭申请复议,合议庭应当宣布休庭,待作出复议决定后,决定是否继续法庭审理。同意或者驳回回避申请的决定及复议决定由审判长宣布,并说明理由,必要时,也可以由法院院长到庭宣布。

审判长还应当用通俗语言告知被告人、法定代理人在法庭审理过程中依法享有如下诉讼权利:(1)进行辩护,可以根据事实和法律进行无罪或罪轻的辩解;(2)经审判长许可,向证人、鉴定人发问,申请通知新的证人到庭,调取新的证据,申请重新鉴定或者勘验、检查;(3)参加法庭辩论;(4)被告人作最后陈述。

审判实践中,告知当事人、法定代理人享有的上述权利,有两种做法:一种是在开庭阶段集中告知,然后再询问被告人、法定代理人是否听清楚上述权利,有否申请回避,是否申请通知新的证人到庭、调取新的证据、申请重新鉴定或者勘验、检查。一种是依顺序逐项分别告知,并询问被告人、法定代理人的意见。但是,对于共同犯罪的案件,应当将各被告人同时传唤到庭,查明身份及基本情况后,集中告知上述事项,以避免重复,节省开庭时间。

(二)法庭调查

1. 法庭调查的概念和意义

法庭调查是指在审判人员的主持下,在公诉人、当事人和其他诉讼参与人的参加下,当庭对案件事实和证据进行调查、核实的诉讼活动。

法庭调查是案件进入实体审理的第一个阶段,是法庭审判的基础和中心环节。案件事实能否确认,证据是否被采信,如何定罪量刑,关键都在于法庭调查的结论如何。凡是没有经过法庭调查的证据,都不能作为定案的根据;凡是没有经过法庭调查核实的事实、情节,都不能加以认定。所以,案件的审判质量如何,最终能否做到审判公正,都直接取决于法庭调查是否成功。

2. 法庭调查的程序

依照《刑事诉讼法》第155条至第159条的规定,法庭调查阶段依次包括下列诉讼活动:

(1)宣读起诉书。审判长宣布法庭调查开始后,先由公诉人宣读起诉书;有附带民事诉讼的,再由附带民事诉讼的原告人或者他的诉讼代理人宣读附带民事诉状。如果本案有两名以上被告人,宣读起诉书时可以同时在场,但宣读起诉书后,审问被告人应当分别进行,以免互相影响,不利于法庭调查。

(2)被告人、被害人陈述起诉书指控的犯罪事实。公诉人在法庭上宣读起诉书后,审判长就会讯问被告人:起诉书所指控事实是否属实,然后要求被告人、被害人就起诉书指控的犯罪事实分别进行陈述。被告人若承认起诉书指控的犯罪事实,则应当让他把实施犯罪行为的经过、情节详细地陈述清楚;被告人若否认起诉书指控的罪行,应当允许他对控诉的事实和证据进行充分的辩解和提出反证。同时被害人也可以根据起诉书对犯罪的指控陈述自己受害的过程及提出有关的诉讼请求。

(3)讯问、询问被告人。

第一,公诉人讯问被告人。这是实质性证据调查的开始,对查明案件事实真相具有十分重要的意义。在审判长主持下,公诉人可以就起诉书中所指控的犯罪事实讯问被告人。讯问一般应围绕下列问题展开:①是否实施被指控的犯罪行为或如何实施该犯罪行为;②集团或共同犯罪中各被告人在共同犯罪中的地位、作用;③责任能力和主观过错大小;④有无从重、加重、从轻、减轻以及免除处罚的情节,或依法不应当追究刑事责任的情形;⑤犯罪对象、作案工具及赃款赃物的来源、数量、去向。公诉人讯问被告人时,应当充分尊重被告人的人格尊严和诉讼权利,应避免简单、粗暴、急躁,无论被告人的回答是否真实,公诉人都不应当当庭训斥被告人,也不能随意打断被告人的发言。在讯问过程中,有少数公诉人不允许被告人辩解的做法是极端错误的。

第二,被害人、附带民事诉讼的原告人和辩护人、诉讼代理人向被告人发问。被害人、附带民事诉讼的原告人和辩护人、诉讼代理人,经审判长许可,可以向被告人发问。被害人及其诉讼代理人可以根据公诉人的讯问情况进行补充性发问。附带民事诉讼的原告人及其法定代理人或者诉讼代理人,可以就附带民事诉讼部分的事实向被告人发问,揭露和证实被告人的犯罪行为给自己造成物质的或名誉上的损失,证明被告人应当承担的赔偿责任。被告人的辩护人及法定代理人可以在控诉一方就某一具体问题讯问完毕后向被告人发问,向法庭揭示有利于被告人的事实、情节和证据,以维护被告人的合法权益。通过上述人员多角度地进行发问,可以使案件事实和证据得以全面查清。

第三,审判人员讯问被告人。根据《刑事诉讼法》第 155 条的规定,"审判人员可以讯问被告人。"在公诉人讯问被告人和辩护人等诉讼参与人对被告人发问之后,审判人员对案件事实有疑问的,认为有讯问必要的,可以讯问被告人。

在讯问过程中,应遵循以下讯问、发问的规则:①讯问、发问均应在起诉书指控的犯罪事实范围之内进行,控辩双方均不得使用威吓、诱导性语言进行讯问、发问。②起诉书指控的被告人的犯罪事实为两起以上的,法庭调查时,一般应当就每一起犯罪事实分别进行讯问。③对于共同犯罪案件中的被告人,应当分别进行讯问,以免互相影响供述或者相互推卸罪责,给查清案件事实带来不利影响。合议庭认为必要时,可以传唤共同被告人同时到庭对质。④审判长对于控辩双方讯问、发问被告人、被害人和附带民事诉讼原告人、被告人的内容与本案无关或者讯问、发问的方式不当的,应当及时制止。对于控辩双方认为对方讯问或者发问被告人的内容与本案无关或者讯问、发问的方式不当并提出异议的，审判长应当判明情况予以支持或者驳回。⑤审判人员认为有必要时，可以讯问被告人。

(4)向被害人、附带民事诉讼原告人发问。在法庭调查中，控辩双方经审判长准许，均可以向被害人、附带民事诉讼原告人发问；审判人员认为有必要时，也可以向被害人及附带民事诉讼原告人发问，以求进一步弄清案件事实。

(5)审查核实证据。在讯问被告人以后，应当当庭核查各种证据。因为只有经过法庭调查核实的证据，才能作为人民法院认定事实的根据。控辩双方均有权要求证人出庭作证，向法庭出示物证、书证、视听资料等证据，但必须向审判长说明拟证明的问题后，方可传唤证人或者出示证据。关于核查证据的方法，应当严格遵循《刑事诉讼法》第 156 条至第 160 条和有关司法解释的规定。其具体程序如下：

第一，控方向法庭举证。即对指控的每一起犯罪事实，公诉人可以提请审判长传唤证人、鉴定人和勘验、检查笔录制作人出庭作证，或者出示证据，宣读未出庭的被害人、证人、鉴定人和勘验、检查笔录制作人的书面陈述、证言、鉴定结论及勘验、检查笔录。被害人及其诉讼代理人、附带民事诉讼的原告人及其诉讼代理人经审判长准许，也可以分别提请传唤尚未出庭作证的证人、鉴定人和勘验、检查笔录制作人出庭作证，或者出示公诉人尚未出示的证据，宣读尚未宣读的书面证人证言、鉴定结论及勘验、检查笔录。

第二，由被告人、辩护人、法定代理人就控诉方提出的证据当庭进行质证、辨认和辩论。

第三，由辩方向法庭举证。即被告人、辩护人、法定代理人在起诉一方举证提供证据后，分别提请传唤证人、鉴定人出庭作证，或者出示证据，宣读未到庭的证人的书面证言、鉴定人的鉴定结论。辩方所举出的证据，应当由控方进行质证、辩论。

(6)由控辩双方依次当庭对各种证据进行质证、辨认和辩论。

争论

有学者认为我国现行的法庭调查方式吸收了大陆法系和英美法系的优点，体现了程序正义又兼顾了查明事实的需要，具有先进性；但也有学者认为我国现行的法庭调查方式有重大缺陷，将英美法系的做法和我国原有庭审方式生硬地结合在一起，形成所谓的混合式，非但没有产生良好的效果反而丧失了我国原有庭审方式的优点，不利于查明真相。上述程序可以理解为，每指控一起犯罪事实都要出示相应的证据，并由控辩双方进行质证和辩论。这充分体现了"谁主张，谁举证"的规则。这样，既增强了起诉方的举证责任，强化了控辩双方的对抗性，也有利于法庭全面调查证据，辨明是非，澄清案件事实。

3. 法庭调查需要注意的方面

在法庭调查阶段，控辩双方有权提请法庭调查核实证据。由于每种证据的特点、证明力有所不同，在审查核实证据时应注意区别对待。在此，就有关证据调查的几个问题作些分析、说明：

(1)证人作证、询问证人或核查证言笔录。证人证言必须经过法庭调查，才能作为定案的依据。《刑事诉讼法》第 156 条的规定，证人应当出庭作证。五部委《关于办理死刑案件审查判断证据若干问题的规定》第 15 条规定，具有下列情形的证人，经依法通知不出庭作证，证人的书面证言经质证无法确认的，不能作为定案的根据：①人民检察院、被告人及其辩护人对证人证言有异议，该证人证言对定罪量刑有重大影响的；②人民法院认为其他应当出庭作证的。按照最高人民法院《解释》第 141 条的规定，下列证人经法院批准可以不出庭作证：未成年人；审判期间身患严重疾病或者行动极为不便的；证言对案件的审判不起直接决定作用的；有其他原因的。

公诉人、当事人和辩护人、诉讼代理人经审判长许可，可以对证人发问。向证人发问，应当先由提请传唤的一方发问；另一方在对方发问完毕后，经审判长准许，也可以发问。询问证人，应当遵循以下规则：第一，发问的内容应当与案件的事实相关；第二，不得以诱导方式提问；第三，不得威胁证人；第四，不得损害证人的人格尊严。

案例分析

在一起刑事案件的审理过程中，控方有一名证人出庭作证，控方叫证人坐在旁听席旁听，随时准备作证，请问这种做法对吗？

解答：这种做法是错误的，因为证人不得旁听。

(2)审查核实鉴定结论。鉴定人应当出庭宣读鉴定结论，但经人民法院事先准许不出庭的除外。人民法院通知鉴定人出庭时，鉴定人应当出庭。鉴定人到庭后，审判人员应当先核实鉴定人的身份、与当事人及本案的关系，告知鉴定人应当如实地提供鉴定意见和有意作虚假鉴定要负的法律责任。鉴定人说明鉴定结论前，应当在如实说明鉴定结论的保证书上签名。向鉴定人发问，应当先由要求传唤的一方进行；发问完毕后，对方经审判长准许，也可以发问。对未到庭的鉴定人的鉴定结论，应当当庭宣读，并且听取控辩双方的意见。法庭认为必要时，可以询问鉴定人，并可以决定重新进行鉴定。

案例分析

某银行被盗，侦查机关将沈某确定为犯罪嫌疑人。在进行警犬辨认时，一“功勋警犬”在发案银行四处闻了闻后，猛地扑向沈某。随后，侦查人员又对沈某进行心理测试，测试结论显示，只要犯罪嫌疑人说没偷，测谎仪就显示其撒谎。请问警犬辨认和测谎结论可以作为鉴定结论吗？

解答：警犬辨认和心理测试都不是法律规定的证据的种类，因此不属于鉴定结论。

(3)出示物证并进行辨认、质证。出示物证通常是在法庭审问完每项犯罪事实后进行，也可以集中进行。公诉人、辩护人应当向法庭出示物证，让当事人辨认。出示物证时，应当说明物证的主要特征、内容、获取情况，当事人可以对出示的物证进行辨认并发表意见。控辩双方可以互相质问、辩论。对于一些不便拿到法庭上出示的物证，应当当庭出示原物的复制品或照片。

(4)审查勘验笔录和书证。勘验笔录和能够证明案件事实的文书证据，都应当当庭宣读，听取公诉人、当事人、诉讼代理人、辩护人的意见，如果他们没有听明白可再宣读和作必要的解释。他们提出异议的，应当予以认真核查，以辨明真伪。

(5)视听资料的播放、鉴定。视听资料作为刑事诉讼证据在法庭上使用时，必须进行鉴别。举证方可以说明其制作过程及与案件之间的联系，并当庭予以播放、演示；对方可以对视听资料所展示的音响、图像、数据、信息提出质疑，控辩双方可以进行质证、辩论。

(6)调取新证据。《刑事诉讼法》第159条规定："法庭审理过程中，当事人和辩护人、诉讼代理人有权申请通知新的证人到庭，调取新的物证，申请重新鉴定或者勘验。"这是法律赋予他们的诉讼权利，审判人员不应当随意限制或者剥夺。但是，当事人和辩护人等行使这项权利时，应当提供证人的姓名、证据的存放地点，说明所要证明的案件事实，要求重新鉴定或者勘验的理由。法庭根据具体情况，应当作出是否同意的决定。同意当事人申请的，应当宣布延期审理；不同意的，应当告知理由并继续开庭。

(7)法庭休庭后调查核实证据。按照《刑事诉讼法》第158条和《解释》第153条、第154条的规定，在法庭调查过程中，合议庭对于证据有疑问的，可以宣布休庭，对证据进行调查核实。人民法院调查核实证据时，可以进行勘验、检查、扣押、鉴定和查询、冻结。必要时，可以通知检察人员、辩护人到场。

法庭如果认为案情已经查清，证据已经核实，公诉人、当事人与辩护人也没提出要补充调查的事实和证据，即由审判长宣布法庭调查结束，开始法庭辩论。

(三)法庭辩论

1. 法庭辩论的概念

法庭辩论是控诉方与辩护方在审判长的主持下，依据法庭已经调查的证据、事实和有关法律规定，就被告人的行为是否构成犯罪，犯罪的性质，罪责轻重，证据是否确实、充分，以及如何适用刑罚等问题，提出自己的意见和理由，并在法庭上进行互相争论和反驳的一种诉讼活动。

2. 法庭辩论的程序

《刑事诉讼法》第160条规定："经审判长许可，公诉人、当事人和辩护人、诉讼代理人可以对证据和案件情况发表意见并且可以互相辩论。"最高人民法院《解释》第161条规定，法庭辩论依法按下列次序进行：(1)公诉人发言；(2)被害人及其诉讼代理人发言；(3)被告人自行辩护；(4)辩护人辩护；(5)控辩双方进行辩论。

(1)公诉人发言。公诉人在法庭辩论中首先发表公诉词。公诉词以起诉书的内容为基础，以法庭调查查清的事实为依据，以法律为准绳，对为什么构成犯罪以及构成何罪和被告的悔罪表现进行阐述。

(2)被害人及诉讼代理人发言。被害人是犯罪活动的直接受害者，有权在法庭辩论中控诉和证实犯罪。犯罪如果给被害人造成了物质损失，被害人还可以成为附带民事诉讼的原告人，要求被告人赔偿损失。诉讼代理人是被害人的辅助人，可以在被害人发言后继续为被害人发言。

(3)被告人自行辩护。被告人是公诉案件的主要当事人，是被追究刑事责任的人，其在辩论中的发言既是被告人行使辩护权的表现，也是法庭观察案件事实和被告人主观恶性的一个窗口。被告人的发言既可以作有罪、罪重的承认，也可以作无罪、罪轻的辩解。当然，被告人也可以放弃辩论中的发言权，由辩护人代为辩护。

(4)辩护人辩护。辩护人在法庭辩论中首先发表辩护词。辩护词是辩护人辩护宗旨、辩护观点的集中体现，也是辩护人履行辩护职能的重要手段。辩护活动的成效，跟所发表的辩护词质量高低有一定关系。辩护人的辩护词应当以事实为依据，以法律为准绳，从维护被告人合法权益的角度出发，提出辩护观点和意见。特别强调一点，辩护人一定不能成为控方的帮手，帮助控方指控被告的罪行，只能提出被告人无罪、罪轻或者减轻、免除刑事责任的材料和意见，切实维护被告人的合法权益。

争论

辩护难已成不争的事实，一些学者呼吁废除《刑法》第306条，他们认为，首先，该条将律师单独作为一类伪证罪的主体来规定，有违刑事立法的公正性。其次，该罪的罪状描述笼统、模糊，容易带来执法的随意性。再次，将律师伪证行为一律用《刑法》来规制并不妥当。容易造成执法成本过高，法律规定流于形式等副作用。

(5)控辩双方进行辩论。在双方宣读完公诉词和辩护词后，进入自由辩论阶段。实践中，控辩双方的发言以“轮”计。第一轮，控辩双方主要集中表述自己指控或者辩护的基本观点和意见。之后，第二轮发言中，控辩双方可以就存在分歧、争议的问题互相辩论，进一步阐明各自的观点和理由。辩论的次序一般是自控方发言始，至辩方发言止为一个回合，反复辩论，直至双方均表示不再发言。在辩论中，控辩双方发言机会均等，只要控诉方发言，就应当允许辩护方辩驳，每一轮发言都应当完整。

有附带民事诉讼的案件，附带民事诉讼部分的辩论一般都在刑事部分的辩论结束后进行。

3. 法庭辩论应当特别注意的事项

(1)审判长是法庭辩论的主持者，他有责任和权利引导辩论沿着正确、有序的方向进行，使辩论始终集中在与定罪量刑有关的实质性问题上。对于违反法庭秩序而又不听制止的诉讼参与人或者旁听人员，可以强行带出法庭。情节严重的，可以依法给予相应处罚；构成犯罪的，要依法追究刑事责任。

(2)法庭辩论要紧紧围绕案件事实和有关法律问题理智地、有秩序地进行。摆事实，讲道理，不允许进行人身攻击等。

(3)在法庭辩论过程中，如果发现某些主要事实尚未查清或者提出了有关本案定罪量刑的新事实时，应当恢复法庭调查，待事实查清后再恢复法庭辩论。

经过几轮辩论，合议庭认为控辩双方均已提不出新的意见，没有继续辩论的必要时，审判长即终止双方发言，宣布辩论终结。

争论

在最高检察院、最高法院推行量刑建议和量刑规范化以来，关于定罪程序与量刑程序如何设置存在争议。第一种观点认为还是应该同步进行，法庭审判中一并就定罪与量刑进行调查和辩论。第二种观点认为应当分两个阶段进行，先就定罪进行调查、辩论，再就量刑进行调查、辩论。第三种观点主张应区分案件情况，对于被告人认罪案件，则定罪与量刑调查、辩论一并进行；若被告人不认罪，则法庭审判先就定罪问题进行调查、辩论，在犯罪成立的情况下，再开庭审理量刑问题。

当然，无论是同步说还是分步说，都需要进一步明确两个重要问题：一是定罪程序与量刑程序各应包括什么内容？比如随后进行的量刑程序，是仅仅让控辩双方进行量刑辩论，以节省庭审时间，还是要包括开庭审查当事人身份、进行权利告知，量刑调查，量刑辩论等完整的庭审程序？二是定罪与量刑在证据、证明方面有无区别？有何区别？

(四)被告人最后陈述

《刑事诉讼法》第160条规定，审判长在宣布辩论终结后，被告人有最后陈述的权利。

所谓“被告人最后陈述”，是指被告人在法庭调查与辩论结束之后，就自己被指控的罪行进行最后辩护和最后陈述的活动。这是法律赋予被告人的权利，审判人员应当切实保障被告人最后陈述的权利，只要被告人的陈述不超出本案范围，不违反法庭纪律，就要让其充分陈述。

如果被告人在最后陈述中，提出了新的事实或新的证据，合议庭认为可能影响正确裁判的应当恢复法庭调查；如果被告人提出新的辩解理由，合议庭认为确有必要的，可以恢复法庭辩论。无论出现哪种情况，法庭审理都必须以被告人最后陈述告终。

(五)评议和宣判

在被告人最后陈述后，审判长即可宣布休庭，合议庭进行评议，然后作出判决。

1. 合议庭评议

根据《刑事诉讼法》第162条的规定，合议庭评议的任务是，根据法庭审理查明的事实、证据，依照刑事法律的规定，确定被告人有罪或者无罪，犯的什么罪，应否处以刑罚，判处何种刑罚，刑罚执行方法，有无从重或者从轻、减轻以至免除刑罚的情节，附带民事诉讼如何解决，赃款、赃物如何处理等，并作出处理决定。

评议由审判长主持，合议庭组成人员有同等的权利。评议应先经过讨论，然后用表决的方式对认定事实和适用法律作出决定。合议庭进行评议的时候，如果意见分歧，应当按多数人的意见作出决定，但是少数人的意见应当记入笔录。评议笔录由合议庭的组成人员签名。

争论

有学者提出，法院判决应该公开合议庭的不同意见，美国的判决就是这样的。这样有利于败诉一方明白败诉的依据和理由，也有利于社会对于判决的评价和知情权的保障。评议案件一律秘密进行。即评议的过程和评议笔录对外一律不公开，不允许当事人、其他诉讼参与人和其他人旁听、查阅。

合议庭评议后应当根据案件的具体情况作出裁判：(1)起诉指控的事实清楚，证据确实、充分，依据法律认定被告人的罪名成立的，应当作出有罪判决。(2)起诉指控的事实清楚，证据确实、充分，指控的罪名与人民法院审理认定的罪名不一致的，应当作出有罪判决。(3)案件事实清楚，证据确实、充分，依据法律认定被告人无罪的，应当判决被告人无罪。(4)证据不足，不能认定被告人有罪的，应当以证据不足，指控的犯罪不能成立，判决宣告被告人无罪。(5)案件事实部分清楚，证据确实、充分的，应当依法作出有罪或者无罪的判决；事实不清，证据不足部分，依法不予认定。(6)被告人因不满16周岁，不予刑事处罚的，应当判决宣告被告人不负刑事责任。(7)被告人是精神病人，在不能辨认或者不能控制自己行为的时候造成危害结果，不予刑事处罚的，应当判决宣告被告人不负刑事责任。(8)犯罪已过追诉时效期限，并且不是必须追诉或者经特赦令免除刑罚的，应当裁定终止审理。(9)被告人死亡的，应当裁定终止审理；对于根据已查明的案件事实和认定的证据材料，能够确认被告人无罪的，应当判决宣告被告人无罪。

案例分析

某县人民法院在审理过程中，县人民检察院以有新证据证明胥某的行为不构成抢劫罪为由，向县人民法院提出撤回起诉。当时，合议庭已经进行了评议，但尚未宣告判决。县人民法院应当如何处理？

解答：应当先审查撤诉理由，再作出是否准予撤回起诉的裁定。无论是自诉还是公诉案件的撤诉，法院都要进行审查。

在宣告判决前，人民检察院要求撤回起诉的，人民法院应当审查人民检察院撤回起诉的理由，并作出是否准许的裁定。人民法院在审理中发现新的事实，可能影响定罪的，应当建议人民检察院补充材料或者变更起诉；人民检察院不同意的，人民法院应当就起诉指控的犯罪事实，依法作出裁判。

2. 宣判

根据《刑事诉讼法》第163条第1款的规定，宣告判决一律公开进行。即不管案件是否公开审理，都应当将判决公开宣告，公之于众。

宣告判决有两种方式，即当庭宣判和定期宣判。

(1)当庭宣判。是指法庭审理过程中，合议庭评议并作出判决后，在继续开庭时由审判长口头宣告判决的主文或主要内容。根据《刑事诉讼法》第163条第2款的规定，当庭宣告判决的，应当在5日以内将判决书送达当事人、辩护人、诉讼代理人和提起公诉的人民检察院。

(2)定期宣判。是指法庭审理后休庭，另定日期宣告判决。实践中，定期宣判较为常见。根据《刑事诉讼法》第163条第2款的规定，定期宣告判决的，应当在宣告后立即将判决书送达当事人和提起公诉的人民检察院。此外，定期宣判的，合议庭应当在宣判前，先期公告宣判的具体时间、地点、案由，以便关心本案处理结果的公民旁听；法庭应当传唤当事人，通知公诉人和被害人、辩护人。这也是公开宣判的必要形式。

地方各级人民法院和专门人民法院在宣告第一审判决时，无论是当庭宣判还是定期宣判，都应当明确告知当事人及其法定代理人，如果不服本裁判，有权提出上诉，并说明上诉的法定期限、方式、程序和法院。至于当事人是否上诉，应当以他们在上诉期限届满前最后一次的意思表示为准。

五、延期审理和中止审理

根据《刑事诉讼法》的有关规定，出现使审判无法进行的障碍后，可以根据具体情况，用延期审理或者中止审理的办法处理。

(一)延期审理

延期审理，也称推迟审理，是指在法庭审判过程中，遇到影响进行审判的情形时，决定休庭，顺延案件的审理时间，待司法人员将这些情况查明或解决后，再继续审理该案的一种诉讼上的处理。

根据《刑事诉讼法》第165条的规定，在法庭审理过程中，遇有下列情形之一，影响审判进行的，可以延期审理：(1)需要通知新的证人到庭，调取新的物证，重新鉴定或者勘验的；(2)检察人员发现提起公诉的案件需要补充侦查，提出建议的；(3)由于当事人申请回避而不能进行审判的。

除了上述法律规定的三种情形以外，实践中，法庭可以决定延期审理的情况有：(1)在法庭审理过程中，被告人拒绝辩护人为其辩护，要求另行委托辩护人并经合议庭准许的；(2)在法庭审理过程中，公诉人或自诉人变更指控范围，被告人及其辩护人要求重新进行辩护准备的；(3)受审对象的精神或体力方面无法承受审问的；(4)法庭审理受到意外干扰无法进行的。应当注意的是，所有这些情况必须是发生在“审判过程中”，才存在延期审理的问题。如果没有正式开庭以前出现了某些情况，影响开庭审理的，则是推迟原定开庭日期，而不是延期审理。

当影响审判进行的原因消失后，法庭应及时开庭，恢复审理案件。但是，延期审理的时间不能超过法定的期限。根据最高人民法院《解释》第156条的规定，延期审理的时间不得超过1个月，延期审理的时间不计入审理期限。

《刑事诉讼法》第158条规定：“法庭审理过程中，合议庭对证据有疑问，可以宣布休庭，对证据进行调查核实。”在法庭审理过程中，合议庭依职权主动进行证据调查，可以宣布休庭，延期审理，也可以在审理期日内当即进行，调查完毕后继续进行开庭审理。

延期审理后再次开庭时，如果中途没有更换审判人员，已经调查过的证据可以不再重新进行调查。但是，开庭中的当事人、其他诉讼参与人的身份核对和必要的权利义务交代不能省略。

(二)中止审理

根据最高人民法院《解释》第181条的规定，审判过程中可以使案件中止审理的情形有：(1)自诉人或者被告人患精神病或其他严重疾病，致使案件在较长时间内无法继续审理的；(2)案件起诉到人民法院后被告人脱逃的，致使案件在较长时间内无法继续审理的；(3)由于其他不能抗拒的原因，使案件无法继续审理的。只要遇有其中的某种情形，就可以决定中止审理。

中止审理的案件，应由人民法院作出裁定，并以书面形式通知同级人民检察院。自诉案件中止审理的，裁定则应当通知有关当事人。根据最高人民法院《解释》第181条第3款的规定，中止审理的原因消失后，应当恢复审理。中止审理的期间不计入审理期限。

➢ 案例分析

某市人民法院审理市人民检察院依照审判监督程序提出抗诉的案件时，原审被告人王某收到抗诉书后下落不明。该法院应当作出什么处理？

解答：案件起诉到人民法院以后被告人脱逃，致使案件在较长时间内无法继续审理的，人民法院应当裁定中止审理。

六、被告人认罪案件简化审理程序

"被告人认罪案件"的审理程序是指，人民法院对被告人不争议被指控的基本犯罪事实，并自愿认罪的第一审公诉案件，经控辩双方同意而决定适用的在审理方式上比普通程序简化的审理程序，俗称"普通程序简易审"。

1. 适用范围

根据《关于适用普通程序审理"被告人认罪案件"的若干意见(试行)》的规定，适用被告人认罪审理程序的案件应当同时满足下述条件：(1)被告人对所指控的基本犯罪事实无异议，并自愿认罪的案件；(2)是第一审公诉案件。

下列案件不能适用简化程序：(1)被告人系盲、聋、哑人的；(2)可能判处死刑的；(3)外国人犯罪的；(4)有重大社会影响的；(5)被告人认罪但经审查认为可能不构成犯罪的；(6)共同犯罪案件中，有的被告人不认罪或者不同意适用该程序审理的；(7)其他不宜适用本意见审理的案件。

对于指控被告人犯数罪的案件，对被告人认罪的部分，可以适用该程序审理。

被告人认罪案件审理程序的适用，可由人民检察院提出书面建议，也可由人民法院征询控辩双方意见后决定适用。人民检察院认为可以适用该程序审理的案件，可以在提起公诉时书面建议人民法院适用。对于人民检察院没有建议的，人民法院经审查认为可以适用，应当征求人民检察院、被告人及辩护人的意见。人民检察院、被告人及辩护人同意的,可适用该程序。人民法院在决定适用前,应当向被告人讲明有关法律规定、认罪和适用该程序审理可能导致的法律后果,确认被告人自愿同意适用本程序审理。

人民法院对决定适用该程序审理的案件,应当书面通知人民检察院、被告人及辩护人。

2."被告人认罪案件"的审判程序的特点

在审判程序上,"被告人认罪案件"的审理程序在审理方式较之普通程序简化。该程序的主要特点是:

(1)审前程序上,人民法院在开庭前可以阅卷,不必受程式性审查原则的制约。

(2)庭审中,被告人可以不再就起诉书指控的犯罪事实进行供述;公诉人、辩护人、审判人员对被告人的讯问、发问可以简化或者省略;控辩双方对无异议的证据,可以仅就证据的名称及所证明的事项作出说明。合议庭经确认公诉人、被告人、辩护人无异议的,可以当庭予以认证。但对合议庭认为有必要调查核实的证据,控辩双方有异议的证据,或者控方、辩方要求出示、宣读的证据,应当出示、宣读,并进行质证;控辩双方主要围绕确定罪名、量刑及其他有争议的问题进行辩论。

(3)适用本程序人民法院一般当庭宣判。

(4)在适用该程序审理案件过程中,发现有不符合法律规定的情形的,人民法院应当决定不再适用该程序,转由普通程序审理。

第三节 自诉案件的第一审程序

一、自诉案件的审查与受理

(一)自诉案件的概念

自诉案件,是指被害人或者其法定代理人、近亲属为追究被告人的刑事责任,直接向人民法院提起诉讼,由人民法院受理的刑事案件。

争论

对于《刑事诉讼法》第170条第3款中规定的刑事自诉案件,有学者认为应该取消,理由是这类案件往往是一些很难查清楚的案件,诉至法院的话往往将矛盾转移给法院,并不能解决问题。根据《刑事诉讼法》第170条的规定,自诉案件包括三类案件,即:(1)告诉才处理的案件;(2)被害人有证据证明的轻微刑事案件;(3)被害人有证据证明对被告人侵犯自己人身、财产权利的行为应当依法追究刑事责任,而公安机关或者人民检察院不予追究被告人刑事责任的案件。

(二)自诉案件的提起

自诉人是指以自己的名义向人民法院起诉,请求追究被告人刑事责任的公民。自诉人通常是被害人或者被害人的法定代理人,如果公民因受强制、威吓等原因无法起诉,或者是限制行为能力人以及由于年老、患病、盲、聋、哑等原因不能亲自起诉的,其近亲属也可代为起诉,但这种情况下,自诉人为被害人本人,近亲属是代理人。

自诉人起诉,应当提出起诉的事实依据,向人民法院提供必要的证据,起诉书应当以书面形式进行,如果书写起诉书确有困难的,可以口头起诉,由人民法院接待人员写出笔录,经宣读无误后,由自诉人签名或者盖章。自诉状或者起诉笔录中应当包括以下内容:(1)自诉人、被告人、代为告诉的近亲属的姓名、性别、年龄、民族、籍贯、出生地、文化程度、职业、工作单位和住址;(2)被告人的犯罪行为的发生时间、地点、手段、情节和危害后果等;(3)诉讼请求;(4)证人的姓名、住址,其他证据目录。被告人为两人以上的,自诉人在起诉时应按照被告人的人数提供自诉状副本。

(三)对自诉案件的受理立案

人民法院收到自诉状或者起诉笔录后,应当指定一名审判员进行审查。自诉案件的庭前审查与公诉案件不同,既是诉讼程序性的,也是实体上的,要求案件事实清楚,并有相应的证据。

《最高人民法院刑事诉讼法解释》第186条规定人民法院受理的自诉案件必须符合下列条件:(1)属于《刑事诉讼法》第170条、本解释第1条规定的案件;(2)属于本院管辖的;(3)刑事案件的被害人告诉的:(4)有明确的被告人、具体的诉讼请求和能证明被告人犯罪事实的证据。人民法院受理《刑事诉讼法》第170条第(3)项规定的自诉案件,还应当符合《刑事诉讼法》第86条、第145条的规定。

人民法院对自诉案件依照法律规定进行审查后,作出如下处理:

1. 有下列情形之一的,应当说服自诉人撤回自诉,或者裁定驳回起诉:(1)犯罪已过追诉时效的;(2)被告人已经死亡的;(3)被告人下落不明的;(4)不属于自诉案件范围的;(5)缺乏证据,自诉人又提不出补充的;(6)除因证据不足而撤诉之外,自诉人撤诉后,就同一事实又重新起诉的;(7)经法院调解结案后,自诉人反悔,就同一事实又重新起诉的;(8)民事案件结案后,自诉人就同一事实又提起刑事自诉的。

2. 对于事实清楚,有足够证据的自诉案件,应当开庭审判。

3. 应当由人民检察院提起公诉的案件,移送至人民检察院;如果被告人实施了两个以上的犯罪行为,既有公诉案件,又有自诉案件的,人民法院审理公诉案件时,可以对自诉案件一并审理。

4. 对于已经立案,由于缺乏证据自诉人撤回自诉,或者被驳回起诉后,提供新的证据的,人民法院应当受理。

5. 自诉人知道有其他共同侵害人,但只对部分侵害人起诉的,视为放弃对其他侵害人的起诉权利。人民法院宣判后,自诉人又对其他侵害人起诉的,不予受理。共同被害人中部分起诉的,人民法院应当通知其他被害人参加诉讼;通知后不参加的,视为放弃起诉权利。

宣判后,又提起诉讼的,人民法院不予受理。

6. 自诉人自愿撤诉的,人民法院应当准许;不是自诉人自愿撤诉,而是由于被强迫、恐吓等原因,人民法院不予准许。

人民法院应当在收到自诉状或者起诉笔录后15天内作出是否立案的决定,并书面通知自诉人。对于不予立案的,应书面说明理由。

➢ 案例分析

某侵犯知识产权案,一审判决宣判后自诉人及被告人均表示不服,提出上诉。第二审中当事人和解,自诉人提出撤诉。人民法院当如何处理?

解答:法院应当裁定准许撤回自诉并撤销一审判决。

二、自诉案件审判的特点

人民法院审判自诉案件,除法律另有规定的以外,应当参照公诉案件的审判程序进行。自诉案件审理程序有许多不同于公诉案件程序的特点,《刑事诉讼法》对此作了一些特别的规定:

1. 自诉案件可由审判员1人独任审判

为了迅速处理好自诉案件,法律允许对自诉案件适用简易程序进行审判,即由审判员1人独任审判。但是,《刑事诉讼法》第170条第3项规定的自诉案件,是比较重大复杂的案件,不适用简易程序。如果人民法院在审理过程中发现不能够用简易程序的,应当按照公诉案件一审程序进行审判。

2. 人民法院审理自诉案件可以进行调解

告诉才处理的和被害人有证据证明的轻微刑事案件,人民法院审理时可以进行调解。根据调解协议制作的调解书或调解笔录,经双方当事人签字盖章和审判人员签名盖章(调解书还必须加盖人民法院印章)后,即发生法律效力,不得上诉。如果经调解未能达成协议,人民法院可以开庭审理并作出判决。

3. 自诉人在宣告判决前可以同被告人自行和解或者撤回自诉

进行和解或撤回自诉,必须经人民法院审查同意后,才能结束诉讼活动。人民法院通过审查,认为双方和解或自诉人撤回自诉确属自愿、合法,应当准许;如果发现是被强迫、威吓的或者附有非法条件的,应当对违法一方当事人批评教育,并视具体情况决定是否准许和解或撤诉。凡是自愿和解或撤回自诉的案件,如果没有新事实、新证据,不得就同一犯罪行为再行起诉。对于已经审理的自诉案件,当事人自行和解的,应当记录在卷。人民法院裁定准许自诉人撤诉或者当事人自行和解的案件,被告人被采取强制措施的,应当立即予以解除。

自诉人是2人以上时,其中部分自诉人撤诉的,不影响其他人对犯罪事实的告诉,人民法院应当继续审理。

自诉人经2次合法传唤,无正当理由拒不到庭的,或者未经法庭准许中途退庭的,应当按撤诉处理。

4. 自诉案件的被告人在诉讼过程中可以对自诉人提起反诉

提起反诉必须具备4个条件:(1)反诉的对象只能是本案的自诉人;(2)反诉的内容必须是与本案有关的行为;(3)反诉的案件属于《刑事诉讼法》第170条第1项、第2项规定的范围;(4)反诉最迟应在自诉案件宣告判决以前提出。反诉一旦成立,人民法院即可与自诉案件合并审理。如果自诉或反诉一方申请撤回起诉,法庭在同意一方撤回起诉后,对未申请撤回的诉讼应继续审理。如果对双方当事人都必须判处刑罚,应根据各自应负的罪责分别判处,不能互相抵消刑罚。

第四节　简易程序

一、简易程序的概念和意义

简易程序是相对于普通程序而言的,是指基层人民法院在审理某些事实清楚、情节简单、犯罪轻微的刑事案件时所适用的比普通程序相对简化的第一审程序。简易程序的设置在当今世界各国十分普遍,而且适用范围有不断扩大的趋势。近年来,我国刑事案件发案率呈上升趋势。为合理分配有限的司法资源,提高审判效率,我国1996年修正《刑事诉讼法》时增设了简易程序,符合司法实践的客观需要。

在我国刑事诉讼中,简易程序的重要意义在于:(1)适应刑事案件自身的特点,提高审判效率。对于案件事实清楚,证据确实充分,控诉方和辩护方并无争议的刑事案件,适用简易程序有利于提高效率,快速解决刑事纠纷。(2)避免拖延诉讼,节约诉讼成本。简易程序可以实现刑事案件的繁简分流,同时也能减轻诉讼当事人的诉讼负担。(3)化解社会矛盾,促进社会和谐。简易程序有助于缓解控辩双方的对立,有助于解决社会矛盾,修复受损社会关系,促进社会和谐。

二、简易程序的适用范围

(一)案件范围

根据《刑事诉讼法》第174条的规定,简易程序适用于下列三类案件:

1. 对依法可能判处3年以下有期徒刑、拘役、管制、单处罚金的公诉案件,事实清楚、证据充分,人民检察院建议或者同意适用简易程序的。
2. 告诉才处理的案件。
3. 被害人起诉的有证据证明的轻微刑事案件。

(二)案件特点

1. 公诉案件适用简易程序的条件

根据最高人民法院、最高人民检察院、司法部2003年3月14日《关于适用简易程序审理公诉案件的若干意见》的规定，第一类适用简易程序的公诉案件，应当符合以下三个条件：(1)事实清楚、证据充分；(2)被告人及辩护人对所指控的基本犯罪事实没有异议；(3)依法可能判处三年以下有期徒刑、拘役、管制或者单处罚金。只有同时具备这三个条件，处刑较轻的公诉案件才能够适用简易程序审理。

在司法实践中，具有以下情形之一的案件，一般不能适用简易程序：(1)公诉案件的被告人对于起诉指控的犯罪事实予以否认的；(2)比较复杂的共同犯罪案件；(3)被告人是盲、聋、哑人的；(4)辩护人作无罪辩护的。

2. 自诉案件适用简易程序的条件

告诉才处理的案件和被害人有证据证明的轻微刑事案件适用简易程序审理，应当具备三个条件：一是被告人犯罪较轻，经法院审理可能判处的刑罚在《刑事诉讼法》第174条第1项规定的轻刑之内；二是被害人或其法定代理人向人民法院亲自告诉的；三是案件事实清楚、证据充分。但《刑事诉讼法》第170条第3项规定的公诉转自诉案件不能适用简易程序。

人民法院适用简易程序的案件，在向被告人送达起诉书副本的同时，应当告知该案适用简易程序审理。送达起诉书至开庭审判的时间，不受《刑事诉讼法》第151条第2项规定的限制。

三、简易程序的特点

简易程序与普通程序比较，具有以下特征：

1. 简易程序只适用于第一审程序，不适用于其他审判程序。
2. 简易程序适用的法院只能是基层人民法院。
3. 适用简易程序审理的案件应当是事实清楚、情节简单、犯罪轻微的刑事案件；重大、复杂、疑难案件，或者涉外案件均不得适用简易程序。
4. 庭审过程更为简化，不必要的程序可以省略，但被告人最后陈述不得省略。
5. 由审判员1人独任审判。
6. 人民检察院可以不派员出庭。
7. 简易程序审理期限是20日。

四、简易审判程序的变更

人民法院对案件按简易程序审理，在审理过程中发现不宜适用简易程序的，应将案件变更为按普通程序审理。根据最高人民法院的司法解释，人民法院在适用简易程序审理公诉案件时，发现有下列情形之一的，应当将简易程序转为普通程序重新审理：(1)公诉案件被告人的行为不构成犯罪的；(2)公诉案件被告人应当判处3年以上有期徒刑的；(3)公诉案件被告人当庭翻供，对于起诉指控的犯罪事实予以否认的；(4)事实不清或者证据不充分的；(5)其他依法不应当或者不宜适用简易程序的。

简易程序变更为普通程序，人民检察院未派员出庭的，人民法院应当将上述决定书面通知人民检察院。转为普通程序重新审理的公诉案件，人民法院应当在3日内将全案卷宗和证据材料退回人民检察院。

拓展案例

被害人酒后到陈金权的美发厅滋事，经多人劝阻无效，陈即邀约他人前来将其带走。胡某等人应约到来后即砍杀被害人致死。事发后，陈金权到公安机关投案，但由于当时陈金权并未在行凶现场，且认定陈金权指使胡某等人行凶的证据不足，加之胡某等人在逃，故公安机关对陈金权取保候审。一年多后，公安机关将胡某等人抓获，司法机关以故意杀人罪对胡某等人追究了刑事责任。之后，外出回家的陈金权再次到公安机关投案，公安机关以陈金权涉嫌故意杀人罪向检察机关移送起诉。检察机关在两次退回公安机关补充侦查后，仍然不足以认定陈金权为故意杀人的共犯，故对陈金权作了存疑不起诉决定。被害人家属不服，以故意杀人罪向中级人民法院起诉陈金权。法院受理后认为，现有证据可以认定陈金权构成故意杀人罪共犯，要求检察机关提起公诉。而检察机关再次经过认真研究后仍然认为该案不符合提起公诉的条件。最后，中级法院将该案作为自诉案件进行审理，以故意杀人罪判处被告人陈金权无期徒刑。

为了保护被害人的合法权益、切实解决公民告状难问题，我国《刑事诉讼法》第145条、第170条第3款规定，被害人如果不服人民检察院不起诉决定的，可以向上一级人民检察院申诉，也可以不经申诉，直接向人民法院起诉。被害人有证据证明对被告人侵犯自己人身、财产权利的行为应当依法追究刑事责任，而公安机关或者人民检察院不予追究被告人刑事责任的案件，人民法院应当受理。这是我国刑事诉讼案件公诉转自诉的法律依据。这两项规定并未对公诉转自诉案件的范围作出界定、限制，也就意味着，无论轻罪还是重罪，只要被害人不服不起诉决定，只要法院认为有证据，均可以公诉转自诉。这一规定可能与我国现有制度造成冲突：

第一，违背国家追诉原则。我国在追诉犯罪上一直实行国家追诉原则，尽管也保留了自诉，但以公诉为主、自诉为辅。1996年《刑事诉讼法》中规定的公诉转自诉制度，可能令如陈金权一样的重罪案件由公诉转为自诉，无限扩大了自诉案件的范围，这有悖于国际社会重罪不自诉的司法惯例。

第二，影响检察机关不起诉决定的效力。一般认为，检察机关的不起诉决定具有终止诉讼程序的效力，其实质也是宣告不起诉人不受刑事追诉。但《刑事诉讼法》第145条的规定，赋予了被害人不经申诉、直接向人民法院起诉的权利。这里，自诉程序的启动直接否定了检察院不起诉决定的效力，可能影响检察机关的权威。

第三，可能在程序上产生混乱。根据现行《刑事诉讼法》的规定，检察机关作出不起诉决定，被害人便有权向人民法院提起自诉，公诉就转为自诉；同时公安机关对检察机关的不起诉决定又有权要求复议、复核，当事人也可以提出申诉，这又可能导致公诉程序的重新启动。换言之，在检察机关未作出复查决定前，刑事追诉权仍然处于公诉机关控制之下，公诉程序并未终止。而此时被害人若向人民法院提起诉讼，将造成同一犯罪事实公诉权与自诉权并存的冲突，不仅会浪费大量司法资源，影响诉讼经济目标的实现，也会令被告人因同一犯罪行为被多次追诉，违背了禁止双重危险原则。

第四,允许重罪案件"公诉转自诉",会将追究犯罪的负担转嫁给被害人,对被害人也有失公允。重罪案件性质重大,往往证明要求较高,取证难度大,转为自诉将加重被害人负担。

阅读链接⇨

◆ 1. 汪建成、杨雄:《比较法视野下的刑事庭前审查程序之改造》,载《中国刑事法杂志》2002年第6期。

◆ 2. 韩红兴:《刑事公诉案件庭前程序研究》中国人民大学2006届博士论文。

◆ 3. 宋英辉、陈永生:《刑事案件庭审前准备程序研究》,载《政法论坛》2002年第2期。

➢ 讨论题

1. 请比较我国现行法庭审判程序与英美法系国家的对抗式庭审程序的异同。

2. 我国为什么要进行量刑规范化改革?

3. 定罪证明标准与量刑证明标准应否有区别?为什么?

4. 案例题:

某公司因涉嫌虚开增值税专用发票罪被提起公诉,公司董事长、总经理、会计等3人被认定为该单位犯罪的直接责任人员。在法院审理中,该公司被注销。法院应当如何审判该案?案件当事人的身份应当如何确定?

第十六章　第二审程序

第一节　第二审程序概述

一、第二审程序的概念和特点

(一)概念

第二审程序又称上诉审程序，是指地方各级第一审人民法院的上一级人民法院根据上诉人的上诉或者人民检察院的抗诉，就第一审人民法院尚未发生法律效力的判决或裁定所认定的事实和适用的法律依法进行重新审理时应遵循的审判程序。第二审程序是刑事诉讼中的一个独立的诉讼阶段。它有不同于第一审程序的诸多特点。

(二)特点

1. 第二审程序的启动根据是合法的上诉或抗诉。如果没有合法的上诉或抗诉，第二审程序将不会被启动。因此，第二审程序并非是所有案件审理的必经程序。

2. 第二审程序中审理的对象是对未生效的一审判决或裁定。对于已经生效的判决或裁定，则不能进行二审审理。

3. 第二审程序的审判主体是一审法院的上一级法院。包括中级人民法院、高级人民法院和最高人民法院。基层人民法院不可能成为二审法院。

4. 第二审程序的审判组织只能是合议庭，不能是独任庭，并且合议庭组成人员只能是法官而不能是人民陪审员。

5. 第二审程序是建立在两审终审基础上的普通程序，不适用简易程序，也非特别程序，是普通刑事案件的终审程序。

6. 第二审法院的判决或裁定是终审的判决或裁定，不允许上诉或按照二审程序抗诉。

二、第二审程序的任务

第二审程序是一种救济性的程序或称纠错程序，其目的在于纠正第一审人民法院作出的裁判中可能存在的错误，当然也维护第一审人民法院作出的正确裁判。因此，其任务是：

1. 对第一审裁判所认定的事实是否清楚,证据是否确实充分进行审查

审判活动中认定的案件事实是审判作出裁判的基础,而案件事实的认定必须依赖于证据。第二审程序首先要对第一审裁判认定的案件事实和证据进行全面审查,以确定其是否达到事实清楚、证据确实充分的程度。

2. 对第一审裁判中适用法律是否正确进行审查

第二审程序应当审查第一审裁判中对被告人定罪、量刑是否符合实体法的规定,定性是否准确,罪名确定是否恰当,量刑是否适当。

3. 对第一审审判程序是否合法进行审查

第二审程序还应当审查第一审程序是否符合《刑事诉讼法》的规定。因为,审判如违反程序法就有可能导致实体公正无法实现。

4. 对案件作出公正的裁判

经过第二审全面的审查后,应作出如下处理:一是对第一审裁判事实清楚、证据确实充分,定罪量刑准确、恰当,适用法律正确,程序合法的,应当维持原判。二是对第一审裁判中事实不清、证据不足或者实体处理有错误、程序违法的,应分别依法改判或发回第一审人民法院重审。

三、第二审程序的意义

(一)通过第二审程序实现上级人民法院对下级人民法院审判工作的监督和指导

我国法院体系中上下级人民法院之间是监督与被监督的关系,上级人民法院监督下级人民法院的审判工作,最高人民法院监督地方各级人民法院和专门人民法院的审判工作,这种监督不是通过对具体案件的直接指导和干预来实现,而是通过审级监督来实现。也即通过第二审人民法院对第一审人民法院的裁判给予维护、改判或者发回重审来体现监督和指导。

(二)通过第二审程序维护一审的正确裁判,树立司法权威

第二审法院通过审查,如认为一审裁判是正确的,将予以维护,以准确惩罚犯罪,树立和维护司法权威。

(三)通过第二审程序纠正一审的错误裁判,准确惩罚犯罪,救济被告人,维护其合法权益

审判活动是人类的一种认识裁断活动,而犯罪现象错综复杂,通过审判活动来惩治犯罪,某种程度上说是在挑战人类的认识裁断能力和水平,当审判活动不可避免地出现错误时,需要有纠错的途径。第二审程序对一审裁判中的错误予以纠正,既是准确惩罚犯罪的需要,也是防止冤错案件,有效救济被告人,维护其合法权利的需要。

四、第二审程序的审判原则

第二审程序除遵守一般审判原则外,还有其独特的审判原则,即全面审查原则和上诉不

加刑原则。

(一)全面审查原则

我国《刑事诉讼法》第186条规定:“第二审人民法院应当就第一审判决认定的事实和适用法律进行全面审查,不受上诉或者抗诉范围的限制。共同犯罪的案件只有部分被告人上诉的,应当对全案进行审查,一并处理。”此即全面审查原则。全面审查原则概括来讲包括如下内容:

1. 第二审审查包括事实审和法律审两个方面。

我国没有对事实审和法律审设置不同的救济程序,而是由二审法院对一审裁判中的事实认定和法律适用进行全面审查,目的在于提高诉讼效率,体现两审终审制的价值。

2. 第二审审查不受上诉或者抗诉范围的限制。即对第一审裁判中已经被提出上诉或抗诉的部分,第二审应当审查,对于未被提出上诉或抗诉的部分,第二审也应当进行审查。

3. 第二审审查的范围是全案而非部分案情。

首先,对于共同犯罪案件,只有部分被告人提起上诉的,第二审人民法院审查时既要对有关上诉人的部分进行审查,又要对未提起上诉的被告人的部分进行审查,一并处理。如果人民检察院只对部分被告人的裁判提起抗诉的,第二审人民法院也应对全案进行审查处理。如果有个别被告人已经死亡的,应当宣告无罪判决或者终止审理,但对其他同案被告人的部分仍应进行审查并作出裁判。其次,对有附带民事诉讼的案件,应对全案进行审查,既要审查附带民事诉讼部分,又要审查刑事诉讼部分,以正确确定刑事、民事责任。

➢ 争论

近年来一些学者对全面审查原则提出了不同的看法:一是认为,全面审查既不符合刑事诉讼中控审分离的基本原理,违背了司法制度中审判中立的基本原则,也不符合诉讼经济原则和世界各国的普遍做法。因此应当在修改《刑事诉讼法》时废除全面审查原则。二是认为全面审查有它存在的历史合理性,虽然目前在实践中存在一些冲突,我们可以对此进行适当改良,实行有限审理与全面审查相结合。

(二)上诉不加刑原则

我国《刑事诉讼法》第190条第1款规定:“第二审人民法院审判被告人或者他的法定代理人、辩护人、近亲属上诉的案件,不得加重被告人的刑罚。”即上诉不加刑原则。该原则旨在保护被告人的上诉权,防止因上诉而遭遇不利的后果。我国《刑事诉讼法》第190条第2款规定:“人民检察院提出抗诉或者自诉人提出上诉的,不受前款规定的限制。”意即第二审人民法院对此种情况下的案件进行二审时,不受上诉不加刑原则的限制,这是上诉不加刑原则的例外。上诉不加刑原则的效力范围只适用于第二审程序。

1. 上诉不加刑原则的具体含义

(1)仅有被告人一方提出上诉的案件,二审不得以任何理由改判加重被告人刑罚。被告人一方是指被告人或者他们的法定代理人、辩护人及近亲属。

(2)仅有被告人一方提出上诉的案件,由于上诉权是被告人享有的合法权利,因此,不论上诉理由是否正确、恰当,都不能以被告人不服判决或认罪态度不好而在二审判决中加重被告人刑罚。

(3)仅有被告人一方提出上诉的案件,二审审理后,确需按《刑事诉讼法》第 189 条第 3 款规定直接改判或发回原审法院重审的,在事实查明后,如果没有变更原判认定的事实,则不应加重被告人的刑罚。需特别强调的是,二审法院不能借口事实不清、证据不足而将仅仅是量刑过轻的案件发回重审,从而变相加重被告人的刑罚。

上诉不加刑原则的例外情况是:(1)对于只有人民检察院一方提出抗诉或者自诉人一方提出上诉的案件,二审法院在改判时不受上诉不加刑原则的限制。如果一审判决确实量刑过轻,第二审法院可对被告人作出加重刑罚的判决。(2)对于既有被告人一方上诉又有人民检察院提出抗诉或者自诉人提出上诉的案件,也不适用上诉不加刑原则。如果一审判决确实量刑过轻,则第二审法院可对被告人作出加重刑罚的判决。

2. 上诉不加刑原则的意义

上诉不加刑原则是现代各国刑事诉讼程序中的共通性原则,是民主、自由、保证人权精神在刑事诉讼中的具体体现。在我国刑事诉讼第二审程序中适用上诉不加刑原则同样具有重要意义。第一,有利于保障被告人依法充分地行使上诉权。上诉不加刑原则,可以消除被告人担心上诉会加重处罚的思想顾虑,大胆提出上诉,从而通过启动第二审程序来保障自己的合法权益。第二,有利于维护上诉制度和两审终审制度的贯彻落实,保证审判权的正确行使。如果仅因被告人上诉导致加刑,就势必会增加被告人一方上诉的思想负担,甚至在第一审法院判决确有错误的情况下也不敢上诉,这样就会使上诉制度和两审终审制度流于形式,使得第一审裁判中的错误不能得以及时纠正,也不利于实现上级法院对下级法院的审查监督。第三,有利于促使人民检察院履行审判监督职责。如果在第一审中重罪轻判,由于确立了上诉不加刑的原则,检察机关如不抗诉,就很容易放纵罪犯。上诉不加刑原则从客观上强化了检察机关的责任感。

➢ 案例分析

1999 年 2 月至 2001 年 5 月,被告人王某单独或与他人结伙,先后在本村供销社、砖厂、机房及农民家中盗窃烟、酒、彩色电视机、电缆线、发电机、木材等物品一批。第一审人民法院认定王某共盗窃 23 起,所盗财物折合人民币 8900 元,属于数额巨大。依照《刑法》第 264 条的规定,判处被告人王某犯盗窃罪有期徒刑 5 年。王某不服,以原判对部分赃物确定的价格过高、量刑偏重为由,提出上诉。第二审人民法院受理案件后,经审核认为,原审认定的盗窃价值不是偏高而是偏低,即应当是 9400 元,原审少认定了 500 元。但第二审法院依照上诉不加刑原则,只在裁定书上更正盗窃价值数额后,作出了驳回上诉,维持原判的裁定。

请问:本案中第二审人民法院对案件的处理是否正确?

解答:二审法院的处理是正确的。理由:一是实事求是地更正原审认定的盗窃价值数额的做法是正确的;二是根据有关司法解释,更正后的盗窃价值数额仍在"数额巨大"标准之内,因此,无须以"事实不清楚或者证据不足"为由发回原审人民法院重新审判;三是本案二审认定的盗窃价值数额虽有增加，但本案仅有被告人上诉，因此，二审法院遵循上诉不加刑原则，作出驳回上诉，维持原判的裁定是正确的。

3. 上诉不加刑原则的适用

依据最高人民法院《解释》第257条、第258条的规定，第二审人民法院运用上诉不加刑原则时，应当执行下列具体规定：(1)共同犯罪案件，只有部分被告人提出上诉的，既不能加重提出上诉的被告人的刑罚，也不能加重其他同案被告人的刑罚。(2)对原判认定事实清楚、证据充分，只是认定的罪名不当的，在不加重原判刑罚的情况下，可以改变罪名。(3)对被告人实行数罪并罚的，不得加重决定执行的刑罚，也不能在维持原判决决定执行的刑罚不变的情况下，加重数罪中某罪的刑罚。(4)对被告人判处拘役或者有期徒刑宣告缓刑的，不得撤销原判缓刑或者延长缓刑考验期。(5)对事实清楚、证据充分，但判处的刑罚畸轻，或者应当适用附加刑而没有适用的案件，不得撤销第一审判决，直接加重被告人的刑罚或者适用附加刑，也不得以事实不清或者证据不足发回原审人民法院重新审理。必须依法改判的，应当在第二审判决、裁定生效后，按照审判监督程序重新审判。(6)共同犯罪案件中，人民检察院只对部分被告人的判决提出抗诉的，第二审人民法院对其他第一审被告人也不得加重刑罚。(7)人民检察院提出抗诉或者自诉人提出上诉的案件，不受上诉不加刑原则的限制。但是人民检察院抗诉的案件，经第二审人民法院审理后，改判被告人死刑立即执行的，应当报请最高人民法院核准。

➢ 争论

有关上诉不加刑原则的存废以及完善问题的争论持续了多年。归纳起来，主要有三种观点。第一种观点认为，上诉不加刑原则应予以保留。但是可以采取一些变通的做法以解决确实存在的一审量刑过轻的问题。第二种观点认为，上诉不加刑应予修改。该观点肯定上诉不加刑原则的存在，但否定第一种观点中的变通做法，主张通过立法修改来限制、缩小其不利影响。第三种观点认为，上诉不加刑原则应予废除。因为二审发现一审判决量刑过轻亦不得改判加刑，就违背了实事求是原则和有错必究的原则等。

第二节　第二审程序的提起

一、提起第二审程序的对象

提起第二审程序的对象是第一审人民法院作出的未生效的判决和裁定。

根据《刑事诉讼法》第180条和第181条的规定，提起第二审程序的对象应当同时具备以下两个条件：(1)只能针对地方各级人民法院的一审判决、裁定而提起，不包括最高人民法院作出的一审判决和裁定。因为最高人民法院是最高审级,由最高人民法院审判的一审案件所作出的判决和裁定就是终审判决和裁定,一经宣告即发生法律效力,不能再提起上诉或抗诉。(2)只能针对一审尚未发生法律效力的判决、裁定而提起。一审法院作出的判决、裁定在法定上诉、抗诉期限届满前还没有发生法律约束力,其效力仍处在待定状态,即判决、裁定还未生效,此时可对其提出上诉、抗诉,启动二审程序进行审理。若一审法院的判决和裁定已经生效,产生了法律约束力,就不能再对其提起二审程序。

二、提起二审程序的形式

我国《刑事诉讼法》明确规定,提起第二审程序的形式有上诉和抗诉两种。

刑事诉讼中的上诉是指依法享有上诉权的当事人不服地方各级人民法院的第一审判决或裁定,在法定期限内依法提请第一审人民法院的上一级人民法院对案件进行重新审判的一种诉讼活动。

抗诉在这里是指地方各级人民检察院认为同级人民法院的第一审未生效判决、裁定确有错误,在法定抗诉期限内依法提请第一审人民法院的上一级人民法院重新审判案件的诉讼活动。二审抗诉是人民检察院履行审判监督职能的重要方式之一。

合法的上诉和抗诉都具有以下两方面的法律效力:(1)阻止第一审判决和裁定的生效。即提起了合法的上诉和抗诉后,第一审判决和裁定在上诉或抗诉期限届满也不能发生法律效力。(2)启动第二审程序,是第二审程序的审判依据。如果提起了合法的上诉和抗诉,将导致案件由第一审人民法院移交其上一级人民法院,并由其上一级人民法院进行第二审程序的审判。

三、提起上诉和抗诉的主体

(一)提起上诉的主体

《刑事诉讼法》第180条规定:"被告人、自诉人和他们的法定代理人,不服地方各级人民法院第一审的判决、裁定,有权用书状或者口头向上一级人民法院上诉。被告人的辩护人和近亲属,经被告人同意,可以提出上诉。附带民事诉讼的当事人和他们的法定代理人,可以对地方各级人民法院第一审的判决、裁定中的附带民事诉讼部分,提出上诉。"

由此可知,有权提出上诉的人员是:自诉人、被告人及他们的法定代理人,以及经被告人同意的近亲属、辩护人,还有附带民事诉讼的当事人及其法定代理人。

因为各上诉人在刑事诉讼中所处的地位不同,《刑事诉讼法》对他们的上诉权限也作出了不同的规定:

1. 被告人享有独立上诉权。被告人是一审程序中被指控犯罪并承担相应刑事责任的人,是一审裁判结果的承担者。二审程序作为救济程序,被告人又是最需要救济的人,所以,无论是被宣判有罪的被告人还是被宣判无罪的被告人,都有权提起上诉。现行法律规定,只要被告人对一审判决不服,就可提出上诉。

2. 被告人的法定代理人享有独立上诉权。被告人的法定代理人是指未成年被告人和精神病被告人的父母、养父母、监护人等。因为未成年被告人与精神病被告人由于心智不成熟、不健全，或者受年龄、生理健康、受教育程度等因素的影响，往往不具备诉讼能力，难以正确行使自己的诉讼权利以维护自己的合法权益。所以，《刑事诉讼法》赋予他们的法定代理人独立的上诉权，即使被告人不同意上诉，其法定代理人也可提起上诉，启动二审程序。这充分体现了法律对特殊群体的特殊保护。

3. 被告人的辩护人和近亲属不享有独立的上诉权，需经被告人同意才可提起上诉。辩护人和近亲属只是帮助被告人实现辩护权和上诉权的人，他们自身不享有辩护权和上诉权，因此，即使他们对一审判决不满或不服也不能径直就提起上诉，而必须经过被告人的同意才能帮助其提起上诉。如果被告人不同意上诉，而辩护人和近亲属径直提起上诉，不能启动第二审程序。

4. 自诉人及其法定代理人享有独立上诉权。在自诉案件中由自诉人（被害人）及其法定代理人自行向法院起诉，自诉人处于控诉方地位。《刑事诉讼法》将自诉人及其法定代理人列为上诉权人，独立享有上诉权，对地方各级人民法院第一审的裁判不服时，有权自行向上一级人民法院提起上诉。

5. 附带民事诉讼的当事人和他们的法定代理人享有对附带民事诉讼部分的独立的上诉权。附带民事诉讼的当事人和他们的法定代理人，有权对地方各级人民法院一审判决、裁定中的附带民事诉讼部分提出上诉，因为这一部分与他们有直接利害关系。附带民事诉讼部分相对于刑事诉讼部分具有一定的独立性，对附带民事诉讼部分提出的上诉，不影响原审判决、裁定中的刑事部分。如果没有人对刑事部分提出上诉，人民检察院也没有抗诉，原审判决、裁定中刑事部分在上诉期满后即发生法律效力。

需要注意的是，我国《刑事诉讼法》没有赋予公诉案件被害人上诉权。公诉案件的被害人如果对一审判决不服，只能请求人民检察院抗诉。《刑事诉讼法》第 182 条规定："被害人及其法定代理人不服地方各级人民法院第一审的判决的，自收到判决书后 5 日以内，有权请求人民检察院提出抗诉。人民检察院自收到被害人及其法定代理人的请求后 5 日以内，应当作出是否抗诉的决定并且答复请求人。"

争论

对于公诉案件的被害人在刑事诉讼中是否应当享有独立的上诉权，我国诉讼法学界历来存有争议。一种观点认为应当赋予被害人独立的上诉权。主要理由是：(1)检察机关与被害人本人之间存在一定的距离，即使严格依法办事，也较难彻底维护被害人合法权益，一旦有徇私枉法现象，被害人的利益将再次受到侵害。(2)在刑事诉讼中，被害人和被告人同为当事人，其诉讼地位是完全平等的，因此，对被害人的权利保障和对被告人的权利保障应趋于平衡。另一种观点认为不宜赋予被害人上诉权。主要理由是：(1)赋予公诉案件的被害人上诉权，将改变原审案件中的刑事诉讼法律关系及诉讼结构；(2)如果被害人作为二审控方主体，将难以在法庭上承担查清案件事实、追究被告人刑事责任的任务，势必增加人民法院的工作量；(3)赋予被害人上诉权使上诉不加刑原则的适用范围受到极大限制。

(二)提起抗诉的主体

根据《刑事诉讼法》第181条规定:"地方各级人民检察院认为本级人民法院第一审的判决、裁定确有错误的时候,应当向上一级人民法院提出抗诉。"由此可见,有权提出二审抗诉的机关是第一审人民法院的同级人民检察院,即提起公诉的人民检察院。

人民检察院的抗诉权是人民检察院监督职权的重要组成部分,同时也是法律监督的重要表现形式。人民检察院通过提出抗诉使上一级人民法院针对一审人民法院的未生效的,但确有错误的判决、裁定重新审理,从而纠正错误,确保法律的正确实施。

四、提起上诉和抗诉的期限和理由

(一)提起上诉和抗诉的期限

提起上诉、抗诉的期限,即提出上诉、抗诉的有效期间。上诉、抗诉必须在法定期限内提起才会启动第二审程序,否则,超过了法定上诉、抗诉期限而提起的上诉、抗诉,一般情况下,不会启动二审程序。因为,法定上诉、抗诉期限届满后如没有提起上诉、抗诉的,一审裁判即生效。对生效判决、裁定不能提起上诉和二审抗诉。

《刑事诉讼法》第183条规定:"不服判决的上诉和抗诉的期限为十日,不服裁定的上诉和抗诉的期限为五日,从接到判决书、裁定书的第二日起算。"最高人民法院《关于执行刑事诉讼法若干问题的解释》第242条规定:"对附带民事判决或裁定的上诉、抗诉期限,应当按照刑事部分的上诉、抗诉期限确定。如果原审附带民事部分是另行审判的,上诉期限应当按照《民事诉讼法》规定的期限执行。"

上诉和抗诉主体在上诉和抗诉期限内是否提出上诉和抗诉,以其在上诉和抗诉期限届满前的最后一次意思表示为准。即使在第一审法院宣判后上诉和抗诉主体即刻明确表示不提出上诉和抗诉,人民法院也不能在上诉和抗诉期限届满前就把判决、裁定交付执行。因为只有待上诉和抗诉的法定期限届满后,判决、裁定才能发生法律效力,从而成为法律执行的依据。

设立上诉、抗诉期限的目的,一方面是为了让上诉人和抗诉机关在一定时间内考虑是否提出上诉、抗诉,并为上诉、抗诉作准备。另一方面,也是为了保证诉讼的效率,避免诉讼的拖延。

(二)提起上诉和抗诉的理由

1. 提起上诉的理由

根据《刑事诉讼法》第180条的规定,有权提出上诉的人,只要"不服"地方各级人民法院的第一审裁判就有权提出上诉,从而启动二审程序。"不服"一审裁判,即为上诉的理由,而不论其理由是否有根据。人民法院不会因为上诉人提出的理由不具体而否定上诉的效力。

2. 提起抗诉的理由

根据《刑事诉讼法》第181条的规定,地方各级人民检察院认为本级人民法院第一审的判决、裁定确有错误的时候，应当向上一级人民法院提出抗诉。即法律对于人民检察院提出抗诉的理由规定得较为严格，只有在有充分理由认为原审判决、裁定确有错误时，才能提出抗诉。

最高人民检察院关于《人民检察院刑事诉讼规则》第 397 条对人民检察院认为确有错误的一审判决、裁定之认定规定了以下情形：(1)认定事实不清，证据不足的。(2)有确定、充分证据证明有罪而判无罪，或者无罪判有罪的。(3)重罪轻判，轻罪重判，适用刑罚明显不当的。(4)认定罪名不正确，一罪判数罪、数罪判一罪，影响量刑或者造成严重的社会影响的。(5)免除刑事处罚或者适用缓刑错误的。(6)人民法院在审理过程中严重违反法律规定的诉讼程序的。

认为一审判决和裁定确有错误的主体是人民检察院。即只要是人民检察院认为一审判决、裁定有错就可提起抗诉。当然，人民检察院的认定不是随意的，而是严格依据事实和法律的规定。此外，下级人民检察院提出抗诉后，如果上级人民检察院认为抗诉不当，则有权要求下级人民检察院撤回抗诉，这里体现了检察一体化的监督体制。

五、提起上诉和抗诉的方式和途径

(一)提起上诉的方式和途径

1. 提起上诉的方式

提起上诉的方式有两种，即书状的方式和口头的方式。根据《刑事诉讼法》第 180 条规定，被告人、自诉人和他们的法定代理人，不服地方各级人民法院第一审的判决、裁定，有权用书状或者口头向上一级人民法院上诉。这是为了保障上诉权的充分行使。

根据最高人民法院《解释》第 233 条的规定，人民法院受理的上诉案件，一般应当有上诉状正本及副本。上诉状内容应当包括：第一审判决书、裁定书的文号和上诉人收到的时间；第一审法院的名称；上诉的请求和理由；提出上诉的时间；上诉人签名或盖章。如果是被告人的辩护人，近亲属经被告人同意提出上诉的，还应当写明提出上诉的人与被告人的关系，并应当以被告人作为上诉人。若上诉人书写上诉状确有困难而口头提出上诉的，第一审人民法院应当根据其所陈述的理由和请求制作笔录，由上诉人阅读或者向其宣读后，上诉人应当签名或盖章。

2. 提起上诉的途径

根据《刑事诉讼法》第 184 条规定，上诉既可以向原审人民法院提出，也可以直接向原审人民法院的上一级人民法院提出。通过原审人民法院提出上诉的，原审人民法院应当在 3 日以内将上诉状连同案卷、证据移送上一级人民法院，同时应当将上诉状副本送交同级人民检察院和对方当事人。

案例分析

上诉期内，黄某的父亲在征得其同意后，向该市中级人民法院提出口头上诉，但中级人民法院告诉他应通过原审人民法院提出上诉。黄父又向原审法院提出口头上诉，但原审法院告知应当提交上诉状，否则不予受理。黄父请人写了上诉状交到法院时，原审法院又以上诉期满为由不予受理。问：案例中人民法院的做法是否正确？

答：本案中，市中级人民法院和基层人民法院的做法均是错误的。理由：一是黄父有权直接向原审法院的上一级法院提出上诉，该市中级人民法院不接受黄父在法定上诉期限内的口头上诉，侵犯了上诉人的上诉权。二是原审人民法院应当接受黄父的口头上诉，无论上诉人提出的上诉要求是书面的还是口头的都应当接受。三是原审法院以已过上诉期限为由拒绝黄父的上诉是不正确的。因为，黄某的父亲在征得其同意后，先在上诉期限内提起了口头上诉，符合法律规定，即使后来在法院的错误指导下逾期提交上诉状并不能必然导致上诉权丧失。因此，人民法院应当接受黄父的上诉。

直接向原审人民法院的上一级人民法院提出上诉的，第二审人民法院应当在3日以内将上诉状交原审人民法院，原审人民法院应当审查上诉是否符合法律规定，符合法律规定的，应当在接到上诉状后的3日以内将上诉状连同案卷、证据移送上一级人民法院，同时将上诉状副本送交同级人民检察院和对方当事人。

(二)提起抗诉的方式和途径

1. 提起抗诉的方式

根据《刑事诉讼法》第185条规定，地方各级人民检察院对同级人民法院第一审判决、裁定的抗诉，应当通过原审人民法院提出抗诉书。即抗诉只能以书面的形式提出，不能用口头的形式提出。人民检察院必须制作抗诉书。这样规定的原因有以下三点：(1)人民检察院是国家的法律监督机关，制作抗诉书是法律监督的基本业务。(2)抗诉是一种严肃的法律监督活动，人民检察院代表国家履行其法律监督职能应当正式行文。(3)制作抗诉书有助于确保二审程序的顺利进行，简明快捷提高办案效率。

2. 提起抗诉的途径

地方各级人民检察院对同级人民法院第一审判决、裁定的抗诉途径只有一种，即应当向原审人民法院提交抗诉书，不能直接向上一级人民法院提出抗诉，同时还应将抗诉书抄送上一级人民检察院。原审人民法院应当将抗诉书连同案卷、证据移送上一级人民法院，并且将抗诉书副本送交当事人。

上一级人民检察院接到下级人民检察院抄送的抗诉书后，应当审核抗诉的理由和根据，认为抗诉正确的，应当支持抗诉。认为抗诉理由不能成立的，可以依职权直接从同级人民法院撤回抗诉，并且通知下级人民检察院，或者指令下级人民检察院撤回抗诉。下级人民检察院如果认为上一级人民检察院撤回抗诉不当的，可以提请复议。上一级人民检察院应当复议，并将复议结果通知下级人民检察院。

上一级人民检察院在上诉、抗诉期限内，发现下级人民检察院应当提出抗诉而没有提出抗诉的案件，可以指令下级人民检察院依法提出抗诉。对于上一级人民检察院的撤诉或者指令撤诉，下级人民检察院必须遵照执行。

六、上诉和抗诉的撤回

(一)上诉的撤回

➢ 案例分析

自诉人赵某向县人民法院起诉，控告被告人彭某、被告人李某犯侮辱罪要追究他们的刑事责任。县人民法院受理后，经审理判处彭、李两被告人侮辱罪。被告人彭某、李某不服，均以不构成犯罪为由提出上诉。第二审人民法院经审理认为，原判正确。在第二审人民法院宣告裁定前，上诉人彭某、李某向被害人赔礼道歉，积极地请求其谅解，赵某见上诉人彭某、李某态度诚恳，遂表示同意和解，并向第二审人民法院递交了撤诉状。该二审法院接到撤诉状后，经合议庭讨论同意，作出了准予撤诉的裁定。

问：本案中第二审人民法院的做法是否正确？为什么？

解答：本案中第二审人民法院准许赵某撤回自诉是正确的，合法的。《刑事诉讼法》第172条规定："人民法院对自诉案件可以进行调解；自诉人在宣告判决前，可以同被告人和解或者撤回自诉。"该法在195条中又规定："第二审人民法院审理上诉或者抗诉案件的程序，除本章已有规定的以外，参照第一审程序的规定进行。"本案例中被告人的上诉、自诉人的撤诉，在实体意义上并无矛盾，即利益趋向一致，都是不让被告人受到刑事惩罚。因此，作为第二审人民法院无论从执行法律，还是从有利于团结，有利于减少社会的不安定因素出发，准许原审自诉人撤回自诉以终止诉讼都是正确的。

撤回上诉，是指上诉权人在提出上诉后正式要求放弃上诉的行为。根据最高人民法院《解释》第238条、第239条规定，上诉权人在上诉期内要求撤回上诉的，应当准许。上诉权人在上诉期满后要求撤回上诉的，应当由第二审人民法院进行审查。第二审人民法院审查后如果认为原判认定事实和适用法律正确，量刑适当，应当裁定准许被告人(上诉人)撤回上诉；如果认为原判事实不清，证据不足或者将无罪判为有罪、轻罪重判等，应当不准许撤回上诉，并按照上诉审程序进行审理。上诉期满后撤回上诉的，第一审判决、裁定应当自第二审人民法院准许撤诉的裁定书送达原上诉人之日起便发生法律效力。

(二)抗诉的撤回

人民检察院在抗诉期限内撤回抗诉的，第一审人民法院不再向上一级人民法院移送案件；如果是在抗诉期满后第二审人民法院宣告裁判前撤回抗诉的，第二审人民法院应当进行审查，如果认为第一审裁判认定事实和适用法律正确，量刑适当的应当裁定准许撤诉并通知第一审人民法院和当事人。

第三节　第二审程序的审理方式和程序

一、对上诉、抗诉案件的审查

根据最高人民法院有关司法解释的规定，第二审人民法院对第一审人民法院移送上诉、抗诉的案卷，首先应进行形式审查。形式审查是指审查移送的案卷中是否包括以下材料：(1)移送上诉、抗诉案件函；(2)上诉状或者抗诉书；(3)第一审判决书或者裁定书8份（每增加1名被告人增加1份）；(4)全部案卷材料和证据，包括案件审结报告和其他应当移送的材料。如果上述材料齐备，第二审人民法院应当收案；材料不齐备或不符合规定的，应当通知第一审人民法院及时补送。

➢ 案例分析

张某、王某、李某共同诈骗一案，县人民法院审理后分别判处张某、王某、李某有期徒刑8年、5年、2年。一审判决后，张某上诉，王某、李某表示不上诉。于是一审法院在判决书送达三被告的次日，将王某、李某交付执行，张某继续进行二审。

问：法院的做法存在哪些问题？

解答：一是法院的行为违反了法律关于上诉期限的规定。对于表示不上诉的王某、李某，也必须要给予10天的上诉期，在此期间，二人仍然可以提出上诉。上诉期满而未上诉的才能将二人交付执行。二是法院明显违背了我国刑事二审中的全面审查原则。对共同犯罪案件，不仅要审理提出上诉的被告人的部分，也要审查未提出上诉的被告人的部分，应当对全案进行审查。所以三被告都应参与二审审理程序。

二、第二审程序的审理方式和程序

根据《刑事诉讼法》第187条规定：“第二审人民法院对上诉案件，应当组成合议庭，开庭审理。合议庭经过阅卷，讯问被告人、听取其他当事人、辩护人、诉讼代理人的意见，对事实清楚的，可以不开庭审理。对人民检察院抗诉的案件，第二审人民法院应当开庭审理。第二审人民法院开庭审理上诉、抗诉案件，可以到案件发生地或者原审人民法院所在地进行。”该条款表明，我国法律对第二审程序中的上诉案件和抗诉案件的审理方式作了不同的规定。对于上诉案件，第二审人民法院的审理方式是以开庭审理为原则，以不开庭审理为补充。对于抗诉案件，第二审法院必须开庭审理。

(一)开庭审理的方式及程序

1. 开庭审理的方式

开庭审理是指第二审人民法院在合议庭的主持下，在检察人员和诉讼参与人的参加下，通过开庭、法庭调查、法庭辩论、被告人最后陈述、评议和宣判等步骤对上诉或抗诉的案件进行审理的活动。适用开庭审理的案件主要有三类：一是需要开庭审理的上诉案件；二是人民检察院提起抗诉的案件；三是死刑案件。

2. 开庭审理的程序

根据《刑事诉讼法》第 195 条规定："第二审人民法院审判上诉或者抗诉案件，除本章已有规定的以外，参照第一审程序的规定进行。"即第二审开庭审理的基本程序流程与一审相同：开庭；法庭调查；法庭辩论；被告人最后陈述；评议和宣判等五个步骤。

根据《刑事诉讼法》第 188 条规定，人民检察院提出抗诉的案件或者第二审人民法院开庭审理的公诉案件，同级人民检察院应当派员出庭。第二审人民法院必须在二审开庭 10 日以前，通知人民检察院查阅卷宗，做好出庭准备。

二审开庭审理前，还应提审在押被告人，传唤其他当事人，通知当事人的法定代理人、证人、鉴定人等到庭。在第二审程序中，被告人可自行辩护，也可委托辩护人辩护。共同犯罪案件中，只有部分被告人上诉或者人民检察院只就第一审人民法院对部分被告人的判决提出抗诉的，其他同案被告人也可以委托辩护人辩护。如果被告人委托了辩护人的，还应通知辩护人出庭辩护。被告人没有委托辩护人，但具备《刑事诉讼法》第 34 条规定的法定情形的，应为其指定辩护人。

(1)二审的法庭调查。先由审判长或者审判员宣读第一审判决书、裁定书后，再由上诉人陈述上诉理由或者由检察人员宣读抗诉书；如果既有上诉又有抗诉的案件，先由检察人员宣读抗诉书，再由上诉人陈述上诉理由；法庭调查的重点要针对上诉或者抗诉的理由，全面查清事实，核实证据。

如果检察人员或者辩护人员申请出示、宣读、播放第一审审理期间已经移交给人民法院的证据的，法庭应当指令值庭法警出示、播放有关证据；需要宣读的证据，由法警交由申请人宣读。

(2)二审的法庭辩论。上诉案件，应先由上诉人、辩护人发言，再由检察人员发言；抗诉案件，应先由检察人员发言，再由被告人、辩护人发言；既有上诉又有抗诉的案件，应当先由检察人员发言，再由上诉人、辩护人发言，并进行辩论。对于共同犯罪案件中没有提出上诉的被告人，或者没有被抗诉的被告人，也应当让其参加法庭调查，并可以参加法庭辩论。被害人有权参加法庭审理。

(二)二审关于死刑案件的开庭审理方式与程序

1. 死刑案件的二审应当开庭审理

最高人民法院和最高人民检察院于 2006 年 9 月 21 日联合发布《关于死刑第二审案件开庭审理程序若干问题的规定(试行)》(以下简称两院《规定》)，明确了如下方面：

(1)第二审人民法院审理第一审判处死刑立即执行的被告人上诉、人民检察院抗诉的案件，应当开庭审理。最高人民法院、最高人民检察院、公安部、司法部《关于进一步严格依法办案确保办理死刑案件质量的意见》(以下简称：四机关《意见》)第 37 条规定，审理死刑第二审案件，应当依照法律和有关规定实行开庭审理。

(2)第二审人民法院审理第一审人民法院判处死刑缓期两年执行的被告人上诉的案件,有下列情形之一的,应当开庭审理:第一,被告人或者辩护人提出影响定罪量刑的新证据,需要开庭审理的;第二,具有《刑事诉讼法》第187条规定的开庭审理情形的。人民检察院对第一审人民法院判处死刑缓期两年执行提出抗诉的案件,第二审人民法院应当开庭审理。

(3)对死刑判决提出上诉的被告人,在上诉期满后第二审开庭前要求撤回上诉的,第二审人民法院应当进行审查。合议庭经过阅卷、讯问被告人、听取其他当事人、辩护人、诉讼代理人的意见后,认为原判决事实清楚、适用法律正确、量刑适当的,不再开庭审理,裁定准许被告人撤回上诉。认为原判决事实不清、证据不足或者无罪判有罪、轻罪重判的,应当不准许撤回上诉,应按照第二审程序开庭审理。

2. 二审开庭审理死刑案件的程序

(1)开庭前的全面审查。第二审人民法院开庭审理死刑上诉、抗诉案件,合议庭应当在开庭前对案卷材料进行全面审查,重点审查下列内容:①上诉、抗诉的理由及是否提出了新的事实和证据;②被告人供述、辩解的情况;③辩护人的意见以及原审人民法院采纳的情况;④原审判决认定的事实是否清楚,证据是否确实、充分;⑤原审判决适用法律是否正确,量刑是否适当;⑥在侦查、起诉及审判中,有无违反法律规定的诉讼程序的情形;⑦原审人民法院合议庭、审判委员会讨论的意见;⑧其他对定罪量刑有影响的内容。

(2)及时查明被告人是否委托辩护人。第二审人民法院应当及时查明被判处死刑立即执行的被告人是否委托了辩护人。没有委托辩护人的,应当告知被告人可以自行委托辩护人或者为其指定辩护。被告人拒绝人民法院指定的辩护人为其辩护,有正当理由的,人民法院应当准许,被告人可以另行委托辩护人。被告人没有委托辩护人的,人民法院应当为其另行指定辩护人。

(3)应通知提供证人、鉴定人名单。第二审人民法院应当通知人民检察院、被告人及其辩护人在开庭5日以前提供出庭作证的证人、鉴定人名单,在开庭3日以前送达传唤当事人的传票和通知辩护人、证人、鉴定人、翻译人员的通知书。

(4)合议庭的组成。第二审人民法院开庭审理死刑上诉、抗诉案件,应当由审判员3人至5人组成合议庭,对于疑难、复杂、重大的死刑案件,应当由院长或者庭长担任审判长。

(5)人民检察院应当派员出庭。第二审人民法院开庭审理死刑上诉、抗诉案件,同级人民检察院应当派员出庭,支持公诉,进行法律监督。

(6)出现法定情形应通知证人等出庭作证。第二审人民法院开庭审理死刑上诉、抗诉案件,具有下列情形之一的,应当通知证人、鉴定人、被害人出庭作证:①人民检察院、被告人及其辩护人对鉴定结论有异议、鉴定程序违反规定或者鉴定结论明显存在疑点的;②人民检察院、被告人及其辩护人对证人证言、被害人陈述有异议,该证人证言、被害人陈述对定罪量刑有重大影响的;③合议庭认为有其他必要出庭作证的。

(7)建议延期审理。在第二审程序中,检察人员或者辩护人发现证据出现重大变化,可能影响案件定罪量刑的,可以建议延期审理。

(三)不开庭审理的方式及程序

1. 不开庭审理的方式

不开庭审理是指第二审人民法院对上诉案件，经过对上诉内容和一审的全部案件材料进行阅卷，并通过讯问被告人，听取其他当事人、辩护人、诉讼代理人的意见后，认为案件事实清楚的，可以不开庭审理就作出判决或者裁定的审理方式。这种审理方式也称为调查讯问方式。采用这种审理方式只针对二审法院认为事实清楚的上诉案件，目的是在保证办案质量的前提下，提高办案效率。

2. 不开庭审理的程序

采用不开庭审理方式的应遵循下列规定和要求：(1)合议庭组成。根据《刑事诉讼法》第147条第4款的规定，由审判员3人至5人组成二审合议庭。人民陪审员不能参加二审合议庭。(2)共同阅卷。合议庭成员应共同阅卷，并制作阅卷笔录。阅卷的目的是全面了解案件事实、情节和相关证据，以便查明案件事实是否清楚，证据是否确实、充分，一审适用法律是否正确，定罪量刑是否适当，诉讼程序是否合法。(3)讯问被告人。合议庭必须讯问被告人。通过讯问和听取被告人对一审判决的意见，以及对案件事实的供述和辩解，运用事实和证据核查被告人的口供。(4)听取诉讼参与人的意见。合议庭要认真听取案中其他当事人、辩护人、诉讼代理人的意见，还要听取检察人员的意见；既包括案件事实和证据方面的意见，也包括一审法院对被告人定罪量刑的意见。(5)合议庭评议。认为案件事实与一审认定的没有变化，证据确实充分的，可以不开庭审理即作出相应的处理决定。

争论

在刑事抗诉二审程序中，对于出庭的检察人员的法律地位问题一直存在争论。主要有三种学术观点：公诉人说、法律监督说和双重身份说。公诉人说认为，出席二审法庭的检察官支持抗诉，是要继续追求实现一审的追诉目标。抗诉是一种诉权的延伸，是为了实现追诉目标才引起二审法律程序，因此，检察官在二审中依然是公诉人。法律监督说认为，一审程序结束，检察机关公诉的任务就完成了。抗诉是针对法院的错误裁判提出的，属于法律监督而非公诉，因而，出席二审法庭的检察官只具有法律监督者的身份。双重身份说认为，出席二审法庭的检察官具有公诉人和法律监督者的双重身份。

三、第二审程序对案件的处理

根据我国《刑事诉讼法》第189条的规定，第二审人民法院对不服第一审判决的上诉、抗诉案件进行审理后，应当根据不同情形分别作出如下处理：

1. 裁定驳回上诉或抗诉，维持原判

原判决认定事实和适用法律正确，量刑适当的，应当裁定驳回上诉或抗诉，维持原判。

2. 二审应当或可以改判

根据我国《刑事诉讼法》第189条第2款和第3款的规定，可以直接改判的案件有两种：第一，原判决认定事实没有错误，但适用法律有错误或者量刑不当的，应当改判。即对于这种案件，第二审人民法院应当在改判的判决书中维持原判决对案件事实的正确认定，同时纠正原判决在引用法律条款定罪量刑方面的错误或不当之处。第二，原判决事实不清或者证据不足，可以在查清事实后改判。这类案件不是必须改判，可以在查清事实后改判，也可以发回重审。

案例分析

乙市M区人民法院对孙某盗窃罪和抢劫罪作出判决后，检察院没有抗诉，孙某提出了上诉。市中级人民法院审理后认为，一审判决事实清楚，证据确实、充分，但量刑不当。一审对孙某盗窃罪和抢劫罪分别判处2年和9年有期徒刑，决定执行的刑期为10年，而两罪准确量刑应分别为5年和7年。

问：二审法院如何处理？

解答：根据我国《刑事诉讼法》第189条第2款规定：原判决认定事实没有错误，但适用法律有错误，或者量刑不当的，应当改判。又根据我国上诉不加刑的原则，二审法院应维持一审对盗窃罪判处的2年有期徒刑，但将一审判处的抢劫罪9年有期徒刑应改判为7年，并按照数罪并罚的原则，在2年和7年的总和即9年以下、7年以上决定应当执行的刑期。

3. 撤销原判，发回重审

根据我国《刑事诉讼法》第189条第3款和第191条的规定，二审法院撤销原判，发回重审的情形有两种：第一，原判决事实不清楚或者证据不足的，可以裁定撤销原判，发回重审。第二，第一审法院违反法定诉讼程序的，应当裁定撤销原判，发回重审。违反法定程序包括：(1)违反法律有关公开审判的规定的；(2)违反回避制度的；(3)剥夺或者限制了当事人的其他诉讼权利，可能影响公正审判的；(4)审判组织的组成不合法；(5)其他违反法律规定的诉讼程序，可能影响公正审判的。

根据《刑事诉讼法》第192条规定，原审人民法院对于发回重新审判的案件，应当另行组成合议庭，依照第一审程序进行审判。重新审判后所作的判决，仍属于一审判决，当事人等可以上诉，同时人民检察院也可以抗诉。

第二审人民法院作出的判决或者裁定，除死刑案件外，均是终审的判决和裁定，一经宣告即发生法律效力，上诉人及其法定代理人等不得再行上诉，人民检察院不得再按二审程序提起抗诉。

争论

我国《刑事诉讼法》第162条第3款规定："证据不足，不能认定被告人有罪的，应当作出证据不足、指控的犯罪不能成立的无罪判决。"因此，当证据不足时应作出无罪的判决，而不应发回重审，这与无罪推定原则精神相一致。但《刑事诉讼法》第189条第3款又将"证据不足"作为发回重审的理由，很显然，这与《刑事诉讼法》第162条的规定相矛盾，且违反了无罪推定原则精神。

四、自诉案件、附带民事诉讼案件的第二审程序

(一)自诉案件的第二审程序

对于二审的自诉案件，第二审人民法院可以在第二审程序中对诉讼双方当事人进行调解，当事人也可以自行和解。调解结案的，二审法院应当制作调解书，调解书送达后，第一审的判决、裁定视为自动撤销；当事人自行和解的，由二审人民法院裁定准许撤回自诉，并撤销第一审判决或者裁定。对于调解结案或者当事人自行和解的自诉案件，被告人被采取强制措施的，第二审人民法院应当立即予以解除。在第二审程序中，自诉案件的被告人提出反诉的，第二审人民法院应当告知其另行起诉。

(二)附带民事诉讼案件的第二审程序

根据最高人民法院《解释》的有关规定，第二审人民法院审理附带民事上诉、抗诉案件，应遵循如下程序规定：

1. 应对全案进行审查并作出处理决定

第二审人民法院审理附带民事上诉、抗诉案件，应当对全案进行审查。如果第一审判决的刑事部分并无不当，第二审人民法院只需就附带民事诉讼部分作出处理。如果第一审判决附带民事部分事实清楚，适用法律正确的，应当以刑事附带民事裁定维持原判，驳回上诉、抗诉。

2. 刑事部分和附带民事部分均有错的，应一并改判

第二审人民法院审理附带民事上诉、抗诉案件，如果发现刑事部分和附带民事部分均有错误需依法改判的，应当一并改判。

3. 只对刑事部分提出上诉、抗诉，而附带民事部分已生效且有错的处理程序

第二审人民法院审理对刑事部分提出上诉、抗诉，附带民事诉讼部分已经发生法律效力的案件，如果发现第一审判决或者裁定中的附带民事部分确有错误，应当对附带民事部分按照审判监督程序予以纠正。

4. 只对附带民事部分提出上诉、抗诉，刑事部分已生效且发现有错的处理程序

第二审人民法院审理对附带民事诉讼部分提出上诉、抗诉，刑事部分已经发生法律效力的案件，如果发现第一审判决或者裁定中的刑事部分确有错误，应当对刑事部分按照审判监督程序进行再审，并将附带民事诉讼部分与刑事部分一并审理。这一规定体现了附带民事诉讼部分的附属性。

5. 第二审附带民事部分审理中增加独立的诉讼请求或提起反诉的处理程序

在第二审附带民事部分审理中，原审民事原告人增加独立的诉讼请求或者原审民事被告人提出反诉的，第二审人民法院可以根据当事人自愿的原则就新增加的诉讼请求或者反诉进行调解，调解不成的，告知当事人另行起诉。

五、对扣押和冻结财物的处理程序

所谓扣押、冻结的财物，是指公安机关、人民检察院、人民法院在依法行使职权过程中扣押、冻结的违法所得及其他可能与犯罪有关的款物、作案工具、非法持有的违禁品等。犯罪嫌疑人、被告人实施违法犯罪行为所取得的财物及其孳息属于违法所得。违法所得的一切财物，应当予以追缴或者责令退赔。对被害人的合法财产，应当依法及时返还。违禁品和供犯罪所用的财物，应当予以扣押、冻结，并依法处理。

根据《刑事诉讼法》第198条和六机关《规定》第48条的规定，对扣押和冻结财物的处理程序如下：

1. 应当妥善保管，以供核查

公安机关、人民检察院和人民法院对于扣押、冻结犯罪嫌疑人、被告人的财物及其孳息，应当妥善保管，以供核查。任何单位和个人不得挪用或者自行处理。

2. 被害人明确的，应当及时返还

对于被害人的合法财产，被害人明确的，扣押、冻结机关应当及时返还。但须经拍照、鉴定、作价，并在案卷中注明返还的理由，将财物照片、清单和被害人的领取手续入卷备查。对于扣押、冻结的与本案无关的财物，应当返还所有人、持有人或者解冻，但法律另有规定的除外。

3. 作为证据使用的实物等，应当随案移送

对作为证据使用的实物，包括作为物证的货币、有价证券等，应当随案移送。对于大宗的，不便搬运的物品，由扣押机关开列清单，并附原物照片和封存手续，注明存放地点，入卷随案移送。对于易腐烂、霉变和不易保管的物品，扣押机关变卖处理后，随案移送原物照片、清单、变价处理的凭证。对于违禁品、枪支弹药、易燃易爆物品、剧毒物品及其他危险品，扣押机关依照国家有关规定处理后，随案移送原物照片和清单。

4. 依照生效的法律文书处理或上缴国库

对于公安司法机关扣押、冻结的赃款、赃物及其孳息，由原审人民法院依照生效的法律文书进行处理。除依法返还被害人的以外，应当一律没收，上缴国库。公安司法人员挪用或私自处理被扣押、冻结的在案财物及其孳息，依法追究刑事责任；不构成犯罪的，给予必要的行政处分。

六、第二审程序的审理期限

根据《刑事诉讼法》的有关规定，第二审人民法院受理上诉、抗诉案件，应当在1个月以内审结，至迟不得超过1个半月。如果是交通十分不便的边远地区发生的重大复杂案件；重大的犯罪集团案件；流窜作案的重大复杂案件；犯罪涉及面广、取证困难的重大复杂案件，经省、自治区、直辖市高级人民法院批准或者决定，可以再延长1个月。最高人民法院受理的上诉、抗诉案件，有上述情形的，案件需要延长审理期限的，由最高人民法院决定，也可以延长1个月。对第二审人民法院发回重审的案件，原审人民法院从收到发回的案件之日起，计算审理期限。

第二审的判决、裁定和最高人民法院的判决、裁定，都是终审的判决、裁定，一经宣布，立即发生法律效力。

拓展案例

孙某某以危险方法危害公共安全案(醉驾案)

2009年7月22日，成都市中级人民法院审理了成都市人民检察院指控被告人孙某某以危险方法危害公共安全罪一案，并作出了有罪判决。判决认定：被告人孙某某2008年12月14日在严重醉酒的情况下，驾车行使于车辆、人群密集处，并最终造成4死1重伤及他人财产损失数万元的严重后果，其行为已构成以危险方法危害公共安全罪，且情节特别恶劣，应予以严惩。依照《中华人民共和国刑法》第115条第1款、第57条第1款之规定，判处被告人孙某某死刑，剥夺政治权利终身。

原审被告人孙某某对一审判决不服，依法提起了上诉。其上诉理由：一是其不具有以危险方法危害公共安全的主观故意，一审判决定性不准，适用法律错误。二是原判量刑过重。

孙某某的辩护人提出的辩护意见是：(1)原判定性不准，量刑不当。(2)原判遗漏重要事实。(3)原判认定孙某某所驾车辆与比亚迪汽车发生追尾的证据有瑕疵，证据不足。(4)孙某某有真诚悔罪表现。

四川省高级人民法院受理上诉案件后，依法组成合议庭，于2009年9月4日公开开庭审理了本案。四川省人民检察院派员2名出庭履行职务。上诉人(原审被告人)孙某某及其2名辩护人到庭参加诉讼。合议庭评议后，审判委员会进行了讨论并作出决定。四川省高级人民法院认为：原判认定上诉人(原审被告人)孙某某以危险方法危害公共安全罪正确。孙某某所提不是故意犯罪的辩解及其辩护人所提孙某某的行为应构成交通肇事罪的辩护意见，与查明的事实与相关法律规定不符，不予采纳。辩护人提出的原判存在重大事实遗漏的辩护意见，因证据不足且所提情节与本案事实及定性没有关联，不予采纳。孙某某及其辩护人所提的有真诚悔罪表现、原判量刑过重的意见成立，予以采纳。原判认定事实和定罪正确，审判程序合法，但量刑不当。依照《中华人民共和国刑事诉讼法》第189条第2项和《中华人民共和国刑法》第115条第1款、第57条第1款之规定，判决如下：(1)维持成都市中级人民法院(2009)成刑初字第158号刑事判决中对被告人孙某某的定罪部分；(2)撤销成都市中级人民法院(2009)成刑初字第158号刑事判决中对被告人孙某某的量刑部分；(3)上诉人(原审被告人)孙某某犯有以危险方法危害公共安全罪，判处无期徒刑，剥夺政治权利终身。本判决为终审判决。

评析：

我国实行四级两审终审制的审级制度，刑事第二审程序承载着纠错、救济、统一法律适用的多重功能，它是绝大多数刑事案件的最后一道救济程序，它对刑事审判实体正义和程序正义的实现有着重要的作用和意义。而刑事二审程序中的审理方式，即开庭审理或不开庭审理(包括书面审理或调查讯问的方式)的选择适用是确保刑事二审程序有效运行的关键。近几年来，我国刑事二审程序开庭率极低，有碍刑事二审程序多重功能的充分发挥，已日益成为法学理论界和司法实务界关注的焦点。

死刑案件，人命关天，必须适用严格、审慎的审理程序，死刑第二审案件开庭审理是完善死刑案件审判程序、保证死刑案件质量、有利于司法人权保障、有利于从制度上保证死刑判决的公正和慎重。2005年12月7日最高人民法院为落实死刑案件二审开庭审理发布了《关于进一步做好死刑第二审案件开庭审理工作的通知》(以下简称《通知》),《通知》第2条规定，自2006年1月1日起，对案件重要事实和证据问题提出上诉的死刑第二审案件，一律开庭审理，并积极创造条件，在2006年下半年对所有死刑第二审案件实行开庭审理。2006年4月5日为解决死刑案件二审开庭审理检察机关与人民法院之间的配合问题，最高人民法院、最高人民检察院联合发布了《关于死刑第二审案件开庭审理工作有关问题的纪要》(以下简称《纪要》)。2006年9月21日，最高人民法院、最高人民检察院又联合发布了《关于死刑第二审案件开庭审理若干问题的规定(试行)》(以下简称《规定》),对死刑案件二审程序作出了具体规定。这些《通知》、《纪要》、《规定》等对死刑案件二审开庭审理作了较系统、规范的规定。

本案中，成都市中级人民法院认定被告人孙某某犯以危险方法危害公共安全罪，判处死刑，剥夺政治权利终身。四川省高级人民法院二审公开开庭审理了本案。在严格遵守法定程序的基础上，改判上诉人(原审被告人)孙某某以危险方法危害公共安全罪，判处无期徒刑，剥夺政治权利终身。实现了实体正义和程序正义。

阅读链接

◆ 1. 陈瑞华:《侦查案卷裁判主义——对中国刑事第二审程序的重新考察》,载《政法论坛》2007年5期。

◆ 2. 朱和平、刘静坤:《我国刑事二审程序的司法完善》,载《人民法院报》2010年7月28日第6版。

◆ 3. 姬小静:《刑事二审发回重审制度的反思》,载《现代商贸工业》2010年第12期。

◆ 4. 尹畅:《刑事二审的抗诉难点与对策》,载《重庆工商大学学报(西部论坛)》2008年11月。

◆ 5. 叶宁、张箐:《我国刑事二审程序功能的审视与重构》,载《法制与社会(下)》2009年9月。

◆ 6. 张建升:《反思价值目标定位细化程序操作规范——刑事二审程序:难题与应对论坛综述》,载《人民检察》2008年第16期。

◆ 7. 刘根菊、封利强:《论刑事第二审程序的审判范围——以程序功能为视角》,载《时代法学》2008年12期。

◆ 8. 尹丽华:《刑事上诉制度研究——以三审终审为基础》,中国法制出版社2006年版。

◆ 9. 孙长永:《英国刑事上诉制度研究》,载《湘潭大学学报》2002年第5期。

讨论题

1. 如何在刑事二审程序中构建完善的控辩式审判方式?

2. 如何完善刑事二审程序“以开庭审理为原则,以不开庭审理为例外”的审理方式?

3. 如何重构刑事二审发回重审制度?

4. 如何改进刑事二审抗诉工作?

5. 案例讨论:

某市花炮厂司机柳某,分别向某市有关部门投寄了揭露被告人陈某经济犯罪问题的匿名举报信。被告人李某收到该市公安局批转的柳某的举报信,不予登记,并非法将该材料送给陈某。陈某通过核对笔迹,认为是柳某所为,便生杀人之念。陈某找到被告人刘某,要刘帮助请杀手。刘找到被告人叶某,并带叶与陈某见面商谈。陈表示可以出 2 万元让叶去杀掉柳某,叶欣然同意。而后陈、刘、叶三被告人多次谋划杀害柳某的方法,并且由陈某出钱帮助叶买了作案用的摩托车和其他工具。一天,叶某携刀来到某市,购买了铁锤、尼龙绳等物,住进了某饭店。次日,刘某等以取走私货为名,将柳某骗至某乡电站处,将柳某杀死。

某市中级人民法院以故意杀人罪判处陈某、刘某、叶某死刑,以泄露国家机密罪判处李某有期徒刑 4 年。宣判后,某市人民检察院认为该判决对李某量刑畸轻,提起抗诉,并将抗诉书抄送省人民检察院。省人民检察院经过审查,认为该判决并无不当,决定向省高级人民法院撤回抗诉,并且通知了某市人民检察院。问:

1. 上级人民检察院是否有权撤回下级人民检察院提出的抗诉?

2. 如果二审人民法院发现人民检察院提出抗诉的案件一审裁决确有错误,而人民检察院要求撤回抗诉时,应如何处理?

第十七章 死刑复核程序

第一节 死刑复核程序概述

一、死刑复核程序的概念与特征

死刑复核程序是对死刑判决及裁定审查核准的程序，是在两审终审制之外设置的一个专门用于死刑案件的特别程序。死刑复核程序具有下列特点：

1. 适用对象特定

审理对象仅是判处被告人死刑的案件，包括判处死刑立即执行和判处死刑缓期两年执行的案件。没有被判处死刑的案件无须经过这一程序。这使其既不同于普通审判程序，也不同于审判监督程序。

2. 是死刑案件的必经程序

一切判处死刑案件的判决、裁定，都只有经最高法院或高级法院核准才能发生法律效力、交付执行。

3. 程序由法律强制启动

根据司法消极、"不告不理"的原则，刑事审判程序的启动一般均依赖于检察机关或者当事人的控告，如一审、二审、再审程序。但死刑复核程序的启动则不需控、辩任何一方的发动，只要二审审理完毕或一审后没有上诉、抗诉的死刑裁判，法院就必须自觉启动该程序，将案件报送高级人民法院或最高人民法院核准。

4. 逐级上报

根据《刑事诉讼法》第 200 条的规定，报请最高人民法院核准的死刑案件应遵循层报制："中级人民法院判处死刑的第一审案件，没有被上诉、抗诉的，上诉、抗诉期满后应当报请所在省、自治区或者直辖市的高级人民法院复核，高级人民法院同意判处死刑的，作出裁定并由其报请最高人民法院核准。如果高级人民法院不同意判处死刑的，应当根据不同情况予以提审或者发回重审。高级人民法院判处死刑的第一审案件被告人不上诉的，和判处死刑的第二审案件，都应当报请最高人民法院核准。"

5. 核准权专属

死刑案件的核准权只由最高人民法院或高级人民法院行使。

二、死刑复核程序的任务和意义

(一)任务

根据法律规定,死刑复核程序的任务是,由享有复核权的法院对下级法院报请复核的死刑判决、裁定,在认定事实和适用法律上进行全面审查,并作出是否核准死刑的决定。因此,其必须完成的任务有两项:一是查明原判认定的犯罪事实是否清楚,据以定罪的证据是否确实、充分,罪名是否准确,量刑是否适当,程序是否合法。二是依据事实和法律,作出是否核准死刑的决定,并制作相应的司法文书。

(二)意义

死刑复核程序是一项非常重要的特别程序,其设置充分体现了慎杀与少杀的方针政策,对于保证办案质量,保障公民权益,保障社会长治久安具有重要意义。

1. 有利于保证死刑适用的正确性

在保留死刑的我国,通过设置死刑复核程序,使死刑案件在一审和二审的基础上又增加了一道检验程序,有助于保证死刑的正确性,防止错杀、滥杀,维护社会的公平正义。

2. 有利于统一死刑尺度

由于死刑案件的核准权由最高人民法院和高级人民法院行使,所以能保证死刑执法尺度的统一,防止各地宽严不均、执法不严的情况。而且通过这一程序,最高人民法院和高级人民法院能及时发现问题,纠正错误并总结经验和教训,更好地指导下级法院提高审判质量,保障法律的统一有效适用。

➢ 争论

一般认为,死刑复核程序是两审终审制之外的一个特别程序,仍然属于法院的审判程序,因而应当遵循法庭对席审判的原则与程序。另有观点认为,死刑复核程序是一种对死刑裁判的特别审核监督程序,具有单向审核的特点,不适用对席审判、开庭审判的原则与程序,复核法院通常情况下也只作核准或者撤销原裁判的裁决,一般不进行改判。

第二节　死刑立即执行案件的复核程序

一、死刑立即执行案件的核准权

死刑案件核准权是对死刑(包括死缓)判决、裁定复核与批准的权限。

虽然《刑事诉讼法》和《刑法》一直都规定死刑核准权归最高人民法院，但自1980年起，不断地有部分案件的死刑核准权下放给各高级人民法院。1980年2月12日五届人大十三次会议决定，在1980年内，对现行的杀人、强奸、抢劫、放火等犯有严重罪行而判死刑的案件，最高人民法院可授权高级人民法院核准。1981年6月五届人大十九次会议决定，除反革命和贪污等判处死刑的案件由最高人民法院核准外，在1981—1983年内对杀人、强奸、抢劫、放火、投毒、决水和破坏交通、电力设施等罪行，由高级人民法院判处死刑或由中级人民法院一审判处死刑，被告人不上诉的，不必报最高人民法院核准。1983年9月2日六届人大二次会议修改了《人民法院组织法》，将第13条修改为："死刑案件除由最高人民法院判决外，应当报请最高人民法院核准。杀人、强奸、抢劫、爆炸以及其他严重危害公共安全和社会治安判处死刑案件的核准，最高人民法院在必要的时候，得授权省、自治区、直辖市的高级法院行使。"据此最高人民法院于1983年9月7日《关于授权高级人民法院核准部分死刑案件的通知》，将上述几种案件的死刑核准权授予高级人民法院和解放军军事法院行使。这一决定当时得到了全国人大常委会组成人员的普遍支持。他们认为，当前许多地方出现的凶杀、抢劫、强奸、盗窃等严重犯罪活动，是社会治安中存在的一个比较突出的问题。这个问题不解决，势必影响到安定团结政治局面的巩固和发展，人民生命财产的安全就得不到保障，物质文明建设和社会主义精神文明建设就不能顺利进行。包括这项决定在内的系列"严打"举措取得了明显成效。次年9月，公安部通报说：1984年1月至8月，全国刑事案件的发案数与上年同期比较，下降了31%，犯罪率接近新中国成立以来最低值……一些地方出现的"坏人神气，好人受气"的不正常现象得到抑制。

最高人民法院接着于1991年、1993年、1996年、1997年以通知的形式授权云南、广东、广西、甘肃、四川和贵州高级人民法院核准毒品犯罪的死刑案件（最高法院判决和涉外的毒品犯罪死刑案件除外）。最高人民法院还在《刑法》修订后继续维持部分案件死刑核准权的下放格局。1997年9月26日发布的《关于授权高级人民法院和解放军军事法院核准部分死刑案件的通知》规定："鉴于目前的治安形势以及及时打击严重刑事犯罪的需要，有必要将部分死刑案件的核准权继续授权由各高级人民法院、解放军军事法院行使，并进一步明确今后本院授权各省、自治区、直辖市高级人民法院、解放军军事法院核准死刑案件的范围。现通知如下：自一九九七年十月一日修订后的刑法正式实施之日起，除本院判处的死刑案件外，各地对刑法分则第一章规定的危害国家安全罪，第三章规定的破坏社会主义市场经济秩序罪，第八章规定的贪污贿赂罪判处死刑的案件，高级人民法院、解放军军事法院二审或复核同意后，仍应报本院核准。对刑法分则第二章、第四章、第五章、第六章（毒品犯罪除外）、第七章、第十章规定的犯罪，判处死刑的案件（本院判决的和涉外的除外）的核准权，本院依据《中华人民共和国人民法院组织法》第十三条的规定，仍授权由各省、自治区、直辖市高级人民法院和解放军军事法院行使。但涉港澳台死刑案件在一审宣判前仍须报本院内核。对于毒品犯罪死刑案件，除已获得授权的高级人民法院可以行使部分死刑案件核准权外、其他高级人民法院和解放军军事法院在二审或复核同意后，仍应报本院核准。"

这种核准权的下放在打击犯罪的同时，却给死刑的控制适用、统一适用带来了负面影响，降低了冤假错案被纠正的机率。1996年《刑事诉讼法》修改时，最高人民法院就酝酿着收回死刑核准权。1999 年，最高人民法院在制定《人民法院五年改革纲要》时，再次酝酿将死刑核准权收归最高人民法院行使。2002 年，党的十六大提出推进司法体制改革的任务。中央在《司法体制和工作机制改革的初步意见》中进一步明确提出："改革目前授权高级人民法院行使部分死刑案件核准权的做法，将死刑案件核准权统一收归最高人民法院。"2005 年 10 月，最高人民法院发布《人民法院第二个五年改革纲要》，明确表示："最高人民法院根据党和国家关于尊重与保障人权及严格限制死刑的政策精神，决定改变目前授权高级人民法院行使部分死刑案件核准权的做法，将死刑核准权统一收归最高人民法院行使。"

终于在 2006 年 10 月 31 日，十届全国人大常委会第二十四次会议表决通过《关于修改人民法院组织法的决定》，将人民法院组织法的第 13 条修改为："死刑除依法由最高人民法院判决的以外，应当报请最高人民法院核准。"该决定自 2007 年 1 月 1 日起施行。这就废止了原来的死刑核准权可以授权给高级人民法院的规定，将其彻底收回最高人民法院。这既反映了我国社会形势和刑事司法的变化，也推动了我国的刑事司法改革向保障人权方向迈进。这成为当年最值得关注的改革举措与法治事件。

2007 年 1 月 1 日，最高人民法院正式将下放的死刑复核权收回，并在原来刑一庭，刑二庭的基础上增加三个死刑复核庭——刑三庭、刑四庭、刑五庭，具体负责全国死刑案件的复核。

二、死刑立即执行案件的报请复核

(一)报请程序

根据《刑事诉讼法》第 200 条，1998 年最高人民法院《刑事诉讼法解释》(以下简称《解释》)第 274 条、第 275 条规定，死刑立即执行案件的报请程序如下：

1. 对于因检察院抗诉而由法院按照第二审程序改判死刑的案件，应报请最高人民法院核准。

2. 中级人民法院判处死刑的第一审案件，没有上诉、抗诉的，在上诉期满后 3 日内报请高级人民法院复核。高级人民法院经过复核同意判处死刑的，依法作出裁定后，应报请最高人民法院核准；高级人民法院不同意判处死刑的，应提审或发回重审。

3. 中级人民法院判处死刑的第一审案件，有上诉或抗诉，高级人民法院终审裁定维持死刑判决的，报请最高人民法院核准。高级人民法院经过第二审程序不同意判处死刑而改判为死缓程序的，即为终审程序，也为核准程序，不再报最高人民法院复核。

4. 高级人民法院判处死刑的第一审案件，没有上诉、抗诉的，在上诉期满后 3 日内报请最高人民法院核准。

5. 判处死刑缓期执行的罪犯，在死刑缓期执行期间，如果故意犯罪，查证属实，应当执行死刑的，由高级人民法院报请最高人民法院核准。

《刑事诉讼法解释》第 279 条还规定，被告人被判处死刑的数罪中，如果有应当由最高人民法院核准的，或共同犯罪案件部分被告人被判处死刑的罪中有应由最高人民法院核准的，都必须将全案报请最高人民法院核准。

案例分析

在一起共同犯罪案件中，被告人王某被判处死刑，被告人夏某被判处有期徒刑13年，最高人民法院在复核此案时，下列哪些做法是正确的?

A. 既审查被告人王某的判决部分，也审查夏某的判决部分；

B. 只对判决死刑的部分进行核准；

C. 对有关夏某的判决部分应先停止执行，待对死刑判决复核后再开始执行；

D. 对全案的审查，不影响对已生效的夏某判决的执行。

解答：ABD。

(二)报请材料

根据《刑事诉讼法解释》第280条、第281条规定，中、高级人民法院报请复核死刑(包括死缓)案件，应当一案一报。需报送的材料有报请复核的报告、死刑(包括死缓)案件综合报告、判决书各15份，以及全部诉讼案卷与证据。共同犯罪案件，应移送全案的诉讼案卷和证据。

报请复核的报告，应当载明案由、简要案情和审理过程及判决结果。

案件综合报告应当包括以下主要内容：(1)被告人的姓名、性别、出生年月日、民族、文化程度、职业、住址、简历以及拘留、逮捕、起诉的时间和现在被羁押的处所；(2)被告人的犯罪事实，包括犯罪时间、地点、动机、目的、手段、危害后果以及从轻、从重处罚等情节，认定犯罪的证据，定罪量刑的法律依据；(3)需要说明的其他问题。

诉讼案卷和证据，根据案件具体情况应当包括以下内容：(1)拘留证、逮捕证、搜查证的复印件；(2)扣押赃款、赃物和其他在案物证的清单；(3)公安机关、国家安全机关的起诉意见书，或者人民检察院的侦查终结报告；(4)人民检察院的起诉书；(5)案件的审查报告、法庭审理笔录、合议庭评议笔录和审判委员会讨论决定笔录；(6)被告人上诉状、人民检察院抗诉书；(7)人民法院的判决书、裁定书和宣判笔录、送达回证；(8)能够证明案件具体情况并经过查证属实的各种肯定的和否定的证据，包括物证或者物证照片、书证、证人证言、被害人陈述、被告人供述和辩解。

三、判处死刑立即执行案件的复核

(一)复核与审查

根据《刑事诉讼法》第202条规定，最高人民法院复核死刑案件，高级人民法院复核死缓案件，应当由审判员3人组成合议庭进行。

1. 全面审查

最高人民法院、最高人民检察院、公安部、司法部 2007 年发布的《关于进一步严格依法办案确保办理死刑案件质量的意见》(以下简称《四机关死刑质量意见》)第 39 条规定:“复核死刑案件,应当对原审裁判的事实认定、法律适用和诉讼程序进行全面审查。”最高人民法院《解释》第 283 条规定,复核死刑、死缓案件,应当全面审查以下内容:(1)被告人年龄,有无刑事责任能力,是否是正在怀孕妇女;(2)主要事实是否清楚,证据是否确实、充分;(3)犯罪情节、后果及其危害程度;(4)原审判决适用法律是否正确,是否必须判处死刑,是否必须立即执行;(5)有无法定、酌定从轻或者减轻处罚情节;(6)其他应审查情况。

根据《刑事诉讼解释》第 287 条规定,共同犯罪案件中,部分被告人被判处死刑的,最高人民法院或者高级人民法院复核时,应当对全案进行审查,但不影响对其他被告人已经发生法律效力判决、裁定的执行;若发现其他被告人已经发生法律效力的判决、裁定确有错误时,可以指令原审法院再审。

2. 提审被告

根据《刑事诉讼法解释》第 282 条规定,高级人民法院复核或核准死刑(包括死缓)的案件,必须提审被告人。《四机关死刑质量意见》第 42 条明确规定:“高级人民法院复核死刑案件,应当讯问被告人。最高人民法院复核死刑案件,原则上应当讯问被告人。”

3. 阅卷为主

《四机关死刑质量意见》第 41 条明确规定:“复核死刑案件,合议庭成员应当阅卷,并提出书面意见存查。对证据有疑问的,应当对证据进行调查核实,必要时到案发现场调查。”

4. 听取辩方意见

《四机关死刑质量意见》第 40 条规定:“死刑案件复核期间,被告人委托的辩护人提出听取意见要求的,应当听取辩护人的意见,并制作笔录附卷。辩护人提出书面意见的,应当附卷。”

5. 撰写审理报告

根据《刑事诉讼法解释》第 284 条规定,合议庭对报请核准的死刑(死刑缓期两年执行)案件全面审查后,应当进行评议并写出复核审理报告,报告包括以下内容:(1)案件的由来和审理经过;(2)被告人和被害人简况;(3)案件的侦破情况;(4)原审判决要点和控辩双方意见;(5)对事实和证据复核后的分析与认定;(6)合议庭评议意见、审判委员会讨论决定意见;(7)需要说明的问题。

(二)复核后的处理

根据 2007 年发布的《最高人民法院关于复核死刑案件若干问题的规定》(以下简称《复核死刑规定》)规定,最高人民法院对死刑案件复核后,应作出核准的裁定、判决或不予核准的裁定:

1. 原判决认定事实和适用法律正确、量刑适当的,诉讼程序合法的,裁定予以核准;原判判处死刑并无不当,但具体认定的某一事实或者引用的法律条文不完全准确、规范的,可以在纠正后作出核准死刑的判决或者裁定。

2. 原审判决认定事实不清、证据不足的,裁定不核准,并撤销原判,发回重审。

3. 原审判决认定事实正确,但依法不应当判处死刑的,裁定不予核准,并撤销原判,发回重审。

4. 发现原审法院违反法定的诉讼程序,可能影响正确判决的,应当裁定不予核准,并撤销原判,发回重审。

5. 数罪并罚案件,一人有两罪以上被判处死刑,最高人民法院复核后,认为其中部分犯罪的死刑裁判认定事实不清、证据不足的,对全案裁定不予核准,并撤销原判,发回重新审判;认为其中部分犯罪的死刑裁判认定事实正确,但依法不应当判处死刑的,可以改判并对其他应判处死刑的犯罪作出核准死刑的判决。

6. 一案中两名以上被告人被判处死刑,最高人民法院复核后,认为其中部分被告人的死刑裁判认定事实不清、证据不足的,对全案裁定不予核准,并撤销原判,发回重新审判;认为其中部分被告人的死刑裁判认定事实正确,但依法不应当判处死刑的,可以改判并对其他应判处死刑的被告人作出核准死刑的判决。

➢ 争论

1998 年最高人民法院《刑事诉讼法解释》第 285 条规定了复核死刑案件的 3 种处理方式,即核准、发回重审和改判。2007 年《复核死刑规定》对此修改为核准和不核准,仅在少数特定情况下才可改判。这反映了最高人民法院对死刑复核程序认识的转向。

根据《复核死刑规定》第 8 条规定,最高人民法院裁定不予核准死刑的,根据案件具体情形可以发回第二审法院或第一审法院重审。高级人民法院依照复核程序审理后报请最高人民法院核准死刑的案件,最高人民法院裁定不予核准死刑,发回高级人民法院重审的,高级人民法院可以提审或发回第一审人民法院重审。

根据《复核死刑规定》第 9 条、第 10 条规定,发回第二审法院重审的案件,第二审法院可以直接改判;必须通过开庭审理查清事实、核实证据或纠正原审程序违法的,应当开庭审理。而发回第一审法院重审的案件,应开庭审理。发回重审的案件如果适用一审程序,其裁判可以上诉、抗诉;如果适用二审程序,其作出的裁判为生效裁判。

第三节　死刑缓期两年执行案件的复核程序

一、死刑缓期两年执行案件的核准权

死刑缓期执行案件除由最高人民法院判决外,一般都由高级人民法院核准。《刑事诉讼法》第 201 条规定:“中级人民法院判处死刑缓期两年执行的案件,由高级人民法院核准。”

二、死刑缓期两年执行案件的报请复核

死刑缓期执行案件报请复核程序与报请材料审查，与死刑立即执行案件基本一致，其特殊之处在于：第一，根据《刑事诉讼法解释》第278条规定，中级人民法院判处死刑缓期两年执行的案件，没有上诉、抗诉的，应报请高级人民法院核准。第二，中级人民法院判处死刑缓期两年执行的案件，有上诉或抗诉的，高级人民法院同时进行二审与复核程序，同意判处死刑缓期两年执行的，作出维持原判并核准死刑缓期执行两年的裁定；如果认为原判量刑过重，应当依法改判，如果认为事实不清、证据不足的，应裁定发回重新审判。第三，高级人民法院判处死刑缓期两年执行的一审案件，被告人不上诉、检察院不抗诉的，即作出核准死刑缓期两年执行的裁定。

三、死刑缓期两年执行案件复核后的处理

死缓案件经过高级人民法院复核以后，可分别作出以下处理：(1)原判决认定事实清楚，证据确实、充分，适用法律正确，量刑适当的，裁定予以核准死缓判决；(2)原判决认定事实不清、证据不足的，应裁定撤销原判，发回重审；(3)原判决认定事实正确，但适用法律有错误，或量刑不当，不同意判处死刑的，应当改判；(4)发现原审人民法院违反法律规定的诉讼程序，可能影响正确判决的，应当裁定撤销原判，发回重审。

根据《六机关规定》第47条规定，高级人民法院核准死刑缓期两年执行的案件，应作出核准或不核准的决定，不能加重被告人的刑罚。最高人民法院《解释》第278条也规定，高级人民法院核准死刑缓期两年执行的案件，不得加重被告人的刑罚，也不得以提高审级等方式加重被告人的刑罚。

无论是中级人民法院报请核准或是高级人民法院判决并核准的死缓案件，还是直接改判的案件，高级人民法院复核后作出的裁判均立即发生法律效力，一经宣告，立即交付执行。当然，根据《刑事诉讼法解释》第286条规定，高级人民法院复核后发回原审法院重新审判的案件，重新审判所作的判决、裁定，被告人可上诉，检察院可抗诉。

延伸阅读⇨

死刑复核的诉讼化改造

目前的死刑复核程序设计，在立法层面上存在的主要问题是：其一，死刑复核程序封闭运作，奉行行政式的内部审批模式，基本上排除了被告人、辩护律师的参与。死刑复核程序不公开，且缺乏透明性，这样难免导致我国“慎杀”的刑事政策无法落实，导致死刑案件的程序保障水平低下。其二，现行法律及相关司法解释的规定，导致死刑核准权存在于不同层级法院。这也反映出不同类型的案件得到的重视程度不同，从而导致死刑复核的标准无法统一。就实践层面而言，死刑复核程序在运作过程中同样存在程序封闭、缺乏参与性以及死刑复核流于形式的问题。死刑复核程序往往与二审程序合而为一，导致死刑复核功能名存实

亡。

通观保留死刑案件的相关程序和联合国文件的要求，世界上大多数国家设计的均是诉讼化的死刑复核程序：

1. 1971年12月20日联合国大会第2857(XXVI)号决议确认，应将逐渐限制可以判处死刑的罪行的数目作为在这一领域中追求的主要目标，以实现在所有国家废除死刑的理想。1984年5月25日，联合国经济及社会理事会通过了《关于保护死刑犯权利的保障措施》(以下简称《保障措施》)，旨在就目前死刑还不能完全废除的情况下，对被判处死刑的人进行特殊的保护。《保障措施》就死刑犯在实体方面和程序方面的权利保障作了规定。从程序方面的权利保障看，首先，根据第4条的规定，只有在对被告人的罪行根据明确和令人信服的证据且对事实没有其他解释余地的情况下，才能对其判处死刑。其次，根据第5条的规定，只有在经过法律程序提供确保审判公正的各种可能的保障，至少相当于《公民权利和政治权利国际公约》第14条所载的各项措施，包括任何被怀疑或被控告犯有可判处死刑的人有权在诉讼过程的每一阶段取得适当的法律帮助后，才可根据主管法庭的终审判决执行死刑。再次，根据第7条的规定，死刑犯有上诉和要求赦免或减刑的权利。最后，《保障措施》在第8条规定，在任何上诉或采取其他申诉程序或与赦免或减刑相关的其他程序期间，不得执行死刑。① 其中，《保障措施》第5条、第7条和第8条的规定就体现了要求死刑案件的司法程序必须最少保障两级诉讼式审理的原则。

2. 联合国经济及社会理事会1989年5月24日通过的《保护死刑犯权利的保障措施的执行情况》第1条第b款中规定："对所有死刑案件规定强制上诉或复审，并有宽大或赦免的规定"，这一文件还促请会员国如有可能，每年公布许可处以死刑的种类罪行采用死刑的情况，包括判处死刑人数、实际处决人数、被判死刑但尚未执行人数、经上诉后撤销死刑或减刑人数以及给予宽大处理人数，并包括其国内法在何种程度上载入了上文提到的保障措施的情况。

3. 在保留死刑的国家中，大都设计了关于死刑案件强制上诉或者强制审查的规定。

《日本刑事诉讼法》第360条之二关于死刑案件的强制上诉的规定是："对判处死刑、无期惩役或者无期监禁的判决的上诉，不受前两条规定(关于上诉的放弃和撤回的规定)的限制，不得放弃。"

在美国，联邦和保留死刑各州也大都存在对死刑案件强制审查的规定。美国刑事案件的救济分为通常救济和非常救济。通常救济的特点在于：其一，控方不得对于无罪判决提出上诉；其二，上诉法院原则上不审查案件的事实问题，只审查审判程序是否违法。因此，有罪判决的上诉基本上是专门给被告人提供具体救济的程序，在死刑案件中也只有被告人才会提出。非常救济是被告人在通常上诉程序中未能获得期待救济的情况下，继续通过人身保护程序寻求救济的一种特殊的救济方式。根据美国联邦和保留死刑各州的法律，死刑判决不论控辩双方是否上诉，一律实行"强制审查"，即不待当事人上诉，由初审法院在规定的期间届满后直接呈报有管辖权的上诉法院进行审查。其中，阿拉巴马和俄亥俄两州以及联邦

① 杨宇冠、杨晓春编：《联合国刑事司法准则》，中国人民公安大学出版社2003年版，第439～441页。

法院系统甚至要求由两级上诉法院进行强制审查，以确保死刑判决公正合法。[1]

阅读链接⇨

- 1. 田文昌主编：《刑事诉讼法再修改律师建议稿与论证》，法律出版社 2007 年版。
- 2. 杨文革：《死刑程序控制研究》，中国人民公安大学出版社 2009 年版。
- 3. 杨文革：《死刑演变要略》，中国人民公安大学出版社 2011 年版。

➢ 讨论题

1. 死刑核准权的变迁与冤假错案预防、死刑废除间的关系。

2. 现行死刑复核程序的问题及其改革。

3. 死刑复核程序的行政化运行与诉讼化改造。

4. 案例讨论：

刑事辩护人 H 律师接待了一位形容憔悴的中年妇女。她的弟弟因贩毒罪被某省高院判处死刑。她把为自己唯一弟弟寻求生机的“最后一根救命稻草”——死刑复核申诉权，委托给 H 律师。

半个月后，H 律师直诉死刑复核的最大尴尬：与其说死刑复核是司法程序，不如说它是行政系统的内部复查程序。不公开是 H 遇见的一大堵。案件目前有无移送到最高人民法院复核？最高人民法院拒不作答。那就去二审法院所在地！通过该地区合作者的上下打听，才知道案子已移送出去了。接着，他遇到了第二个关卡：无法会见当事人。被告人的亲人几欲崩溃，姐姐不知道弟弟的状况怎么样，恳请律师能让她和弟弟见上一面。但连律师会见权利在死刑复核程序中也被抹去，何况亲属会见。

见不到人，H 律师就去了最高法院。第三只拦路虎挡在面前：死刑复核是完全封闭的上下级法院的书面审理程序。想查阅案卷，法院不安排；想知道审理进程，法院拒绝透露；要向法院递送案件补充材料，主审法官与联系方式并不公开。

实践中，那些没有熟人和关系的律师只有去信访。到最高法院的人民来访接待室排队、领号、等通知。因此，死刑复核律师们也夹杂在众多上访者中间排队“递交约见法官、递交法律文件、证据的申请”。

问题：请结合 H 律师的经历，谈谈死刑复核中的辩护权保障以及死刑复核程序诉讼化改造的途径问题。

---

① 〔英〕罗吉尔·胡德：《死刑的全球考察》，刘仁文、周振杰译，中国人民公安大学出版社 2005 年版，第 315～316 页；〔美〕伟恩·R. 拉费弗、杰罗德·H. 伊斯雷尔、南希·J. 金：《刑事诉讼法》，卞建林、沙丽金等译，中国政法大学出版社 2003 年版，第 1315 页；孙长永：《通过正当程序控制死刑的适用——美国死刑案件的司法程序及其借鉴意义》，载赵秉志、邱兴隆主编：《死刑正当程序之探讨——死刑的正当程序学术研讨会文集》，中国人民公安大学出版社 2004 年版，第 49～69 页。

第十八章 审判监督程序

第一节 审判监督程序概述

一、审判监督程序的概念

审判监督程序,又称再审程序,是指人民法院、人民检察院对已经发生法律效力的判决和裁定,认为在认定事实或适用法律上确有错误,依法提起并对案件进行重新审判的一项特别审判程序。

审判监督程序与审判监督是两个不同的法律概念。审判监督泛指有关机关、社会团体和公民对人民法院审判工作实行的监督,既包括人民检察院对审判工作的监督,也包括法院系统内上级法院对下级法院的监督,同时还包括国家权力机关、人大代表、人民群众及新闻媒体等对审判工作的社会监督。审判监督程序则是为了纠正错误裁判而提起的诉讼程序,是对已经发生法律效力的判决和裁定,经审查发现确有错误的,依法提起并进行重新审判的特殊程序。因此,审判监督程序仅是审判监督的一种形式,并非审判监督的全部内容。

争论

再审程序的设置是否违反"一事不再理"或者"禁止双重危险"原则?有人认为,我国的再审程序是在刑事裁判生效后再次启动审判程序,损害了裁判的既判力,是对已经审理终结的案件或者已受法律裁决评价者进行再次审理,在程序上构成了"一事再理"或"双重危险"。但主流观点认为,无论"一事不再理",还是"禁止双重危险"原则,都旨在维护判决的稳定性,保障被告人的人权,规范国家权力的运行。若片面强调维护裁判的稳定性和法院的裁判权威,势必使遭受裁判不公的被告人处于申诉无门的不利境地,不利于错误裁判的纠正和司法权威的建立。再审制度遵循有错必纠的原则,有助于改善被告人遭受错判的不利境遇,有助于防止对真正犯罪人的放纵,能够从根本上维护司法公正。

二、审判监督程序的任务

首先,审判监督程序的任务是纠正发生法律效力的错误的裁判结论,使案件得到重新审查和处理，以维护法院裁判的公正性。判决和裁定是法院代表国家行使审判权的具体结果，具有权威性、严肃性及稳定性，任何机关和个人都不能任意变更或者撤销。但生效判决和裁定的稳定性应当建立在正确性的基础上。由于刑事案件本身的复杂性和办案人员主观方面的原因，都可能导致生效判决和裁定存在错误。如果这种错误确实存在，就应当按照法定程序及时纠正，使案件得到正确处理。

其次，审判监督程序的任务还在于正确有效地惩罚犯罪分子，充分保障无罪的人的合法权益。刑事裁判是对被告人的生命、自由、财产等重大权益的处分，关系到当事人的切身利益，如果裁判不当，就会对当事人的正当权利和合法权益造成不应有的侵害，或者导致轻纵犯罪的后果，并有损司法机关的形象和权威，降低司法公信力。同时，审判监督程序也是无罪的人获得法律救济与维护合法权益的唯一正当途径。因而，审判监督程序作为一种纠错性和救济性程序，可以通过纠正确有错误的裁判的方式，完成正确有效惩罚犯罪，保障无罪的人的合法权益的任务。

三、审判监督程序的意义

作为一种特殊的刑事审判程序，审判监督程序在刑事诉讼中具有十分重要的意义。具体体现在：

1. 审判监督程序有利于国家刑罚权的实现

刑罚权是国家权力的重要组成部分。人民法院作为国家审判机关，代表国家行使刑罚权，以国家强制力保证裁判结论的严肃性和权威性，任何机关和个人都不能轻易变更或撤销。然而，生效裁判的稳定性应当建立在认定事实和适用法律正确性的基础之上。刑事案件错综复杂，尽管经历侦查、起诉和审判，甚至有的案件还经过了二审、死刑复核等程序，但仍然可能在认定事实和适用法律方面存在错误。通过审判监督程序对案件的重新审查，可以将原生效裁判存在的错误及时加以纠正，使有罪的人受到与其罪行相适应的刑罚处罚，准确实现国家的刑罚权。

2. 审判监督程序有利于上级人民法院对下级人民法院审判工作的监督

《刑事诉讼法》第 205 条第 2 款和第 3 款规定，最高人民检察院和上级人民检察院、最高人民法院和上级人民法院在接受申诉及办案过程中，发现下级人民法院的生效判决确有错误，可以通过提出抗诉或提审、指令再审的方式，对下级人民法院的审判工作实行监督，纠正错误。下级人民法院通过接受抗诉和案件的重新审判，发现自己在认定事实和适用法律上存在的问题，以便及时纠正错误，有针对性地总结教训，改进审判工作，提高办案质量。

3. 审判监督程序有利于保障当事人的合法权益

《刑事诉讼法》第 203 条规定，当事人及其法定代理人、近亲属不服已生效的判决和裁定有权向司法机关提出申诉。这里的刑事诉讼当事人既包括被害人、自诉人，也包括犯罪嫌疑人和被告人。这表明法律既支持有利于被告人的再审，也支持不利于被告人的再审。由于刑事判决和裁定是对被告人的生命、自由、政治和财产等重大权利的处分，事关重大，如果处分不当，就会造成对被告人权利的不当侵犯。同时刑事裁判也是对被害人、自诉人的控告、起诉、上诉请求等权利的处分，如果处分错误，也会对他们的权利造成不应有的侵害。因此，我国审判监督程序是保护当事人双方利益的重要程序。

四、外国审判监督程序概览

现代各国都以专章或专篇的形式在其刑事诉讼法中规定了由于发现已经生效的判决、裁定存在错误,而对其进行重新审判或者改判的程序。但与我国不同的是,他们不把这种特殊的针对已生效裁判的程序称为审判监督程序,而是区分为再审程序和监督程序两种。其中,再审程序是对确定裁判发现事实有错误而进行重新审理的程序,监督程序是指发现确定裁判有违背法律的错误而依法予以纠正的程序,两者是以审理的对象来作为区分的标志的。①

大陆法系国家存在完整的审判监督程序,既有再审程序,也有监督程序。以法国和德国为代表,主要存在两种模式,一是“保护被告人模式”,二是“实体真实模式”。在前一模式下,再审只为被告人的利益而提起,不利于被告人的再审绝对禁止提起。而在后一种模式下,有利于和不利于被告人的再审都能够被提起,但相较有利于被告人的再审来说,提起不利于被告人的再审有更为严格的条件限制。在法国,司法部长、被判刑人以及在被判刑人死亡后代表其利益的人,如认为原审生效判决确有法定的错误和不当之处,可以向“有罪判决复议委员会”提出再审申请,经后者审查,认为符合条件的,可以将申请提交最高法院的刑事庭,从而启动再审程序。但是,被允许提出再审申请的只能是重罪法院和轻罪法院作出有罪判决的案件。而在德国,新的事实和证据的发现并不能成为启动不利于被告人再审的理由,只有部分程序上的错误才能引起这种不利性的再审。不仅如此,提起有利于被告人的再审不受任何时效的限制,而不利于被告人的再审则受到这种限制。

英美法系国家由于奉行“禁止双重危险”原则,一般没有建立起完整、系统的审判监督程序。被告人一旦被法院裁判有罪或者判处无罪,就不能受到重新起诉、审判或者量刑。但是,在遇有法定极其例外的情况时,法院也可以对已决案件进行重新审判。对这些审判的情况和程序,法律另行作出了规定,虽然不属于再审程序,但却具有和再审程序相似的纠错功能,类似于监督程序。这些制度主要有调卷令、人身保护令、禁审令、训令等。

第二节 审判监督程序的提起

一、提起审判监督程序的理由

我国《刑事诉讼法》第 205 条对提起审判监督程序的理由作了原则性规定,即“已发生法律效力的判决和裁定,如果发现在认定事实和适用法律上确有错误”,才能提起审判监督程序。

---

① 陈卫东著:《刑事审判监督程序研究》,法律出版社 2001 年版,第 30 页;同时参见徐静村主编:《刑事诉讼法学(修订本)(上)》,法律出版社 1999 年版,第 329 页。

(一)原裁判在认定事实上确有错误

原裁判在认定事实上的错误包括事实不清和证据不确实、充分两个方面。所谓事实不清，是指原裁判所认定的主要犯罪事实不清或者影响定罪量刑的重大情节不清楚或者一罪、数罪不清及共同犯罪中各被告人的罪责相混淆等；所谓证据不确实、充分，是指认定案件事实的证据不客观真实或者证据与案件事实之间无客观联系，或者证据之间有矛盾且矛盾不能得到合理排除，或者所得的结论显然不能排除其他可能，或者有新的证据表明原裁判所认定的事实确有错误等，均属于原裁判在认定事实上确有错误。

(二)原裁判在适用法律上确有错误

适用法律上的错误，首先是指适用实体法即《刑法》的错误。由于适用法条有误致使定性不准确，混淆了罪与非罪的界限，或者将此罪定为彼罪，轻罪定为重罪，重罪定为轻罪，从而造成量刑畸轻畸重，甚至错判无辜。其次是指适用程序法即《刑事诉讼法》的错误，主要表现为原审人民法院严重违反刑事诉讼程序。所谓严重违反刑事诉讼程序，是指违反《刑事诉讼法》第 191 条规定的 5 种情形。在裁判生效后发现有上述情形之一的，也应当理解为适用法律上确有错误，作为提起审判监督程序的理由或条件。

提起审判监督程序的理由，法律上只笼统规定了“确有错误”。在审判实践中，所谓“确有错误的情况”主要包括：(1)判决或者裁定认定事实不清或证据不足；(2)判决或裁定违反法律、法令，适用法律不当；(3)严重违反法定的诉讼程序，有可能影响对案件的正确判决或裁定；(4)量刑畸轻畸重；(5)发现新事实、新证据且足以推翻原判决、裁定的正确性。①

二、提起审判监督程序的根据

提起审判监督程序的根据有两个，即司法公正和法律统一②。一般而言，因生效裁判认定事实的错误提起的再审侧重司法公正，因生效裁判适用法律的错误提起的再审则更侧重于法律统一。

1. 司法公正

司法公正在刑事司法过程中的实现是一个复杂而艰难的过程。司法公正的三要素即独立性、充分性和平等性，在审判过程中常因各种主客观因素，比如法庭自身判断能力的不完美、言词证据的不可信性、举证方式和调查证据上的缺陷、外力的介入等等而不能圆满实现，甚至出现严重扭曲的情形。在裁判生效后，国家往往面临维护裁判的既判力与实现司法公正之间的冲突。设立再审程序的国家均坚持在保证司法公正的基础上维护裁判的既判力。

2. 法律统一

通过对适用法律错误的生效判决进行再审，有助于司法机关统一对法律原则与立法精神的理解与把握。有些国家规定由最高法院对适用法律错误的生效裁判进行再审，其目的

---

① 沈福俊、叶青主编：《中国诉讼法学》，华东理工大学出版社 2007 年版，第 268 页。

② 徐静村主编：《刑事诉讼法学(上)》，法律出版社 2004 年版，第 330 页。

也即在此。可以说,法律统一是英美法系国家设立对生效裁判进行重新审理的主要目的所在。

三、提起审判监督程序的主体

根据我国《刑事诉讼法》第205条的规定,有权提起审判监督程序的主体是各级人民法院院长及其审判委员会、最高人民法院和上级人民法院、最高人民检察院和上级人民检察院。

1. 各级人民法院院长和审判委员会

各级人民法院院长和审判委员会提起再审的对象,只能是本院已经发生法律效力的判决和裁定,而不能是上级和其他同级人民法院已经发生法律效力的判决和裁定。再审的对象包括本院第一审生效、第二审生效和按照复核核准程序核准的裁判。如果案件已进入二审阶段,第一审人民法院的院长和审判委员会发现该裁判存在错误也无权决定再审,只能向第二审人民法院提出意见,由第二审人民法院决定是否提起再审。

各级人民法院院长对本院已经发生法律效力的判决和裁定,如果发现在认定事实或在适用法律上存在错误,必须提交审判委员会处理。提起审判监督程序的权力由院长和审判委员会共同行使,人民法院院长有提交权,而无决定权,而审判委员会只有决定再审的权力,却没有提出再审的权力。人民法院院长与审判委员会分工负责,相互制约。这样既有利于防止权力的滥用,也有利于查明案件事实,防止提起再审权力的滥用而破坏生效判决的既判力,保证再审案件的质量,切实维护当事人的合法利益。

各级人民法院对本院生效裁判提起审判监督程序的次数,法律没有作限制性规定。对于已经按照审判监督程序重新审结的案件,各级人民法院院长如果发现确有错误,既可以提交审判委员会处理,也可以报请上一级人民法院依照审判监督程序处理。

2. 最高人民法院和上级人民法院

最高人民法院可以对地方各级人民法院已经发生法律效力的判决和裁定进行再审,而上级人民法院只能对其所属的下级人民法院已经发生法律效力的判决和裁定进行再审。

最高人民法院和上级人民法院提起审判监督程序的方式是:提审和指令再审。提审是指最高人民法院或上级人民法院对认为确有错误的案件不需要或者不宜由原审法院重新审判而由自己审理的方式。而指令再审是最高人民法院和上级人民法院依法指令原审或本级人民法院的下级人民法院按审判监督程序进行重新审理的方式。在审判实践中,对于需要重新审判的案件,通常是指令下级人民法院再审。对于原判决、裁定认定事实正确,但在适用法律上有错误,或案情疑难、复杂、重大的,或者有其他不宜由原审人民法院审理情况的案件,也可以由最高人民法院或上级人民法院提审。提审和指令再审都需要制作再审决定书,由院长签名,并加盖人民法院印章。

3. 最高人民检察院和上级人民检察院

我国《刑事诉讼法》第205条和《人民检察院组织法》第18条规定,最高人民检察院对各级人民法院已经发生法律效力的判决和裁定,上级人民检察院对下级人民法院已经生效的判决或裁定,如果发现确有错误,有权按照审判监督程序向同级人民法院提起抗诉。

依照法律规定的职权分工，检察院按审判监督程序提起的抗诉可以直接启动审判监督程序。检察院依法独立行使检察权，依法对刑事诉讼实行法律监督。抗诉权源于公诉权又是公诉权的延伸，这两种权力的实际行使都包含有法律监督的内容。因而，检察机关为维护国家利益和任何一方当事人的合法权益都有权对生效错误裁判提出抗诉启动审判监督程序。

有权按照审判监督程序提起抗诉的，只能是最高人民检察院和上级人民检察院，同级人民检察院没有再审抗诉权。地方各级人民检察院发现同级人民法院已经发生法律效力的判决和裁定确有错误的，无权按照审判监督程序提起抗诉，应当报请上级人民检察院按照审判监督程序，向其同级人民法院提出抗诉。

人民检察院对于按审判监督程序提出抗诉的案件，认为人民法院作出的判决、裁定仍然存在错误的，如果案件是按第一审程序审判的，同级人民检察院应当通过第一审人民法院提出抗诉；如果案件是按第二审程序审判的，上一级人民检察院应当向同级人民法院提出抗诉。

根据《人民检察院刑事诉讼规则》的规定，最高人民检察院发现各级人民法院已经发生法律效力的判决或裁定确有错误，需要提出抗诉的，由控告申诉部门报请检察长提交检察委员会讨论决定，人民检察院决定抗诉后，由审查起诉部门直接向同级人民法院提出抗诉，或指令作出生效判决、裁定的人民法院的上一级检察院向同级人民法院提出抗诉。人民检察院按审判监督程序向人民法院抗诉的，应当将抗诉书副本报送上一级人民检察院。

地方各级人民检察院在向上级人民检察院提出《提请抗诉报告书》的同时，也可以向同级人民法院提出启动审判监督程序的建议。但是，这种建议不具备抗诉的法律效力，只能作为法院提起审判监督程序的一种材料来源。

➢ 争论

关于申诉权人能否成为再审程序的提起主体，一直存在不同看法。立法观点是，审判监督程序顾名思义是对法院审判实行的一种实质监督程序，为防止对生效裁判产生不必要的冲击，应由司法体制内的权力主体发动。学界有许多人认为，当事人及其法定代理人、近亲属的申诉只是提起审判监督程序的材料来源，申诉人不具有提起再审主体的资格，这种规定既违反诉讼原理，也不利于保障诉讼当事人的合法权益，有损司法公正。因为从理论上讲，依据不告不理、司法消极性原理，与案件有直接利害关系者即当事人或者公诉人才有权启动审判程序。我国《刑事诉讼法》没有赋予当事人提起再审程序的资格，是不正确的，限制了《宪法》第 41 条规定的公民申诉、控告、检举权的有效行使。从长期的司法实践看，法院有明显的压制、排斥申诉的职业倾向，有大量的申诉得不到应有的重视和正确的处理，检察机关受理申诉后因调卷审查等所需时间长、成本高而难以应付过多的申诉，因而，许多申诉人最后都加入到了上访人流中，影响社会的稳定。还有人主张，对生效裁判的审查监督实际上已超出了司法程序，应当在人大常委会下设司法监督专委会，受理审查申诉，发现错误的裁判，以权力机关、监督者的身份予以撤销并发回重审。

四、申诉的理由和法律效力

(一)申诉的理由

审判监督程序中的申诉,是指申诉权人对人民法院的生效裁判不服,以书状或口头方式向人民法院或人民检察院提出该裁判在认定事实或适用法律上的错误,并要求重新审判的行为。

《刑事诉讼法》第 204 条规定了人民法院对案件应当重新审判的 4 种情形,这些情形是人民法院重新审判案件的条件,为了达到启动审判监督程序的目的,可以将这 4 种法定情形作为申诉的理由。[①] 这 4 种情形是:

1. 有新的证据证明原判决、裁定认定事实有错误

"新的证据",是指在判决、裁定发生法律效力以后发现的,而原审法院在审判中尚未掌握的并能够证明原裁判所认定的事实不存在或严重失实的证据。"认定的事实确有错误"主要是指原裁判认定的主要事实不清、重大情节失实、缺乏确实充分的证据或者发现了新事实、新证据。

2. 据以定罪量刑的证据不确实、不充分或者证明案件事实的主要证据之间存在矛盾的

证据不确实、不充分,是指证据不足以证明主要犯罪事实或重大犯罪情节,或者证明案件的主要事实之间有矛盾,相互脱节,或者作为定案的证据未经法庭查证,或者只有被告人的口供而无其他证据印证,或者根据一部分证据做出的结论,不能对另一部分互相矛盾的证据作出合理的解释等等,这些情况都说明原裁判证据未达到证明标准,结论不唯一,不足以排除其他可能性。

3. 原判决、裁定适用法律确有错误

适用法律错误,既包括适用实体法错误,如罪与非罪不清、此罪彼罪不明以及轻罪重判、重罪轻判等,也包括适用程序法错误,如应当回避的人员未回避等。

4. 审判人员在审理该案时,有贪污受贿、徇私舞弊,枉法裁判行为

这里的审判人员包括原审合议庭成员、参与本案讨论的庭长、副庭长及所有审判委员会成员,只要有确实证据证明其中之一人有上述行为并造成枉法裁判的,都是引起再审的法定理由。

(二)申诉的法律效力

我国《刑事诉讼法》第 203 条明确规定,当事人等提出申诉,不能停止对原裁判的执行。之所以如此规定,一方面是因为要保持生效裁判的稳定性、严肃性;另一方面是因为申诉是否有理,原判是否存在错误必须通过正当的法庭审判程序进行审查和判断。相应地,原裁判是否需要停止执行也需要通过审判监督程序最后来作出决定。因此,在未作出改判之前,不能停止对生效裁判的执行。

---

① 陈卫东著:《刑事审判监督程序研究》,法律出版社 2001 年版,第 115～117 页。

五、对申诉的受理和审查处理

(一)申诉的受理

1. 应当受理的情形

对申诉的受理,是指人民法院或者人民检察院在收到申诉材料后对申诉材料所反映的事实等进行审查的活动。《最高人民法院关于规范人民法院再审立案的若干意见(试行)》(以下简称《若干意见》)第10条规定,人民法院对刑事案件的申诉人在刑罚执行完毕后两年内提出的申诉,应当受理;超过两年提出申诉,具有下列情形之一的,应当受理:(1)可能对原审被告人宣告无罪的;(2)原审被告人在本条规定的期限内向人民法院提出申诉,人民法院未受理的;(3)属于疑难、复杂、重大案件的。不符合前款规定的,人民法院不予受理。

2. 不予受理的情形

对以下申诉的情形,不予受理:(1)人民法院对不符合法定主体资格的申诉,不予受理。(2)上级人民法院对经终审法院的上一级人民法院依照审判监督程序审理后维持原判或者经两级人民法院依照审判监督程序复查均驳回的申诉案件,一般不予受理。但申诉人提出新的理由,且符合《刑事诉讼法》第204条及《若干意见》第10条规定条件的以及刑事案件的原审被告人可能被宣告无罪的除外。(3)最高人民法院再审裁判或者复查驳回的案件,申诉人仍不服提出申诉的,不予受理。

(二)申诉的审查处理

1. 人民法院对申诉的审查处理

根据《若干意见》第6条的规定,受理、审查处理申诉一般由终审人民法院进行。上一级人民法院对未经终审人民法院审查处理的申诉,一般交终审人民法院审查;对经终审人民法院审查处理后仍坚持申诉的,应当受理。对未经终审人民法院及其上一级人民法院审查处理,直接向上级人民法院申诉的,上级人民法院应当交下一级人民法院处理。

对最高人民法院核准死刑的案件或者授权高级人民法院核准死刑案件的申诉,可以由原核准的人民法院直接处理,也可以交由原审人民法院审查。原审人民法院应当写出审查报告,提出处理意见,逐级上报原核准的人民法院审定。

人民法院受理申诉后,应当在3个月内作出决定,至迟不得超过6个月。

人民法院经过审查,认为有《刑事诉讼法》第204条规定的情形之一的,应当按照审判监督程序重新审判。认为不符合上述情形的申诉,应当说服申诉人撤回申诉;对仍然坚持申诉的,应当书面通知驳回。申诉人对驳回仍不服的,可以向上一级人民法院申诉。上一级人民法院同样认为申诉不符合《刑事诉讼法》第204条规定的,应当予以驳回。经两级人民法院审理后又提出申诉的,如果没有新的充分理由,人民法院可以不再受理。

2. 人民检察院对申诉的审查处理

根据《人民检察院刑事诉讼规则》第405条规定,当事人及其法定代理人、近亲属对已经发生法律效力的判决、裁定,认为有错误向人民检察院申诉的,人民检察院控告申诉部门、监所检察部门应当分别受理，依法审查，并将审查结果告知申诉人。

人民检察院对申诉材料应迅速审查，认为需要复查的，由承办人填写“案件处理呈批表”，经主管领导批准后审查。对于批准复查的申诉案件，应当拟定复查计划表，确定需要查清的主要问题以及复查的方法、步骤、措施和完成的时间等。复查终结后，办案人员应制作结案报告。结案处理必须履行法律手续。原判决、裁定正确的，驳回申诉，并制作“驳回申诉通知书”。原判决、裁定确有错误，需要纠正的，应制作“改判建议书”，建议人民法院重新审理；必要时经报检察长或检察委员会决定，可按审判监督程序提出抗诉。

争论

有学者认为由人民检察院受理、审查申诉不合理，因为当事人一旦向检察院提出申诉，就实际上处于申请者的地位，而检察院则处于裁判者的地位。检察院能够接受当事人的申诉并作出审查结论这一事实，使得它与法院一样，都具有“司法机构”的性质，也都对于再审程序的启动拥有最终的、权威的决定权。这必然导致那些不利于被告人的再审较之有利于被告人的再审而言，在启动方面具有重大的可能性和便利条件。

第三节　按照审判监督程序对案件的重新审判

一、重新审判的原则

人民法院依照审判监督程序对案件进行重新审判时，首先应当贯彻全面审查的原则。对原判决、裁定在认定事实、证据和适用法律方面进行全面审查，而不受申诉和抗诉范围的限制。人民法院在全面审查的基础上，对原判决、裁定中确有错误的部分依法进行纠正，作出正确的裁判，满足刑事诉讼对实体真实的追求。

其次应当坚持有错必纠的原则。对原审人民法院在认定事实、证据、适用实体法和程序法上存在的错误，应在全面审查的基础上予以纠正，全部错全部改、部分错部分改、不错不改，以提高再审案件的审判效率与审判质量。

此外，程序安定也是人民法院依照审判监督程序对案件进行重新审判时应当遵循的原则。这就要求人民法院应充分注重维护已生效裁判的权威性与稳定性，杜绝随意、反复再审，做到维护程序安定前提下的有错必纠，一方面节约司法资源，另一方面树立司法权威，保护公民权益。

二、重新审判的法院

根据《刑事诉讼法》第 205 条的规定，人民法院对确有错误的判决、裁定进行重新审判时，如果是人民法院决定再审的案件，则重新审判的法院既可以是作出原生效判决、裁定的法院，也可以是决定提审的任何上级人民法院，还可以是决定重新审判的上级人民法院指令再审的任何下级人民法院；如果是人民检察院抗诉的案件，则只能由接受抗诉的人民法院依法组成合议庭进行重新审判，只有在原判决、裁定事实不清或证据不足时，接受抗诉的人民法院才可指令下级人民法院再审。

三、重新审判所适用的程序

根据《刑事诉讼法》第 206 条、《最高人民法院关于执行刑事诉讼法若干问题的解释》与《人民检察院刑事诉讼规则》的相关规定，人民法院依照审判监督程序在对案件进行重新审判时，应遵循以下程序：

1. 重新审判的审理程序和原生效判决的审理程序一致。原审是第一审案件，应当按照第一审程序进行审理，所作的判决、裁定，当事人可以上诉，检察院也可以抗诉；原审是第二审案件或是上级人民法院提审的案件，应当按照第二审程序进行审判，所作的判决、裁定是终审的判决、裁定，不得上诉和抗诉。

2. 重新审判时，应当另行组成合议庭进行审理，即审理过该案件的合议庭组成人员应当回避，以避免先入为主，影响案件的客观公正审理。因此，参加过本案第一审、第二审、死刑复核程序审判的合议庭组成人员，不得参与本案再审程序的审判。

3. 重新审判时，除人民检察院提起抗诉的案件除外，人民法院应当制作再审决定书，送达人民检察院、原审当事人及其法定代理人，但一般不撤销原判，再审期间不停止原判决、裁定的执行。

4. 人民法院通知人民检察院出席再审法庭的，人民检察院应当派员出席。人民法院审理人民检察院提出抗诉的再审案件，对人民检察院接到出庭通知后未出庭的，应当裁定按人民检察院撤回抗诉处理，并通知诉讼参与人。人民检察院派员出席再审法庭，应当与人民法院的审级相适应。

5. 凡属重新审判的案件，不仅错综复杂、新旧事实和证据交错，而且各方意见分歧较大，因此，人民法院对于再审案件，一般应当开庭审理。根据《最高人民法院关于刑事再审案件开庭审理程序的具体规定》第 5 条与第 6 条的规定，对于下列再审案件，人民法院应当依法开庭审理：(1)依照第一审程序审理的；(2)依照第二审程序需要对事实或者证据进行审理的；(3)人民检察院按照审判监督程序提出抗诉的；(4)可能对原审被告人(原审上诉人)加重处罚的；(5)有其他应当开庭审理情形的。对于开庭审理的再审案件，除非具备法律规定的情形，否则应当公开审判。

6. 按照审判监督程序进行再审的刑事自诉案件，应当依法作出判决、裁定；附带民事部分可以调解结案。

➢ 争论

有学者提出对我国的审判监督程序实行一审终审制改造，即再审程序不再区分为一审与二审程序，而是统一为审判监督程序，并且再审作出的裁判为终审裁判，一经作出，立即生效。审判监督程序实行一审终审制，基于以下理由：首先，审判监督程序作为特别救济程序,若完全适用第一审或第二审程序会抹杀其特殊性;其次,实行一审终审可以缩短诉讼周期,尽快实现裁判的稳定性,并且也有利于实现国家司法资源的优化配置,提高综合诉讼效益;最后,由于再审是在具备法定的条件下由法定的机关启动的,人民法院要在全面审查的基础上进行必要的调查,并且再审的期限较一、二审程序都长,因此,实行一审终审能够保证程序的公正价值。

四、重新审判后的处理

根据《最高人民法院执行刑事诉讼法若干问题的解释》第312条的规定,人民法院按照审判监督程序对案件进行重新审理以后,应当区分情况分别作出如下处理:

1. 原判决、裁定认定事实和适用法律正确、量刑适当的,应当裁定驳回申诉或者抗诉。

2. 原判决、裁定认定事实没有错误,但适用法律有错误,或者量刑不当的,应当改判。按照第二审程序审理的案件,认为必须判处被告人死刑立即执行的,直接改判后,应当报请最高人民法院核准。

3. 应当对被告人实行数罪并罚的案件,原判决、裁定没有分别定罪量刑的,应当撤销原判决、裁定,重新定罪量刑,并决定执行的刑罚。

4. 按照第二审程序审理的案件,原判决、裁定认定事实不清或者证据不足的,可以在查清事实后改判,也可以裁定撤销原判,发回原审人民法院重新审判。

5. 原判决、裁定事实不清,证据不足,经再审仍无法查清,证据不足,不能认定原审被告人有罪的,应当以证据不足,指控的犯罪不能成立,判决宣告被告人无罪。

争论

重新审判后,能否加重被告人的刑罚?在理论界一直存在着两种对立的观点。一种观点主张再审不加刑。其理由是:(1)再审不加刑符合国际刑事诉讼的发展趋势,当前世界诸国大都对此予以明确规定;(2)再审不加刑是确保上诉不加刑原则真正贯彻的一道屏障,有利于防止利用再审程序规避上诉不加刑原则的错误做法;(3)再审不加刑有利于消除被告人的顾虑,使其大胆申诉,以取得最后的纠正机会,用法律手段来维护自己的权益;(4)确立再审不加刑有利于增强一审、二审法院的责任感,避免其草率结案,同时也有利于加强检察机关对刑事审判的监督。另一种观点反对再审不加刑,其理由是:(1)它与我国的实事求是、有错必纠的再审方针相违背;(2)再审不加刑不利于再审程序的完善,可能在客观上鼓励申诉人反复申诉;(3)再审程序并不是一个完全独立的程序,它要参照适用一审程序或者二审程序进行审理,如实行再审不加刑,就必然要求一审程序和二审程序都不能加刑,这与上诉不加刑原则相混杂,在诉讼理论上是说不通的。

五、二审抗诉与再审抗诉的区别

第二审程序的抗诉和审判监督程序的抗诉，都是人民检察院依照法定程序提起的抗诉，是人民检察院作为法律监督机关行使审判监督职能的突出表现，其提起理由均在于人民检察院认为人民法院的裁判确有错误，其目的都在于通过启动法院对案件的重新审判，纠正错误的裁判、维护正确的裁判。但两者具有诸多不同点，主要表现在以下几个方面：

1. 抗诉的对象不同。二审抗诉的对象是地方各级人民法院作出的尚未发生法律效力的第一审判决和裁定；而再审抗诉的对象是各级人民法院作出的已经发生法律效力的确有错误的判决和裁定。因此，最高人民检察院对最高人民法院的判决和裁定只能提起再审抗诉，而不能提起二审抗诉。

2. 提起抗诉的机关不同。有权提起二审抗诉的机关是与作出未生效裁判的地方各级人民法院同级的人民检察院；而有权提起再审抗诉的机关是作出原生效裁判的地方各级人民法院的上一级人民检察院，以及有权对最高人民法院的生效裁判提出抗诉的最高人民检察院。

3. 接受抗诉的机关不同。接受二审抗诉的机关是提起抗诉的人民检察院的上一级人民法院，接受再审抗诉的机关是与提起抗诉的人民检察院同级的各级人民法院。

4. 提起抗诉的期限不同。二审程序的抗诉，必须在法定期限内提出。依照《刑事诉讼法》第183条规定，对于判决的抗诉期限为10日，对于裁定的抗诉期限为5日。而再审抗诉的提起一般没有期限限制，只要有权提起抗诉的人民检察院发现人民法院的已生效裁判确有错误，随时都可以提起再审抗诉。

5. 提起抗诉的方式不同。二审程序的抗诉，由提起抗诉的人民检察院制作抗诉书，通过原审人民法院向上一级人民法院提起，并将抗诉书抄送上一级人民检察院。再审程序的抗诉，则是由提起抗诉的人民检察院制作抗诉书，直接向同级人民法院提起。

六、审判监督程序与二审程序的联系与区别

审判监督程序与二审程序都是人民法院对案件进行重新审判的程序，也是人民法院对确有错误的裁判进行救济的程序。同时，依照审判监督程序审理原审是第二审的案件或者上级人民法院提审的案件，应依照二审程序进行。但两者毕竟是性质不同的诉讼程序，其区别主要表现在：

1. 审理的对象不同

审判监督程序的审理对象是已经发生法律效力而确有错误的判决和裁定，包括尚未执行完毕和已执行完毕的判决和裁定。二审的审理对象是尚未发生法律效力的第一审判决和裁定。

2. 提起的理由不同

提起审判监督程序，无论是法院决定再审，还是检察院提起抗诉，其理由均是已生效裁判确有错误；提起二审程序的上诉，没有理由没有限制，只要有上诉权人对一审判决、裁定不

服就可在法定期限内提出上诉。

3. 提起的主体不同

审判监督程序由最高人民法院、上级人民法院以及本院院长提交审判委员会讨论决定提起，或是由最高人民检察院、上级人民检察院提起；二审程序则是由享有上诉权的当事人等上诉，或是由原审法院的同级人民检察院抗诉而提起。

4. 提起的期限不同

提起审判监督程序无期限限制，发现裁判确有错误可随时提起；提起二审程序，则应当在法定期限内提出上诉或抗诉，逾期则法院一般不予受理。

5. 审理案件的法院不同

依照审判监督程序审理案件的法院是原审人民法院、决定提审的任何上级人民法院或者由它们指令再审的下级人民法院。依照二审程序审理案件的法院只能是作出未生效裁判法院的上一级人民法院。

6. 审理的结果不同

按照审判监督程序所作的裁判，不完全是终局的裁判，如果再审是按照第一审程序审理的，所作的裁判是未生效的裁判，可以上诉、抗诉；按照二审程序审理后所作的裁判，则是终局裁判，立即发生法律效力。另外，在重审改判时，审判监督程序不受上诉不加刑原则的限制，二审程序审理只有被告人一方上诉的案件，则要遵循上诉不加刑原则。

延伸阅读

法院作为再审程序提起主体是否合理？

法院作为审判监督程序的提起主体，目前理论界有四种观点：第一种观点认为，由法院作为审判监督程序的提起主体是正确的。法院提起审判监督程序在法律上有明确的依据，而且由原审人民法院提起审判监督程序有利于案件事实的查明。第二种观点认为，法院不应主动提起审判监督程序。它违反了“不告不理”原则，超越了控辩双方所提诉讼主张的限制。第三种观点认为禁止法院主动提起审判监督程序有其内在合理性和公正性。第四种观点认为，应该将法院主动提起审判监督程序的案件严格限定在对被告有利的再审。这是根据我国现实情况提出的观点。我们认为应取消法院对审判监督程序的启动权。其理由是：

一、人民法院提起再审违背了基本的诉讼规律

根据诉的一般原理，无利益则无诉，当事人只有基于诉的利益，才能提出要求法院对争议事项进行裁决的请求；同时，法院只有在控辩双方的诉讼请求下，才能开启审判程序，而且法院应处于中立的地位，这样才能维护法律的权威性。因此，与案件有着直接利害关系的检察机关和原审当事人双方才应当是审判监督程序的发动者。

目前，在我国审判监督程序中，法院既作为控诉主体，又作为审判主体，明显违背了“控审分离”原则的基本要求。在保留再审程序的大陆法系国家均没有赋予法院提起再审的权力。如德国，依照《刑事诉讼法》的规定，有权为被判刑人利益提起再审申请的为：检察院、被判刑人或者在被判刑人死亡时其配偶、直系或旁系近亲属以及兄弟姐妹。有权提出对判刑人不利的再审申请的为：检察院、自诉人。

二、人民法院提起再审违背了程序正义的基本要求

程序正义的基本要求之一就是法官中立。所谓法官中立，就是裁判者应在发生争端的各方之间保持一种超然和无偏袒的态度和地位，而不得对任何一方有歧视和偏见。作为法官中立的要求，法官不应当也不能事先对案件形成预断。法院作为审判机关，其唯一的职责就是公正地审判案件。法院的权力分配和地位的界定都应当从这一点出发，为实现其审判的公正性而服务。提起审判监督程序意味着提起人要支持其所提起的程序，提起人在诉讼中就有明确的目的和意图，法院作为审判监督程序的提起主体，难以维护其中立性和超然性，同时也就失去了审判的意义。

三、人民法院提起再审不符合民主法治原则

按照现代民主法治原则，司法机关必须各司其职，相互制约。在国家机关权力分工上，《宪法》和《刑事诉讼法》对司法机关分工负责、互相监督、互相制约的规定是十分明确的。法院是“依法独立行使审判权”，检察院是“依法独立行使检察权”。各机关必须在法律设定的权限范围内认真负责地完成本职工作，不能越权，不能违反法律关于司法权力的职责分配。启动审判监督程序，也应当是先有控诉才有审判，不能控审不分。允许人民法院自己提出再审，显然超越了法律所赋予的审判权限，而代行了原属检察机关享有的控诉权力。

阅读链接⇨

- 1. 陈卫东著：《刑事审判监督程序研究》，法律出版社 2001 年版。
- 2. 徐静村主编：《刑事诉讼法学(修订本)(上)》，法律出版社 1999 年版。

➢ 讨论题

1. 根据佘祥林、赵作海案，谈谈设立审判监督程序的必要性。

2. 学界有人主张将我国的审判监督程序改造成为第三审程序，请问实行刑事三审终审制的国家与地区主要有哪些？刑事第三审程序能否替代审判监督程序？

3. 案例分析

某市中级人民法院判处被告人死缓。被告人没有上诉，检察机关没有抗诉。该案经省高级人民法院核准后，交付执行。但被害人对判决结果不服，提出申诉。

问：如果本案确有错误，应由谁提起审判监督程序？

第十九章 执 行

第一节 执行概述

一、执行的概念、特征和意义

(一)执行的概念

《刑事诉讼法》中的执行既可指刑事执行行为,也可指刑事执行程序。行为意义上的执行是指执行机关将人民法院生效的判决、裁定付诸实施的活动,包括两个方面:一是交付执行,即将生效的判决、裁定所确定的内容付诸实施而进行的活动;二是变更执行,即解决执行中刑罚变更等问题进行的活动。执行中的减刑、假释、赦免等都是对裁判确定刑罚的变更。监狱等执行机关对罪犯进行的监管、教育、组织劳动生产等活动,属于司法行政管理行为,不属于刑事诉讼法意义上的执行。程序意义上的执行是指执行机关将已经发生法律效力的判决、裁定所确定的内容付诸实施以及解决实施过程中刑罚变更等问题的步骤和方法。刑事执行程序是刑事诉讼的最后阶段。

➢ **争论**

刑事诉讼为国家实现刑罚权之动态、连续过程。国家刑罚权,经由立案、侦查、起诉和审判直至执行方告实现。因此,执行表征着刑事诉讼目的之实现,是刑事诉讼的最后阶段。但是,对于刑事执行程序的性质,也存在另一种认识,即无论就其学科的特殊性与实务之重要性而言,刑事执行都应当从刑事诉讼中独立出来,单独制订统一的刑事执行法,由此与刑事实体法、刑事诉讼法并列为刑事法的三大领域。

(二)执行的特征

执行具有以下特征:(1)多样性。基于刑罚的多样性而产生执行主体、执行程序的多样性。(2)确定性。执行依据是确定的,是已发生法律效力的确定的判决和裁定。(3)特定性。执行对象和执行内容具有特定性。(4)法定性。法律对执行主体、执行依据、执行程序等都作了明文规定,执行必须严格依法进行。(5)强制性。执行以国家强制力为后盾,不管执行对象是否同意，都要予以执行。

(三)执行的意义

1. 执行能使罪犯受到应有的惩罚和教育，并在执行中改造为弃恶从善、自食其力，不再危害社会且能重返社会的新人，起到刑罚特殊预防犯罪的目的。

2. 执行能有效地保护合法权益。既能使受害人受到精神抚慰和经济赔偿，又能使无罪和免除刑罚的在押人能立即得到释放，还可以保护个人、社会和国家利益不再受到侵犯，切实保障合法权益。

3. 执行能体现国家法律的严肃性，借此教育公民自觉遵守法律，同时儆戒社会上不稳定的分子，起到预防、减少犯罪的一般预防作用。

二、执行的原则

(一)合法性原则

执行必须依法进行，包括：执行主体必须是法定的执行机关；执行的依据必须是人民法院具有法律效力的判决裁定；执行内容与方式必须严格依据《刑法》与《监狱法》等法律的规定，执行的程序必须符合《刑事诉讼法》的规定等。

(二)及时性原则

判决、裁定一旦发生法律效力就必须立即执行，任何机关和个人不得以任何理由拖延执行的时间，这是刑事诉讼效率原则的要求。无故拖延执行，会失去法律的严肃性，无法及时惩罚犯罪，保护国家、社会和公民的合法权益；也可能失去执行的条件，使公民的合法权益受到不应有的损害。

(三)个别化原则

即根据刑种、刑期和犯罪人人身危险性等具体情况，给予不同的对待，采取不同的执行方式，或决定是否变更执行，如缓刑、减刑、假释、监外执行等。

(四)人道主义原则

在刑罚执行过程中，必须尊重犯罪人的人格，禁止使用残酷的、不人道的执行手段。对于未成年人、患有重病者、怀孕或育婴妇女、语言不通的外国人等，执行中要给予人道主义待遇。

三、执行的依据

我国《刑事诉讼法》第208条规定："判决和裁定在发生法律效力之后执行"。据此，执行的依据是已经发生法律效力的判决和裁定。发生法律效力的判决和裁定包括：

1. 已过法定期限没有上诉、抗诉的一审判决和裁定。

2. 终审的判决和裁定，包括第二审的判决、裁定和最高人民法院的判决、裁定。

3. 高级人民法院核准的死刑缓期2年执行的判决和裁定。

➢ 案例分析

许某2007年10月24日因利用ATM机故障，恶意取款，盗取现金17万元，被一审法院认定盗窃金融机构，数额特别巨大，构成盗窃罪，判处无期徒刑，附加剥夺政治权利终身，并处没收个人全部财产。许某认为量刑过重提出上诉，二审法院经审理认为许某盗取现金行为的实施具有特殊性，根据《刑法》第63条第2款规定，判处许某有期徒刑5年。判决宣告后即交付执行。该二审法院判决是否生效？

解答：该二审法院的判决没有生效，因为根据《刑法》第63条第2款的规定，对于不具有《刑法》规定的减轻处罚情节，根据案件特殊情况需要在法定刑以下判处刑罚的，要经最高人民法院核准。非经核准，判决不能生效。

4. 最高人民法院核准的死刑以及在法定刑以下判处刑罚的判决和裁定。

四、执行机关

执行机关是指依法将发生法律效力的判决、裁定付诸实施的机关。根据执行的职能不同，执行机关可分为交付执行机关、执行实施机关、执行指挥机关和执行监督机关。根据我国《刑事诉讼法》的规定，交付执行机关是人民法院。在执行死刑时，人民法院是执行指挥机关。人民检察院是执行监督机关。执行实施机关包括监狱、未成年犯管教所、公安机关和人民法院。其中，人民法院负责无罪、免除刑罚、罚金、没收财产和死刑立即执行判决裁定的执行；监狱和未成年犯管教所是有期徒刑、无期徒刑、死刑缓期2年执行这类判决、裁定的执行机关；对于在交付执行前，剩余刑期在1年以下的罪犯，由看守所代为执行；公安机关负责有期徒刑和拘役的缓刑、管制、拘役、剥夺政治权利、假释等判决、裁定和暂予监外执行决定的执行。

第二节　各种刑罚的执行

一、死刑立即执行判决裁定的执行

死刑是剥夺犯罪分子生命的刑罚，也称生命刑或极刑，是刑罚体系中最严厉的一种，因此，无论判处还是执行都必须十分慎重。《刑事诉讼法》第210条、第211条、第212条和《最高人民法院关于执行〈中华人民共和国刑事诉讼法〉若干问题的解释》（以下简称《高法解释》）第338条、第341条至第348条对死刑立即执行程序作了严格规定。

1. 执行死刑命令的签发

最高人民法院判处和核准的死刑立即执行的判决、裁定，应由最高人民法院院长签发执行死刑命令。执行死刑命令应当按照统一格式填写，由院长签名，并加盖人民法院印章。

2. 执行死刑的主体和期限

最高人民法院作出的执行死刑命令，应当由高级人民法院交付该案的原审人民法院执行。原审人民法院接到执行死刑的命令后，应当在7日以内交付执行。

3. 执行死刑的方法和场所

死刑采用枪决或者注射等方法执行。采用枪决、注射以外的其他方法执行死刑的，应当事先报请最高人民法院批准。

死刑可以在刑场或者指定的羁押场所内执行。采用注射方法执行死刑的，应当在指定的刑场或羁押场所执行。

4. 执行死刑前的准备

(1)人民法院应当在交付执行死刑3日前，通知同级人民检察院派员临场监督。

(2)执行死刑前，罪犯提出会见其近亲属或者近亲属提出会见罪犯申请的，人民法院可以准许。

(3)执行死刑前，负责指挥执行的审判人员应对罪犯验明正身，核对被执行人的姓名、性别、年龄、籍贯、基本犯罪事实及其他情况，确保执行的准确性；还要询问有无遗言、信札，并制作笔录，然后交付执行人员执行死刑。

(4)执行死刑应当公布，严禁游街示众或者其他有辱罪犯人格或摧残罪犯身体的行为。

5. 死刑执行后的处理

执行死刑后，负责执行的人民法院应当办理以下事项：

(1)执行死刑完毕，由法医验明罪犯确实死亡后，在场书记员制作笔录。交付执行的人民法院应当将执行死刑情况(包括执行死刑前后照片)及时逐级上报最高人民法院。

(2)执行死刑后，对于死刑罪犯的遗书、遗言笔录，应当及时进行审查，涉及财产继承、债务清偿、家事嘱托等内容的，将遗书、遗言交给家属，同时复制存卷备查；涉及案件线索等问题的，应当抄送有关机关。

(3)通知罪犯家属在限期内领取罪犯尸体；有火化条件的，通知限期领取骨灰。过期不领取的，由人民法院通知有关单位处理。对于死刑罪犯的尸体或骨灰的处理情况，应当记录在卷。

(4)对外国籍罪犯执行死刑后，按规定通知外国驻华使、领馆。

二、死缓、无期徒刑、有期徒刑和拘役判决裁定的执行

死缓、无期徒刑、有期徒刑和拘役都是剥夺自由的监禁刑，具有执行上的共性。

1. 执行机关和场所

死刑缓期2年执行、无期徒刑、有期徒刑和拘役的执行机关和场所，因刑种、刑期及犯罪人的年龄不同而有所不同。根据《刑事诉讼法》第213条的规定，被判处死刑缓期2年执行、无期徒刑、有期徒刑的罪犯，由监狱执行；被判处有期徒刑的罪犯，在被交付执行前剩余刑期在1年以下的，由看守所代为执行；被判处拘役的罪犯，由公安机关在拘役所执行。

被判处无期徒刑和有期徒刑的未成年罪犯由未成年犯监狱执行。未成年犯年满18周

岁，剩余刑期不超过2年的，仍可留在未成年犯管教所执行。

案例分析

林某因盗窃被某县公安机关抓获并依法逮捕，经县人民法院审理，被判处有期徒刑1年。判决宣告后，在法定上诉、抗诉期间，林某未上诉，检察院也未抗诉。判决生效后，县人民法院将林某的判决书、执行通知书等法律文件送达看守所。看守所经核对无误后，通知公安机关将林某交付监狱执行。公安机关将林某送交监狱时，监狱拒绝接收。监狱拒绝接收是否正确？

解答：监狱应当拒绝接收。根据我国《刑事诉讼法》第213条规定，对于被判处有期徒刑的罪犯，在被交付执行刑罚前，剩余刑期在1年以下的，由看守所代为执行。本案林某被判处有期徒刑1年，因其在判决前被先行羁押，剩余刑期在1年以下，应当由看守所执行。

2. 交付执行的法律文书

根据《刑事诉讼法》第213条和《高法解释》的有关规定，对于被判处死刑缓期2年执行、无期徒刑、有期徒刑和拘役的罪犯，在其被交付执行的时候，应当由交付执行的人民法院按照罪犯的人数将有关的法律文书送达监狱或其他执行机关。前述"法律文书"包括：(1)人民法院生效的判决书、裁定书；(2)人民检察院的起诉书副本、自诉状复印件；(3)人民法院的执行通知书；(4)人民法院的结案登记表。这些法律文书必须全部送达，以便执行机关有执行依据，并据此了解犯罪性质、罪犯认罪态度等情况，有针对性地进行教育改造，实现刑罚的目的。

3. 交付执行的期限

《刑事诉讼法》没有明文规定交付执行的期限。根据《监狱法》第15条的规定，对于被判处死刑缓期2年执行、无期徒刑和有期徒刑的罪犯，交付执行的人民法院应当及时地将有关的法律文书送达羁押该罪犯的看守所，由公安机关交付监狱执行。公安机关应当自收到执行通知书等有关法律文书之日起1个月内将罪犯送交监狱或其他执行机关执行。罪犯需要羁押执行刑罚，而判决确定前罪犯未被羁押的，无须另外办理逮捕手续，人民法院应当根据生效的判决书或裁定书、执行通知书等法律文书将罪犯羁押，并送交公安机关。

对于被判处拘役的罪犯，公安机关在收到人民法院送达的判决书或裁定书、人民检察院起诉书副本或自诉状复印件、执行通知书、结案登记表等法律文书后，应当立即交付执行。

4. 执行机关的收押

执行机关在接收罪犯时，有收押审查权。收押审查的内容包括：(1)审查判决书、裁定书是否已经发生法律效力；(2)审查法律文书是否齐全，是否正确；(3)审查罪犯是否符合收押条件，有无患有不适宜羁押执行的疾病，是否怀孕或正在哺乳自己的婴儿。经审查符合收押条件的，执行机关应将罪犯及时收押；对于不符合收押条件的，执行机关有权拒绝收押。监狱不收监的，应当书面说明理由，由公安机关将执行通知书退回人民法院。人民法院经审查认为执行机关不予收监不符合《刑事诉讼法》第214条规定暂予监外执行条件的，应当决定将罪犯交付监狱收监执行，并将收监执行决定书分别送达交付执行的公安机关和监狱，监狱应当收监。

执行机关收押后，要通知罪犯家属，告知罪犯所犯罪名、判处的刑期和执行的地点。

判处有期徒刑、拘役的罪犯，服刑期满，应当由执行机关发给释放证明书。

三、有期徒刑缓刑、拘役缓刑的执行

缓刑是对社会危害性较小的罪犯，有条件地暂缓执行所判处的刑罚，在一定期限内予以考验，并保留执行的可能性，以达到刑罚目的的一种执行制度。缓刑不是刑种，而是一种特殊的刑罚执行方式。因缓刑是有条件地不收监执行，所以有严格的适用条件。根据《刑法》第72条的规定，我国缓刑只适用于被判处拘役、3年以下有期徒刑，根据犯罪情节和悔罪表现，不致再危害社会的犯罪分子。

1. 执行机关

根据《刑事诉讼法》第217条第1款和最高人民法院的有关规定，宣告缓刑的判决发生法律效力之后，人民法院应将判决书或裁定书、人民检察院起诉书副本或自诉状复印件、执行通知书、结案登记表等法律文书送交罪犯所在地的公安机关，由公安机关将罪犯交由所在单位或基层组织予以考察。

对于判决宣告缓刑的，因判决尚未发生法律效力，不能交付执行。但是对被羁押的罪犯，一审法院应当先行变更强制措施为取保候审或监视居住，并立即通知公安机关。

2. 执行内容

判决在宣告缓刑时，应同时宣告缓刑考验期。根据我国《刑法》第73条的规定，拘役的缓刑考验期为原判刑期以上1年以下，但不能少于2个月；有期徒刑的缓刑考验期限为原判刑期以上5年以下，但是不能少于1年。缓刑考验期，从判决确定之日起计算。判决确定之日，是指判决发生法律效力之日，在判决发生法律效力之前，即使对犯罪人已先行羁押，羁押的期间也不计算在缓刑考验期限的时间之内，更不能将先行羁押的期间折抵缓刑考验的时间。

被宣告缓刑的罪犯在缓刑考验期内应当遵守下列规定：(1)遵守法律、行政法规、服从监督；(2)按照考察机关的规定报告自己的活动情况；(3)遵守考察机关关于会客的规定；(4)离开所居住的市、县或者迁居，应当报告考察机关批准。

被宣告缓刑的罪犯，在缓刑考验期内没有违反上述规定，缓刑考验期满，原判刑罚不再执行。由执行机关报告交付执行的人民法院，并向群众宣布。在战时，对被判处3年以下有期徒刑没有现实危害宣告缓刑的犯罪军人，允许其戴罪立功，确有立功表现时，可以撤销原判刑罚，不以犯罪论处。

3. 缓刑的撤销

被宣告缓刑的罪犯在缓刑考验期内具有下列情形之一的，应当撤销缓刑：(1)又犯新罪的；(2)发现判决宣告前还有其他罪没有判决的；(3)违反法律、行政法规或者国务院公安部门有关缓刑的监督管理规定，情节严重的。对于第一、二种情形，人民法院应当撤销缓刑，对新罪或新发现的犯罪作出判决，按照数罪并罚的原则决定应当执行的刑罚。对于第三种情形，应由公安机关报请原审人民法院审核决定撤销缓刑，执行原判刑罚。

四、管制、剥夺政治权利判决裁定的执行

(一)管制的执行

管制是由人民法院依法判决的,对于轻微犯罪分子不予关押,在公安机关管束和公众监督下限制其一定自由的一种刑罚。根据《刑事诉讼法》第218条规定,管制的执行机关是公安机关。在司法实践中,负责执行的公安机关通常指派所属的公安派出所或者是公安特派员以及其所在单位的保卫部门或基层组织执行。

执行机关应当向罪犯所在单位或者居住地的群众宣布罪犯的犯罪事实,管制的起始日期,同时宣布管制犯在刑罚执行期间必须遵守的规定。根据《刑法》第34条规定,管制执行期间,罪犯应当遵守下列规定:(1)遵守法律、行政法规,服从监督;(2)未经执行机关批准,不得行使言论、出版、集会、结社、游行、示威的权利;(3)按照执行机关规定报告自己的活动情况;(4)遵守执行机关关于会客的规定;(5)离开所居住的市、县或迁居,应当报经执行机关批准。

管制的刑期,从判决之日起计算。判决前先行羁押的,羁押1日折抵刑期2日。管制刑期届满,执行机关应当向本人及有关单位和居住地的群众宣布解除管制,发给本人解除管制通知书。管制又附加剥夺政治权利的,还应当同时宣布恢复行使政治权利。

> **争论**

由于司法实践中管制刑极少适用,且对被判处管制的罪犯疏于监管,使管制流于形式,有人主张废除管制。但反对的意见认为管制作为限制自由的刑罚,不仅丰富了我国自由刑的内容,使我国刑罚体系更加完备,结构更加合理,而且其作为一种开放的刑罚方法,符合国际刑罚改革趋势。要想发挥管制的作用,应当修改和完善管制的执行方式。

(二)剥夺政治权利的执行

剥夺政治权利是我国《刑法》规定的一种附加刑,既可以附加适用,也可以单独适用。剥夺政治权利由公安机关执行。但是,由于《刑法》规定附加适用的剥夺政治权利的效力当然适用于主刑执行期间,所以主刑执行机关同时也是附加剥夺政治权利刑的执行机关。

执行机关应当向罪犯所在单位或者居住地的群众宣布犯罪事实,剥夺政治权利的期限,剥夺政治权利的内容和在刑罚执行期间必须遵守的规定。执行期满,由执行机关通知本人,并向有关单位和居住地群众宣布恢复其政治权利。

剥夺政治权利的内容是:选举权和被选举权;言论、出版、集会、结社、游行、示威权;担任国家机关职务的权利;担任国有公司、企业事业单位和人民团体领导职务的权利等。执行机关不能妨碍罪犯未被剥夺的权利的行使。

剥夺政治权利刑的刑期起算有两种情况:(1)单处剥夺政治权利时,从判决生效之日起

计算;(2)附加剥夺政治权力时,被判处管制附加剥夺政治权利的,剥夺政治权利的期限与管制相同,同时执行;被判处拘役、有期徒刑附加剥夺政治权利的,从主刑执行完毕或者假释之日起计算。被判处死刑、无期徒刑附加剥夺政治权利终身的,无刑期计算问题。

五、罚金、没收财产判决裁定的执行

罚金和没收财产都是对罪犯的财产权益予以剥夺的刑罚,属于财产刑,两者既可以附加适用,也可以独立适用。为完善财产刑的执行制度,规范财产刑的执行工作,最高人民法院依照《刑法》和《刑事诉讼法》等法律规定,制定了《关于财产刑执行问题的若干规定》,自2010年6月1日起施行。

1. 执行机关

财产刑由第一审人民法院负责裁判执行的机构执行。被执行的财产在异地的,第一审人民法院可以委托财产所在地的同级人民法院代为执行。

2. 执行方式

对罚金的执行,应按照判决确定的数额,在确定的期限内一次或分次缴纳。在判决、裁定确定的期限内未足额缴纳的,人民法院应当在期满后强制缴纳。被执行人没有全部缴纳罚金的,人民法院在任何时候发现被执行人有可供执行的财产,应当随时追缴。

因遭遇不能抗拒的灾祸缴纳罚金确有困难,被执行人向执行法院申请减少或者免除的,执行法院经审查认为符合法定减免条件的,应当在收到申请后1个月内依法作出裁定准予减免;认为不符合法定减免条件的,裁定驳回申请。

争论

罚金执行难是个世界性难题,我国虽然有分期缴纳、强制缴纳、随时追缴和减免缴纳等执行方法,但罚金执行仍存在问题。有人提出"罚金易科执行"的解决方式,主张对无法缴纳罚金的罪犯用其他刑罚(主要是自由刑)替代,以确保罚金的执行,维护刑罚必然原则。有人对此提出反对意见,认为罚金与自由刑原本适用条件和目的有所不同,而且,不能完纳罚金的往往是穷人,如允许罚金易科自由刑,则产生因财富不同行刑有所区别的现象,违反适用《刑法》人人平等原则。

没收财产是没收犯罪分子个人所有财产的一部分或者全部。没收全部财产的,应当给犯罪分子个人及其所抚养的家属保留必需的生活费用。对没收财产,人民法院应当立即执行。

3. 执行程序

第一审人民法院应当在本院作出的刑事判决、裁定生效后,或者收到上级人民法院生效的刑事判决、裁定后,对有关财产刑执行的法律文书立案执行。

人民法院应当依法对被执行人的财产状况进行调查,发现有可供执行的财产,需要查封、扣押、冻结的，应当及时采取查封、扣押、冻结等强制执行措施。执行财产刑时，案外人对被执行财产提出权属异议的，人民法院应当审查并参照《民事诉讼法》的有关规定处理。

被判处罚金或者没收财产，同时又承担民事诉讼赔偿责任的被执行人，应当先履行对被害人的民事赔偿责任。判处财产刑之前被执行人所负正当债务，应当偿还的，经债权人请求，先行予以偿还。执行的财产应当全部上缴国库。

4. 执行中止和终结

具有下列情形之一的，人民法院应当裁定中止执行；中止执行的原因消除后，恢复执行：(1)执行标的物系人民法院或者仲裁机构正在审理的案件争议标的物，需等待该案件审理完毕确定权属的；(2)案外人对执行标的物提出异议确有理由的；(3)其他应当中止执行的情形。

具有下列情形之一的，人民法院应当裁定终结执行：(1)据以执行的刑事判决、裁定被撤销的；(2)被执行人死亡或者被执行死刑，且无财产可供执行的；(3)被判处罚金的单位终止，且无财产可供执行的；(4)依照《刑法》第53条规定免除罚金的；(5)其他应当终结执行的情形。人民法院裁定终结执行后，发现被执行人有隐匿、转移财产情形的，应当追缴。

六、无罪、免除刑罚判决裁定的执行

无罪判决和免除刑罚判决由人民法院执行。第一审判决宣判后，并不立即发生法律效力，但无罪和免除刑罚判决一经宣判，就应该立即释放在押被告人。这并不是对未生效裁判的执行，而是从被告人权利保护和羁押被告人必要性的角度考虑作出的特殊规定，是为了使被告人能够及时恢复人身自由和名誉，避免造成不良后果。

人民法院执行无罪判决时，应当做好善后工作，及时恢复无罪公民的名誉，切实保障公民的合法权益。如果该无罪公民提出国家赔偿请求，应当依法及时予以处理。对于免除处罚的犯罪人，人民法院可以根据案件的不同情况，予以训诫、责令具结悔过、赔礼道歉、赔偿损失或建议主管部门予以行政处分。

七、社区矫正

社区矫正是与监禁矫正相对的行刑方式，是指将符合社区矫正条件的罪犯置于社区内，由专门的国家机关在相关社会团体和民间组织以及社会志愿者的协助下，在判决、裁定或决定确定的期限内，矫正其犯罪心理和行为恶习，并促进其顺利回归社会的非监禁刑罚执行活动。社区矫正是积极利用各种社会资源、整合社会各方面力量，对罪行较轻、主观恶性较小、社会危害性不大的罪犯或者经过监管改造、确有悔改表现、不致再危害社会的罪犯在社区中进行有针对性的管理、教育和改造的工作，是当今世界各国刑罚制度发展的趋势。

为了适应我国政治、经济、社会及文化的发展要求，积极探索刑罚执行制度改革，最高人民法院、最高人民检察院、公安部、司法部2003年7月10日发布了《关于开展社区矫正试点工作的通知》(以下简称《社区矫正通知》)，在我国开展社区矫正试点工作。2004年5月9日司法部颁布了《司法行政机关社区矫正工作暂行办法》(以下简称《社区矫正暂行办法》)，进一步规范社区矫正工作。

1. 社区矫正的适用对象

社区矫正的适用范围主要包括下列5种罪犯:(1)被判处管制的;(2)被宣告缓刑的;(3)被暂予监外执行的,具体包括:有严重疾病需要保外就医的;怀孕或者正在哺乳自己婴儿的妇女;生活不能自理,适用暂予监外执行不致危害社会的;(4)被裁定假释的;(5)被剥夺政治权利,并在社会上服刑的。对于其中罪行轻微、主观恶性不大的未成年犯、老病残犯,以及罪行较轻的初犯、过失犯等,应当作为重点对象,实施社区矫正。

2. 社区矫正的实施主体

依据《刑事诉讼法》,非监禁执行的罪犯均属于公安机关监管执行的对象,因而,社区矫正的执行主体是公安机关。但由于受警力所限,多年来我国非监禁刑的执行几乎处于失控、放任的状态,因而,正在进行的社区矫正则由司法行政机关主管,由公安机关、人民法院、人民检察院、监狱等机关配合协助,吸纳社会力量广泛参与。司法行政机关负责牵头组织有关单位和社区基层组织开展社区矫正试点工作,会同公安机关搞好对社区服刑人员的监督考察,组织协调对社区服刑人员的教育改造和帮助工作。街道、乡镇司法所要具体承担社区矫正的日常管理工作。

公、检、法、监狱等机关在社区矫正中的配合协助体现在:人民法院要严格准确地适用刑事法律和刑事司法解释,依法充分使用非监禁刑刑罚措施和减刑、假释等鼓励罪犯改造、自新的刑罚执行措施。在判处非监禁刑、减刑、假释工作中,可以征求有关社区矫正组织的意见,并在宣判、宣告后,将判决书、裁定书抄送有关社区矫正组织。监狱管理机关要依法准确适用暂予监外执行措施,对符合假释条件的人员要及时报请人民法院裁定假释,并积极协助社区矫正组织的工作。公安机关要配合司法行政机关依法加强对社区服刑人员的监督考察,依法履行有关法律程序。对违反监督、考察规定的社区服刑人员,根据具体情况依法采取必要的措施;对重新犯罪的社区服刑人员,及时依法处理。人民检察院要加强法律监督,完善刑罚执行监督程序,保证社区矫正工作依法、公正地进行。

3. 社区矫正的地点

根据相关规定,由其居住地司法所负责具体人员的社区矫正工作;户籍所在地与居住地不一致的,户籍所在地司法所应当协助、配合居住地司法所开展矫正工作。

4. 社区矫正对象的交接

监狱应当在暂予监外执行罪犯、假释罪犯离开监所以及附加剥夺政治权利罪犯刑满释放前,核实其居住地,告知其按照规定的时间向居住地司法所报到,接受社区矫正,并令其作出书面保证。监狱应当自假释罪犯离开监所或者附加剥夺政治权利罪犯刑满释放之日起7日内,对暂予监外执行的罪犯,监狱应当在批准暂予监外执行之日起将7日内,将有关文书材料送达其居住地公安派出所和司法所。司法行政机关应当及时接收人民法院、公安机关和监狱发出的有关社区服刑人员的法律文书和有关材料。

社区矫正人员应当在判决、裁定、决定发生法律效力之日起7日内或者离开监所之日起7日内到居住地司法所报到。

5. 社区矫正的终止

被判处管制、单处或者并处剥夺政治权利的,其矫正期限为所处管制、剥夺政治权利的实际期限;被宣告缓刑、裁定假释的,其矫正期为缓刑考验期或者假释考验期;暂予监外执行的，其矫正期为在监外实际执行的期限。

被判处管制、宣告缓刑、裁定假释、单处或者并处剥夺政治权利的社区矫正人员，应当在矫正期满前30日由本人作出书面总结，由司法所出具相关考核鉴定材料，依照法定程序终止社区矫正。

对于暂予监外执行的社区服刑人员，暂予监外执行期满前30日，由司法所出具相关材料，经上级司法行政机关审查后，报原关押单位。原批准机关决定收监的，社区矫正终止。

社区服刑人员被收监执行或者因重新犯罪被羁押的，自羁押之日起，社区矫正终止。

社区服刑人员死亡的，自死亡之日起，社区矫正终止。假释或者暂予监外执行的社区服刑人员死亡的，司法所应当及时将有关情况书面通知原关押单位，并附相关证明材料。

第三节　执行的变更程序

一、死刑、死缓裁判执行的变更

（一）死刑裁判执行的变更

为保证死刑适用的准确性，下级人民法院在接到最高人民法院执行死刑命令后、执行前，发现有下列情形之一的，应当暂停执行死刑，并立即将请求停止执行死刑的报告及相关材料层报最高人民法院审批；最高人民法院在执行死刑命令签发后、执行前，发现有下列情形之一的，应当立即裁定下级人民法院停止执行死刑，并将有关材料移交下级人民法院。下级人民法院会同有关部门调查核实后，应当及时将调查结果和意见层报最高人民法院审核：

1. 在执行前发现判决可能有错误的

根据《最高人民法院关于适用停止执行死刑程序有关问题的规定》(2008年12月26日起施行)，“可能有错误”包括下列情形：(1)发现罪犯可能犯有其他罪的；(2)共同犯罪的其他犯罪嫌疑人归案，可能影响罪犯量刑的；(3)共同犯罪的其他罪犯被暂停或者停止执行死刑，可能影响罪犯量刑的；(4)判决可能有其他错误的。最高人民法院经审查，认为不影响罪犯定罪量刑的，应当裁定下级人民法院继续执行死刑；认为可能影响罪犯定罪量刑的，应当裁定下级人民法院停止执行死刑。下级人民法院停止执行后，应当会同有关部门调查核实，并及时将调查结果和意见层报最高人民法院审核。

2. 在执行前罪犯揭发重大犯罪事实或者有其他重大立功表现，可能需要改判的

3. 罪犯正在怀孕，包括被羁押后自然流产或为判处死刑而作了人工流产的妇女

最高人民法院对于依法已停止执行死刑的案件，依照下列情形分别处理：(1)确认罪犯正在怀孕的，应当依法改判；(2)确认原裁判有错误，或者罪犯有重大立功表现需要依法改判的，应当裁定不予核准死刑，撤销原判，发回重新审判；(3)确认原裁判没有错误，或者罪犯没有重大立功表现，或者重大立功表现不影响原裁判执行的，应当裁定继续执行原核准死刑的裁判，并由院长再签发执行死刑的命令。

案例分析

张某因盗窃他人财物20万元，属于盗窃数额特别巨大，1997年8月24日被市中级人民法院判处死刑。张某上诉后，省高级人民法院于9月24日裁定维持原判，最高人民法院于10月3日予以核准，原审法院决定10月10日执行。问该判决可否执行？

解答：该案经二审法院终审裁定，并经最高人民法院核准死刑，判决生效。但是根据我国《刑法》有关溯及力的规定，应该按照从旧兼从轻原则，选择适用《刑法》。对盗窃罪来说，1997年修订的《刑法》处刑较轻，所以应当适用“97”《刑法》。张某盗窃数额特别巨大，依法不能被判处死刑。最高人民法院于1997年10月3日根据1979年《刑法》规定核准死刑，适用法律错误，该判决不能执行。

(二)死缓裁判执行的变更

《刑事诉讼法》第210条第2款规定：“被判处死刑缓期两年执行的罪犯，在死刑缓期执行期间，如果没有故意犯罪，死刑缓刑执行期满，应当予以减刑，由执行机关提出书面意见，报请高级人民法院裁定；如果故意犯罪，查证属实，应当执行死刑，由高级人民法院报请最高人民法院核准。”因此，对于判处死刑缓期两年执行的罪犯，根据其在死刑缓期执行期间的表现，可分别按情况变更执行：

1. 执行死刑

罪犯如果在缓刑执行期间故意犯罪，应依法定程序，对新犯罪行进行侦查，移送检察机关起诉，并经人民法院审理判决，由高级人民法院报请最高人民法院核准死刑。最高人民法院核准后，由院长签发执行死刑命令，交付执行。

2. 减刑

罪犯如果在缓刑执行期间没有故意犯罪，2年期满，应当由其所在监狱提出减刑建议，报经省、自治区、直辖市司法厅(局)监狱管理部门审核后，提交当地高级人民法院裁定。减刑裁定书应当发给罪犯和执行机关，并将副本送达原审人民法院和人民检察院。

死缓的减刑，一般减为无期徒刑。如果具有重大立功表现的，可以减为15年以上20年以下有期徒刑，附加剥夺政治权利的刑期也应减为3年以上10年以下。

案例分析

谢某因犯故意杀人罪被某中级人民法院一审判处死刑，缓期两年执行，并经高级人民法院核准生效，交付执行。死刑缓期两年执行期间没有再犯新罪。期满后在高级人民法院尚未作出减刑裁定期间，谢某将同监犯人刘某打成重伤。对谢某应核准执行死刑还是裁定减刑？

解答：根据《刑事诉讼法》的规定，死缓变更执行的条件是“缓期两年执行期间是否故意犯罪”，只要在期间内故意犯罪，不管何时发现，均应核准执行死刑；只要在期间内没有故意犯罪,就应裁定减刑。这里应当注意:死刑缓期两年执行的期间,从判决确定之日起计算,至两年届满为止,而不是以人民法院裁定减刑的核准日期为届满日期。所以,对谢某应当裁定减刑。

二、暂予监外执行

暂予监外执行是指被判处有期徒刑、拘役的罪犯,由于具备法定条件,不宜在监狱(拘役所)内执行而暂时将其交由公安机关在监外执行的变通执行方法。罪犯暂予监外执行的条件消失,刑期未满的,仍会被收监执行。

1. 暂予监外执行的适用对象

根据《刑事诉讼法》第 214 条规定,只有被判处有期徒刑、拘役的罪犯,具备法定情形的,才可能适用暂予监外执行。被判处死刑缓期两年执行和无期徒刑的罪犯,不能适用。但是,他们在执行期间被减刑为有期徒刑后,也能成为暂予监外执行的对象。

2. 暂予监外执行的适用条件

根据《刑事诉讼法》第 214 条规定,具备下列情形之一的,可以适用暂予监外执行:

(1)有严重疾病需要保外就医,且非自伤自残,适用保外就医不致危害社会的。

确定疾病严重需要保外就医的,应当由省级人民政府指定的医院开具证明文件,依照法律规定的程序审批。

(2)怀孕或者正在哺乳自己婴儿的妇女。

(3)生活不能自理暂予监外执行不致危害社会的。

案例分析

王某因盗窃罪被判处有期徒刑 1 年,执行完毕后第 3 年,又因涉嫌犯有诈骗罪被起诉,法院审理认定犯罪成立,因王某系累犯,从重处罚,判处有期徒刑 5 年。交付执行 2 年后,王某患上严重肝病,监狱医院无法医治。对王某可否适用监外执行?

解答:根据法律规定监外执行的对象是被判处有期徒刑和拘役的罪犯,没有将累犯排除在外。只要王某符合监外执行的适用条件,即患有严重疾病需要保外就医,且不致危害社会的,可以适用监外执行。

3. 暂予监外执行的适用程序

有权决定暂予监外执行的机关是人民法院和监狱等执行机关。对于在审判中罪犯具有法定情形的,人民法院在宣判的同时,作出暂予监外执行决定;对于交付执行后,罪犯具有法定情形的,由监狱等执行机关作出暂予监外执行决定。

由人民法院决定对罪犯暂予监外执行的,人民法院应当制作暂予监外执行决定书,并抄送人民检察院和罪犯所在地的公安机关。在执行期间发现罪犯需要暂予监外执行,执行机关应当提出书面意见,报经省、自治区、直辖市司法厅(局)监狱管理部门审批。在看守所、拘役所执行的罪犯具备暂予监外执行条件的，由看守所或拘役所提出书面意见，报主管的县级以上公安机关审批。批准的，由批准机关将决定通知公安机关、原审人民法院，并抄送人民检察院。人民检察院有权对暂予监外执行进行监督。

暂予监外执行者已被纳入社区矫正的范围由司法行政机关主管。暂予监外执行情形消失后，罪犯刑期未满的，应当及时收监；刑期届满的，不再收监，由原关押监狱或其他执行机关办理释放手续。

三、减刑和假释

(一)减刑

减刑是指对被判处管制、拘役、有期徒刑或者无期徒刑的罪犯，在执行期间确有悔改或立功表现，由人民法院依法减轻其原判刑罚的制度。减刑可以是刑期的缩短，也可以是刑种的改变。

1. 减刑的对象

减刑只适用于被判处管制、拘役、有期徒刑或者无期徒刑的罪犯。被判处死刑缓期两年执行的罪犯，缓期两年执行期满，减为无期徒刑或有期徒刑的，如果符合减刑条件，也可以减刑。

2. 减刑的条件

世界各国立法对减刑条件有两种不同的规定：一是只要罪犯确有悔改表现或者有立功行为，就可予以减刑。二是减刑的适用除了罪犯确有悔改表现或者有立功行为外，还要求罪犯服刑达到一定的期限，至少实际服满刑期的 1/2 以上，以查明其是否真正悔过自新。我国属于第一种情形。根据《刑法》第 78 条的规定，被判处管制、拘役、有期徒刑或者无期徒刑的犯罪分子，在执行期间，如果认真遵守监规，接受教育改造，确有悔改表现或者有立功表现的，可以减刑；有重大立功表现的，应当减刑。由此可见，确有悔改表现或者立功是减刑的适用条件，只要具备其一即可。

根据最高人民法院《关于办理减刑、假释案件具体应用法律若干问题的规定》的规定，“确有悔改表现”是指同时具备以下 4 个方面情形：认罪服法；认真遵守监规，接受教育改造；积极参加政治、文化、技术学习；积极参加劳动，完成生产任务。

“立功表现”是指具有下列情形之一的：(1)检举、揭发监内外犯罪活动，或者提供重要的破案线索，经查证属实的；(2)阻止他人犯罪活动的；(3)在生产、科研中进行技术革新，成绩突出的；(4)在抢险救灾或者排除重大事故中表现积极的；(5)有其他有利于国家和社会的突出事迹的。

“重大立功表现”是指具备下列情形之一的：(1)阻止他人重大犯罪活动的；(2)检举监狱内外重大犯罪活动，经查证属实的；(3)有发明创造或者重大技术革新的；(4)在日常生产、生活中舍己救人的；(5)在防御自然灾害或者排除重大事故中，有突出表现的；(6)对国家和社会有其他重大贡献的。

3. 减刑的程序

由执行机关向执行地中级以上人民法院提出书面减刑建议，人民法院应当自收到减刑建议书之日起1个月内组成合议庭进行审核裁定，案情复杂或者情况特殊的，可以延长1个月。减刑裁定书副本应当抄送人民检察院。

对减刑案件，根据原判刑罚的不同，提出减刑建议的机关和审理的法院有所不同：(1)原被判处无期徒刑罪犯的减刑，由执行机关提出书面减刑建议，经省、自治区、直辖市司法厅(局)监狱管理部门审核同意后，报当地高级人民法院裁定；(2)原被判有期徒刑罪犯的减刑，由执行机关提出书面减刑建议，报请当地中级人民法院裁定；(3)原被判处拘役、管制罪犯的减刑，由执行机关提出书面减刑建议，经市公安机关审查同意后，报当地中级人民法院裁定；(4)原判有期徒刑、拘役宣告缓刑罪犯的减刑，由负责考察的公安派出所会同协助考察的单位或组织提出书面意见，报请当地中级人民法院裁定。

(二)假释

假释是指对被判处有期徒刑和无期徒刑的罪犯，在执行一定时期刑罚后，确有悔改，不致再危害社会的，有条件地提前释放的制度。我国《刑法》第81条规定："被判处有期徒刑的犯罪分子，执行原判刑期的二分之一以上，被判无期徒刑的犯罪分子，实际执行10年以上，如果认真遵守监规，接受教育改造，确有悔改表现，假释后，不致再危害社会的，可以假释。"

1. 假释的对象

假释只适用于被判处有期徒刑和无期徒刑的罪犯。根据《办理减刑、假释案件的规定》，被判处死刑缓期2年执行的罪犯，缓期2年执行期满，减为无期徒刑或有期徒刑，如果符合假释条件的，也可以假释。但对于累犯和因杀人、爆炸、抢劫、强奸、绑架等暴力性犯罪被判处10年以上有期徒刑、无期徒刑和死刑缓期2年执行的罪犯，不得假释。

2. 假释的条件

因为假释是有条件地提前予以释放，是否符合"提前释放"条件，必须服刑一定期限以考察其是否不会危害社会，世界各国一般都把服刑达到一定期限作为假释的必要条件，此外，还要求罪犯必须具有悔罪表现被确认为不会再危害社会。根据我国《刑法》规定，假释应具备以下条件：

(1)已执行法定刑期。被判处有期徒刑的罪犯，实际执行原判刑期的1/2以上；被判无期徒刑的罪犯，实际执行10年以上；被判处死刑缓期2年执行减为无期徒刑或有期徒刑的罪犯，实际执行12年以上；但如果有特殊情况，经最高人民法院核准，可以不受上述刑期的限制。根据《办理减刑、假释案件的规定》，"特殊情况"是指"有国家政治、国防、外交等方面特殊需要的情况"。

(2)认真遵守监规，接受教育改造，确有悔改表现，不致再危害社会。所谓"确有悔改表现"，是指同时具备以下4个方面情形：认罪服法；认真遵守监规，接受教育改造；积极参加政治、文化、技术学习；积极参加劳动，完成生产任务。所谓"不致再危害社会"，是指经过执行，罪犯的人身危险性减少，不会再实施危害社会的行为，以及因年老、身体有残疾(非自伤自残)而丧失作案能力的。

3. 假释的程序与执行

对符合假释条件的，由执行机关向执行地中级以上人民法院提出书面假释建议，人民法院应当组成合议庭进行审理，认为符合假释条件的，可作出假释裁定，对罪犯予以假释。

被假释的罪犯，在假释考验期内，必须遵守相关规定。假释考验期内如果没有违反规定，期满即认为原判刑罚已经执行完毕，公安机关应公开宣告。在考验期内又犯新罪，应当撤销假释，将前罪没有执行的刑罚和后罪所判处的刑罚，按照规定数罪并罚，决定应当执行的刑罚；在假释考验期内或期满以后，发现被假释的罪犯在假释前还有其他罪没有判决且没有超过诉讼时效的，应当撤销假释，按照规定数罪并罚，决定应当执行的刑罚；被假释的罪犯在假释考验期内违反法律、行政法规或者国务院公安部门有关假释的监督管理规定的，应撤销假释，收监执行未执行完毕的刑期。

案例分析

赵某因犯盗窃罪被判处有期徒刑5年，在服刑期间认真遵守监规，接受教育改造，确有悔改表现，监狱向甲市中级人民法院提出假释建议书，市中级人民法院裁定予以假释。假释期间，乙县公安机关发现赵某曾参与当地一起抢夺案，遂将其逮捕，并由县检察院起诉至县人民法院审判。那么，应由哪个机关撤销假释裁定？

解答：根据《高法解释》第356条规定，被假释的犯罪分子被发现判决宣告前还有其他犯罪没有判决，应当撤销假释的，由审判新罪的人民法院在审判新罪时予以撤销；如果原来是上级人民法院裁定假释的，审判新罪的下级人民法院也可以撤销原假释裁定。撤销后，应当通知原裁定假释的人民法院和执行机关。所以，该案应由乙县人民法院撤销假释裁定。

四、新罪和漏罪的追诉

新罪，是指罪犯在服刑期间实施的犯罪；漏罪，是指在执行过程中发现的，罪犯在判决宣告前所犯的尚未判决的罪行。在刑罚执行期间，发现有新罪或漏罪的，都应依法追诉。《刑事诉讼法》第221条、第225条和《监狱法》第60条规定了服刑罪犯犯新罪和发现漏罪的处理程序：

在监狱服刑的罪犯，在服刑期间又犯罪或者发现漏罪的，由监狱进行侦查，侦查终结后，由监狱写出起诉意见书，连同案件材料、证据一并移送人民检察院审查决定，向有管辖权的人民法院提起公诉。

在看守所、拘役所服刑的罪犯，以及被判处管制、适用缓刑、假释、暂予监外执行等在监之外服刑的罪犯，又犯罪或者发现漏罪的，应由公安机关进行侦查，并在侦查终结后，写出起诉意见书，连同案件材料、证据一并移送人民检察院审查决定，向有管辖权的人民法院提起公诉。

人民法院对于新罪和漏罪作出判决，判决书除了送达罪犯外，还应将副本送达原审人民法院、人民检察院和执行机关。

五、对错判和申诉的处理

《刑事诉讼法》第223条规定:“监狱和其他执行机关在刑罚执行中,如果认为判决有错误或者罪犯提出申诉,应当转请人民检察院或者原判人民法院处理。”根据该规定,监狱或其他执行机关如果认为判决有错误的,应提出具体的书面意见,并附有关调查材料,报送主管司法行政机关,经主管机关审查同意后,转送原起诉的人民检察院或原判人民法院处理。如果案情重大,也可以经主管机关审查同意后,转相应的上级人民检察院或人民法院处理。

罪犯对判决不服,在执行期间,可以向执行机关提出撤销或变更原判刑罚的请求。对于罪犯的申诉,执行机关应当及时转递,不得以任何形式或借口加以阻碍或扣压,更不能因罪犯提出申诉而视为抗拒改造而加以处罚。但是申诉期间,不停止原判决的执行。

人民检察院或人民法院对执行机关转请认为判决有错误的意见和材料,应进行认真审查,发现原判决确有错误的,应当按照审判监督程序对原案进行重审;对于罪犯的申诉,也应及时审查,对于符合下列情形之一的,应当启动审判监督程序处理:有新的证据足以证明原判决、裁定认定的事实确有错误的;据以定罪量刑的证据不确实、不充分或者证明案件的主要事实依据之间存在矛盾的;原判决、裁定适用法律有错误的。

经审查,如果认为判决没有错误的,人民检察院或人民法院应当通知移送材料的执行机关;如果认为罪犯的申诉没有根据的,可以驳回申诉。根据《监狱法》的规定,人民检察院或人民法院应当自收到监狱及其他执行机关提请处理意见书之日起6个月内将处理结果通知监狱等执行机关。

第四节 人民检察院的执行监督

一、对执行死刑的监督程序

根据《刑事诉讼法》第212条第1款、第4款的规定,执行死刑,由人民法院指派的审判人员指挥,人民检察院派员临场监督。司法实践中,人民法院交付执行死刑,应当在3日以前通知同级人民检察院派员临场监督。人民检察院接到通知后,要查明同级人民法院是否有最高人民法院院长签发的执行死刑命令,何时签发?有无判决可能有错误的、或罪犯揭发重大犯罪事实或有其他重大立功表现,可能需要改判的、或罪犯正在怀孕等停止执行的情形,执行死刑的活动是否合法,执行死刑的场地和现场秩序,有无足以造成他人伤亡的情况等。

此外,临场监督员发现执行死刑的过程中有其他严重违法情况的,也应及时提出纠正意见。根据需要,临场监督员应检查罪犯是否死亡,并填写临场监督笔录,签字后归档。

二、对暂予监外执行的监督程序

《刑事诉讼法》第 215 条规定:“批准暂予监外执行的机关应当将批准的决定抄送人民检察院。人民检察院认为暂予监外执行不当的,应当自接到通知之日起 1 个月内将书面意见送交批准暂予监外执行的机关,批准暂予监外执行的机关接到人民检察院的书面意见书后,应当立即对该决定进行重新审核。”

人民检察院接到批准对罪犯暂予监外执行的决定后,应当迅速审查,发现有下列违法情况的,应当提出纠正意见:(1)将不具备法定条件的罪犯报请暂予监外执行的;(2)对罪犯报请暂予监外执行没有完备合法手续的;(3)对决定暂予监外执行的罪犯未依法予以监外执行的,或者罪犯被批准暂予监外执行后未依法交付监外执行的;(4)暂予监外执行的条件消失后,未及时收监执行的;(5)暂予监外执行的罪犯刑期届满,未及时办理释放手续的。

人民检察院向批准或决定暂予监外执行的机关送交不同意暂予监外执行的书面意见后,应当监督其立即对批准或决定暂予监外执行的结果进行重新核查,并监督重新核查的结果是否符合法律规定,对核查不符合法律规定的,应当依法提出纠正意见。对于暂予监外执行的罪犯,人民检察院发现暂予监外执行的情形消失,应当通知执行机关收监执行。

三、对减刑、假释的监督程序

人民检察院对减刑、假释的监督,是人民检察院对刑罚执行变更的监督,目的在于确保减刑、假释的正确使用。《刑事诉讼法》第 222 条明确规定:“人民检察院认为人民法院减刑、假释的裁定不当,应当在收到裁定书副本后 20 日以内,向人民法院提出书面纠正意见。人民法院应当在收到纠正意见后 1 个月以内重新组成合议庭进行审理,作出最终裁定。”

人民检察院在接到人民法院减刑、假释的裁定副本后,应立即审查。经审查认为减刑、假释不当的,应报检察长提交检察院委员会决定。人民检察院认为人民法院减刑、假释的裁定不当,应当在收到裁定书副本后 20 日内,向人民法院提出书面纠正意见。若人民检察院在收到裁定书副本后 20 日之后才发现人民法院的减刑、假释的裁定不当,根据《刑事诉讼法》第 8 条的规定,向人民法院提出书面纠正意见。这主要是为了保障减刑、假释制度得到正确的贯彻实施,以及人民检察院的法律监督权得到有效的行使。

除了上述对人民法院减刑、假释的监督外,人民检察院对减刑、假释的监督还包括:监狱是否依法提出对罪犯的减刑、假释意见;减刑、假释掌握的尺度是否符合条件;对审判机关的减刑、假释裁定是否及时执行;有无违法使用减刑、假释的情况。

四、对执行机关执行活动的监督

《刑事诉讼法》第 224 条规定:“人民检察院对执行机关执行活动是否合法实行监督。如果发现有违法的情况,应当通知执行机关纠正。”人民检察院对执行机关执行活动实施监督是检察机关对刑事诉讼实施法律监督的重要组成部分,是保障刑罚正确执行,维护司法公正，维护社会稳定的重要措施。

人民检察院对执行活动实行监督的方式，主要是定期或不定期地检查、听取执行机关汇报、调阅材料、询问罪犯、个别谈话等，通过这些方式了解和掌握执行机关执行情况，发现问题，通知督促纠正。

延伸阅读⇨

刑事执行权的配置

一、刑事执行之含义

刑事执行在刑事诉讼法及刑事执行法上有不同的内涵诠释。从刑事诉讼法的角度来看，刑事执行指的是在制刑、求刑、量刑之后应当如何进一步实现刑罚权，表达一种程序的延续，解决生效裁判交付执行，以及执行过程中发生的诉讼两类问题，关注的是程序本身，注重与量刑程序的联系；从刑事执行法的角度来看，刑事执行是指刑罚的执行，即将生效刑事判决和裁定所判处的刑罚予以兑现和完成，有时甚至狭义地理解为监禁刑的执行，包括执行的程序性规定和实体性规定，关注的是执行的技术性与实效性，强调交付执行后实现刑罚目的的实际操作，体现为对刑罚执行的管理，更侧重于实体方面的效应和结果。

二、我国刑事执行权存在的问题

刑事执行作为刑事法运作中重要的一个环节，执行权的配置是否科学合理，直接关系到刑罚效益能否得到最优实现。我国现行刑事执行权配置的主要特征是：分散多元性。根据我国《刑法》、《刑事诉讼法》和《监狱法》的规定，负责执行的机关可以分为三类：交付执行机关、执行机关和执行监督机关。其中，人民法院是交付执行机关，人民检察院是执行监督机关，人民法院、监狱、公安机关及其转交的其他有关单位和组织等是执行机关。在具体承担执行职能的机关之间也存在着权限上的分工。

现行刑事执行体制存在的主要问题：(1)行刑权的分散多元性。这种分散多元的执行体制弱化了执行权，减损了执行效果。由于我国缺乏一个统一指挥刑罚执行的主体，刑罚分别由多个机构具体负责执行，而这些机构往往又并非专门的刑罚执行机关，司法资源配置有限的现实，决定了其工作的主要精力肯定不会放在执行上。(2)行刑权的非均衡性。国家刑罚权包括制刑权、求刑权、量刑权及行刑权，相互依存，同等重要。但我国行刑权的地位和作用还没有受到充分关注，难以同侦查权、公诉权、审判权等形成有效的制衡和协作关系。(3)非监禁刑的执行缺乏专门化和专业性，我国尚没有建立专门的非监禁刑执行系统，也没有形成专业化的社区刑罚执行队伍，大大地影响了非监禁刑执行的质量。

三、刑事执行权合理配置的路径

我国刑事执行权合理配置的路径是构建统一行刑权。但在如何配置统一执行权上，有不同观点。有人认为行刑权在本质上属于行政权，由司法行政部门统一行使是较为合适的，将监狱行刑与社区矫正统一于一个权力系统之中，有利于加强二者之间的连结和互动；另一方面，也有利于提升行刑机关的权威和地位，缓解行刑权的非均衡性问题。还有人认为应建立检察院为执行指挥机关的集中型执行体制，将检察机关定位为执行权的主体，而将监狱等司法行政机关视为检察机关行使执行权的辅助机关。这种体制具有两个突出的功能优势：

一是将执行权统一于检察机关，化解了执行权分散行使带来的权力弱化、执行效果减损等问题；二是检察官直接“指挥”而不仅仅是“监督”执行，增强了执行中的权力制约和程序控制。

阅读链接⇨

◆ 1. 冯卫国：《刑事执行权的合理配置论》，载《法学论坛》2010年第1期。

◆ 2. 吴旭：《参与行刑主体多元化及其变革路径》，载陈兴良主编：《刑事法评论》第29卷，北京大学出版社2009年版。

◆ 3. 李树民：《论刑事执行立法一体化》，载《上海公安高等专科学校学报》2009年第6期。

◆ 4. 杨兴培：《刑事执行一体化的构想》，载《华东政法大学学报》2003年第4期。

◆ 5. 万毅：《刑事执行制度之检讨与改造》，载《甘肃政法学院学报》2005年总第83期。

➢ 讨论题

1. 请谈谈社区矫正制度的时代意义。

2. 应当如何改革与完善我国的刑事执行制度？

第二十章 刑事特别程序

第一节 未成年人案件的诉讼程序

一、未成年人案件诉讼程序概述

刑事诉讼中未成年人案件的诉讼程序，是指对于年满14周岁不满18周岁的人，因涉嫌犯罪而受到刑事追诉时所适用的程序。我国《刑法》规定：已满14周岁不满16周岁的，犯故意杀人、故意伤害致人重伤或者死亡、强奸、抢劫、贩卖毒品、放火、爆炸、投毒罪的，应当负刑事责任。已满14周岁不满18周岁的，应当从轻或者减轻处罚。上述法律规定表明：在我国，年满14周岁的人，就具备了刑事责任能力，对于法律规定的有关罪行要承担相应的刑事责任。

1. 未成年人案件诉讼程序的理论基础

未成年人犯罪适用不同于成年人的刑事诉讼程序，有其深刻的理论基础。首先，未成年人具有不同于成年人的生理和心理特点。他们在生理上还处于生长发育阶段，远未达到成熟状态。在心理上，未成年人的人生阅历远远低于成年人，心理状态极不成熟，人格尚未定型，可塑性大。相应地，其犯罪的主观恶性程度远低于成年人。作为直接针对未成年人的刑事诉讼程序，必须考虑到未成年人的身心特点。其次，从社会学的角度看，未成年人犯罪有着复杂的社会原因。其生长的环境、网络、影视剧内容、朋友圈子、父母是否离异、在学校里所受到的对待等等，都会对未成年人产生影响，因此，未成年人犯罪是社会的、生理的、心理的各种因素共同作用的结果。再次，未成年人以后的人生道路还很长，在受处罚后还存在社会回归问题。由于犯罪受到刑事追诉必然会使他在社会评价方面受到极大的负面影响，公安司法机关在追究其刑事责任时必须考虑到这一点，力争在追究其刑事责任时将社会影响降到最小。最后，从权利保障的角度看，也有必要在刑事程序上给予未成年人特别对待。未成年人在面对国家专门机关追诉时，其心理状态往往弱于成年人，在诉讼行为能力上较之成年人无疑要欠缺许多。所以，在程序进行时给予未成年人以特别的对待，也是权利保障和程序正义的具体体现和要求。

2. 未成年人案件诉讼程序的发展

未成年人犯罪近年来呈上升趋势，与贩毒、环境污染并称为“世界三大公害”。正因为如此，各国对于未成年人案件的诉讼程序都给予了极大关注。

世界上最早由美国伊利诺伊州制定了《少年法庭法》(1899 年)，同时，在芝加哥市建立了世界上第一个少年法庭。在其后的百年间，各国竞相效仿，纷纷设立了少年法庭，颁布了少年法庭法规，形成了从立法思想、组织结构、司法制度及表现形式都独具特色的少年司法体系。在国际社会，联合国于 1985 年通过了《联合国少年司法最低限度标准规则》(即《北京规则》)，该规则规定："对少年处分必须经常注意保持少年行为与处分的均衡性"。1990 年又通过了《联合国预防少年犯罪准则》(又称《利雅得准则》)，该准则强调对所有年轻人采取早期预防和保护性干预的方法。上述两个规则与《世界人权宣言》、《公民权利和政治权利国防公约》、《儿童权利公约》、《囚犯待遇最低限度标准规则》等一起，构成了少年司法领域的国际准则体系。

在我国，有关未成年人案件的诉讼程序，散见于《刑事诉讼法》的一些条款中。1999 年 6 月 28 日，全国人大常委会通过了《预防未成年人犯罪法》，使预防未成年人犯罪的工作进入了法制化轨道。此外，公安部、最高人民检察院、最高人民法院分别颁行了一些规范性文件，为各级公安司法机关办理未成年人犯罪案件适用特别的诉讼程序提供了法律依据。

在司法实践中，1984 年底，上海市长宁区人民法院建立了少年法庭，专门审理未成年人犯罪的刑事案件，其后，这一做法在全国得到推广。随着形势的发展，有些地方的检察机关在实践中尝试对某些未成年犯罪嫌疑人试用诉前考察与不诉帮教程序。所谓诉前考察，就是对犯罪情节较轻，并且具有一定监护条件的未成年人进行为期 3 至 6 个月的考察，考察合格者即作出不起诉决定。不诉帮教程序就是检察机关对未成年人作出相对不起诉决定后，设置 3 至 6 个月的考察帮教期，以帮助其回归社会。目前，这两个程序的实施取得了良好效果。在法庭审理方式上，有些地方对未成年被告人在庭审时采用"圆桌审判"的方式，努力消除对未成年人带来的心理冲击，成效显著。

上述做法都体现了未成年人犯罪诉讼程序的特殊性。当然，如何在社会效果与法律空白之间寻求平衡，仍需我们积极探索。

二、未成年人案件诉讼方针和原则

办理未成年人刑事案件，除应遵循我国《刑事诉讼法》的基本原则外，还应结合未成年人的具体特点以及我国的有关法律，遵循和贯彻下列特有的方针和原则：

1. 教育、感化、挽救的方针

教育、感化、挽救是指公安、司法机关在办理未成年人犯罪的刑事案件时，要坚持以教育为主、惩罚为辅的原则，动之以情，晓之以理，促使未成年人认罪悔罪，重新做人。我国《未成年人保护法》第 38 条和《预防未成年人犯罪法》第 44 条规定了对犯罪的未成年人，实行教育、感化、挽救的方针。

贯彻这一方针，要求公安司法机关的办案人员在刑事诉讼的各阶段，既要查清案件事实，同时又要对未成年人进行教育和感化，二者要同时并举，不可偏废。在新形势下要特别注意如下方面：

(1)要构建针对未成年人的刑罚和非刑罚处罚措施的科学体系

一是要慎用刑罚手段，对于多数失足未成年人，不能一罚之后便放任不管，而是需要有相应的非刑罚措施来替代;二是对必须采用刑罚措施的未成年人,应当有更多的非监禁刑罚处置。对这方面当前尤应加大研究和立法。

(2)要更新教育、感化和挽救失足未成年人的工作方法

注重早期教育、早期预测、早期预防。在案件审理过程中,确立具体的教育、感化方法,形成教育、感化、挽救的评价体系和标准。

2. 分案处理原则

分案处理原则是指对未成年人犯罪案件与成年人犯罪案件实行诉讼程序分离,分案起诉,分案审理,分别关押,分别执行。

分案起诉、分别审理,是为了实现少年福利最大化,根据未成年人的身心特点和犯罪的特殊性,采用较为和缓的审理方式,营造较为宽松的庭审氛围,以利于对涉案未成年人的教育挽救。分开羁押和分别执行是指无论是已决羁押还是未决羁押,都应当将成年人与未成年人分开,以防止未成年人受到不良感染。我国《未成年人保护法》第 41 条规定:"公安机关、人民检察院、人民法院对审前羁押的未成年人,应当与羁押的成年人分别看管。对经人民法院判决服刑的未成年人,应当与服刑的成年人分别关押管理"。

3. 保障未成年人特有的诉讼权利原则

未成年人犯罪进入刑事程序后,除依法享有《刑法诉讼法》规定的一般犯罪嫌疑人、被告人的诉讼权利外,基于未成年人的特点和国家对于未成年人的特别保护,还享有一些特有的诉讼权利。如我国《刑事诉讼法》规定的讯问和审判时,可以通知其法定代理人到场的权利。没有辩护人时有获得法律援助律师提供辩护的权利等。联合国《儿童权利公约》要求:对被指控触犯《刑法》的儿童提供以下程序保障:无罪推定,被告知指控罪名,获得独立的、公正的主管当局或司法机构复查判决,获得免费翻译,尊重隐私等。

4. 隐私特别保护原则

该原则要求在办理未成年人犯罪案件中,对于未成年人的隐私要给予特别保护,以免对其造成伤害。

《联合国少年司法最低限度标准规则》(即《北京规则》)第 8 条第 1 款规定:"应在各个阶段尊重少年犯享有隐私的权利,以避免由于不适当的宣传或加以点名而对其造成伤害"。第 8 条第 2 款规定:"原则上不应公布可能会导致使人认出某一少年犯的资料"。在美国,少年犯被告人的名字、庭审的进程以及审判笔录等信息均不对外公开。英国《1933 年儿童和少年法》第 39 条规定:在任何诉讼中,法庭可以命令新闻报道不得披露儿童和少年的姓名、住址、学校或者任何可以确定其身份的细节,无论他是被告人、证人或者处于其他诉讼地位的人。

在我国,《刑事诉讼法》规定:对于已满 14 岁不满 16 岁的未成年人犯罪案件,一律不公开审理;已满 16 岁不满 18 岁的,一般也不公开审理。《最高检规定》第 4 条要求:人民检察院办理未成年人案件,应该依法保护涉案未成年人的名誉,尊重其人格尊严,不得公开或者传播涉案未成年人的姓名、住所、照片、图像及可能推断出该未成年人的资料。《最高法规定》第 13 条要求:未成年人刑事案件判决前,审判人员不得向外界披露该未成年人的姓名、住所、照片及可能推断出该未成年人的资料。未成年人刑事案件的诉讼案卷材料,除依法查阅、摘抄、复制以外,未经本院院长批准,不得查询和摘录,并不得公开和传播。目前,许多地

方正在探索未成年人犯罪记录消灭制度，以促进未成年人的健康成长。

5. 相称原则

相称原则是指对未成年犯采取的措施应当与其所犯罪行的轻重及其个人情况等相适应。

《北京规则》第 5 条第 1 款规定："少年司法制度应强调少年的幸福，并应确保对少年犯做出的任何反应均应与犯罪和违法行为情况相称"。《最高检规定》第 8 条规定：讯问未成年犯罪嫌疑人一般不得使用戒具。第 12 条规定：人民检察院审查批准逮捕未成年犯罪嫌疑人，应当根据未成年犯罪嫌疑人涉嫌犯罪的事实、主观恶性、有无监护与社会帮教条件等，综合衡量其社会危险性，确定是否有逮捕必要，慎用逮捕措施，可捕可不捕的不捕。第 13 条规定：对于罪行较轻，具备有效监护条件，没有社会危险性或者社会危险性较小；或者罪行虽比较严重，但主观恶性不大，有悔罪表现、具备有效监护条件或社会帮教措施、不具有社会危险性并且具有该条所列 7 种情形之一的未成年犯罪嫌疑人，也可以不批捕。上述规定，充分体现了相称原则。

6. 全面调查原则

全面调查原则，就是在办理未成年人案件时，除了对案件事实进行调查外，还需要对未成年人的生活背景、成长环境、人格特点等个人情况进行全面调查，以利于作出正确处理。

《北京规则》第 16 条规定："所有案件除涉及轻微违法案件，在主管当局作出判决前的最后处理之前，应对少年生活的背景和环境或犯罪的条件进行适当的调查"。在我国，《公安机关规定》、《最高检规定》、《最高法规定》均对此原则有所体现。

7. 诉讼及时原则

诉讼及时原则是指对未成年人犯罪案件的侦查、起诉与审理，应迅速、及时进行，避免因过分迟延而给未成年人身心带来不必要伤害。

《北京规则》第 20 条规定："每一案件从一开始就应迅速处理，不应有任何不必要的拖延"。在我国，《未成年人保护法》、《公安机关规定》均有相关条文肯定这一原则。诉讼及时原则要求做到：第一，迅速通知，在对少年采取了强制措施后，必须将相关情况尽快通知其家人。第二，迅速审理，对未成年人的审判应尽可能地快速审理，减少审前和审中羁押，保护他们的利益。第三，迅速释放，在审查未成年人案件时，发现无犯罪事实或无须刑罚处罚的情形，应立即释放。第四，程序尽可能简化。

案例分析

据《浙江在线》2011 年 3 月 18 日讯，浙江省宁波市海曙区人民法院在未成年人犯罪案件审理中引入对未成年被告人进行心理鉴定的机制，用于刑罚裁量的参考，注重量刑的刑罚效果和社会效果的统一。

被告人小阳（化名，犯罪时未满 18 周岁）因为缺钱花，于是盯上了一些胆小的中小学生，对他们实行敲诈勒索，被海曙区人民检察院提起公诉。海曙区人民法院在审理此案的过程中，了解到小阳性格孤僻，自幼由外婆抚养，缺少父母必要的管教，后来辍学，成为一个小混混。

海曙区人民法院在了解这一情况后，经过小阳同意，请宁波人和心理咨询中心的心理咨询师马洪波为他作心理鉴定。马洪波请小阳按照自己的想象画参天大树，在沙盘里摆出一幅"外婆的澎湖湾"，在一片大海、田野之间，外婆点着蜡烛等待小阳归来。

心理咨询师根据小阳的画得出测试结论：大树阴影浓重说明小阳不敢面对现实的挑战；外婆、田野、蜡烛象征希望，大海象征未知诱惑，这两方面暗示他的潜意识里充满了矛盾和挣扎，需要外界的力量来抵制诱惑。海曙区人民法院根据案情，结合小阳的这一心理测试结果，并综合其实际生活环境，最终判处小阳有期徒刑1年，缓刑2年。小阳说，他接到这一判决后，心里非常激动，下决心做一个遵纪守法的人。小阳的家人对此判决也很接受，表示要配合有关部门，帮助小阳悔过自新。另据各方面反馈的信息，小阳现在像变了一个人似的，不但懂事了，也知道帮助别人了，一切正向好的方向发展。

三、未成年人案件诉讼程序的特别要求

(一)立案程序

《公安机关规定》第6条规定："公安机关应当设置专门机构或者专职人员承办未成年人违法犯罪案件。"

在立案阶段就要进行全面调查，要重点审查未成年人出生的年、月、日，以确定其是否达到相应的刑事责任年龄。在立案审查中，对于不满14周岁，或者已满16周岁但依法不应处罚的，以及虽满16周岁但不满18周岁，罪行轻微、不需要处罚或者虽然犯罪情节较重，但确有悔改表现，根据各方面情况综合考虑仍可免除刑罚处罚的，均可不予立案。因不满16周岁不处罚的，责令其家长或监护人加以管教。对于具有一般违法行为或不需要刑罚处罚的，必要时可将材料转有关单位处理。

(二)侦查程序

根据《公安机关规定》、《最高检规定》，未成年人刑事案件的侦查程序，有以下特别要求。

1. 对未成年人进行讯问时，应采取不同于成年人的方式。讯问前，除掌握案件情况和证据材料外，还应了解其生活、学习环境、成长经历、性格特点、心理状态以及社会交往情况，有针对性地制作讯问提纲。

2. 讯问未成年人时，根据案件调查的需要，除有碍侦查或者无法通知的情形外，应当通知其法定代理人或者教师到场。

3. 讯问未成年人时，既可以在公安机关进行，也可以在其住所、单位或者学校进行。讯问时，应针对其思想顾虑、畏惧心理、抵触情绪进行疏导和教育。

4. 办理未成年人案件，应当严格限制和尽量减少使用强制措施。

5. 检察机关在审查批捕未成年人时，应当把是否已满14、16、18周岁的临界年龄，作为重要事实予以查清。对难以判断犯罪嫌疑人实际年龄，影响案件认定的，应当作出不批准逮捕的决定。

6. 人民检察院对于未成年人应当根据涉嫌犯罪的事实、主观恶性、有无监护与社会帮教条件等，综合衡量其社会危险性，确定是否有逮捕必要，可捕可不捕的不捕。

7. 对于被羁押的未成年人应当与成年犯罪嫌疑人分别关押、管理，并根据其生理和心理特点在生活和学习等方面给予照顾。

8. 办理未成年人犯罪案件，原则上不得使用戒具。只有出现现实危险状况、必须使用戒具的，才可以使用；一旦现实危险消除，应当立即停止使用戒具。

9. 贯彻全面调查原则，注意迅速、及时地尽快结案。

(三)起诉程序

根据《最高检规定》，对未成年人提起公诉时，有以下特别要求：

1. 未成年人如果因为经济困难而没有聘请律师的，人民检察院应当帮助其申请法律援助。

2. 审查起诉未成年犯罪嫌疑人，应当听取其父母或其他法定代理人、辩护人、未成年被害人及其法定代理人的意见，并对未成年犯罪嫌疑人的成长经历、家庭环境、个性特点、社会活动等情况，进行全面调查。

3. 对未成年人实施的轻伤害案件、初次犯罪、过失犯罪、犯罪未遂的案件以及被诱骗或者被教唆实施的犯罪案件等，情节轻微、犯罪嫌疑人有悔罪表现，当事人双方自愿就民事赔偿达成协议并切实履行的，人民检察院可以作出不起诉的决定。

4. 在未成年人与成年人共同犯罪的案件中，除法律另有规定的以外，人民检察院应将未成年人与成年人分案起诉。

5. 对于犯罪情节较轻，未造成严重后果；主观恶性不大的初犯或者从犯、胁从犯；被害人同意和解或者被害人有明显过错的未成年犯罪嫌疑人，依法可能判处 3 年以下有期徒刑或者拘役，悔罪态度较好，具备有效监护条件或者社会帮教措施，适用缓刑确实不会再危害社会的，人民检察院可以建议人民法院适用缓刑。

(四)审判程序

根据《最高法规定》，人民法院审理未成年人案件时，有以下特别规定：

1. 人民法院应设立专门审理未成年人案件的少年法庭。少年法庭应由熟悉少年特点、善于做失足少年思想工作的人员组成。少年法庭的审判长最好由女性审判人员担任。

2. 对于 14 岁以上不满 16 岁的未成年人犯罪案件，一律不公开审理；已满 16 岁不满 18 岁的未成年人案件，一般也不公开审理。

3. 对未成年人犯罪的案件，不得公开该未成年被告人的姓名、住址、照片以及可能推断出该未成年人的资料。

有些地方在未成年犯罪案件审理中试行“圆桌式审判”，其表现如下：一是将审判庭的形式布置成椭圆形，使法庭呈现缓和、宽松的氛围；二是让少年犯与其父母或其他法定代理人多接触，配合法庭对被告人进行教育感化；三是在庭审中尽量运用较温和的语言，以减轻其心理压力，成效较好。

(五)执行程序

对未成年罪犯的执行程序，根据我国相关法律，有以下特别要求：

1. 被判处刑罚的未成年罪犯，应与成年罪犯分别关押。

2. 对于被判处管制、拘役宣告缓刑、3年以下有期徒刑宣告缓刑的未成年罪犯，应加强考察，并会合社会各方力量，制定帮教措施。

3. 对未成年犯人的减刑、假释，可比照成年犯适当减轻和放宽。

4. 少年犯管教所应贯彻“教育改造为主，轻微劳动为辅”的方针，坚持半天学习，半天劳动。

案例分析

16岁的张亮(化名)家住奎屯市，由于母亲体弱，父亲过世，还未成年的张亮承担起了家庭的重任，依靠打工养活妈妈和年迈的奶奶。

小辉(化名)是张亮在打工时认识的工友。由于怀疑小辉和自己的女友有关系，张亮萌发了报复念头。于2008年2月的某一天，用事先准备好的钢管将小辉打成重伤。

小辉出院后，向法院提起附带民事诉讼，要求张亮赔偿其各项经济损失5万元。问：法院对张亮应如何处理？

解答：张亮以暴力故意伤害他人身体致人重伤，其行为已构成故意伤害罪。但张亮犯罪时不满18周岁，属于未成年人，应从轻处罚。考虑到张亮以自己的劳动收入为主要生活来源，应视为完全民事行为能力人，应独立承担民事责任。

第二节　涉外刑事诉讼程序及刑事司法协助

一、涉外刑事诉讼程序的概念和种类

涉外刑事诉讼程序，是指我国公安、司法机关依法办理的具有涉外因素的刑事案件所应遵循的程序。所谓涉外因素，是指涉及外国人(包括无国籍人，下同)或其他国家或国际组织的权益，以及涉及国际条约、外交关系或国际司法协助等因素。因此，涉外刑事案件，是涉及外国人或外国权益，并依法由我国实行刑事管辖的刑事案件。

根据我国《刑法》、《刑事诉讼法》的有关规定和最高人民法院《关于执行〈中华人民共和国刑事诉讼法〉若干问题的解释》(以下简称《最高法解释》)，涉外刑事案件包括以下几种：(1)在中华人民共和国领域内，外国人犯罪的或者中国公民侵犯外国人合法权利的刑事案件；(2)在中华人民共和国领域外，符合《刑法》第8条、第10条规定的外国人对中华人民共和国国家和公民的犯罪以及中国公民在中华人民共和国领域外的犯罪；(3)属于《刑法》第9条规定的情形，中华人民共和国在所承担的国际条约义务范围内行使管辖权的案件。

二、涉外刑事诉讼的特有原则

(一)维护国家主权原则

维护国家主权原则在司法上的体现,就是在追究外国人刑事责任时,适用本国的法律。我国《刑事诉讼法》第16条规定:“对于外国人犯罪需要追究刑事责任的,适用本法规定。对于享有外交特权和豁免权的外国人犯罪应当追究刑事责任的,通过外交途径解决。”

维护国家主权原则在刑事诉讼中有以下体现:(1)凡在我国进行刑事诉讼的当事人及其他诉讼参与人,无论国籍与身份,都必须适用中国法律;(2)凡属我国管辖的涉外刑事案件,应由我国司法机关受理,任何外国司法机关无权管辖;(3)任何外国法院的裁判,非经我国法院按照我国《刑事诉讼法》的规定或者有关条约的规定予以承认,在我国不发生法律效力;(4)委托办理或者进行国际刑事司法协助时,必须坚持对等原则,凡是外国对我国实行限制的,我国也要采取相应的对等限制措施。

➤ 案例分析

英国人阿克毛·沙伊克因在中国贩毒被乌鲁木齐市中级人民法院于2008年10月判处死刑。针对这一案件,英国国内有一些人坚持阿克毛·沙伊克患有精神疾病,要求中国不对其判处死刑,认为中国法院的这一判决违反人权,呼吁国际社会对中国进行外交施压。

问:乌鲁木齐市中级人民法院能否作出这一判决?

解答:乌鲁木齐市中级人民法院的这一判决是正确的。我国《刑法》第6条规定:外国人在中华人民共和国领域内犯罪的,适用中华人民共和国的法律。《中华人民共和国刑法》第347条规定:贩卖、运输、制造海洛因50克以上的,可以被判处死刑。

(二)诉讼权利义务平等原则

该原则有两层含义:一是外国人参加刑事诉讼时,其诉讼权利义务与中国公民平等;二是指诉讼权利义务的对等,外国司法机关对我国公民进行某种限制或歧视的,我国司法机关也给予该国公民以同等的对待。

(三)信守国际条约的原则

信守国际条约,是指在涉外刑事诉讼的进行中,我国司法机关必须遵守我国缔结或者参加的有关国际条约、公约、联合声明、协定等。当有关的国际条约与国内法发生冲突时,应适用有关国际条约,但对于我国声明保留的条款除外。我国先后加入了许多具有刑事诉讼内容的国际公约,与许多国家签订有刑事司法协助协定,对于这些国际公约和双边条约的规定,我国司法机关在条约义务范围内应严格遵守。

(四)使用我国通用的语言文字原则

外国人在某个国家参加刑事诉讼,使用该国语言文字是世界通用的准则。根据该原则,我国司法机关在处理涉外刑事诉讼时,必须使用我国通用的语言文字。涉外刑事诉讼的进行和司法文书的制作,都要使用我国通用的语言文字。外国公民有权要求我国司法机关提供翻译,《最高法解释》第 319 条规定:"人民法院审判涉外刑事案件,使用中华人民共和国通用的语言、文字,应当为外籍被告人提供翻译。如果外国籍被告人通晓中国语言、文字,拒绝他人翻译的,应当由本人出具书面声明,或者将他的口头声明记录在卷。诉讼文书为中文本,应当附有被告人通晓的外文译本,译本不加盖人民法院印章,以中文本为准。"

(五)委托或指定中国律师参加诉讼原则

外国公民在中国进行刑事诉讼,需要委托辩护人或代理人的,必须委托中国籍律师。《最高法解释》第 320 条规定:"外国籍被告人委托律师辩护的,以及附带民事诉讼的原告人、自诉人委托律师代理诉讼的,应当委托具有中华人民共和国律师资格并依法取得执业证书的律师。"第 2 款规定:"外国籍被告人没有委托辩护人的,人民法院可以为其指定辩护人。被告人拒绝辩护人为其辩护的,应当由其提出书面声明,或者将其口头声明记录在卷后,人民法院予以准许。"

外国律师可以充当中国律师的助手,但不得以律师身份在中国独立参与刑事诉讼活动。

三、涉外案件的管辖

我国《刑法》第 6 条规定:"凡在中华人民共和国领域内犯罪的,除本法有特别规定的以外,都适用本法。""凡在中华人民共和国船舶或者航空器内犯罪的,也适用本法"。"犯罪的行为或者结果有一项发生在中华人民共和国领域内的,就认为是在中华人民共和国领域内犯罪"。第 7 条规定:"中华人民共和国公民在中华人民共和国领域外犯本法规定之罪的,适用本法"。第 8 条规定:"外国人在中华人民共和国领域外对中华人民共和国国家或者公民犯罪……可以适用本法。"第 9 条规定:"对于中华人民共和国缔结或者参加的国际条约所规定的罪行,中华人民共和国在所承担条约义务的范围内行使刑事管辖权的,适用本法"。《刑事诉讼法》第 16 条规定:"对于外国人犯罪需要追究刑事责任的,适用本法的规定"。

公安部《公安机关办理刑事案件程序规定》(以下简称《公安部规定》)具体规定了涉外案件的立案管辖。

1. 外国人犯罪案件,由犯罪地的地(市)级以上公安机关立案侦查。

2. 外国人犯中华人民共和国缔结或者参加的国际条约规定的罪行后进入我国领域内的,由该外国人被抓获的地(市)级以上公安机关立案侦查。

3. 外国人在中华人民共和国领域外的中国船舶或者航空器内犯罪的,由犯罪发生后该船舶或者航空器最初停泊或者降落的中国港口的地(市)级以上交通或者民航公安机关立案侦查。

4. 外国人在国际列车上犯罪的,由犯罪发生后列车最初停靠的中国车站所在地或者目的地的地(市)级以上铁路公安机关立案侦查。

5. 外国人在中华人民共和国领域外对中华人民共和国国家或者公民犯罪,依照《中华人民共和国刑法》应当受处罚的,由该外国人入境地的地(市)级以上公安机关立案侦查。

案例分析

金某和文某均是在中国经商的韩国籍人。1995 年 3 月 21 日晚,金某与朋友在天津市南开区一娱乐城聚会。当金某送走朋友返回大厅时,突然被文某抓住衣领,文某以拳猛击金某面部。毫无防范的金某被打倒在地,文某仍不罢休,抓起金某的头发往停靠在一侧的汽车猛撞。经娱乐城保安人员向警方报案,文某方逃离现场。事后经法医鉴定,金某构成轻伤。1996 年 1 月 15 日,金某决定向文某提起刑事自诉并附带民事诉讼。关于此案的受理法院,出现了两种意见。一种意见认为,根据我国《刑事诉讼法》规定,外国人犯罪的刑事案件,应由中级人民法院受理。另一种意见认为,虽然金某、文某均为外国人,但由于是自诉案件,不是公诉案件,不必由中级人民法院受理,基层人民法院受理即可。你同意哪一种观点?

解答:第一种意见是正确的。根据我国《刑事诉讼法》规定,外国人犯罪的刑事案件,一律应由中级人民法院审理,不分公诉自诉。因此,此案应由天津市第一中级人民法院受理。

四、涉外刑事诉讼中的强制措施

根据《公安部规定》及《最高法解释》的有关规定,在涉外刑事诉讼中,需对外国人采取强制措施时,有以下规定:

1. 需要对外国人采取拘留、监视居住、取保候审的,应当由地(市)级以上公安机关负责人批准,并将有关案情、处理情况等于采取强制措施的 48 小时以内报告省级公安机关,同时通报同级人民政府外事办公室,需要对涉及国家安全的案件或者涉及国与国外交关系的案件以及其他重大、复杂案件中的外国人采取拘留、监视居住、取保候审的,应当由省级公安机关负责人批准,并将有关案件、处理情况等于采取强制措施的 48 小时以内报告公安部,同时通报同级人民政府外事办公室。

2. 地(市)级公安机关对外国人依法作出取保候审、监视居住决定或者执行拘留、逮捕后,应当在 48 小时内,将外国人的姓名、性别、入境时间、护照或者证件号码、案件发生的时间、地点及有关情况,涉嫌犯罪的主要事实,已采取的强制措施及其法律依据等报告省级公安机关。有关省、自治区、直辖市公安机关应当在规定的期限内通知该外国人所属国家的驻华使、领馆,同时报告公安部。

3. 公安机关侦查终结前,外国驻华外交、领事官员要求探视被监视居住、拘留、逮捕的本国公民的,立案侦查的公安机关应当及时安排有关的探视事宜。犯罪嫌疑人拒绝其所属国家驻华外交、领事官员探视的,公安机关可以不予安排,但应当由其本人提出书面声明。

4. 对外国籍犯罪嫌疑人采取强制措施的同时,经省级公安机关批准,可以依法扣留其护照，发给本人扣留护照的证明，并将有关情况及时报告公安部，同时通报同级人民政府外事办公室。

5. 对于享有外交特权或者豁免权但实施了犯罪的外国人，宣布为不受欢迎的人或者不可接受并拒绝承认其外交或领事人员身份，责令限期出境；无正当理由逾期不自动出境的，由公安部凭外交部公文指定该外国人所在的省级公安机关负责执行或者监督执行。

6. 对涉外刑事案件的被告人及人民法院认定的其他相关犯罪嫌疑人，可以决定限制出境；对开庭审理案件时必须到庭的证人，可以要求暂缓出境。限制出境的决定应当通报同级公安机关或者国家安全机关。

7. 人民法院决定限制外国人或者中国公民出境的，应当口头或书面通知被限制出境的人，也可以采取扣留其护照或者其他有效出入境证件的办法，在案件审理终结前不得离境。

8. 对需要在边防检查站阻止外国人和中国公民出境的，人民法院应当填写口岸阻止人员出境通知书。控制口岸在本省、自治区、直辖市的，应当向本省、自治区、直辖市办理交控手续。控制口岸不在本省、自治区、直辖市的，应当通过有关省、自治区、直辖市公安厅(局)办理交控手续。在紧急情况下，如确有必要，也可以先向边防检查站交控，然后补办交控手续。

五、涉外刑事诉讼的文书送达

涉外刑事诉讼的文书送达，包括我国把诉讼文书送达外国和接受外国委托送达司法文书。根据《最高法解释》的有关规定，在涉外刑事诉讼中，向在中华人民共和国领域外居住的当事人送达诉讼文书有以下方式：

1. 通过外交途径送达

人民法院与同我国建交国家的法院通过外交途径相互请求送达法律文书的，除该国同我国已有司法协助协定的依协定外，依据互惠原则办理。我国法院通过外交途径向国外当事人送达法律文书的程序是：(1)请求送达的法律文书必须经高级人民法院审查，由高级人民法院交外交部领事司转递；(2)必须准确注明受送达人的姓名、性别、年龄、国籍及详细地址，并将该案基本情况函告外交部领事司；(3)必须附有被请求方法院名称的送达请求书。所送法律文书必须附有被请求方官方通用文字或该国同意的第三国文字。

2. 使领馆送达

对于中国籍当事人在中华人民共和国领域外的，可以委托我国驻外使、领馆送达。

3. 邮寄送达

当事人所在国的法律允许邮寄送达的，可以邮寄送达。

4. 当事人所在国与我国有刑事司法协助协定的，按照协定规定的方式送达。

5. 当事人是自诉案件的自诉人或者是附带民事诉讼的原告人，有诉讼代理人的，可以由诉讼代理人送达。

六、刑事司法协助的内容

刑事司法协助是指不同国家或同一国家不同法律区域之间为制裁跨国或跨域犯罪，根据双方签订的双边条约或者协定或者多边国际条约或根据互惠原则，彼此相互协助，代为对方行使一定的刑事诉讼行为。

在我国，刑事司法协助可分为国际刑事司法协助和区际刑事司法协助。国际刑事司法协助是指根据相关条约或公约或互惠原则，我国与外国为共同打击犯罪而展开的刑事司法协助。区际刑事司法协助是指中国大陆各省、自治区、直辖市与港、澳之间根据相关协定以及根据大陆海协会、台湾海基会之间订立的协定而在大陆和台湾之间展开的刑事司法协助。

刑事司法协助的内容有以下方面：(1)代为送达文书。包括与刑事诉讼有关的司法文书、诉讼文件和其他文字材料。(2)代为调查取证。包括代为听取当事人、嫌疑人的陈述，询问证人、被害人和鉴定人，进行鉴定、勘验、检查、搜查和扣押等。(3)通报诉讼结果。包括诉讼的进展及诉讼的各阶段，如立案、实施侦查行为、采取强制措施、起诉或不起诉、一审二审的结果等。(4)移送物证、书证和视听资料等。(5)扣押、冻结、没收、移交赃款赃物。指被司法机关怀疑或者认定属于犯罪所得或者收益的资产。(6)引渡或者移交被指控或被判有罪行的人。引渡主要在国与国之间进行，移交则是在一国之内的不同法律区域内进行。(7)相互承认和执行对方的判决和裁定。(8)其他诉讼行为，如相互通知证人、鉴定人出庭。

国际刑事司法协助的法律依据，主要是我国缔结或参加的国际条约。到目前为止，我国先后与俄罗斯、加拿大、乌克兰、波兰、蒙古、越南等 20 多个国家签订了刑事司法协助条约，并参加了一系列国际公约。对于上述条约内容，我国在进行刑事司法协助时应当遵守，但声明保留的条款除外。

区际刑事司法协助，则依照各省、自治区、直辖市与港、澳方面的协定进行。大陆与台湾的刑事司法协助，则依海协、海基两会的相关协定进行。

七、国际刑事司法协助的申请与执行

根据《最高法解释》、《最高检规则》、《公安部规定》以及《最高人民检察院关于检察机关办理司法协助案件有关问题的通知》和公安部《通过外交途径办理刑事司法协助案件的若干程序》等规范性文件，我国与外国国家之间刑事司法协助的申请与执行按以下程序进行：

1. 请求和提供刑事司法协助，依照我国缔结或参加的国际条约确定的途径进行，没有缔结条约的，通过外交途径进行。

2. 请求与我国签订司法协助协定的国家的法院代为一定诉讼行为的，必须由所在省、自治区、直辖市高级人民法院报经最高人民法院审查同意。与我国签订司法协助协定的国家请求我国法院代为一定诉讼行为的，应当由最高人民法院审查后转达。

3. 最高人民检察院外事局收到外国请求司法协助的案件后，对案件是否符合我国与外国签订的司法协助条约和引渡条约的规定进行审查。对不符合有关条约或法律规定的，退回外国有关请求机构；对符合规定的，按案件管辖分工移送有关业务部门就案件内容进行审查。

4. 经审查，如果外国的请求有损我国的主权、安全或者社会公共利益以及违反我国法律规定的，应当拒绝提供司法协助。

5. 请求刑事司法协助应当提交请求书或委托书。请求书应包括以下内容：(1)请求机构的名称和进行请求所涉及的侦查或起诉当局的名称;(2)请求的目的和所需协助的简要说明;(3)请求所涉及的犯罪事实及相关法律的规定或文本;(4)必要情况下收件人的姓名和地址;(5)请求国希望遵守的任何特定程序和要求的理由和细节;(6)对希望在任何期限内执行请求的说明;(7)请求执行所必需的其他资料。

6. 司法协助请求所使用的文字,应是被请求国语言文字或该国可以接收的另一种语言文字的译文。

争论

2001 年,原中国银行广东分行开平支行 3 位行长余某东、许某凡和许某俊先后利用职务之便贪污、挪用银行资金 4.82 亿美元,案发后逃往美国。2004 年 4 月,余某东被遣返回国,并于 2006 年 5 月被判有期徒刑 12 年。2009 年 5 月,许某凡、许某俊分别被美国法院判处 25 年和 22 年监禁。据悉,上述 3 人的最终处理结果之所以各不相同,是由于中国目前与美国尚无刑事司法互助条约,不能展开引渡合作,中国政府欲对上述 3 人进行有效追诉,只能采取变通措施。因上述 3 人的行为也触犯了美国的国内刑事法律,所以,首先由美国的主管机关以洗钱犯罪、违反移民法等理由对上述 3 人实行缉捕,开展刑事追诉。上述 3 人归案后,本来余某东的罪行最为严重,如在美国受审,可能在 3 人中面临最严重的处罚。但余某东接受了有关的劝告意见,同美国刑事检控机关达成辩诉交易,承认自己在美国所犯的罪行应导致递解出境的法律后果,并且明确指定中国为其递解出境的目的地,从而受到了较为宽大的处理。而许某凡、许某俊则既不认罪又不接受遣返,因而在美国被提交陪审团审判并受到比余某东更为严厉的刑罚。开平案件的最终处理堪称中美刑事司法合作成功的典型案例,但国人对余某东仅被判处 12 年有期徒刑产生了极大的争议,有人认为这一判决不公平,给腐败分子逃避死刑打开了程序缺口。

第三节 刑事赔偿程序

一、刑事赔偿的概念和意义

刑事赔偿,又称刑事损害赔偿或错案赔偿,是指在刑事诉讼过程中,由于侦查、检察、审判及监狱管理机关及其工作人员违法行使职权,给公民、法人或其他组织的合法权益造成损害而由国家承担赔偿责任的一项法律制度。

刑事赔偿是国家赔偿制度的重要组成部分,体现了国家对于公民权利的维护和重视。在刑事诉讼中,刑事司法权力尤其是刑事追诉权力与公民个人权利总是存在矛盾和冲突的,而刑事赔偿制度能够调节二者的矛盾和冲突,促进二者的动态平衡。刑事赔偿制度作为一项法律制度,出现于 19 世纪末 20 世纪初,是伴随着社会进步、法制健全、人权保障思想的勃兴而建立发展起来的。1898 年 5 月 20 日,德国首先颁布了《再审无罪判决赔偿法》,并于

1932 年正式颁行了《冤狱赔偿法》。日本于 1930 年 4 月 2 日颁布了《刑事补偿法》，于 1931 年 1 月 1 日起正式实施，并于 1950 年、1952 年、1953 年和 1954 年分别进行了修正。美国于 1946 年通过了《国会改组法案》，对联邦政府侵权行为损害赔偿加以详细规定。根据规定，任何人对于公务员执行职务时因过失或不法行为或不作为所加于公民身体或财产的损害，得向国家诉讼请求赔偿。此外，意大利、法国、罗马尼亚等国均在本国的《刑事诉讼法》中对刑事赔偿作了规定。在国际社会，联合国《公民权利和政治权利国际公约》第 9 条第 5 款规定："任何遭受非法逮捕或拘禁的受害者，有得到赔偿的权利"；该公约第 14 条第 6 款规定："在一人按照最后决定已被判定犯刑事罪而其后根据新的或新发现的事实确实表明发生误审，他的定罪被推翻或被赦免的情况下，因这种定罪而受到刑罚的人应依法得到赔偿，除非经证明当时不知道的事实的未被及时揭露完全是或部分是由于他自己的缘故。"

在我国，1994 年 5 月 12 日，第八届全国人大常委会第七次会议通过了《中华人民共和国国家赔偿法》，正式规定了刑事损害赔偿的制度。标志着我国刑事赔偿开始与国际接轨。时至今日，一大批因为在刑事诉讼中受到错误追诉和判决的人，都得到了国家的赔偿。其中最为著名的是杜培武、佘祥林、赵作海等人，从他们身上，可以明显感受到中国社会主义法制的进步。2010 年 4 月 29 日，第十一届全国人大常委会第十四次会议表决通过了《关于修改〈中华人民共和国国家赔偿法〉的决定》（以下简称《修改决定》）。修改后的《国家赔偿法》的条文由 35 条增加到 42 条，其中刑事赔偿增加了 5 条，修改幅度较大。这次修改适当扩大了赔偿范围，完善了赔偿程序，增设了检察机关的法律监督权，改进了赔偿经费的保障、支付机制。

刑事损害赔偿制度的确立和完善，在当今社会具有重要的现实意义，具体而言，体现在以下几个方面：第一，它使无辜蒙冤者因刑事侵权所遭受的侵害得到赔偿，能够在一定程度上安抚蒙冤者及其亲属的心理，有利于社会的和谐。第二，刑事赔偿制度的确立，有利于加强司法机关及其工作人员的责任感，防止在刑事诉讼中滥用权力，增强办案人员的程序意识和维护被追诉人权利的意识，促进公正司法，从源头上防止或减少错案的发生。《国家赔偿法》出台后，全国各地公安司法机关都加强了对内的办案管理，制订了一系列适用于本系统、本部门的办案管理规定，这些规定对于依法办案、保障被追诉人诉讼权利起了很大作用。第三，刑事赔偿制度的建立，对于维护整个社会的安宁和秩序，在公民权利和国家权力之间寻求平衡点，发挥了巨大作用。

二、刑事赔偿的范围

根据第十一届全国人大常委会第十四次会议修改通过并于 2010 年 12 月 1 日正式施行的《国家赔偿法》第 17 条、第 18 条之规定，刑事赔偿的范围包括以下情形：

1. 侵犯人身权的赔偿范围

《国家赔偿法》第 17 条规定："行使侦查、检察、审判职权的机关以及看守所、监狱管理机关及其工作人员在行使职权时有下列侵犯人身权情形之一的，受害人有取得赔偿的权利"：

（1）违反《刑事诉讼法》的规定对公民采取拘留措施的，或者依照《刑事诉讼法》规定的条件和程序对公民采取拘留措施，但是拘留时间超过《刑事诉讼法》规定的时限，其后决定撤销案件、不起诉或者判决宣告无罪，终止追究刑事责任的。

(2)对公民采取逮捕措施后，决定撤销案件、不起诉或者判决宣告无罪，终止追究刑事责任的。

(3)依照审判监督程序再审改判无罪，原判刑罚已经执行的。

(4)刑讯逼供或者以殴打、虐待等行为或者唆使、放纵他人以殴打、虐待等行为造成公民身体伤害或者死亡的。

(5)违法使用武器、警械造成公民身体伤害或者死亡的。

从以上规定中我们可以看出：侵犯公民人身权的赔偿可分为两类：一类是公民在被判无罪后（包括依再审程序被判无罪），对其错拘、错捕、错判而进行的赔偿；另一类是对侵犯公民生命健康权而进行的赔偿，包括刑讯逼供、殴打、虐待或者唆使、放纵他人以殴打、虐待等行为造成的公民身体伤害与死亡以及违法使用武器、警械造成的公民身体伤害或者死亡。

2. 侵犯财产权的赔偿范围

《国家赔偿法》第 18 条规定：行使侦查、检察、审判职权的机关以及看守所、监狱管理机关及其工作人员在行使职权时有下列侵犯财产权情形之一的，受害人有取得赔偿的权利：

(1)违法对财产采取查封、扣押、冻结、追缴等措施的。

(2)依照审判监督程序再审改判无罪，原判罚金、没收财产已经执行的。

所谓违法对财产采取查封、扣押、冻结、追缴，是指查封、扣押、冻结了与案件无关的财物或存款，或者查封、扣押、冻结的财物或存款超出了法定范围，追缴的财物不是犯罪分子的违法所得，而是合法收入，没收的财物不是违禁品，不是犯罪分子用于作案的个人物品等。依审判监督程序再审改判无罪后，证明原审有罪判决为错误判决，如果原判罚金、没收财产已经执行了的，除应退还罚金和被没收的财产外，还应进行国家赔偿。

3. 不适用刑事赔偿的情形

《国家赔偿法》第 19 条规定，有下列情形之一的，国家不负赔偿责任：

(1)因公民自己故意作虚伪供述，或者伪造其他有罪证据而被羁押或者被判处刑罚的。这种情况是指公民在自由意志下，故意作虚假供述或者伪造其他有罪证据，目的在于使真正的犯罪分子逃脱法律制裁。对这种情况不予赔偿是各国通例。但是，如果是因为司法人员刑讯逼供、威胁等迫不得已或屈打成招，承认“有罪”或提供所谓“证据”而受羁押或者被处罚的，不能认定为故意作虚假供述或者伪造有罪证据。

(2)依照《刑法》第 17 条、第 18 条规定不负刑事责任的人被羁押的。这是指行为人实施了《刑法》禁止的危害社会的行为，因其未达到刑事责任年龄或不具有刑事责任能力而不负刑事责任，但公安机关在未弄清这一情况之前将其羁押，在这种情况下，国家同样不负有赔偿责任。

(3)依照《刑法》第 15 条、第 142 条第 2 款规定不追究刑事责任的人被羁押的。这是指情节显著轻微、危害不大、不认为是犯罪的，犯罪已过追诉时效的，经特赦令免除刑罚的，依照《刑法》告诉才处理，没有告诉或者撤回告诉的，犯罪嫌疑人、被告人死亡的，其他法律规定免予追究刑事责任的人曾被羁押的，国家也不予赔偿。

(4)侦查、检察、审判、监狱管理机关的工作人员实施的与行使职权无关的个人行为。

(5)因公民自伤、自残等故意行为致损害发生的。

(6)法律规定的其他免除国家赔偿的情况。

争论

根据《国家赔偿法》第 17 条规定之第 3 项，结合《刑事诉讼法》第 15 条的规定，有下列情形之一的人被羁押的，国家不承担赔偿责任：

(1)情节显著轻微，危害不大，不认为是犯罪的；(2)犯罪已过追诉时效期限的；(3)经特赦令免除刑罚的；(4)依照《刑法》告诉才处理的犯罪，没有告诉或者撤回告诉的；(5)犯罪嫌疑人、被告人死亡的；(6)其他法律规定免予追究刑事责任的。

在上述 6 种情形中，(2)、(3)、(4)、(6)几种情况，属于受害人具有犯罪事实的情形，不符合无罪羁押赔偿原则，国家不承担赔偿责任，对此学者们的观点基本上是一致的。但对第(1)项规定的"情节显著轻微，危害不大，不认为是犯罪"的理解就不能统一。有的认为，"情节显著轻微、危害不大"与"不构成犯罪"是两个不同的概念，不能混为一谈，因此应对该种情形作进一步明确。有的认为，"危害不大，不认为是犯罪"并非已经构成犯罪，因为危害不大而不按犯罪处理，其实就是不构成犯罪。即该行为虽具有一定的违法性，但未达到受刑罚处罚的程度。如果其行为违反治安管理处罚条例，应由公安机关给予治安处罚；如果违反其他行政法规，则由其他行政部门予以行政处罚。也就是说，第(1)项规定的情形不能认为是犯罪。因而，《国家赔偿法》第 17 条第(3)项把"情节显著轻微，危害不大，不认为是犯罪"即不构成犯罪的情况，与其他几种构成犯罪但缺少必要诉讼条件不追究刑事责任的情况规定在一起，都作为免责情形，范围过宽，有修改之必要。对于符合第(1)项规定情形的，国家不能免责。

三、刑事赔偿程序

(一)刑事赔偿请求人

根据《国家赔偿法》第 6 条规定，受害的公民、法人和其他组织是赔偿请求人，有权要求赔偿。受害的公民死亡的，其继承人和其他有扶养关系的亲属有权要求赔偿。受害的法人或者其他组织终止的，其权利承受人有权要求赔偿。

(二)刑事赔偿义务机关

根据《国家赔偿法》第 21 条规定，下列机关为刑事赔偿义务机关：

1. 行使侦查、检察、审判职权的机关以及看守所、监狱管理机关及其工作人员在行使职权时侵犯公民、法人和其他组织的合法权益造成损害的，该机关为赔偿义务机关。

2. 对没有犯罪事实或者没有事实证明有犯罪重大嫌疑的人错误拘留的，作出拘留决定的机关为赔偿义务机关。

3. 对没有犯罪事实的人错误逮捕的，作出逮捕决定的机关为赔偿义务机关。

4. 再审改判无罪的，作出原生效判决的人民法院为赔偿义务机关。二审改判无罪，以及二审发回重审后作无罪处理的，作出一审有罪判决的人民法院为赔偿义务机关。

（三）刑事赔偿程序

刑事赔偿程序分为赔偿义务机关主动赔偿和赔偿请求人请求赔偿两类。

请求赔偿是赔偿请求人根据《国家赔偿法》的规定，向赔偿义务机关提出的赔偿请求，其程序如下：(1)赔偿请求人提出赔偿请求，要求赔偿义务机关进行刑事赔偿；(2)赔偿义务机关受理、审查和作出决定。

案例分析

赵作海，男，1952年出生，河南省商丘市柘城县老王集乡赵楼村人，被称作河南版“佘祥林”。1999年因同村赵振晌失踪后发现一具无头尸体而被拘留，2002年商丘市中级人民法院以故意杀人罪判处其死刑，缓期2年执行。2010年4月30日，“被害人”赵振晌回到村中，2010年5月9日，河南省高级人民法院召开新闻发布会，认定赵作海故意杀人案系一起错案，宣告赵作海无罪，对其进行了国家赔偿，同时启动责任追究机制。

赔偿义务机关在规定期限内未作出是否赔偿的决定，或者赔偿请求人对赔偿的方式、项目、数额有异议的，或者赔偿义务机关作出不予赔偿决定的，赔偿请求人可以自赔偿义务机关作出赔偿或者不予赔偿决定之日起30日内，向赔偿义务机关的上一级机关申请复议。赔偿义务机关是人民法院的，赔偿请求人可以向其上一级人民法院赔偿委员会申请作出赔偿决定。复议机关应当自收到申请之日起2个月内作出决定。赔偿请求人不服复议决定的，可以在收到复议决定之日起30日内向复议机关所在地的同级人民法院赔偿委员会申请作出赔偿决定；复议机关逾期不作决定的，赔偿请求人可以自期限届满之日起30日内向复议机关所在地的同级人民法院赔偿委员会申请作出赔偿决定。

（四）赔偿决定程序

中级以上人民法院设立赔偿委员会，由3名以上审判员组成，组成人员应为单数。赔偿委员会作赔偿决定，实行少数服从多数的原则。

人民法院赔偿委员会应当自收到赔偿申请之日起3个月内作出决定；属于疑难、复杂、重大案件的，经本院院长批准，可以延长3个月。

赔偿委员会的决定，是发生法律效力的决定，必须执行。

（五）赔偿决定的监督程序

赔偿请求人或者赔偿义务机关对赔偿委员会作出的决定，认为确有错误的，可以向上一级人民法院赔偿委员会提出申诉。赔偿委员会作出的赔偿决定生效后，如发现赔偿决定违反《国家赔偿法》规定的，经本院院长或者上级人民法院指令，赔偿委员会应当在2个月内重新审查并依法作出决定，上一级人民法院赔偿委员会也可以直接审查并作出决定。

最高人民检察院对各级人民法院赔偿委员会作出的决定，上级人民检察院对下级人民法院赔偿委员会作出的决定，发现违反《国家赔偿法》规定的，应当向同级人民法院赔偿委员会提出意见，同级人民法院赔偿委员会应当在2个月内重新审查并依法作出决定。

(六)刑事赔偿中的追偿制度

刑事赔偿中的追偿制度，是指刑事赔偿义务机关在赔偿请求人的损失后，对具有法定情形之一的国家工作人员追偿部分或全部赔偿费用的制度。《国家赔偿法》第31条规定："赔偿义务机关赔偿后，应当向有下列情形之一的工作人员追偿部分或者全部赔偿费用：(一)有本法第17条第4项、第5项规定情形的；(二)在处理案件中有贪污受贿、徇私舞弊、枉法裁判行为的。对有前款规定情形的责任人员，有关机关应当依法给予处分；构成犯罪的，应当依法追究刑事责任。"

(七)刑事赔偿方式

《国家赔偿法》第32条规定："国家赔偿以支付赔偿金为主要方式。能够返还财产或者恢复原状的，予以返还财产或者恢复原状。"

(八)刑事赔偿请求时效

《国家赔偿法》规定：刑事赔偿请求时效为2年，自赔偿请求人知道或者应当知道国家机关及其工作人员行使职权时的行为侵犯其人身权、财产权之日起计算，但被羁押等限制人身自由期间不计算在内。

赔偿请求人在赔偿请求时效的最后6个月内，因不可抗力或者其他障碍不能行使请求权的，时效中止。从中止时效的原因消除之日起，赔偿请求时效期间继续计算。

延伸阅读⇨

问题聚焦：未成年人刑事司法

2007年1月10日，中国青少年研究中心发布的中国"十五"期间青年发展状况和"十一五"期间青年发展趋势的研究报告显示，未成年人违法犯罪现象在"十五"期间，5年间上升68%。有关专家分析，目前中国整体犯罪率，包括未成年人犯罪率都处于上升状态。

我国现行的少年法律体系，实际上是一种以《未成年人保护法》为核心构建起来的少年保护法体系。目前，指导我国少年司法实践运作的，仅仅是一些为数不多的司法解释、通知、意见和规定。如最高人民法院《关于审理未成年人刑事案件具体应用法律若干问题的解释》、公安部《公安机关关于办理未成年人犯罪案件的规定》等。但这些规定层次低，相互之间不配套，对未成年人的生理、心理发展特征、犯罪的原因、特点、规律等重视不够，针对性不够强。因此，亟待建立具有科学性、系统性、前瞻性的中国特色的未成年人刑事司法制度。

阅读链接⇨

◆ 1. 董艳：《未成年人刑事诉讼程序重构》，载《淮北职业技术学院学报》2009年2月。

◆ 2. 柏利民：《未成年人犯罪案件特别诉讼程序研究》，载《云南大学学报法学版》2008年5月。

◆ 3. 谭雅玲:《论刑事诉讼谦抑理论的适用》,载《东南大学学报(哲学社会科学版)》2008年6月,第10卷增刊。

◆ 4. 成良文:《国际刑事司法协助的基本原则》,载《中国法学》2008年第3期。

◆ 5. 陈光中、赵琳琳:《国家刑事赔偿制度改革若干问题探讨》,载《中国社会科学》2008年第2期。

◆ 6. 向泽选:《我国刑事赔偿制度的困境与出路》,载《政法论坛》2007年7月,第25卷第4期。

讨论题

1. 对于未成年人犯罪处理上是否越宽松越好?
2. 试述国际刑事司法协助与区际刑事司法协助之异同。
3. 我国刑事赔偿归责原则还应作哪些方面的完善?

第二十一章 刑事诉讼中的律师实务

第一节 律师接受当事人或其家属的委托

在刑事诉讼中，律师的业务主要分为两个方面：刑事辩护和刑事代理，其中刑事辩护是律师在刑事诉讼中最主要的业务。无论是刑事辩护还是刑事代理都需有当事人或者其家属的委托，在接受委托之前，律师必须明确其与当事人或其家属之间的关系定位。

一、刑事诉讼中律师与当事人之间的关系

律师是掌握法律知识的专门人才，是为社会提供法律服务的法律职业者，律师作为一个职业存在的价值在于利用其法律知识为当事人提供法律服务，在法律的框架内最大限度地维护当事人的合法权益。当事人及其家属一般不具备法律专业知识，在刑事诉讼中，绝大多数被告人都被羁押在看守所，此时他们需要律师的专业服务。

从宏观看，律师与当事人之间首先是委托关系，他们之间主要是合作关系，同时律师的法律服务工作具有相对独立性。委托关系是刑辩律师与当事人之间最基础的关系，刑辩律师提供法律服务源于当事人或其家属的委托、授权，无论在刑事诉讼的任何阶段，没有当事人的委托便没有律师的法律服务行为，在某种程度上，当事人的委托就是刑辩律师的"饭碗"。这种委托关系建立在律师与当事人双方平等互信的基础之上，双方通过签订委托合同的形式确定各自的权利义务。委托合同的法律服务内容因所处的诉讼阶段的不同而相异。

建立在委托关系之上的律师与当事人及其家属保持良好的合作关系是实现当事人委托目的的重要基础。律师接受当事人委托后需要审阅当事人提供的有关材料，明确当事人委托律师所要达到的目的，向当事人及其家属了解案件真实的一面，从而为当事人提供法律服务打下良好的基础。作为当事人一方应向律师如实陈述案件的事实，提供与案件有关的材料。律师与当事人及其家属良好的合作关系将促使律师以更积极的态度和更完善的方案处理受委托的法律事务，这也将使当事人及其家属尽量支持律师的工作，良好的合作关系有利于实现当事人委托的目的，使当事人的合法权益得到应有的保护。

律师与当事人之间又是相互独立的，而不是相互依附的关系。当事人及其家属不能因为已向辩护律师支付了律师费就把自己视为后者的老板，或者认为辩护律师是自己花钱雇佣的下属，以至于认为辩护律师的任何行为都得依照自己的指示办，对辩护律师的工作指手画脚。在实践中，对辩护律师颐指气使、提出无理要求的当事人尤其是家属不在少数，有极

少数当事人及其家属甚至要求律师帮助其实现非法利益。在刑事诉讼中，律师是犯罪嫌疑人、被告人的辩护人，是被害人的刑事代理人，律师的刑事辩护工作、代理工作不仅仅源于当事人的授权，同时也是法律赋予律师的职责，法律服务工作具有相对的独立性。律师只能在宪法、法律规定的范围内依法维护当事人的合法权益，他只能采取合法的手段为当事人提供法律服务。律师应遵守律师职业道德和相关法律，具备一个法律职业应有的品格，不能为了收取律师费而出卖自己的人格，更不能因为不菲的律师费去迁就当事人的非法要求，以至于知法犯法，最终将得不偿失。

案例分析

深圳市广东阳×律师事务所律师李某，1997 年 5 月接受了犯罪嫌疑人邹某的委托担任辩护人。为了帮邹某洗脱罪名，他借到看守所会见邹某之便通风报信，将邹某称未参与抢劫，邝某可证明其不在案发现场的情况告知有关人员钟某，并让钟某找邝某“沟通”，暗示让邝某向公安部门、检察机关提供虚假证言。为了计划完美实施，李某还亲自出马，与钟某两次找到邝某，并将其虚假证言制作成会见记录，及时告知被关押的邹某。最后，深圳市中级人民法院以辩护人妨害司法作伪证罪，终审判决处李某有期徒刑两年。由于李某受到刑事处罚，省司法厅吊销其律师执业证书，李从此不能从事律师职业。①

就微观而言，在从事刑事辩护业务或代理业务时，律师最大的敌人不是公诉人、也不是对方律师，更不是众多似是而非的法律难题，而是当事人及其家属。西方有谚：律师最大的敌人是自己的当事人。在刑事诉讼中，律师在处理与当事人的关系过程中应避免陷入不利于己的雷区。2009 年岁末李庄案的出炉犹如现代版的“农夫与蛇”的故事，这种违背社会基本伦理事件的发生对刑事辩护行业的发展造成了深刻和巨大的伤害，同时也警醒了从事辩护业务的律师在处理与当事人的关系时应当慎之又慎。具体而言，为了保护好自己，依法维护当事人的合法权益，律师在刑事诉讼中与当事人及其家属沟通时应做到以下几点：

1. 不私下收费。律师都是律师事务所的律师，收费必须通过律师事务所的相关财务进行，在经济利益面前不能被诱惑，这是为人处世的基本要求。现在社会竞争日益加剧，使得律师行业中的经济利益关系更加错综复杂，但是，除了法律规定能够收取的代理费和差旅费等费用以外，律师绝对不能额外收费或者单方面降低收费标准。这不仅是自身良好素质的体现，也是维护整个律师行业形象的需要。

2. 不许诺判决结果。当事人最为关心的问题莫过于能不能胜诉，判决结果系着当事人及其亲属朋友的心弦，似乎刑事诉讼的程序对于当事人来说只是纯粹的程序而已，而在他们眼中最为重要的就是判决结果。律师接受委托能够依照自己的经验对案件进行理性的分析，分析胜诉的因素和败诉的可能，以及作出合理的预测，但是千万不能对判决结果作出任何承诺。即使法律关系最明确的简单案件也有翻盘的可能，或者即使胜诉却判决难以令人满意的局面也常常出现。

① 《“黑”律师承诺“三包”搞“三陪”》，http://news.sohu.com/73/80/news204198073.shtml。

3. 不承诺打通关系。现在社会是人与人之间关系交织的社会，有些对司法存有偏见的人甚至认为打官司就是拼关系。诚然，由于业务上的需要，经常和法官、检察官、政府高官等人员接触的律师明显有资源优势，所以他们也是当事人青睐的选择，因为选择了他们，胜诉的机会就增大了。但是，即使是神通广大的律师也应该保持理性的克制。一方面，关系始终只是外在的资源，案件本身的是非曲直才是胜诉败诉与否的关键所在，过于依赖关系反而会丧失很多胜诉的机会；另一方面，承诺打通关系本身牵连甚广，设想万一当事人败诉以后作出极端的行为的话，对所有明智的律师来说都不愿意看见的尴尬局面。所以，即使实际上可以在法律允许的范围内进行感情联络，但是事先作任何保证都是不明智的举措。[①]

二、刑事委托的种类

刑事委托的种类因分类标准的不同而不同，以委托主体为标准，刑事委托可分为当事人委托和家属委托。在民事诉讼中，当事人委托是民事委托最主要的形式，当事人家属的委托应属于例外，只有在当事人属于无民事行为能力人、限制民事行为能力人时，才会出现由当事人的家属委托授权的情形。刑事诉讼中的委托则刚好相反，应是以当事人家属委托为原则，当事人本人委托为例外，在刑事辩护中尤其如此，因为在我国司法实践中绝大多数犯罪嫌疑人、被告人在审前都被羁押。在刑事代理中，则多由当事人本人委托律师。

就诉讼阶段看，刑事委托又可分为侦查阶段的委托、起诉阶段的委托、审判阶段的委托以及代理申办减刑、假释、监外执行程序中的委托。因为有的当事人或其家属的委托是分阶段的，比如，只委托律师在侦查阶段提供法律服务，或者只委托到起诉阶段、审判阶段，当然也有不少当事人在侦查阶段就给予辩护律师一揽子委托，即委托律师从侦查阶段一直到一审为止为当事人提供法律服务，有的甚至一直委托到二审阶段为止。在有附带民事诉讼的案件中，被告人和被害人及其家属都有可能聘请律师作代理人就民事赔偿问题展开辩论。除此之外，服刑的犯人及其家属也可能聘请律师为犯人申办减刑、假释以及监外执行等刑事业务。

为了方便律师和当事人办理刑事委托业务，律师事务所一般都备有固定格式的授权委托书，委托书的一般格式如下：

示例：

刑事诉讼授权委托书

编号：

委托人__________根据《刑事诉讼法》的规定，特聘请________律师事务所________律师为涉嫌\被控__________案件的犯罪嫌疑人(被告人)________的律师。

本委托书有效期自即日起至本案__________止。

委托人：

年　月　日

授权委托书的主要内容是当事人授权律师担任自己某个诉讼阶段的辩护律师，律师与当事人之间的权利义务一般规定在委托合同中。当事人及其家属的主要义务是向律师事务

① 牟绿叶：《当前办理刑事辩护业务应注意的问题》，载《赤峰学院学报》2010年第11期。

所支付约定的律师费，律师事务所的主要义务则是指派律师为当事人提供合格的法律服务，但不得向当事人承诺判决结果，在刑事诉讼中，律师承诺判决结果是违法的，案件的结果如何掌握在法官手中，律师的承诺其实没有任何保障。律师事务所都会提供固定格式的刑事委托合同，委托合同一式三份，委托人、办案律师和律师事务所各一份，以某律师事务所的委托辩护合同为例：

示例：

委托辩护合同

（　　）××律刑字第　　号

＿＿＿＿（以下简称甲方）因＿＿＿＿一案，委托×××律师事务所（以下简称乙方）的律师担任被告人＿＿＿＿的辩护人。经双方协商，订立以下条款，共同遵照履行：

一、乙方接受甲方的委托，指派＿＿＿＿律师为被告人＿＿＿＿的第＿＿审＿＿＿阶段辩护人；乙方得视情况更换指派律师，并通知甲方。

二、根据《中华人民共和国律师法》第28条的规定：律师应根据事实和法律提出证明被告人无罪、罪轻或者减轻、从轻、免除其刑事责任的材料和意见，依法维护被告人的合法权益。

三、甲方向乙方缴纳律师费人民币＿＿＿元，乙方为办理甲方委托的事务所支出的差旅、住宿费、材料费、自制费、文件处理费及为了解案情调查取证等支出的所有必要费用，均由甲方负担。

四、根据《中华人民共和国律师法》第29条的规定：委托人的委托事项违法或者委托人隐瞒事实的，律师有权拒绝辩护，委托人不得利用律师执业从事违法活动。

五、委托关系一经确立，律师应本着“以事实为依据，以法律为准绳”的原则，按照律师行业公认的业务标准、道德规范和勤勉尽责的精神，依法维护当事人的合法权益，甲方应当尊重乙方律师的工作方式和工作效果，不得以各种理由限制、阻挠或影响乙方律师的正常依法办案。启动委托事务的工作之后，甲、乙双方不得擅自解除委托合同。

六、委托关系成立后，若发生情势变更，可以经双方协商一致，解除合同，已收取律师费不予退还，甲方尚未缴纳的律师费不再缴纳。

七、委托事项确定后，甲方未按规定支付律师费的，乙方可以解除委托合同，终止律师工作。

八、本合同有效期自订立之日起至本案＿＿＿＿时止。

九、其他：

甲方：　　　　　　　　乙方：×××律师事务所

与被告人关系：

年　月　日　　　　　　年　月　日

注：本合同一式三份，由委托人、经办律师、律师事务所各持一份。

三、律师接受委托的过程

律师成功获得当事人委托是律师与当事人互相交流、相互选择的结果，这一过程大致包括接待与倾听、律师解答和接受委托几个部分。

(一)接待

接待当事人或其家属(其实就是客户)是刑事辩护律师接受委托的第一步,也是非常重要的一步。与当事人或其家属接触的方式很多,这也是律师获得案源的渠道,如熟人介绍、电话咨询或者慕名而来。对于电话咨询的当事人,律师接通电话后首先询问他(她)要咨询什么问题,让他(她)作简要的叙述,如果他(她)的叙述漫长而拉杂,律师应及时地打断他(她),运用所学的专业知识帮他(她)梳理叙述内容中的法律关系,初步判断当事人是否有罪,并简短回答他(她)的问题,并询问当事人或其家属有没有一些书面资料,如果有可以请其来律师事务所帮其详细地分析一下。电话咨询的时间不应过长,以5分钟为宜。

约好与当事人或其家属见面后,律师应提前做好一些准备性工作。首先要选择一个安静、整洁的办公场所,接待当事人的场所一般在律师事务所的会客室或者律师的办公室。但无论在何场所,律师和当事人见面谈话的场所都应当具有一定的私密性,为谈话提供良好环境和氛围,这是律师想要成功获得委托所应具备的硬件条件。其次,律师还应对自己的衣着、形象进行必要的注意和修饰,尽量做到衣着整洁,形象端庄使自己的形象与一个专业律师相符。

在接待场所见面并作完简短的自我介绍后,双方就座。律师对双方就座的位置是需要关注的,一般应让当事人或其家属坐在你的左边,从人的习惯和心理来看,转脸向右边的人说话会比较随和,如果扭头和左边的人说话则没这么自如。让当事人或其家属坐在律师的左边他便可以自如地向右扭头和律师说话,这样有利于当事人或其家属更坦诚地叙述案情。另外,律师应用关切的口吻向当事人或其家属了解情况,了解情况的主要方式是倾听当事人陈述案情及其家属介绍所知道的事实。

(二)倾听

在倾听的过程中,律师一般不应打断当事人或其家属的叙述,但对于没听清楚的关键情节,比如,有关犯罪构成要件方面的事实则应了解清楚,此外,对于当事人或其家属叙述中有矛盾的地方也应问清楚,以免对案情的把握出现偏颇。当事人对案件发生的前因后果是最清楚的,当事人若能如实陈述案情,则其陈述将最接近事实的真相;但假如当事人避重就轻甚至隐瞒事实,那么律师对案情的了解将陷入误区。当事人及其家属一般都不具有法律专业知识,他们的叙述大多不具有太强的逻辑性,一般是想到哪儿就说到哪儿,因此,在倾听的过程中,律师应注意涉案的关键情节,将听到的叙述内容按照《刑法》犯罪构成要件理论进行梳理。在刑事诉讼的实践中,绝大多数当事人都被审前羁押,所以律师倾听当事人亲自陈述案情的机会极少。律师对案情的最初了解几乎都来自于当事人家属的叙述,当事人家属毕竟不是当事人,他们中的大多数在案发时都不在场,他们的叙述大多是对案情的间接了解,而且往往是对案件支离破碎的了解。不少家属来找律师时对当事人涉案的情况知之甚少,有的甚至除了当事人被公安局抓走之外对其他一无所知。无论当事人及其家属所述内容多寡,这只是当事人或其家属的一面之词,律师应该慎重对待。

听完当事人或其家属的叙述后,律师应把当事人或其家属的案情重申,在一些关键性情节上应当再次向当事人或其家属重申,这样可以保证当事人叙述内容的准确性。

(三)律师解答

当事人或其家属叙述完案情之后肯定会问律师一些问题,比如,当事人的行为是不是犯罪;如果是犯罪,当事人会被判多少年、律师费需要多少等等。面对这些问题,律师就该发挥自己作为一个法律执业者的优势了。律师在解答问题时,应抓住重点,言简意赅地解答,尽量少用专业术语,多用通俗的语言解答,让当事人或其家属听懂。在解答时,尽量站在当事人的角度,依据法律一一作答。律师的解答应从专业的角度客观地评价和分析案情,并且只能从当事人或其家属叙述的内容着手对问题进行解答,不能违反法律,更不能打包票说自己可以将当事人"捞"出来等,作没有根据的承诺。另一方面,在回答当事人问题时,律师应尽量用简短而准确的语言耐心地回答完整,并且在回答中提示有些事情属于律师的业务范围,有些问题不属于律师的业务范围,切忌遮遮掩掩,否则,当事人就会察觉到你在有意回避他的问题,那么你在当事人心目中的形象将被打折扣,使当事人对你缺乏必要的信心。在必要的时候,律师可以举出自己办理过的类似的成功案例或者他人曾经成功办过的类似案例,使当事人对律师能够维护自己的合法权益抱有较大的信心。

(四)接受委托

当事人或其家属对律师有信心是其信赖律师的前提,有了信赖后当事人便很可能将刑事辩护或刑事代理工作委托给律师。另一方面,律师对当事人可能委托的刑事业务是否感兴趣、是否有信心也会影响到委托事务的成败。如果律师对这个案件没有足够的信心,他有可能不会与当事人签订委托合同。律师与当事人或其家属就委托事项达成基本一致后,双方将对律师费用进行讨论。在刑事诉讼中,辩护费用一般是分诉讼阶段收取的,在一揽子委托的情形下,辩护费用的收取是律师与当事人双方商议的结果。律师在收取费用时应遵照各省市的收费指南,在收费指南的上下限范围内收取律师费用。律师应将本省物价部门和司法行政部门确定的律师费用收取规定出示给当事人或其家属。以广东为例,对于刑事案件的收费有如下规定:(1)侦查阶段:2000～6000 元/件;(2)审查起诉阶段:6000～16000 元/件;(3)审判阶段:6000～33000 元/件。刑事自诉、担任被害人代理人的案件按上列标准执行。刑事案件因时间或地域跨度极大、属集团犯罪和其他案情重大、复杂的,可以在不高于规定标准 1.5 倍之内协商确定收费标准。律师与当事人双方就委托事项和律师费用取得共识后签订刑事委托合同,如上文中的委托辩护合同所示。

接受委托后,辩护律师将根据诉讼阶段的不同办理受委托的法律事务,并向公安司法机关递交授权委托书和办理案件的有关手续。

第二节 侦查阶段律师提供法律帮助的程序与技巧

在刑事诉讼中,被追诉者(犯罪嫌疑人、被告人)享有辩护权是其具有诉讼主体地位的标志。在现代法治国家中,辩护权不仅包括被追诉者自我辩护的权利,更重要的是享有律师帮助的权利。由于大多数被追诉者对刑事法律不甚了解,而且其中不少被追诉者的人身自由受到不同程度的限制，为了维护自己的合法权益，律师帮助权对于他们来说显得格外重要。现代刑事诉讼程序的日益精细增加了被追诉者对律师的依赖。如果说审判阶段和起诉阶段的律师帮助权对被告人是不可或缺的，那么侦查阶段的律师帮助权对于犯罪嫌疑人则是至关重要的，因为侦查机关收集的证据在很大程度上决定了嫌疑人的命运。

一、侦查阶段律师提供法律帮助的必要性

侦查阶段是刑事诉讼的起始阶段，其重要性不言而喻。一方面，在我国的司法实践中，起诉和审判都在很大程度上依赖侦查的结果，99%以上的有罪判决率事实上是靠强有力的侦查来维持的；如果单从国家追究犯罪的效果这个角度来观察中国的刑事程序，侦查毫无疑问是整个程序的中心，在一定意义上也可以说，真正决定中国犯罪嫌疑人和被告人命运的程序不是审判，而是侦查[①]。另一方面，我们也应该看到，中外刑事诉讼的历史已经反复证明，错误审判之恶果从来都是结在错误的侦查之病枝上的[②]。侦查既可以是查清犯罪事实的基础，也可能是侵犯人权、错误追究无辜的祸根。犯罪嫌疑人人权是否能得到充分保障，在很大程度上取决于律师帮助权的设置是否合理。律师的法律帮助对维护侦查程序的正当性、追求实体真实、规制侦查权力及巩固犯罪嫌疑人的诉讼主体地位都具有重要的意义。

首先，犯罪嫌疑人享有律师提供的法律帮助使侦查具备了程序正当性。为了打击犯罪和维护社会秩序，赋予侦查机关强大的侦查权实属必然，侦查机关除了可以进行任意性侦查之外，还享有实施强制性侦查行为的权力。由于侦查行为尤其是强制性侦查行为会限制甚至剥夺犯罪嫌疑人的人身自由等宪法性权利，律师帮助权则成为维护犯罪嫌疑人合法权利的必要手段。律师帮助权介入侦查体现了正当程序中的当事人的参与权，有利害关系或者可能因该结果而蒙受不利影响的人，都有权参加该程序并得到提出有利于自己的主张和证据以及反驳对方提出的主张和证据的机会。这就是正当程序原则最基本的内容或要求，也是满足程序正义的最重要条件[③]；犯罪嫌疑人享有辩护权是“无罪推定”这一政治法律思想成为刑事诉讼原则的逻辑延伸，是其参与刑事诉讼、影响诉讼结果的必要条件。辩护权中的律师帮助是侦查程序具备正当性的重要因素。

其次，犯罪嫌疑人享有律师帮助权有助于查清犯罪事实。强大的侦查权可以保证迅速收集证据、控制犯罪嫌疑人，从追求实体真实的角度而言，似乎没有任何阻力的侦查权才能最迅速地查清犯罪事实。如果律师介入侦查，就有可能增加侦查的难度，不利于那些真正有罪的犯罪嫌疑人如实陈述案情。然而，事实上我国强大的侦查权并没有带来令人满意的结果。我国侦查机关负有“客观义务”，即侦查人员不仅要收集有罪、罪重的证据，还应当收集无罪、罪轻的证据，但事实并非如此。从承担的诉讼职能看，追究犯罪是侦查机关的职能，受本位主义和利益的驱动，侦查人员在侦查过程中更关注收集有罪证据，往往不太关心或者甚至有意不去收集无罪证据，致使不少无辜的人被错误刑事追究，比如杜培案和佘祥林案就是

---

① 孙长永：《侦查程序与人权——比较法考察》，中国方正出版社2000年版，序言。

② 李心鉴：《刑事诉讼构造论》，中国政法大学出版社1998年版，第8页。

③ ［日］谷口平安：《程序的正义与诉讼》，王亚新等译，中国政法大学出版社1992年版，第230页。

侦查机关滥用侦查权和犯罪嫌疑人无法得到律师帮助所导致的恶果，这样既不能发现实体真实，也不利于保护人权。大陆法系国家通过赋予犯罪嫌疑人阅卷权、申请保全证据权、律师法律帮助权等来制约侦查权的行使，从而使侦查人员对案件的调查结果更接近事实真相。英美法系国家的犯罪嫌疑人及其律师则享有与侦查机关相对立的调查取证权。虽然犯罪嫌疑人的证据收集权不能和侦查机关同日而语，因为前者无权强制调查取证，大多数嫌疑人可能不具备收集证据的经济条件①，但犯罪嫌疑人及其律师的证据收集权仍然有利于发现案件真相，有助于减少甚至防止无罪者受到错误追究，因为"真相可以通过双方对同一问题的强有力的陈述而获得最好的发现。"②

最后，律师的法律帮助有助于遏制侦查权的滥用和保护犯罪嫌疑人的基本人权，从而巩固其诉讼主体地位。在现代社会中，一方面，由于犯罪行为的日益复杂和隐秘，仅仅实施任意性侦查行为对于侦破案件是不够的，侦查机关不得不采取大量的强制性侦查行为，其扩张性和侵略性不言而喻。另一方面，犯罪嫌疑人的自我辩护具有很大的局限性，因为他们一般都缺乏专门的法律知识，尤其在我国，犯罪嫌疑人大多被羁押，处于孤立无援的境地，此时他最需要律师提供及时有效的法律帮助。律师的参与为国家和个人两方组合的刑事诉讼格局注入了独立于国家机关，也独立于当事人的社会力量。律师帮助权中的律师在场权、会见权、阅卷权等权利不仅可以对侦查权形成一定的制约，还能为嫌疑人影响诉讼结果提供一定的保障。

二、侦查阶段律师提供法律帮助的范围

从世界范围看，在侦查阶段，美国允许嫌疑人与律师自由会见，并且必须预先告知其有免费获得律师帮助的权利；德国和意大利原则上允许嫌疑人与律师会见，但都可以因为存在特殊情况而予以一定限制，如德国的《反恐怖法》规定涉嫌恐怖犯罪的被告人在侦查阶段不得享有律师帮助权。美国和意大利都规定警察讯问嫌疑人时，律师有权在场，但在德国警察讯问时，律师不得在场，只有在检察官和预审（侦查）法官讯问时律师才被允许在场。在这一点上，英美法系国家关注的是保障嫌疑人个人权利，而大陆法系则是为了更好地实现侦查目的。美国和意大利认为嫌疑人应享有调查取证权，因为只有嫌疑人自己才最关心自己的合法权益，其取证权与侦查机关的侦查权相互抗衡，有利于促使侦查权合法行使；大陆法系则认为侦查权专属于侦查机关，嫌疑人及其律师享有取证权会降低诉讼效率，妨碍侦查的顺利进行，但为了维护后者的利益，辩方有权申请保全证据。

尽管有上述差异，两大法系国家侦查阶段的律师帮助权仍然有以下共同点：其一，除德国之外，犯罪嫌疑人都可以自聘律师，如果请不起律师，则可以享有免费的律师帮助。其二，在一般情况下，在押嫌疑人有权与辩护律师会见，除美国外，司法机关可以因为特殊情况给予一定的限制。其三，嫌疑人享有讯问时的律师在场权。如美国、意大利的警察讯问，德国

① Mireille Delmas, Marty & J. R. Spencer: *European Criminal Procedures*, Cambridge University Press, 2002, p. 169.

② United States v. Cronic, 466 U. S. 648(1984).

检察官或侦查(预审)法官的讯问,律师可以在场;但如果侦查机关认为会危及侦查目的的实现,则排除律师在场权。最后,嫌疑人及其律师有权获得与其有关的信息。美、意嫌疑人及其律师可以调查取证,德国的律师则有权申请保全证据和查阅侦查卷宗,意大利的律师还可以查阅其在侦查阶段有资格参与的活动所形成的笔录。

通说认为在侦查阶段英美法系犯罪嫌疑人的律师帮助权要明显优于大陆法系的律师帮助权,其实在有的方面大陆法系国家甚至要比英美法系国家走得更远些。如德国规定嫌疑人的辩护律师在侦查结束时有权查阅侦查卷宗,这使律师有条件比英美国家的律师更早、更全面地获得辩护所需要的信息,①1988 年以后,意大利犯罪嫌疑人享有的律师帮助权与英美相比是有过之而无不及,意大利的侦查构造已经在相当程度上弹劾化,法律上对侦查机关的限制和嫌疑人所提供的程序保障甚至已经超过美国,②如律师可以参与侦查机关实施的搜查,对地点、物品和人员的紧急核查与扣押活动,还有权出席经检察官批准的直接开拆邮件以及对被调查人进行检查或者对质等活动,嫌疑人及其律师享有比美国保障更加充分的调查取证权(详细规定在上文已述),还有权查阅其有资格参与的活动所形成的笔录等。

我国现行《刑事诉讼法》在律师帮助权方面比 1979 年《刑事诉讼法》有所进步,如将律师介入刑事诉讼的时间从原来的起诉阶段提前至侦查阶段,律师可以为嫌疑人提供有限的法律帮助。根据我国《刑事诉讼法》、六部委关于《刑事诉讼法》实施中若干问题的规定、最高人民法院关于执行《刑事诉讼法》若干问题的解释以及人民检察院《刑事诉讼规则》,犯罪嫌疑人在侦查机关第一次讯问后或者采取强制措施之日起可以聘请律师为其提供法律咨询、代理申诉、控告。具体来说,侦查阶段律师提供法律帮助的事项是:

1. 犯罪嫌疑人被逮捕的,律师可以为其申请取保候审。
2. 律师可以向侦查机关了解嫌疑人涉嫌的罪名。
3. 在犯罪嫌疑人人身或其他权利遭受侵害时,律师可以代理申诉、控告。
4. 律师可以会见在押的犯罪嫌疑人,向其了解情况并为其提供法律咨询。

对不涉及国家秘密的刑事案件,侦查机关要在 2 日内安排律师的会见。对于贪污贿赂犯罪等重大复杂的两人以上的共同犯罪案件,可以在 5 日内安排会见,会见时,侦查人员根据案件情况和需要派员在场;涉及国家秘密的案件,律师会见在押的犯罪嫌疑人应当经侦查机关批准,律师会见一般犯罪案件的嫌疑人,可以不经批准,申请即可。当然,司法实践中仍有对律师的会见设置障碍的情况发生。

为了改善犯罪嫌疑人的诉讼地位,2000 年 4 月 24 日最高人民检察院和司法部发布了《关于在刑事诉讼中开展法律援助工作的联合通知》。根据该通知,在检察院自侦案件的侦查阶段,无经济能力的嫌疑人可以向法律援助机构申请获得免费法律援助。2003 年 7 月 16 日,国务院通过了《法律援助条例》,以行政立法的形式规定经济困难的公民有权获得免费的律师服务,使更多的贫穷犯罪嫌疑人能够在侦查阶段获得《刑事诉讼法》规定的法律帮助,这是我国在保障嫌疑人人权方面取得的可喜进步。

---

① 孙长永:《侦查程序与人权——比较法考察》,中国方正出版社 2000 年版,第 17 页。

② 孙长永:《侦查程序与人权——比较法考察》,中国方正出版社 2000 年版,第 17 页。

争论

关于完善犯罪嫌疑人律师帮助权，学界有不同的建议：有学者主张，在侦查期间，犯罪嫌疑人有权委托辩护人，但只能委托辩护律师作为辩护人；辩护律师在诉讼过程中，有权同在押的犯罪嫌疑人会见和通信，会见不需要经过侦查机关批准，但案情涉及国家秘密的除外，会见应当在不被监听、不经检查和完全保密的情况下，在执法人员看得见但听不见的环境中进行；侦查人员讯问犯罪嫌疑人时应当通知其律师到场，但律师不得向嫌疑人询问案情，不得代替嫌疑人回答提问，如果没有律师在场，讯问形成的材料不能作为证据使用，有条件的可以对讯问进行同步录音、录像；辩护人自受委托或指定之日起，有权取证，也可以申请侦查机关收集、调取证据；勘验、检查时，侦查机关可以通知嫌疑人及其律师到场。另有学者认为，嫌疑人应享有与律师会见的权利，会见时侦查人员只能在"看得见但听不见"的前提下在场监视；律师在侦查人员讯问犯罪嫌疑人时有权在场，这样可以防止侦查人员以刑讯逼供或威胁、引诱、欺骗以及其他非法手段取得嫌疑人供述，可以保证供述的自愿性和真实性，并借鉴英国经验在讯问时进行双卡录音、同步录像；应当赋予律师一定的调查取证权，以充实律师帮助权的内容；此外，在立法上应该赋予律师执业特权，包括刑事豁免权。

三、律师会见当事人的方法与程序

在我国刑事诉讼制度中，律师是个颇为尴尬的角色，其最为尴尬的诉讼阶段非侦查阶段莫属。侦查阶段的受聘律师不具有辩护人的法律地位，学界通说将侦查阶段的受聘律师称为"法律帮助人"。"法律帮助人"即为犯罪嫌疑人提供法律帮助的人。这一称谓映射了律师在侦查阶段的尴尬地位，更令律师尴尬的是如何执行关于会见的法律规定，以及如何实现会见的立法意图。

2004年出台的《最高人民检察院关于人民检察院保障律师在刑事诉讼中依法执业的规定》第6条规定，律师会见在押犯罪嫌疑人时，可以了解案件以下情况：(1)犯罪嫌疑人的基本情况；(2)犯罪嫌疑人是否实施或参与所涉嫌的犯罪；(3)犯罪嫌疑人关于案件事实和情节的陈述；(4)犯罪嫌疑人关于其无罪、罪轻的辩解；(5)被采取强制措施的法律手续是否完备，程序是否合法；(6)被采取强制措施后其人身权利、诉讼权利是否受到侵犯；(7)其他需要了解的与案件有关的情况。公安部于1998年5月14日出台了《公安机关办理刑事案件程序规定》的行政规章，该规章第35条规定，公安机关应当依法保障律师的执业活动，保障律师在侦查阶段依法从事下列业务：(1)向公安机关了解犯罪嫌疑人涉嫌的罪名；(2)会见犯罪嫌疑人，向犯罪嫌疑人了解有关案件的情况；(3)为犯罪嫌疑人提供法律咨询、代理申诉、控告；(4)为被逮捕的犯罪嫌疑人申请取保候审。我国于2007年10月28日重新修订了1996年《律师法》，该法第33条规定，犯罪嫌疑人被侦查机关第一次讯问或者采取强制措施之日起，受委托的律师凭律师执业证书、律师事务所证明和委托书或者法律援助公函，有权会见犯罪嫌疑人、被告人并了解有关案件情况。律师会见犯罪嫌疑人、被告人，不被监听。以上法律、法规和司法解释对侦查阶段律师会见嫌疑人的程序、方法以及可以询问的范围作了较明确的规定。

从上述法律规定看，在侦查阶段律师会见犯罪嫌疑人在一般情况下不需要经过侦查机关的批准，除非犯罪嫌疑人被指控的罪名涉及国家秘密。但在司法实践中，几乎会见所有案件包括涉嫌普通犯罪的犯罪嫌疑人也需得到侦查机关的批准，重大、复杂的案件尤其如此，否则，看守所将拒律师于门外。就笔者办理过的刑事案件来看，在侦查阶段会见犯罪嫌疑人总是要获得侦查机关正式或非正式的同意或批准才能得以实现。其实，律师提出会见申请后，侦查机关对普通案件的会见大多不是实质的审查，而是要看办案人员的时间安排，只有在办案人员有时间陪同律师会见时，才会通知律师去会见。办案人员陪同会见源于《刑事诉讼法》第96条第2款的规定，律师会见在押的犯罪嫌疑人，侦查机关根据案件情况和需要可以派员在场。在司法实践中，律师在侦查阶段会见犯罪嫌疑人时侦查机关几乎没有不派员在场的。

不过，也有个别地方公安机关主动积极配合和保障律师会见权，开创了近十年来律师无障碍会见犯罪嫌疑人的先河。据2010年9月24日《法制日报》报道，广东省珠海市公安机关推行了保障律师无障碍会见犯罪嫌疑人的措施，律师会见不涉及国家秘密案件的犯罪嫌疑人无须批准，按照新《律师法》第33条的规定带好"三证(律师证、律师事务所会见专用函、委托书)"即可到看守所会见犯罪嫌疑人，看守所会及时通知办案人员赶到会见场所，律师和被告人谈话时，办案人员只在旁边等着，既没监视，也不打扰。办案律师用"震撼"一词表达了对珠海市公安局配合、保障会见的感受。①

在获得侦查机关同意会见的通知后，律师前往羁押场所会见在押的犯罪嫌疑人时应准备相应的文件，这些文件主要包括：(1)当事人家属签署的授权委托书；(2)律师事务所出具的会见在押犯罪嫌疑人、被告人专用介绍信；(3)如果案件涉及国家秘密，必须有侦查机关同意会见的书面决定；(4)律师执业证。如果因犯罪嫌疑人是外国人或少数民族需要翻译，律师还需有侦查机关批准翻译人员会见的书面决定。除此之外，律师还应做好会见前的准备工作：(1)律师应尽量掌握犯罪嫌疑人的个人情况，如学习、工作经历；文化水平；涉案前的身份；个人的兴趣、爱好、人际关系等。律师可以通过犯罪嫌疑人的家属朋友等了解这些个人资料，这样有助于律师选择和犯罪嫌疑人交流的适当方式。(2)律师应全面熟悉与犯罪嫌疑人涉嫌罪名有关的法律、法规、司法解释。对于涉嫌罪名的构成要件、刑格等关乎罪名和量刑的重要问题应全面掌握，以利于律师为当事人提供合格、有效的法律帮助。(3)律师还应拟好会见提纲，概要地列出本案的关键问题。完备的准备工作可使律师在会见时做到心中有数，对犯罪嫌疑人的提问能做到有的放矢。

到达羁押场所后，律师在会见犯罪嫌疑人之前应填写看守所准备好的相关表格，看守所查看律师递交的相关文件和表格后，律师便可以会见犯罪嫌疑人了。待犯罪嫌疑人被带到会见场所后，会见的开始，律师向犯罪嫌疑人介绍自己，律师一般应向犯罪嫌疑人说明自己是受后者亲属聘请在侦查阶段为其提供法律帮助的。根据我国《刑事诉讼法》第96条的规

① 焦红艳：《珠海立法规定律师可不经"批准"直接会见非涉密案嫌疑人——探秘全国首个律师无障碍会见之地》，载《法制日报》2010年9月24日第四版。

定，侦查人员在旁监督律师会见犯罪嫌疑人是会见的常景，虽然我国法律、司法解释没有限定律师会见的次数、每次会见的时间，但在侦查阶段律师会见的次数一般不会超过一次。

侦查人员在场监督会见已使律师缩手缩脚，更令律师无奈的是侦查机关对了解案情的限制，我国法律允许律师向犯罪嫌疑人了解案情，但对律师对案情能了解到什么程度，询问犯罪嫌疑人的方式何为合法或违法均语焉不详。侦查机关的限制甚至在没见到在押犯罪嫌疑人之前就已经开始了，不少侦查人员会明确告知律师：在会见时只能为犯罪嫌疑人提供法律咨询，不要和犯罪嫌疑人谈论具体案情。或者更隐晦地暗示律师不要询问具体案情，比如，笔者在会见过程中曾有侦查人员对我说："你不是第一次办刑案吧，会见的规矩你都懂吧！"只要不是初次办案的律师，都明白这句话的潜台词是什么。所以，在会见中，大多数律师只能告知犯罪嫌疑人的家庭情况和亲属的关心，要不就是提供一些法律咨询服务，比较理想的会见中律师也只能问问犯罪嫌疑人是为何被刑事拘留的，至于案件的细节问题，律师即使问了也会被近在咫尺的侦查人员制止。重庆李庄案之后，律师界对会见更是噤若寒蝉，有人甚至戏谑：律师会见时只能问犯罪嫌疑人身体是否有恙，要不就和犯罪嫌疑人谈论一下天气状况。正因为如此，在目前这样的执业环境中，多数律师普遍对侦查阶段的会见不够重视，缺乏对会见在侦查阶段乃至整个诉讼过程中的重要性的认识，使侦查阶段难得的会见机会流于形式；由于没有就案件的相关问题给嫌疑人充分阐释，会见结束后，犯罪嫌疑人反而更加忐忑不安、一头雾水，有些情况下甚至误导犯罪嫌疑人作出错误的判断，以致向办案单位作出一些对自己不利的供述，给以后的辩护工作带来巨大的困难。作为律师，绝不能把在侦查阶段会见犯罪嫌疑人特别是第一次会见犯罪嫌疑人当成"走过场"，甚至是用来应付委托人的例行公事，而是应该高度重视这一环节并充分利用这一机会为犯罪嫌疑人提供帮助。①

侦查阶段的会见是犯罪嫌疑人被羁押后首次获得外界帮助，也是律师探寻案件事实真相的开始，因此，律师必须重视、利用好会见的机会。律师可以灵活运用法律咨询的机会向犯罪嫌疑人解释其涉嫌罪名的相关法律，告知犯罪嫌疑人享有的诉讼权利。一般说来，律师在会见时可以为犯罪嫌疑人提供的法律咨询主要内容包括：(1)刑法对犯罪嫌疑人涉嫌罪名的有关规定；(2)刑法关于自首、立功等的有关规定；(3)刑事强制措施的适用条件、期限；(4)有关回避的法律规定；(5)犯罪嫌疑人享有辩护权；(6)对侦查机关侵权自己人身权的行为享有申诉权、控告权等。

律师在会见时必须注意询问的方式，适当的询问方式可以避免警察的制止和干预、防范执业风险，也可以从犯罪嫌疑人口中获得案件事实的一面。2009 年发生了轰动全国的李庄案，李庄案的案件真相扑朔迷离，至今仍有许多疑窦未解开，其中的是非曲直本文不予讨论，但其中李庄在会见当事人龚刚模时的一些交流、询问方式值得我们深思。披露李庄会见龚刚模存在违规的是《中国青年报》，其中的主要内容有：

> 中国青年报记者独家获知了李庄同事、北京康达律师事务所律师马晓军的证言。李庄作为辩护律师三次会见龚刚模，马晓军都作为助手在场。据有关办案人员介绍，马晓军回忆第一次会见"在 11 月 24 日 15 时，其中我记得清楚的是，李庄给龚刚模讲了同

① 顾永忠主编：《中美刑事辩护技能与技巧研讨》，中国检察出版社 2007 年版，第 221 页。

案嫌疑人樊奇杭的笔录。李庄告诉龚刚模，他会提出伤情鉴定，如法院不采纳，李庄就提出不担任辩护律师，法院就会休庭。当场李庄口授，让龚刚模写了委托书，说'我拒绝人民法院为我指定的辩护律师'。"中国青年报记者获知，据马晓军回忆，李庄与龚刚模第二次会见在11月26日。"李庄说龚刚模你必须说自己被刑讯逼供了，说被吊了8天8夜，吊得大小便失禁，说得越夸张越好，并且还要假装演示刑讯逼供的过程，你必须翻供，否则死定了。法庭上我会问你，你是什么时间认识樊奇杭的，你就回答我'以前连他的真名都不知道'。"据马晓军回忆，第三次会见在12月4日，李庄告诉龚刚模另一涉案人在逃。"李庄跟他说，'在法庭上我问你什么，你就回答不知道，不要多说，言多必失，但我会安排你老婆说一些话，你就顺着你老婆的说法说。你在法庭上必须说，你以前的供述都是因为公安刑讯逼供造成的，是乱说的，以此来翻供，让以前的交代材料作废，全部作废'。""他教龚刚模说，检察院指控他的一些罪名，'在法庭上你就说你不知道。'"①

从该报道的内容可以看出，李庄在第二次、第三次会见时很可能在询问中明示或者暗示龚刚模要在庭审中提出自己被刑讯逼供，该报道是否属实仍未可知，但李庄在会见中的询问方式很可能有不妥之处，而且李庄在会见时与在场警察发生过冲突应属实。李庄的执业行为从法律上也许无可指责，但在目前的执业环境中，和在场警察发生冲突最起码是不明智的行为，而且不适当的询问方式也很可能给自己带来不必要的麻烦甚至招致执业风险。律师在会见时询问犯罪嫌疑人案情于法有据，但方式、策略非常重要。从笔者的办案经验来看，在侦查阶段会见犯罪嫌疑人时，律师可以从询问犯罪嫌疑人个人情况入手，再通过询问如下问题来简要了解犯罪嫌疑人涉嫌的案情：(1)你是因为犯了什么事被公安局拘留或逮捕的？(2)请你简要讲述一下案发经过？询问此类问题应该不会招致警察的制止，犯罪嫌疑人对这些问题的回答可以让律师初次了解案件的事实，为后期的刑事辩护工作打下一定的基础。

会见犯罪嫌疑人/被告人笔录

时间：2010年 7月 21日 10时12分至 11时 03分

地点：×××看守所

会见人：×××律师事务所××律师，执业证号：________

被会见人：王某某

涉嫌罪名：盗窃案

会见内容：

律师(以下简称律)：你好！请问你是王某某吗？

被会见人(以下简称被)：王某某

律：我是×××律师事务所的张律师，根据《中华人民共和国刑事诉讼法》、《中华人民共和国律师法》的相关规定接受你父亲的委托和律师事务所的指派为你提供法律帮助和辩护(出示委托书)。律师在侦查阶段可以为你提供法律咨询，对有关机关侵犯你合法权益的行为代理申诉、控告，申请取保候审，对强制措施超过法定期限的，有权要求解除强制措施。在审查起诉和审判阶段，律师将根据事实和法律为你辩护，维护你的合法权益。对于你父亲的

① 庄庆鸿、郑琳：《李庄助理马晓军证言回忆李庄与龚刚模的三次会见》，载《中国青年报》2009年12月16日。

委托，你是否愿意我们律师事务所指派我为你提供法律帮助？

被：愿意

律：请你向我陈述一下你的基本自然状况，包括年龄、籍贯、文化程度、职业、家庭住址及家庭成员等。

被：我叫×××，今年28岁，湖南邵阳人，工人，大专毕业，现在广州×××电机厂工作，住工厂宿舍。父亲，58岁，农民，在邵阳老家务农，母亲，56岁，在老家务农。

律：根据《刑事诉讼法》的规定，司法机关在办案期间，你除了应当履行如实回答问题的义务外，还享有以下权利：第一，你有权用本民族语言文字进行诉讼。第二，对于公安机关及其司法工作人员不合法、不文明的办案行为和人身侮辱的行为，有权提出控告。第三，对于侦查人员、公诉人、审判人员、记录人、翻译人与你有利害关系，可能会影响公正处理本案的，有权申请他们回避。对于驳回申请回避的决定，还可以申请复议一次。第四，有为自己辩护的权利，你在接受办案人员讯问时有权为自己辩解。第五，有权聘请律师提供法律帮助和辩护。第六，对你采取的强制措施超过法定期限的，有权要求解除强制措施。第七，对于与本案无关的问题，有拒绝回答的权利。第八，有核对笔录的权利，如果你没有阅读能力，可以要求向你宣读；如果讯问笔录记载有遗漏或者差错，可以提出补充或者改正。对讯问笔录、勘验检查笔录、搜查笔录、扣押物品、文件清单以及送达的各种法律文书确认无误后，应当签名或者盖章。以上权利、义务你都能听清楚吗？

被：听清楚了。

律：我将你涉嫌的罪名的构成要件简单向你阐述一下，你认真听一下，以便你了解认识这个罪名（开始讲解罪名）。你听懂了吗？

被：听懂了。

律：我有必要向你介绍一下我国《刑法》对自首情节和立功表现的相关规定。根据《刑法》的规定，犯罪以后，自动投案，如实供述自己行为的是自首。对于自首的犯罪分子，可以从轻、减轻处罚。其中，犯罪较轻的，可以免除处罚。“自动投案”是指犯罪事实或者犯罪嫌疑人未被司法机关发觉，或者虽被发觉，但犯罪嫌疑人尚未受到讯问、未被采取强制措施时，主动、直接向司法机关或向基层组织、所在单位负责人投案。以下四种情况属于立功：第一，揭发他人犯罪行为并经查证属实的；第二，提供重要线索从而得以侦破其他刑事案件的；第三，协助抓捕其他罪犯的，包括未归案的同案犯；第四，阻止、检举他人正在实施的犯罪行为从而使得国家免受重大损害的。符合立功表现者，可以从轻、减轻处罚，甚至免除处罚。以上介绍你能听明白吗？

被：听明白了。

律：你在里面生活、身体状况如何，是否有什么疾病？

被：身体状况还好，饭量也正常，没什么病。

律：你回忆一下事情是怎么发生的，包括时间、地点、人物、经过、结局、被抓获地等。

被：我因为买“六合彩”欠了不少钱，我的老乡刘某某也因赌钱欠了不少高利贷。今年5月11日，我俩一拍即合，商量去哪里搞点钱。商量来商量去，我们决定去我们住处的电缆厂搞点电缆去卖，我们商量好一起去。第二天天黑后，我到了那个电缆厂等刘某某，左等右等，刘某某还不来，于是我决定一个人去电缆厂的仓库。我用专业工具撬开了仓库后门，拿出了一捆重达四五十斤的电缆,就在我出了仓库要拿着电缆越过仓库围墙时,刘某某来电话说他有事来不了了,在我接这个电话时,电缆厂保卫人员发现了我,于是我当场被抓获送派出所了。事情经过就是这样的。

律师告知:请你阅读上述笔录,如无异议请在每页签上你的名字和时间。

答:上述笔录是我真实意思表示。

做好会见笔录是律师的基本功,也是会见后的主要成果。此外,律师在会见当事人时应遵守会见场所的规定,不得为当事人传递纸条,不得为当事人捎带物品,不得带其他无关人员进入会见场所。在会见当事人时,律师成为犯罪嫌疑人和外界沟通的重要桥梁。但据我国刑事法律规定,在会见在押犯罪嫌疑人期间,律师不能为当事人传递信息。在司法实践中,确有少数律师趁会见之机帮当事人家属捎带物品,有帮助传递纸条的,甚至有借手机给犯罪嫌疑人"闲话家常"的。四川律师罗某,2005 年 7 月在崇州看守所会见犯罪嫌疑人鄢某期间,受人之托,将与鄢同监舍的另一犯罪嫌疑人之妹吴某带进会见室,致使鄢、吴二人相互传递纸条,被看守人员和到所办案的侦查人员当场查获。2006 年 2 月,省司法厅给予其停止执业一年的行政处罚。

第三节 刑事辩护的程序与技巧

随着诉讼程序的推进,刑事案件进入审查起诉阶段,检察机关审查后认为应当提起公诉的,案件便随之进入审判阶段,受聘律师也从侦查阶段的法律帮助人转换为犯罪嫌疑人、被告人的辩护人。在审查起诉和审判两个诉讼阶段,辩护律师的工作是依据法律规定提出犯罪嫌疑人无罪、罪轻的辩护意见,维护其合法权益。

一、辩护律师在审查起诉阶段的具体工作

在审查起诉阶段才开始受聘担任辩护人的律师需要与委托人办理的手续与侦查阶段受委托相同,包括刑事委托书和委托辩护合同。对于在侦查阶段已接受一揽子委托的律师,其下一步要做的工作与在审查起诉阶段受委托担任辩护人的律师相同,主要包括:查阅、摘抄、复制本案的诉讼文书、技术性鉴定材料,调查取证、会见犯罪嫌疑人、被告人等。

1. 查阅文书、材料

依据我国《刑事诉讼法》第 36 条第 1 款的规定,辩护律师自人民检察院对案件审查起诉之日起,可以查阅、摘抄、复制本案的诉讼文书、技术性鉴定材料,可以同在押的犯罪嫌疑人会见和通信。其他辩护人经人民检察院许可,也可以查阅、摘抄、复制上述材料,同在押的犯罪嫌疑人会见和通信。这些诉讼文书包括侦查机关的立案决定书、拘传传票、取保候审决定书、监视居住决定书、拘留证、批准逮捕申请书、批准逮捕决定书、逮捕决定书、逮捕证、起诉意见书及其他法律文书;技术性鉴定材料则包括法医鉴定、司法精神病鉴定、物证技术鉴定等鉴定结论。查阅、摘抄、复制这些诉讼和技术性鉴定材料是辩护律师在审查起诉阶段最主要的工作之一。辩护律师应及时与办案检察官取得联系,向检察机关提交受托为犯罪嫌疑

人(被告人)辩护的授权委托书、律师事务所指派律师担任辩护人的律师事务所专用函、律师执业证复印件,并要求查阅本案的诉讼文书和技术性鉴定材料。审查起诉阶段的授权委托书除了受托阶段不同之外,此阶段的受聘律师的法律地位已是辩护人,其他与侦查阶段无异。审查起诉阶段的律师事务所专用函的格式如下:

律师事务所专用函

××人民检察院:

本所接受×××的委托,指派××律师担任贵院办理的刑事案件犯罪嫌疑人(被告人)的辩护人。

特此函告

×××律师事务所(公章)

年　月　日

辩护律师查阅上述关于办案流程的诉讼文书,如立案决定书、采取强制措施的决定书等,可以了解本案的办案过程,对于审查起诉阶段的辩护工作的作用聊胜于无;但对于侦查机关的起诉意见书和技术性鉴定材料则应予以足够的重视。起诉意见书的主要内容包括:犯罪嫌疑人的个人信息,犯罪行为的发生过程,侦查机关认定的罪名,犯罪嫌疑人的认罪态度,涉财案件中的退赃情况,共同犯罪案件中各犯罪嫌疑人的地位、作用等。技术性鉴定材料则可能包括被害人受伤情况、赃物的价值等。对起诉意见书、技术性鉴定材料进行仔细分析可以帮助律师发现本案事实、法律定性可能存在的疑点,有利于辩护律师进一步了解案情,基本掌握涉嫌犯罪行为的全貌,为后期的辩护工作打下良好的基础。

2. 收集证据材料或者申请调查取证

在审查起诉阶段,受聘律师具有了辩护人的诉讼地位,享有调查取证的权利。我国《刑事诉讼法》第37条规定,辩护律师经证人或者其他有关单位和个人同意,可以向他们收集与本案有关的材料,也可以申请人民检察院、人民法院收集、调取证据,或者申请人民法院通知证人出庭作证。辩护律师经人民检察院或者人民法院许可,并且经被害人或者其近亲属、被害人提供的证人同意,可以向他们收集与本案有关的材料。在审查起诉阶段,辩护律师所能看到的只有诉讼文书和技术性鉴定材料,还看不到涉案的证据材料,此时,需要辩护律师尽可能去收集、调查有利于犯罪嫌疑人的证据。辩护律师除了自己收集证据材料外,还可以申请检察机关调取证据。

3. 询问证人、被害人

辩护律师调查取证的一项重要内容是询问证人,询问被害人或其近亲属,询问被害人提供的证人。但由于询问在实践中极其敏感、特殊,因而需特别论及。

询问证人需要律师事务所出具调查专用函,询问证人应有两名律师在场,一人为调查人,另一人为记录人,并做好询问证人调查笔录,询问证人时具备条件的还应有公证部门的公证员在场,但自刘涌案之后,恐怕没有公证部门愿意为律师的取证行为进行公证了。询问被害人或其近亲属、询问被害人提供的证人很可能是立法者善良的愿望,在司法实践中,此规定几乎等同于美丽的谎言。因为从程序上看应获得检察机关的事先批准,而且还需要得到被害人或其亲属、被害人提供的证人的同意,这几乎是辩护律师不可能完成的任务。尽管如此,辩护律师还是应知晓询问这些特殊任务需要办理哪些手续,首先,辩护律师应向检察机关提交调查取证申请书，如果能幸运地获得上述双重同意，辩护律师还应如询问一般证人那样做好询问笔录。

询问证人、被害人这类调查取证活动对于辩护律师而言是存在潜在职业风险的行为，因为言辞证据会因为各种各样的原因发生变化，比如，记忆时间的长短、证人面临侦查机关的压力等，只要因为律师询问证人后改变了其在侦查机关面前的关键证言，该律师将面临我国《刑法》第 306 条的“特殊照顾”。该条款规定：“在刑事诉讼中，辩护人、诉讼代理人毁灭、伪造证据，帮助当事人毁灭、伪造证据，威胁、引诱证人违背事实改变证言或者作伪证的，处 3 年以下有期徒刑或者拘役；情节严重的，处 3 年以上 7 年以下有期徒刑。”《刑法》中居然有一条为律师“量身定做”的伪证罪，这令整个律师界愤愤然。而“律师伪证罪”在实践中被频频误读、滥用，甚至以“法律”的名义对律师打击报复，更令许多刑辩律师如履薄冰。全国律师协会 2004 年的一次统计就表明，当时已有 200 多名律师因涉嫌触犯“《刑法》第 306 条”被追究，但除极个别确实有违职业道德外，99%最终都被无罪释放。[①] 此条规定已令多少辩护律师闻风丧胆，极少律师会亲自去询问证人，更遑论询问被害人及其提供的证人了。对于因客观原因，如证人不同意接受律师询问，被害人不同意接受询问，物证书证的拥有者不愿意提供证据等，辩护律师还可以申请检察机关收集、调取证据，但这只是申请权，也没有法律或司法解释对检察机关批准或不批准调查取证申请作出具体的规定，是否批准取决于检察机关。实践中，检察机关批准的调查取证申请极少。

无论是询问证人、被害人，还是收集物证、书证，律师应注意以下问题：(1)律师的调查取证工作不具有司法强制性质，而是访问的性质；(2)律师进行调查取证时，必须由两人进行，持有律师事务所的调查函，出示律师执业证；(3)律师进行调查取证时，最好事先取得有关单位的支持，必要时请有关单位协助调查；(4)律师进行调查取证时，应当首先向被调查人说明律师的身份以及调查取证的目的和要求，并经被调查人同意，可以向他们收集有关证据材料；(5)如果被调查人坚持不愿签名、盖章的，律师可以向人民检察院、人民法院提出收集、调取证据的申请。[②]

4. 会见犯罪嫌疑人

查阅、复制、摘抄工作和调查取证工作完成之后，辩护律师还应会见在押犯罪嫌疑人，向后者详细询问案件事实。在审查起诉阶段，辩护律师会见犯罪嫌疑人无须批准，会见时检察机关也不得派员在旁监督，辩护律师和犯罪嫌疑人可以在一个相对宽松的环境中交流，犯罪嫌疑人此时可以详细地向辩护律师讲述案件的始末，辩护律师对案件事实的掌握又将更加深入。辩护律师在审查起诉阶段所做的查阅工作、调查取证和会见等主要是为审判阶段的辩护打好基础，此外，辩护律师还可以在此诉讼阶段向检察机关提交法律意见书，法律意见书或者建议检察机关作出不起诉决定，或者建议检察机关以轻于侦查机关起诉意见书的罪名起诉，总之是提出无罪或罪轻的辩护意见。

---

① 牟绿叶：《当前办理刑事辩护业务应注意的问题》，载《赤峰学院学报》2010 年第 11 期。

② 徐家力主编：《律师实务》，法律出版社 2005 年版，第 199 页。

二、辩护律师在开庭审理前的具体工作

在犯罪嫌疑人被检察机关提起公诉后，犯罪嫌疑人的称谓变为被告人。被告人的辩护律师在法院开庭审理案件之前有许多的工作要做：前往法院查阅、复制、摘抄本案所指控的犯罪事实的材料、会见被告人、进一步调查取证、撰写辩护词等。

1. 向法院提交委托书等文件

辩护律师在接受被告人或其近亲属的委托后，应尽快与法院承办法官取得联系，向法院提交授权委托书、律师事务所专用函以及律师执业证复印件等文件，授权委托书、律师事务所专用函的格式除了诉讼阶段名称不一之外，其他与审查起诉阶段相同。

2. 到法院阅卷

提交完这些文件之后，辩护律师应到法院阅卷，查阅、摘抄、复制本案所指控的犯罪事实的材料，根据我国《刑事诉讼法》第150条的规定，这些材料主要有：起诉书中有明确的指控犯罪事实、证据目录、证人名单和主要证据复印件或者照片。所谓主要证据是检察机关单方把握的问题，辩护律师并不能窥案件之全貌；一般而言，检察机关是不会移送对被告人有利的证据的，除非工作失误才会使辩护律师得到这种天上掉下来的馅饼。但检察机关移交的这些犯罪证据中仍可能会有对被告人有利的信息，因此，辩护律师仔细阅卷仍然是极为重要的，阅卷时应注意以下几点：(1)关于起诉书。查阅起诉书应重点审查起诉书指控的罪名及其性质，被告人犯罪动机、目的等主观方面的情况，犯罪的时间、地点、手段、情节以及后果等犯罪客观方面的情况；如果是共同犯罪案件，还应注意被告人在共同犯罪中的地位、所起的作用；被告人有无自首、立功等法定从宽量刑情节，以及其他酌定从宽量刑情节等。(2)关于主要证据复印件或者照片。主要证据是支持指控的基础，查阅主要证据应查明控方证据与待证事实之间是否存在客观联系，这些主要证据对于定罪是否充分，主要证据之间是否能相互印证，相互之间是否存在矛盾和疑点等。(3)证据目录与证人名单。查阅证据目录和证人名单有助于辩护律师把握控方的证据体系及证据种类，了解证人对本案事实所起的证明作用。阅卷使辩护律师对案件有了全局性的认识，使其下一步会见被告人的工作有的放矢。

3. 会见被告人

辩护律师在阅卷之后对被告人的会见应做以下工作：询问被告人对起诉书的意见，是否承认指控的犯罪事实和情节，如有不同意见，被告人的陈述和辩解主要内容有哪些；向被告人核实本案的疑点；向被告人介绍自己的辩护方向和意见，并询问被告人是否有不同的辩护意见；告知被告人享有的诉讼权利和庭审程序。律师会见被告人的手续与前两个诉讼阶段的会见无异，律师会见被告人应做好会见笔录。

4. 调查取证

辩护律师查阅案件、会见被告人之后，对案件的事实真相仍有疑问的可以自行调查取证，辩护律师调查取证的程序和要求与审查起诉阶段一样。如果辩护律师调查取证存在客观困难，可以向人民法院调查取证。《刑事诉讼法》第37条对辩护律师申请调查取证作了原则性的规定，《关于〈刑事诉讼法〉实施中若干问题的规定》(以下简称《若干规定》)第15条对《刑事诉讼法》第37条作了进一步规定："对于辩护律师申请人民检察院、人民法院收集、调

取证据，人民检察院、人民法院认为需要调查取证的，应由人民检察院、人民法院收集、调取证据，不应当向律师签发准许调查决定书，让律师收集、调取证据”。《最高人民法院关于执行〈中华人民共和国刑事诉讼法〉若干问题的解释》（以下简称《高法解释》）对辩护律师调查取证权则进一步具体化，第43条规定，辩护律师申请向被害人及其近亲属、被害人提供的证人收集与本案有关的材料，人民法院认为确有必要的，应当准许，并签发准许调查书。第44条规定，辩护律师向证人或其他有关单位和个人收集、调取与本案有关的材料，因证人、有关单位和个人不同意，申请人民法院收集、调取，人民法院认为有必要的，应当同意。第45条规定，辩护律师直接申请人民法院收集、调取证据，人民法院认为辩护律师不宜或者不能向证人或者其他有关单位和个人收集、调取，并确有必要的，应当同意。人民法院根据辩护律师的申请收集、调取证据时，申请人可以在场。为了有利于辩护，辩护律师还可以向法院申请证人出庭作证，是否批准取决于法院。

5. 撰写辩护词、法庭调查提纲和答辩提纲

完成上述工作之后，辩护律师要做的事便是撰写辩护词，辩护词是辩护律师对检察机关起诉书的书面抗辩，辩护律师应确定案件的辩护策略，辩护词应针对指控的犯罪事实、法律适用以及证据方面提出辩护意见。辩护律师可提出的辩护意见包括：被告人的行为不符合犯罪指控的构成要件；被告人的行为具有阻却违法性事由；被告人的行为具有阻却责任事由；被告人具有自首、立功、犯罪未遂、犯罪中止等法定从轻、减轻的量刑情节；被告人具有其他酌定从轻量刑情节；控方指控的罪名错误；控方的指控没有充分的证据予以证明；控方证据之间存在无法排除的矛盾和疑点；控方证据没有形成闭合的证据链等。此外，辩护律师还应事先拟好在庭审中需要的法庭调查提纲和答辩提纲。

三、律师出庭辩护的法庭礼仪和庭审技巧

法庭审理是刑事诉讼的重要阶段，是控、辩双方展开诉讼攻击与防御的场所。与民事诉讼双方当事人地位平等、实力相对均衡不同，在刑事诉讼中，辩护律师与对手的实力过于悬殊。辩护律师的对手多数是代表国家追究犯罪的正义凛然的公诉人，公诉人还是当然的法律监督者，在现阶段，法官和公诉人甚至是同一战壕的盟友；此外，辩护律师在庭审时还需面对来自被害人及其亲属、社会的压力，因此，辩护律师在庭审中基本是孤军奋战的。

俗话说：“台上三分钟，台下十年功。”庭审是充分展现辩护律师法学功底、执业经验以及综合素质的舞台，是展示自己风采的机遇。要在庭审中发挥出自己的专业水平，除了具备扎实的法学功底和丰富的执业经验之外，辩护律师还应遵守法庭礼仪和掌握一些庭审技巧。法庭礼仪是指律师出庭时在着装和与检察官、法官沟通时应遵守的礼仪。所谓庭审技巧，是指律师为提高辩护质量而采取的一些技术性措施。庭审技巧不是纯粹的技术性措施，它建立在律师对案件事实的全面掌握和透彻分析之上，是律师在具备扎实基本功基础之上对辩护的升华。

1. 律师辩护的礼仪

庭审时，律师的形象非常重要，律师出庭辩护时应着装整齐，给人清爽、干练的形象。有的地方要求律师出庭应着正装。在英国、美国包括我国香港地区，就像法官应穿法袍一样律

师出庭应穿律师袍。除了着装之外，律师的形体语言也是展示其风采的一面，律师在庭审中的坐姿应端正，表情自然、自信，只有这样，被告人及其亲属才能对辩护律师有足够的信心。当公诉人、法官、被告人、证人其他人发言时，辩护律师应认真倾听、神情专注或者偶尔记录，脸部表情应当自然舒展。有的律师在座位上扭来扭去，手时不时挠挠头发，摸摸脸，小动作较多，显得心不在焉。有这些小动作的律师往往可能是内心紧张、信心不足。因此，辩护律师端庄的形体语言是成功辩护的开始，也是法庭礼仪的一部分。

在庭审中，律师对检察官、法官包括书记员等工作人员应当给予必要的尊重，做到不卑不亢。检察官和辩护律师在法庭上是针锋相对的双方，双方可以说是各为其主，为履行各自的诉讼职能展开犀利的攻击和稳固的防守，这是由各自的职业立场不同所致。律师对检察官除了给予必要的尊重之外，还应对检察官的职业立场给予充分的理解。有的检察官在庭审中对被告人甚至辩护律师带有敌意，但律师此时应保持克制和冷静。在双方交锋时，即使检察官的发言存在漏洞和错误，辩护律师也没有必要表现得咄咄逼人，更没有必要揪住检察官的错漏不放，使检察官难堪不已，对检察官发言的错误点到为止即可，因为辩护律师和检察官并无个人恩怨，若处理不好，就容易将检察官推向自己的对立面。出庭公诉对检察官只是完成一项工作任务而已，如果因为辩护律师对检察官的错误处理不当，使后者对被告人及其辩护律师掺杂了大量的个人感情因素，那么检察官很可能会极力阻止对被告人有利的裁判结果出现。与法官在庭审中的交流也同样如此，法官虽不是辩护律师的相对方，但法官是庭审的主导者，是决定被告人命运的裁判者。辩护律师应尊重法官，有时甚至需要站在法官的角度，设身处地地考虑问题，以使法官的心证有利于被告人。另一方面，律师在检察官和法官面前应保持职业的独立性和人格尊严，以深厚的专业知识和敬业精神来赢得法官、检察官的尊重和认可。

2. 法庭辩护技巧

辩护律师在庭审中表达辩护意见最主要的方式是言辞，良好的口头表达能力和语言组织能力既是成功辩护的基础，也是庭审技巧的重要组成部分。在发言时，要让法官、书记员、检察官、被告人、证人甚至旁听人员都能听得清楚，这就要求律师的语速适中，不一定要抑扬顿挫，但最起码应该吐字清晰、声音洪亮。有的律师在庭审中语速过快、声音高亢，甚至越说越激动；有的律师发言则语速过缓、慢慢吞吞。这样的发言很可能让人听不清楚，旁听人员没听清没什么后果，如果法官、检察官没听清楚，律师发言则达不到应有的效果。听得清楚是律师发言的基础，通俗易懂则是对律师发言的第二个要求。律师在庭审中的发言不同于书面的辩护词，除了发表辩护词之外，律师在庭审中还应询问被告人、证人，与公诉人辩论，这些行为都需要用言辞表达出来。有的律师发言时喜欢罗列法条、搬弄法理，甚至咬文嚼字，在发言中大量使用书面语言，听起来似乎很高深；有的律师的发言甚至像老师在给学生上课，这样很可能使被告人、证人、旁听人员听不懂，也可能使法官、检察官、书记员产生抵触情绪。律师发言时对法条和法理一带而过即可，应该将法条、法理和具体案情结合起来，使用通俗易懂的语言讲出来，这样才能达到较好的法庭效果。因为律师发言的地方是法庭而不是教室，法官、检察官和律师一样都是业内人士，不是律师的学生，对于法条、法理的理解不亚于律师，因此说教式的发言容易使法官、检察官产生抵触甚至反感。律师的发言不仅要听得清楚、通俗易懂，而且还应能被旁听人员、被告人、被害人、检察官、法官所接受，尤其是能被法官接受、认同，只有这样，律师的辩护才可以达到预期的效果，才能算是合格的辩护和法律服务。律师为被告人辩护的目的是说服法官接受自己的观点，作出对被告人有利的判决。

法庭调查阶段是查清案件事实真相的阶段，案件事实通过控方举证，辩方举证，双方相互质证得以展现。由于众所周知的原因，我国法庭调查中的证据绝大多数来自于控方，辩方鲜有证据呈堂。在我国刑事诉讼中，因为证人几乎不出庭，法庭调查阶段基本上是对控方书面材料的举证和质证，而且这些书面材料大多被法官采信、认可。因此，在目前，辩护律师在法庭调查中难以充分发挥自己的才能。尽管如此，细心的律师还是有可能从控方证据中找出一些对被告人有利的信息，利用质证的机会提出辩驳意见。有证人出庭作证的法庭调查是对辩护律师询问技巧的考验，熟练掌握交叉询问规则是辩护律师一项必备技能。一般说来，在交叉询问中，控方的证人由控方先问，这叫主询问，然后控方的证人由辩方来问，这叫反询问；接下来辩方的证人出庭，由辩方进行主询问，然后由控方反询问。我国还未有法律对主询问和反询问规则作出明确规范，但可借鉴国外的交叉询问规则。比如主询问时不可以诱导性发问，只能是陈述性发问；反询问时可以进行诱导性发问等。

辩护律师在询问时，一次只问一个问题，并要求被询问人简明扼要地回答，这样被询问人便只能直面这一问题进行回答；如果一次问数个问题，被询问人可能会避重就轻。辩护律师如果有关键的问题需要询问时，应把关键问题和其他没这么重要的问题交互询问，使被询问人在不经意间给出了关键问题的答案。进行主询问时，辩护律师问的问题尽量简单；在反询问时，尽量采用诱导性询问，并要求被询问者回答"是"或者"不是"。

在法庭辩论阶段，律师辩论要突出重点、条理清晰。在辩论时，辩护律师对罪与非罪、罪重与罪轻等涉及定罪量刑的关键问题予以重点阐述。对控辩双方争议的焦点问题，应予以充分说理，增加辩护意见的针对性和说服力；对于被告人定罪量刑的法律适用问题的辩论应全面、准确。

第四节　律师在刑事诉讼中的代理

一、附带民事赔偿中的代理

刑事附带民事诉讼中的代理，是指诉讼代理人接受附带民事诉讼的当事人及其法定代理人、近亲属的委托，在所受委托的权限范围内，代理参加诉讼，以维护当事人及其代理人的合法权益的法律服务行为。我国《刑事诉讼法》第 40 条规定，公诉案件的被害人及其法定代理人或者近亲属，附带民事诉讼的当事人及其法定代理人，自案件移送审查起诉之日起，有权委托诉讼代理人。自诉案件的自诉人及其法定代理人，附带民事诉讼的当事人及其法定代理人，有权随时委托诉讼代理人。人民检察院自收到移送审查起诉的案件材料之日起 3 日以内，应当告知被害人及其法定代理人或者其近亲属、附带民事诉讼的当事人及其法定代理人有权委托诉讼代理人。人民法院自受理自诉案件之日起 3 日以内，应当告知自诉人及其法定代理人、附带民事诉讼的当事人及其法定代理人有权委托诉讼代理人。

律师接受附带民事诉讼当事人委托的,应由被代理人填写授权委托书,明确律师在诉讼中的权限,这与民事诉讼无异。此外,律师与当事人及其法定代理人还应签订委托代理合同:如果接受自诉案件自诉人或公诉案件被害人的委托代理附带民事诉讼的,则此时律师往往既是自诉案件自诉人或公诉案件被害人的代理人,又是附带民事诉讼原告人的代理人,具有双重的代理身份,宜分别签订委托代理合同,以明确律师在这两种诉讼中不同的代理权限。如果接受自诉、公诉案件被告人的委托代理附带民事诉讼的,则此时律师往往既是刑事案件被告人的辩护人,又是附带民事诉讼被告人的代理人。由于诉讼职能截然不同,律师应与委托人分别签订委托辩护协议和委托代理合同。

我国《刑事诉讼法》未明确规定附带民事诉讼中的诉讼代理人享有哪些权利,但附带民事诉讼在本质上是民事诉讼,民事诉讼中的双方当事人及其诉讼代理人均享有同等的诉讼权利。与民事诉讼不同的是,律师还应到人民法院查阅案件的卷宗材料、会见被害人。在附带民事诉讼中,双方当事人即被告人、被害人及其诉讼代理人也享有其与民事诉讼同样的权利,如收集调查证据、证据交换、参加附带民事诉讼中的法庭调查以及法庭辩论等。

二、减刑、假释、监外执行程序中的律师代理

减刑、假释是我国刑罚执行中的重要制度,是对犯人积极改造、悔罪自新的肯定和鼓励。根据我国《刑法》第 78 条规定,被判处管制、拘役、有期徒刑、无期徒刑的犯罪分子,在执行期间,如果认真遵守监规,接受教育改造,确有悔改表现的,或者有立功表现的,可以减刑;有重大立功表现的,应当减刑。减刑以后实际执行的刑期,判处管制、拘役、有期徒刑的,不能少于原判刑期的 1/2;判处无期徒刑的,不能少于 10 年。该法第 79 条规定,对于犯罪分子的减刑,由执行机关向中级以上人民法院提出减刑建议书。人民法院应当组成合议庭进行审理,对确有悔改或者立功表现的,裁定予以减刑。非经法定程序不得减刑。该法第 81 条规定,被判处有期徒刑的犯罪分子,执行原判刑期 1/2 以上,被判处无期徒刑的犯罪分子,实际执行 10 年以上,如果认真遵守监规,接受教育改造,确有悔改表现,假释后不致再危害社会的,可以假释。如果有特殊情况,经最高人民法院核准,可以不受上述执行刑期的限制。第 82 条规定,对于犯罪分子的假释,依照《刑法》第 79 条规定的程序进行。非经法定程序不得假释。我国《刑事诉讼法》第 214 条规定,对于被判处有期徒刑或者拘役的罪犯,有下列情形之一的,可以暂予监外执行:(1)有严重疾病需要保外就医的;(2)怀孕或者正在哺乳自己婴儿的妇女。对于适用保外就医可能有社会危险性的罪犯,或者自伤自残的罪犯,不得保外就医。

减刑、假释、暂予监外执行不仅涉及对原裁判的变更、刑期的缩短,还涉及执行场所的变更,与服刑人员的切身利益密切相关。减刑、假释需有由执行机关向中级以上人民法院提出减刑建议书、假释建议书,法院应组成合议庭进行审理,作出是否予以减刑、假释的裁定。服刑人员身居牢房,大多没有法律知识,而且法院只听取监狱的减刑或假释建议,服刑人员没有提出意见的机会。此时需要律师代理服刑人员参与这些程序,提出有利于服刑人员的材料和意见,使服刑人员获得尽可能多的减刑幅度或者予以假释。在试行减刑、假释听证制度

的地方，法官一般会质疑执行机关为何要对服刑人员予以减刑、假释，或者质疑减刑的幅度过大等，检察机关的监督大多注重不当暂予监外执行，而关注应暂予监外执行而未及时暂予监外执行的极少。然而，迄今为止，我国《刑事诉讼法》、《监狱法》以及司法解释均未对律师参与刑罚执行程序作出规定，更令律师们为难的是，监狱、看守所等服刑场所的运作是封闭的，服刑人员是否符合减刑、假释条件、是否应暂予监外执行，只有监所管理人员才清楚，这些都不为外界所知晓。法律没有为律师接受服刑人员及其近亲属委托后如何参与减刑假释、监外执行程序作出具体、明确的规定。

据笔者的从业经历，目前只能由服刑人员通过向驻监检察机关申诉，反映自己应予减刑、假释、暂予监外执行，但监所等执行机关却未提出相应建议。检察机关认为申诉合法的，会行使监督权维护服刑人员的合法权益。服刑人员也可能会写信告诉亲属上述情况，由亲属委托律师向检察机关提出法律意见，反映服刑人员未得到应当给予的减刑、假释或者暂予监外执行的情况。这样的渠道终归间接，效果堪忧。

从比较法的层面看，有的国家明确规定律师有权参与刑罚执行程序。意大利《刑事诉讼法典》第 681 条第 1 款规定，向共和国总统提出的减刑请求应当由被判刑人、他的近亲属、共同生活人、监护人、保佐人、律师或者特别代理人签署，并向司法部长提出。俄罗斯联邦《刑事诉讼法典》第 399 条规定了解决与执行刑事判决有关的问题的程序，该条第 2 项、第 3 项规定，提请解决与刑事判决执行有关问题时，刑罚执行机构或机关的代表应该被传唤到审判庭，如果被判刑人出庭，则他有权了解提交到法院的材料，参加对材料的审查，申请回避，进行解释，提交文件。该条第 4 项规定，被判刑人可以通过律师行使自己的权力。我国应在立法层面明确规定律师代理服刑人员从事此类业务的权利，上述国家的立法可资借鉴。律师受理减刑、假释以及暂予监外执行的委托属于非诉讼业务，目前这类业务在我国尚属摸索阶段，律师发挥作用的空间有待拓展。

➢ 拓展案例

一起成功辩护的案例

笔者曾经办理过一宗职务侵占罪案件，主要案情如下：

被告人甲，深圳某公司员工（甲某的人事档案关系一直在该公司），1998 年起被聘为乙实业有限公司（以下简称乙公司）员工，其社保金一直到案发都由甲某自己缴纳。2003 年，被告人甲某与乙公司签订了关于 SD 项目的“内部承包合同”，甲某任该项目的项目经理，“内部承包合同”的主要内容是：“……项目部独立核算……项目部降低责任成本实现利润的分成部分由项目部自行分配，若项目部实际成本超过责任成本，其超支部分由项目部班子成员风险抵押金进行抵扣……若风险抵押金仍不足抵扣的，由承包人其他财产进行抵扣。工程总价：12398950 元。其中，乙方承包价：66844970 元；甲供料价：53055475 元；税金：4088605 元。（承包上缴公司金额）按该工程成本造价估算书的测定，本工程应上缴公司费用 955 万元（上缴比例为中标承包价的 14.3%）。在承包期间，被告人甲某的工资不再由乙公司支付，由被告人甲某自理。”2005 年至 2006 年间，甲某利用其与乙公司签订的内部承包合同，在担任“某项目工程 SD 标段”项目部经理期间利用工作之便，采用虚报工程水泥款支出的方法，骗取乙公司额外支付的水泥加工费人民币100万元；甲某还出具虚假证明，收取了丙混凝土有限公司（以下简称丙公司）退回给乙公司的超供水泥款人民币160万元，不交回公司，将此两笔款项共计人民币260万元据为己有。此外，2004年2至3月间，被告人甲某利用职务之便把乙公司用于SD项目工地上的钢材卖给个体商人丁，并将钢材变卖所得款人民币30万元通过他人账户转入其本人和其妻子戊某的个人账户，据为己有。

从起诉书的内容和控方提供的证据看，控方提供了证明甲某是乙公司员工、证明甲某骗取乙公司额外支付的水泥加工费、证明甲某侵吞丙公司退回给乙公司的超供水泥款、甲某卖钢材给个体户的书面证据，还提供了多份不利于甲某的书面证人证言，甲某有罪似乎是确定无疑的。

接受甲某亲属委托后，笔者仔细查阅了本案案卷材料，会见了被告人，发现本案的辩护可大有作为。笔者在开庭之前作了以下准备：其一，查阅和学习了与职务犯罪有关的法律、司法解释以及国内著名学者关于职务犯罪的论著，在理论方面对职务犯罪有了全面、深刻的理解，尤其对甲某的行为是否符合职务犯罪的构成要件，这个辩护的基调问题进行认真分析。其二，查阅和学习了《民法》中关于内部承包合同的性质和属性，重点辨清甲某在内部承包合同中与乙公司是隶属关系还是平等的双方当事人，将甲某涉嫌犯罪的行为定性为刑事犯罪还是民事纠纷也是本案的关键。其三，收集以往类似案件的判例，尤其是《刑事审判参考》上的案例，这是最高人民法院编撰的案例，对下级法院具有指导意义，在某种程度上甚至可以起到判例法的作用。最高人民法院的判例可以帮助辩护律师说服法官接受自己的辩护意见。完成上述工作之后，笔者在庭审中提出：被告人甲某的行为不符合职务侵占罪的犯罪构成要件，应被判定为无罪，同时提出了以下主要辩护意见并附上相关附件：

一、甲某与乙公司签订的“内部承包合同”属于平等主体之间的承包合同关系，甲某不是《刑法》意义上的公司员工，不符合职务侵占罪的主体要件，其合法持有其承包范围内的财产的根据不是利用职务之便，而是依据“内部承包合同”行使承包方权利的结果。

（一）甲某与乙公司签订的“内部承包合同”属于平等主体之间的“承包”合同关系。

(1)“内部承包合同”属于平等主体之间的承包合同

判断合同的性质不是看合同名称，而是通过合同的具体条款体现的权利、义务来确定。本案所谓的“内部承包合同”完全符合承包的法律涵义及合同性质，实质是典型的“承包合同”。

“承包”：“其特点是，承包人员取得管理权、经营权，而所有权仍属原单位，承包人按合同规定向发包方履行上缴利润、管理费以及其他法定义务，但自主经营、自负盈亏、节余归己。……承包人与发包人是平等的民事主体，承包人除履行合同义务外，一切经营活动都是自主决定，具有很大的独立性，单位只能对其进行一般的监督，以防财产流失。”承包人的经营自主权、独立核算、自负盈亏是什么意思，指向的具体权利是什么？简单地说，意味着承包人对于施工的人、财、物、资金组织有绝对的权利、义务。根据上述承包的法律内涵及特征，具体到本案，“内部承包合同”约定实行“独立核算、自主经营、自负盈亏”等内容符合承包合同的法律本质特征，本案所谓的“内部承包合同”实质是典型的“承包合同”。

(2)甲某不是乙公司的员工

判断是不是公司的员工，总结相关理论和司法实践，通说认为应从两方面来分析判断，即一方面看行为人与公司之间是否存在人事档案关系；另一方面看行为人与公司之间有没有行政隶属关系。双方之间是劳动关系还是受合同法调整的合同关系，公司员工与公司是劳动关系，主要体现从公司财产中领取工资；非公司员工的平等主体是受合同法调整的合同关系，双方的收益是因履行合同而取得合同利益。

本案被告人甲某的人事档案关系一直属于深圳某公司，而不是乙公司。甲某与乙公司之间既没有签订劳动协议因而没有形式上的劳动关系，也没有证据证明形成了事实上的劳动关系。承包期间甲某每月从乙公司帐户领取的所谓“工资”，不是由乙公司财产支付的体现双方劳动关系的实质意义上的工资，而是SD项目中支付的成本费用，只是因为承包方未单独设立帐户，而在乙公司专立帐户收支。也就是说，甲某每月获得的“工资”是承包SD项目的劳动成本，由设在乙公司的专门帐户支付罢了，根本不是从乙公司的财产中支出。这与公司给员工因劳动关系而发放的工资有本质的区别。

至于公诉机关以甲某“总经理助理”等任命书以及参与乙公司会议纪要等证据证明甲某属于乙公司员工。这与乙公司只是为了资质升级借用甲某的职称，以及甲某的工资、社会保险均由其自己掏腰包、人事档案关系也不在乙公司的事实不符。退一步说，即使先前的任命书等可以证明甲某属于乙公司员工，但从甲某与乙公司之间签订承包合同时起，甲某与乙公司之间就属于平等主体之间的承包合同关系。甲某就不属于《刑法》意义上具有行政隶属关系的公司人员。

(二)甲某作为SD标段的承包人，不是乙公司的员工，不符合职务侵占罪的主体要件。

除上述人事档案、工资等直接证明甲某不是乙公司员工，与乙公司是平等主体之间的合同法律关系外，还可以根据对贪污罪主体的特别立法规定，印证承包这种属于受委托经营、管理公司企业财产的主体，不属于公司企业行政隶属关系的单位人员，承包人不能成为职务侵占罪的主体。

(三)甲某持有承包范围内的财产，是依据“内部承包合同”而不是利用职务之便，是“合法持有”并非“非法占有”，不符合职务侵占罪的客观要件。

职务侵占罪的客观要件要求行为人“利用职务上的便利，将本单位的财物非法占为己有”。“非法占为己有”是行为人有将自己根据职务合法持有的财物非法占为己有的行为，才构成本罪。如上所述，甲某与乙公司之间是发包人与承包人的关系，是平等主体之间的法律关系，不存在隶属关系，不存在谁是谁的员工的问题，当然就更不可能存在实质上的职务。没有实质的职务，也就不存在利用职务上的便利。因此，从职务侵占罪的内在逻辑上讲，指控甲某职务侵占，就必须承认他合法持有在先(非法占有在后)，那么必须回答甲某合法持有的根据是什么？是“项目经理”这个虚名吗？当然不是！甲某合法持有的根据是其作为承包人行使“内部承包合同”约定的权利的结果。

承前所述，根据承包的法律内涵及特征，承包人对于施工的人、财、物、资金组织有绝对的权利、义务。具体运用到本案，承包人甲某有权持有承包范围内的财产，而且是合法持有，是经营自主权中的资产支配权的具体体现。至于合同具体条款相互抵触、自相矛盾的地方，如，自主经营权；独立核算、财权、项目拨款权，但又要遵守合同相对方乙公司的内部制度等等。即使承包人违反了某些自相矛盾的合同条款，也要根据合同本身的性质、订立合同的目的来判断其是守约还是违约。即使违约，也不违反承包的法律精神，更不违反刑事规范。进一步说，甲某即使采取欺诈等手段持有本该自己持有的财物，也只是操作程序瑕疵问题，并不改变其持有财产的权利。

二、甲某超领甲供材料的行为，不可能侵犯乙公司的财产所有权，不具备职务侵占罪的客体要件。

本案承包合同的特殊性在于，乙公司在SD项目中能够取得的财物，仅限于中标承包价(工程承包价)的14.3%。而“甲供材料”部分是不包含在“工程承包价”之内独立的内容。(由于其单价是固定不变且由业主提供的，也不会产生利润)。甲某超领了合同约定的甲供材料数额时，合同约定由甲某承担超领材料部分的对价，不影响乙公司获取甲某上缴的费用。因此，甲某超领甲供材料的行为不可能侵占乙公司对“上缴费用”的所有权，也就不可能侵犯乙公司的财产所有权。

(一)乙公司在SD项目中能获取的财物，仅限于中标承包价(工程承包价)的14.3%，而甲供材料不包含在中标承包价之内。

乙公司与项目部(即甲某)签订的“SD项目内容承包合同”第1条约定：“工程总价：12398950元；其中，乙方承包价：66844970元；甲供料价：53055475元；税金：4088605元”。第5条第3款第1项“(承包上缴公司金额)按该工程成本造价估算书的测定，本工程应上缴公司费用955万元(上缴比例为中标承包价的14.3%)”，乙公司出具的“情况说明”：“在该项目的承包范围内增加了约761万元工程量，即该项目的最后总承包价为7446万元。按照承包合同利润比例计算，应该增加利润108万元，即该项目总预算核定利润是1063万元，但公司仍然计划按照原定的利润955万元与项目部计算”。可见，无论工程总量是否变化，乙公司在SD项目能够获取的财物仅限于中标承包价的14.3%。“成本估算书”第5条：“因此本工程成本不再考虑甲供材料节余”。也就是说，不考虑甲供材料节余意味着如有节余，节余归承包人。根据上述约定，甲供材料53055475元，是独立于承包价66844970元之外的。乙公司在SD项目中能够获取财物(甲某上缴的费用)的基数——中标承包价，即只与66844970元有关，即66844970元×14.3%≈955万元。

(二)“超领”材料依约定，由甲某承担支付对价，超领甲供材料行为实际上是一个民事买卖关系，在超领材料的数据清楚，最终支付对价责任人明确的情况下，根本不可能构成对他人财产所有权的侵占。

三、甲某已经超额交纳了承包费，乙公司财产不仅没有受到侵犯，相反，是乙公司侵占了甲某的财产。

因甲某与乙公司之间尚未结算，其债权债务关系不明确。为此，公诉机关对甲某与乙公司之间的结算金额进行司法鉴定专项审计。该审计报告仅依据乙公司提供的数据，片面地认为甲某欠乙公司336374.55元。事实上，根据在案的事实、证据证实，不是甲某欠乙公司钱，而是乙公司欠甲某钱。具体理由如下：

（一）司法鉴定利润表仅依据乙公司自制的工程结算成本数据，不具有真实性。

利润表中认定工程结算成本项目包括：材料费、机械使用费、其他直接费用、分包成本是与第三方发生且有证据印证外，其他各项费用鉴定结论中都没有作出说明，使用的术语也不符合会计规范，都是乙公司自行确定的。甲某与乙公司一直没有结算清楚，很多是因为乙公司滥造成本项目。所以，利润表中的工程结算成本不具有真实性。以乙公司挪用SD标段100多吨钢材为例。该100多吨钢材有没有退回SD标段？如果没有用于SD标段，司法鉴定又怎能列入SD标段的成本呢？显然乙公司存在虚列成本，减少利润之嫌。

（二）司法鉴定利润表应当将甲某交给乙公司的45万元废钢材款列入净利润，认定乙公司至少欠甲某11万多元。

乙公司在SD标段项目中获取的净利润，应当是该项目过程中所有收入减去所有成本后的总和。而司法鉴定书却利用“工程结算承包价—工程结算成本”的工程结算利润顶替了净利润，并没有把乙公司在该项目中获得的其他收入计入。明显漏列的数据，如甲某将SD标段废钢材款45万交给乙公司。甲某交回的这45万元，显然属于乙公司在该项目过程中的收入，应当计入其已实现的利润表。即使按照司法鉴定的计算，也应当是乙公司欠甲某11万多元，而不是甲某欠乙公司33万多元。

（三）鉴定结论认定延长工期乙公司应给甲某的补偿，适用基数错误，补偿金额明显少于实际损失。

综上，本案无论是主体、客观要件还是事实证据，任何一点均能否定指控甲某职务侵占罪成立。司法鉴定结论更进一步说明乙公司的财产没有受到侵犯，不符合职务侵占罪客体的客体要件。结合已经查明的事实，本案分明就是一个普遍存在的承包合同的民事纠纷。到底是乙公司欠甲某的钱，还是甲某欠乙公司的钱，应通过民事诉讼程序解决，但不影响判决甲某无罪的定论。因此，恳请法院宣判甲某无罪！

一审合议庭在经过慎重、仔细分析本案控诉证据和辩护意见以后认为，被告人甲某与乙公司之间存在承包合同，承包合同约定了双方的权利义务，应结合承包合同约定来判断被告人甲某的行为性质。由于乙公司与被告人甲某还没有正式结算，故认定甲某侵占乙公司财产的证据不足。合议庭认为辩方提出的“被告人甲某没有侵犯乙公司财产权，甲某的行为未能全部满足职务犯罪的构成要件”经查证属实，予以采纳，并作出了如下判决：被告人甲某与乙公司订立了承包合同，合同对双方权利义务已作出约定，被告人甲某占有、处分合同项下的财产，不应简单地认为其侵占了乙公司的财产，双方有关财产归属、违约赔偿等纠纷应依据合同进行解决，指控被告人甲某利用职务之便，侵占乙公司的财产依据不足，职务侵占罪名不能成立，被告人甲某无罪。掩卷沉思，笔者认为，本案能够成功实现无罪辩护，至少有以下几个方面值得总结：(1)不畏艰难，树立为当事人全心服务的决心和信心。(2)对案件涉及的事实问题和法律问题要沉下去，仔细分析。即使控方证据看似无懈可击，有耐心的律师往往能从中发掘出对被告人有利的信息。(3)对案件核心问题的理论和实践要全面了解、掌握，在辩护中能够引经据典，在法学理论和判例方面要有充分的准备。因为法官不一定有这么多时间去大量而充分地查询与案件有关的理论和实践问题，辩护律师扎实的资料基础有利于法官采纳辩护意见。(4)要有广博的知识，对与案件相关的问题，如本案的财务问题、民法中的承包问题都是关系重大的问题，应有相当程度的掌握。